U0946666

郑州统计年鉴

ZHENGZHOU STATISTICAL YEARBOOK

2018

（总第二十期 NO.20）

郑　州　市　统　计　局
国家统计局郑州调查队　编

中国统计出版社
China Statistics Press

图书在版编目(CIP)数据

郑州统计年鉴. 2018 / 郑州市统计局，国家统计局郑州调查队编. -- 北京 : 中国统计出版社，2018.9
ISBN 978-7-5037-8600-6

Ⅰ. ①郑… Ⅱ. ①郑… ②国… Ⅲ. ①统计资料－郑州－2018－年鉴 Ⅳ. ①C832.611-54

中国版本图书馆CIP数据核字(2018)第191379号

郑州统计年鉴—2018

作　　者/ 郑州市统计局　国家统计局郑州调查队
责任编辑/ 陈越月　杨　虹
装帧设计/ 王西海
出版发行/ 中国统计出版社
地　　址/ 北京市丰台区西三环南路甲6号　邮政编码/100073
印　　刷/ 河南新华印刷集团有限公司
开　　本/ 890mm×1240mm　1/16
字　　数/ 1496千字
印　　张/ 36.75印张
版　　别/ 2018年11月第1版
版　　次/ 2018年11月第1次印刷
定　　价/ 300.00元

如有印装差错，由本社发行部调换。

《郑州统计年鉴——2018》

编委会和编辑人员

郑州统计年鉴

编辑说明

一、《郑州统计年鉴—2018》是一部全面反映郑州地区国民经济和社会发展的资料性统计年刊。本书收录了郑州市及所辖县（市）区2017年经济和社会发展各方面的统计数据，以及重要年份的主要统计数据，是认识和研究郑州市情、经济社会发展、制定宏观政策、指导工作和进行决策的重要经济类工具书。

二、本年鉴以丰富、翔实的统计资料为主，全面反映了郑州市国民经济和社会发展状况。全书分为16部分。即1.综合；2.从业人员和劳动工资；3.固定资产投资及房地产开发；4.价格；5.人民生活；6.城市公用事业和环保；7.农业；8.工业；9.建筑业；10.交通运输和邮电通讯；11.国内贸易；12.对外经济贸易和旅游；13.财政金融；14.教育、文化、卫生、体育和科技；15.产业集聚区；16.统计工作大事记。各篇末均附有《主要统计指标解释》，对主要统计指标的含义、范围、计算方法作了简要说明。

三、本年鉴中使用的计量单位均采用国际统一标准计量单位；统计口径除特别注明外，均包括郑州市及所辖各县（市）区。资料取自郑州市统计局、郑州市经济社会调查队、国家统计局郑州调查队及有关部门的统计报表。

四、本年鉴部分数据合计数或相对数不等于分项之和，是由于单位取舍和不同产业的计算误差，部分指标未作机械调整。

五、本年鉴表中的符号使用说明：

“空格”表示该项统计指标数据不详或无该项数据；

“…”表示数据不足本表最小单位；

“#”表示其中的主要项。

目　　录

一、综　合

二、从业人员和劳动工资

三、固定资产投资及房地产开发

四、价　格

五、人民生活

六、城市公用事业和环保

七、农　业

八、工　业

九、建　筑　业

十、交通运输和邮电通讯

十一、国内贸易

十二、对外经济贸易和旅游

十三、财政金融

十四、教育、文化、卫生、体育和科技

十五、产业集聚区

十六、统计工作大事记

一、综　合

1-1　行政区划

（2017 年底）

单位:个

县(市)区	街道办事处	镇	乡	社区	村委会
总　计	**118**	**70**	**14**	**817**	**2207**
市辖区	**98**	**5**	**3**	**641**	**518**
中原区	12			107	46
二七区	14	1	1	147	13
管城区	10		1	92	22
金水区	17			162	40
上街区	5	1		34	24
惠济区	6	2		22	53
高新区	5			14	39
经开区	6			18	43
郑东新区	10	1	1	45	66
航空港实验区	13				172
县(市)	**20**	**65**	**11**	**176**	**1689**
中牟县	3	10	1	11	273
巩义市	5	15		31	288
荥阳市	2	9	3	16	289
新密市	4	12	2	48	303
新郑市	3	9	1	50	233
登封市	3	10	4	20	303

注:本表数据为按管理权限划定区域,未经民政部门认定。

1-2　主要气象情况

（2017 年）

指　标	一月	二月	三月	四月	五月	六月	七月	八月	九月	十月	十一月	十二月
月平均气温	2.9	5.8	10.5	18.7	25.1	26.8	29.9	27.9	23.5	15.0	10.4	4.5
月日照时数	117.1	170.1	165.5	199.4	272.3	214.7	213.5	179.7	146.7	80.2	177.9	178.5
月降水量	17.7	8.5	15.7	26.0	54.5	46.7	79.4	196.0	76.0	76.8	0.6	0.9
月内降水量≥0.1mm 的日数	5	3	5	7	5	7	6	11	11	14	1	1
月极端最高气温	13.4	21.9	21.6	33.6	38.5	38.1	38.8	38.7	34.9	25.6	25.4	15.1
出现日期	26	19	27	30	28	2	23	6	7	28	7	9
月极端最低气温	-6.0	-4.4	-0.3	5.7	12.3	14.0	19.2	15.0	16.1	4.3	-1.7	-3.5
出现日期	20	2	2	2	7	6	30	30	28	30	30	6

1-3　县(市)、区所辖乡、镇办事处

(2017 年底)

县(市)区	乡镇	街道办事处
中原区		林山寨　建设路　棉纺路　秦岭路　桐柏路　三官庙　绿东村　汝河路　航海西路　中原西路　西流湖　须水
二七区	马寨镇　侯寨乡	大学路　五里堡　德化街　解放路　铭功路　嵩山路　长江路　京广路　一马路　蜜蜂张　福华街　建中街　淮河路　人和路
管城区	南曹乡	北下街　西大街　南关街　城东路　东大街　二里岗　陇海马路　紫荆山南路　航海东路　十八里河
金水区		经八路　花园路　人民路　杜岭　大石桥　南阳路　南阳新村　文化路　丰产路　东风路　北林路　未来路　兴达路　凤凰台　国基路　杨金路　丰庆路
上街区	峡窝镇	济源路　中心路　新安路　工业路　矿山路
惠济区	古荥镇　花园口镇	刘寨　老鸦陈　新城　迎宾路　长兴路　大河路
高新区		石佛　沟赵　枫杨　梧桐　双桥
经开区		明湖　潮河　京航　前程　九龙　祥云
郑东新区	白沙镇　圃田乡	祭城路　龙子湖　商都路　博学路　如意湖　龙湖　龙源路　金光路　杨桥　豫兴路
航空港实验区		新港　郑港　滨河　银河　三官庙　张庄　龙港　八岗　冯堂　清河　龙王　明港　八千
中牟县	韩寺镇　官渡镇　狼城岗镇　万滩镇　郑庵镇　黄店镇　大孟镇　刘集镇　雁鸣湖镇　姚家镇　刁家乡	青年路　东风路　广惠街
巩义市	米河镇　新中镇　小关镇　竹林镇　大峪沟镇　河洛镇　站街镇　康店镇　北山口镇　西村镇　芝田镇　回郭镇　鲁庄镇　夹津口镇　涉村镇	新华路　杜甫路　永安路　孝义　紫荆路
荥阳市	豫龙镇　广武镇　王村镇　汜水镇　高山镇　刘河镇　崔庙镇　贾峪镇　乔楼镇　高村乡　城关乡　金寨回族乡	索河　京城路
新密市	袁庄乡　尖山景区管委会　米村镇　牛店镇　平陌镇　超化镇　苟堂镇　大隗镇　刘寨镇　曲梁镇　白寨镇　岳村镇　城关镇　来集镇	新华路　青屏街　西大街　矿区
新郑市	新村镇　辛店镇　观音寺镇　梨河镇　和庄镇　薛店镇　孟庄镇　郭店镇　龙湖镇　城关乡	新建路　新华路　新烟
登封市	大金店镇　颍阳镇　卢店镇　告成镇　大冶镇　宣化镇　徐庄镇　东华镇　唐庄镇　君召乡　石道乡　白坪乡　阳城工业区　送表矿区	少林　中岳　嵩阳

1-4 年末人口基本情况

（2017 年底）

县(市)区	总户数（户）	总人口(人)			城镇化率（%）
		合 计	#女 性	城镇人口	
全市	2946370	9880678	4840182	7137072	72.23
中原区	257122	768794	375021	699295	90.96
二七区	273560	801533	392966	723623	90.28
管城区	185339	561577	273713	486044	86.55
金水区	445291	1300251	627247	1190640	91.57
上街区	46833	140500	71611	128628	91.55
惠济区	93519	298326	149751	222521	74.59
中牟县	124530	500609	246099	256962	51.33
巩义市	251560	832665	406341	467125	56.10
荥阳市	177886	626742	310298	347403	55.43
新密市	222726	809661	397484	467579	57.75
新郑市	170746	642004	326138	373132	58.12
登封市	183450	707112	345996	391810	55.41
经开区	85257	255772	119701	218941	85.60
高新区	96278	279205	139046	239279	85.70
郑东新区	191363	654461	319250	437834	66.90
航空港实验区	140910	701466	339520	486256	69.32

1-5 人口自然变动情况

（2017 年底）

县（市）区	年末平均人口（人）	出生人口（人）	死亡人口（人）	出生率（‰）	死亡率（‰）	自然增长率（‰）
全市	9802273	121254	55187	12.37	5.63	6.74
中原区	765211	8991	3803	11.75	4.97	6.78
二七区	797004	10210	4208	12.81	5.28	7.53
管城区	558363	7315	2769	13.10	4.96	8.14
金水区	1293354	16361	6092	12.65	4.71	7.94
上街区	139430	1719	841	12.33	6.03	6.30
惠济区	294929	3350	1448	11.36	4.91	6.45
中牟县	496904	6475	2981	13.03	6.00	7.03
巩义市	830281	10586	5148	12.75	6.20	6.55
荥阳市	623861	7998	3937	12.82	6.31	6.51
新密市	808291	9182	4591	11.36	5.68	5.68
新郑市	638897	8031	3846	12.57	6.02	6.55
登封市	704272	9310	4472	13.22	6.35	6.87
经开区	251039	2970	1017	11.83	4.05	7.78
高新区	275619	3194	1549	11.59	5.62	5.97
郑东新区	639019	7393	4946	11.57	7.74	3.83
航空港实验区	685801	8360	3422	12.19	4.99	7.20

1-6 国民经济和社会发展总量及速度指标

指 标	单位	1990	1995	2000	2005	2010	2015	2016	2017	2017 比上年±%
人口与面积										
人口	万人	557.8	600.3	665.9	716.0	866.1	956.9	972.4	988.1	1.6
建城区面积	平方公里	112.0	108.3	133.2	262.0	342.7	437.6	443.0	500.8	13.0
宏观经济										
国民经济核算										
地区生产总值	亿元	116.4	386.4	728.4	1660.6	4040.9	7311.5	8114.0	9193.8	8.2
第一产业	亿元	14.4	28.5	42.4	72.4	124.6	150.9	156.4	151.6	2.6
第二产业	亿元	62.5	203.5	343.3	872.8	2269.9	3604.2	3796.9	4082.7	7.4
第三产业	亿元	39.5	154.3	342.7	715.4	1646.4	3556.4	4160.7	4959.5	9.2
固定资产投资										
全社会固定资产投资额	亿元	26.9	165.6	258.4	820.0	2757.0	6371.7	7070.4	7635.5	8.0
固定资产投资	亿元	20.0	132.4	159.4	610.2	2432.5	6288.0	6998.6	7573.4	8.2
财政										
地方公共财政预算收入	亿元	10.5	17.1	43.6	136.1	386.8	942.9	1011.2	1056.7	9.6
地方公共财政预算支出	亿元	6.5	17.8	49.0	136.7	426.8	1106.0	1321.6	1514.9	14.6
价格总指数										
商品零售价格指数	以上年为100	100.8	110.4	99.1	101.2	102.7	99.0	100.2	101.7	1.7
居民消费价格指数	以上年为100	101.8	114.5	99.0	102.4	103.0	101.1	102.3	101.8	1.8
外商投资										
利用外资										
合同利用外资额	万美元	1132	21086	12860	63766	191632	125514	426930	352024	-17.5
实际利用外资额	万美元	768	15020	9211	33549	190015	382661	403305	404969	0.4
产业										
农业										
农林牧渔业总产值	亿元	24.6	51.5	73.2	126.2	221.4	276.6	205.2	263.1	2.8
粮食总产量	万吨	154.2	140.1	158.7	153.0	166.7	168.3	161.0	153.2	-4.9
工业										

1-6 续表 1

指　标	单位	1990	1995	2000	2005	2010	2015	2016	2017	2017 比上年±%
工业总产值	亿元	174.4	647.9	1005.3	2411.5	7958.3	14779.6	15531.3	16329.2	7.6
工业增加值	亿元	39.8	87.1	187.5	569.7	1996.0	3312.3	3215.4	3191.3	7.8
规模以上工业										
资产总计	亿元	142.3	470.3	749.8	1473.6	3898.8	11296.7	13101.6	13556.6	6.0
负债合计	亿元	89.6	328.6	477.5	946.3	2134.9	6257.4	7623.1	7949.3	4.3
主营业务收入	亿元	104.6	307.8	530.9	1673.0	5942.3	13587.5	14158.2	14738.9	9.0
利税总额	亿元	18.0	37.9	67.2	230.2	1058.1	1539.6	1507.3	1468.0	2.6
建筑业										
建筑业总产值	亿元	12.7	45.5	106.0	299.4	1352.3	2714.7	2891.1	3495.6	20.9
施工房屋面积	万平方米	325	805	1217	2937	8876.9	23205.9	25323.5	23772.0	-6.1
竣工房屋面积	万平方米	148	306	440	765	2601.7	4317.9	4829.4	4409.3	-8.7
交通运输										
旅客周转量	亿人公里	69.3	92.0	125.1	189.6	301.4	279.6	311.9	329.3	6.0
#铁路	亿人公里	46.0	53.0	60.0	80.0	113.9	134.5	138.2	152.5	11.2
公路	亿人公里	23.3	32.1	56.3	82.7	137.7	79.7	107.7	104.4	-3.1
航空	亿人公里	1.0	6.8	8.8	26.9	49.8	65.4	65.9	72.4	9.9
货物周转量	亿吨公里	196.2	212.9	226.5	287.7	479.8	548.2	686.4	779.2	13.5
#铁路	亿吨公里	181.6	181.9	156.2	187.9	199.4	172.7	176.8	202.4	14.5
公路	亿吨公里	14.7	30.9	70.1	99.4	279.8	370.0	494.8	558.2	12.8
航空	万吨公里	150.0	574	1281	3385	5641	54276	147408	185694	26.0
邮电通讯										
邮电业务总量	万元	1.2	8.5	42	108.2	296.3	297.8	427.1	484.5	85.8
国内商业										
社会消费品零售总额	亿元	47.4	164.1	381.8	706.7	1702.1	3294.7	3665.8	4057.2	10.7
批零贸易企业销售额	亿元	44.9	401.0	437.4	1274.3	2339.1	4751.8	6258.5	5876.6	-6.1
对外贸易和旅游										
进出口总值	万美元		16129	19216	110193	452442	5702633	5502878	5963545	8.4
#出口总值	万美元	1119	13072	12313	75659	331272	3124586	3169974	3456133	9.0

1-6　续表 2

指　　标	单位	1990	1995	2000	2005	2010	2015	2016	2017	2017 比上年±%
旅游外汇收入	万美元			4653	7769	13384	18000	18800	19710	4.8
金融										
金融机构各项存款	亿元	86.3	464.4	1215.4	3116.1	7990.9	16936.3	19000.7	20349.6	7.1
金融机构各项贷款	亿元	87.0	373.7	881.9	2428.1	5717.5	12650.3	15422.4	17992.4	16.7
教育										
在校学生数	万人	84.4	114.9	139.7	191.3	222.3	260.2	286.9	302.3	5.4
专任教师数	万人	6.2	5.9	7.1	9.4	12.5	15.6	16.2	17.2	6.2
人民生活										
城镇居民人均可支配收入	元	1496	4535	5935	10640	18897	31099	33214	36050	8.5
农村居民人均可支配收入	元	692	1555	2912	4774	9225	17125	18426	19974	8.4
城市居民人均居住建筑面积	平方米			15.5	22.3	29.3	36.8	38.2	38.4	0.4
农村居民人均居住面积	平方米	21.5	23.8	35.4	43.7	56.0	53.6	55.3	58.3	5.4
城乡居民储蓄余额	亿元	56.1	254.2	565.8	1436.1	2911.0	5695.5	6297.6	6538.2	3.8
工资										
在岗职工年平均工资	元	2126	5226	9017	16694	32779	52987	61149	70486	15.3
卫生										
医疗机构数	个	935	879	688	1637	1347	3922	3964	4421	11.5
卫生技术人员	个	28410	30590	31137	33568	49519	86518	94955	106458	12.1
医疗床位数	张	20937	22122	24472	29295	47094	78242	85929	91454	6.4
市政建设										
自来水供水量	万吨	23037	32506	28783	30448	37724	35181	37259	39635	6.4
城市集中供热面积	万平方米		851	1383	1777	2261	5270	6050	11726	93.8
用气人口	万人	59.5	107.9	149.2	230	439	608	615	602	-2.1
城市道路长度	公里	428	563	684	1131	1338	1809	1932	2101	8.7
公共汽(电)车总数	辆	404	728	1342	3077	4788	6221	6230	6180	-0.8

注:1. 1990 年城市居民人均可支配收入以人均生活费收入代替;2. 直接进出口总值、直接出口总值统计范围不包括国家部委及省属进出口公司,1995 年、1990 年为业务统计数,2000 年和 2003 年以来为海关数;3. 2013 年邮电业务总量按 2010 年可比价格计算,2001-2010 年按 2000 年可比价格计算,2000 年以前按 1990 年可比价格计算;4. 固定资产投资 2010 年以前为城镇投资;5. 2010 年以后,工业总产值和增加值包含河南中烟工业公司和河南电力公司。

1-7 国民经济和社会发展比例和效益指标

指　　标	单位	1990	1995	2000	2005	2010	2015	2016	2017
就业									
每一就业者负担人口	人	**1.66**	**1.85**	**1.90**	**2.15**	**2.01**	**1.75**	**1.93**	**1.96**
三次产业从业者比例									
第一产业	%	50.1	40.4	41.9	31.5	21.5			
第二产业	%	31.3	32.3	27.0	30.0	33.8			
第三产业	%	18.6	27.3	31.1	38.5	44.6			
城镇登记失业率	%			2.0	3.0	2.8	1.6	1.9	2.3
宏观经济									
国民经济核算									
三次产业增加值比例									
第一产业	%	12.4	7.4	5.8	4.4	3.1	2.1	1.9	1.7
第二产业	%	53.7	52.6	47.1	52.5	56.2	49.3	46.8	44.4
第三产业	%	33.9	40.0	47.1	43.1	40.7	48.6	51.3	53.9
人均生产总值	元	2118	6499	11227	23320	47608	77179	84114	93792
固定资产投资									
全社会固定资产占 GDP 比例	%	23.1	42.8	35.5	49.4	68.2	87.1	87.1	83.1
财政									
地方财政收入占 GDP 比例	%	9.0	4.4	6.5	9.1	14.6	20.3	22.8	23.2

1-7 续表

指　　标	单位	1990	1995	2000	2005	2010	2015	2016	2017
产业									
工业									
产品销售率	%	96.6	96.4	97.4	98.1	98.2	97.9	96.0	98.5
总资产贡献率	%	30.1	12.8	11.2	18.0	28.4	14.5	12.2	11.6
成本费用利润率	%	5.8	3.3	5.2	7.8	13.8	8.3	8.2	7.8
资产负债率	%	63.0	69.9	63.7	64.6	54.8	55.4	58.2	58.6
建筑业									
产值利税率	%	7.39	4.84	3.27	4.57	8.0	7.0	6.6	5.0
全员劳动生产率	元/人	12902	28440	60305	117785	221621	423016	408571	475377
教育									
适龄儿童入学率	%	99.40	99.71	99.95	100	100	100	100	100
学校教师负担人数	人	13.56	19.48	17.2	15.5	17.8	16.7	17.7	17.6
卫生									
每万人拥有医疗机构数	个	1.68	1.46	1.05	2.29	1.56	4.10	4.08	4.47
每万人拥有卫生技术人员	人			48.6	46.88	57.17	90.41	97.65	107.74
每万人拥有医院床位数	张	37.5	36.9	37.4	40.91	54.37	81.77	88.37	92.56
市政建设									
城市自来水普及率	%		97.6	100	100	100	100	100	100

1-8 郑州一日

指　　标	单位	2000	2005	2007	2008	2009	2010	2011
生产总值	万元	19956	45496	68130	82301	90644	110709	136434
第一产业	万元	1161	1983	2175	2595	2824	3413	3607
第二产业	万元	9405	23913	36016	45466	48945	62189	78746
第三产业	万元	9389	19600	29939	34241	38874	45108	54081
粮食总产量	吨	4348	4192	4504	4527	4550	4567	4567
全社会固定资产投资	万元	7079	22466	37461	48567	62715	75534	82261
社会消费品零售总额	万元	10460	19361	26814	33049	39309	46633	54441
地方公共财政预算收入	万元	1192	3729	6014	7114	8272	10597	13762
货运量	万吨	43.2	65.1	87.0	102.3	46.5	56.5	66.9
客运量	万人	35.8	50.2	69.1	77.9	71.5	82.5	92.5
邮电业务总量	万元	1161	2963	5268	6233	7019	8118	3201
出口总值	万美元	33.7	207	483	692	548	908	2579
自来水供水量	万吨	79	83	76	88	97	103	98
售电量	万千瓦时	2156	3852	5810	7833	8225	9753	10684
接待境外人数	人次	222	573	718	800	879	956	1052

1-8　续表

指　　标	单位	2012	2013	2014	2015	2016	2017
生产总值	万元	151634	169912	185671	200316	222300	251884
第一产业	万元	3891	4027	4032	4135	4284	4153
第二产业	万元	85599	95082	95538	98744	104025	111855
第三产业	万元	62144	70803	86101	97437	113991	135875
粮食总产量	吨	4630	4611	4437	4611	4412	4196
全社会固定资产投资	万元	100266	123542	146721	174568	193709	209192
社会消费品零售总额	万元	63462	71877	80970	90266	100434	111157
地方公共财政预算收入	万元	16575	19825	22846	25833	27704	28950
货运量	万吨	72.8	80.5	62.5	67.5	60.4	68.9
客运量	万人	97.4	105.9	50.4	51.3	44.8	40.4
邮电业务总量	万元	3588	3729	5853	8158	11701	13274
出口总值	万美元	5526	6867	7303	8561	8685	9469
自来水供水量	万吨	98	97	94	96	102	109
售电量	万千瓦时	10792	10959	9452	9644	9808	10986
接待境外人数	人次	1153	1200	1236	1296	1317	1378

1-9 按行政区划分主要经济指标

（2017 年）

指　　标	郑州市	中原区	二七区	管城区	金水区	上街区	惠济区
生产总值（万元）	91937679	7201180	5859477	8516715	15962892	1162800	1502328
第一产业（万元）	1515948	2821	492	16776	21890	3780	46418
第二产业（万元）	40827174	2701729	1013542	3976043	1371910	599958	547010
工业（万元）	35206746	1814992	531528	3111131	85177	464884	258430
第三产业（万元）	49594557	4496630	4845443	4523895	14569092	559062	908900
生产总值指数（%）	108.2	107.4	108.8	110.9	109.6	89.5	107.0
第一产业（%）	102.6	59.0	89.1	139.5	123.5	99.6	81.0
第二产业（%）	107.4	106.6	103.4	112.2	116.1	78.0	108.0
工业（%）	107.2	106.6	104.8	111.7	82.0	73.5	114.5
第三产业（%）	109.2	108.0	110.0	109.6	108.9	108.1	108.6
总人口（万人）	988.07	104.8	80.15	82.03	171.33	14.05	29.83
固定资产投资（亿元）	7573.44	702.49	446.08	592.75	1011.43	123.86	247.21
社会消费品零售总额（万元）	40572205	2757075	4709987	5748870	8667112	601588	1243703

1-9 续表 (2017 年)

指 标	中牟县	巩义市	荥阳市	新密市	新郑市	登封市
生产总值(万元)	8702247	7557943	6793950	7217734	10994437	6403962
第一产业(万元)	403493	119429	289968	207217	224663	181339
第二产业(万元)	5043672	4437017	3919990	3410079	6156198	3460185
工业(万元)	4697346	4152344	3618523	3135604	5841579	3280748
第三产业(万元)	3255082	3001497	2583992	3600438	4613576	2762438
生产总值指数(%)	102.4	108.5	105.0	107.6	112.9	107.0
第一产业(%)	98.0	104.0	104.7	104.6	103.6	104.7
第二产业(%)	98.9	107.5	103.6	105.3	114.7	105.6
工业(%)	98.9	107.5	102.9	105.6	115.3	105.1
第三产业(%)	111.0	110.5	107.8	110.6	110.6	109.3
总人口(万人)	113.44	83.27	62.67	80.97	94.81	70.71
固定资产投资(亿元)	1389.43	618.21	599.6	514.16	863.87	464.35
社会消费品零售总额(万元)	2074411	3092172	2889013	3146533	3167315	2477444

1-10 社会总产出

（2017 年）

单位：万元

项　　目	郑州市	中原区	二七区	管城区	金水区	上街区	惠济区	中牟县
总产出	302083924	10618484	14330194	7286195	25855814	4788168	4182681	8898905
第一产业	2570902	1172	897	10750	13489	6750	98210	439638
第二产业	204263198	4293997	6023096	2870503	6161423	3754071	2514678	5055109
第三产业	95249824	6323315	8306201	4404942	19680902	1027347	1569793	3404158
农林牧渔业	2630819	1472	1097	10906	13489	6750	98830	445052
#农林牧渔服务业	59917	300	200	156			620	5414
工业	179663096	2119275	2315296	1744473	447817	3299995	1256060	4090276
采矿业	3859226		8565					4180
#开采辅助活动	5501							
制造业	158647411	707383	2131613	1744473	447817	2808585	1236123	4055894
#金属制品、机械和设备修理业	96675							
电力热力燃气及水的生产和供应业	17156459	1411892	175118			491410	19937	30202
建筑业	24702278	2174722	3707800	1126030	5713606	454076	1258618	964833
批发和零售业	12144130	675633	1753969	970563	2196998	116527	196203	403045
交通运输、仓储和邮政业	12533370	168054	1686089	426118	553974	187224	168212	574531
住宿和餐饮业	7487481	418521	406659	403941	1143585	122356	164854	326821
信息传输、软件和信息技术服务业	4543509	313410	734036	79344	1356088	34637	19617	241433
金融业	15054799	1001099	1450466	728185	5143831	155332	137586	442336
房地产业	10148579	513199	737302	1014558	1214740	133224	317157	246429
租赁和商务服务业	9121461	1022675	86142	204654	2474591	21694	109528	176011
科学研究和技术服务业	5753884	855945	152180	26198	837239	17102	30733	140961
水利、环境和公共设施管理业	773541	66480	12891	20568	106438	26489	34671	52351
居民服务修理和其他服务业	3609788	305148	128758	82165	409689	67057	56299	103311
教育	4221963	164462	264635	97860	887718	25342	191163	124267
卫生和社会工作	4200002	402165	535213	160305	1303450	24679	14003	109304
文化、体育和娱乐业	2022932	250474	78480	70480	896536	10569	42601	98446
公共管理社会保障和社会组织	3472292	165750	279181	119847	1156025	85115	86546	359498

1-10 续表 (2017 年) 单位:万元

项目	巩义市	荥阳市	新密市	新郑市	登封市	经开区	高新区	郑东新区	航空港实验区
总产出	34949515	24107295	24826562	20448838	21240618	24258319	9604899	9243480	38884477
第一产业	210304	499944	359988	341112	307810	55452	4699	106268	186977
第二产业	28696180	18922333	18177115	13385675	16413496	20144478	6691685	1184876	34594770
第三产业	6043031	4685018	6289459	6722051	4519312	4058389	2908515	7952336	4102730
农林牧渔业	230539	505074	379408	345316	313709	62902	4699	115447	188862
#农林牧渔服务业	20235	5130	19420	4204	5899	7450		9179	1885
工业	27578874	17858969	17365152	12578929	15939649	14738203	4914365	316709	34386470
采矿业	375155	456771	253214	164594	1320772				
#开采辅助活动	4202		113	1084	1573				
制造业	26488564	17235567	16457063	12363163	12550667	14723253	4757133	231734	34363368
#金属制品、机械和设备修理业	12840	524	3752	2816	1976	942	28223		
电力热力燃气及水的生产和供应业	715155	166631	654875	51172	2068210	14950	157232	84975	23102
建筑业	1134348	1063888	815828	810646	477396	5407217	1805543	868167	208300
批发和零售业	520801	490373	789169	1778841	728753	1107773	237017	379165	963594
交通运输、仓储和邮政业	879758	1189802	1244307	1133569	380933	1156562	77621	886798	1418481
住宿和餐饮业	740627	564621	641326	605696	760561	57222	111162	138353	121109
信息传输、软件和信息技术服务业	187164	16561	213795	179625	180643	176593	258536	202808	57645
金融业	791289	381390	515293	443828	361923	102876	135959	3017043	168516
房地产业	369059	439079	483898	650012	191998	376856	436103	1431486	1067557
租赁和商务服务业	365814	129600	560135	336090	456402	290502	746398	493987	98422
科学研究和技术服务业	39355	73928	38968	58885	105977	223276	205977	813370	2309
水利、环境和公共设施管理业	30916	33331	25566	29561	121947	19443	17081	4086	13133
居民服务、修理和其他服务业	698761	270099	479471	458541	167319	43333	45077	13406	56483
教育	280197	182633	362011	381858	521220	69598	451063	210131	14894
卫生和社会工作	573946	262361	311223	361814	95435	174527	9366	123827	9848
文化、体育和娱乐业	133934	130036	322551	112206	110512	73788	12715	27264	6914
公共管理社会保障和社会组织	394133	515550	278461	183421	326241	177648	136217	201433	101940

1-11 生产总值

（2017 年） 单位：万元

项　　目	郑州市	中原区	二七区	管城区	金水区	上街区	惠济区	中牟县
生产总值	91937679	4129670	5859477	3397641	12159323	1162800	1502328	3093792
第一产业	1515948	718	492	6483	7888	3780	46418	250094
第二产业	40827174	1111870	1013542	668683	1245039	599958	547010	936548
第三产业	49594557	3017082	4845443	2722475	10906396	559062	908900	1907150
农林牧渔业	1548931	928	603	6543	7888	3780	46737	254130
#农林牧渔服务业	32983	210	111	60			319	4036
工业	35206746	555141	531528	354388	85177	464884	258430	679983
采矿业	1172805		1850					676
#开采辅助活动	2231							
制造业	30066615	165081	486684	354388	85177	372601	249201	670295
#金属制品、机械和设备修理业	39312							
电力热力燃气及水的生产和供应业	3967326	390060	42994			92283	9229	9012
建筑业	5661971	556729	482014	314295	1159862	135074	288580	256565
批发和零售业	7432420	235995	809465	586573	1028240	82184	149480	272172
交通运输、仓储和邮政业	5211595	75281	904224	156841	374003	58692	57865	234116
住宿和餐饮业	3529192	195885	270310	193366	530817	59586	72388	162870
信息传输、软件和信息技术服务业	2003713	161103	601254	43811	728565	17836	9222	157187
金融业	10431773	736955	1094316	524643	3550267	105455	109215	314555
房地产业	6108958	268671	356201	618958	856810	88838	263425	137308
租赁和商务服务业	2854671	406988	56579	171369	1088775	14392	23816	99203
科学研究和技术服务业	2139662	260539	78506	19754	503386	7620	11174	62882
水利、环境和公共设施管理业	327510	36922	8726	16578	50463	11907	15186	27646
居民服务、修理和其他服务业	1622805	137490	47434	63090	332079	35549	27923	47611
教育	2633548	96526	219117	82988	487384	12392	93670	86485
卫生和社会工作	1896151	166824	189831	89719	520720	11699	6537	41958
文化、体育和娱乐业	1041755	133334	42377	58138	405651	5673	20647	82176
公共管理社会保障和社会组织	2286278	104359	166992	96587	449236	47239	48033	176945

1-11 续表 (2017 年) 单位:万元

项　　目	巩义市	荥阳市	新密市	新郑市	登封市	经开区	高新区	郑东新区	航空港实验区
生产总值	7557943	6793950	7217734	7020345	6403962	6682872	3071510	4821387	7000931
第一产业	119429	289968	207217	203211	181339	32574	2103	61414	105159
第二产业	4437017	3919990	3410079	3485810	3460185	4910714	1589859	356074	4944955
第三产业	3001497	2583992	3600438	3331324	2762438	1739584	1479548	4403899	1950817
农林牧渔业	132199	292943	210207	205729	185072	37230	2103	65461	106357
#农林牧渔服务业	12770	2975	2990	2518	3733	4656		4047	1198
工业	4152344	3618523	3135604	3211256	3280748	4375782	1259851	139571	4889076
采矿业	86324	102835	65251	49782	358418				
#开采辅助活动	1521		57	541	765				
制造业	3992359	3491310	2846179	3151463	2505000	4373769	1222390	115406	4881935
#金属制品、机械和设备修理业	3065	122	2360	861	731	287	5823		
电力热力燃气及水的生产和供应业	73661	24378	224174	10011	417330	2013	37461	24165	7141
建筑业	289259	301589	276892	275956	180933	535219	335831	216503	55879
批发和零售业	385296	352218	520236	574563	541627	737199	104866	204627	757091
交通运输、仓储和邮政业	447995	528193	677275	509313	206201	261243	34325	213959	625647
住宿和餐饮业	365384	249260	313293	260300	360752	29873	54843	48023	38726
信息传输、软件和信息技术服务业	109833	8661	142798	162711	159084	53246	138663	85405	11370
金融业	247546	267818	337260	329606	250966	74514	108668	2179479	130401
房地产业	247922	351530	342526	417659	160639	179759	294149	1042584	193026
租赁和商务服务业	163670	79003	234909	262496	224359	58878	163928	66056	65550
科学研究和技术服务业	14901	34028	17224	32682	41423	66968	122339	187939	1153
水利、环境和公共设施管理业	13761	15884	10817	13203	48915	11336	6337	2007	11123
居民服务、修理和其他服务业	301654	117539	231119	176903	80961	20360	22424	4183	28744
教育	195017	123299	208541	226060	364034	46920	343751	205356	12163
卫生和社会工作	219712	126381	186313	163644	39904	64843	4175	57344	6205
文化、体育和娱乐业	70836	84744	170058	61799	43548	18584	6059	13442	4611
公共管理社会保障和社会组织	200614	242337	202662	136465	234796	110918	69198	89448	63809

1-12 生产总值指数

（2017 年）

单位:%

项　　目	郑州市	中原区	二七区	管城区	金水区	上街区	惠济区	中牟县
生产总值	108.2	107.5	108.8	107.4	109.5	89.5	107.0	104.8
第一产业	102.6	20.0	89.1	99.2	88.3	99.6	81.0	104.8
第二产业	107.4	105.6	103.4	103.6	114.1	78.0	108.0	93.7
第三产业	109.2	108.5	110.0	109.0	109.1	108.1	108.6	111.9
农林牧渔业	102.7	20.0	89.1	98.9	88.3	99.6	81.0	104.8
#农林牧渔服务业	110.4	20.1	89.2	76.1		0.0	99.0	111.4
工业	107.2	103.1	104.8	101.5	82.0	73.5	114.5	90.6
采矿业	111.5		58.1	0.0	0.0	0.0	0.0	1.2
#开采辅助活动	101.6							
制造业	104.7	97.9	102.9	101.5	82.0	68.4	114.7	99.2
#金属制品、机械和设备修理业	213.7							
电力热力燃气及水的生产和供应业	130.9	105.4	137.2			122.3	107.7	61.0
建筑业	109.3	108.5	101.9	108.2	117.9	101.8	102.0	104.8
批发和零售业	106.3	137.5	102.6	108.0	104.9	97.5	109.5	89.2
交通运输、仓储和邮政业	110.4	107.4	105.3	105.5	110.7	108.7	110.6	113.3
住宿和餐饮业	106.6	120.9	104.3	108.5	103.0	107.0	99.7	117.2
信息传输、软件和信息技术服务业	112.4	419.7	170.4	161.9	108.3	116.0	126.8	123.5
金融业	110.3	113.3	113.0	103.9	111.5	171.1	103.8	129.3
房地产业	106.6	135.1	108.0	106.4	110.7	78.3	109.7	105.6
租赁和商务服务业	110.9	164.2	70.9	120.1	114.7	143.7	112.4	143.0
科学研究和技术服务业	105.9	53.5	100.8	117.0	115.1	89.5	108.3	105.8
水利、环境和公共设施管理业	116.0	88.4	101.3	117.0	104.1	80.7	123.1	103.2
居民服务、修理和其他服务业	114.2	173.8	69.9	118.8	94.4	127.1	117.1	115.9
教育	109.6	100.4	99.7	109.5	112.2	83.6	108.6	119.4
卫生和社会工作	117.2	71.8	102.6	109.8	103.5	94.7	111.1	111.2
文化、体育和娱乐业	116.0	198.9	69.3	150.0	103.7	115.4	114.2	112.1
公共管理社会保障和社会组织	102.9	53.9	105.2	104.5	107.5	108.4	110.1	108.5

1-12 续表 （2017 年） 单位:%

项目	巩义市	荥阳市	新密市	新郑市	登封市	经开区	高新区	郑东新区	航空港实验区
生产总值	108.5	105.0	107.6	106.4	107.0	108.9	107.2	109.9	114.0
第一产业	104.0	104.7	104.6	104.8	104.7	97.4	90.2	95.0	92.4
第二产业	107.5	103.6	105.3	104.9	105.6	108.6	107.5	127.2	113.8
第三产业	110.5	107.8	110.6	108.2	109.3	110.0	107.0	108.6	116.8
农林牧渔业	104.3	104.7	104.6	104.8	104.7	97.4	90.2	95.0	92.4
#农林牧渔服务业	108.7	114.6	105.0	110.9	104.7	97.5		95.0	102.4
工业	107.5	102.9	105.6	105.3	105.1	108.9	108.5	108.6	113.7
采矿业	115.6	107.3	101.1	135.7	98.6	0.0	0.0	0.0	0.0
#开采辅助活动	107.6			240.5	104.9	0.0	0.0	0.0	0.0
制造业	107.6	103.3	105.0	105.8	104.2	108.9	108.5	109.4	113.7
#金属制品、机械和设备修理业	114.4	83.0	127.3	113.7	100.1	100.9	109.3	0.0	0.0
电力热力燃气及水的生产和供应业	95.4	74.1	116.9	31.5	121.5	95.1	112.0	105.1	
建筑业	108.3	113.8	100.6	100.8	115.0	106.7	104.0	140.7	127.8
批发和零售业	110.0	107.1	106.6	137.1	107.8	112.9	101.9	108.6	116.6
交通运输、仓储和邮政业	109.3	111.3	106.6	98.8	111.7	106.5	109.5	130.1	112.4
住宿和餐饮业	108.8	114.7	108.3	135.2	111.0	103.0	107.5	102.9	105.4
信息传输、软件和信息技术服务业	117.8	116.6	175.1	200.1	135.2	157.7	113.8	121.5	137.1
金融业	110.2	114.4	109.0	114.3	114.5	116.2	105.3	106.8	108.6
房地产业	93.4	84.7	108.2	101.0	115.2	107.0	100.8	107.3	133.2
租赁和商务服务业	117.8	110.9	120.5	113.6	102.5	107.1	111.0	121.4	367.2
科学研究和技术服务业	114.0	116.4	109.1	87.3	116.0	76.6	109.1	133.4	110.1
水利、环境和公共设施管理业	120.1	112.9	129.5	92.5	103.4	127.5	111.7	111.8	121.0
居民服务、修理和其他服务业	111.8	111.9	107.8	87.2	109.0	67.4	110.8	127.1	132.9
教育	118.9	112.3	109.2	82.0	100.5	109.4	108.1	110.1	108.1
卫生和社会工作	114.3	110.8	109.1	95.0	109.3	101.2	106.6	106.6	105.6
文化、体育和娱乐业	113.7	114.7	110.7	77.5	104.6	145.7	113.8	118.7	136.5
公共管理社会保障和社会组织	117.9	111.0	109.1	90.8	116.6	132.2	107.6	111.8	108.6

1-13 全市法人单位数（按地域划分）

（2017 年底）

单位：个

行　业	全市	中原区	二七区	管城区	金水区	上街区	惠济区	经开区
总　计	**200271**	**10157**	**15531**	**19919**	**49310**	**2327**	**7920**	**5675**
农、林、牧、渔业	4040	29	96	34	81	23	235	73
采矿业	439	5	9	3	1	3	2	3
制造业	16109	906	820	440	477	445	535	653
电力、热力、燃气及水生产和供应业	274	8	10	6	5	5	7	3
建筑业	12729	723	931	1103	3320	153	522	411
批发和零售业	73649	3663	6744	10330	21083	760	3045	2068
交通运输、仓储和邮政业	3338	97	231	472	403	91	182	259
住宿和餐饮业	2884	136	301	229	781	34	122	72
信息传输、软件和信息技术服务业	11609	647	591	1055	4529	63	377	327
金融业	1021	28	80	73	298	7	34	34
房地产业	8995	544	810	828	2271	118	360	294
租赁和商务服务业	30274	1453	2581	3492	9827	138	1102	692
科学研究和技术服务业	10509	518	882	535	2580	71	392	359
水利、环境和公共设施管理业	1041	48	69	66	197	28	59	28
居民服务、修理和其他服务业	3332	177	298	389	933	39	186	86
教育	4573	343	349	225	648	74	269	100
卫生和社会工作	3928	90	88	72	157	9	98	71
文化、体育和娱乐业	3310	153	245	226	791	65	157	43
公共管理、社会保障和社会组织	8217	589	396	341	928	201	236	99

1-13 续表 (2017 年底) 单位:个

行　业	高新区	郑东新区	航空港实验区	中牟县	巩义市	荥阳市	新密市	新郑市	登封市
总　计	**10198**	**31727**	**1741**	**6355**	**8268**	**7547**	**8358**	**8300**	**6938**
农、林、牧、渔业	55	76	94	376	320	850	769	479	450
采矿业	2	4		2	58	25	144	9	169
制造业	1573	310	254	555	3156	1954	1685	1442	904
电力、热力、燃气及水生产和供应业	21	22	6	20	52	20	32	30	27
建筑业	624	2842	78	483	136	354	347	512	190
批发和零售业	3166	12193	241	1285	1799	1460	1914	2400	1498
交通运输、仓储和邮政业	66	343	82	237	173	138	233	218	113
住宿和餐饮业	117	400	33	103	83	72	100	123	178
信息传输、软件和信息技术服务业	1558	1889	26	74	69	143	79	115	67
金融业	34	267	9	34	20	18	17	37	31
房地产业	283	1685	95	490	138	267	190	438	184
租赁和商务服务业	1077	7584	92	424	193	413	440	429	337
科学研究和技术服务业	1126	2610	24	358	111	226	158	263	296
水利、环境和公共设施管理业	44	71	14	73	66	68	69	60	81
居民服务、修理和其他服务业	126	413	13	117	102	107	103	145	98
教育	116	178	149	304	283	193	514	341	487
卫生和社会工作	18	135	194	664	341	339	480	407	765
文化、体育和娱乐业	100	362	12	57	428	198	141	124	208
公共管理、社会保障和社会组织	92	343	325	699	740	702	943	728	855

1-14　基本单位按登记注册类型分组情况

（2017 年底）　　单位：个

注册类型	单位数	注册类型	单位数
总　计	**200271**	私营合伙企业	1333
内资企业	**199571**	私营有限责任公司	99722
国有企业	6182	私营股份有限公司	1088
集体企业	1934	其他企业	18660
股份合作企业	262	**港、澳、台商投资企业**	**329**
联营企业	167	合资经营企业（港或澳、台资）	138
国有联营企业	21	合作经营企业（港或澳、台资）	8
集体联营企业	51	港、澳、台商独资经营企业	168
国有与集体联营企业	11	港、澳、台商投资股份有限公司	10
其他联营企业	84	其他港、澳、台商投资	5
有限责任公司	60073	**外商投资企业**	**371**
国有独资公司	265	中外合资经营企业	150
其他有限责任公司	59808	中外合作经营企业	11
股份有限公司	1598	外资企业	143
私营企业	110695	外商投资股份有限公司	59
私营独资企业	8552	其他外商投资	8

主要统计指标解释

生产总值 是一个国家(地区)所有常住单位在一定时期内生产活动的最终成果。地区生产总值有三种表现形态,即价值形态、收入形态和产品形态。从价值形态看,它是所有常住单位在一定时期内所生产的全部货物和服务价值超过同期投入的全部非固定资产货物和服务价值的差额,即所有常住单位的增加值之和;从收入形态看,它是所有常住单位在一定时期内所创造并分配给常住单位和非常住单位的初次分配收入之和;从产品形态看,它是最终使用的货物和服务减去进口货物和服务。在实际核算中,地区生产总值的三种表现形态表现为三种计算方法,即生产法、收入法和支出法。三种方法分别从不同的方面反映地区生产总值及其构成。

平均每年增长速度 在我国计算平均增长速度有两种方法,一种是习惯上经常使用的"水平法",又称几何平均法,是以间隔期最后一年的水平同基期水平对比来计算平均每年增长(或下降)速度。另一种是"累计法",又称代数平均法或方程法,是以间隔期内各年水平的总和同基期水平对比来计算平均每年增长(或下降)速度。在一般正常情况下,两种方法计算的平均每年增长速度比较接近,但在经济发展不平衡,出现大起大落时,两种方法计算的结果差别较大。本《年鉴》内所列的平均每年增长速度,除固定资产投资是用"累计法"计算以外,其余均用"水平法"计算。

企业(单位)登记注册类型 是以在工商行政管理机关登记注册的具有法人资格的各类企业为划分对象。行政机关、事业单位和社会团体及其他经济组织参照执行。本项以工商行政管理部门对企业(单位)登记注册的类型为依据,将企业(单位)登记注册类型分为以下几种:

1. 国有企业是指企业全部资产归国家所有,并按《中华人民共和国企业法人登记管理条例》规定登记注册的非公司制的经济组织。不包括有限责任公司中的国有独资公司。

2. 集体企业是指企业资产归集体所有,并按《中华人民共和国企业法人登记管理条例》规定登记注册的经济组织。

3. 股份合作企业是指以合作制为基础,由企业职工共同出资入股,吸收一定比例的社会资产投资组建,实行自主经营,自负盈亏,共同劳动,民主管理,按劳分配与按股分红相结合的一种集体经济组织。

4. 联营企业是指两个及两个以上相同或不同所有制性质的企业法人或事业单位法人,按自愿、平等、互利的原则,共同投资组成的经济组织。联营企业包括国有联营企业、集体联营企业、国有与集体联营企业和其他联营企业。

5. 有限责任公司是指根据《中华人民共和国登记管理条例》规定登记注册,由两个以上,五十个以下的股东共同出资,每个股东以其所认缴的出资额对公司承担有限责任,公司以其全部资产对其债务承担责任的经济组织。

有限责任公司包括国有独资公司以及其他有限责任公司:

(1)国有独资公司是指国家授权的投资机构或者国家授权的部门单独投资设立的有限责任公司。

(2)其他有限责任公司是指国有独资公司以外的其他有限责任公司。

6. 股份有限公司是指根据《中华人民共和国登记管理条例》规定登记注册,其全部注册资本由等额股份构成并通过发行股票筹集资本,股东以其认购的股份对公司承担有限责任,公司以其全部资产对其债务承担责任的经济组织。

7. 私营企业是指由自然人投资设立或由自然人控股,以雇佣劳动为基础的营利性经济组织。包括按照《公司法》、《合伙企业法》、《私营企业暂行条例》规定登记注册的私营有限责任公司、私营股份有限公司、私营合伙企业和私营独资企业。

(1)私营独资企业是指按《私营企业暂行条例》的规定,由一名自然人投资经营,以雇佣劳动为基础,投资者对企业债务承担无限责任的企业。

(2)私营合伙企业是指按《合伙企业法》或《私营企业暂行条例》的规定,由两个以上自然人按照协议共同投资、共同经营、共负盈亏,以雇佣劳动为基础,对债务承担无限责任的企业。

(3)私营有限责任公司是指按《公司法》、《私营企业暂行条例》的规定,由两个以上自然人投资或由单个自然人控股的有限责任公司。

(4)私营股份有限公司是指按《公司法》的规定,由五个以上自然人投资,或由单个自然人控股的有限公司。

8. 其他内资企业是指上述第 1 条至第 7 条之外的其他内资经济组织。

9. 与港澳台商合资经营企业是指港澳台地区投资者与内地的企业依照《中华人民共和国中外合资经营企业法》及有关法律的规定，按合同规定的比例投资设立、分享利润和分担风险的企业。

10. 与港澳台商合作经营企业是指港澳台地区投资者与内地企业依照《中华人民共和国中外合作经营企业法》及有关法律的规定，依照合作合同的约定进行投资或提供条件设立、分配利润和分担风险的企业。

11. 港澳台商独资经营企业是指依照《中华人民共和国外资企业法》及有关法律的规定，在内地由港澳台地区投资者全额投资设立的企业。

12. 港澳台商投资股份有限公司是指根据国家有关规定，经外经贸部依法批准设立，其中港、澳、台商的股本占公司注册资本的比例达 25% 以上的股份有限公司。凡其中港、澳、台商的股本占公司注册资本的比例小于 25% 的，属于内资企业中的股份有限公司。

13. 中外合资经营企业是指外国企业或外国人与中国内地企业依照《中华人民共和国中外合资经营企业法》及有关法律的规定，按合同规定的比例投资设立、分享利润和分担风险的企业。

14. 中外合作经营企业是指外国企业或外国人与中国内地企业依照《中华人民共和国中外合作经营企业法》及有关法律的规定，依照合作合同的约定进行投资或提供条件设立、分配利润和分担风险的企业。

15. 外资企业是指依照《中华人民共和国外资企业法》及有关法律的规定，在中国内地由外国投资者全额投资设立的企业。

16. 外商投资股份有限公司是指根据国家有关规定，经外经贸部依法批准设立，其中外资的股本占公司注册资本的比例达 25% 以上的股份有限公司。凡其中外资股本占公司注册资本的比例小于 25% 的，属于内资企业中的股份有限公司。机关、事业单位和社会团体参照《企业登记注册类型与代码》，主要按其经费来源和管理方式划分。

具体规定如下：

1. 机关包括国家机关和党政机关，原则上均列为“国有”。但有特殊规定的，如供销社等，则列为“集体”。

2. 事业单位包括经国家机构编制部门和有关业务主管部门批准成立的各类事业单位，不包括实行企业化管理的事业单位。事业单位的划分办法如下：

(1) 由国家财政预算拨款或列入财政预算外资金管理以及经费主要来源于国有主管部门或国有上级单位的事业单位，列为“国有”。

(2) 经费主要来源于集体单位的事业单位，列为“集体”。

(3) 公民个人（或个人合伙）开办的事业单位，列为“私营”。

(4) 上述以外的其他事业单位，如果其经费来源不明确，按管理方式进行归类。

3. 社会团体包括经民政部门批准成立以及未纳入社会团体管理条例范围的工会、妇联等各类社会团体。社会团体的划分办法如下：

(1) 未纳入民政部社会团体管理条例范围的工会、妇联、共青团、青联、工商联、科协、侨联等社会团体，国家拨款设立的基金会或基金管理组织以及经费主要来源于国有业务主管部门或国有上级单位的社会团体，列为“国有”。

(2) 经费主要来源于集体单位的社会团体，列为“集体”。

(3) 公民个人（或个人合伙）开办的社会团体，划为“私营”。

(4) 上述以外的其他社会团体，如果其经费来源不明确，改按管理方式进行归类。

三次产业 根据社会生产活动历史发展的顺序对产业结构的划分，产品直接取自自然界的部门称为第一产业，对初级产品进行再加工的部门称为第二产业。为生产和消费提供各种服务的部门称为第三产业。它是世界上通用的产业结构分类，但各国的划分不尽一致。我国的三次产业划分是：

第一产业是指农、林、牧、渔业。

第二产业是指采矿业，制造业，电力、燃气及水的生产和供应业，建筑业。

第三产业是指除第一、二产业以外的其他行业。第三产业包括：交通运输、仓储和邮政业，信息传输、计算机服务和软件业，批发和零售业，住宿和餐饮业，金融业，房地产业，租赁和商务服务业，科学研究、技术服务和地质勘查业，水利、环境和公共设施管理业，居民服务和其他服务业，教育，卫生、社会保障和社会福利业，文化、体育和娱乐业，公共管理和社会组织，国际组织。

总产出　总产出是指一定时期内一个国家（或地区）常住单位生产的所有货物和服务的价值，即包括新增价值，也包括转移价值。它反映常住单位生产活动的总规模。总产出按生产者价格计算。

增加值　增加值是指常住单位生产过程创造的新增价值和固定资产的转移价值。它可以按生产法计算，也可以按收入法计算，按生产法计算，它等于总产出减去中间投入；按收入法计算，它等于劳动者报酬、生产税净额、固定资产折旧和营业盈余之和。

人口数　指一定时点、一定地区范围内的有生命的个人的总和。

年度统计的年末人口数是指每年 12 月 31 日 24 时的人口数。年度统计的全国人口总数内未包括台湾省和港澳同胞以及海外华侨人数。

出生率（又称粗出生率）指在一定时期内（通常为一年）平均每千人所出生的人数的比率，一般用千分率表示。计算公式：

$$出生率=\frac{年出生人数}{年平均人数}\times 1000‰$$

出生人数　是指活产婴儿，即胎儿脱离母体时（不管怀孕月数），有过呼吸或其他生命现象。

年平均人数　是指年初、年底人口数的平均数，也可用年中人口数代替。

死亡率（又称粗死亡率）　指在一定时期内（通常为一年）一定地区的死亡人数与同期平均人数（或期中人数）之比，一般用千分率表示。计算公式：

$$死亡率=\frac{年死亡人数}{年平均人数}\times 1000‰$$

人口自然增长率　指在一定时期内（通常为一年）人口自然增加数（出生人数减死亡人数）与该时期内平均人数（或期中人数）之比。一般用千分率表示。计算公式：

$$人口自然增长率=\frac{(本年出生人数-本年死亡人数)}{年平均人数}\times 1000‰$$

人口自然增长率=人口出生率-人口死亡率

二、从业人员和劳动工资

2-1 法人单位从业人数(按地域划分)

(2017 年底)

单位:人

项　　目	全市	中原区	二七区	管城区	金水区	上街区	惠济区	经开区	高新区
合　　计	**4594651**	**285726**	**466809**	**263906**	**763002**	**46368**	**122324**	**229136**	**201206**
农、林、牧、渔业	48478	398	753	280	864	240	3086	785	547
采矿业	132888	45524	1180	45	2	13	7	55	17
制造业	1348058	28239	33032	25515	16503	23423	21636	87348	71602
电力、热力、燃气及水生产和供应业	154224	7229	119698	428	291	143	416	108	982
建筑业	629663	75451	43505	27169	206057	6298	30228	44788	28360
批发和零售业	616790	22992	49339	88889	157961	3662	19159	33092	26155
交通运输、仓储和邮政业	240694	1753	115397	9552	7990	1626	3416	22826	1521
住宿和餐饮业	80154	4905	7433	3869	28271	535	3313	1220	2147
信息传输、软件和信息技术服务业	125771	3989	8047	8237	52703	314	1904	4739	26992
金融业	53995	3161	2382	1730	24333	49	385	307	451
房地产业	166019	11799	13322	14832	39537	1569	7047	8388	6805
租赁和商务服务业	274307	11176	24979	32400	76544	1268	6482	5847	10641
科学研究和技术服务业	154762	21740	10340	5697	45520	638	4113	6088	16158
水利、环境和公共设施管理业	33651	2340	1537	663	5126	468	1649	2473	716
居民服务、修理和其他服务业	58515	1537	2624	23417	13980	357	1728	968	965
教育	161752	12267	11375	6440	22800	1734	7867	2682	3632
卫生和社会工作	75785	9184	4480	3592	16778	1001	2126	3024	346
文化、体育和娱乐业	53061	4062	3570	1984	17973	608	2308	1369	975
公共管理、社会保障和社会组织	186084	17980	13816	9167	29769	2422	5454	3029	2194

2-1 续表 （2017 年底） 单位：人

项　目	郑东新区	航空港实验区	中牟县	巩义市	荥阳市	新密市	新郑市	登封市
合　计	**396288**	**368660**	**163294**	**269545**	**272725**	**266331**	**241858**	**237473**
农、林、牧、渔业	685	2218	4006	5324	8403	8006	6326	6557
采矿业	48		775	15541	4334	21022	2448	41877
制造业	33335	324318	46602	166076	152944	125889	113075	78521
电力、热力、燃气及水生产和供应业	1189	192	1065	1801	735	2615	1435	15897
建筑业	50018	2418	26397	7744	32982	28079	13521	6648
批发和零售业	82426	5950	26998	20070	18301	19456	24094	18246
交通运输、仓储和邮政业	40164	11224	3310	4966	2603	4647	5920	3779
住宿和餐饮业	9384	2342	2252	2352	2254	2191	2583	5103
信息传输、软件和信息技术服务业	13500	339	472	769	1527	718	1084	437
金融业	15953	122	897	1029	352	672	1443	729
房地产业	26547	3264	6907	3290	7093	3768	8515	3336
租赁和商务服务业	65892	4549	7356	2673	5529	4483	9711	4777
科学研究和技术服务业	22625	253	5723	1457	2904	2111	4385	5010
水利、环境和公共设施管理业	5541	729	1953	1953	2746	1519	1827	2411
居民服务、修理和其他服务业	3717	164	1407	1757	1709	1188	1783	1214
教育	7418	3451	10015	11471	9416	15215	16091	19878
卫生和社会工作	3344	1966	3204	4799	4355	6138	5834	5614
文化、体育和娱乐业	3512	149	2281	4636	2559	2014	1713	3348
公共管理、社会保障和社会组织	10990	5012	11674	11837	11979	16600	20070	14091

2-2 分企事业机关、分行业从业人员人数

（2017 年底） 单位：人、%

类 别	合 计	比上年增长	国有	比上年增长	城镇	比上年增长	其他所有制	比上年增长
单位从业人员年末人数	**2075551**	**3.3**	**457461**	**1.2**	**25582**	**-6.2**	**1592508**	**4.1**
按企事业机关分								
企业	1643270	2.6	74441	-22.6	14979	-12.7	1553850	4.4
事业	312349	7.0	282168	7.5	9297	5.9	20884	1.7
机关	97860	7.7	97327	8.6	28	-3.4	505	-57.2
非营利组织	13283	-16.8	648	-16.5	521	-3.3	12114	-17.4
其他	8789	10.8	2877	-2.9	757	-1.0	5155	22.6
按行业分								
农林牧渔业	2346	-5.9	646	-13.3	1020	-0.6	680	-5.8
采矿业	47474	-6.5	332	-0.3	284	-0.4	46858	-6.6
制造业	687744	1.0	6671	14.9	5192	-19.9	675881	1.1
电力、热力、燃气及水的生产和供应业	28696	-17.6	3460	-57.3	67	191.3	25169	-5.7
建筑业	323504	9.9	13104	-21.4	2612	-5.0	307788	11.9
批发和零售业	103958	0.6	3078	-22.8	789	-38.4	100091	2.1
交通运输、仓储和邮政业	79268	-2.1	19361	-1.6	643	-22.1	59264	-2.0
住宿和餐饮业	29616	-4.3	3853	-11.9	684	-14.5	25079	-2.7
信息传输、软件和信息技术服务业	44004	13.0	734	-4.3	85	-16.7	43185	13.5
金融业	85987	-5.0	7158	3.7			78829	-5.8
房地产业	66155	4.6	1420	-23.9	178	-10.6	64557	5.5
租赁和商务服务业	65699	52.2	14646	106.6	2206	18.3	48847	42.8
科学研究和技术服务业	62042	1.9	19621	2.0	753	-19.1	41668	2.4
水利、环境和公共设施管理业	23541	13.5	10940	5.4	996	-5.1	11605	24.7
居民服务、修理和其他服务业	5339	34.5	181	5.2	337	8.7	4821	38.3
教育	148229	-3.1	113933	-4.7	4623	2.6	29673	2.9
卫生和社会工作	103804	7.8	86031	8.1	4497	3.7	13276	7.6
文化、体育和娱乐业	22104	-4.9	12312	-25.1	74	5.7	9718	44.1
公共管理、社会保障和社会组织	146041	7.2	139980	7.4	542	24.0	5519	1.6

注：2-2 表至 2-13 表范围为中央和地方各类企业，事业和机关的资料，不包括私营企业、个体工商户和乡镇企业。

2-3 分企事业机关、分行业在岗职工人数

（2017 年底）

单位：人、%

类　别	合 计	比上年增长	国有	比上年增长	城镇集体	比上年增长	其他经济类型	比上年增长
在岗职工年末人数	**1840471**	**2.6**	**420835**	**0.3**	**23360**	**-7.1**	**1396276**	**3.5**
按企事业机关分								
企业	1440172	1.9	67146	-22.7	13488	-14.1	1359538	3.7
事业	291091	6.7	262980	7.0	8566	4.6	19545	3.5
机关	88447	3.6	87914	4.5	28	-3.4	505	-56.7
非营利组织	12786	-14.6	648	-16.4	521	-3.3	11617	-14.9
其他	7975	13.5	2147	0.2	757	6.9	5071	21.4
按行业分								
农林牧渔业	1960	-7.3	646	-13.3	634	-2.2	680	-5.8
采矿业	47017	-7.0	332	-0.3	284	-0.4	46401	-7.1
制造业	669664	1.5	6118	17.3	5027	-20.4	658519	1.6
电力、热力、燃气及水的生产和供应业	27548	-17.2	3321	-55.1	67	191.3	24160	-6.5
建筑业	226652	7.1	9797	-27.1	2415	-6.5	214440	9.6
批发和零售业	96406	1.6	2808	-15.3	772	-39.1	92826	2.8
交通运输、仓储和邮政业	62222	4.0	18299	3.0	633	-21.9	43290	4.9
住宿和餐饮业	27746	-4.4	3635	-12.1	667	-15.4	23444	-2.7
信息传输、软件和信息技术服务业	39343	11.8	717	-1.6	73	-2.7	38553	12.1
金融业	66223	-5.7	7049	5.3			59174	-6.8
房地产业	58287	5.0	1327	-16.6	178	-10.6	56782	5.7
租赁和商务服务业	50519	48.3	14117	115.6	1710	24.4	34692	32.7
科学研究和技术服务业	52347	-0.9	17075	1.5	750	-18.5	34522	-1.6
水利、环境和公共设施管理业	19393	15.6	10220	3.9	564	-20.2	8609	38.3
居民服务、修理和其他服务业	4941	31.1	177	6.0	171	13.2	4593	33.1
教育	142468	-2.4	109920	-4.6	4552	3.0	27996	6.5
卫生和社会工作	94646	7.4	77812	7.8	4247	4.0	12587	6.4
文化、体育和娱乐业	20751	-5.3	11152	-27.0	74	5.7	9525	45.3
公共管理、社会保障和社会组织	132338	3.4	126313	3.4	542	24.0	5483	1.8

2-4　分企事业机关、分行业在岗职工工资总额

（2017 年底）

单位：千元、%

类　别	合　计	比上年增长	国有	比上年增长	城镇集体	比上年增长	其他经济类型	比上年增长
在岗职工年工资总额	**126135730**	**16.5**	**40137719**	**30.1**	**1320867**	**2.5**	**84677144**	**11.3**
按企事业机关分								
企业	89217701	9.2	5953908	-11.3	649490	-12.0	82614303	11.2
事业	27993188	42.0	26215324	43.4	602186	22.4	1175678	25.6
机关	7778163	36.2	7721271	36.9	2914	5.4	53978	-21.5
非营利组织	627023	-7.7	48397	-4.1	26384	8.8	552242	-8.7
其他	519655	30.9	198819	30.2	39893	23.6	280943	32.6
按行业分								
农林牧渔业	89974	-1.4	40371	1.8	23592	-5.4	26011	-2.2
采矿业	2297997	-3.2	12972	-9.1	11801	8.5	2273224	-3.2
制造业	33789212	1.3	456970	41.9	277511	-17.6	33054731	1.1
电力、热力、燃气及水的生产和供应业	1793481	-20.5	239284	-68.2	2524	161.3	1551673	3.2
建筑业	14264991	29.7	728872	-20.2	107168	-1.7	13428951	34.6
批发和零售业	5053318	10.0	340997	3.9	31735	-37.9	4680586	11.1
交通运输、仓储和邮政业	4264752	16.1	1285592	20.0	25284	-20.6	2953876	15.0
住宿和餐饮业	1148722	2.5	165810	-3.2	31464	-7.4	951448	3.9
信息传输、软件和信息技术服务业	3259161	36.3	72178	0.3	5253	4.1	3181730	37.5
金融业	11211682	4.7	1236047	19.2			9975635	3.1
房地产业	3950571	21.9	87700	-10.0	6815	22.9	3856056	22.9
租赁和商务服务业	3142865	71.2	1070888	196.0	57332	18.0	2014645	41.4
科学研究和技术服务业	4617913	19.2	1696559	15.5	53805	-4.8	2867549	22.1
水利、环境和公共设施管理业	1003074	20.8	584782	15.6	45527	-7.1	372765	35.4
居民服务、修理和其他服务业	193937	42.1	8414	26.5	11245	21.7	174278	44.5
教育	11519864	19.6	9674519	19.2	329414	32.6	1515931	19.9
卫生和社会工作	11891741	61.4	10817048	65.8	259367	8.4	815326	34.3
文化、体育和娱乐业	1714866	7.6	966736	-11.8	7290	105.8	740840	50.0
公共管理、社会保障和社会组织	10927609	33.8	10651980	34.1	33740	40.4	241889	18.9

2-5 分企事业机关、分行业在岗职工平均工资

（2017 年底）　　　　单位：元、%

类　别	合　计	比上年增长	国有	比上年增长	城镇集体	比上年增长	其他所有制	比上年增长
在岗职工年平均工资	**70486**	**15.3**	**94476**	**29.5**	**57388**	**10.4**	**63481**	**10.0**
按企事业机关分								
企业	64688	9.7	88018	14.6	49431	2.9	63675	10.0
事业	96058	33.3	99572	34.3	70787	17.2	59654	19.9
机关	84874	28.8	84752	28.5	100483	5.4	106676	80.9
非营利组织	49842	1.4	75502	15.5	51431	14.3	48340	
其他	68446	23.7	99119	56.2	53548	16.0	54913	6.7
按行业分								
农林牧渔业	46910	8.2	64388	19.3	38423	-0.8	38421	4.7
采矿业	47230	5.3	39072	-19.2	41996	8.8	47317	5.5
制造业	55699	4.4	72338	20.3	54608	1.8	55529	4.2
电力、热力、燃气及水的生产和供应业	63851	-5.9	71814	-29.0	38831	-7.5	62860	7.7
建筑业	64891	21.4	73718	8.1	50413	6.6	64682	22.8
批发和零售业	53008	8.7	118933	28.8	41322	0.2	51117	8.5
交通运输、仓储和邮政业	66763	15.4	71877	18.6	39568	0.1	65275	14.1
住宿和餐饮业	41295	6.7	45278	10.4	46632	4.2	40563	6.3
信息传输、软件和信息技术服务业	82639	16.3	106720	4.0	72678	19.7	82263	17.0
金融业	169132	11.7	176888	15.0			168221	11.2
房地产业	65692	15.1	65809	-2.5	38287	37.4	65767	15.7
租赁和商务服务业	58279	13.6	75387	36.6	35559	4.7	53706	4.8
科学研究和技术服务业	86290	21.0	96380	12.5	71549	15.2	81883	25.9
水利、环境和公共设施管理业	52541	6.5	57546	12.7	78903	13.9	44991	0.9
居民服务、修理和其他服务业	38798	-9.0	47807	21.5	57317	4.3	37155	-10.8
教育	81197	21.6	87995	24.3	72678	28.7	55315	10.0
卫生和社会工作	125958	51.6	139545	56.8	62050	4.8	63426	19.9
文化、体育和娱乐业	80646	11.5	83560	17.4	97200	89.3	76888	2.2
公共管理、社会保障和社会组织	80581	28.0	82170	28.2	63065	12.9	43828	16.3

2-6 全市及各县(市)区分企事业、机关从业人员人数及工资总额

(2017 年底)　　单位:人、元

类别	单位从业人员	#女性	在岗职工合计	其他从业人员	单位从业人员平均人数	在岗职工	劳务派遣人员	其他从业人员	单位从业人员工资总额(千元)	在岗职工工资总额	劳务派遣人员工资总额	其他从业人员工资总额	在岗职工平均工资(含劳务派遣人员)
总计	**2075551**	**790271**	**1840471**	**80807**	**1976812**	**1750506**	**150258**	**76048**	**138256515**	**126135730**	**7842126**	**4278659**	**70486**
中原区	127141	40645	98643	5189	127847	99107	23532	5208	9425019	7595004	1550750	279265	74575
二七区	139969	48842	122075	3990	137348	120426	13019	3903	9560527	8732729	667692	160106	70444
管城区	89516	33433	80885	3618	88107	79206	5391	3510	6111040	5700791	282775	127474	70730
金水区	366108	128954	302792	35588	349241	290942	27066	31233	27847654	24671920	1657876	1517858	82796
上街区	27412	8470	22781	984	26975	22651	3132	1192	1581931	1424895	114289	42747	59698
惠济区	51842	19710	47151	1840	50443	45839	2817	1787	3230137	3014344	113810	101983	64291
中牟县	56473	21567	51750	2427	54728	50128	2217	2383	3391801	3196638	101632	93531	63010
市局直管	28568	4966	27878	74	30303	29652	556	95	1573094	1533670	37923	1501	52026
巩义市	82214	27356	78237	2161	80328	76721	1609	1998	4011694	3838402	110387	62905	50412
荥阳市	90698	26829	79360	1577	87175	77217	8465	1493	4941324	4363104	505603	72617	56823
新密市	95194	31048	85782	2086	93046	84236	6718	2092	4266519	3937180	246112	83227	45993
新郑市	107552	41696	99068	4241	105452	97408	4176	3868	6188826	5855705	158779	174342	59207
登封市	104262	28674	100699	2194	102513	98857	1198	2458	4798306	4703050	23286	71970	47237
经开区	124245	44145	106479	5433	118291	101727	10960	5604	8279178	7437283	562875	279020	70995
高新区	87460	29766	77755	3257	86332	77029	6305	2998	6496818	6010659	310481	175678	75853
郑东新区	153054	65542	130218	5531	150700	126583	18489	5628	18737479	17033200	686354	1017925	122143
航空港实验区	343843	188628	328918	617	287983	272777	14608	598	17815168	17087156	711502	16510	61933
企业	**1643270**	**573493**	**1440172**	**64873**	**1550622**	**1355249**	**134487**	**60886**	**99216622**	**89217701**	**7149940**	**2848981**	**64688**
中原区	91246	21706	65633	3630	92378	66637	22061	3680	6145425	4551832	1430298	163295	67444
二七区	93197	28491	75347	3954	90599	73685	13011	3903	5209034	4381444	667484	160106	58237
管城区	68300	21373	62059	2092	67092	60817	4277	1998	4477969	4168775	225713	83481	67510
金水区	270122	79301	216121	30088	255208	205804	23646	25750	18153591	15445455	1494460	1213676	73828
上街区	22453	5844	18191	659	22011	18051	3091	869	1109676	965744	113326	30606	51039
惠济区	34636	10317	31519	1345	33546	30511	1769	1266	1794219	1638784	81509	73926	53293

2-6 续表 1 （2017 年底） 单位：人、元

类别	单位从业人员	#女性	在岗职工合计	其他从业人员	单位从业人员平均人数	在岗职工	劳务派遣人员	其他从业人员	单位从业人员工资总额（千元）	在岗职工工资总额	劳务派遣人员工资总额	其他从业人员工资总额	在岗职工平均工资（含劳务派遣人员）
中牟县	31097	8619	27692	1818	29923	26645	1552	1726	1649330	1497824	80639	70867	55980
市局直管	28568	4966	27878	74	30303	29652	556	95	1573094	1533670	37923	1501	52026
巩义市	61549	16789	58667	1300	59999	57369	1408	1222	2636874	2490104	103286	43484	44123
荥阳市	64877	14050	53654	1515	61553	51705	8416	1432	3226127	2650279	504638	71210	52476
新密市	71438	18662	63044	1905	69340	61532	5896	1912	2859197	2556599	224426	78172	41244
新郑市	71106	22559	66043	1765	70090	64733	3343	2014	3303746	3069047	137800	96899	47107
登封市	79002	17791	77273	1148	77378	75554	422	1402	3480840	3411255	16300	53285	45114
经开区	117373	40123	101377	5227	111527	96769	9370	5388	7709122	6965013	472480	271629	70073
高新区	72616	23080	63717	3213	71969	63423	5592	2954	5208629	4744852	289037	174740	72939
郑东新区	128985	54341	108794	4798	127060	105282	16847	4931	13419649	12548947	618741	251961	107818
航空港实验区	336405	185481	323163	342	280646	267080	13230	336	17260100	16598077	651880	10143	61539
事业	**312349**	**169356**	**291091**	**12612**	**307626**	**287136**	**8608**	**11882**	**29703927**	**27993188**	**415280**	**1295459**	**96058**
中原区	25654	14762	23251	1261	25252	22744	1285	1223	2300588	2096499	111467	92622	91888
二七区	40692	17643	40648	36	40694	40686	8		3865602	3865394	208		94992
管城区	16802	9694	14645	1463	16521	14118	950	1453	1247699	1156111	51577	40011	80149
金水区	74583	41480	66657	4900	73181	65332	2972	4877	7519483	7115020	136017	268446	106158
上街区	2764	1713	2539	223	2783	2560	2	221	235278	226250	51	8977	88330
惠济区	12116	7252	11456	455	11825	11158	186	481	1099271	1065525	9469	24277	94763
中牟县	15927	9337	15492	412	15544	15107	23	414	1152684	1137999	707	13978	75261
巩义市	12957	7761	12734	87	12810	12601	126	83	886134	878587	4732	2815	69405
荥阳市	17201	9495	17116	62	17080	16996	23	61	1110477	1108788	282	1407	65167
新密市	14783	8753	14529	44	14780	14538	198	44	886303	880479	4785	1039	60075
新郑市	26225	14463	23248	2287	25228	22948	585	1695	2100311	2015407	13795	71109	86228
登封市	14241	7908	13369	735	14211	13366	132	713	844717	829950	2191	12576	61649
经开区	3518	1896	3162	101	3506	3148	255	103	273429	261029	9184	3216	79404
高新区	12077	5980	11609		11647	11228	419		1081417	1068607	12810		92849

2-6 续表2 （2017年底） 单位：人、元

类别	单位从业人员	#女性	在岗职工合计	其他从业人员	单位从业人员平均人数	在岗职工	劳务派遣人员	其他从业人员	单位从业人员工资总额（千元）	在岗职工工资总额	劳务派遣人员工资总额	其他从业人员工资总额	在岗职工平均工资（含劳务派遣人员）
郑东新区	17436	8761	16389	470	17271	16418	415	438	4713694	3944531	15826	753337	235273
航空港实验区	5373	2458	4247	76	5293	4188	1029	76	386840	343012	42179	1649	73834
机关	**97860**	**35097**	**88447**	**2705**	**96751**	**87676**	**6455**	**2620**	**8088346**	**7778163**	**211152**	**99031**	**84874**
中原区	9366	3613	8998	212	9323	8955	156	212	904121	883384	6367	14370	97657
二七区	4755	1823	4755		4755	4755			434257	434257			91326
管城区	3599	1688	3425	4	3555	3387	164	4	335285	329714	5485	86	94396
金水区	18232	6347	17189	554	17986	16983	448	555	2011249	1950121	27399	33729	113448
上街区	2157	881	2013	102	2143	2002	39	102	234667	230591	912	3164	113426
惠济区	4956	2036	4042	40	4939	4037	862	40	332358	305746	22832	3780	67070
中牟县	8166	2813	7352	128	8029	7259	642	128	527382	502327	20286	4769	66145
巩义市	6513	1934	5684	762	6356	5636	61	659	422579	405071	1635	15873	71390
荥阳市	7736	2866	7706		7665	7639	26		556417	555734	683		72592
新密市	7895	3072	7131	137	7852	7093	623	136	450524	429636	16872	4016	57868
新郑市	5637	2063	5349	36	5600	5320	245	35	529286	521321	7119	846	94958
登封市	7159	2187	6197	311	7185	6198	644	343	339659	328755	4795	6109	48750
经开区	1190	623	473	38	1179	464	677	38	77383	57411	19120	852	67074
高新区	2581	608	2243	44	2545	2207	294	44	200215	190643	8634	938	79679
郑东新区	5866	1865	4395	138	5608	4245	1225	138	565725	508374	51570	5781	102366
航空港实验区	2052	678	1495	199	2031	1496	349	186	167239	145078	17443	4718	88087
民间非营利组织	**13283**	**7155**	**12786**	**412**	**13114**	**12568**	**85**	**461**	**652468**	**627023**	**3622**	**21823**	**49842**
中原区	302	177	301	1	306	305		1	24036	24006		30	78708
二七区	1056	753	1056		1031	1031			42436	42436			41160
管城区	601	482	542	59	725	670		55	41158	37262		3896	55615
金水区	2038	1346	2001	37	2037	2002		35	107021	105564		1457	52729
上街区	31	27	31		31	31			2028	2028			65419

2-6 续表 3 （2017 年底） 单位：人、元

类别	单位从业人员	#女性	在岗职工合计	其他从业人员	单位从业人员平均人数	在岗职工	劳务派遣人员	其他从业人员	单位从业人员工资总额（千元）	在岗职工工资总额	劳务派遣人员工资总额	其他从业人员工资总额	在岗职工平均工资（含劳务派遣人员）
惠济区	59	49	59		58	58			1766	1766			30448
中牟县	1199	732	1130	69	1158	1043		115	55801	51884		3917	49745
巩义市	357	281	355	2	344	327		17	19300	18864		436	57688
荥阳市	491	226	491		483	483			23609	23609			48880
新密市	29	16	29		29	29			969	969			33414
新郑市	3262	1878	3140	119	3191	3071	3	117	186183	180877	65	5241	58862
登封市	2690	337	2690		2574	2574			93772	93772			36430
经开区	202	167	122		202	122	80		8432	5092	3340		41743
高新区	186	98	186		171	171			6557	6557			38345
郑东新区	767	575	640	125	761	638	2	121	38411	31348	217	6846	49320
航空港实验区	13	11	13		13	13			989	989			76077
其他	**8789**	**5170**	**7975**	**205**	**8699**	**7877**	**623**	**199**	**595152**	**519655**	**62132**	**13365**	**68446**
中原区	573	387	460	85	588	466	30	92	50849	39283	2618	8948	84478
二七区	269	132	269		269	269			9198	9198			34193
管城区	214	196	214		214	214			8929	8929			41724
金水区	833	480	824	9	829	821		8	56310	55760		550	67917
上街区	7	5	7		7	7			282	282			40286
惠济区	75	56	75		75	75			2523	2523			33640
中牟县	84	66	84		74	74			6604	6604			89243
巩义市	838	591	797	10	819	788	14	17	46807	45776	734	297	57993
荥阳市	393	192	393		394	394			24694	24694			62675
新密市	1049	545	1049		1045	1044	1		69526	69497	29		66532
新郑市	1322	733	1288	34	1343	1336		7	69300	69053		247	51686
登封市	1170	451	1170		1165	1165			39318	39318			33749
经开区	1962	1336	1345	67	1877	1224	578	75	210812	148738	58751	3323	115144

2-7 全市及各县(市)区国有单位分企事业、机关从业人员人数及工资总额

(2017年底)

单位:人、元

类别	单位从业人员	#女性	在岗职工合计	其他从业人员	单位从业人员平均人数	在岗职工	劳务派遣人员	其他从业人员	单位从业人员工资总额(千元)	在岗职工工资总额	劳务派遣人员工资总额	其他从业人员工资总额	在岗职工平均工资(含劳务派遣人员)
国有单位合计	**457461**	**212615**	**420835**	**17907**	**451712**	**415324**	**18894**	**17494**	**42580220**	**40137719**	**885456**	**1557045**	**94476**
中原区	47048	22058	43605	1336	46276	42661	2310	1305	4404714	4125353	172311	107050	95565
二七区	42051	17772	42029	14	42042	42027	8	7	4201365	4200946	208	211	99944
管城区	23886	12538	21272	1532	23600	20740	1355	1505	1952716	1837199	74168	41349	86507
金水区	103202	51359	93788	5749	101361	92020	3575	5766	10369522	9880294	172070	317158	105156
上街区	7474	3156	6823	405	7487	6826	251	410	611903	592227	6170	13506	84555
惠济区	19256	10185	17565	636	18959	17241	1043	675	1602461	1536159	31999	34303	85767
中牟县	24768	12439	23444	547	24246	22965	733	548	1708638	1665334	24257	19047	71297
巩义市	16221	6611	14931	852	15890	14768	384	738	1069880	1038521	12088	19271	69338
荥阳市	25951	12339	25783	115	25741	25587	49	105	1697122	1693259	965	2898	66088
新密市	23630	12320	22433	246	23580	22400	935	245	1404132	1366781	29613	7738	59841
新郑市	29017	13601	26712	1601	28278	26388	592	1298	2500219	2432304	15604	52311	90730
登封市	20563	8836	18766	1059	20538	18718	731	1089	1086362	1060113	7022	19227	54868
经开区	10376	3857	5953	2941	10288	5834	1508	2946	883622	640739	87012	155871	99122
高新区	16127	6921	15214	67	16092	15228	798	66	1523916	1497212	24244	2460	94937
郑东新区	41626	16238	37880	587	41160	37332	3244	584	7089663	6162137	168103	759423	156009
航空港实验区	6265	2385	4637	220	6174	4589	1378	207	473985	409141	59622	5222	78559
企业	**74441**	**23311**	**67146**	**3998**	**74055**	**66311**	**3719**	**4025**	**6360417**	**5953908**	**209991**	**196518**	**88018**
中原区	13455	4026	12464	210	13096	12049	839	208	1279500	1221342	51859	6299	98790
二七区	5289	1424	5279	10	5278	5271		7	391291	391080		211	74195
管城区	4422	1737	4118	86	4432	4121	241	70	435561	416068	17106	2387	99306
金水区	10822	3999	10372	295	10638	10144	160	334	873259	849484	8792	14983	83295
上街区	2663	642	2381	80	2666	2369	210	87	154451	147879	5207	1365	59359
惠济区	2407	1020	2218	186	2411	2211	8	192	182638	174455	518	7665	78852
中牟县	950	430	875	7	949	875	68	6	45482	41918	3264	300	47913
巩义市	3029	1128	2640	62	2949	2612	286	51	207716	196451	8784	2481	70820
荥阳市	1450	254	1395	55	1425	1379		46	56310	54751		1559	39703

2-7 续表 1　　（2017 年底）　　单位：人、元

类别	单位从业人员	#女性	在岗职工合计	其他从业人员	单位从业人员平均人数	在岗职工	劳务派遣人员	其他从业人员	单位从业人员工资总额（千元）	在岗职工工资总额	劳务派遣人员工资总额	其他从业人员工资总额	在岗职工平均工资（含劳务派遣人员）
新密市	1238	613	1059	65	1233	1054	114	65	79183	68544	7956	2683	65497
新郑市	2156	396	2001	151	2058	1902	4	152	120423	114811	204	5408	60344
登封市	1465	533	1381	14	1444	1340	70	34	50389	48285	1550	554	35344
经开区	4594	706	1848	2746	4605	1862		2743	376745	227949		148796	122422
高新区	1469	333	1362	23	1900	1793	85	22	242284	237962	2800	1522	128201
郑东新区	19010	6064	17731	8	18949	17307	1634	8	1864419	1762163	101951	305	98417
航空港实验区	22	6	22		22	22			766	766			34818
事业	**282168**	**152343**	**262980**	**11052**	**278008**	**259214**	**8112**	**10682**	**27867493**	**26215324**	**402944**	**1249225**	**99572**
中原区	23933	14197	21962	829	23549	21471	1285	793	2183587	1994687	111467	77433	92554
二七区	32409	14550	32397	4	32411	32403	8		3423706	3423498	208		105634
管城区	15834	9102	13698	1442	15582	13201	950	1431	1179374	1088921	51577	38876	80595
金水区	73725	40874	65804	4900	72323	64479	2967	4877	7457100	7052775	135879	268446	106584
上街区	2623	1606	2398	223	2647	2424	2	221	220757	211729	51	8977	87296
惠济区	11893	7129	11305	410	11609	10993	173	443	1087465	1055958	8649	22858	95344
中牟县	15524	9088	15089	412	15150	14713	23	414	1125719	1111034	707	13978	75444
巩义市	6679	3549	6607	28	6585	6520	37	28	439585	436999	1669	917	66901
荥阳市	16755	9210	16672	60	16641	16559	23	59	1083848	1082227	282	1339	65282
新密市	14497	8635	14243	44	14495	14253	198	44	874425	868601	4785	1039	60438
新郑市	21196	11129	19334	1414	20592	19138	343	1111	1847461	1793123	8281	46057	92470
登封市	11426	6084	10675	734	11400	10671	17	712	677321	664080	677	12564	62197
经开区	2656	1200	2313	90	2653	2310	253	90	220229	208188	9141	2900	84795
高新区	12077	5980	11609		11647	11228	419		1081417	1068607	12810		92849
郑东新区	16750	8309	15754	441	16603	15780	385	438	4659519	3891600	14582	753337	241644
航空港实验区	4191	1701	3120	21	4121	3071	1029	21	305980	263297	42179	504	74506
机关	**97327**	**35010**	**87914**	**2705**	**96216**	**87141**	**6455**	**2620**	**8031454**	**7721271**	**211152**	**99031**	**84752**
中原区	9262	3564	8894	212	9218	8850	156	212	896295	875558	6367	14370	97926
二七区	4353	1798	4353		4353	4353			386368	386368			88759
管城区	3599	1688	3425	4	3555	3387	164	4	335285	329714	5485	86	94396

2-7 续表 2 （2017 年底） 单位：人、元

类　别	单位从业人员	#女性	在岗职工合计	其他从业人员	单位从业人员平均人数	在岗职工	劳务派遣人员	其他从业人员	单位从业人员工资总额（千元）	在岗职工工资总额	劳务派遣人员工资总额	其他从业人员工资总额	在岗职工平均工资（含劳务派遣人员）
金水区	18220	6335	17177	554	17973	16970	448	555	2010693	1949565	27399	33729	113501
上街区	2157	881	2013	102	2143	2002	39	102	234667	230591	912	3164	113426
惠济区	4956	2036	4042	40	4939	4037	862	40	332358	305746	22832	3780	67070
中牟县	8166	2813	7352	128	8029	7259	642	128	527382	502327	20286	4769	66145
巩义市	6513	1934	5684	762	6356	5636	61	659	422579	405071	1635	15873	71390
荥阳市	7721	2865	7691		7650	7624	26		555796	555113	683		72653
新密市	7895	3072	7131	137	7852	7093	623	136	450524	429636	16872	4016	57868
新郑市	5637	2063	5349	36	5600	5320	245	35	529286	521321	7119	846	94958
登封市	7159	2187	6197	311	7185	6198	644	343	339659	328755	4795	6109	48750
经开区	1190	623	473	38	1179	464	677	38	77383	57411	19120	852	67074
高新区	2581	608	2243	44	2545	2207	294	44	200215	190643	8634	938	79679
郑东新区	5866	1865	4395	138	5608	4245	1225	138	565725	508374	51570	5781	102366
航空港实验区	2052	678	1495	199	2031	1496	349	186	167239	145078	17443	4718	88087
民间非营利组织	**648**	**280**	**648**		**641**	**641**			**48397**	**48397**			**75502**
中原区	66	29	66		66	66			8131	8131			123197
管城区	31	11	31		31	31			2496	2496			80516
金水区	423	148	423		416	416			28074	28074			67486
上街区	31	27	31		31	31			2028	2028			65419
中牟县	44	42	44		44	44			3451	3451			78432
荥阳市	25	10	25		25	25			1168	1168			46720
新郑市	28	13	28		28	28			3049	3049			108893
其他	**2877**	**1671**	**2147**	**152**	**2792**	**2017**	**608**	**167**	**272459**	**198819**	**61369**	**12271**	**99119**
中原区	332	242	219	85	347	225	30	92	37201	25635	2618	8948	110796
金水区	12	3	12		11	11			396	396			36000
中牟县	84	66	84		74	74			6604	6604			89243
登封市	513	32	513		509	509			18993	18993			37314
经开区	1936	1328	1319	67	1851	1198	578	75	209265	147191	58751	3323	115958

2-8 全市及各县(市)区城镇集体单位分企事业从业人员人数及工资总额

（2017 年底）　　单位：人、元

类　别	单位从业人员	#女性	在岗职工合计	其他从业人员	单位从业人员平均人数	在岗职工	劳务派遣人员	其他从业人员	单位从业人员工资总额（千元）	在岗职工工资总额	劳务派遣人员工资总额	其他从业人员工资总额	在岗职工平均工资（含劳务派遣人员）
城镇集体合计	**25582**	**10897**	**23360**	**1800**	**25461**	**23013**	**577**	**1871**	**1413024**	**1320867**	**32909**	**59248**	**57388**
中原区	2402	555	1744	432	2379	1625	315	439	150803	112434	22983	15386	69803
二七区	945	359	933		947	935	12		59579	58509	1070		62913
管城区	2391	784	2309	37	2278	2199	42	37	143473	140643	1420	1410	63393
金水区	2013	674	2003	5	2017	1984	5	28	101344	99870	138	1336	50281
上街区	825	355	799	26	885	861		24	23400	22758		642	26432
惠济区	276	183	231	45	267	229		38	10233	8814		1419	38489
中牟县	2031	652	1187	844	2056	1160		896	80263	58959		21304	50827
巩义市	6410	4239	6311	57	6338	6243	42	53	422746	419968	928	1850	66968
荥阳市	1459	501	1451	8	1419	1411		8	82248	82015		233	58125
新密市	1821	555	1758	24	1851	1788	39	24	74426	72093	1304	1029	40174
新郑市	2337	715	2118	203	2383	2109	77	197	135625	120723	2974	11928	56586
登封市	1559	652	1533	16	1546	1485	10	51	58737	56921	520	1296	38422
经开区	228	125	222	4	227	219	2	6	12710	12532	43	135	56900
郑东新区	698	456	644	29	681	648	33		50778	49249	1529		74564
航空港实验区	187	92	117	70	187	117		70	6659	5379		1280	45974
企业	**14979**	**4515**	**13488**	**1100**	**14985**	**13237**	**538**	**1210**	**715738**	**649490**	**31421**	**34827**	**49431**
中原区	1217	224	991		1199	875	315	9	76810	53630	22983	197	64381
二七区	561	213	549		563	551	12		27766	26696	1070		49318
管城区	1701	318	1640	16	1618	1561	42	15	99113	97418	1420	275	61658
金水区	1789	561	1784	5	1798	1770		28	83740	82404		1336	46556
上街区	825	355	799	26	885	861		24	23400	22758		642	26432
惠济区	133	79	133		131	131			4007	4007			30588
中牟县	1866	582	1022	844	1891	995		896	70576	49272		21304	49520
巩义市	567	198	527		551	511	40		20371	19506	865		36971
荥阳市	913	234	907	6	880	874		6	54327	54162		165	61970
新密市	1610	478	1547	24	1641	1578	39	24	65007	62674	1304	1029	39566
新郑市	2153	624	1989	148	2197	1978	77	142	123540	112118	2974	8448	56006

2-8 续表 （2017 年底） 单位：人、元

类别	单位从业人员	#女性	在岗职工合计	其他从业人员	单位从业人员平均人数	在岗职工	劳务派遣人员	其他从业人员	单位从业人员工资总额（千元）	在岗职工工资总额	劳务派遣人员工资总额	其他从业人员工资总额	在岗职工平均工资（含劳务派遣人员）
登封市	1329	542	1303	16	1316	1255	10	51	48901	47085	520	1296	37632
经开区	107	41	107		107	107			6318	6318			59047
郑东新区	131	50	128		131	128	3		9518	9233	285		72656
航空港实验区	77	16	62	15	77	62		15	2344	2209		135	35629
事业	**9297**	**5604**	**8566**	**700**	**9189**	**8489**	**39**	**661**	**628095**	**602186**	**1488**	**24421**	**70787**
中原区	1129	299	697	432	1124	694		430	69623	54434		15189	78435
二七区	384	146	384		384	384			31813	31813			82846
管城区	690	466	669	21	660	638		22	44360	43225		1135	67751
金水区	134	90	129		136	131	5		13207	13069	138		97110
惠济区	143	104	98	45	136	98		38	6226	4807		1419	49051
中牟县	165	70	165		165	165			9687	9687			58709
巩义市	5204	3564	5145	57	5152	5097	2	53	368335	366422	63	1850	71874
荥阳市	98	52	96	2	99	97		2	6069	6001		68	61866
新密市	211	77	211		210	210			9419	9419			44852
新郑市	184	91	129	55	186	131		55	12085	8605		3480	65687
登封市	157	79	157		157	157			5304	5304			33783
经开区	121	84	115	4	120	112	2	6	6392	6214	43	135	54886
郑东新区	567	406	516	29	550	520	30		41260	40016	1244		75018
航空港实验区	110	76	55	55	110	55		55	4315	3170		1145	57636
机关	**28**	**12**	**28**		**29**	**29**			**2914**	**2914**			**100483**
中原区	28	12	28		29	29			2914	2914			100483
民间非营利组织	**521**	**246**	**521**		**513**	**513**			**26384**	**26384**			**51431**
荥阳市	448	215	448		440	440			21852	21852			49664
登封市	73	31	73		73	73			4532	4532			62082
其他	**757**	**520**	**757**		**745**	**745**			**39893**	**39893**			**53548**
中原区	28	20	28		27	27			1456	1456			53926
金水区	90	23	90		83	83			4397	4397			52976
巩义市	639	477	639		635	635			34040	34040			53606

2-9 全市及各县(市)区其他单位分企事业从业人员人数及工资总额

(2017 年底)　　单位:人、元

类　别	单位从业人员	#女性	在岗职工合计	其他从业人员	单位从业人员平均人数	在岗职工	劳务派遣人员	其他从业人员	单位从业人员工资总额(千元)	在岗职工工资总额	劳务派遣人员工资总额	其他从业人员工资总额	在岗职工平均工资(含劳务派遣人员)
总计	**1592508**	**566759**	**1396276**	**61100**	**1499639**	**1312169**	**130787**	**56683**	**94263271**	**84677144**	**6923761**	**2662366**	**63481**
中原区	77691	18032	53294	3421	79192	54821	20907	3464	4869502	3357217	1355456	156829	62232
二七区	96973	30711	79113	3976	94359	77464	12999	3896	5299583	4473274	666414	159895	56815
管城区	63239	20111	57304	2049	62229	56267	3994	1968	4014851	3722949	207187	84715	65219
金水区	260893	76921	207001	29834	245863	196938	23486	25439	17376788	14691756	1485668	1199364	73392
上街区	19113	4959	15159	553	18603	14964	2881	758	946628	809910	108119	28599	51445
惠济区	32310	9342	29355	1159	31217	28369	1774	1074	1617443	1469371	81811	66261	51461
中牟县	29674	8476	27119	1036	28426	26003	1484	939	1602900	1472345	77375	53180	56380
市局直管	28568	4966	27878	74	30303	29652	556	95	1573094	1533670	37923	1501	52026
巩义市	59583	16506	56995	1252	58100	55710	1183	1207	2519068	2379913	97371	41784	43543
荥阳市	63288	13989	52126	1454	60015	50219	8416	1380	3161954	2587830	504638	69486	52741
新密市	69743	18173	61591	1816	67615	60048	5744	1823	2787961	2498306	215195	74460	41244
新郑市	76198	27380	70238	2437	74791	68911	3507	2373	3552982	3302678	140201	110103	47542
登封市	82140	19186	80400	1119	80429	78654	457	1318	3653207	3586016	15744	51447	45528
经开区	113641	40163	100304	2488	107776	95674	9450	2652	7382846	6784012	475820	123014	69060
高新区	71333	22845	62541	3190	70240	61801	5507	2932	4972902	4513447	286237	173218	71309
郑东新区	110730	48848	91694	4915	108859	88603	15212	5044	11597038	10821814	516722	258502	109219
航空港实验区	337391	186151	324164	327	281622	268071	13230	321	17334524	16672636	651880	10008	61587
企业	**1553850**	**545667**	**1359538**	**59775**	**1461582**	**1275701**	**130230**	**55651**	**92140467**	**82614303**	**6908528**	**2617636**	**63675**
中原区	76574	17456	52178	3420	78083	53713	20907	3463	4789115	3276860	1355456	156799	62079
二七区	87347	26854	69519	3944	84758	67863	12999	3896	4789977	3963668	666414	159895	57259
管城区	62177	19318	56301	1990	61042	55135	3994	1913	3943295	3655289	207187	80819	65323
金水区	257811	74741	203965	29788	242772	193890	23486	25396	17196592	14513567	1485668	1197357	73602
上街区	18965	4847	15011	553	18460	14821	2881	758	931825	795107	108119	28599	51024
惠济区	32096	9218	29168	1159	31004	28169	1761	1074	1607574	1460322	80991	66261	51497
中牟县	28281	7607	25795	967	27083	24775	1484	824	1533272	1406634	77375	49263	56514
市局直管	28568	4966	27878	74	30303	29652	556	95	1573094	1533670	37923	1501	52026
巩义市	57953	15463	55500	1238	56499	54246	1082	1171	2408787	2274147	93637	41003	42795
荥阳市	62514	13562	51352	1454	59248	49452	8416	1380	3115490	2541366	504638	69486	52637
新密市	68590	17571	60438	1816	66466	58900	5743	1823	2715007	2425381	215166	74460	40848

2-9 续表1　　　　(2017年底)　　　　单位:人、元

类　别	单位从业人员	#女性	在岗职工合计	其他从业人员	单位从业人员平均人数	在岗职工	劳务派遣人员	其他从业人员	单位从业人员工资总额(千元)	在岗职工工资总额	劳务派遣人员工资总额	其他从业人员工资总额	在岗职工平均工资(含劳务派遣人员)
新郑市	66797	21539	62053	1466	65835	60853	3262	1720	3059783	2842118	134622	83043	46428
登封市	76208	16716	74589	1118	74618	72959	342	1317	3381550	3315885	14230	51435	45431
经开区	112672	39376	99422	2481	106815	94800	9370	2645	7326059	6730746	472480	122833	69149
高新区	71147	22747	62355	3190	70069	61630	5507	2932	4966345	4506890	286237	173218	71393
郑东新区	109844	48227	90935	4790	107980	87847	15210	4923	11545712	10777551	516505	251656	109590
航空港实验区	336306	185459	323079	327	280547	266996	13230	321	17256990	16595102	651880	10008	61547
事业	**20884**	**11409**	**19545**	**860**	**20429**	**19433**	**457**	**539**	**1208339**	**1175678**	**10848**	**21813**	**59654**
中原区	592	266	592		579	579			47378	47378			81827
二七区	7899	2947	7867	32	7899	7899			410083	410083			51916
管城区	278	126	278		279	279			23965	23965			85896
金水区	724	516	724		722	722			49176	49176			68111
上街区	141	107	141		136	136			14521	14521			106772
惠济区	80	19	53		80	67	13		5580	4760	820		69750
中牟县	238	179	238		229	229			17278	17278			75450
巩义市	1074	648	982	2	1073	984	87	2	78214	75166	3000	48	72984
荥阳市	348	233	348		340	340			20560	20560			60471
新密市	75	41	75		75	75			2459	2459			32787
新郑市	4845	3243	3785	818	4450	3679	242	529	240765	213679	5514	21572	55902
登封市	2658	1745	2537	1	2654	2538	115	1	162092	160566	1514	12	61093
经开区	741	612	734	7	733	726		7	46808	46627		181	64225
高新区	119	46	119		118	118			12915	12915			109449
郑东新区	1072	681	1072		1062	1062			76545	76545			72076
机关	**505**	**75**	**505**		**506**	**506**			**53978**	**53978**			**106676**
中原区	76	37	76		76	76			4912	4912			64632
二七区	402	25	402		402	402			47889	47889			119127
金水区	12	12	12		13	13			556	556			42769
荥阳市	15	1	15		15	15			621	621			41400
民间非营利组织	**12114**	**6629**	**11617**	**412**	**11960**	**11414**	**85**	**461**	**577687**	**552242**	**3622**	**21823**	**48340**
中原区	236	148	235	1	240	239		1	15905	15875		30	66423

2-9 续表 2 （2017 年底） 单位：人、元

类　别	单位从业人员	#女性	在岗职工合计	其他从业人员	单位从业人员平均人数	在岗职工	劳务派遣人员	其他从业人员	单位从业人员工资总额（千元）	在岗职工工资总额	劳务派遣人员工资总额	其他从业人员工资总额	在岗职工平均工资（含劳务派遣人员）
二七区	1056	753	1056		1031	1031			42436	42436			41160
管城区	570	471	511	59	694	639		55	38662	34766		3896	54407
金水区	1615	1198	1578	37	1621	1586		35	78947	77490		1457	48859
惠济区	59	49	59		58	58			1766	1766			30448
中牟县	1155	690	1086	69	1114	999		115	52350	48433		3917	48481
巩义市	357	281	355	2	344	327		17	19300	18864		436	57688
荥阳市	18	1	18		18	18			589	589			32722
新密市	29	16	29		29	29			969	969			33414
新郑市	3234	1865	3112	119	3163	3043	3	117	183134	177828	65	5241	58402
登封市	2617	306	2617		2501	2501			89240	89240			35682
经开区	202	167	122		202	122	80		8432	5092	3340		41743
高新区	186	98	186		171	171			6557	6557			38345
郑东新区	767	575	640	125	761	638	2	121	38411	31348	217	6846	49320
航空港实验区	13	11	13		13	13			989	989			76077
其他	**5155**	**2979**	**5071**	**53**	**5162**	**5115**	**15**	**32**	**282800**	**280943**	**763**	**1094**	**54913**
中原区	213	125	213		214	214			12192	12192			56972
二七区	269	132	269		269	269			9198	9198			34193
管城区	214	196	214		214	214			8929	8929			41724
金水区	731	454	722	9	735	727		8	51517	50967		550	70106
上街区	7	5	7		7	7			282	282			40286
惠济区	75	56	75		75	75			2523	2523			33640
巩义市	199	114	158	10	184	153	14	17	12767	11736	734	297	74671
荥阳市	393	192	393		394	394			24694	24694			62675
新密市	1049	545	1049		1045	1044	1		69526	69497	29		66532
新郑市	1322	733	1288	34	1343	1336		7	69300	69053		247	51686
登封市	657	419	657		656	656			20325	20325			30983
经开区	26	8	26		26	26			1547	1547			59500

2-10　全市及各县(市)区分行业从业人员人数及工资总额

（2017 年底）　　　　单位：人、元

行业	单位从业人员	#女性	在岗职工合计	其他从业人员	单位从业人员平均人数	在岗职工	劳务派遣人员	其他从业人员	单位从业人员工资总额（千元）	在岗职工工资总额	劳务派遣人员工资总额	其他从业人员工资总额	在岗职工平均工资（含劳务派遣人员）
农、林、牧、渔业	**2346**	**844**	**1960**	**386**	**2348**	**1918**		**430**	**100738**	**89974**		**10764**	**46910**
中原区	37	12	37		36	36			2314	2314			64278
金水区	46	15	46		49	49			4510	4510			92041
惠济区	249	88	249		241	241			12600	12600			52282
中牟县	1404	597	1018	386	1406	976		430	57568	46804		10764	47955
巩义市	35	13	35		33	33			1718	1718			52061
荥阳市	513	101	513		512	512			19021	19021			37150
新密市	6		6		6	6			229	229			38167
新郑市	55	17	55		64	64			2736	2736			42750
郑东新区	1	1	1		1	1			42	42			42000
采矿业	**47474**	**7122**	**47017**	**122**	**49101**	**48747**	**244**	**110**	**2323092**	**2297997**	**15860**	**9235**	**47230**
市局直管	26146	4598	26146		27831	27831			1377800	1377800			49506
巩义市	4315	747	3980		4381	4137	244		156515	140655	15860		35726
荥阳市	70	10	70		70	70			2819	2819			40271
新密市	926	76	926		921	921			33294	33294			36150
新郑市	1506	128	1506		1503	1503			90258	90258			60052
登封市	14511	1563	14389	122	14395	14285		110	662406	653171		9235	45724
制造业	**687744**	**285296**	**669664**	**3402**	**622585**	**605653**	**13517**	**3415**	**34653589**	**33789212**	**697704**	**166673**	**55699**
中原区	5910	2619	5788	76	6029	5921	31	77	234485	230087	1011	3387	38827
二七区	15203	4936	15011	164	15085	14853	60	172	696034	687526	2866	5642	46295
管城区	18632	2183	18404	126	18811	18571	104	136	1679348	1668638	4592	6118	89597
金水区	3526	1181	3497	9	3590	3543	15	32	208847	206847	322	1678	58226
上街区	12362	2752	11951	124	12026	11567	316	143	639898	622278	13201	4419	53478
惠济区	9317	4540	9074	143	9382	9137	100	145	306985	298317	3000	5668	32621
中牟县	14151	3799	12844	197	13685	12525	1035	125	775234	707274	57078	10882	56368
市局直管	2422	368	1732	74	2472	1821	556	95	195294	155870	37923	1501	81528
巩义市	39379	8899	38632	594	38462	37711	169	582	1558433	1529474	8559	20400	40603
荥阳市	34068	6952	33600	198	33556	33046	332	178	1956068	1928514	15187	12367	58233
新密市	40558	11552	40229	193	39569	39209	137	223	1510743	1491781	8813	10149	38138
新郑市	45677	15204	42785	494	44997	42235	2365	397	1952391	1826188	101500	24703	43222

2-10 续表 1 (2017 年底) 单位:人、元

类 别	单位从业人员	#女性	在岗职工合计	其他从业人员	单位从业人员平均人数	在岗职工	劳务派遣人员	其他从业人员	单位从业人员工资总额(千元)	在岗职工工资总额	劳务派遣人员工资总额	其他从业人员工资总额	在岗职工平均工资(含劳务派遣人员)
登封市	35929	8667	35535	192	34094	33667	190	237	1364011	1347026	7443	9542	40006
经开区	56509	21786	50243	392	52839	47356	5034	449	3507568	3189808	288640	29120	66395
高新区	35737	10264	33210	270	35126	32763	2101	262	2352733	2232544	103459	16730	67003
郑东新区	4707	2161	4614	17	4939	4847	75	17	320070	317098	2637	335	64960
航空港实验区	313657	177433	312515	139	257923	256881	897	145	15395447	15349942	41473	4032	59708
电力、热力、燃气及水生产和供应业	**28696**	**8044**	**27548**	**445**	**28990**	**27905**	**641**	**444**	**1843453**	**1793481**	**29201**	**20771**	**63851**
中原区	6106	2147	5408	267	6148	5452	430	266	431176	398281	19055	13840	70951
二七区	1357	464	1357		1359	1359			104234	104234			76699
上街区	111	39	111		111	111			4403	4403			39667
惠济区	618	144	453		524	411	113		48566	41795	6771		92683
中牟县	264	155	264		265	265			15864	15864			59864
巩义市	1306	474	1306		1283	1283			97117	97117			75695
荥阳市	286	68	286		283	283			9266	9266			32742
新密市	755	291	670	6	755	671	79	5	39335	37195	1760	380	51940
新郑市	627	280	484	133	633	491	10	132	34213	29453	800	3960	60385
登封市	15102	3329	15097	5	15460	15454		6	852927	852577		350	55169
经开区	65	31	59	6	65	59		6	3533	3367		166	57068
高新区	810	206	782	28	764	735		29	67464	65389		2075	88965
郑东新区	1109	372	1109		1169	1169			120933	120933			103450
航空港实验区	180	44	162		171	162	9		14422	13607	815		84339
建筑业	**323504**	**43294**	**226652**	**25563**	**306274**	**213566**	**67152**	**25556**	**19476915**	**14264991**	**3951205**	**1260719**	**64891**
中原区	47543	6443	25978	1924	48301	26456	19712	2133	2945903	1534989	1309073	101841	61602
二七区	30084	4243	17460	1808	28784	17288	9848	1648	1718154	1193399	453988	70767	60709
管城区	12727	2054	11091	1233	12465	10955	389	1121	690724	626251	16633	47840	56672
金水区	104168	11894	78629	8824	93336	68927	16230	8179	6944898	5436198	1089221	419479	76628
上街区	5083	861	2598	494	4899	2721	1498	680	247248	155657	66969	24622	52767
惠济区	13567	1461	11438	973	12906	10768	1251	887	708431	592496	57662	58273	54094
中牟县	7234	416	6555	605	6411	5816	71	524	309014	273896	6274	28844	47591
巩义市	4150	490	3369	190	3883	3133	576	174	234826	159901	66175	8750	60953
荥阳市	22486	4513	11852	1277	19869	10740	8029	1100	945183	406180	487257	51746	47602
新密市	17279	1957	9731	1510	16345	9442	5432	1471	670488	407588	204513	58387	41152
新郑市	7753	1013	6755	942	8184	6820	142	1222	438091	375303	5950	56838	54762
登封市	3478	390	2982	258	3633	3071	73	489	167479	151354	3839	12286	49362

2-10　续表 2　　（2017 年底）　　单位：人、元

类　别	单位从业人员	#女性	在岗职工合计	其他从业人员	单位从业人员平均人数	在岗职工	劳务派遣人员	其他从业人员	单位从业人员工资总额（千元）	在岗职工工资总额	劳务派遣人员工资总额	其他从业人员工资总额	在岗职工平均工资（含劳务派遣人员）
经开区	26108	3989	20881	2918	25217	19762	2109	3346	1985596	1705461	99706	180429	82537
高新区	12555	1815	9771	1789	13174	10414	949	1811	1037886	879091	49349	109446	81707
郑东新区	9152	1722	7448	795	8713	7122	843	748	426653	361859	34596	30198	49775
航空港实验区	137	33	114	23	154	131		23	6341	5368		973	40977
批发和零售业	**103958**	**51385**	**96406**	**1978**	**102375**	**94645**	**5667**	**2063**	**5390488**	**5053318**	**263973**	**73197**	**53008**
中原区	3317	1290	3107	103	3320	3092	120	108	170403	163159	5041	2203	52366
二七区	11385	6397	10900	342	11262	10742	153	367	511634	496549	7047	8038	46223
管城区	14649	8293	13438	117	13855	12576	1148	131	612906	541965	63550	7391	44121
金水区	27514	14437	26332	617	27608	26280	750	578	1260293	1204389	30018	25886	45668
上街区	367	181	360	3	367	360	4	3	16849	16642	133	74	46085
惠济区	3368	1223	3160	10	3330	3120	198	12	212579	204002	8207	370	63957
中牟县	2084	1191	2023	49	2092	2018	14	60	128800	125094	1201	2505	62153
巩义市	2455	1234	2134	287	2395	2042	57	296	110804	101960	1342	7502	49215
荥阳市	1754	615	1753		1583	1582	1		67720	67696	24		42780
新密市	2520	970	2333	76	2493	2299	118	76	132137	124779	3754	3604	53179
新郑市	3621	1838	3547	42	3608	3524	31	53	212683	209040	1115	2528	59115
登封市	2293	1023	2242	21	2231	2152	43	36	82303	78776	1890	1637	36750
经开区	15973	7085	14690	237	15416	14472	680	264	1058192	1022825	26672	8695	69265
高新区	3906	1566	3662	16	3924	3666	240	18	265801	251111	14024	666	67879
郑东新区	5267	2066	5165	25	5271	5163	78	30	375594	370398	3813	1383	71401
航空港实验区	3485	1976	1560	33	3620	1557	2032	31	171790	74933	96142	715	47666
交通运输、仓储和邮政业	**79268**	**26931**	**62222**	**3571**	**77069**	**59222**	**14500**	**3347**	**5059776**	**4264752**	**657174**	**137850**	**66763**
中原区	186	94	186		186	186			10376	10376			55785
二七区	5818	2161	4428	1372	6093	4644	18	1431	288765	226316	811	61638	48719
管城区	3656	1466	2710	516	3679	2739	436	504	202395	165113	19943	17339	58285
金水区	2706	945	2485	44	2577	2336	183	58	225934	217049	7006	1879	88946
上街区	1024	186	978	18	1008	961	28	19	53190	51718	866	606	53169
惠济区	1591	515	1588		1520	1512	8		94941	94423	518		62461
中牟县	539	248	497	8	519	478	34	7	23859	22104	1308	447	45727
巩义市	2815	782	2684	22	2711	2606	83	22	130518	126294	3396	828	48230
荥阳市	286	101	286		285	285			9919	9919			34804
新密市	2163	387	2120	2	2148	2105	41	2	107320	106202	1079	39	49991
新郑市	1459	454	1446	2	1475	1462	11	2	78694	78002	432	260	53248

2-10 续表3 （2017年底） 单位：人、元

类别	单位从业人员	#女性	在岗职工合计	其他从业人员	单位从业人员平均人数	在岗职工	劳务派遣人员	其他从业人员	单位从业人员工资总额（千元）	在岗职工工资总额	劳务派遣人员工资总额	其他从业人员工资总额	在岗职工平均工资（含劳务派遣人员）
登封市	2263	559	1904	359	2240	1900		340	104442	87478		16964	46041
经开区	6785	2254	5306	1168	6258	4996	360	902	345784	294481	15765	35538	57925
高新区	104	45	98		104	98	6		13135	12781	354		126298
郑东新区	37576	13227	30214	9	36262	27947	8306	9	2322294	2013097	308781	416	64047
航空港实验区	10297	3507	5292	51	10004	4967	4986	51	1048210	749399	296915	1896	105125
住宿和餐饮业	**29616**	**16283**	**27746**	**455**	**30061**	**28020**	**1445**	**596**	**1238084**	**1148722**	**68033**	**21329**	**41295**
中原区	1921	1026	1911	8	1944	1930	4	10	101442	100857	286	299	52297
二七区	3075	1753	2797	11	3175	2826	340	9	124198	113768	9921	509	39068
管城区	633	312	625	8	650	642		8	25921	25679		242	39998
金水区	13341	7390	12870	112	13538	13013	347	178	534118	512607	15054	6457	39496
上街区	208	150	208		212	212			5960	5960			28113
惠济区	1009	464	839	170	1011	837		174	48885	42306		6579	50545
中牟县	324	145	303	9	358	342	9	7	15011	14060	412	539	41231
巩义市	710	465	710		702	700		2	19936	19875		61	28393
荥阳市	559	324	559		698	650		48	23128	20535		2593	31592
新密市	729	365	704	10	726	698	14	14	28185	27063	727	395	39031
新郑市	473	310	464	5	489	478	4	7	18342	18126	80	136	37772
登封市	1427	924	1333	73	1395	1291	26	78	47537	45140	1146	1251	35145
经开区	312	188	312		307	307			11856	11856			38619
高新区	448	176	438	6	448	438	5	5	20213	19734	320	159	45269
郑东新区	2996	1688	2908	25	3008	2913	56	39	141194	136062	3944	1188	47156
航空港实验区	1451	603	765	18	1400	743	640	17	72158	35094	36143	921	51509
信息传输、软件和信息技术服	**44004**	**18497**	**39343**	**836**	**43310**	**38694**	**3890**	**726**	**3541468**	**3259161**	**259950**	**22357**	**82639**
中原区	370	109	357	12	398	365	21	12	24232	23572	249	411	61712
二七区	4033	1646	4021		3991	3979	12		536817	535747	1070		134507
管城区	990	379	990		925	925			95273	95273			102998
金水区	24744	10117	21981	558	24086	21405	2165	516	1709962	1543243	153180	13539	71974
上街区	87	60	87		85	85			1628	1628			19153
惠济区	199	131	199		197	197			7364	7364			37381
中牟县	80	15	80		78	78			3377	3377			43295
巩义市	409	186	319		402	315	87		16698	13698	3000		41537
荥阳市	5	1	5		5	5			225	225			45000
新密市	197	65	197		197	197			8571	8571			43508
登封市	97	28	97		97	97			3373	3373			34773

2-10 续表4 （2017年底） 单位：人、元

类　别	单位从业人员	#女性	在岗职工合计	其他从业人员	单位从业人员平均人数	在岗职工	劳务派遣人员	其他从业人员	单位从业人员工资总额（千元）	在岗职工工资总额	劳务派遣人员工资总额	其他从业人员工资总额	在岗职工平均工资（含劳务派遣人员）
经开区	1536	413	1409	29	1551	1442	82	27	120168	113587	4920	1661	77760
高新区	9197	4788	7733	197	9211	7712	1368	131	724157	632085	86124	5948	79098
郑东新区	1977	532	1811	14	1985	1816	155	14	282321	270616	11407	298	143086
航空港实验区	83	27	57	26	102	76		26	7302	6802		500	89500
金融业	**85987**	**37138**	**66223**	**17735**	**81165**	**65313**	**1866**	**13986**	**12008478**	**11211682**	**150435**	**646361**	**169132**
中原区	2060	992	2060		2051	2051			239480	239480			116763
二七区	2007	1152	2007		2007	2007			138118	138118			68818
管城区	1314	768	1292		1295	1254	41		257817	250428	7389		199086
金水区	39492	10555	20909	17497	35679	20920	1034	13725	3552884	2839905	81184	631795	133055
上街区	7	5	7		7	7			282	282			40286
惠济区	80	19	53		80	67	13		5580	4760	820		69750
中牟县	923	482	827	36	902	828	45	29	97087	93634	1899	1554	109431
巩义市	1106	727	1058	10	1116	1078	21	17	144299	142529	1473	297	131030
荥阳市	312	90	312		310	310			14110	14110			45516
新密市	533	244	506	15	534	507	12	15	56145	54570	1165	410	107389
新郑市	789	409	642	1	736	615	121		79207	70143	9064		107618
登封市	499	211	437	62	509	473		36	41142	40627		515	85892
经开区	15	12	15		15	15			874	874			58267
高新区	272	115	272		269	269			22344	22344			83063
郑东新区	36537	21351	35789	114	35614	34874	576	164	7357071	7298006	47275	11790	207201
航空港实验区	41	6	37		41	38	3		2038	1872	166		49707
房地产业	**66155**	**26583**	**58287**	**1586**	**65234**	**57430**	**6446**	**1358**	**4269153**	**3950571**	**245547**	**73035**	**65692**
中原区	4845	1854	4360	25	4689	4206	454	29	308684	296063	11431	1190	65986
二七区	4836	1725	4688	116	4826	4681	32	113	337649	330404	1748	5497	70476
管城区	6978	2820	5885	70	6890	5796	1024	70	455641	413240	38987	3414	66309
金水区	15592	6322	13563	203	15466	13479	1771	216	919221	845763	62060	11398	59529
上街区	1113	481	1063	2	1151	1088	54	9	69641	67891	1550	200	60806
惠济区	1558	595	1490	24	1474	1419	41	14	104674	101863	1468	1343	70775
中牟县	1684	695	1610	54	1688	1606	22	60	122582	117253	1152	4177	72730
巩义市	1486	565	1302	103	1405	1340	15	50	63848	60657	620	2571	45223
荥阳市	2248	766	2219	17	2127	2096	12	19	99777	98676	450	651	47024
新密市	2004	718	1936	53	1904	1818	21	65	101261	97380	1201	2680	53606
新郑市	4021	1417	3821	77	4120	3889	146	85	249501	241663	4166	3672	60924

2-10 续表 5 （2017 年底） 单位：人、元

类别	单位从业人员				单位从业人员平均人数				单位从业人员工资总额（千元）				在岗职工平均工资（含劳务派遣人员）
		#女性	在岗职工合计	其他从业人员		在岗职工	劳务派遣人员	其他从业人员		在岗职工工资总额	劳务派遣人员工资总额	其他从业人员工资总额	
登封市	885	300	837	8	876	825	40	11	36120	34823	952	345	41358
经开区	3814	1493	2756	10	3765	2733	1022	10	249327	215743	33033	551	66252
高新区	3557	2066	2812	745	3129	2606		523	213326	181026		32300	69465
郑东新区	9052	3588	8518	79	8971	8452	435	84	745110	720557	21507	3046	83500
航空港实验区	2482	1178	1427		2753	1396	1357		192791	127569	65222		70029
租赁和商务服务业	**65699**	**17985**	**50519**	**2419**	**64127**	**48137**	**13432**	**2558**	**3740511**	**3142865**	**445299**	**152347**	**58279**
中原区	540	200	540		537	537			42143	42143			78479
二七区	17200	2008	17029	10	15862	15710	128	24	928534	921509	6156	869	58572
管城区	5295	814	4326	14	5295	4261	1015	19	316225	246004	69454	767	59791
金水区	11890	6188	10950	460	11838	10988	454	396	719344	682666	23780	12898	61741
上街区	1805	971	586	14	1743	581	1151	11	52141	22638	29157	346	29905
惠济区	481	220	481		477	468	6	3	22311	22026	159	126	46804
中牟县	1763	568	1108	462	1891	1168	250	473	89262	70623	7940	10699	55404
巩义市	682	147	449	5	666	448	213	5	22548	16569	5888	91	33974
荥阳市	1581	283	1541	15	1546	1448	19	79	53909	49576	585	3748	34193
新密市	860	207	810	11	851	801	39	11	32207	30581	1304	322	37958
新郑市	4990	1468	4441	69	4160	3568	475	117	161804	144403	12618	4783	38838
登封市	617	106	563	4	591	517	50	24	26948	25696	1030	222	47136
经开区	633	221	577	24	645	589	32	24	41846	39682	787	1377	65167
高新区	2299	599	1781	26	2295	1764	505	26	145457	129280	15492	685	63804
郑东新区	11476	3843	5029	1303	12173	5011	5818	1344	803649	531268	156996	115385	63557
航空港实验区	3587	142	308	2	3557	278	3277	2	282183	168201	113953	29	79368
科学研究和技术服务业	**62042**	**16882**	**52347**	**4323**	**61511**	**52042**	**5363**	**4106**	**5123905**	**4617913**	**335593**	**170399**	**86290**
中原区	15876	3330	13825	882	16211	14299	1164	748	1496281	1389733	76889	29659	94847
二七区	4693	1083	2438	129	4732	2455	2140	137	435391	258842	169748	6801	93273
管城区	2697	460	1273	1185	2602	1178	240	1184	131576	91504	10457	29615	71905
金水区	22796	6681	20140	1579	22636	19957	1130	1549	1864686	1736277	44868	83541	84466
上街区	154	62	150	4	157	153		4	16579	16240		339	106144
惠济区	1856	596	1733	17	1674	1599	52	23	145470	140891	3724	855	87592
中牟县	1125	449	1115	9	1137	1128	1	8	66899	66515	28	356	58940
巩义市	585	259	565	12	581	563	6	12	30818	30193	233	392	53473
荥阳市	444	104	440	4	445	441		4	21330	21301		29	48302
新密市	421	144	420		420	419	1		22410	22357	53		53357

2-10 续表6 （2017年底） 单位：人、元

类别	单位从业人员	#女性	在岗职工合计	其他从业人员	单位从业人员平均人数	在岗职工	劳务派遣人员	其他从业人员	单位从业人员工资总额（千元）	在岗职工工资总额	劳务派遣人员工资总额	其他从业人员工资总额	在岗职工平均工资（含劳务派遣人员）
新郑市	1001	349	983	14	1003	985	4	14	68162	67553	110	499	68416
登封市	853	300	850		859	856	3		57522	57405	117		66964
经开区	2176	702	1836	324	1969	1703	16	250	128321	117442	1028	9851	68918
高新区	4255	1539	3634	136	4045	3438	464	143	391190	363000	21711	6479	98593
郑东新区	3110	824	2945	28	3040	2868	142	30	247270	238660	6627	1983	81491
水利、环境和公共设施管理业	**23541**	**9501**	**19393**	**3387**	**23059**	**19023**	**599**	**3437**	**1137142**	**1003074**	**27883**	**106185**	**52541**
中原区	1941	519	1347	594	1906	1315		591	122455	103326		19129	78575
二七区	1514	651	1221	4	1488	1212	276		88450	74581	13869		59442
管城区	907	447	907		873	873			40474	40474			46362
金水区	2471	667	2439	2	2473	2376	95	2	173681	170655	2863	163	70222
上街区	751	370	751		861	861			21673	21673			25172
惠济区	971	299	962	4	968	959	5	4	80020	79769	151	100	82905
中牟县	2099	1210	1797	302	1864	1555		309	67936	59847		8089	38487
巩义市	712	320	710	2	670	668		2	34858	34808		50	52108
荥阳市	2099	286	2050	6	2066	2037	23	6	80719	79440	1135	144	39114
新密市	556	207	556		555	555			23612	23612			42544
新郑市	1110	323	1054		1124	1068	56		91041	88759	2282		80997
登封市	905	371	861	44	875	842		33	39849	38949		900	46258
经开区	2283	1467	2205	57	2197	2119	21	57	73878	71648	657	1573	33787
高新区	69	32	44		67	43	24		5019	4090	929		74910
郑东新区	4878	2265	2267	2348	4787	2308	70	2409	180405	99603	4946	75856	43965
航空港实验区	275	67	222	24	285	232	29	24	13072	11840	1051	181	49391
居民服务、修理和其他服务业	**5339**	**2683**	**4941**	**7**	**5321**	**5050**	**240**	**31**	**206622**	**193937**	**11302**	**1383**	**38798**
中原区	172	28	46		172	47	125		13453	6190	7263		78215
二七区	524	232	518	2	466	460	4	2	25273	24668	260	345	53724
管城区	1883	1491	1883		1787	1787			43724	43724			24468
金水区	1089	356	871	1	1153	1085	67	1	54759	52238	2514	7	47528
惠济区	12		12		12	12			288	288			24000
中牟县	50	14	50		50	50			3113	3113			62260
巩义市	410	131	370		431	369	40	22	13724	11955	865	904	31345
荥阳市	176	54	176		191	191			6616	6616			34639
新密市	106	40	106		106	106			5638	5638			53189

2-10　续表 7　　　　（2017 年底）　　　　单位：人、元

类　别	单位从业人员	#女性	在岗职工合计	其他从业人员	单位从业人员平均人数	在岗职工	劳务派遣人员	其他从业人员	单位从业人员工资总额（千元）	在岗职工工资总额	劳务派遣人员工资总额	其他从业人员工资总额	在岗职工平均工资（含劳务派遣人员）
新郑市	212	71	204	4	211	203	4	4	10119	9630	400	89	48454
登封市	309	96	309		307	305		2	8110	8072		38	26466
高新区	25	18	25		25	25			830	830			33200
郑东新区	371	152	371		410	410			20975	20975			51159
教育	**148229**	**86712**	**142468**	**4227**	**146539**	**140956**	**1512**	**4071**	**11734654**	**11519864**	**48102**	**166688**	**81197**
中原区	10303	6210	9885	134	10291	9881	284	126	828588	808544	14257	5787	80945
二七区	10514	4986	10506		10487	10479	8		768011	767803	208		73235
管城区	5879	4176	5635	188	5775	5540	56	179	463210	453418	1884	7908	81362
金水区	20852	12862	19365	1061	20596	18980	422	1194	1780041	1722035	11977	46029	89373
上街区	1170	818	1125	5	1167	1122	40	5	117113	115575	1450	88	100710
惠济区	8695	5336	8268	410	8530	8075	12	443	865583	842266	459	22858	104207
中牟县	7868	4860	7780	85	7787	7653	3	131	652864	648489	83	4292	84714
巩义市	8671	6057	8612	45	8499	8444	14	41	564132	562607	663	862	66596
荥阳市	10348	6299	10348		10296	10296			726847	726847			70595
新密市	8942	6088	8870	49	9059	8989	21	49	609085	606593	699	1793	67402
新郑市	18386	10347	16556	1586	17938	16455	244	1239	1455613	1405422	1509	48682	84252
登封市	9553	4276	9519	34	9537	9503		34	529563	528675		888	55632
经开区	2029	1453	1775	40	2033	1777	214	42	130500	121714	7661	1125	64980
高新区	9506	4246	9485		9303	9284	13	6	909824	909266	306	252	97835
郑东新区	12865	7060	12173	516	12644	11963	173	508	1137495	1106238	6746	24511	91709
航空港实验区	2648	1638	2566	74	2597	2515	8	74	196185	194372	200	1613	77119
卫生和社会工作	**103804**	**70132**	**94646**	**5507**	**101978**	**92542**	**4061**	**5375**	**13246357**	**11891741**	**276148**	**1078468**	**125958**
中原区	10530	7765	9207	444	10196	8786	1009	401	1026818	860853	98767	67198	97970
二七区	16828	10527	16828		16829	16829			2150488	2150488			127785
管城区	5879	4318	5321	70	5894	5070	751	73	429812	382749	42855	4208	73115
金水区	34144	22833	28993	3961	33451	28331	1184	3936	4060460	3771257	64848	224355	129971
上街区	753	538	535	218	775	559		216	70366	61477		8889	109977
惠济区	1963	1441	1918	45	1843	1805		38	115291	113872		1419	63087
中牟县	4115	2804	4021	94	4020	3931		89	312135	306629		5506	78003
巩义市	4169	2975	4080	87	4087	4013	2	72	256698	253766	63	2869	63220
荥阳市	3593	2540	3517	53	3521	3446	23	52	223624	222124	282	1218	64112
新密市	4927	3121	4743	24	4803	4626	152	25	255963	251347	3564	1052	53351
新郑市	6102	4228	5491	366	6055	5455	245	355	365685	344713	5579	15393	61455
登封市	4870	3276	4749	1	4762	4646	115	1	272646	271120	1514	12	57264
经开区	1715	1237	1170	23	1631	1049	550	32	196004	137674	57432	898	122018

2-10 续表 8 （2017 年底） 单位：人、元

类别	单位从业人员	#女性	在岗职工合计	其他从业人员	单位从业人员平均人数	在岗职工	劳务派遣人员	其他从业人员	单位从业人员工资总额（千元）	在岗职工工资总额	劳务派遣人员工资总额	其他从业人员工资总额	在岗职工平均工资（含劳务派遣人员）
航空港实验区	1286	786	1260	26	1192	1175		17	88004	87108		896	74134
文化、体育和娱乐业	**22104**	**10231**	**20751**	**409**	**22183**	**20945**	**837**	**401**	**1775172**	**1714866**	**41775**	**18531**	**80646**
中原区	1614	828	1454	160	1612	1462		150	120317	113030		7287	77312
二七区	454	190	454		454	454			24132	24132			53154
管城区	347	147	347		354	354			25394	25394			71734
金水区	13941	6508	13130	104	14002	13258	628	116	1140846	1105206	30690	4950	81802
上街区	17	10	17		17	17			1905	1905			112059
惠济区	777	366	617	4	761	601	156	4	67045	58394	8039	612	87758
中牟县	480	260	480		478	478			22978	22978			48071
巩义市	537	303	501	36	502	466		36	20809	19499		1310	41843
荥阳市	504	197	500	4	510	506		4	24641	24602		39	48621
新密市	306	141	306		299	299			12003	12003			40144
新郑市	218	108	217	1	218	217		1	16126	16066		60	74037
登封市	636	212	594	28	617	577	14	26	23958	22461	560	937	38953
经开区	1067	432	988	64	1170	1100	15	55	175117	171114	1300	2703	154631
高新区	49	41	21		49	49			3020	3020			61633
郑东新区	1128	473	1096	8	1111	1078	24	9	94361	92542	1186	633	85053
航空港实验区	29	15	29		29	29			2520	2520			86897
公共管理、社会保障和社会组织	**146041**	**54728**	**132338**	**4449**	**143582**	**130698**	**8846**	**4038**	**11386918**	**10927609**	**316942**	**142367**	**80581**
中原区	13870	5179	13147	560	13820	13085	178	557	1306469	1272007	7428	27034	96466
二七区	10444	4688	10412	32	10448	10448			684645	684645			65529
管城区	7050	3305	6758	91	6957	6685	187	85	640600	630937	7031	2632	92836
金水区	27796	10003	26592	556	27163	26015	591	557	2693170	2621075	38291	33804	99954
上街区	2400	986	2254	102	2389	2246	41	102	263055	258928	963	3164	113638
惠济区	5531	2272	4617	40	5513	4611	862	40	383524	356912	22832	3780	69385
中牟县	10286	3659	9378	131	10097	9233	733	131	628218	599084	24257	4877	62547
巩义市	8282	2582	7421	768	8119	7372	82	665	533395	515127	2250	16018	69409
荥阳市	9366	3525	9333	3	9302	9273	26	3	656402	655637	683	82	70580
新密市	11406	4475	10613	137	11355	10568	651	136	617893	596397	17480	4016	54718
新郑市	9552	3732	8617	505	8934	8376	318	240	864160	838247	13174	12739	97932
登封市	10035	3043	8401	983	10035	8396	644	995	477970	456327	4795	16848	51009
经开区	3225	1382	2257	141	3213	2248	825	140	250614	220007	25274	5333	79818
高新区	4671	2250	3987	44	4399	3725	630	44	324419	305068	18413	938	74278
郑东新区	7922	2474	5947	155	7683	5820	1708	155	739679	658682	74649	6348	97414
航空港实验区	4205	1173	2604	201	4155	2597	1370	188	322705	258529	59422	4754	80149

2-11 全市及各县(市)区国有单位分行业从业人员人数及工资总额

（2017 年底）

单位：人、元

行　业	单位从业人员	#女性	在岗职工合计	其他从业人员	单位从业人员平均人数	在岗职工	劳务派遣人员	其他从业人员	单位从业人员工资总额（千元）	在岗职工工资总额	劳务派遣人员工资总额	其他从业人员工资总额	在岗职工平均工资（含劳务派遣人员）
农、林、牧、渔业	**646**	**287**	**646**		**627**	**627**			**40371**	**40371**			**64388**
金水区	46	15	46		49	49			4510	4510			92041
惠济区	103	31	103		103	103			7630	7630			74078
中牟县	456	228	456		436	436			26284	26284			60284
巩义市	35	13	35		33	33			1718	1718			52061
新密市	6		6		6	6			229	229			38167
采矿业	**332**	**1**	**332**		**332**	**332**			**12972**	**12972**			**39072**
荥阳市	15	1	15		15	15			521	521			34733
登封市	317		317		317	317			12451	12451			39278
制造业	**6671**	**1613**	**6118**	**180**	**6712**	**6157**	**386**	**169**	**478137**	**456970**	**16335**	**4832**	**72338**
中原区	138	69	138		140	140			6538	6538			46700
二七区	1394	241	1389	5	1394	1391		3	102438	102388		50	73607
管城区	1112	313	973	82	1125	997	62	66	61372	55975	3172	2225	55852
金水区	1142	403	1141	1	1153	1152		1	84015	83947		68	72871
上街区	2147	472	1865	80	2152	1855	210	87	139919	133347	5207	1365	67096
新密市	135	12	21		135	21	114		9720	1764	7956		72000
高新区	603	103	591	12	613	601		12	74135	73011		1124	121483
电力、热力、燃气及水生产和供应业	**3460**	**1431**	**3321**	**139**	**3470**	**3332**		**138**	**243410**	**239284**		**4126**	**71814**
二七区	1357	464	1357		1359	1359			104234	104234			76699
上街区	111	39	111		111	111			4403	4403			39667
中牟县	264	155	264		265	265			15864	15864			59864
巩义市	720	216	720		728	728			74780	74780			102720
新密市	278	163	278		278	278			10464	10464			37640
新郑市	313	142	180	133	316	184		132	19610	15650		3960	85054
登封市	352	221	352		348	348			10522	10522			30236
经开区	65	31	59	6	65	59		6	3533	3367		166	57068
建筑业	**13104**	**2034**	**9797**	**2753**	**13171**	**9823**	**607**	**2741**	**917200**	**728872**	**40006**	**148322**	**73718**
中原区	6215	1107	5695		5891	5320	571		498480	459334	39146		84617
二七区	1126	175	1126		1120	1120			58650	58650			52366

2-11 续表 1　　（2017 年底）　　单位：人、元

类　别	单位从业人员	#女性	在岗职工合计	其他从业人员	单位从业人员平均人数	在岗职工	劳务派遣人员	其他从业人员	单位从业人员工资总额（千元）	在岗职工工资总额	劳务派遣人员工资总额	其他从业人员工资总额	在岗职工平均工资（含劳务派遣人员）
管城区	1367	346	1367		1365	1365			81025	81025			59359
金水区	100	2	98	2	100	98		2	4144	4062		82	41449
荥阳市	103	34	52	51	98	56		42	4218	2688		1530	48000
新密市	55	20	55		56	56			1601	1601			28589
经开区	3561	256	861	2700	3527	830		2697	207105	60395		146710	72765
高新区	368	85	334		788	752	36		51314	50454	860		65119
郑东新区	209	9	209		226	226			10663	10663			47181
批发和零售业	**3078**	**1121**	**2808**	**170**	**3087**	**2811**	**97**	**179**	**352774**	**340997**	**4861**	**6916**	**118933**
中原区	48	15	48		47	47			2618	2618			55702
二七区	27	18	22	5	26	22		4	2812	2651		161	120500
管城区	61	25	52		70	61	9		3950	3064	886		56429
金水区	981	346	883	67	983	882	28	73	53627	50568	1300	1759	56998
惠济区	125	41	120	5	135	128		7	7681	7498		183	58578
中牟县	150	57	150		150	150			4535	4535			30233
巩义市	159	62	156	3	153	150		3	22750	22246		504	148307
荥阳市	162	52	162		160	160			15550	15550			97188
新密市	296	82	231	65	299	234		65	39448	36765		2683	157115
新郑市	242	63	227	15	245	228		17	43522	42146		1376	184851
登封市	214	132	189	10	211	186	15	10	7253	6603	400	250	34841
经开区	493	191	493		488	488			143012	143012			293057
郑东新区	80	30	35		80	35	45		4775	2500	2275		59688
航空港实验区	40	7	40		40	40			1241	1241			31025
交通运输、仓储和邮政业	**19361**	**5935**	**18299**	**27**	**19149**	**17727**	**1381**	**41**	**1375154**	**1285592**	**87829**	**1733**	**71877**
中原区	65	28	65		65	65			4370	4370			67231
二七区	146	17	146		146	146			9732	9732			66658
管城区	391	172	380	1	385	375	9	1	29728	29225	494	9	77393
金水区	1117	288	1097	9	982	946	13	23	117720	115835	813	1072	121635
上街区	65	21	65		65	65			4515	4515			69462
惠济区	354	160	351		354	346	8		30987	30469	518		87534
中牟县	191	110	191		193	193			10349	10349			53622
巩义市	1624	640	1515	10	1547	1464	73	10	62527	59251	2896	380	40434
荥阳市	87	54	87		87	87			2829	2829			32517
新密市	7	2	7		7	7			206	206			29429

2-11　续表 2　　（2017 年底）　　单位：人、元

类　别	单位从业人员	#女性	在岗职工合计	其他从业人员	单位从业人员平均人数	在岗职工	劳务派遣人员	其他从业人员	单位从业人员工资总额（千元）	在岗职工工资总额	劳务派遣人员工资总额	其他从业人员工资总额	在岗职工平均工资（含劳务派遣人员）
新郑市	879	292	875		895	891	4		55965	55761	204		62531
登封市	9		9		9	9			334	334			37111
高新区	104	45	98		104	98	6		13135	12781	354		126298
郑东新区	14322	4106	13413	7	14310	13035	1268	7	1032757	949935	82550	272	72187
住宿和餐饮业	**3853**	**1953**	**3635**	**194**	**3886**	**3660**	**25**	**201**	**174252**	**165810**	**1038**	**7404**	**45278**
中原区	529	295	528	1	542	539	2	1	23209	22995	190	24	42856
二七区	610	288	610		618	618			27509	27509			44513
管城区	20	7	20		20	20			747	747			37350
金水区	1323	704	1278	21	1338	1291	23	24	59808	58193	848	767	44932
上街区	26	25	26		26	26			597	597			22962
惠济区	997	457	827	170	999	825		174	48515	41936		6579	50832
荥阳市	19	5	19		19	19			512	512			26947
登封市	255	148	253	2	250	248		2	9101	9067		34	36560
郑东新区	74	24	74		74	74			4254	4254			57486
信息传输、软件和信息技术服务业	**734**	**323**	**717**		**690**	**653**	**37**		**73637**	**72178**	**1459**		**106720**
中原区	100	13	100		86	66	20		7339	7103	236		85337
二七区	309	123	309		281	281			47097	47097			167605
金水区	162	81	145		160	143	17		13434	12211	1223		83963
上街区	60	48	60		60	60			1152	1152			19200
巩义市	92	54	92		92	92			2926	2926			31804
高新区	11	4	11		11	11			1689	1689			153545
金融业	**7158**	**3937**	**7049**		**7064**	**6929**	**135**		**1249538**	**1236047**	**13491**		**176888**
中原区	1828	880	1828		1820	1820			213823	213823			117485
二七区	7	3	7		7	7			480	480			68571
管城区	1011	680	989		1004	963	41		215746	208357	7389		214886
金水区	1089	576	1018		1078	1000	78		160692	155867	4825		149065
巩义市	514	282	507		517	510	7		62657	61918	739		121193
登封市	14	2	14		14	14			1177	1177			84071
郑东新区	2695	1514	2686		2624	2615	9		594963	594425	538		226739
房地产业	**1420**	**471**	**1327**	**79**	**1418**	**1324**	**14**	**80**	**89978**	**87700**	**352**	**1926**	**65809**
中原区	213	80	209	4	216	213		3	13466	13319		147	62531

2-11 续表 3 （2017 年底） 单位：人、元

类别	单位从业人员	#女性	在岗职工合计	其他从业人员	单位从业人员平均人数	在岗职工	劳务派遣人员	其他从业人员	单位从业人员工资总额（千元）	在岗职工工资总额	劳务派遣人员工资总额	其他从业人员工资总额	在岗职工平均工资（含劳务派遣人员）
管城区	138	43	138		140	140			7002	7002			50014
金水区	498	190	416	73	499	415	9	75	25410	23479	232	1699	55922
中牟县	15		15		15	15			720	720			48000
巩义市	56	28	56		56	56			3360	3360			60000
登封市	15	8	8	2	15	8	5	2	395	195	120	80	24231
经开区	57	20	57		57	57			4181	4181			73351
郑东新区	428	102	428		420	420			35444	35444			84390
租赁和商务服务业	**14646**	**1746**	**14117**	**129**	**14514**	**13983**	**383**	**148**	**1087012**	**1070888**	**12115**	**4009**	**75387**
中原区	123	56	123		123	123			9567	9567			77780
二七区	8471	341	8471		8471	8471			723268	723268			85382
管城区	28	10	28		28	28			2498	2498			89214
金水区	1844	780	1602	120	1842	1605	120	117	123038	114274	5197	3567	69259
上街区	282	54	282		280	280			6442	6442			23007
惠济区	71	26	71		71	71			7027	7027			98972
中牟县	132	72	132		134	134			8143	8143			60769
巩义市	423	57	192	3	406	190	213	3	12021	6083	5888	50	29705
荥阳市	994	74	994		977	977			29441	29441			30134
新密市	74	35	74		75	75			3127	3127			41693
新郑市	1470	132	1465	5	1365	1358		7	51154	50985		169	37544
登封市	328	32	278		318	248	50	20	11258	10038	1030	190	37141
经开区	32	7	32		32	32			1021	1021			31906
郑东新区	374	70	373	1	392	391		1	99007	98974		33	253130
科学研究和技术服务业	**19621**	**5740**	**17075**	**1505**	**19499**	**16977**	**1011**	**1511**	**1782345**	**1696559**	**37130**	**48656**	**96380**
中原区	3574	1126	3270	43	3546	3257	246	43	476202	461727	12287	2188	135317
二七区	569	186	569		583	583			48742	48742			83605
管城区	2129	262	705	1185	2128	705	240	1183	104211	64176	10457	29578	78977
金水区	8786	2702	8142	231	8669	8025	402	242	713985	688539	10087	15359	82903
上街区	50	27	50		53	53			5778	5778			109019
惠济区	54	14	47	7	54	47		7	4026	3735		291	79468
中牟县	789	283	782	7	789	783		6	51504	51204		300	65395
巩义市	349	121	341		346	340	6		23560	23327	233		68092

2-11 续表 4　　　　（2017 年底）　　　　单位：人、元

类　别	单位从业人员	#女性	在岗职工合计	其他从业人员	单位从业人员平均人数	在岗职工	劳务派遣人员	其他从业人员	单位从业人员工资总额（千元）	在岗职工工资总额	劳务派遣人员工资总额	其他从业人员工资总额	在岗职工平均工资（含劳务派遣人员）
荥阳市	165	46	161	4	164	160		4	10286	10257		29	64106
新密市	275	128	274		275	274	1		15841	15788	53		57604
新郑市	624	233	608	12	621	605	4	12	54952	54399	110	443	89506
登封市	28	9	25		28	25	3		1727	1610	117		61679
经开区	21	8	18	2	21	18	1	2	1854	1791	28	35	95737
高新区	995	247	892	11	995	896	89	10	151064	147284	3382	398	152960
郑东新区	1213	348	1191	3	1227	1206	19	2	118613	118202	376	35	96798
水利、环境和公共设施管理业	**10940**	**3995**	**10220**	**472**	**10715**	**10095**	**146**	**474**	**601574**	**584782**	**4550**	**12242**	**57546**
中原区	707	228	545	162	694	533		161	44632	40692		3940	76345
二七区	199	91	195	4	199	199			9612	9612			48302
管城区	860	437	860		836	836			37777	37777			45188
金水区	1928	575	1896	2	1941	1844	95	2	139009	135983	2863	163	71607
上街区	583	271	583		577	577			13181	13181			22844
惠济区	887	279	882		889	884	5		76818	76667	151		86409
中牟县	1752	1021	1450	302	1531	1222		309	58085	49996		8089	40913
巩义市	253	62	251	2	248	246		2	17414	17364		50	70585
荥阳市	1854	209	1854		1841	1841			71262	71262			38708
新密市	406	167	406		405	405			17860	17860			44099
新郑市	721	263	699		721	699	22		54299	53692	607		75311
登封市	575	204	575		575	575			26990	26990			46939
高新区	49	22	24		48	24	24		4110	3181	929		85625
郑东新区	166	166			210	210			30525	30525			145357
居民服务、修理和其他服务业	**181**	**39**	**177**	**4**	**180**	**176**		**4**	**8503**	**8414**		**89**	**47807**
金水区	25	5	25		24	24			1438	1438			59917
惠济区	12		12		12	12			288	288			24000
荥阳市	20	2	20		20	20			450	450			22500
新密市	50	13	50		50	50			2843	2843			56860
新郑市	74	19	70	4	74	70		4	3484	3395		89	48500
教育	**113933**	**66561**	**109920**	**2625**	**113031**	**109057**	**1366**	**2608**	**9829717**	**9674519**	**42140**	**113058**	**87995**
中原区	9487	5624	9071	132	9470	9062	284	124	777177	757181	14257	5739	82542
二七区	5231	3059	5223		5229	5221	8		408254	408046	208		78075

2-11 续表 5　　(2017 年底)　　单位:人、元

类　别	单位从业人员	#女性	在岗职工合计	其他从业人员	单位从业人员平均人数	在岗职工	劳务派遣人员	其他从业人员	单位从业人员工资总额(千元)	在岗职工工资总额	劳务派遣人员工资总额	其他从业人员工资总额	在岗职工平均工资(含劳务派遣人员)
管城区	4686	3238	4506	124	4571	4396	56	119	391489	385773	1884	3832	87075
金水区	16941	9825	15878	642	16694	15637	417	640	1572427	1529045	11839	31543	95981
上街区	1006	681	1001	5	1006	1001		5	103782	103694		88	103590
惠济区	8625	5270	8198	410	8461	8006	12	443	863241	839924	459	22858	104812
中牟县	6499	3989	6486	13	6468	6455		13	584954	584679		275	90578
巩义市	2914	2017	2911		2864	2861	3		209091	209009	82		73007
荥阳市	9288	5679	9288		9251	9251			665146	665146			71900
新密市	7864	5396	7800	44	7976	7914	18	44	551840	550212	589	1039	69440
新郑市	12092	6704	11066	782	12089	11094	244	751	1160759	1131396	1509	27854	99921
登封市	5674	3156	5640	34	5756	5722		34	373535	372647		888	65125
经开区	891	547	730	29	888	727	132	29	63707	58620	4278	809	73222
高新区	9298	4137	9277		9106	9093	13		901830	901524	306		99037
郑东新区	11653	6167	11088	391	11459	10901	171	387	1064388	1040194	6529	17665	94538
航空港实验区	1784	1072	1757	19	1743	1716	8	19	138097	137429	200	468	79831
卫生和社会工作	**86031**	**57766**	**77812**	**4957**	**84333**	**75767**	**3668**	**4898**	**12135367**	**10817048**	**267719**	**1050600**	**139545**
中原区	9404	6939	8169	356	9069	7722	1009	338	959444	795620	98767	65057	102438
二七区	16263	10167	16263		16263	16263			2113152	2113152			129936
管城区	4978	3670	4441	49	4913	4111	751	51	371238	325310	42855	3073	75723
金水区	32654	21666	27503	3961	31967	26847	1184	3936	3963144	3673941	64848	224355	133381
上街区	753	538	535	218	775	559		216	70366	61477		8889	109977
惠济区	1732	1272	1732		1619	1619			106023	106023			65487
中牟县	4048	2766	3954	94	3953	3864		89	308754	303248		5506	78480
巩义市	532	346	498	34	513	490		23	32942	31899		1043	65100
荥阳市	3530	2499	3454	53	3458	3383	23	52	220523	219023	282	1218	64388
新密市	2696	1758	2536		2583	2432	151		129571	126036	3535		50163
新郑市	2858	1928	2713	145	2826	2691		135	177507	171826		5681	63852
登封市	2563	1795	2563		2480	2480			146676	146676			59144
经开区	1715	1237	1170	23	1631	1049	550	32	196004	137674	57432	898	122018
郑东新区	2069	1052	2045	24	2047	2021		26	3328081	2593201		734880	1283128
航空港实验区	236	133	236		236	236			11942	11942			50602
文化、体育和娱乐业	**12312**	**5777**	**11152**	**260**	**12310**	**11250**	**792**	**268**	**1017074**	**966736**	**39489**	**10849**	**83560**
中原区	1304	637	1226	78	1306	1228		78	104640	101719		2921	82833

2-11　续表 6　　　　（2017 年底）　　　　单位：人、元

类　别	单位从业人员	#女性	在岗职工合计	其他从业人员	单位从业人员平均人数	在岗职工	劳务派遣人员	其他从业人员	单位从业人员工资总额（千元）	在岗职工工资总额	劳务派遣人员工资总额	其他从业人员工资总额	在岗职工平均工资（含劳务派遣人员）
二七区	259	98	259		259	259			15442	15442			59622
管城区	227	77	227		229	229			18854	18854			82332
金水区	7196	3377	6454	64	7144	6472	598	74	666857	634233	29704	2920	93909
上街区	17	10	17		17	17			1905	1905			112059
惠济区	765	363	605	4	749	589	156	4	66701	58050	8039	612	88710
中牟县	294	152	294		323	323			17304	17304			53573
巩义市	325	151	289	36	325	289		36	14339	13029		1310	45083
荥阳市	348	159	344	4	349	345		4	19982	19943		39	57806
新密市	247	125	247		244	244			10250	10250			42008
新郑市	192	93	192		192	192			14807	14807			77120
登封市	209	96	167	28	207	167	14	26	8318	6821	560	937	40779
经开区	386	201	346	40	436	396		40	17893	15973		1920	40336
高新区	28	28			28	28			2220	2220			79286
郑东新区	515	210	485	6	502	472	24	6	37562	36186	1186	190	75347
公共管理、社会保障和社会组织	**139980**	**51885**	**126313**	**4413**	**137524**	**124644**	**8846**	**4034**	**11111205**	**10651980**	**316942**	**142283**	**82170**
中原区	13313	4961	12590	560	13261	12526	178	557	1263209	1228747	7428	27034	97306
二七区	6083	2501	6083		6087	6087			529943	529943			87061
管城区	6878	3258	6586	91	6786	6514	187	85	627079	617416	7031	2632	93187
金水区	27370	9824	26166	556	26738	25590	591	557	2666264	2594169	38291	33804	100548
上街区	2374	970	2228	102	2365	2222	41	102	259863	255736	963	3164	113433
惠济区	5531	2272	4617	40	5513	4611	862	40	383524	356912	22832	3780	69385
中牟县	10178	3606	9270	131	9989	9125	733	131	622142	593008	24257	4877	62616
巩义市	8225	2562	7368	764	8062	7319	82	661	529795	511611	2250	15934	69431
荥阳市	9366	3525	9333	3	9302	9273	26	3	656402	655637	683	82	70580
新密市	11241	4419	10448	137	11191	10404	651	136	611132	589636	17480	4016	54918
新郑市	9552	3732	8617	505	8934	8376	318	240	864160	838247	13174	12739	97932
登封市	10010	3033	8376	983	10010	8371	644	995	476625	454982	4795	16848	51001
经开区	3155	1359	2187	141	3143	2178	825	140	245312	214705	25274	5333	79913
高新区	4671	2250	3987	44	4399	3725	630	44	324419	305068	18413	938	74278
郑东新区	7828	2440	5853	155	7589	5726	1708	155	728631	647634	74649	6348	97159
航空港实验区	4205	1173	2604	201	4155	2597	1370	188	322705	258529	59422	4754	80149

2-12 全市及各县(市)区城镇集体单位分行业从业人员人数及工资总额

（2017 年底） 单位：人、元

行业	单位从业人员	#女性	在岗职工合计	其他从业人员	单位从业人员平均人数	在岗职工	劳务派遣人员	其他从业人员	单位从业人员工资总额（千元）	在岗职工工资总额	劳务派遣人员工资总额	其他从业人员工资总额	在岗职工平均工资（含劳务派遣人员）
农、林、牧、渔业	**1020**	**392**	**634**	**386**	**1044**	**614**		**430**	**34356**	**23592**		**10764**	**38423**
中牟县	948	369	562	386	970	540		430	31284	20520		10764	38000
荥阳市	20	7	20		20	20			582	582			29100
新郑市	52	16	52		54	54			2490	2490			46111
采矿业	**284**	**284**	**284**		**281**	**281**			**11801**	**11801**			**41996**
登封市	284	284	284		281	281			11801	11801			41996
制造业	**5192**	**1344**	**5027**	**110**	**5253**	**5062**	**52**	**139**	**287515**	**277511**	**1754**	**8250**	**54608**
二七区	195	52	195		195	195			9482	9482			48626
管城区	500	135	449	6	500	452	42	6	60973	59365	1420	188	123047
金水区	458	136	458		464	441		23	21063	19890		1173	45102
上街区	655	311	655		707	707			17795	17795			25170
惠济区	133	79	133		131	131			4007	4007			30588
巩义市	228	15	228		225	225			8157	8157			36253
荥阳市	795	191	789	6	763	757		6	50974	50809		165	67119
新密市	687	148	687		731	731			26441	26441			36171
新郑市	979	206	871	98	980	866	10	104	63678	56620	334	6724	65016
登封市	455	30	455		450	450			18627	18627			41393
经开区	107	41	107		107	107			6318	6318			59047
电力、热力、燃气及水生产和供应业	**67**	**31**	**67**		**65**	**65**			**2524**	**2524**			**38831**
巩义市	39	17	39		37	37			1919	1919			51865
登封市	28	14	28		28	28			605	605			21607
建筑业	**2612**	**592**	**2415**	**91**	**2606**	**2233**	**257**	**116**	**129198**	**107168**	**18360**	**3670**	**50413**
中原区	794	107	694		773	574	190	9	38373	22456	15720	197	49969
金水区	407	90	407		400	400			12642	12642			31605
上街区	67	12	41	26	65	41		24	1897	1255		642	30610
中牟县	227	62	224	3	226	223		3	19900	19639		261	88067
新郑市	822	265	766	50	852	747	67	38	46336	41972	2640	1724	54806
登封市	295	56	283	12	290	248		42	10050	9201		846	37113
批发和零售业	**789**	**334**	**772**	**17**	**785**	**768**		**17**	**31932**	**31735**		**197**	**41322**
中原区	43	11	43		43	43			2297	2297			53419
二七区	206	108	206		206	206			5500	5500			26699

2-12　续表 1　　　　（2017 年底）　　　　单位：人、元

类　别	单位从业人员	#女性	在岗职工合计	其他从业人员	单位从业人员平均人数	在岗职工	劳务派遣人员	其他从业人员	单位从业人员工资总额（千元）	在岗职工工资总额	劳务派遣人员工资总额	其他从业人员工资总额	在岗职工平均工资（含劳务派遣人员）
管城区	6	2	6		6	6			135	135			22500
金水区	213	93	211	2	213	211		2	13598	13536		62	64152
上街区	3	1	3		3	3			130	130			43333
中牟县	16	9	16		15	15			523	523			34867
巩义市	76	30	76		74	74			2887	2887			39014
荥阳市	80	32	80		79	79			2148	2148			27190
新密市	24	11	24		24	24			1134	1134			47250
登封市	45	21	45		45	45			1236	1236			27467
航空港实验区	77	16	62	15	77	62		15	2344	2209		135	35629
交通运输、仓储和邮政业	**643**	**240**	**633**	**10**	**647**	**639**		**8**	**25334**	**25284**		**50**	**39568**
中原区	6		6		6	6			518	518			86333
管城区	148	68	138	10	151	143		8	4760	4710		50	32937
金水区	17	9	17		17	17			1052	1052			61882
上街区	100	31	100		110	110			3578	3578			32527
巩义市	72	35	72		68	68			1701	1701			25015
荥阳市	18	4	18		18	18			623	623			34611
新密市	282	93	282		277	277			13102	13102			47300
住宿和餐饮业	**684**	**337**	**667**	**4**	**701**	**679**	**13**	**9**	**32719**	**31464**	**805**	**450**	**46632**
二七区	30	10	30		30	30			991	991			33033
管城区	75	27	75		82	82			3058	3058			37293
金水区	260	106	260		270	270			17057	17057			63174
巩义市	54	39	54		54	54			1893	1893			35056
登封市	222	137	208	4	222	203	10	9	6582	5612	520	450	28789
郑东新区	43	18	40		43	40	3		3138	2853	285		72977
信息传输、软件和信息技术服务业	**85**	**34**	**73**		**87**	**75**	**12**		**6323**	**5253**	**1070**		**72678**
中原区	32	13	32		32	32			3131	3131			97844
二七区	18	7	6		20	8	12		1782	712	1070		89100
巩义市	35	14	35		35	35			1410	1410			40286
房地产业	**178**	**59**	**178**		**178**	**178**			**6815**	**6815**			**38287**
金水区	159	53	159		159	159			6103	6103			38384
巩义市	19	6	19		19	19			712	712			37474

2-12　续表 2　　　　（2017 年底）　　　　单位：人、元

类　别	单位从业人员	#女性	在岗职工合计	其他从业人员	单位从业人员平均人数	在岗职工	劳务派遣人员	其他从业人员	单位从业人员工资总额（千元）	在岗职工工资总额	劳务派遣人员工资总额	其他从业人员工资总额	在岗职工平均工资（含劳务派遣人员）
租赁和商务服务业	**2206**	**305**	**1710**	**457**	**2114**	**1610**	**39**	**465**	**68983**	**57332**	**1304**	**10347**	**35559**
二七区	15	8	15		15	15			410	410			27333
管城区	923	57	923		829	829			25318	25318			30540
金水区	92	15	92		92	92			4409	4409			47924
中牟县	675	142	220	455	680	217		463	18869	8590		10279	39585
巩义市	52	12	52		52	52			2839	2839			54596
荥阳市	35	11	33	2	36	34		2	2968	2900		68	85294
新密市	414	60	375		410	371	39		14170	12866	1304		34561
科学研究和技术服务业	**753**	**248**	**750**	**3**	**756**	**752**		**4**	**53943**	**53805**		**138**	**71549**
中原区	178	66	178		182	182			20160	20160			110769
二七区	96	27	96		96	96			9570	9570			99688
管城区	28	10	28		29	28		1	4229	4192		37	149714
金水区	139	51	136	3	137	134		3	5762	5661		101	42246
中牟县	7	3	7		7	7			498	498			71143
荥阳市	10	6	10		10	10			658	658			65800
新密市	207	53	207		207	207			6686	6686			32300
郑东新区	88	32	88		88	88			6380	6380			72500
水利、环境和公共设施管理业	**996**	**220**	**564**	**432**	**1007**	**577**		**430**	**60716**	**45527**		**15189**	**78903**
中原区	995	219	563	432	988	558		430	60127	44938		15189	80534
二七区	1	1	1		1	1			31	31			31000
新郑市					18	18			558	558			31000
居民服务、修理和其他服务业	**337**	**77**	**171**		**338**	**173**	**165**		**19373**	**11245**	**8128**		**57317**
中原区	159	26	33		158	33	125		12070	4807	7263		76392
金水区	38	5	38		40	40			1760	1760			44000
中牟县	50	14	50		50	50			3113	3113			62260
巩义市	58	26	18		58	18	40		1490	625	865		25690
登封市	32	6	32		32	32			940	940			29375
教育	**4623**	**2942**	**4552**	**64**	**4601**	**4528**	**7**	**66**	**330995**	**329414**	**181**	**1400**	**72678**
中原区	139	81	139		141	141			9757	9757			69199
二七区	194	62	194		194	194			15670	15670			80773

2-12 续表 3　　（2017 年底）　　单位：人、元

类别	单位从业人员	#女性	在岗职工合计	其他从业人员	单位从业人员平均人数	在岗职工	劳务派遣人员	其他从业人员	单位从业人员工资总额（千元）	在岗职工工资总额	劳务派遣人员工资总额	其他从业人员工资总额	在岗职工平均工资（含劳务派遣人员）
管城区	157	88	157		159	159			14352	14352			90264
金水区	54	34	49		54	49	5		4317	4179	138		79944
巩义市	2945	1978	2940	5	2946	2941		5	218337	218217		120	74198
荥阳市	448	215	448		440	440			21852	21852			49664
新密市	16	11	16		16	16			810	810			50625
登封市	73	31	73		73	73			4532	4532			62082
经开区	121	84	115	4	120	112	2	6	6392	6214	43	135	54886
郑东新区	417	302	417		399	399			33492	33492			83940
航空港实验区	59	56	4	55	59	4		55	1484	339		1145	84750
卫生和社会工作	**4497**	**3215**	**4247**	**226**	**4388**	**4169**	**32**	**187**	**269467**	**259367**	**1307**	**8793**	**62050**
中原区	2	2	2		2	2			79	79			39500
二七区	39	28	39		39	39			2551	2551			65410
管城区	554	397	533	21	522	500		22	30648	29513		1135	59026
金水区	38	34	38		38	38			3271	3271			86079
惠济区	143	104	98	45	136	98		38	6226	4807		1419	49051
巩义市	2832	2067	2778	52	2770	2720	2	48	181401	179608	63	1730	66007
荥阳市	63	41	63		63	63			3101	3101			49222
新密市	223	170	199	24	219	195		24	11350	10321		1029	52928
新郑市	277	175	222	55	272	217		55	15877	12397		3480	57129
登封市	125	73	125		125	125			4364	4364			34912
郑东新区	150	104	99	29	151	121	30		7768	6524	1244		51444
航空港实验区	51	20	51		51	51			2831	2831			55510
文化、体育和娱乐业	**74**	**43**	**74**		**75**	**75**			**7290**	**7290**			**97200**
中原区	26	18	26		25	25			1377	1377			55080
金水区	48	25	48		50	50			5913	5913			118260
公共管理、社会保障和社会组织	**542**	**200**	**542**		**535**	**535**			**33740**	**33740**			**63065**
中原区	28	12	28		29	29			2914	2914			100483
二七区	151	56	151		151	151			13592	13592			90013
金水区	90	23	90		83	83			4397	4397			52976
中牟县	108	53	108		108	108			6076	6076			56259
新密市	165	56	165		164	164			6761	6761			41226

2-13 全市及各县(市)区其他单位分行业从业人员人数及工资总额

(2017 年底)

单位:人、元

行业	单位从业人员	#女性	在岗职工合计	其他从业人员	单位从业人员平均人数	在岗职工	劳务派遣人员	其他从业人员	单位从业人员工资总额(千元)	在岗职工工资总额	劳务派遣人员工资总额	其他从业人员工资总额	在岗职工平均工资(含劳务派遣人员)
农、林、牧、渔业	**680**	**165**	**680**		**677**	**677**			**26011**	**26011**			**38421**
中原区	37	12	37		36	36			2314	2314			64278
惠济区	146	57	146		138	138			4970	4970			36014
荥阳市	493	94	493		492	492			18439	18439			37478
新郑市	3	1	3		10	10			246	246			24600
郑东新区	1	1	1		1	1			42	42			42000
采矿业	**46858**	**6837**	**46401**	**122**	**48488**	**48134**	**244**	**110**	**2298319**	**2273224**	**15860**	**9235**	**47317**
市局直管	26146	4598	26146		27831	27831			1377800	1377800			49506
巩义市	4315	747	3980		4381	4137	244		156515	140655	15860		35726
荥阳市	55	9	55		55	55			2298	2298			41782
新密市	926	76	926		921	921			33294	33294			36150
新郑市	1506	128	1506		1503	1503			90258	90258			60052
登封市	13910	1279	13788	122	13797	13687		110	638154	628919		9235	45950
制造业	**675881**	**282339**	**658519**	**3112**	**610620**	**594434**	**13079**	**3107**	**33887937**	**33054731**	**679615**	**153591**	**55529**
中原区	5772	2550	5650	76	5889	5781	31	77	227947	223549	1011	3387	38637
二七区	13614	4643	13427	159	13496	13267	60	169	584114	575656	2866	5592	43410
管城区	17020	1735	16982	38	17186	17122		64	1557003	1553298		3705	90719
金水区	1926	642	1898	8	1973	1950	15	8	103769	103010	322	437	52586
上街区	9560	1969	9431	44	9167	9005	106	56	482184	471136	7994	3054	52588
惠济区	9184	4461	8941	143	9251	9006	100	145	302978	294310	3000	5668	32650
中牟县	14151	3799	12844	197	13685	12525	1035	125	775234	707274	57078	10882	56368
市局直管	2422	368	1732	74	2472	1821	556	95	195294	155870	37923	1501	81528
巩义市	39151	8884	38404	594	38237	37486	169	582	1550276	1521317	8559	20400	40629
荥阳市	33273	6761	32811	192	32793	32289	332	172	1905094	1877705	15187	12202	58027
新密市	39736	11392	39521	193	38703	38457	23	223	1474582	1463576	857	10149	38057
新郑市	44698	14998	41914	396	44017	41369	2355	293	1888713	1769568	101166	17979	42785
登封市	35474	8637	35080	192	33644	33217	190	237	1345384	1328399	7443	9542	39987
经开区	56402	21745	50136	392	52732	47249	5034	449	3501250	3183490	288640	29120	66410
高新区	35134	10161	32619	258	34513	32162	2101	250	2278598	2159533	103459	15606	66018
郑东新区	4707	2161	4614	17	4939	4847	75	17	320070	317098	2637	335	64960

2-13　续表 1　　(2017 年底)　　单位:人、元

类　别	单位从业人员	#女性	在岗职工合计	其他从业人员	单位从业人员平均人数	在岗职工	劳务派遣人员	其他从业人员	单位从业人员工资总额(千元)	在岗职工工资总额	劳务派遣人员工资总额	其他从业人员工资总额	在岗职工平均工资(含劳务派遣人员)
航空港实验区	313657	177433	312515	139	257923	256881	897	145	15395447	15349942	41473	4032	59708
电力、热力、燃气及水生产和供应业	**25169**	**6582**	**24160**	**306**	**25455**	**24508**	**641**	**306**	**1597519**	**1551673**	**29201**	**16645**	**62860**
中原区	6106	2147	5408	267	6148	5452	430	266	431176	398281	19055	13840	70951
惠济区	618	144	453		524	411	113		48566	41795	6771		92683
巩义市	547	241	547		518	518			20418	20418			39417
荥阳市	286	68	286		283	283			9266	9266			32742
新密市	477	128	392	6	477	393	79	5	28871	26731	1760	380	60362
新郑市	314	138	304		317	307	10		14603	13803	800		46066
登封市	14722	3094	14717	5	15084	15078		6	841800	841450		350	55806
高新区	810	206	782	28	764	735		29	67464	65389		2075	88965
郑东新区	1109	372	1109		1169	1169			120933	120933			103450
航空港实验区	180	44	162		171	162	9		14422	13607	815		84339
建筑业	**307788**	**40668**	**214440**	**22719**	**290497**	**201510**	**66288**	**22699**	**18430517**	**13428951**	**3892839**	**1108727**	**64682**
中原区	40534	5229	19589	1924	41637	20562	18951	2124	2409050	1053199	1254207	101644	58396
二七区	28958	4068	16334	1808	27664	16168	9848	1648	1659504	1134749	453988	70767	61068
管城区	11360	1708	9724	1233	11100	9590	389	1121	609699	545226	16633	47840	56304
金水区	103661	11802	78124	8822	92836	68429	16230	8177	6928112	5419494	1089221	419397	76882
上街区	5016	849	2557	468	4834	2680	1498	656	245351	154402	66969	23980	52985
惠济区	13567	1461	11438	973	12906	10768	1251	887	708431	592496	57662	58273	54094
中牟县	7007	354	6331	602	6185	5593	71	521	289114	254257	6274	28583	45998
巩义市	4150	490	3369	190	3883	3133	576	174	234826	159901	66175	8750	60953
荥阳市	22383	4479	11800	1226	19771	10684	8029	1058	940965	403492	487257	50216	47601
新密市	17224	1937	9676	1510	16289	9386	5432	1471	668887	405987	204513	58387	41200
新郑市	6931	748	5989	892	7332	6073	75	1184	391755	333331	3310	55114	54756
登封市	3183	334	2699	246	3343	2823	73	447	157429	142150	3839	11440	50411
经开区	22547	3733	20020	218	21690	18932	2109	649	1778491	1645066	99706	33719	82922
高新区	12187	1730	9437	1789	12386	9662	913	1811	986572	828637	48489	109446	82943
郑东新区	8943	1713	7239	795	8487	6896	843	748	415990	351196	34596	30198	49850
航空港实验区	137	33	114	23	154	131		23	6341	5368		973	40977
批发和零售业	**100091**	**49930**	**92826**	**1791**	**98503**	**91066**	**5570**	**1867**	**5005782**	**4680586**	**259112**	**66084**	**51117**

2-13 续表2 （2017年底） 单位：人、元

类别	单位从业人员	#女性	在岗职工合计	其他从业人员	单位从业人员平均人数	在岗职工	劳务派遣人员	其他从业人员	单位从业人员工资总额（千元）	在岗职工工资总额	劳务派遣人员工资总额	其他从业人员工资总额	在岗职工平均工资（含劳务派遣人员）
中原区	3226	1264	3016	103	3230	3002	120	108	165488	158244	5041	2203	52301
二七区	11152	6271	10672	337	11030	10514	153	363	503322	488398	7047	7877	46447
管城区	14582	8266	13380	117	13779	12509	1139	131	608821	538766	62664	7391	44067
金水区	26320	13998	25238	548	26412	25187	722	503	1193068	1140285	28718	24065	45120
上街区	364	180	357	3	364	357	4	3	16719	16512	133	74	46108
惠济区	3243	1182	3040	5	3195	2992	198	5	204898	196504	8207	187	64173
中牟县	1918	1125	1857	49	1927	1853	14	60	123742	120036	1201	2505	64937
巩义市	2220	1142	1902	284	2168	1818	57	293	85167	76827	1342	6998	41690
荥阳市	1512	531	1511		1344	1343	1		50022	49998	24		37219
新密市	2200	877	2078	11	2170	2041	118	11	91555	86880	3754	921	41980
新郑市	3379	1775	3320	27	3363	3296	31	36	169161	166894	1115	1152	50499
登封市	2034	870	2008	11	1975	1921	28	26	73814	70937	1490	1387	37161
经开区	15480	6894	14197	237	14928	13984	680	264	915180	879813	26672	8695	61817
高新区	3906	1566	3662	16	3924	3666	240	18	265801	251111	14024	666	67879
郑东新区	5187	2036	5130	25	5191	5128	33	30	370819	367898	1538	1383	71582
航空港实验区	3368	1953	1458	18	3503	1455	2032	16	168205	71483	96142	580	48071
交通运输、仓储和邮政业	**59264**	**20756**	**43290**	**3534**	**57273**	**40856**	**13119**	**3298**	**3659288**	**2953876**	**569345**	**136067**	**65275**
中原区	115	66	115		115	115			5488	5488			47722
二七区	5672	2144	4282	1372	5947	4498	18	1431	279033	216584	811	61638	48139
管城区	3117	1226	2192	505	3143	2221	427	495	167907	131178	19449	17280	56883
金水区	1572	648	1371	35	1578	1373	170	35	107162	100162	6193	807	68927
上街区	859	134	813	18	833	786	28	19	45097	43625	866	606	54657
惠济区	1237	355	1237		1166	1166			63954	63954			54849
中牟县	348	138	306	8	326	285	34	7	13510	11755	1308	447	40950
巩义市	1119	107	1097	12	1096	1074	10	12	66290	65342	500	448	60740
荥阳市	181	43	181		180	180			6467	6467			35928
新密市	1874	292	1831	2	1864	1821	41	2	94012	92894	1079	39	50469
新郑市	580	162	571	2	580	571	7	2	22729	22241	228	260	38874
登封市	2254	559	1895	359	2231	1891		340	104108	87144		16964	46084
经开区	6785	2254	5306	1168	6258	4996	360	902	345784	294481	15765	35538	57925

2-13 续表 3　　(2017 年底)　　单位:人、元

类别	单位从业人员	#女性	在岗职工合计	其他从业人员	单位从业人员平均人数	在岗职工	劳务派遣人员	其他从业人员	单位从业人员工资总额(千元)	在岗职工工资总额	劳务派遣人员工资总额	其他从业人员工资总额	在岗职工平均工资(含劳务派遣人员)
郑东新区	23254	9121	16801	2	21952	14912	7038	2	1289537	1063162	226231	144	58742
航空港实验区	10297	3507	5292	51	10004	4967	4986	51	1048210	749399	296915	1896	105125
住宿和餐饮业	**25079**	**13993**	**23444**	**257**	**25474**	**23681**	**1407**	**386**	**1031113**	**951448**	**66190**	**13475**	**40563**
中原区	1392	731	1383	7	1402	1391	2	9	78233	77862	96	275	55964
二七区	2435	1455	2157	11	2527	2178	340	9	95698	85268	9921	509	37803
管城区	538	278	530	8	548	540		8	22116	21874		242	40507
金水区	11758	6580	11332	91	11930	11452	324	154	457253	437357	14206	5690	38346
上街区	182	125	182		186	186			5363	5363			28833
惠济区	12	7	12		12	12			370	370			30833
中牟县	324	145	303	9	358	342	9	7	15011	14060	412	539	41231
巩义市	656	426	656		648	646		2	18043	17982		61	27836
荥阳市	540	319	540		679	631		48	22616	20023		2593	31732
新密市	729	365	704	10	726	698	14	14	28185	27063	727	395	39031
新郑市	473	310	464	5	489	478	4	7	18342	18126	80	136	37772
登封市	950	639	872	67	923	840	16	67	31854	30461	626	767	36317
经开区	312	188	312		307	307			11856	11856			38619
高新区	448	176	438	6	448	438	5	5	20213	19734	320	159	45269
郑东新区	2879	1646	2794	25	2891	2799	53	39	133802	128955	3659	1188	46499
航空港实验区	1451	603	765	18	1400	743	640	17	72158	35094	36143	921	51509
信息传输、软件和信息技术服务业	**43185**	**18140**	**38553**	**836**	**42533**	**37966**	**3841**	**726**	**3461508**	**3181730**	**257421**	**22357**	**82263**
中原区	238	83	225	12	280	267	1	12	13762	13338	13	411	49817
二七区	3706	1516	3706		3690	3690			487938	487938			132233
管城区	990	379	990		925	925			95273	95273			102998
金水区	24582	10036	21836	558	23926	21262	2148	516	1696528	1531032	151957	13539	71892
上街区	27	12	27		25	25			476	476			19040
惠济区	199	131	199		197	197			7364	7364			37381
中牟县	80	15	80		78	78			3377	3377			43295
巩义市	282	118	192		275	188	87		12362	9362	3000		44953
荥阳市	5	1	5		5	5			225	225			45000
新密市	197	65	197		197	197			8571	8571			43508
登封市	97	28	97		97	97			3373	3373			34773

2-13 续表4 （2017年底） 单位：人、元

类别	单位从业人员	#女性	在岗职工合计	其他从业人员	单位从业人员平均人数	在岗职工	劳务派遣人员	其他从业人员	单位从业人员工资总额（千元）	在岗职工工资总额	劳务派遣人员工资总额	其他从业人员工资总额	在岗职工平均工资（含劳务派遣人员）
经开区	1536	413	1409	29	1551	1442	82	27	120168	113587	4920	1661	77760
高新区	9186	4784	7722	197	9200	7701	1368	131	722468	630396	86124	5948	79008
郑东新区	1977	532	1811	14	1985	1816	155	14	282321	270616	11407	298	143086
航空港实验区	83	27	57	26	102	76		26	7302	6802		500	89500
金融业	**78829**	**33201**	**59174**	**17735**	**74101**	**58384**	**1731**	**13986**	**10758940**	**9975635**	**136944**	**646361**	**168221**
中原区	232	112	232		231	231			25657	25657			111069
二七区	2000	1149	2000		2000	2000			137638	137638			68819
管城区	303	88	303		291	291			42071	42071			144574
金水区	38403	9979	19891	17497	34601	19920	956	13725	3392192	2684038	76359	631795	132228
上街区	7	5	7		7	7			282	282			40286
惠济区	80	19	53		80	67	13		5580	4760	820		69750
中牟县	923	482	827	36	902	828	45	29	97087	93634	1899	1554	109431
巩义市	592	445	551	10	599	568	14	17	81642	80611	734	297	139768
荥阳市	312	90	312		310	310			14110	14110			45516
新密市	533	244	506	15	534	507	12	15	56145	54570	1165	410	107389
新郑市	789	409	642	1	736	615	121		79207	70143	9064		107618
登封市	485	209	423	62	495	459		36	39965	39450		515	85948
经开区	15	12	15		15	15			874	874			58267
高新区	272	115	272		269	269			22344	22344			83063
郑东新区	33842	19837	33103	114	32990	32259	567	164	6762108	6703581	46737	11790	205639
航空港实验区	41	6	37		41	38	3		2038	1872	166		49707
房地产业	**64557**	**26053**	**56782**	**1507**	**63638**	**55928**	**6432**	**1278**	**4172360**	**3856056**	**245195**	**71109**	**65767**
中原区	4632	1774	4151	21	4473	3993	454	26	295218	282744	11431	1043	66151
二七区	4836	1725	4688	116	4826	4681	32	113	337649	330404	1748	5497	70476
管城区	6840	2777	5747	70	6750	5656	1024	70	448639	406238	38987	3414	66650
金水区	14935	6079	12988	130	14808	12905	1762	141	887708	816181	61828	9699	59863
上街区	1113	481	1063	2	1151	1088	54	9	69641	67891	1550	200	60806
惠济区	1558	595	1490	24	1474	1419	41	14	104674	101863	1468	1343	70775
中牟县	1669	695	1595	54	1673	1591	22	60	121862	116533	1152	4177	72960
巩义市	1411	531	1227	103	1330	1265	15	50	59776	56585	620	2571	44691
荥阳市	2248	766	2219	17	2127	2096	12	19	99777	98676	450	651	47024

2-13 续表 5 （2017 年底） 单位：人、元

类别	单位从业人员	#女性	在岗职工合计	其他从业人员	单位从业人员平均人数	在岗职工	劳务派遣人员	其他从业人员	单位从业人员工资总额（千元）	在岗职工工资总额	劳务派遣人员工资总额	其他从业人员工资总额	在岗职工平均工资（含劳务派遣人员）
新密市	2004	718	1936	53	1904	1818	21	65	101261	97380	1201	2680	53606
新郑市	4021	1417	3821	77	4120	3889	146	85	249501	241663	4166	3672	60924
登封市	870	292	829	6	861	817	35	9	35725	34628	832	265	41620
经开区	3757	1473	2699	10	3708	2676	1022	10	245146	211562	33033	551	66143
高新区	3557	2066	2812	745	3129	2606		523	213326	181026		32300	69465
郑东新区	8624	3486	8090	79	8551	8032	435	84	709666	685113	21507	3046	83456
航空港实验区	2482	1178	1427		2753	1396	1357		192791	127569	65222		70029
租赁和商务服务业	**48847**	**15934**	**34692**	**1833**	**47499**	**32544**	**13010**	**1945**	**2584516**	**2014645**	**431880**	**137991**	**53706**
中原区	417	144	417		414	414			32576	32576			78686
二七区	8714	1659	8543	10	7376	7224	128	24	204856	197831	6156	869	27746
管城区	4344	747	3375	14	4438	3404	1015	19	288409	218188	69454	767	65092
金水区	9954	5393	9256	340	9904	9291	334	279	591897	563983	18583	9331	60526
上街区	1523	917	304	14	1463	301	1151	11	45699	16196	29157	346	31235
惠济区	410	194	410		406	397	6	3	15284	14999	159	126	37613
中牟县	956	354	756	7	1077	817	250	10	62250	53890	7940	420	57948
巩义市	207	78	205	2	208	206		2	7688	7647		41	37121
荥阳市	552	198	514	13	533	437	19	77	21500	17235	585	3680	39079
新密市	372	112	361	11	366	355		11	14910	14588		322	41093
新郑市	3520	1336	2976	64	2795	2210	475	110	110650	93418	12618	4614	39492
登封市	289	74	285	4	273	269		4	15690	15658		32	58208
经开区	601	214	545	24	613	557	32	24	40825	38661	787	1377	66975
高新区	2299	599	1781	26	2295	1764	505	26	145457	129280	15492	685	63804
郑东新区	11102	3773	4656	1302	11781	4620	5818	1343	704642	432294	156996	115352	56456
航空港实验区	3587	142	308	2	3557	278	3277	2	282183	168201	113953	29	79368
科学研究和技术服务业	**41668**	**10894**	**34522**	**2815**	**41256**	**34313**	**4352**	**2591**	**3287617**	**2867549**	**298463**	**121605**	**81883**
中原区	12124	2138	10377	839	12483	10860	918	705	999919	907846	64602	27471	82565
二七区	4028	870	1773	129	4053	1776	2140	137	377079	200530	169748	6801	94555
管城区	540	188	540		445	445			23136	23136			51991
金水区	13871	3928	11862	1345	13830	11798	728	1304	1144939	1042077	34781	68081	85970
上街区	104	35	100	4	104	100		4	10801	10462		339	104620

2-13 续表 6 （2017 年底） 单位：人、元

类别	单位从业人员	#女性	在岗职工合计	其他从业人员	单位从业人员平均人数	在岗职工	劳务派遣人员	其他从业人员	单位从业人员工资总额（千元）	在岗职工工资总额	劳务派遣人员工资总额	其他从业人员工资总额	在岗职工平均工资（含劳务派遣人员）
惠济区	1802	582	1686	10	1620	1552	52	16	141444	137156	3724	564	87830
中牟县	329	163	326	2	341	338	1	2	14897	14813	28	56	43779
巩义市	236	138	224	12	235	223		12	7258	6866		392	30789
荥阳市	279	58	279		281	281			11044	11044			39302
新密市	136	10	136		135	135			5911	5911			43785
新郑市	170	63	168	2	175	173		2	6524	6468		56	37387
登封市	825	291	825		831	831			55795	55795			67142
经开区	2155	694	1818	322	1948	1685	15	248	126467	115651	1000	9816	68618
高新区	3260	1292	2742	125	3050	2542	375	133	240126	215716	18329	6081	80235
郑东新区	1809	444	1666	25	1725	1574	123	28	122277	114078	6251	1948	70907
水利、环境和公共设施管理业	**11605**	**5286**	**8609**	**2483**	**11337**	**8351**	**453**	**2533**	**474852**	**372765**	**23333**	**78754**	**44991**
中原区	239	72	239		224	224			17696	17696			79000
二七区	1314	559	1025		1288	1012	276		78807	64938	13869		61186
管城区	47	10	47		37	37			2697	2697			72892
金水区	543	92	543		532	532			34672	34672			65173
上街区	168	99	168		284	284			8492	8492			29901
惠济区	84	20	80	4	79	75		4	3202	3102		100	41360
中牟县	347	189	347		333	333			9851	9851			29583
巩义市	459	258	459		422	422			17444	17444			41336
荥阳市	245	77	196	6	225	196	23	6	9457	8178	1135	144	42525
新密市	150	40	150		150	150			5752	5752			38347
新郑市	389	60	355		385	351	34		36184	34509	1675		93984
登封市	330	167	286	44	300	267		33	12859	11959		900	44790
经开区	2283	1467	2205	57	2197	2119	21	57	73878	71648	657	1573	33787
高新区	20	10	20		19	19			909	909			47842
郑东新区	4712	2099	2267	2348	4577	2098	70	2409	149880	69078	4946	75856	34144
航空港实验区	275	67	222	24	285	232	29	24	13072	11840	1051	181	49391
居民服务、修理和其他服务业	**4821**	**2567**	**4593**	**3**	**4803**	**4701**	**75**	**27**	**178746**	**174278**	**3174**	**1294**	**37542**
中原区	13	2	13		14	14			1383	1383			98786
二七区	524	232	518	2	466	460	4	2	25273	24668	260	345	53724

2-13　续表 7　　（2017 年底）　　单位：人、元

类　别	单位从业人员	#女性	在岗职工合计	其他从业人员	单位从业人员平均人数	在岗职工	劳务派遣人员	其他从业人员	单位从业人员工资总额（千元）	在岗职工工资总额	劳务派遣人员工资总额	其他从业人员工资总额	在岗职工平均工资（含劳务派遣人员）
管城区	1883	1491	1883		1787	1787			43724	43724			24468
金水区	1026	346	808	1	1089	1021	67	1	51561	49040	2514	7	47384
巩义市	352	105	352		373	351		22	12234	11330		904	32279
荥阳市	156	52	156		171	171			6166	6166			36058
新密市	56	27	56		56	56			2795	2795			49911
新郑市	138	52	134		137	133	4		6635	6235	400		48431
登封市	277	90	277		275	273		2	7170	7132		38	26125
高新区	25	18	25		25	25			830	830			33200
郑东新区	371	152	371		410	410			20975	20975			51159
教育	**29673**	**17209**	**27996**	**1538**	**28907**	**27371**	**139**	**1397**	**1573942**	**1515931**	**5781**	**52230**	**55315**
中原区	677	505	675	2	680	678		2	41654	41606		48	61366
二七区	5089	1865	5089		5064	5064			344087	344087			67948
管城区	1036	850	972	64	1045	985		60	57369	53293		4076	54105
金水区	3857	3003	3438	419	3848	3294		554	203297	188811		14486	57320
上街区	164	137	124		161	121	40		13331	11881	1450		82801
惠济区	70	66	70		69	69			2342	2342			33942
中牟县	1369	871	1294	72	1319	1198	3	118	67910	63810	83	4017	53200
巩义市	2812	2062	2761	40	2689	2642	11	36	136704	135381	581	742	51248
荥阳市	612	405	612		605	605			39849	39849			65866
新密市	1062	681	1054	5	1067	1059	3	5	56435	55571	110	754	52430
新郑市	6294	3643	5490	804	5849	5361		488	294854	274026		20828	51115
登封市	3806	1089	3806		3708	3708			151496	151496			40857
经开区	1017	822	930	7	1025	938	80	7	60401	56880	3340	181	59155
高新区	208	109	208		197	191		6	7994	7742		252	40534
郑东新区	795	591	668	125	786	663	2	121	39615	32552	217	6846	49277
航空港实验区	805	510	805		795	795			56604	56604			71200
卫生和社会工作	**13276**	**9151**	**12587**	**324**	**13257**	**12606**	**361**	**290**	**841523**	**815326**	**7122**	**19075**	**63426**
中原区	1124	824	1036	88	1125	1062		63	67295	65154		2141	61350
二七区	526	332	526		527	527			34785	34785			66006
管城区	347	251	347		459	459			27926	27926			60841
金水区	1452	1133	1452		1446	1446			94045	94045			65038
惠济区	88	65	88		88	88			3042	3042			34568
中牟县	67	38	67		67	67			3381	3381			50463

2-13 续表8　　（2017年底）　　单位：人、元

类　别	单位从业人员	#女性	在岗职工合计	其他从业人员	单位从业人员平均人数	在岗职工	劳务派遣人员	其他从业人员	单位从业人员工资总额（千元）	在岗职工工资总额	劳务派遣人员工资总额	其他从业人员工资总额	在岗职工平均工资（含劳务派遣人员）
巩义市	805	562	804	1	804	803		1	42355	42259		96	52626
新密市	2008	1193	2008		2001	1999	1	1	115042	114990	29	23	57510
新郑市	2967	2125	2556	166	2957	2547	245	165	172301	160490	5579	6232	59480
登封市	2182	1408	2061	1	2157	2041	115	1	121606	120080	1514	12	56398
郑东新区	711	587	669	42	721	679		42	86514	76839		9675	113165
航空港实验区	999	633	973	26	905	888		17	73231	72335		896	81458
文化、体育和娱乐业	**9718**	**4411**	**9525**	**149**	**9798**	**9620**	**45**	**133**	**750808**	**740840**	**2286**	**7682**	**76888**
中原区	284	173	202	82	281	209		72	14300	9934		4366	47531
二七区	195	92	195		195	195			8690	8690			44564
管城区	120	70	120		125	125			6540	6540			52320
金水区	6697	3106	6628	40	6808	6736	30	42	468076	465060	986	2030	68881
惠济区	12	3	12		12	12			344	344			28667
中牟县	186	108	186		155	155			5674	5674			36606
巩义市	212	152	212		177	177			6470	6470			36554
荥阳市	156	38	156		161	161			4659	4659			28938
新密市	59	16	59		55	55			1753	1753			31873
新郑市	26	15	25	1	26	25		1	1319	1259		60	50360
登封市	427	116	427		410	410			15640	15640			38146
经开区	681	231	642	24	734	704	15	15	157224	155141	1300	783	217581
高新区	21	13	21		21	21			800	800			38095
郑东新区	613	263	611	2	609	606		3	56799	56356		443	92997
航空港实验区	29	15	29		29	29			2520	2520			86897
公共管理、社会保障和社会组织	**5519**	**2643**	**5483**	**36**	**5523**	**5519**		**4**	**241973**	**241889**		**84**	**43828**
中原区	529	206	529		530	530			40346	40346			76125
二七区	4210	2131	4178	32	4210	4210			141110	141110			33518
管城区	172	47	172		171	171			13521	13521			79070
金水区	336	156	336		342	342			22509	22509			65816
上街区	26	16	26		24	24			3192	3192			133000
巩义市	57	20	53	4	57	53		4	3600	3516		84	66340
登封市	25	10	25		25	25			1345	1345			53800
经开区	70	23	70		70	70			5302	5302			75743
郑东新区	94	34	94		94	94			11048	11048			117532

主要统计指标解释

从业人员年末人数 指期末最后一日24时在本单位中工作，并取得工资或其他形式劳动报酬的人员数。该指标为时点指标，不包括最后一日当天及以前已经与单位解除劳动合同关系的人员。是在岗职工、劳务派遣人员及其他从业人员之和。从业人员不包括：

(1)离开本单位仍保留劳动关系，并定期领取生活费的人员；

(2)利用课余时间打工的学生及在本单位实习的各类在校学生；

(3)本单位因劳务外包而使用的人员。

在岗职工 指在本单位工作且与本单位签订劳动合同，并由单位支付各项工资和社会保险、住房公积金的人员，以及上述人员中由于学习、病伤、产假等原因暂未工作仍由单位支付工资的人员。在岗职工还包括：

(1)应订立劳动合同而未订立劳动合同人员(如使用的农村户籍人员)；

(2)处于试用期人员；

(3)编制外招用的人员；

(4)派往外单位工作，但工资仍由本单位发放的人员(如挂职锻炼、外派工作等情况)。

在岗职工不包括：

(1)本单位使用的且由本单位直接支付工资的劳务派遣人员，应统计在本单位“劳务派遣人员”指标中；

(2)本单位因劳务外包而使用的人员，由承包劳务的单位统计为在岗职工。

劳务派遣人员 根据《中华人民共和国劳动合同法》规定，指与劳务派遣单位签订劳动合同，并被劳务派遣单位派遣到实际用工单位工作，且劳务派遣单位与实际用工单位签订《劳务派遣协议》的人员。

注意：无论用工单位是否直接支付劳动报酬，劳务派遣人员均由实际用工单位填报，而劳务派遣单位(派出单位)不填报这些人员。

其他从业人员 指本单位中不能归到在岗职工、劳务派遣人员中的人员。此类人员是实际参加本单位生产或工作并从本单位取得劳动报酬的人员。具体包括：非全日制人员、聘用的正式离退休人员、兼职人员和第二职业者等，以及在本单位中工作的外籍和港澳台方人员。

从业人员工资总额 指根据《关于工资总额组成的规定》(1990年1月1日国家统计局发布的一号令)进行修订，本单位在报告期内(季度或年度)直接支付给本单位全部从业人员的劳动报酬总额。包括计时工资、计件工资、奖金、津贴和补贴、加班加点工资、特殊情况下支付的工资，是在岗职工工资总额、劳务派遣人员工资总额和其他从业人员工资总额之和。

工资总额是税前工资，包括单位从个人工资中直接为其代扣或代缴的房费、水费、电费、住房公积金和社会保险基金个人缴纳部分等。

工资总额不论是计入成本的还是不计入成本的，不论是以货币形式支付的还是以实物形式支付的，均应列入工资总额的计算范围。

在岗职工工资总额 指本单位在报告期内直接支付给本单位全部在岗职工的劳动报酬总额。在岗职工工资总额从构成角度分解为四部分：基本工资、绩效工资、工资性津贴和补贴、其他工资。工资总额不包括病假、事假等情况的扣款，单位在填报在岗职工工资总额四项构成时，应根据实际情况调整对应项目；如不能确定调整项，可扣减基本工资项。

劳务派遣人员工资总额 指实际用工单位(派遣人员的使用方)在一定时期内为使用劳务派遣人员而付出的劳动报酬总额，包括用工单位负担的基本工资、加班工资、绩效工资以及各种津贴、补贴等，但不包含因使用派遣人员而支付的管理费用和其他用工成本。

其他从业人员工资总额 指本单位在报告期内直接支付给本单位其他从业人员的全部劳动报酬。

三、固定资产投资及房地产开发

3-1 全社会固定资产投资完成情况

（2017 年）

单位：万元、万平方米

指　　标	全社会投资	固定资产投资		农户投资
			房地产开发	
总　计	**76354923**	**75734425**	**33588413**	**620498**
住宅投资	25480300	25094736	24186617	385564
按经济类型分				
内资	**73772229**	**73772229**	**33144227**	
国有经济	8231406	8231406	929908	
集体经济	188261	188261		
股份合作	127861	127861		
国有独资	4407220	4407220	484656	
其他有限责任公司	45545460	45545460	26744794	
股份有限公司	2008467	2008467	649186	
私营	9546009	9546009	4218529	
其他内资	3717545	3717545	117154	
港澳台商投资	**1649657**	**1649657**	**389486**	
合资经营	147198	147198	64771	
独资	1109358	1109358	315263	
股份有限		8949		
其他	384152	384152	8949	
外商投资	**192393**	**192393**	**54700**	
合资经营	94054	94054	25060	
独资	95168	95168	29640	
股份有限	2194	2194		
其他	977	977		
个体经营	**740644**	**120146**		**620498**
本年新增固定资产	**28103247**	**27485567**	**5820846**	**617680**
本年施工房屋面积	**19221**	**18860**	**16382**	**361**
#住宅	12457	12096	11242	361
本年竣工房屋面积	**2031**	**1701**	**1527**	**330**
#住宅	1437	1107	1019	330
本年竣工房屋价值	**5048453**	**4745035**	**4214222**	**303418**
#住宅	3409495	3106077	2855735	303418

3-2 分县(市)区全社会固定资产投资

(2017 年)

单位:万元

县(市)区	全社会投资	固定资产投资	房地产开发	农户投资
总 计	**76354923**	**75734425**	**33588413**	**620498**
各区小计	**41881947**	**41855106**	**25288488**	**26841**
中原区	3220114	3220114	1949298	
二七区	4135848	4135848	3253685	
管城区	3052584	3052584	2211893	
金水区	5282582	5282582	3963182	
上街区	1238589	1238589	255454	
惠济区	2173315	2146951	1531629	26364
经开区	4475290	4475290	1902012	
高新区	3479660	3479660	2817580	
郑东新区	8018265	8018265	4798325	
航空港实验区	6805700	6805223	2605430	477
各县(市)小计	**32847525**	**32253868**	**8299925**	**593657**
中牟县	4413149	4377427	1477394	35722
巩义市	6254409	6182140	541131	72269
荥阳市	6095446	5992576	2429812	102870
新密市	5263721	5141622	1155744	122099
新郑市	6091997	5916584	2420627	175413
登封市	4728803	4643519	275217	85284

3-3 分产业及行业全社会固定资产投资

（2017 年）

单位：万元

指 标	全社会投资	固定资产投资	房地产开发	农户投资
合 计	**76354923**	**75734425**	**27789452**	**620498**
按产业及国民经济行业分				
第一产业	**892723**	**837136**		**55587**
农林牧渔业服务业	892724	837136		55588
第二产业	**13575885**	**13542354**		**33531**
工业	13571085	13537554		33531
采矿业	458810	458810		
制造业	11714858	11681327		33531
电力煤气及水的生产和供业业	1397417	1397417		
建筑业	4800	4800		
第三产业	**61886315**	**61354935**	**27789452**	**531380**
交通运输、仓储和邮政业	5355476	5265673		89803
信息传输、计算机服务和软件业	762144	762144		
批发和零售业	597539	548731		48808
住宿和餐饮业	120792	120792		
金融业	115385	115385		
房地产业	41308112	40922548	27789452	385564
租赁和商务服务业	712194	710859		1335
科学研究和技术服务业	415039	415039		
水利、环境和公共设施管理业	8849311	8849311		
居民服务和其他服务业	414033	408163		5870
教育	1335019	1335019		
卫生和社会工作	563314	563314		
文化、体育和娱乐业	1193074	1193074		
公共管理、社会保障和社会组织	114315	114315		

3-4 分类型固定资产投资

（2017 年）

单位：万元、平方米

类 别	固定资产投资	类 别	固定资产投资
投资总额	**75734425**	地方	74956877
按控股情况分		**按构成分**	
国有控股	18759610	建筑安装工程	51211500
集体控股	1396929	设备工器具购置	7616921
港澳台控股	1212407	其他费用	16906004
外商控股	169119	**按建设性质分**	
私人及其他控股	20607947	新建	35735645
本年资金来源小计	70845365	扩建	1937103
国家预算内资金	3068511	改建	1580629
国内贷款	10093557	本年新增固定资产	27643175
利用外资	133989	**房屋施工面积**	
自筹资金	45830621	施工面积	188599393
其他资金	11718687	#住宅	120963616
按隶属关系分		竣工面积	17005807
中央	777548	#住宅	11067079

3-5 按行业和注册类型

（2017 年）

行　　业	本年完成投资额	中央	地方	内资	港澳台商投　资
总　计	**75734425**	**777548**	**74956877**	**40748148**	**1260171**
农、林、牧、渔业	**867704**		**867704**	**867704**	
农业	758869		758869	758869	
林业	48790		48790	48790	
畜牧业	24093		24093	24093	
渔业	5384		5384	5384	
农、林、牧、渔服务业	30568		30568	30568	
工业	**13537554**	**171334**	**13366220**	**12288406**	**1166932**
采矿业	458810		458810	458810	
煤炭开采和洗选业	427929		427929	427929	
黑色金属矿采选业	1531		1531	1531	
有色金属矿采选业	8282		8282	8282	
非金属矿采选业	21068		21068	21068	
制造业	11681327	123224	11558103	10452495	1146616
农副食品加工业	211931	4735	207196	207403	
食品制造业	99854		99854	90254	9600
酒、饮料和精制茶制造业	46872		46872	46872	
烟草制造业	13224		13224	13224	
纺织业	69823		69823	41433	28390
纺织服装、服饰业	111197		111197	111197	
皮革、毛皮、羽毛及其制品和制鞋业	4870		4870	4870	
木材加工及木、竹、藤、棕、草制品业	24135		24135	24135	
家具制造业	138146		138146	138146	
造纸及纸制品业	49366		49366	49366	
印刷和记录媒介复制业	67427		67427	67427	
文教、工美、体育和娱乐用品制造业	165781		165781	165781	

分固定资产投资

单位:万元

外商投资	国有控股	集体控股	私人控股	港澳台控股	外商控股	其他控股
137693	**18759610**	**1396929**	**14336111**	**1212407**	**169119**	**6271836**
	32160	**54290**	**598659**			**182595**
	9780	51344	549522			148223
			27880			20910
			15873			8220
			5384			
	22380	2946				5242
82216	**1597786**	**187090**	**8015806**	**1157332**	**166882**	**2412658**
	190916	19300	119731			128863
	190916	19300	114378			103335
			1531			
			1822			6460
			2000			19068
82216	607869	129981	7403158	1137016	166882	2236421
4528	4735		187443		4528	15225
			79799			20055
			15272			31600
	13224					
			39433	28390		2000
			103966			7231
			4870			
			22585			1550
			135746			2400
			30649			18717
			60327			7100
			149601			16180

3-5 续表 1 （2017 年底）

行　业	本年完成投资额	中央	地方	内资	港澳台商投资
石油加工、炼焦及核燃料加工业	2280		2280	2280	
化学原料及化学制品制造业	245407		245407	245407	
医药制造业	292952		292952	280929	
化学纤维制造业	8827		8827	8827	
橡胶和塑料制品业	142112		142112	142112	
非金属矿物制品业	2326682	65840	2260842	2323705	2977
黑色金属冶炼和压延加工业	63619		63619	11019	
有色金属冶炼及压延加工业	1180661	41780	1138881	1180661	
金属制品业	641547	10309	631238	641547	
通用设备制造业	806518		806518	806518	
专业设备制造业	844907	560	844347	844907	
汽车制造业	623503		623503	612909	
铁路、船舶、航空航天和其他运输设备制造业	299860		299860	299860	
电气机械及器材制造业	722425		722425	722425	
计算机、通信和其他电子设备制造业	2293573		2293573	1187924	1105649
仪器仪表制造业	102956		102956	100485	
其他制造业	18162		18162	18162	
废弃资源综合利用业	62710		62710	62710	
电力、燃气及水的生产和供应业	1397417	48110	1349307	1377101	20316
电力、热力生产和供应业	916470	36348	880122	896154	20316
燃气生产和供应业	39516		39516	39516	
水的生产和供应业	441431	11762	429669	441431	
建筑业	**250045**		**250045**	**250045**	
批发和零售业	**548731**	**7771**	**540960**	**540456**	**8275**
批发业	120437		120437	120437	
交通运输、仓储和邮政业	**5265673**	**433009**	**4832664**	**5196059**	**15114**
铁路运输	286813	37475	249338	286813	
道路运输业	3486875		3486875	3486875	

单位:万元

外商投资	国有控股	集体控股	私人控股	港澳台控股	外商控股	其他控股
			2280			
	23765	1500	179324			40818
12023			160429		12023	120500
			2900			5927
			134112			8000
	94120	12000	1793765	2977		423820
52600			7400		52600	3619
	42980		993858			143823
	12024		456244			173279
	24461	11000	678379			92678
	52030		679447			113430
10594	211588	2500	291278		10594	107543
		77281	222579			
	12708	25700	479573			204444
	116234		377053	1105649	84666	609971
2471			97969		2471	2516
			13167			4995
			3710			59000
	799001	37809	492917	20316		47374
	450426	3000	422831	20316		19897
		20380	14036			5100
	348575	14429	56050			22377
	245245		**4800**			
	112271		**379697**	**8275**		**48488**
	43109		69348			7980
54500	**3886575**	**41997**	**1038199**	**15114**		**283788**
	286813					
	3134491	41997	165337			145050

3-5 续表 2 （2017 年底）

行　业	本年完成投资额	中央	地方	内资	港澳台商投资
仓储业	851895	204534	647361	782281	15114
邮政业	40743		40743	40743	
住宿和餐饮业	**120792**		**120792**	**120792**	
住宿业	111034		111034	111034	
信息传输、软件和信息技术服务业	**762144**	**32840**	**729304**	**762144**	
电信、广播电视和卫星传输服务业	292881	32840	260041	292881	
互联网和相关服务	32290		32290	32290	
金融业	**115385**		**115385**	**115385**	
货币金融服务	11913		11913	11913	
房地产业	**40922548**	**24600**	**40897948**	**7334135**	
租赁和商务服务业	**710859**	**6409**	**704450**	**641009**	**69850**
商务服务业	706859	6409	700450	637009	69850
科学研究和技术服务业	**415039**	**28336**	**386703**	**415039**	
研究和试验发展	158907	12250	146657	158907	
专业技术服务业	159338	16086	143252	159338	
水利、环境和公共设施管理业	**8604066**	**71049**	**8533017**	**8604066**	
水利管理业	525048		525048	525048	
生态保护和环境治理业	210991	7969	203022	210991	
公共设施管理业	7868027	63080	7804947	7868027	
居民服务业、修理和其他服务业	**408163**		**408163**	**408163**	
居民服务业	405203		405203	405203	
教育	**1335019**		**1335019**	**1334042**	
卫生和社会工作	**563314**		**563314**	**563314**	
卫生	439757		439757	439757	
文化、体育和娱乐业	**1193074**		**1193074**	**1193074**	
广播、电视、电影和影视录音制作业	4200		4200	4200	
文化艺术业	684216		684216	684216	
公共管理、社会保障和社会组织	**114315**	**2200**	**112115**	**114315**	
国家机构	107117	2200	104917	107117	

单位:万元

外商投资	国有控股	集体控股	私人控股	港澳台控股	外商控股	其他控股
54500	265743		433399	15114		137639
	638		40105			
		37930	**63882**			**18980**
		33170	58884			18980
	353644		**239295**			**169205**
	292881					
	7500		24790			
	96176		**10086**			**9123**
	2790					9123
	5144871	**590183**	**785126**			**813955**
	128384	**50988**	**381741**			**149746**
	128384	50988	377741			149746
	217491		**174634**		**1260**	**21654**
	71578		75905		1260	10164
	116639		34809			7890
	4572670	**262837**	**2171458**			**1597101**
	379914	7250				137884
	30126		162365			18500
	4162630	255587	2009093			1440717
	298732		**55681**			**53750**
	298732		52721			53750
977	**865068**	**115149**	**119952**		**977**	**233873**
	343878	**39660**	**90575**	**31686**		**57515**
	343878	39660	8488	31686		16045
	795644	**13080**	**206520**			**177830**
			4200			
	487133		193220			3863
	69015	**3725**				**41575**
	65542					41575

3-6 分行业固定资产资金来源

（2017 年）

单位：万元

行　业	本年资金来源小计	国家预算资金	国内贷款	利用外资	自筹资金	其他资金来源
总　计	**70845365**	**3068511**	**10093557**	**133989**	**45830621**	**11718687**
农、林、牧、渔业	**837588**	**22380**	**7220**		**807987**	**1**
农业	735940		7020		728920	
林业	44034				44033	1
畜牧业	23973		200		23773	
渔业	4000				4000	
农、林、牧、渔服务业	29641	22380			7261	
工业	**12396754**	**82453**	**636449**	**56259**	**11395812**	**225781**
采矿业	425055	6424	1800		406637	10194
煤炭开采和洗选业	396527	6424			379909	10194
黑色金属矿采选业	1400		900		500	
有色金属矿采选业	7760				7760	
非金属矿采选业	19368		900		18468	
制造业	10794467	10244	461861	56259	10097481	168622
农副食品加工业	190039		2500		186784	755
食品制造业	99524		50466		48858	200
酒、饮料和精制茶制造业	46882		2300		15382	29200
烟草制造业	13224				13224	
纺织业	69763		39000		30263	500
纺织服装、服饰业	111203		60070		51133	
皮革、毛皮、羽毛及其制品和制鞋业	4870				4870	
木材加工及木、竹、藤、棕、草制品业	22435		300		22135	
家具制造业	138847		12000		126847	
造纸及纸制品业	48866				48866	
印刷和记录媒介复制业	67407				67407	
文教、工美、体育和娱乐用品制造业	150990				146010	4980

3-6 续表1 （2017年） 单位:万元

行业	本年资金来源小计	国家预算资金	国内贷款	利用外资	自筹资金	其他资金来源
石油加工、炼焦及核燃料加工业	2200				2200	
化学原料及化学制品制造业	238136		27000		210328	808
医药制造业	269772		9100		260672	
化学纤维制造业	7381				7381	
橡胶和塑料制品业	141743		315		137228	4200
非金属矿物制品业	2230834		33950		2093536	103348
黑色金属冶炼和压延加工业	64019				64019	
有色金属冶炼及压延加工业	1147596		55520		1092076	
金属制品业	565245	1129	7273	500	552993	3350
通用设备制造业	772550		11094		748468	12988
专业设备制造业	797679		9500		786679	1500
汽车制造业	583790		30195	1610	550385	1600
铁路、船舶、航空航天和其他运输设备制造业	261487		19000		242467	20
电气机械及器材制造业	592123	6909	27540		553224	4450
计算机、通信和其他电子设备制造业	1985628		56738	54149	1874018	723
仪器仪表制造业	102701				102701	
其他制造业	15823	2206			13617	
废弃资源综合利用业	51710		8000		43710	
电力、燃气及水的生产和供应业	1177232	65785	172788		891694	46965
电力、热力生产和供应业	843105	44689	168738		610404	19274
燃气生产和供应业	39420	719			38701	
水的生产和供应业	294707	20377	4050		242589	27691
建筑业	**250046**				**250046**	
批发和零售业	**548455**		**7746**		**512126**	**28583**
批发业	133734		200		133284	2250
交通运输、仓储和邮政业	**4819170**	**804851**	**1452244**	**27086**	**2204734**	**330255**
铁路运输	283546	51711	173835		58000	

3-6 续表 2 （2017 年） 单位:万元

行　　业	本年资金来源小计	国家预算资金	国内贷款	利用外资	自筹资金	其他资金来源
道路运输业	3119779	748520	1260409	27086	953351	130413
仓储业	803938	4620	18000		778122	3196
邮政业	40743				40743	
住宿和餐饮业	**120072**				**119072**	**1000**
住宿业	110314				109314	1000
信息传输、软件和信息技术服务业	**730951**	**12840**	**73182**		**624929**	**20000**
电信、广播电视和卫星传输服务业	293211		50350		242861	
互联网和相关服务	25790				25790	
金融业	**105415**		**80029**		**25386**	
货币金融服务	11913				11913	
房地产业	**39059667**	**714816**	**6294424**	**9855**	**21490691**	**10549881**
租赁和商务服务业	**609924**	**100**	**132240**		**466384**	**11200**
商务服务业	605924	100	132240		462384	11200
科学研究和技术服务业	**311843**	**34867**			**258187**	**18789**
研究和试验发展	137568	22325			114961	282
专业技术服务业	97509	8342			70660	18507
水利、环境和公共设施管理业	**7878417**	**1005115**	**1071781**	**9103**	**5559430**	**232988**
水利管理业	484120	26003	122000		334762	1355
生态保护和环境治理业	203470	1132	880		192737	8721
公共设施管理业	7190827	977980	948901	9103	5031931	222912
居民服务业、修理和其他服务业	**354061**	**12850**	**214669**		**107291**	**19251**
居民服务业	351101	12850	214669		104331	19251
教育	**1182563**	**281734**	**69752**		**706386**	**124691**
卫生和社会工作	**384371**	**48388**	**2827**	**31686**	**291536**	**9934**
卫生	273405	48388	2827	31686	180570	9934
文化、体育和娱乐业	**1133205**	**19997**	**50994**		**920005**	**142209**
广播、电视、电影和影视录音制作业	4200				4200	
文化艺术业	622967	19097	8000		460184	135686
公共管理、社会保障和社会组织	**122863**	**28120**			**90619**	**4124**
国家机构	118848	27830			86894	4124

3-7 县(市)区按三次产业分固定资产投资

(2017年)

单位:万元

县(市)区	投资总额	第一产业	第二产业	第三产业	建设总规模	在建总规模	在建净规模
郑州市	**75734425**	**837136**	**13787599**	**61109690**	**274452386**	**217958198**	**111130094**
市辖区	1625451			1625451	14754695	14754695	9157420
中原区	3220114		245245	2974869	15144121	14394814	6847102
二七区	4135848		258920	3876928	15643371	10378194	5217260
管城区	3052584		22266	3030318	11181951	8804428	4130815
金水区	5282582		22216	5260366	23651161	19486592	10726193
上街区	1238589		449662	788927	4732311	2485421	1385904
惠济区	2146951	17500	64417	2065034	12166836	10833885	6778718
中牟县	4377427	2926	490327	3884174	17183968	14911757	7420103
巩义市	6182140	79609	3672654	2429877	12910005	7922584	3117436
荥阳市	5992576	151215	1426484	4414877	16241620	11496467	5359791
新密市	5141622	277218	1479562	3384842	11368743	6446277	2744946
新郑市	5916584	143758	776414	4996412	26969562	22755953	13544518
登封市	4643519	150110	1732373	2761036	10696774	6880809	3514552
经开区	4475290		731043	3744247	16035598	14205722	6893613
高新区	3479660		239484	3240176	18844079	16623656	10385254
郑东新区	8018265	14800	43340	7960125	34538624	29985994	12635313
航空港实验区	6805223		2133192	4672031	12388967	5590950	1271156

3-8 县(市)区按建设性质分固定资产投资

(2017 年)

单位:万元

县(市)区	投资总额	新建	扩建	改建
郑州市	**75734425**	**35735645**	**1937103**	**1580629**
市辖区	1625451	1625451		
中原区	3220114	1254730		
二七区	4135848	741397	63101	13000
管城区	3052584	771367	24190	4293
金水区	5282582	1195340		88811
上街区	1238589	837310	35636	62166
惠济区	2146951	568698	37891	6861
中牟县	4377427	2826010	68290	4701
巩义市	6182140	5329237	229806	48856
荥阳市	5992576	2876256	322503	35417
新密市	5141622	2758452	569707	399157
新郑市	5916584	3044399	209409	156759
登封市	4643519	3635206	331618	329357
经开区	4475290	2143775	13028	328935
高新区	3479660	594669		56411
郑东新区	8018265	3049516	31924	45905
航空港实验区	6805223	2483832		

3-9 县(市)区按构成性质分固定资产投资

(2017 年)

单位:万元

县(市)区	投资总额	建筑工程	安装工程	设备工器具购置	其他费用
郑州市	**75734425**	**50089937**	**1121563**	**7616921**	**16906004**
市辖区	1625451	999256			626195
中原区	3220114	2631173	36765	50688	501488
二七区	4135848	2729146	49853	144109	1212740
管城区	3052584	993456	15919	82266	1960943
金水区	5282582	3276191	7012	91036	1908343
上街区	1238589	938282	40642	114403	145262
惠济区	2146951	1347788	124503	59963	614697
中牟县	4377427	3282110	72513	386726	636078
巩义市	6182140	4198418	206196	1599388	178138
荥阳市	5992576	4025304	136915	824460	1005897
新密市	5141622	3701401	72002	677471	690748
新郑市	5916584	5049050	25281	93553	748700
登封市	4643519	2490248	149145	1064852	939274
经开区	4475290	2977472	71588	444954	981276
高新区	3479660	1325587	38388	159925	1955760
郑东新区	8018265	5668383	70985	108839	2170058
航空港实验区	6805223	4456672	3856	1714288	630407

3-10 各县(市)区分行业

(2017 年)

县(市)区	合 计	房地产业	工业	农、林、牧、渔业	建筑业	批发和零售业	交通运输、仓储和邮政业	住宿和餐饮业	信息传输、软件和信息技术服务业
郑州市	**75734425**	**40922548**	**13537554**	**867704**	**250045**	**548731**	**5265673**	**120792**	**762144**
市辖区	1625451						1300535		
中原区	3220114	2025498			245245	20800	150610		
二七区	4135848	3315781	258920			2864	68379		38099
管城区	3052584	2406562	17466		4800	24448	121071		
金水区	5282582	4473448	22216			6450	37475		275032
上街区	1238589	315487	449662			241	279877		
惠济区	2146951	1659631	64417	17500			163961		
中牟县	4377427	2616767	490327	6010		6699	630776		12840
巩义市	6182140	982081	3672654	87797		71589	244894	43240	
荥阳市	5992576	3186177	1426484	161081		127721	266957	2999	49408
新密市	5141622	1785765	1479562	278098		38280	295593		10092
新郑市	5916584	3395555	776414	143758		186536	327164	9995	
登封市	4643519	834013	1732373	158660		3650	398934	64558	
经开区	4475290	2549499	731043			39178	243612		34560
高新区	3479660	2817580	239484			8300	2600		117459
郑东新区	8018265	5953274	43340	14800		8275	75790		54736
航空港实验区	6805223	2605430	2133192			3700	657445		169918

固定资产投资

单位:万元

金融业	租赁和商务服务业	科学研究和技术服务业	水利、环境和公共设施管理业	居民服务、修理和其他服务业	教育	卫生和社会工作	文化、体育和娱乐业	公共管理、社会保障和社会组织
115385	**710859**	**415039**	**8604066**	**408163**	**1335019**	**563314**	**1193074**	**114315**
			324916					
	33350	16086	248856			780	477989	900
9123	29999		357998		44651	8210	1824	
	9708	6050	213741		52810	53592	134905	7431
	20186	47217	221149		126035	728	52646	
	34174	48300	37022	2478	28803	7045		35500
	48900		97617		23492	7415	59868	4150
	6966	30210	345691	13189	61843	21992	130841	3276
	9275	24470	870585	39280	12715	59460	62966	1134
		27700	585582	1675	112653	40414		3725
	43800	20000	813506	63821	107063	96639	109403	
	294996	7950	636716	5630	124038	7832		
	9000	2100	993958	52850	237524	44338	111561	
	45412	34782	747783		9000	1173	34026	5222
	31687	43859	106600	500	65137			46454
106262	4592	106315	855622	228740	329255	213696	17045	6523
	88814		1146724					

3-11 县(市)区按登记注册类型分的

(2017 年)

县(市)区	总 计	内资				
			国有	集体	股份合作	有限责任公司
郑州市	**75734425**	**40748148**	**7301498**	**188261**	**127861**	**22723230**
市辖区	1625451	1625451	124735			1500716
中原区	3220114	1270816	182012			1088804
二七区	4135848	882163	236867			321971
管城区	3052584	837714	298121			406018
金水区	5282582	1319400	514851			393186
上街区	1238589	983135	174287	3440		624372
惠济区	2146951	615322	91594	13211		411969
中牟县	4377427	2888010	668014			1977356
巩义市	6182140	5588409	792916	29848	122361	1503848
荥阳市	5992576	3562764	760429	3725		1957493
新密市	5141622	3985878	496614	51825	3000	2086181
新郑市	5916584	3358424	1148079	8820		901081
登封市	4643519	4368302	782685	56392		2221040
经开区	4475290	2420435	137070		2500	1636798
高新区	3479660	662080	159227			384425
郑东新区	8018265	3211665	696871	21000		2226123
航空港实验区	6805223	3168180	37126			3081849

固定资产投资

单位:万元

股份有限公司	私营	个体	其他	港澳台商投资	外商投资
1359281	**5327480**	**120146**	**3600391**	**1260171**	**137693**
10550			312775		
82206	39205		12164	2977	
51130	165175		195058		
41780	137656		1600		
4500			94048		
135610	57336		49694		12023
206654	2371470	116046	445266		52600
124578	549117		167422		
21496	533334		793428		
237826	402852		659766	128156	9377
16220	479546	4100	808319		
283907	359259		901	89150	63693
93468	18860		6100		
31178	182643		53850	8275	
18178	31027			1031613	

3-12 县(市)区按构成性质分固定资产投资

(2017 年)

单位:万元

县(市)区	本年实际到位资金	国家预算资金	国内贷款	利用外资	自筹资金	其他资金
郑州市	**70845365**	**3068511**	**10093557**	**133989**	**45830621**	**11718687**
市辖区	1614244	302202	1155200	27086	119886	9870
中原区	2921281	26060	293994		2034032	567195
二七区	4544091	52341	757054	9855	2390148	1334693
管城区	3110746	33365	387771	31686	1114337	1543587
金水区	4755149	183348	371171		3699299	501331
上街区	1007963	13375	5090	500	823464	165534
惠济区	2363555	6194	422517		776073	1158771
中牟县	4161110	1196445	333710	1610	2041945	587400
巩义市	6044192		233622		5671345	139225
荥阳市	5342261	243364	221468		3887363	990066
新密市	4950871	179783	171963		4479820	119305
新郑市	5962162	162804	281703		4150691	1366964
登封市	4249261	65587	278824		3785608	119242
经开区	4125072	441671	648266		2418133	617002
高新区	2078194		380500		1551234	146460
郑东新区	7128456	90042	1943491		3125142	1969781
航空港实验区	6486757	71930	2207213	63252	3762101	382261

3-13 各县(市)区投资项目个数和在建规模

(2017年)

县(市)区	施工项目个数(个)	#本年新开工	全部建成投产项目(个)	全部建成投产率(%)	在建规模(万元)	#新开工
郑州市	**3455**	**2433**	**2287**	**66.2**	**132950441**	**40922639**
市辖区	9	1			14754695	3440646
中原区	38	17			5287349	1126876
二七区	157	113	137	87.3	1195337	422935
管城区	88	75	66	75.0	2598149	1378892
金水区	88	64	46	52.3	5264911	1941226
上街区	87	49	56	64.4	2936671	580755
惠济区	41	15	6	14.6	3898751	585410
中牟县	182	115	107	58.8	11034979	3124461
巩义市	631	507	452	71.6	11405747	5065823
荥阳市	227	131	170	74.9	9508438	3486930
新密市	446	365	375	84.1	8634942	3573592
新郑市	289	198	227	78.5	15334441	2409574
登封市	349	300	294	84.2	9336076	5194711
经开区	249	178	111	44.6	8919992	3303476
高新区	158	146	139	88.0	1567455	926742
郑东新区	360	112	54	15.0	14097426	1810028
航空港实验区	56	47	47	83.9	7175082	2550562

3-14 分行业

（2017 年）

行　　业	建设总规模	在建总规模	在建净规模	投资总额
总　　计	**274452386**	**217958198**	**111130094**	**75734425**
农、林、牧、渔业	**2323495**	**1550421**	**901994**	**867704**
农业	2046033	1498193	881134	758869
林业	116180	34000	13494	48790
畜牧业	117818	4200	700	24093
渔业	7000	5000	1234	5384
农、林、牧、渔服务业	36464	9028	5432	30568
工业	**25792973**	**11203605**	**4226375**	**13537554**
采矿业	804187	248231	96368	458810
煤炭开采和洗选业	723850	233689	89505	427929
黑色金属矿采选业	1531			1531
有色金属矿采选业	50067	4900	3140	8282
非金属矿采选业	28739	9642	3723	21068
制造业	21394287	8155199	3041200	11681327
农副食品加工业	322215	59150	40121	211931
食品制造业	249446	70500	22854	99854
酒、饮料和精制茶制造业	53722	4468	2153	46872
烟草制造业	200000	200000	47181	13224
纺织业	213781	199958	104994	69823
纺织服装、服饰业	251900	208000	140703	111197
皮革、毛皮、羽毛及其制品和制鞋业	4870			4870
木材加工及木、竹、藤、棕、草制品业	24000	-4150	-4150	24135
家具制造业	280200	109500	25146	138146
造纸及纸制品业	125290	4950	800	49366
印刷和记录媒介复制业	126500	105000	7336	67427
文教、工美、体育和娱乐用品制造业	187580	72000	5533	165781
石油加工、炼焦及核燃料加工业	2280			2280
化学原料及化学制品制造业	397327	166925	115771	245407

固定资产投资

单位:万元

建筑工程	安装工程	设备工器具购置	其他费用	#新建	#改建	#改建和技术改造
50089937	**1121563**	**7616921**	**16906004**	**35735645**	**1937103**	**1580629**
584860	**10320**	**110056**	**162468**	**794962**	**33077**	**39665**
514198	8741	103375	132555	709400	25209	24260
19683	757	2375	25975	44306	4484	
19422	822	3151	698	24093		
5124			260	2000	3384	
26433		1155	2980	15163		15405
6587055	**442489**	**5373302**	**1134708**	**9738375**	**701818**	**1103888**
172487	38740	215466	32117	104892	59593	284755
151280	36000	209509	31140	80211	54593	283555
100	100	800	531	1531		
5022	1400	1460	400	7082		1200
16085	1240	3697	46	16068	5000	
5578369	331377	4788793	982788	8572854	599027	790790
132473	3650	19354	56454	205903	4528	1500
53049	2581	25897	18327	46588	45166	8100
4600	239	41013	1020	36950	6690	
13224				13224		
36478	469	14433	18443	65023		4800
92135	429	6734	11899	100166	7231	3800
4870				4870		
11310	188	8468	4169	16485	3500	
99754	1920	13671	22801	135046	2400	
28427	1019	17600	2320	33019	9000	4100
61606	20	1680	4121	53427		14000
31914	10518	87053	36296	142001	10000	9780
600	50	1500	130	2280		
127588	4157	49796	63866	205148	11359	28900

3-14 续表1　　(2017年)

行　　业	建设总规模	在建总规模	在建净规模	投资总额
医药制造业	1037379	612259	192210	292952
化学纤维制造业	35551			8827
橡胶和塑料制品业	186880	3900	1643	142112
非金属矿物制品业	4177021	2011956	976501	2326682
黑色金属冶炼和压延加工业	147900	140500	83781	63619
有色金属冶炼及压延加工业	2032250	930068	430439	1180661
金属制品业	1058691	384676	207718	641547
通用设备制造业	1427969	723285	382347	806518
专业设备制造业	1581798	613350	309751	844907
汽车制造业	1421323	888141	460072	623503
铁路、船舶、航空航天和其他运输设备制造业	586819	459119	148574	299860
电气机械及器材制造业	1623366	481662	330393	722425
计算机、通信和其他电子设备制造业	3336262	-514468	-1109158	2293573
仪器仪表制造业	201657	146950	99037	102956
其他制造业	18150			18162
废弃资源综合利用业	82160	77500	19450	62710
电力、燃气及水的生产和供应业	3594499	2800175	1088807	1397417
电力、热力生产和供应业	2204054	1706703	570155	916470
燃气生产和供应业	68978	9817	5300	39516
水的生产和供应业	1321467	1083655	513352	441431
建筑业	**649830**	**640230**	**394985**	**250045**
批发和零售业	**1605173**	**1364179**	**679462**	**548731**
批发业	220850	194743	98236	120437
交通运输、仓储和邮政业	**24165032**	**21726509**	**12619810**	**5265673**
铁路运输	536592	474845	165017	286813
道路运输业	19266486	17799777	10945918	3486875
仓储业	2777763	2273363	1003043	851895
邮政业	63854	60800	23111	40743

单位:万元

建筑工程	安装工程	设备工器具购置	其他费用	#新建	#改建	#改建和技术改造
207433	1013	41593	42913	248642	43310	1000
2368	1312	3582	1565	8827		
67553	3009	66325	5225	125087	14500	2525
1264449	71119	820264	170850	1965071	95131	207383
61591	35	1777	216	63619		
401364	94496	672231	12570	1020001	97080	42980
327720	39790	210420	63617	480397	19326	67528
585978	13610	160168	46762	686679	86671	21550
561027	12260	148746	122874	711777	50779	41750
290911	5801	265877	60914	390073	1342	232088
175214	15935	99393	9318	296360		3500
332394	30668	326884	32479	644768	71801	5856
521387	12033	1642431	117722	705186	2122	89150
66605	1755	28772	5824	87365	15091	500
8899	1945	6199	1119	18162		
5448	1356	6932	48974	60710	2000	
836199	72372	369043	119803	1060629	43198	28343
547637	49584	265907	53342	654146	14227	5600
26143	555	11792	1026	39516		
262419	22233	91344	65435	366967	28971	22743
245245		**4800**		**245245**		
452082	**2859**	**32341**	**61449**	**532567**		**12243**
93595	306	8245	18291	115087		4293
3853995	**37158**	**374142**	**1000378**	**4850984**	**23200**	**136163**
286482			331	286813		
2370769	14565	81081	820460	3269816	23200	129533
664013	16470	56102	115310	846395		5500
25936			14807	40743		

3-14　续表 2　　　　（2017 年）

行　业	建设总规模	在建总规模	在建净规模	投资总额
住宿和餐饮业	**180524**	**4576**	**2266**	**120792**
住宿业	159544	4576	2266	111034
信息传输、软件和信息技术服务业	**3521834**	**2980861**	**1698583**	**762144**
电信、广播电视和卫星传输服务业	1551999	1122995	796691	292881
互联网和相关服务	76580	58600	44290	32290
金融业	**659615**	**641369**	**427434**	**115385**
货币金融服务	103253	85007	70765	11913
房地产业	**169601392**	**139296111**	**69182353**	**40922548**
租赁和商务服务业	**9373024**	**9130150**	**7149431**	**710859**
商务服务业	9369024	9130150	7149431	706859
科学研究和技术服务业	**1560782**	**1349308**	**838901**	**415039**
研究和试验发展	692557	544172	366007	158907
专业技术服务业	509563	482474	284851	159338
水利、环境和公共设施管理业	**25225084**	**20363605**	**9499661**	**8604066**
水利管理业	867414	597577	268430	525048
生态保护和环境治理业	580094	414370	332862	210991
公共设施管理业	23777576	19351658	8898369	7868027
居民服务业、修理和其他服务业	**910847**	**688807**	**314763**	**408163**
居民服务业	907887	688807	314763	405203
教育	**3046105**	**2236158**	**1106097**	**1335019**
卫生和社会工作	**1538554**	**1172306**	**359105**	**563314**
卫生	1316494	1076306	318682	439757
文化、体育和娱乐业	**4044016**	**3397999**	**1643976**	**1193074**
广播、电视、电影和影视录音制作业	4200			4200
文化艺术业	2179118	1576052	915773	684216
公共管理、社会保障和社会组织	**254106**	**212004**	**84898**	**114315**
国家机构	230680	192303	81799	107117

单位:万元

建筑工程	安装工程	设备工器具购置	其他费用	#新建	#改建	#改建和技术改造
115187	**1192**	**2006**	**2407**	**108942**	**6450**	**5400**
105429	1192	2006	2407	99184	6450	5400
455609	**14576**	**110073**	**181886**	**724045**		
218152		68729	6000	254782		
19568	400	6322	6000	32290		
85436	**1000**	**13123**	**15826**	**106262**		
2622		9123	168	2790		
26921229	**490071**	**782448**	**12728800**	**6436244**	**544164**	**31054**
569966	**5480**	**33369**	**102044**	**703406**	**592**	**6861**
565966	5480	33369	102044	699406	592	6861
275565	**5799**	**68780**	**64895**	**386703**		**12250**
106628	2413	21839	28027	146657		12250
113893	1494	25961	17990	143252		
7221191	**79663**	**495894**	**807318**	**7924652**	**478109**	**106563**
483330	2665	6042	33011	498871	22104	4073
153096	5479	38358	14058	165262	21989	9690
6584765	71519	451494	760249	7260519	434016	92800
359899	**1859**	**23165**	**23240**	**351183**		**52000**
358884	1812	21673	22834	348223		52000
1109695	**12896**	**64500**	**147928**	**1084429**	**89142**	**52792**
430858	**1592**	**45131**	**85733**	**507506**	**27293**	**21750**
337521	1527	41457	59252	399949	27293	5750
734149	**10531**	**75386**	**373008**	**1128005**	**31268**	
4200				4200		
444201	3103	42567	194345	624047	26368	
87916	**4078**	**8405**	**13916**	**112135**	**1990**	
84285	3734	6912	12186	104937	1990	

3-15 农户固定

（2017 年）

指　标	全市	惠济区	中牟县	巩义市
本年固定资产投资完成额	**620498**	**26364**	**35722**	**72269**
按投资来源成分				
自筹资金	620498	26364	35722	72269
按投资构成分				
建筑工程	385564	26364	31942	22833
房屋	385564	26364	31942	22833
#住宅	385564	26364	31942	22833
设备工器具购置	53989		2445	32628
#生产设备	53989		2445	32628
其它	180946		1335	16808
按投资方向分				
农林牧渔业	55588		2445	1051
制造业	33531			33531
交通运输仓储和邮政业	89803			3632
批发和零售业	48808			6403
房地产业	385564	26364	31942	22833
租赁和商务服务业	1335		1335	
居民服务和其他服务业	5870			5870
按具体投资项目分				
房屋	385564	26364	31942	22833
#住宅	385564	26364	31942	22833
设备	53989		2445	32628
其它	180946		1335	16808
本年施工房屋面积	**361**		**70**	**37**
#住宅	361		70	37
#当年新开工	335		49	33
本年竣工房屋面积	**330**		**50**	**26**
#住宅	330		50	26
本年竣工房屋投资完成额	**303418**	**26364**	**31942**	**20014**
#住宅	303418	26364	31942	20014

资产投资

单位:万元、万平方米

荥阳市	新密市	新郑市	登封市	航空港实验区
102870	**122099**	**175413**	**85284**	**477**
102870	122099	175413	85284	477
83955	122099	12611	85284	476
83955	122099	12611	85284	476
83955	122099	12611	85284	476
18915				1
18915				1
		162803		
		53143		
18915		67255		1
		42404		
83955	122099	12611	85284	476
83955	122099	12611	85284	476
83955	122099	12611	85284	476
18915				1
		162803		
13	**151**	**16**	**75**	
13	151	16	75	
13	151	16	75	
13	**151**	**16**	**74**	
13	151	16	74	
4628	**122099**	**12611**	**85284**	**476**
4628	122099	12611	85284	476

3-16 分行业投资项目个数及新增固定资产

(2017 年)

单位:万元

行业	在建规模	新开工规模	施工项目个数(个)	新开工	全部投产项目个数(个)	新增固定资产
总计	**132950441**	**40922639**	**3455**	**2433**	**2287**	**21664721**
农、林、牧、渔业	**2323495**	**1246710**	**87**	**61**	**66**	**466113**
农业	2046033	1159033	59	40	44	349986
林业	116180	36180	9	5	7	64458
畜牧业	117818	17818	8	7	7	24093
渔业	7000	2000	2	1	1	2000
农、林、牧、渔服务业	36464	31679	9	8	7	25576
工业	**25792973**	**11064332**	**1389**	**1098**	**1146**	**10509883**
采矿业	804187	415971	51	40	42	285297
煤炭开采和洗选业	723850	385698	39	32	33	257677
黑色金属矿采选业	1531	1531	1	1	1	1531
有色金属矿采选业	50067	9600	4	2	3	10892
非金属矿采选业	28739	19142	7	5	5	15197
制造业	21394287	9620053	1219	980	1023	9621973
农副食品加工业	322215	127415	31	26	27	218003
食品制造业	249446	47346	24	19	21	91455
酒、饮料和精制茶制造业	53722	19190	7	5	6	44557
烟草制造业	200000		1			
纺织业	213781	13823	9	7	7	13823
纺织服装、服饰业	251900	251900	13	13	11	43900
皮革、毛皮、羽毛及其制品和制鞋业	4870	4870	1	1	1	4870
木材加工及木、竹、藤、棕、草制品业	24000	19850	11	11	11	15150
家具制造业	280200	139500	15	14	12	52474
造纸及纸制品业	125290	39090	23	20	22	124824
印刷和记录媒介复制业	126500	6500	5	3	4	21100
文教、工美、体育和娱乐用品制造业	187580	161680	12	9	11	85218
石油加工、炼焦及核燃料加工业	2280	2280	1	1	1	2000
化学原料及化学制品制造业	397327	311461	42	37	35	213094

3-16 续表1 （2017年） 单位:万元

行 业	在建规模	新开工规模	施工项目个数(个)	新开工	全部投产项目个数(个)	新增固定资产
医药制造业	1037379	141550	17	8	12	173652
化学纤维制造业	35551	7551	4	3	4	8827
橡胶和塑料制品业	186880	83880	37	30	35	135817
非金属矿物制品业	4177021	2208110	338	287	295	2001546
黑色金属冶炼和压延加工业	147900	11900	6	5	4	7400
有色金属冶炼及压延加工业	2032250	1229251	120	101	102	815085
金属制品业	1058691	668450	71	56	62	468336
通用设备制造业	1427969	769051	123	96	91	577617
专业设备制造业	1581798	693538	108	80	90	936765
汽车制造业	1421323	840342	38	23	25	309962
铁路、船舶、航空航天和其他运输设备制造业	586819	65700	13	5	5	72480
电气机械及器材制造业	1623366	732352	85	69	78	751361
计算机、通信和其他电子设备制造业	3336262	721506	31	18	24	2356009
仪器仪表制造业	201657	201657	20	20	16	54143
其他制造业	18150	18150	8	8	8	17845
废弃资源综合利用业	82160	82160	5	5	3	4660
电力、燃气及水的生产和供应业	3594499	1028308	119	78	81	602613
电力、热力生产和供应业	2204054	455429	72	46	49	385439
燃气生产和供应业	68978	25317	10	7	9	35625
水的生产和供应业	1321467	547562	37	25	23	181549
建筑业	**649830**	**645030**	**1**	**1**		**4800**
批发和零售业	**1605173**	**772952**	**45**	**35**	**28**	**252507**
批发业	220850	211793	15	14	10	19694
交通运输、仓储和邮政业	**24165032**	**5939578**	**221**	**157**	**126**	**1332647**
铁路运输	536592		4		1	54011
道路运输业	19266486	5261748	155	123	93	717888
仓储业	2777763	405539	42	24	27	359394
邮政业	63854	63854	3	3	1	3054

3-16 续表2　　（2017年）　　单位:万元

行　业	在建规模	新开工规模	施工项目个数(个)	新开工	全部投产项目个数(个)	新增固定资产
住宿和餐饮业	**180524**	**48524**	**17**	**12**	**16**	**177312**
住宿业	159544	43544	15	11	14	167554
信息传输、软件和信息技术服务业	**3521834**	**1346164**	**53**	**39**	**31**	**201931**
电信、广播电视和卫星传输服务业	1551999	464337	7	2	2	58780
互联网和相关服务	76580	76580	10	10	8	17980
金融业	**659615**	**95000**	**5**	**2**		**9123**
货币金融服务	103253		1			9123
房地产业	**28099447**	**5636156**	**256**	**104**	**108**	**2698106**
租赁和商务服务业	**9373024**	**701522**	**44**	**28**	**22**	**238455**
商务服务业	9369024	697522	43	27	21	234455
科学研究和技术服务业	**1560782**	**760640**	**53**	**38**	**25**	**164145**
研究和试验发展	692557	329173	22	15	8	57458
专业技术服务业	509563	338467	20	14	10	45613
水利、环境和公共设施管理业	**25225084**	**9718385**	**960**	**652**	**538**	**4250518**
水利管理业	867414	292397	40	27	27	262652
生态保护和环境治理业	580094	526223	38	35	31	132420
公共设施管理业	23777576	8899765	882	590	480	3855446
居民服务业、修理和其他服务业	**910847**	**355259**	**35**	**16**	**21**	**144743**
居民服务业	907887	352299	32	13	18	141783
教育	**3046105**	**1390634**	**181**	**121**	**109**	**619138**
卫生和社会工作	**1538554**	**481944**	**45**	**30**	**25**	**180311**
卫生	1316494	389884	34	22	18	128651
文化、体育和娱乐业	**4044016**	**581721**	**35**	**16**	**15**	**363675**
广播、电视、电影和影视录音制作业	4200	4200	1	1	1	4200
文化艺术业	2179118	316321	21	8	8	320354
公共管理、社会保障和社会组织	**254106**	**138088**	**28**	**23**	**11**	**51314**
国家机构	230680	132488	25	21	10	47589

3-17 房地产开发分地区企业个数和就业人数

（2017 年）

单位：个、人

县（市）区	企业个数	一级	二级	三级	四级	暂定	其他
郑州市	1400	30	172	188	24	843	143
中原区	57	3	14	5		35	
二七区	99	2	17	14	1	60	5
管城区	76	4	10	6	2	51	3
金水区	258	8	42	52	9	116	31
上街区	31	2	4	7	1	13	4
惠济区	64	1	9	2	1	45	6
中牟县	112		5	14		76	17
巩义市	44	2	2	7	2	25	6
荥阳市	65		9	13	1	33	9
新密市	76		5	20		38	13
新郑市	143		16	22	2	92	11
登封市	60		1	6	1	40	12
经开区	67	1	8	6	2	49	1
高新区	59	1	9	3	1	42	3
郑东新区	148	5	21	10	1	103	8
航空港实验区	41	1		1		25	14

3-17 续表

（2017 年）

县（市）区	年末从业人员总计	一级	二级	三级	四级	暂定	其他
郑州市	45089	2927	7647	5854	607	25830	2224
中原区	2978	166	993	128		1691	
二七区	3415	308	585	347	13	2127	35
管城区	3562	747	761	114	26	1899	15
金水区	6632	786	1352	966	115	2979	434
上街区	1011	85	116	340	41	386	43
惠济区	2425	120	518	99	58	1547	83
中牟县	2940		311	494		1798	337
巩义市	883	72	55	79	24	532	121
荥阳市	3129		758	580	172	1355	264
新密市	2352		196	809		1199	148
新郑市	3994		505	734	31	2615	109
登封市	1009		28	105	15	708	153
经开区	2401	91	251	308	93	1620	33
高新区	1556	4	411			1071	70
郑东新区	5761	460	804	751	19	3530	197
航空港实验区	1041	88				773	180

3-18 房地产开发企业(单位)财务情况

(2017 年)

单位:万元

类　别	数　值	类　别	数　值
年初存货	**51488350**	自持物业收入	265270
期末资产负债		房屋出租收入	189426
流动资产合计	132153382	其他收入	1279093
#应收账款	4252669	营业成本	10162937
#存货	67479280	主营业务成本	9710364
固定资产合计	2463418	税金及附加	907405
固定资产原价	2773409	主营业务税金及附加	773969
#房屋和构筑物	994398	其他业务利润	17414
机器设备	132096	销售费用	659016
运输工具	77952	管理费用	761693
累计折旧	614741	财务费用	600123
#本年折旧	114982	#利息收入	70382
在建工程	1979657	#利息支出	415217
资产总计	153082853	资产减值损失	4705
流动资产合计	102883519	公允价值变动收益(损失以"-"号记)	46767
#应付账款	6789002	投资收益(损失以"-"号记)	356456
非流动负债合计	27630104	其他收益	386
负债合计	130513623	营业利润	1465943
所有者权益合计	22569230	营业外收入	39669
实收资本	11628711	营业外支出	110446
损益及分配		利润总额	1395166
营业收入	14279309	所得税费用	461924
主营业务收入	13934938	**人工成本**	
土地转让收入	74477	应付职工薪酬(本年贷方累计发生额)	444168
商品房屋销售收入	12316098	应交增值税	321433

3-19 分县(市)区房地产开发企业财务状况

(2017年)

单位:万元

县(市)区	固定资产原价	实收资本合计	资产总计	累计折旧	#本年折旧	负债合计	流动负债合计	非流动负债合计	所有者权益合计	资产负债率(%)
郑州市	2773409	11628711	153082853	614741	114982	130513623	102883519	27630104	22569230	85.3
中原区	47528	862325	14968539	14795	2189	11395885	7586915	3808970	3572654	76.1
二七区	98311	845857	13566581	38625	13802	12388011	9220258	3167753	1178570	91.3
管城区	453759	1173096	14102436	184141	25146	11753184	9095554	2657629	2349253	83.3
金水区	479763	1776130	21867437	142270	25988	18208327	14445636	3762691	3659110	83.3
上街区	16812	249520	2606053	5029	2336	2248298	1889570	358728	357755	86.3
惠济区	57306	1162758	10501961	20496	1657	9319709	7013000	2306709	1182253	88.7
中牟县	96135	486933	7755960	9308	2452	7314742	5779082	1535660	441218	94.3
巩义市	76024	86557	547880	8765	3286	405123	378860	26262	142757	73.9
荥阳市	72643	399793	6890945	15096	3300	6503774	5664578	839196	387171	94.4
新密市	66705	217476	1972544	8718	3914	1545790	1457973	87817	426754	78.4
新郑市	62978	485503	9709504	21444	5907	8435276	7777925	657352	1274228	86.9
登封市	23478	97368	630034	5190	1646	464472	394581	69891	165562	73.7
经开区	118758	591402	8582393	32402	5097	7771581	6282524	1489057	810812	90.6
高新区	39006	351297	5919409	10993	1885	5456476	4254236	1202241	462933	92.2
郑东新区	1026260	2244336	25875803	92757	14552	21307596	16806162	4501434	4568207	82.3
航空港实验区	37944	598362	7585374	4713	1827	5995380	4836666	1158714	1589994	79.0

3-19　续表 1　　（2017 年）　　单位:万元

县(市)区	营业收入	主营业务收入	土地转让收入	商品房屋销售收入	自持物业收入	房屋出租收入	其他收入	税金及附加	主营业务税金及附加	利润总额
郑州市	14279309	13934938	74477	12316098	2652695	189426	1279093	907405	773969	1395166
中原区	858380	855346	7383	711357	45880	4588	132018	59172	49690	21381
二七区	1729310	1644852		1437213	361973	36118	171442	97008	76731	201139
管城区	2017102	1918917		1774666	1058192	36338	38431	129791	116176	289081
金水区	1241585	1230942	305	983552	544374	53754	192648	103725	86098	211260
上街区	303826	303169		302215	9015	902	53	14133	12804	-1984
惠济区	754364	752235		750902	7610	761	572	39786	39558	75089
中牟县	262517	752235		260909	13	1	1230	35228	25526	-92915
巩义市	273134	272684		272684				9832	9806	29351
荥阳市	1052872	1052327		837880	41348	4124	210312	55822	52155	39929
新密市	516578	515374	1698	504869	20753	1668	6732	24934	22561	87320
新郑市	1362115	1360781	60678	1275530	131831	13183	11391	87339	71402	115417
登封市	107646	105566	2411	98717	31695	2930	1269	6180	6132	5505
经开区	513248	396333		387896	50750	5075	3362	40511	27112	2102
高新区	459603	459603	2002	457033	5678	568		28232	25697	84209
郑东新区	2158022	2140397		2000858	343200	29380	105219	157795	138747	228838
航空港实验区	669008	664273		259819	383	38	404415	17918	13773	99444

3-19 续表 2 (2017 年) 单位:万元

县(市)区	营业成本	主营业务成本	销售费用	管理费用	财务费用	营业外收入	资产减值损失
郑州市	10162937	9710364	659016	761693	600123	39669	4705
中原区	633761	588237	45056	46223	73517	1130	27
二七区	1240247	1058993	51788	70594	61086	6123	108
管城区	1448659	1445536	64946	86798	67254	6342	1782
金水区	757443	742306	63643	162672	107494	6830	221
上街区	249713	248519	18750	9459	10201	598	309
惠济区	580162	578582	48039	38397	24281	1653	106
中牟县	179216	175946	40617	38194	55184	1802	184
巩义市	189368	189368	15858	14002	16290		
荥阳市	861891	825377	57488	35004	21499	1938	-34
新密市	358413	350577	23774	23207	7151	324	
新郑市	931781	914744	72716	54141	28594	2273	1
登封市	82925	81585	5209	3949	3858	77	-19
经开区	343363	257504	30130	34951	35987	357	-7
高新区	289834	272760	28364	18385	14409	4620	
郑东新区	1488377	1456081	82029	114524	67921	1998	2014
航空港实验区	527785	524250	10611	11195	5398	3605	14

3-19　续表 3　（2017 年）　单位:万元

县(市)区	公允价值变动收益	投资收益	其他收益	应付职工薪酬(贷方累计发生额)	所得税费用	应交增值税	营业利润
郑州市	46767	3564563	3858	444168	461924	321433	1465943
中原区	20000	29164		35217	15354	25055	24519
二七区		264438	-210	37556	35268	27756	201462
管城区		828665		40045	75201	8258	295581
金水区		1780008	-11	76704	51816	42795	229177
上街区		5063		7540	10258	5733	2619
惠济区	-60	595029		23985	20067	15328	86597
中牟县		32		23081	9278	-4012	-84089
巩义市				2426	2513	1939	29357
荥阳市		14622		22507	18046	22707	40192
新密市				17205	6600	4376	87533
新郑市		90354	46	37350	41105	29297	119573
登封市	1	625		4520	418	2608	5646
经开区	-4361	-180565		17655	21899	537	7148
高新区		8319		8479	24669	13594	82988
郑东新区	31187	126302	4033	73294	104435	79969	241280
航空港实验区		2507		16605	24996	45495	96362

3-20 房地产开发企业(单位)投资、资金和土地情况

(2017 年)

单位:万元

类　别	数　值	类　别	数　值
计划总投资	**141501945**	#90-144 平方米	9107831
自开始建设累计完成投资	**89971700**	#144 平方米以上	4957259
本年完成投资	**33588413**	#别墅、高档公寓	339500
按照登记注册类型分		办公楼	1400266
内资	**33144227**	商业营业用房	3127118
国有	929908	其他	4874412
有限责任公司	27229450	本年新增固定资产	5820846
国有独自公司	484656	待开发土地面积	6921263
其他有限责任公司	26744794	本年土地购置面积	4424687
股份有限公司	649186	本年土地成交价款	4124892
私营	4218529	#拆迁补偿费	60677
其他内资	117154	土地使用权出让金	4064225
港澳台商投资	**389486**	**契税**	
与港澳台商合资经营	64771	**本年资金来源合计**	**32796246**
港澳台商独资	315263	上年末结余资金	13047364
港澳台商投资股份有限公司	8949	#省外资金	700286
外商投资	**54700**	国内贷款	5666031
中外合资经营	25060	银行贷款	4926436
外资企业	29640	非银行金融机构贷款	739595
按构成分		自筹资金	16752180
建筑工程	20785635	#自有资金	
安装工程	444647	股东投入资金	
设备工器具购置	506970	借入资金	
其他费用	11851161	其他资金来源	10368180
旧建筑物购置费	126520	#定金及预收款	6168256
土地购置费	8118916	#个人按揭贷款	3902285
按工程用途分		**本年各项应付款合计**	**7330560**
住宅	24186617	#工程款	3413858
#90 平方米以下	10121527		

3-21 房地产开发企业(单位)施工、销售和空置情况

(2017 年)

单位:万元、平方米

类　别	合　计	住宅	90 平米以下住房	144 平米以上住房	别墅、高档公寓	办公楼	商业营业用房	其他房屋
房屋施工面积	163948304	112312641	46505549	15650479	1754701	10645817	16130578	24859268
#新开工面积	54496061	38547113	14730096	5947685	592487	2767681	5128375	8052892
房屋竣工面积	15370564	10255579	3346179	1676512	222796	1191981	1619973	2303031
#不可销售面积	1442822	691732	143993	45168		22449	42098	686543
商品住宅竣工套数(套)		98894	45693	9214	2751			
竣工房屋价值	4214222	2855735	974901	527942	92306	276115	462823	619549
批准预售面积	15013364	13137898	1973125	2313025	373479	615185	942243	318038
批准预售套数(套)		113831	25341	12263	3316			
出租房屋面积	32515	32515	32515					
商品房销售面积	30978112	27353749	9822667	4227841	380141	1377538	1776580	470245
#现房销售面积	5932121	5513637	2017667	1085826	40938	170563	195936	51985
#期房销售面积	25045991	21840112	7805000	3142015	339203	1206975	1580644	418260
商品房销售额	26738201	22766931	7868539	4173529	544517	1701838	1934743	334689
#现房销售额	2795954	2310308	830970	578005	34086	239910	214920	30816
#期房销售额	23942247	20456623	7037569	3595524	510431	1461928	1719823	303873
商品住宅销售套数(套)		269654	130813	24097	3600			
#现房销售套数		56059	28648	6491	199			
#期房销售套数		213595	102165	17606	3401			
待售面积	4569526	2941629	541547	537088	108172	574794	788019	265084
#待售 1-3 年面积	1873109	1182114	112580	359990	108172	209829	386331	94835

3-22　分县(市)区按工程用途分房地产开发投资情况

(2017 年)

单位:万元

县(市)区	本年完成投资	住宅	90 平方米以下	144 平米以上住房	办公楼	商业营业用房	其他房屋
郑州市	**33588413**	**24186617**	**10121527**	**4957259**	**1400266**	**3127118**	**4874412**
中原区	1949298	1355208	815456	97117	33312	199426	361352
二七区	3253685	2502007	1144150	147261	133703	252782	365193
管城区	2211893	1559340	639986	132637	80501	245448	326604
金水区	3963182	2775362	1401130	407842	309888	454153	423779
上街区	255454	213722	61009	14042		33218	8514
惠济区	1531629	1306994	597301	70019	26344	78519	119772
中牟县	1477394	1126221	113143	536794	75503	90217	185453
巩义市	541131	459231	137424	248365	5000	17500	59400
荥阳市	2429812	1932142	478463	372372	79007	207406	211257
新密市	1155744	802684	383720	187526	25860	256606	70594
新郑市	2420627	1976627	695537	238218	53720	245116	145164
登封市	275217	98338	10410	24789	32691	98098	46090
经开区	1902012	1558979	410679	175648	71913	181618	89502
高新区	2817580	1201389	954308	11171	8372	98915	1508904
郑东新区	4798325	3514474	551082	2291278	445308	312766	525777
航空港实验区	2605430	1803899	1727729	2180	19144	355330	427057

3-23　分县(市)区房地产开发商品房屋施工面积

（2017 年）

单位:平方米

县(市)区	施工房屋面积	住宅	90平方米以下	144平米以上住房	办公楼	商业营业用房	其他房屋
郑州市	**163948304**	**112312641**	**46505549**	**15650479**	**10645817**	**16130578**	**24859268**
中原区	13238422	8810408	4872598	551472	287388	1264535	2876091
二七区	18217861	13359690	4785168	846949	1079510	1992851	1785810
管城区	11946417	8581085	3350757	841826	371316	878283	2115733
金水区	15988341	10252238	5287128	1341812	1488764	2032594	2214745
上街区	1549747	1089655	203816	81808	390	209067	250635
惠济区	7342993	5411509	2092593	264069	121363	579385	1230736
中牟县	7141205	5095094	682513	1786503	286839	530634	1228638
巩义市	2435973	2000291	465233	743157	95226	206881	133575
荥阳市	13292406	9865451	1597579	1968864	301080	1197024	1928851
新密市	5232499	3130998	1355724	527867	68237	1609197	424067
新郑市	13863968	11606313	4138557	1136882	198717	952907	1106031
登封市	1804746	928248	131915	267918	186518	424476	265504
经开区	7166926	4452896	1586701	692293	930959	494212	1288859
高新区	10392251	8158179	6076047	92873	219669	763572	1250831
郑东新区	24137731	12360317	3020916	4460670	4872447	1952496	4952471
航空港实验区	10196818	7210269	6858304	45516	137394	1042464	1806691

3-24 分县(市)区房地产开发商品房屋新开工面积

(2017 年)

单位:平方米

县(市)区	新开工房屋面积	住宅			办公楼	商业营业用房	其他房屋
			90 平方米以下	144 平米以上住房			
郑州市	**54496061**	**38547113**	**14730096**	**5947685**	**2767681**	**5128375**	**8052892**
中原区	3330097	2176395	867382	258278	89719	197680	866303
二七区	4542343	3495129	838761	193055	354197	181463	511554
管城区	3037864	2198583	640001	286579	278612	88083	472586
金水区	6152624	4320165	2191633	326726	521161	627222	684076
上街区	826755	624334	75442	67035		116963	85458
惠济区	1942872	1738253	627628	84885	2000	71169	131450
中牟县	2764189	1973885	78520	1193417	70193	137430	582681
巩义市	1185329	1076231	359596	536123		85000	24098
荥阳市	4727784	3381570	381304	465111	190643	254245	901326
新密市	2125009	1333662	763827	194867	61056	674790	55501
新郑市	4211619	2986570	976463	295739	195380	503329	526340
登封市	579114	246969	36430	32977	96269	202449	33427
经开区	2965500	1835796	556724	240463	266757	296155	566792
高新区	3721721	3106519	2338367			331280	283922
郑东新区	6707218	4140181	391596	1772430	641694	344209	1581134
航空港实验区	5676023	3912871	3606422			1016908	746244

3-25 分县(市)区房地产开发商品房屋竣工面积

(2017 年)

单位:平方米

县(市)区	竣工房屋面积	住宅	90 平方米以下	144 平方米以上住房	办公楼	商业营业用房	其他房屋
郑州市	**15370564**	**10255579**	**3346179**	**1676512**	**1191981**	**1619973**	**2303031**
中原区	1229851	706755	298621	90864	61721	100744	360631
二七区	1039116	975173	350749	63257		25711	38232
管城区	3752785	2679984	896243	232499	26536	416158	630107
金水区	786431	652729	341032	101061	34027	26938	72737
上街区	255131	184861	40469	16308		65921	4349
惠济区	559079	340881	118868			200545	17653
中牟县	428388	374373	43154	195414		14834	39181
巩义市	304784	93678	12200	57958	95226	65120	50760
荥阳市	1591299	1294916	254145	101143	2264	83318	210801
新密市	594440	275199	153842	3442	81	274528	44632
新郑市	998876	736209	111974	102301	34974	77461	150232
登封市	316989	90700	8700	58020	147950	36580	41759
经开区	140752	106480	6767	66557		3295	30977
高新区	100000	100000	100000				
郑东新区	3192643	1563641	529415	587688	789202	228820	610980
航空港实验区	80000	80000	80000				

3-26　分县(市)区商品房屋销售面积

(2017 年)

单位:平方米

县(市)区	销售面积	住宅	90 平方米以下	144 平米以上住房	办公楼	商业营业用房	其他房屋
郑州市	**30978112**	**27353749**	**9822667**	**4227841**	**1377538**	**1776580**	**470245**
中原区	1563873	1366708	909346	130421	79522	113509	4134
二七区	3048894	2663803	953886	477010	156733	220893	7465
管城区	2466568	2297539	735750	90983	56647	52607	59775
金水区	2024103	1710826	752793	305485	74704	159758	78815
上街区	927604	883984	134114	71213		31558	12062
惠济区	1955238	1825622	785892	5066	46080	66488	17048
中牟县	859219	806267	72848	385671	8419	13361	31172
巩义市	1157407	872548	210567	396602	64226	115707	104926
荥阳市	2514218	2306408	225680	193443	46936	129034	31840
新密市	1419057	1007805	347193	230072		382456	28796
新郑市	3950988	3847227	833903	482517		94152	9609
登封市	296218	264862	32005	70571		30906	450
经开区	1522376	1282413	271060	200868	145239	93824	900
高新区	2435830	2065099	1971299	3228	226337	92394	52000
郑东新区	3653069	2969188	581261	1166169	472695	179933	31253
航空港实验区	1183450	1183450	1005070	18522			

3-27 分县(市)区房地产开发商品房屋销售额

(2017 年)

单位:万元

县(市)区	商品房屋销售额	住宅	90 平方米以下	144 平米以上住房	办公楼	商业营业用房	其他房屋
郑州市	**26738201**	**22766931**	**7868539**	**4173529**	**1701838**	**1934743**	**334689**
中原区	1394383	1223482	773368	56343	57504	108701	4696
二七区	2545798	2093003	779844	269058	189676	255969	7150
管城区	2625808	2414600	751961	118821	69191	84258	57759
金水区	1708789	1330819	535872	319185	102327	239386	36257
上街区	484564	456097	48894	53271		23600	4867
惠济区	2015465	1867282	631765	7759	44549	86644	16990
中牟县	858458	804964	54385	486497	6244	15230	32020
巩义市	602942	415699	110929	186759	54565	83418	49260
荥阳市	1824292	1665168	141406	198218	27999	123365	7760
新密市	859305	601875	227800	157416		241723	15707
新郑市	2850087	2739287	658110	358213		104405	6395
登封市	148712	118011	16386	41406		30602	99
经开区	1500311	1209946	258009	277140	158770	130593	1002
高新区	2423449	2059689	1942664	1499	220168	91592	52000
郑东新区	4213363	3084534	370629	1635432	770845	315257	42727
航空港实验区	682475	682475	566517	6512			

3-28 分地区房地产开发资金来源

(2017 年)

单位:万元

县(市)区	本年资金来源小计	国内贷款	#银行贷款	自筹资金	其他资金来源	定金及预收款	#个人按揭贷款
郑州市	**32796246**	**5666031**	**4926436**	**16752180**	**10368180**	**6168256**	**3902285**
中原区	1809169	239000	239000	983301	586868	289217	275890
二七区	3787388	709888	599526	1733612	1334033	878496	454016
管城区	2283376	382771	297071	701146	1199459	669972	482789
金水区	3702646	307189	220889	2909074	486383	326316	136154
上街区	256294	4790	4790	108907	142597	71706	53359
惠济区	2031530	383190	295786	494186	1154154	717843	409041
中牟县	1479225	120775	120775	912681	445769	303494	136975
巩义市	599631			598531	1100	1100	
荥阳市	2044040	67168	67168	1133991	842881	371711	451176
新密市	1058680	8040	4040	935435	115205	27904	58506
新郑市	2587927	69982	36600	1165490	1352455	480591	812227
登封市	229939	12580	12580	197730	19629	5593	4992
经开区	2078259	629270	550713	836790	612199	379977	216579
高新区	1427114	380500	380500	900154	146460	131130	14274
郑东新区	4890997	666938	543248	2400278	1823781	1449299	355007
航空港实验区	2530031	1683950	1553750	740874	105207	63907	41300

3-29　分地区房地产土地购置和开发情况

（2017 年）

单位：万元

县（市）区	土地购置费	本年购置土地面积（平方米）	本年土地成交价款	拆迁补偿费
郑州市	**8118916**	**4424687**	**4124892**	**60677**
中原区	273394	464123	422894	
二七区	667942	306949	447370	
管城区	920124	505194	363132	4647
金水区	1084899	485187	377295	45415
上街区	10900			
惠济区	427947	631135	307587	15
中牟县	291641	332652	94250	
巩义市	108447			
荥阳市	324254	82201	20715	
新密市	212946	35641	8903	
新郑市	176599	357828	153158	600
登封市	46537	149529	28563	
经开区	861102	476002	1140580	
高新区	746962			
郑东新区	1554663	570425	752124	10000
航空港实验区	410559	27821	8321	

主要统计指标解释

固定资产投资额 是以货币表现的建造和购置固定资产活动的工作量，它是反映固定资产投资规模、速度、比例关系和使用方向的综合性指标。全社会固定资产投资包括国有经济单位投资、城乡集体经济单位投资、各种经济类型的单位的投资和城乡居民个人投资。按照我国现行计划管理体制，国有经济单位固定资产投资总额分为基本建设、更新改造、商品房屋建设投资和其他固定资产投资四个部分；城乡集体经济单位投资包括城镇集体所有制单位投资和农村集体所有制单位投资；各种经济类型的单位投资包括联营经济、股份制经济、中外合资经营、中外合作经营、外资、与大陆合资经营、与大陆合作经营、港澳台独资及其他经济类型的单位投资。城镇居民个人投资包括城市、县城、镇、工矿区所辖范围内的个人建房和农村个人建房及购买生产性固定资产的投资。

固定资产投资的资金来源 根据固定资产投资的资金来源不同，分为国家预算内资金、国内贷款、利用外资、自筹资金和其他资金来源。

1. 国家预算内资金 指中央财政和地方财政中由国家统筹安排的基本建设拨款和更新改造拨款，以及中央财政安排的专项拨款中用于基本建设的资金和基本建设拨款改贷款的资金等。

2. 国内贷款 指报告期内企、事业单位向银行及非银行金融机构借入的用于固定资产投资的各种国内贷款。包括银行利用自有资金及吸收的存款发放的贷款、上级主管部门拨入的国内贷款、国家专项贷款（包括煤代油贷款、劳改煤矿专项贷款等）、地方财政专项资金安排的贷款、国内储备贷款、周转贷款等。

3. 利用外资 指报告期内收到的用于固定资产投资的国外资金，包括统借统还、自借自还的国外贷款，中外合资项目中的外资，以及对外发行债券和股票等。国家统借统还的外资指由我国政府出面同外国政府、团体或金融组织签订贷款协议、并负责偿还本息的国外贷款。

4. 自筹资金 指建设单位报告期内收到的，用于进行固定资产投资的上级主管部门、地方和企、事业单位自筹资金。

5. 其他资金来源 指报告期内收到的除以上各种拨款、借款、自筹资金以外，其他用于固定资产投资的资金。

固定资产投资按国民经济行业分 建设项目归哪个行业，按其建成投产后的主要产品或主要用途及社会经济活动性质来确定。基本建设按建设项目划分国民经济行业，更新改造、国有经济单位其他固定资产投资及城镇集体投资根据整个企业、事业单位所属的行业来划分。一般情况下，一个建设项目或一个企业、事业单位只能属于一种国民经济行业。为了更准确地反映国民经济各行业之间的比例关系，联合企业（总厂）所属分厂属于不同行业的，原则上按分厂划分行业。

固定资产投资按建设性质分 建设项目的性质一般分为新建、扩建、改建、迁建、恢复。基本建设按建设项目划分建设性质，更新改造、国有经济单位其他固定资产投资及城镇集体投资按整个企业、事业单位的建设情况确定建设性质。目前基本建设和更新改造是根据我国现行的计划管理体制区分的，所以基本建设和更新改造都可以分别按新建、扩建等划分。

固定资产投资按用途分 固定资产投资按工程的经济用途分为用于为农林牧渔业用、工业建筑业用商业、运输邮电业用、其他五部分的建设，是研究不同用途的固定资产投资之间比例关系的重要指标。基本建设投资、国有经济单位其他固定资产投资及城镇集体投资的用途按单项工程确定，现有企业、事业单位更新改造投资的用途按更新改造项目确定。

固定资产投资按构成分 固定资产投资活动按其工作内容和实现方式分为建筑安装工程，设备、工具、器具购置，其他费用三个部分。

1. 建筑安装工程（建筑工作量）指各种房屋、建筑物的建造工程和各种设备、装置的安装工程。包括各种房屋建造工程，各种用途设备基础和各种工业窑炉的砌筑工程，为施工而进行的各种准备工作和临时工程以及完工后的清理工作等；铁路、道路的铺设，矿井的开凿及石油管道的架设等；水利工程；防空地下建筑等特殊工程；以及各种机械设备的安装工程；为测定安装工程质量，对设备进行的试行工作。在安装工程中，不包括被安装设备本身价值。

2. 设备、工具、器具购置指购置或自制达到固定资产标准的设备、工具、器具的价值，固定资产的标准按财务部门规定。新建单位、扩建单位的新建车间按照设计和计划要求购置或自制的全部设备、工具、器具,不论是否达到固定资产标准均计入"设备、工具、器具购置"中。

3. 其他费用指除建筑安装工程和设备、工具、器具购置以外的投资完成额。它包括两种性质的费用,一种是属于增加固定资产的费用,主要有:建设单位管理费,土地、青苗等补偿费和安置补助费、勘察设计费、研究实验费、农林单位牲畜购置费、各种经济林木的营造费、办公和生活家具、器具购置费、引进技术和进口设备项目的其他费用、联合试运转费等;一种是属于不增加固定资产的费用,主要有:施工机械转移费、生产职工培训费、农业开荒费用及报废工程损失费等。

建筑业统计单位 指从事房屋、构筑物建造和设备安装活动的法人企业。建筑业法人企业应具有建筑业资质并能够独立核算,同时其应具备以下条件:1. 依法成立,有自己的名称、组织机构和场所,能够承担民事责任;2. 独立拥有和使用资产,承担负债,有权与其他单位签订合同;3. 独立核算盈亏,能够编制资产负债表。

施工项目 指报告期内曾进行建筑或安装工程施工活动的建设项目。包括报告期内新开工项目,报告期以前开工跨入报告期继续施工的项目以及报告期施过工并在报告期内全部建设投产或停缓建的项目。

全部建成投产项目工业项目 是指设计文件规定形成生产能力的主体工程及其相应配套的辅助设施全部建成,经负荷试运转,证明具备生产设计规定合格产品的条件,并经过验收鉴定合格或达到竣工验收标准,与生产性工程配套的生产福利设施可以满足近期正常生产的需要,正式移交生产的建设项目。

施工和竣工房屋建筑面积 房屋建筑面积是从房屋外墙线算起的各层平面面积的总和,包括房屋结构(如柱、墙)占用的面积和地下室面积。多层建筑按各自然层面积总和计算,包括房屋内的楼隔层,突出墙面的眺望间、门斗、有柱雨罩的面积。不包括突出墙面结构的构件、艺术装饰等所占的面积,如台阶等。凹阳台、挑阳台按其水平投影面积一半计算建筑面积。

住宅建筑面积 指施工和竣工房屋建筑面积中供居住用的施工和竣工房屋建筑面积。

竣工面积 指在报告期内房屋建筑按照设计要求已全部完工,达到住人和使用条件,经验收鉴定合格,正式移交使用单位的建筑面积。

房屋建筑面积竣工率 指一定时期内房屋竣工面积占同期房屋施工面积的比率。它是从房屋建筑施工速度的角度反映投资效果和建筑业经济效益的指标。

新增固定资产 指通过投资活动所形成的新的固定资产价值。包括已经建成投入生产或交付使用的工程价值和达到固定资产标准的设备、工具、器具的价值及有关应摊入的费用。它是以价值形式表示的固定资产投资成果的综合性指标,可以综合反映不同时期、不同部门、不同地区的固定资产投资成果。

建设项目投产率 指一定时期内全部建成投入生产项目个数占同期正式施工项目个数的比率。它是从项目建设速度的角度反映投资效果的指标。

固定资产交付使用率 指一定时期新增固定资产与同期完成投资额的比率。它是反映各个时期固定资产动用速度,衡量建设过程中投资效果的一个综合性指标。未完工程占用率指年末未完工程累计完成投资额占全年实际完成投资额的比率。它反映未完工程的相对规模,并可从资金占用的角度反映固定资产投资效果。由于未完工程是指已经开工,但尚未建成交付使用的工程,有个跨年度问题,因此未完工程占用率会出现大于1的情况。

实收资本 指企业实际吸收到的所有投资人投入的资金。该指标来源于会计"资产负债表"中"实收资本"项目的期末数。

资产总计 指企业拥有或控制的全部资产,包括活动资产、长期投资、固定资产、无形及递延资产、其他长期资产。该指标来源于会计"资产负债表"中"资产总计"项的期末数。

负债总计 指企业的流动负债和长期负债的合计。

本年施工规模 指报告期内施工的单项工程(或更新改造项目)的设计能力(或工程效益),包括报告期以前已开工跨入本年继续施工的工程的设计能力和报告期新开工工程的设计能力。也包括报告期内建成投产或报告期施工后又停缓建的单项工程设计能力。不包括在报告期以前建成投产或已经停、缓建的工程,以及报告期内尚未正式开工的工程的设计能力。

商品房销售面积 指报告期内出售商品房屋的合同总面积(即双方签署的正式买卖合同中所确定的建筑面积)。由现房销售面积和期房销售面积两部分组成。

商品房销售额 指报告期内出售商品房屋的合同总价款(即双方签署的正式买卖合同中所确定的合同总价)。该指标与商品房销售面积同口径,由现房销售额和期房销售额两部分组成。

四、价　格

4-1 市区居民消费价格指数(2017 年)

(以上年价格为 100)

类　别	年　度	月份											
		一	二	三	四	五	六	七	八	九	十	十一	十二
居民消费价格总指数	**101.8**	**102.7**	**101.1**	**100.6**	**100.9**	**101.0**	**101.2**	**101.1**	**101.2**	**102.6**	**102.8**	**102.7**	**103.2**
非食品烟酒价格指数	**102.7**	**103.2**	**102.5**	**101.9**	**102.2**	**101.8**	**101.7**	**101.8**	**101.8**	**103.8**	**103.7**	**103.7**	**104.0**
食品(原口径)指数	**99.2**	**101.6**	**97.8**	**96.9**	**97.5**	**98.6**	**99.8**	**99.2**	**99.2**	**99.2**	**100.0**	**99.8**	**100.8**
非食品(原口径)指数	**102.7**	**103.1**	**102.4**	**101.9**	**102.2**	**101.8**	**101.8**	**101.8**	**101.9**	**103.9**	**103.8**	**103.8**	**104.0**
服务价格指数	**103.1**	**104.7**	**103.3**	**102.6**	**102.5**	**101.8**	**101.8**	**101.8**	**101.1**	**104.7**	**104.4**	**104.5**	**104.4**
工业品价格指数	**102.2**	**101.5**	**101.6**	**101.3**	**101.9**	**101.7**	**101.7**	**101.7**	**102.6**	**102.8**	**102.9**	**103.0**	**103.5**
鲜活食品价格指数	**96.7**	**102.9**	**93.4**	**91.9**	**92.8**	**96.2**	**98.9**	**97.7**	**98.3**	**96.9**	**97.3**	**96.3**	**98.7**
消费品价格指数	**101.0**	**101.5**	**100.0**	**99.4**	**100.1**	**100.5**	**100.9**	**100.8**	**101.2**	**101.4**	**101.8**	**101.8**	**102.4**
能源价格指数	**107.7**	**109.2**	**109.6**	**109.4**	**108.9**	**107.3**	**105.2**	**104.5**	**108.9**	**108.7**	**107.7**	**107.1**	**106.4**
非食品价格指数	**102.5**	**102.8**	**102.3**	**101.8**	**102.1**	**101.7**	**101.7**	**101.7**	**101.7**	**103.6**	**103.6**	**103.6**	**103.9**
扣除食品和能源价格指数	**102.2**	**102.4**	**101.9**	**101.4**	**101.7**	**101.4**	**101.5**	**101.5**	**101.3**	**103.3**	**103.3**	**103.4**	**103.7**
扣除鲜菜鲜果价格指数	**102.0**	**102.6**	**101.7**	**101.3**	**101.5**	**100.9**	**101.0**	**101.1**	**101.2**	**102.8**	**103.0**	**103.2**	**103.5**
扣除自有住房价格指数	**101.5**	**101.9**	**100.4**	**100.0**	**100.5**	**100.6**	**100.9**	**100.8**	**101.1**	**102.8**	**103.0**	**102.9**	**103.4**
居住(扣自有住房)价格指数	**104.9**	**104.7**	**105.7**	**105.5**	**105.4**	**104.1**	**104.1**	**104.3**	**105.3**	**105.8**	**104.8**	**104.5**	**104.6**
食品烟酒	**99.6**	**101.5**	**98.2**	**97.4**	**98.0**	**99.0**	**100.1**	**99.6**	**99.6**	**99.8**	**100.6**	**100.3**	**101.2**
食品	98.5	102.1	96.7	95.6	96.3	97.9	99.5	98.7	98.9	98.6	99.4	98.9	100.2
粮食	103.3	100.9	100.7	101.7	103.1	104.2	104.1	104.1	104.1	104.1	104.2	104.1	103.9
大　米	100.3	100.4	100.0	100.0	100.0	100.0	100.0	100.0	100.5	100.7	100.7	100.7	101.1
面　粉	102.4	103.5	103.8	103.8	102.9	102.9	102.1	101.8	101.2	101.2	101.4	102.1	102.1
其他粮食	100.1	100.0	100.0	99.6	99.3	99.3	100.0	100.0	100.0	100.0	100.0	101.2	102.4
粮食制品	105.7	100.4	100.0	102.2	105.5	107.8	107.8	107.8	107.8	107.8	107.8	107.1	106.4
薯类	102.4	112.3	100.1	96.4	100.0	91.2	94.9	98.3	102.7	106.9	116.7	110.7	107.1
豆类	99.2	100.5	100.5	100.0	99.2	99.1	99.1	99.0	98.6	98.6	98.6	98.6	98.6
干　豆	100.1	100.5	100.0	100.0	100.8	100.0	100.0	100.0	100.0	100.0	100.0	100.0	100.0
豆 制 品	99.1	100.5	100.5	100.0	99.0	99.0	99.0	98.9	98.5	98.5	98.5	98.5	98.5
食用油	104.9	108.3	109.4	106.3	107.0	107.2	106.8	102.9	100.9	101.4	102.4	103.9	103.4
食用植物油	105.1	108.1	109.3	106.3	107.1	107.7	107.3	103.3	101.2	101.7	102.7	104.2	103.7
食用动物油	94.0	122.0	114.6	108.8	104.9	85.1	84.8	84.8	84.8	86.0	88.6	90.7	88.4
菜	93.9	107.6	81.7	76.8	82.2	96.4	106.9	106.3	106.2	100.0	98.1	92.8	90.6
鲜　菜	92.8	108.0	80.0	74.6	80.0	95.4	107.5	106.7	106.4	99.3	97.4	91.4	88.9
干菜及菜制品	103.8	104.3	102.8	102.4	103.6	103.6	103.6	103.6	105.1	105.1	103.4	103.9	104.3
畜肉类	96.4	106.1	98.5	99.6	97.4	93.3	92.8	94.2	93.4	93.4	95.0	97.0	97.4
猪　肉	94.3	108.3	96.6	98.4	95.2	90.1	89.3	91.6	90.6	90.9	92.5	94.5	94.8
牛　肉	99.7	99.9	99.1	99.5	100.0	100.0	99.8	100.0	99.6	98.9	99.1	100.0	100.4
羊　肉	99.4	99.5	99.4	98.9	97.7	97.8	97.9	97.4	96.6	96.8	100.9	104.8	104.8
畜肉副产品	100.0	112.2	108.9	108.3	107.7	96.3	95.4	95.4	95.4	94.8	94.7	96.9	98.4

4-1 续表 1

类别	年度	月份											
		一	二	三	四	五	六	七	八	九	十	十一	十二
其他畜肉及制品	101.6	106.3	105.7	105.5	102.8	99.9	100.3	100.3	100.4	100.1	99.8	99.8	99.8
禽肉类	97.7	98.5	95.8	92.8	94.1	93.9	95.2	97.4	98.2	99.3	101.2	102.2	104.2
鸡	96.4	98.0	94.1	89.8	91.6	91.2	92.6	96.1	97.2	98.8	100.8	102.1	105.0
鸭	99.4	98.3	98.3	98.3	98.3	98.6	100.0	99.2	98.9	99.2	100.3	101.7	101.7
其他禽肉及制品	101.0	100.0	99.9	99.9	99.9	99.9	100.9	100.9	100.9	100.9	102.7	102.7	102.9
水产品	105.3	104.6	103.5	102.5	105.9	109.8	108.8	107.0	106.3	105.1	105.0	103.3	102.2
淡水鱼	107.3	107.4	106.9	110.0	114.1	117.8	110.3	109.1	106.7	103.5	102.3	100.3	100.0
海水鱼	107.1	109.8	106.1	106.8	107.5	104.3	105.3	105.8	106.9	107.2	107.9	108.4	109.4
虾蟹类	104.2	102.7	101.0	93.2	99.0	109.5	113.5	107.2	108.2	109.0	110.3	105.4	99.3
其他水产品及制品	102.1	99.6	99.6	99.6	99.6	99.6	103.7	103.7	103.7	103.7	103.7	103.9	104.9
蛋类	95.7	88.1	84.4	89.2	86.8	83.9	94.0	93.4	102.7	103.1	101.4	105.8	115.7
鸡蛋	95.3	87.2	83.2	88.3	85.7	82.5	93.5	92.9	102.9	103.3	101.5	106.1	116.7
其他蛋及制品	100.5	100.0	100.0	100.0	100.0	100.0	100.0	100.0	100.0	100.0	100.0	102.0	104.0
奶类	96.3	95.6	95.6	95.1	94.6	94.6	94.6	94.6	94.6	98.9	98.9	98.9	99.3
鲜奶	91.9	90.4	90.4	89.4	88.5	88.5	88.5	88.5	88.5	97.9	97.9	97.9	98.8
酸奶	99.2	100.0	100.0	99.5	99.0	99.0	99.0	99.0	99.0	99.0	99.0	99.0	99.0
奶粉	100.0	100.0	100.0	100.0	100.0	100.0	100.0	100.0	100.0	100.0	100.0	100.0	100.0
其他奶制品	100.0	100.0	100.0	100.0	100.0	100.0	100.0	100.0	100.0	100.0	100.0	100.0	100.0
干鲜瓜果类	98.6	99.0	105.0	101.2	99.5	104.3	104.0	95.7	93.8	93.2	95.6	90.9	99.6
鲜瓜果	100.8	100.5	108.9	103.9	101.4	109.0	109.4	98.0	96.2	94.5	95.5	88.7	101.1
坚果	91.7	95.0	95.0	94.3	93.6	93.8	92.4	89.0	84.8	86.4	92.8	92.8	91.7
瓜果制品	98.6	96.0	96.0	96.0	98.3	91.1	91.4	97.6	100.0	102.0	104.2	104.2	107.1
糖果糕点类	101.7	103.7	104.2	103.3	100.6	100.1	100.2	100.2	100.2	101.2	101.7	102.6	102.3
食糖	102.2	108.2	110.1	108.2	100.0	100.0	102.0	100.0	100.0	100.0	100.0	100.0	100.0
糖果	101.5	99.7	102.7	101.3	100.5	100.5	100.5	100.5	100.5	102.4	103.0	103.6	102.4
糕点	100.8	103.2	101.8	101.8	100.6	99.5	98.9	99.8	99.4	100.0	100.8	102.2	102.2
其他糖果糕点	108.0	106.5	107.3	104.2	104.2	104.2	103.2	103.2	107.8	112.9	113.0	114.4	114.4
调味品	102.5	99.8	103.1	101.7	101.3	101.2	102.0	102.0	101.1	102.2	103.4	105.3	106.3
食用盐	99.3	100.0	100.0	100.0	95.8	95.8	100.0	100.0	100.0	100.0	100.0	100.0	100.0
酱油	107.1	100.8	108.8	104.8	104.8	104.8	107.2	107.2	103.5	104.2	109.4	112.9	116.4
食醋	101.4	101.7	101.7	101.3	100.7	100.1	100.1	100.1	100.1	100.9	100.7	104.8	104.5
调味酱	101.9	98.1	103.9	102.0	102.0	102.0	102.0	102.0	101.6	102.4	101.0	102.8	103.9
味精	100.4	100.6	100.6	100.6	100.6	100.6	100.6	100.6	100.6	100.0	100.0	100.0	100.0
其他调味品	101.1	99.3	99.3	99.3	99.3	99.3	99.3	99.3	99.3	102.8	105.5	105.5	105.5
其他食品类	99.7	93.6	99.8	99.1	98.9	99.5	99.7	100.0	99.6	101.1	101.7	101.9	101.8
方便食品	96.4	86.2	98.4	96.9	96.5	96.5	97.0	97.0	96.2	98.1	98.2	98.2	98.8
淀粉及制品	103.3	101.9	101.9	101.9	101.9	103.2	103.2	103.2	103.2	104.1	105.0	105.7	104.4

4-1 续表2

类　别	年　度	月份											
		一	二	三	四	五	六	七	八	九	十	十一	十二
膨化食品	101.8	99.7	100.0	100.0	100.0	101.1	100.7	102.1	102.1	103.3	104.4	104.3	104.2
茶及饮料	101.0	97.7	105.3	99.7	100.2	99.6	100.6	100.4	100.2	100.6	101.5	103.0	103.2
茶　叶	99.7	100.0	99.2	98.5	99.2	100.0	100.0	100.0	100.0	100.0	100.0	100.0	100.0
固体咖啡	100.2	100.0	100.0	100.0	100.0	100.0	100.0	100.0	100.0	100.4	100.4	100.4	101.2
其他固体饮料	101.7	97.1	96.7	98.8	98.8	98.9	101.1	100.1	105.4	104.8	104.8	107.3	107.3
饮 用 水	104.2	107.0	103.3	103.3	100.0	100.0	100.0	100.0	103.6	107.7	103.8	111.7	111.7
果汁饮料	109.7	97.4	104.1	110.4	113.8	107.1	113.8	113.8	109.9	109.6	112.1	112.1	113.4
其他液体饮料	98.6	94.6	113.8	96.6	96.6	96.6	96.6	96.1	96.1	97.0	98.6	101.3	101.3
烟酒	103.5	101.2	101.8	102.0	102.8	102.7	102.7	103.6	104.0	105.5	105.6	105.6	104.8
烟草	99.4	99.2	99.2	99.2	99.2	99.2	99.4	99.5	99.5	99.7	100.0	99.2	99.0
酒类	106.6	102.7	103.7	104.1	105.4	105.2	105.2	106.6	107.3	109.7	109.7	110.4	109.0
白　酒	108.3	103.9	105.0	105.6	106.9	106.7	106.5	108.1	109.0	112.0	112.0	112.5	111.1
葡 萄 酒	100.5	100.1	100.1	100.0	100.0	100.0	100.0	100.0	100.0	100.0	100.0	106.4	100.0
啤　酒	100.2	99.2	99.2	99.2	99.2	99.2	100.2	101.1	101.1	101.1	101.1	101.1	101.1
其他酒类	97.9	92.2	92.2	92.2	100.0	100.0	100.0	100.0	100.0	100.0	100.0	100.0	100.0
在外餐饮	100.8	100.3	100.3	100.5	100.7	100.7	100.6	100.3	100.0	100.7	101.8	101.8	102.1
正　餐	97.4	96.4	96.4	96.6	96.6	96.6	96.3	95.8	95.6	97.5	100.1	100.1	100.8
快　餐	101.6	102.1	101.9	101.6	101.6	101.6	101.6	101.6	101.6	101.6	101.1	101.1	101.3
地方小吃	107.5	106.4	106.4	107.8	109.1	109.1	109.1	109.1	106.9	105.9	106.9	106.9	106.9
其他在外餐饮	103.6	103.7	103.7	103.7	103.7	103.7	103.7	103.7	103.7	103.7	103.7	103.7	102.7
衣着	**101.1**	**100.6**	**100.5**	**100.9**	**101.1**	**101.4**	**101.4**	**101.8**	**101.5**	**101.2**	**101.1**	**101.1**	**101.1**
服装	100.9	100.2	100.0	100.5	100.6	101.1	101.1	101.5	101.4	101.1	101.1	101.3	101.3
男式服装	100.5	99.5	98.7	98.8	99.3	100.2	100.5	101.1	101.1	100.9	101.4	102.0	102.0
男式西服	100.9	100.8	100.8	101.3	101.3	101.5	101.7	101.7	101.0	100.3	100.3	100.3	100.3
男式冬衣	100.4	103.0	101.4	100.0	100.0	100.0	100.0	100.0	100.0	100.0	100.0	100.0	100.0
男式夹克衫	97.1	102.9	98.3	98.3	98.3	97.7	97.1	97.1	97.1	95.8	94.4	94.4	94.4
男式毛线衣	100.1	100.1	100.1	100.1	100.1	100.1	100.1	100.1	100.1	100.1	100.1	100.1	100.1
男式运动装	107.8	100.8	100.4	100.0	103.1	107.0	107.0	111.9	111.9	112.7	112.7	112.7	112.7
男式衬衫T恤	99.9	96.0	96.0	97.2	98.3	97.9	99.5	100.5	100.7	101.0	102.9	104.7	104.7
男式裤子	99.3	96.2	96.2	96.2	96.2	100.0	100.0	100.0	100.0	100.0	101.5	103.0	103.0
男式内衣	100.3	100.4	100.0	100.0	100.2	100.2	100.2	100.2	101.4	100.2	100.2	100.2	100.2
女式服装	100.6	100.2	100.4	100.8	100.7	100.7	100.7	101.0	100.9	100.7	100.5	100.5	100.5
女式外套	98.9	98.4	98.4	98.4	98.4	98.4	98.4	98.4	98.7	99.5	100.0	100.0	100.0
女式冬衣	101.9	102.6	102.6	102.6	102.6	102.6	102.6	102.6	102.6	101.3	100.0	100.0	100.0
女式毛线衣	100.1	100.0	100.1	100.1	100.1	100.1	100.1	100.1	100.1	100.1	100.1	100.1	100.1
女式运动装	102.8	102.6	102.6	101.3	101.3	101.3	101.3	103.6	103.3	104.2	104.2	104.2	104.2
女式衬衫T恤	99.4	96.8	97.5	100.0	99.4	99.4	99.5	100.0	100.0	100.0	100.0	100.0	100.0

4-1 续表 3

类　别	年　度	月份 一	二	三	四	五	六	七	八	九	十	十一	十二
女式裤子	98.4	97.8	97.8	97.8	97.2	97.2	97.2	97.2	98.6	100.0	100.0	100.0	100.0
女式裙子	102.9	102.7	103.8	105.0	105.0	105.0	105.0	105.0	103.4	100.9	100.0	100.0	100.0
女式内衣	100.4	100.0	100.0	100.0	100.6	100.6	100.6	100.6	100.6	100.6	100.6	100.6	100.6
儿童服装	102.8	101.6	101.4	103.2	103.2	104.5	103.5	103.7	103.6	102.7	102.1	102.1	102.1
婴幼服装	103.5	100.9	100.9	105.1	104.1	104.1	104.1	103.8	103.8	103.8	103.8	103.8	103.8
儿童上衣	101.5	102.2	101.8	101.8	102.5	103.1	100.0	100.7	101.3	101.3	101.3	101.3	101.3
儿童裤子	103.9	101.9	101.9	105.2	105.2	106.9	106.9	106.9	105.9	103.0	101.3	101.3	101.3
儿童裙子	102.3	101.0	100.5	100.0	100.0	103.3	103.3	103.3	103.3	103.3	103.3	103.3	103.3
服装材料	103.0	103.8	103.8	103.8	103.8	103.8	103.8	103.8	103.8	103.8	101.9	100.0	100.0
其他衣着及配件	102.6	101.8	103.5	102.6	102.6	102.6	102.6	102.6	102.6	102.6	102.6	102.6	102.6
袜　子	100.0	100.0	100.0	100.0	100.0	100.0	100.0	100.0	100.0	100.0	100.0	100.0	100.0
帽　子	108.4	105.9	111.5	108.4	108.4	108.4	108.4	108.4	108.4	108.4	108.4	108.4	108.4
其他衣着配件	100.0	100.0	100.0	100.0	100.0	100.0	100.0	100.0	100.0	100.0	100.0	100.0	100.0
衣着加工服务费	113.8	118.5	118.5	118.5	118.5	118.5	118.5	118.5	113.3	112.4	107.7	103.5	103.5
衣着洗涤保养	113.7	121.7	121.7	121.7	121.7	121.7	121.7	121.7	113.2	105.9	102.9	100.0	100.0
衣着加工	113.8	113.4	113.4	113.4	113.4	113.4	113.4	113.4	113.4	124.2	116.2	109.5	109.5
鞋类	100.5	100.3	100.2	100.4	100.7	100.7	100.8	101.1	100.6	100.2	100.2	100.2	100.2
鞋	100.5	100.3	100.2	100.4	100.8	100.7	100.8	101.1	100.6	100.2	100.2	100.2	100.2
男　鞋	100.6	101.4	101.1	101.1	101.1	101.1	101.1	100.6	100.0	100.0	100.0	100.0	100.0
女　鞋	100.1	99.2	99.2	99.7	100.3	100.3	100.3	101.4	100.7	100.0	100.0	100.0	100.0
童　鞋	101.6	101.1	101.1	101.1	101.6	101.4	101.8	101.8	101.8	101.8	101.8	101.8	101.8
鞋类加工服务	100.0	100.0	100.0	100.0	100.0	100.0	100.0	100.0	100.0	100.0	100.0	100.0	100.0
居住	**104.0**	**106.8**	**106.1**	**104.9**	**104.5**	**103.6**	**103.6**	**103.6**	**103.0**	**103.3**	**102.9**	**102.8**	**102.8**
租赁房房租	103.2	107.9	106.1	104.3	103.7	103.1	103.1	103.0	101.4	101.6	101.6	101.6	101.6
公房房租	100.0	100.0	100.0	100.0	100.0	100.0	100.0	100.0	100.0	100.0	100.0	100.0	100.0
私房房租	103.3	108.2	106.3	104.5	103.9	103.3	103.3	103.1	101.5	101.6	101.6	101.6	101.6
住房保养维修及管理	105.0	103.9	107.3	107.3	107.3	103.9	103.9	104.0	103.9	104.7	104.6	104.3	105.2
住房装潢材料	102.0	102.0	102.0	102.0	102.0	101.4	101.4	101.5	101.4	103.1	102.8	102.2	102.5
木地板	102.4	103.1	103.1	103.1	103.1	103.1	103.1	103.1	103.1	102.9	101.3	99.8	99.8
瓷　砖	100.5	100.0	100.0	100.0	100.0	100.0	100.0	100.0	100.0	101.5	101.5	101.5	101.5
水　泥	107.8	112.0	112.0	112.0	112.0	103.8	103.8	103.8	103.8	111.3	111.3	106.0	102.6
涂　料	100.0	100.0	100.0	100.0	100.0	100.0	100.0	100.0	100.0	100.0	100.0	100.0	100.0
板　材	107.6	107.5	107.5	107.5	107.5	107.5	107.5	107.5	106.2	108.0	107.7	107.9	108.4
管　材	100.0	100.0	100.0	100.0	100.0	100.0	100.0	100.0	100.0	100.0	100.0	100.0	100.0
厨卫设备	100.3	100.0	100.0	100.0	100.0	100.0	100.0	100.0	100.0	100.1	100.1	100.1	103.0
门　窗	100.8	100.0	100.0	100.0	100.0	100.0	100.0	100.0	100.0	102.4	102.4	102.4	102.4
其他住房装潢材料	104.7	102.5	102.5	102.5	102.5	102.5	102.5	104.9	104.9	109.5	108.2	106.9	106.9

4-1 续表4

类别	年度	月份											
		一	二	三	四	五	六	七	八	九	十	十一	十二
物业管理费	100.0	100.0	100.0	100.0	100.0	100.0	100.0	100.0	100.0	100.0	100.0	100.0	100.0
住房装潢维修	109.4	107.1	115.1	115.1	115.1	107.5	107.5	107.5	107.5	107.5	107.5	107.5	109.4
装潢维修费	104.1	112.4	112.4	112.4	112.4	100.0	100.0	100.0	100.0	100.0	100.0	100.0	103.3
其他住房费用	117.2	100.0	118.8	118.8	118.8	118.8	118.8	118.8	118.8	118.8	118.8	118.8	118.8
水电燃料	105.4	104.4	104.5	104.6	104.6	104.6	104.6	104.9	107.6	108.0	106.1	105.6	105.0
水	107.3	107.3	107.3	107.3	107.3	107.3	107.3	107.3	107.3	107.3	107.3	107.3	107.3
电	100.0	100.0	100.0	100.0	100.0	100.0	100.0	100.0	100.0	100.0	100.0	100.0	100.0
燃气	103.8	102.5	102.7	103.3	103.3	103.3	103.3	103.3	103.3	105.0	105.0	105.5	104.9
管道燃气	100.0	100.0	100.0	100.0	100.0	100.0	100.0	100.0	100.0	100.0	100.0	100.0	100.0
液化石油气	112.6	108.3	109.2	111.0	111.0	111.0	111.0	111.0	111.0	116.8	116.8	118.6	116.2
取暖费	100.0	100.0	100.0	100.0	100.0	100.0	100.0	100.0	100.0	100.0	100.0	100.0	100.0
其他燃料	149.3	142.9	142.9	142.9	142.9	142.9	142.9	147.7	189.2	189.2	147.8	138.8	132.3
自有住房	103.3	108.2	106.3	104.5	103.9	103.3	103.3	103.2	101.5	101.6	101.6	101.6	101.6
生活用品及服务	**100.7**	**100.3**	**100.7**	**100.0**	**99.4**	**99.4**	**99.9**	**100.7**	**101.3**	**101.4**	**101.4**	**101.4**	**101.9**
家具及室内装饰品	96.7	96.2	96.1	96.6	96.5	95.9	96.1	96.1	96.1	96.7	97.4	98.6	98.7
家具	96.4	96.1	95.9	96.6	96.4	95.8	96.0	96.0	95.9	96.2	96.5	97.7	97.8
柜	96.1	95.8	95.2	95.3	95.3	94.5	94.5	94.5	95.9	97.4	97.4	99.4	98.2
床	96.2	96.3	96.3	96.3	95.8	95.4	95.4	95.4	95.6	95.9	97.0	97.5	98.1
桌	93.0	93.2	93.5	93.8	93.2	92.7	92.7	92.7	91.5	91.4	92.3	94.6	94.2
椅	104.7	101.6	102.8	106.0	106.0	107.0	108.1	108.1	105.3	102.9	102.4	102.0	105.1
沙发	96.0	95.8	95.7	96.9	96.7	95.7	96.2	96.2	95.5	95.5	95.5	96.2	96.6
其他家具	96.2	97.2	96.2	96.2	96.2	96.4	96.7	96.7	95.8	94.9	94.7	96.2	97.2
室内装饰品	100.2	97.5	97.5	97.5	97.5	97.5	97.5	97.4	97.4	101.4	107.1	107.3	107.3
灯具	95.9	94.1	94.1	94.1	94.1	94.1	94.1	94.1	94.1	96.8	100.4	100.8	100.8
其他室内装饰品	103.4	100.0	100.0	100.0	100.0	100.0	100.0	100.0	100.0	104.8	111.9	111.9	111.9
家用器具	102.5	98.1	100.1	99.2	99.0	99.8	101.9	104.5	106.1	105.8	105.3	104.8	105.6
大型家用器具	102.8	97.9	100.2	99.1	98.8	99.7	102.2	104.9	106.9	106.5	105.9	105.3	106.2
洗衣机	101.1	99.2	101.2	99.2	95.5	98.0	98.3	104.6	104.4	104.4	102.9	102.4	103.5
电冰箱(柜)	105.9	102.0	103.4	102.1	107.6	105.9	109.0	108.8	108.0	106.3	104.4	106.3	107.9
抽油烟机	99.9	91.8	90.6	90.1	89.0	92.9	99.6	109.0	107.9	107.8	109.5	108.7	105.3
空调器	102.6	95.6	96.4	94.6	99.4	100.6	104.6	104.2	109.4	107.4	106.1	106.7	107.1
热水器	106.5	99.4	107.0	106.1	103.9	104.5	106.9	109.3	110.3	109.6	109.4	105.8	106.3
炉具灶具	104.0	100.3	103.9	103.9	102.9	103.4	103.9	105.0	105.0	105.0	105.0	105.9	104.6
微波炉	104.0	101.0	103.4	104.0	103.9	103.9	103.9	103.9	104.7	105.4	105.4	102.5	105.7
其他大型家用器具	99.1	97.4	100.3	100.7	89.8	90.5	91.5	98.9	101.8	105.2	106.4	103.0	106.3
小家电	100.6	98.9	99.7	99.7	99.9	100.2	100.2	101.8	101.2	101.1	101.4	101.4	101.4
厨房小家电	101.8	99.8	100.8	100.8	100.8	100.8	100.8	103.2	103.2	103.9	102.4	102.4	102.4

4-1 续表5

类别	年度	月份											
		一	二	三	四	五	六	七	八	九	十	十一	十二
生活小家电	98.0	97.1	97.4	97.3	97.9	99.1	99.1	98.7	96.9	95.1	99.2	99.2	99.2
家用纺织品	99.3	99.5	99.5	99.5	98.8	98.8	98.8	98.8	99.1	99.3	99.6	99.9	99.9
床上用品	99.2	99.4	99.4	99.4	98.6	98.6	98.6	98.6	98.9	99.2	99.6	99.9	99.9
被　子	99.7	99.4	99.4	99.4	99.4	99.4	99.4	99.4	99.7	100.0	100.0	100.0	100.0
床单被套	98.4	100.0	100.0	100.0	97.9	97.9	97.9	97.9	97.9	97.9	97.9	97.9	97.9
其他床上用品	99.6	98.1	98.1	98.1	98.1	98.1	98.1	98.1	99.1	100.0	102.0	103.9	103.9
窗帘门帘	100.0	100.0	100.0	100.0	100.0	100.0	100.0	100.0	100.0	100.0	100.0	100.0	100.0
其他家用纺织品	100.0	100.0	100.0	100.0	100.0	100.0	100.0	100.0	100.0	100.0	100.0	100.0	100.0
家庭日用杂品	100.3	101.9	101.6	100.8	100.1	100.1	99.7	99.8	100.4	99.8	99.7	99.2	100.0
洗涤卫生用品	99.7	101.1	100.8	99.5	99.2	99.4	98.7	99.0	100.4	99.5	99.7	98.8	100.4
清洗用品	99.6	100.6	101.0	99.5	99.1	99.1	99.1	99.1	99.1	99.1	99.1	100.0	100.9
清洁用具	98.9	97.4	97.4	97.4	97.7	99.3	99.3	99.0	99.5	99.5	99.5	99.5	101.1
清洁用纸	100.2	103.3	101.9	100.3	100.0	100.0	98.1	99.0	102.6	100.0	100.7	96.7	99.4
厨具餐具茶具	100.4	101.8	101.5	101.5	100.6	100.3	100.3	100.3	100.2	99.8	99.4	99.4	99.4
厨　具	99.1	99.9	99.4	99.4	99.4	98.9	98.9	98.9	98.9	98.9	98.9	98.9	98.9
餐　具	100.6	102.6	102.6	102.6	100.0	100.0	100.0	100.0	100.0	100.0	100.0	100.0	100.0
茶　具	103.4	105.8	105.2	105.2	105.2	105.2	105.2	104.9	104.5	101.8	99.3	99.3	99.3
家用手工工具	100.8	100.0	100.5	100.9	100.9	100.9	100.9	100.9	100.9	100.9	100.9	100.9	100.9
其他家庭日用杂品	102.7	106.4	106.4	105.3	103.4	102.5	102.5	102.5	101.2	101.2	100.5	100.8	100.3
配电附件	103.8	110.7	110.7	108.7	104.9	103.2	103.2	103.2	100.5	100.5	100.5	100.5	100.5
雨　具	101.9	102.5	102.5	102.5	102.5	102.5	102.5	102.5	102.5	102.5	100.0	100.0	100.0
其他日用杂品	100.5	100.0	100.0	100.0	100.0	100.0	100.0	100.0	100.8	100.8	101.6	103.3	100.0
个人护理用品	101.8	102.2	101.9	101.2	101.0	100.8	101.1	101.8	102.1	102.1	102.2	102.3	103.3
化妆品	102.3	103.0	103.0	101.9	101.6	101.5	101.5	101.9	102.3	102.3	102.3	102.3	103.6
清洁化妆品	105.1	101.6	101.6	101.6	106.3	106.3	106.3	106.3	106.3	106.3	106.3	106.3	106.3
护肤化妆品	101.4	103.0	102.9	101.4	99.9	99.9	99.9	100.6	101.3	101.3	101.3	101.3	103.7
彩妆化妆品	101.6	107.3	107.3	106.1	101.4	100.0	100.0	100.0	100.0	99.8	99.6	99.6	99.6
化妆器具	100.0	100.0	100.0	100.0	100.0	100.0	100.0	100.0	100.0	100.0	100.0	100.0	100.0
其他护理用品类	101.1	100.6	100.0	100.0	99.9	99.7	100.5	101.5	101.7	101.9	102.0	102.4	102.5
清洁类护理用品	101.4	100.0	100.0	100.0	100.1	100.0	100.8	102.4	102.5	102.7	102.7	102.7	102.7
护发美发用品	99.8	100.7	100.7	100.9	99.7	98.8	99.6	100.4	99.6	99.5	99.3	99.2	99.2
护理器具	100.1	100.9	97.8	98.2	99.1	99.3	100.5	100.0	101.1	100.4	100.9	101.8	101.8
其他护理用品	109.5	109.4	107.3	104.1	102.9	102.9	103.6	101.9	106.2	112.0	115.7	122.2	125.1
家庭服务	104.1	109.2	109.2	105.8	101.8	101.6	101.6	101.6	101.6	104.5	104.5	104.5	104.5
家政服务	103.4	107.8	107.8	102.8	102.8	102.5	102.5	102.5	102.5	102.5	102.5	102.5	102.5
家庭维修服务	105.5	111.8	111.8	111.8	100.0	100.0	100.0	100.0	100.0	108.0	108.0	108.0	108.0
交通和通信	**100.2**	**100.7**	**99.7**	**99.7**	**100.1**	**99.0**	**98.7**	**98.7**	**99.5**	**100.9**	**101.5**	**102.2**	**101.9**

4-1 续表6

类别	年度	月份											
		一	二	三	四	五	六	七	八	九	十	十一	十二
交通	102.2	103.2	102.1	102.6	103.1	101.8	100.6	100.5	101.4	102.3	102.9	103.5	102.9
交通工具	99.2	98.7	98.6	98.5	98.5	98.2	98.1	99.6	99.6	99.3	100.0	100.4	100.6
小型汽车	96.8	96.9	96.8	96.7	96.6	96.3	96.2	96.6	96.6	95.8	96.8	97.0	98.7
电动自行车	108.4	105.6	105.6	105.6	105.6	105.6	105.6	112.1	112.1	112.1	112.1	112.1	106.2
自行车	100.4	100.0	100.0	100.0	100.0	100.0	100.0	100.0	100.0	101.2	101.2	101.2	101.2
其他交通工具	100.4	98.9	98.9	98.9	98.9	98.9	98.9	99.0	99.0	101.9	101.9	104.9	104.0
交通工具用燃料	111.0	118.6	119.8	118.8	117.1	111.9	105.7	102.6	108.1	106.5	109.1	108.6	108.1
汽油	112.3	120.8	121.8	120.7	118.9	113.6	106.9	103.5	109.6	107.6	110.3	109.0	108.4
柴油	111.1	119.2	121.6	120.5	118.1	111.2	103.5	100.3	106.4	105.3	108.6	110.8	110.4
其他车用能源	100.0	100.0	100.0	100.0	100.0	100.0	100.0	100.0	100.0	100.0	100.0	100.0	100.0
交通工具使用和维修	101.2	100.1	100.1	100.1	100.1	100.1	100.1	100.1	100.2	103.2	103.3	103.3	103.1
停车费	100.0	100.0	100.0	100.0	100.0	100.0	100.0	100.0	100.0	100.0	100.0	100.0	100.0
车辆使用费	98.9	98.1	98.1	98.1	98.1	98.1	98.1	98.1	100.0	100.0	100.0	100.0	100.0
交通工具零配件	107.9	108.4	108.4	108.4	108.4	108.4	108.4	108.4	108.4	108.4	109.3	109.3	100.8
车辆修理与保养	101.1	100.0	100.0	100.0	100.0	100.0	100.0	100.0	100.0	103.3	103.3	103.3	103.3
交通费	100.9	100.5	93.8	97.6	102.2	100.9	101.7	100.8	99.7	104.5	102.8	105.3	102.2
市内公共交通	100.0	100.0	100.0	100.0	100.0	100.0	100.0	100.0	100.0	100.0	100.0	100.0	100.0
出租汽车	100.0	100.0	100.0	100.0	100.0	100.0	100.0	100.0	100.0	100.0	100.0	100.0	100.0
飞机票	107.0	103.2	78.2	97.9	112.9	104.9	109.8	111.6	96.8	122.3	112.8	135.1	108.8
火车票	100.0	100.0	100.0	100.0	100.0	100.0	100.0	100.0	100.0	100.0	100.0	100.0	100.0
长途汽车	97.7	99.4	88.9	91.2	100.0	100.0	100.0	95.3	100.0	100.0	100.0	100.0	100.0
其他交通费	105.0	102.0	102.0	102.0	102.0	102.0	102.0	102.0	102.0	112.2	111.1	110.0	110.0
通信	96.6	96.3	95.6	94.6	94.9	94.2	95.2	95.4	96.1	98.5	98.9	100.0	100.1
通信工具	91.3	87.9	85.5	82.7	83.2	84.9	88.2	89.0	91.3	96.6	100.6	104.7	105.2
固定电话机	88.8	72.5	72.5	72.5	72.5	100.0	100.0	100.0	100.0	100.0	100.0	100.0	100.0
移动电话机	91.2	88.1	85.5	82.5	83.0	84.1	87.7	88.5	91.0	96.7	100.9	105.3	105.6
通信工具零配件	93.9	91.0	91.0	91.0	92.7	94.6	94.6	94.6	94.6	94.6	94.6	94.6	100.0
通信服务	98.7	100.0	100.0	100.0	100.0	98.1	98.1	98.1	98.1	99.2	98.1	98.1	98.1
固定电话费	100.0	100.0	100.0	100.0	100.0	100.0	100.0	100.0	100.0	100.0	100.0	100.0	100.0
移动通信费	100.0	100.0	100.0	100.0	100.0	100.0	100.0	100.0	100.0	100.0	100.0	100.0	100.0
上网费	94.4	100.0	100.0	100.0	100.0	91.5	91.5	91.5	91.5	96.5	91.5	91.5	91.5
其他通信服务	100.0	100.0	100.0	100.0	100.0	100.0	100.0	100.0	100.0	100.0	100.0	100.0	100.0
邮递服务	100.0	100.0	100.0	100.0	100.0	100.0	100.0	100.0	100.0	100.0	100.0	100.0	100.0
邮政邮寄	100.0	100.0	100.0	100.0	100.0	100.0	100.0	100.0	100.0	100.0	100.0	100.0	100.0
快递服务	100.0	100.0	100.0	100.0	100.0	100.0	100.0	100.0	100.0	100.0	100.0	100.0	100.0
教育文化和娱乐	**101.1**	**102.8**	**100.5**	**100.3**	**100.4**	**100.5**	**100.6**	**100.8**	**100.8**	**102.0**	**101.5**	**101.5**	**101.7**
教育	100.7	100.2	99.7	99.7	99.7	99.7	99.7	99.7	99.7	102.2	102.5	102.5	102.5

4-1 续表 7

类别	年度	月份											
		一	二	三	四	五	六	七	八	九	十	十一	十二
教育用品	99.7	99.7	99.7	99.7	99.7	99.7	99.7	99.5	99.5	99.9	99.9	99.9	99.9
工具书	100.0	100.0	100.0	100.0	100.0	100.0	100.0	100.0	100.0	100.0	100.0	100.0	100.0
教材	100.3	100.0	100.0	100.0	100.0	100.0	100.0	100.0	100.0	100.9	100.9	100.9	100.9
参考资料	100.0	100.0	100.0	100.0	100.0	100.0	100.0	100.0	100.0	100.0	100.0	100.0	100.0
其他教育用品	93.4	94.9	94.9	94.9	94.9	94.9	94.9	91.8	91.8	91.8	91.8	91.8	91.8
教育服务	100.7	100.2	99.7	99.7	99.7	99.7	99.7	99.7	99.7	102.4	102.8	102.8	102.8
学前教育	101.8	102.9	100.0	100.0	100.0	100.0	100.0	100.0	100.0	104.7	104.7	104.7	104.7
小学初中教育	100.0	100.0	100.0	100.0	100.0	100.0	100.0	100.0	100.0	100.0	100.0	100.0	100.0
高中中职教育	100.0	100.0	100.0	100.0	100.0	100.0	100.0	100.0	100.0	100.0	100.0	100.0	100.0
高等教育	100.0	100.0	100.0	100.0	100.0	100.0	100.0	100.0	100.0	100.0	100.0	100.0	100.0
课外教育	102.4	100.0	100.0	100.0	100.0	100.0	100.0	100.0	100.0	107.1	107.1	107.1	107.1
专业技能培训	99.9	98.6	98.6	98.6	98.6	98.6	98.6	98.6	98.6	101.0	103.1	103.1	103.1
文化娱乐	101.7	106.0	101.6	100.9	101.3	101.6	101.7	102.1	102.1	101.9	100.2	100.1	100.6
文娱耐用消费品	102.6	99.0	100.9	101.3	101.0	102.9	103.9	103.3	103.1	104.3	103.5	103.6	104.3
电视机	100.3	93.6	98.0	97.4	95.7	100.3	104.2	103.2	101.5	104.7	102.0	104.6	100.3
照相机	99.6	100.0	99.8	99.6	99.6	99.6	99.6	99.6	99.6	99.6	99.6	99.6	99.6
台式计算机	106.5	106.7	108.1	108.8	108.0	108.0	108.0	108.7	106.7	105.3	105.3	102.8	102.0
笔记本平板	103.2	98.0	99.3	100.8	102.7	102.5	102.0	100.0	102.8	105.5	105.5	104.9	114.2
乐器	104.3	100.0	100.0	100.0	100.0	106.5	106.5	106.5	106.5	106.5	106.5	106.5	106.5
音响	100.0	100.0	100.0	100.0	100.0	100.0	100.0	100.0	100.0	100.0	100.0	100.0	100.0
其他文娱耐用消费品	100.5	100.0	100.0	100.0	100.0	100.7	100.7	100.7	100.7	100.7	100.7	100.7	100.7
其他文娱用品	99.6	99.2	99.2	100.0	99.5	99.5	99.5	99.5	99.5	99.7	99.7	99.7	100.5
书报杂志	100.0	100.0	100.0	100.0	100.0	100.0	100.0	100.0	100.0	100.0	100.0	100.0	100.0
纸张文具	100.1	100.0	100.0	100.0	100.0	100.0	100.2	100.2	100.2	100.2	100.2	100.2	100.2
体育户外用品	99.2	98.9	98.9	102.1	98.9	98.9	98.9	98.9	98.9	98.9	98.9	98.9	100.0
游戏用品和玩具	98.4	96.1	96.1	96.1	98.6	98.6	98.6	98.6	98.6	98.6	98.9	98.9	102.7
园艺花卉及用品	100.0	100.0	100.0	100.0	100.0	100.0	100.0	100.0	100.0	100.0	100.0	100.0	100.0
宠物及用品	100.8	100.0	100.0	100.0	100.0	100.0	100.0	100.0	100.0	102.3	102.3	102.3	102.3
其他文化娱乐用品	100.0	100.0	100.0	100.0	100.0	100.0	100.0	100.0	100.0	100.0	100.0	100.0	100.0
文化娱乐服务	98.5	101.5	101.5	101.5	101.5	101.5	99.2	96.9	95.9	95.9	95.9	95.9	95.9
电影票	100.0	100.0	100.0	100.0	100.0	100.0	100.0	100.0	100.0	100.0	100.0	100.0	100.0
景点门票	93.2	100.0	100.0	100.0	100.0	100.0	93.1	87.4	87.4	87.4	87.4	87.4	87.4
有线电视	100.0	100.0	100.0	100.0	100.0	100.0	100.0	100.0	100.0	100.0	100.0	100.0	100.0
健身活动	103.0	106.0	106.0	106.0	106.0	106.0	106.0	100.4	100.0	100.0	100.0	100.0	100.0
其他文娱服务	103.1	105.4	105.4	105.4	105.4	105.4	105.4	105.4	100.0	100.0	100.0	100.0	100.0
旅游	106.4	126.7	104.8	100.7	103.0	102.0	104.0	109.9	111.7	108.6	101.9	101.5	101.9

4-1 续表 8

类 别	年 度	月份											
		一	二	三	四	五	六	七	八	九	十	十一	十二
旅行社收费	107.0	127.7	105.5	101.3	103.4	102.7	104.7	110.7	112.6	109.6	102.8	101.5	101.9
其他旅游	69.6	66.7	66.7	66.7	79.2	66.7	66.7	66.7	66.7	57.1	57.1	100.0	100.0
医疗保健	**108.8**	**102.5**	**102.5**	**101.7**	**104.7**	**104.7**	**104.3**	**104.2**	**104.5**	**118.7**	**118.7**	**118.4**	**119.9**
药品及医疗器具	109.6	106.0	106.0	104.1	111.5	111.5	110.4	110.0	111.0	110.6	110.6	109.8	113.4
中药	109.2	105.2	105.2	102.6	111.7	111.7	110.1	110.1	110.1	111.6	111.6	109.9	109.9
中药材	113.1	114.4	114.4	113.1	122.5	122.5	115.2	115.2	108.6	108.8	108.8	108.3	108.3
中成药	107.7	101.9	101.9	98.9	107.9	107.9	108.1	108.1	110.7	112.7	112.7	110.6	110.6
西药	111.9	105.7	105.7	104.1	115.1	115.1	113.4	112.5	115.0	113.6	113.6	113.3	115.3
抗微生物药	107.9	99.8	99.8	99.8	110.1	110.1	110.1	110.1	110.1	111.3	111.3	111.3	111.1
消化系统用药	116.3	106.0	106.0	106.0	120.3	120.3	120.3	120.3	123.6	116.6	116.6	116.6	122.3
呼吸系统用药	103.1	101.1	101.1	101.1	101.1	101.1	111.6	111.6	103.5	103.5	103.5	100.0	100.0
解热镇痛药	100.2	96.9	96.9	96.9	96.9	96.9	96.9	96.9	105.4	105.4	105.4	104.9	103.5
抗肿瘤药	97.6	99.9	99.9	99.9	99.9	99.9	99.9	99.9	99.9	93.0	93.0	93.0	93.4
激素及影响内分泌药	101.9	100.5	100.5	102.7	103.4	103.4	103.4	103.4	102.8	100.6	100.6	100.6	100.6
心血管系统用药	134.2	111.7	111.7	111.7	151.6	151.6	135.8	135.8	138.1	138.1	138.1	138.1	144.5
血液系统用药	117.4	141.7	141.7	111.1	111.1	111.1	111.1	100.5	118.9	118.9	118.9	118.9	116.9
治疗精神障碍药	99.8	98.7	98.7	100.0	100.0	100.0	100.0	100.0	100.0	100.0	100.0	100.0	100.1
神经系统用药	100.7	100.8	100.8	100.8	100.8	100.8	100.8	100.8	100.8	100.0	100.0	100.0	101.6
消毒防腐及创伤外科用药	114.9	96.0	96.0	96.0	118.2	118.2	118.2	118.2	121.8	124.6	124.6	124.6	124.6
泌尿系统用药	109.0	117.5	117.5	113.0	113.0	113.0	113.0	113.0	113.0	100.0	100.0	100.0	100.0
维生素、矿物质类药	106.4	108.9	108.9	108.1	108.1	108.1	103.5	103.5	105.7	105.7	105.7	105.7	105.7
调节水、电解质及酸碱平衡药	94.7	95.0	95.0	97.3	90.3	90.3	93.4	93.4	93.0	97.2	97.2	97.2	97.2
滋补保健品	105.9	106.1	106.1	104.4	105.0	105.0	105.0	105.0	105.0	105.0	105.0	105.0	114.0
医疗卫生器具	109.0	108.6	108.6	105.2	111.0	111.0	111.0	111.0	108.4	109.4	109.4	106.0	108.8
保健器具	99.3	100.0	100.0	100.0	99.0	99.0	99.0	99.0	99.0	99.0	99.0	99.0	99.0
医疗服务	108.2	100.0	100.0	100.0	100.0	100.0	100.0	100.0	100.0	124.5	124.5	124.5	124.5
综合医疗类	115.9	100.4	100.4	100.4	100.4	100.4	100.4	100.4	100.0	147.0	147.0	147.0	147.0
一般医疗服务	103.0	100.0	100.0	100.0	100.0	100.0	100.0	100.0	100.0	109.1	109.1	109.1	109.1
一般治疗操作	115.0	100.0	100.0	100.0	100.0	100.0	100.0	100.0	100.0	145.1	145.1	145.1	145.1
护理	175.5	104.0	104.0	104.0	104.0	104.0	104.0	104.0	100.0	314.8	314.8	314.8	314.8
其他综合医疗服务	100.0	100.0	100.0	100.0	100.0	100.0	100.0	100.0	100.0	100.0	100.0	100.0	100.0
诊断类	101.4	100.0	100.0	100.0	100.0	100.0	100.0	100.0	100.0	104.2	104.2	104.2	104.2
病理学诊断	120.4	100.0	100.0	100.0	100.0	100.0	100.0	100.0	100.0	161.1	161.1	161.1	161.1
实验室诊断	97.7	100.0	100.0	100.0	100.0	100.0	100.0	100.0	100.0	93.1	93.1	93.1	93.1
影像学诊断	98.3	100.0	100.0	100.0	100.0	100.0	100.0	100.0	100.0	94.9	94.9	94.9	94.9
临床诊断	108.0	100.0	100.0	100.0	100.0	100.0	100.0	100.0	100.0	123.9	123.9	123.9	123.9

4-1 续表 9

类别	年度	月份											
		一	二	三	四	五	六	七	八	九	十	十一	十二
治疗类	110.0	100.0	100.0	100.0	100.0	100.0	100.0	100.0	100.0	130.0	130.0	130.0	130.0
临床手术治疗	110.8	100.0	100.0	100.0	100.0	100.0	100.0	100.0	100.0	132.4	132.4	132.4	132.4
临床非手术治疗	107.7	100.0	100.0	100.0	100.0	100.0	100.0	100.0	100.0	123.2	123.2	123.2	123.2
康复类	106.9	100.0	100.0	100.0	100.0	100.0	100.0	100.0	100.0	120.8	120.8	120.8	120.8
中医医疗服务类	104.7	100.0	100.0	100.0	100.0	100.0	100.0	100.0	100.0	114.2	114.2	114.2	114.2
其他医疗服务	102.9	97.2	97.2	97.2	97.2	97.2	97.2	97.2	100.0	113.7	113.7	113.7	113.7
其他用品和服务	**103.6**	**105.8**	**105.6**	**104.6**	**106.0**	**103.6**	**103.5**	**100.7**	**101.0**	**102.1**	**103.1**	**103.4**	**104.7**
其他用品类	103.4	109.4	108.8	105.8	108.1	102.9	102.9	96.4	98.0	99.4	102.0	102.8	106.1
首饰手表	103.9	111.6	110.8	107.0	109.8	103.3	103.2	95.3	97.3	99.0	102.3	103.3	107.3
金饰品	105.1	113.3	112.3	108.3	112.1	104.7	104.5	95.5	97.9	99.5	103.0	104.3	109.2
银饰品	90.8	92.3	91.7	90.7	87.0	88.1	88.1	84.9	89.2	94.4	94.7	94.9	95.3
铂金饰品	102.2	121.9	122.2	110.5	109.1	97.6	98.8	89.7	90.1	94.0	101.4	98.9	101.9
手表	100.0	100.0	100.0	100.0	100.0	100.0	100.0	100.0	100.0	100.0	100.0	100.0	100.0
其他杂项用品	101.2	101.2	101.2	101.2	101.4	101.6	101.6	101.5	101.0	100.9	100.9	101.0	101.5
箱包	100.2	100.0	100.0	100.0	100.5	101.1	101.1	100.7	100.1	99.8	99.8	99.8	99.8
母婴用品	102.4	102.5	102.5	102.5	102.5	102.5	102.5	102.5	101.9	101.9	101.9	102.2	103.1
眼镜	100.0	100.0	100.0	100.0	100.0	100.0	100.0	100.0	100.0	100.0	100.0	100.0	100.0
其他服务类	103.8	103.6	103.5	103.8	104.7	104.1	103.9	103.8	103.2	104.0	103.8	103.8	103.7
旅馆住宿	104.6	102.6	102.1	105.3	113.4	107.5	106.1	104.8	104.6	103.6	102.2	101.6	101.4
宾馆住宿	93.4	96.8	94.2	97.0	94.1	92.6	93.7	89.7	90.6	96.0	92.8	90.7	92.2
其他住宿	111.3	106.2	107.0	110.5	125.4	116.8	113.8	114.2	113.0	107.9	107.5	107.8	106.6
美容美发洗浴	104.4	107.0	107.0	107.0	107.0	107.0	107.0	107.0	105.5	100.0	100.0	100.0	100.0
美容	100.0	100.0	100.0	100.0	100.0	100.0	100.0	100.0	100.0	100.0	100.0	100.0	100.0
美发	100.0	100.0	100.0	100.0	100.0	100.0	100.0	100.0	100.0	100.0	100.0	100.0	100.0
洗浴	114.3	123.8	123.8	123.8	123.8	123.8	123.8	123.8	118.2	100.0	100.0	100.0	100.0
养老服务	100.8	100.0	100.0	100.0	100.0	100.0	100.0	100.0	100.0	102.3	102.3	102.3	102.3
金融保险	104.5	101.1	101.1	101.1	101.1	101.1	101.1	101.1	101.1	111.3	111.3	111.3	111.3
金融服务	115.5	100.0	100.0	100.0	100.0	100.0	100.0	100.0	100.0	146.4	146.4	146.4	146.4
车辆保险	100.0	100.0	100.0	100.0	100.0	100.0	100.0	100.0	100.0	100.0	100.0	100.0	100.0
旅行保险	100.0	100.0	100.0	100.0	100.0	100.0	100.0	100.0	100.0	100.0	100.0	100.0	100.0
其他保险	111.1	111.1	111.1	111.1	111.1	111.1	111.1	111.1	111.1	111.1	111.1	111.1	111.1
其他服务类	100.0	100.0	100.0	100.0	100.0	100.0	100.0	100.0	100.0	100.0	100.0	100.0	100.0
中介服务	100.0	100.0	100.0	100.0	100.0	100.0	100.0	100.0	100.0	100.0	100.0	100.0	100.0
其他服务	100.0	100.0	100.0	100.0	100.0	100.0	100.0	100.0	100.0	100.0	100.0	100.0	100.0

4-2　市区商品零售价格指数(2017 年)

(以上年价格为 100)

类　别	年　度	月份 一	二	三	四	五	六	七	八	九	十	十一	十二
商品零售价格指数	**101.7**	**101.8**	**100.9**	**100.2**	**100.9**	**101.2**	**101.3**	**101.1**	**102.0**	**102.4**	**102.7**	**102.6**	**103.2**
食品	**99.3**	**102.1**	**97.4**	**96.4**	**97.3**	**99.0**	**100.3**	**99.6**	**99.5**	**99.4**	**100.1**	**99.6**	**100.5**
粮食	103.3	100.9	100.7	101.7	103.1	104.2	104.1	104.1	104.1	104.1	104.2	104.1	103.9
大　米	100.3	100.4	100.0	100.0	100.0	100.0	100.0	100.0	100.5	100.7	100.7	100.7	101.1
面　粉	102.4	103.5	103.8	103.8	102.9	102.9	102.1	101.8	101.2	101.2	101.4	102.1	102.1
其他粮食	100.1	100.0	100.0	99.6	99.3	99.3	100.0	100.0	100.0	100.0	100.0	101.2	102.4
粮食制品	105.7	100.4	100.0	102.2	105.5	107.8	107.8	107.8	107.8	107.8	107.8	107.1	106.4
薯类	102.4	112.3	100.1	96.4	100.0	91.2	94.9	98.3	102.7	106.9	116.7	110.7	107.1
豆类	99.2	100.5	100.5	100.0	99.2	99.1	99.1	99.0	98.6	98.6	98.6	98.6	98.6
干　豆	100.1	100.5	100.0	100.0	100.8	100.0	100.0	100.0	100.0	100.0	100.0	100.0	100.0
豆 制 品	99.1	100.5	100.5	100.0	99.0	99.0	99.0	98.9	98.5	98.5	98.5	98.5	98.5
食用油	105.1	108.1	109.3	106.3	107.1	107.6	107.1	103.2	101.1	101.6	102.6	104.1	103.6
食用植物油	105.1	108.1	109.3	106.3	107.1	107.7	107.3	103.3	101.2	101.7	102.7	104.2	103.7
食用动物油	94.0	122.0	114.6	108.8	104.9	85.1	84.8	84.8	84.8	86.0	88.6	90.7	88.4
菜	93.9	107.6	81.7	76.8	82.2	96.4	106.9	106.3	106.2	100.0	98.1	92.8	90.6
鲜　菜	92.8	108.0	80.0	74.6	80.0	95.4	107.5	106.7	106.4	99.3	97.4	91.4	88.9
干菜及菜制品	103.8	104.3	102.8	102.4	103.6	103.6	103.6	103.6	105.1	105.1	103.4	103.9	104.3
畜肉类	96.4	106.1	98.5	99.6	97.4	93.3	92.8	94.2	93.4	93.4	95.0	97.0	97.4
猪　肉	94.3	108.3	96.6	98.4	95.2	90.1	89.5	91.6	90.6	90.9	92.5	94.5	94.8
牛　肉	99.7	99.9	99.1	99.5	100.0	100.0	99.8	100.0	99.6	98.9	99.1	100.0	100.4
羊　肉	99.4	99.5	99.4	98.9	97.7	97.8	97.9	97.4	96.6	96.8	100.9	104.8	104.8
畜肉副产品	100.0	112.2	108.9	108.3	107.7	96.3	95.4	95.4	95.4	94.8	94.7	96.9	98.4
其他畜肉及制品	101.6	106.3	105.7	105.5	102.8	99.9	100.3	100.3	100.4	100.1	99.8	99.8	99.8
禽肉类	97.7	98.5	95.8	92.8	94.1	93.9	95.2	97.4	98.2	99.3	101.2	102.2	104.2
鸡	96.4	98.0	94.1	89.8	91.6	91.2	92.6	96.1	97.2	98.8	100.8	102.1	105.0
鸭	99.4	98.3	98.3	98.3	98.3	98.6	100.0	99.2	98.9	99.2	100.3	101.7	101.7
其他禽肉及制品	101.0	100.0	99.9	99.9	99.9	99.9	100.9	100.9	100.9	100.9	102.7	102.7	102.9
水产品	105.3	104.6	103.5	102.5	105.9	109.8	108.8	107.0	106.3	105.1	105.0	103.3	102.2
淡 水 鱼	107.3	107.4	106.9	110.0	114.1	117.8	110.3	109.1	106.7	103.5	102.3	100.3	100.0
海 水 鱼	107.1	109.8	106.1	106.8	107.5	104.3	105.3	105.8	106.9	107.2	107.9	108.4	109.4
虾 蟹 类	104.2	102.7	101.0	93.2	99.0	109.5	113.5	107.2	108.2	109.0	110.3	105.4	99.3
其他水产品及制品	102.1	99.6	99.6	99.6	99.6	99.6	103.7	103.7	103.7	103.7	103.7	103.9	104.9
蛋类	95.7	88.1	84.4	89.2	86.8	83.9	94.0	93.4	102.7	103.1	101.4	105.8	115.7
鸡　蛋	95.3	87.2	83.2	88.3	85.7	82.5	93.5	92.9	102.9	103.3	101.5	106.1	116.7
其他蛋及制品	100.5	100.0	100.0	100.0	100.0	100.0	100.0	100.0	100.0	100.0	100.0	102.0	104.0
奶类	96.3	95.6	95.6	95.1	94.6	94.6	94.6	94.6	94.6	98.9	98.9	98.9	99.3

4-2 续表 1

类　别	年　度	月　份											
		一	二	三	四	五	六	七	八	九	十	十一	十二
鲜　奶	91.9	90.4	90.4	89.4	88.5	88.5	88.5	88.5	88.5	97.9	97.9	97.9	98.8
酸　奶	99.2	100.0	100.0	99.5	99.0	99.0	99.0	99.0	99.0	99.0	99.0	99.0	99.0
奶　粉	100.0	100.0	100.0	100.0	100.0	100.0	100.0	100.0	100.0	100.0	100.0	100.0	100.0
其他奶制品	100.0	100.0	100.0	100.0	100.0	100.0	100.0	100.0	100.0	100.0	100.0	100.0	100.0
干鲜瓜果类	98.6	99.0	105.0	101.2	99.5	104.3	104.0	95.7	93.8	93.2	95.6	90.9	99.6
鲜瓜果	100.8	100.5	108.9	103.9	101.4	109.0	109.4	98.0	96.2	94.5	95.5	88.7	101.1
坚　果	91.7	95.0	95.0	94.3	93.6	93.8	92.4	89.0	84.8	86.4	92.8	92.8	91.7
瓜果制品	98.6	96.0	96.0	96.0	98.3	91.1	91.4	97.6	100.0	102.0	104.2	104.2	107.1
糖果糕点类	101.7	103.7	104.2	103.3	100.6	100.1	100.2	100.2	100.2	101.2	101.7	102.6	102.3
食　糖	102.2	108.2	110.1	108.2	100.0	100.0	102.0	100.0	100.0	100.0	100.0	100.0	100.0
糖　果	101.5	99.7	102.7	101.3	100.5	100.5	100.5	100.5	100.5	102.4	103.0	103.6	102.4
糕　点	100.8	103.2	101.8	101.8	100.6	99.5	98.9	99.8	99.4	100.0	100.8	102.2	102.2
其他糖果糕点	108.0	106.5	107.3	104.2	104.2	104.2	103.2	103.2	107.8	112.9	113.0	114.4	114.4
调味品	102.5	99.8	103.1	101.7	101.3	101.2	102.0	102.0	101.1	102.2	103.4	105.3	106.3
食用盐	99.3	100.0	100.0	100.0	95.8	95.8	100.0	100.0	100.0	100.0	100.0	100.0	100.0
酱　油	107.1	100.8	108.8	104.8	104.8	104.8	107.2	107.2	103.5	104.2	109.4	112.9	116.4
食　醋	101.4	101.7	101.7	101.3	100.7	100.1	100.1	100.1	100.1	100.9	100.7	104.8	104.5
调味酱	101.9	98.1	103.9	102.0	102.0	102.0	102.0	102.0	101.6	102.4	101.0	102.8	103.9
味　精	100.4	100.6	100.6	100.6	100.6	100.6	100.6	100.6	100.6	100.0	100.0	100.0	100.0
其他调味品	101.1	99.3	99.3	99.3	99.3	99.3	99.3	99.3	99.3	102.8	105.5	105.5	105.5
其他食品类	99.7	93.6	99.8	99.1	98.9	99.5	99.7	100.0	99.6	101.1	101.7	101.9	101.8
方便食品	96.4	86.2	98.4	96.9	96.5	96.5	97.0	97.0	96.2	98.1	98.2	98.2	98.8
淀粉及制品	103.3	101.9	101.9	101.9	101.9	103.2	103.2	103.2	103.2	104.1	105.0	105.7	104.4
膨化食品	101.8	99.7	100.0	100.0	100.0	101.1	100.7	102.1	102.1	103.3	104.4	104.3	104.2
在外餐饮	100.8	100.3	100.3	100.5	100.7	100.7	100.6	100.3	100.0	100.7	101.8	101.8	102.1
正　餐	97.4	96.4	96.4	96.6	96.6	96.6	96.3	95.8	95.6	97.5	100.1	100.1	100.8
快　餐	101.6	102.1	101.9	101.6	101.6	101.6	101.6	101.6	101.6	101.6	101.1	101.1	101.3
地方小吃	107.5	106.4	106.4	107.8	109.1	109.1	109.1	109.1	106.9	105.9	106.9	106.9	106.9
其他在外餐饮	103.6	103.7	103.7	103.7	103.7	103.7	103.7	103.7	103.7	103.7	103.7	103.7	102.7
饮料、烟酒	**102.6**	**100.0**	**102.8**	**101.2**	**101.8**	**101.6**	**101.9**	**102.4**	**102.6**	**103.7**	**104.1**	**104.6**	**104.1**
茶及饮料	101.0	97.7	105.3	99.7	100.2	99.6	100.6	100.4	100.2	100.6	101.5	103.0	103.2
茶　叶	99.7	100.0	99.2	98.5	99.2	100.0	100.0	100.0	100.0	100.0	100.0	100.0	100.0
固体咖啡	100.2	100.0	100.0	100.0	100.0	100.0	100.0	100.0	100.0	100.4	100.4	100.4	101.2
其他固体饮料	101.7	97.1	96.7	98.8	98.8	98.9	101.1	100.1	105.4	104.8	104.8	107.3	107.3
饮用水	104.2	107.0	103.3	103.3	100.0	100.0	100.0	100.0	103.6	107.7	103.8	111.7	111.7
果汁饮料	109.7	97.4	104.1	110.4	113.8	107.1	113.8	113.8	109.9	109.6	112.1	112.1	113.4
其他液体饮料	98.6	94.6	113.8	96.6	96.6	96.6	96.6	96.1	96.1	97.0	98.6	101.3	101.3

4-2 续表2

类　　别	年　度	月份											
		一	二	三	四	五	六	七	八	九	十	十一	十二
烟草	99.4	99.2	99.2	99.2	99.2	99.2	99.4	99.5	99.5	99.7	100.0	99.2	99.0
酒类	106.6	102.7	103.7	104.1	105.4	105.2	105.2	106.6	107.3	109.7	109.7	110.4	109.0
白　酒	108.3	103.9	105.0	105.6	106.9	106.7	106.5	108.1	109.0	112.0	112.0	112.5	111.1
葡萄酒	100.5	100.1	100.1	100.0	100.0	100.0	100.0	100.0	100.0	100.0	100.0	106.4	100.0
啤　酒	100.2	99.2	99.2	99.2	99.2	99.2	100.2	101.1	101.1	101.1	101.1	101.1	101.1
其他酒类	97.9	92.2	92.2	92.2	100.0	100.0	100.0	100.0	100.0	100.0	100.0	100.0	100.0
服装、鞋帽	**100.9**	**100.3**	**100.2**	**100.6**	**100.7**	**101.1**	**101.1**	**101.4**	**101.3**	**101.0**	**101.0**	**101.2**	**101.2**
服装	100.9	100.2	100.0	100.5	100.6	101.1	101.1	101.5	101.4	101.1	101.1	101.3	101.3
男士服装	100.5	99.5	98.7	98.8	99.3	100.2	100.5	101.1	101.1	100.9	101.4	102.0	102.0
男式西服	100.9	100.8	100.8	101.3	101.3	101.5	101.7	101.7	101.0	100.3	100.3	100.3	100.3
男式冬衣	100.4	103.0	101.4	100.0	100.0	100.0	100.0	100.0	100.0	100.0	100.0	100.0	100.0
男式夹克衫	97.1	102.9	98.3	98.3	98.3	97.7	97.1	97.1	97.1	95.8	94.4	94.4	94.4
男式毛线衣	100.1	100.1	100.1	100.1	100.1	100.1	100.1	100.1	100.1	100.1	100.1	100.1	100.1
男式运动装	107.8	100.8	100.4	100.0	103.1	107.0	107.0	111.9	111.9	112.7	112.7	112.7	112.7
男式衬衫T恤	99.9	96.0	96.0	97.2	98.3	97.9	99.5	100.5	100.7	101.0	102.9	104.7	104.7
男式裤子	99.3	96.2	96.2	96.2	96.2	100.0	100.0	100.0	100.0	100.0	101.5	103.0	103.0
男式内衣	100.3	100.4	100.0	100.0	100.2	100.2	100.2	100.2	101.4	100.2	100.2	100.2	100.2
女士服装	100.6	100.2	100.4	100.8	100.7	100.7	100.7	101.0	100.9	100.7	100.5	100.5	100.5
女式外套	98.9	98.4	98.4	98.4	98.4	98.4	98.4	98.4	98.7	99.5	100.0	100.0	100.0
女式冬衣	101.9	102.6	102.6	102.6	102.6	102.6	102.6	102.6	102.6	101.3	100.0	100.0	100.0
女式毛线衣	100.1	100.0	100.1	100.1	100.1	100.1	100.1	100.1	100.1	100.1	100.1	100.1	100.1
女式运动装	102.8	102.6	102.6	101.3	101.3	101.3	101.3	103.6	103.3	104.2	104.2	104.2	104.2
女式衬衫T恤	99.4	96.8	97.5	100.0	99.4	99.4	99.5	100.0	100.0	100.0	100.0	100.0	100.0
女式裤子	98.4	97.8	97.8	97.8	97.2	97.2	97.2	97.2	98.6	100.0	100.0	100.0	100.0
女式裙子	102.9	102.7	103.8	105.0	105.0	105.0	105.0	105.0	103.4	100.9	100.0	100.0	100.0
女式内衣	100.4	100.0	100.0	100.0	100.6	100.6	100.6	100.6	100.6	100.6	100.6	100.6	100.6
儿童服装	102.8	101.6	101.4	103.2	103.2	104.5	103.5	103.7	103.6	102.7	102.1	102.1	102.1
婴幼服装	103.5	100.9	100.9	105.1	104.1	104.1	104.1	103.8	103.8	103.8	103.8	103.8	103.8
儿童上衣	101.5	102.2	101.8	101.8	102.5	103.1	100.0	100.7	101.3	101.3	101.3	101.3	101.3
儿童裤子	103.9	101.9	101.9	105.2	105.2	106.9	106.9	106.9	105.9	103.0	101.3	101.3	101.3
儿童裙子	102.3	101.0	100.5	100.0	100.0	103.3	103.3	103.3	103.3	103.3	103.3	103.3	103.3
鞋帽袜	101.1	100.7	101.1	101.0	101.3	101.3	101.3	101.6	101.2	100.9	100.9	100.9	100.9
鞋	100.5	100.3	100.2	100.4	100.8	100.7	100.8	101.1	100.6	100.2	100.2	100.2	100.2
男鞋	100.6	101.4	101.1	101.1	101.1	101.1	101.1	100.6	100.0	100.0	100.0	100.0	100.0
女鞋	100.1	99.2	99.2	99.7	100.3	100.3	100.3	101.4	100.7	100.0	100.0	100.0	100.0
童鞋	101.6	101.1	101.1	101.1	101.6	101.4	101.8	101.8	101.8	101.8	101.8	101.8	101.8

4-2 续表 3

类别	年度	月份											
		一	二	三	四	五	六	七	八	九	十	十一	十二
袜子	100.0	100.0	100.0	100.0	100.0	100.0	100.0	100.0	100.0	100.0	100.0	100.0	100.0
帽子	108.4	105.9	111.5	108.4	108.4	108.4	108.4	108.4	108.4	108.4	108.4	108.4	108.4
其他衣着配件	100.0	100.0	100.0	100.0	100.0	100.0	100.0	100.0	100.0	100.0	100.0	100.0	100.0
纺织品	**100.1**	**100.4**	**100.4**	**100.4**	**99.8**	**99.8**	**99.8**	**99.8**	**100.0**	**100.2**	**100.1**	**99.9**	**99.9**
服装材料	103.0	103.8	103.8	103.8	103.8	103.8	103.8	103.8	103.8	103.8	101.9	100.0	100.0
床上用品	99.2	99.4	99.4	99.4	98.6	98.6	98.6	98.6	98.9	99.2	99.6	99.9	99.9
被　子	99.7	99.4	99.4	99.4	99.4	99.4	99.4	99.4	99.7	100.0	100.0	100.0	100.0
床单被套	98.4	100.0	100.0	100.0	97.9	97.9	97.9	97.9	97.9	97.9	97.9	97.9	97.9
其他床上用品	99.6	98.1	98.1	98.1	98.1	98.1	98.1	98.1	99.1	100.0	102.0	103.9	103.9
家用电器及音像器材	**100.9**	**96.7**	**98.9**	**98.2**	**97.6**	**99.1**	**101.2**	**102.4**	**103.1**	**104.3**	**103.4**	**103.7**	**103.3**
家庭设备	102.5	98.0	100.0	99.1	99.0	99.8	102.0	104.5	106.2	105.8	105.3	104.8	105.7
洗衣机	101.1	99.2	101.2	99.2	95.5	98.0	98.3	104.6	104.4	104.4	102.9	102.4	103.5
电冰箱(柜)	105.9	102.0	103.4	102.1	107.6	105.9	109.0	108.8	108.0	106.3	104.4	106.3	107.9
抽油烟机	99.9	91.8	90.6	90.1	89.0	92.9	99.6	109.0	107.9	107.8	109.5	108.7	105.3
空调器	102.6	95.6	96.4	94.6	99.4	100.6	104.6	104.2	109.4	107.4	106.1	106.7	107.1
热水器	106.5	99.4	107.0	106.1	103.9	104.5	106.9	109.3	110.3	109.6	109.4	105.8	106.3
炉具灶具	104.0	100.3	103.9	103.9	102.9	103.4	103.9	105.0	105.0	105.0	105.0	105.9	104.6
微波炉	104.0	101.0	103.4	104.0	103.9	103.9	103.9	103.9	104.7	105.4	105.4	102.5	105.7
厨房小家电	101.8	99.8	100.8	100.8	100.8	100.8	100.8	103.2	103.2	103.9	102.4	102.4	102.4
生活小家电	98.0	97.1	97.4	97.3	97.9	99.1	99.1	98.7	96.9	95.1	99.2	99.2	99.2
其他大型家用器具	99.1	97.4	100.3	100.7	89.8	90.5	91.5	98.9	101.8	105.2	106.4	103.0	106.3
文娱用耐用消费品	100.1	95.6	98.6	98.2	97.0	100.1	102.7	102.1	100.9	103.0	101.2	102.9	100.1
电视机	100.3	93.6	98.0	97.4	95.7	100.3	104.2	103.2	101.5	104.7	102.0	104.6	100.3
照相机	99.6	100.0	99.8	99.6	99.6	99.6	99.6	99.6	99.6	99.6	99.6	99.6	99.6
音　响	100.0	100.0	100.0	100.0	100.0	100.0	100.0	100.0	100.0	100.0	100.0	100.0	100.0
其他文娱耐用消费品	100.5	100.0	100.0	100.0	100.0	100.7	100.7	100.7	100.7	100.7	100.7	100.7	100.7
专业音像器材	94.3	92.7	92.7	92.7	91.6	91.6	91.6	91.6	91.6	99.3	99.3	99.3	99.3
专业音响器材	98.1	95.0	95.0	95.0	96.9	96.9	96.9	96.9	96.9	102.0	102.0	102.0	102.0
专业声像器材	90.9	90.6	90.6	90.6	86.9	86.9	86.9	86.9	86.9	96.7	96.7	96.7	96.7
文化办公用品	**102.7**	**100.5**	**101.4**	**102.3**	**102.8**	**102.4**	**102.2**	**101.7**	**102.2**	**103.6**	**103.7**	**102.9**	**106.1**
纸张文具	100.1	100.0	100.0	100.0	100.0	100.0	100.2	100.2	100.2	100.2	100.2	100.2	100.2
台式计算机	106.5	106.7	108.1	108.8	108.0	108.0	108.0	108.7	106.7	105.3	105.3	102.8	102.0
笔记本平板	103.2	98.0	99.3	100.8	102.7	102.5	102.0	100.0	102.8	105.5	105.5	104.9	114.2
电脑附件	95.9	95.9	95.9	95.9	95.9	94.0	94.0	94.0	94.0	98.0	98.0	98.0	98.0
打印复印机	100.4	98.0	98.0	100.0	100.0	97.5	97.5	97.5	97.5	104.7	104.7	104.7	105.1
教学设备	96.4	95.5	95.5	95.5	95.5	95.5	95.5	95.5	95.5	95.2	97.6	100.0	100.0

4-2 续表4

类　别	年　度	月份											
		一	二	三	四	五	六	七	八	九	十	十一	十二
日用品	**101.1**	**101.4**	**101.3**	**100.7**	**100.4**	**100.4**	**100.3**	**101.1**	**101.4**	**101.3**	**101.5**	**101.6**	**101.4**
日用百货	103.6	103.2	102.8	102.4	102.3	102.4	101.9	104.8	105.8	105.3	105.4	104.4	102.7
电动自行车	108.4	105.6	105.6	105.6	105.6	105.6	105.6	112.1	112.1	112.1	112.1	112.1	106.2
自　行　车	100.4	100.0	100.0	100.0	100.0	100.0	100.0	100.0	100.0	101.2	101.2	101.2	101.2
雨　　具	101.9	102.5	102.5	102.5	102.5	102.5	102.5	102.5	102.5	102.5	100.0	100.0	100.0
护理器具	100.1	100.9	97.8	98.2	99.1	99.3	100.5	100.0	101.1	100.4	100.9	101.8	101.8
清洁用纸	100.2	103.3	101.9	100.3	100.0	100.0	98.1	99.0	102.6	100.0	100.7	96.7	99.4
化妆器具	100.0	100.0	100.0	100.0	100.0	100.0	100.0	100.0	100.0	100.0	100.0	100.0	100.0
厨具餐具茶具	100.4	101.8	101.5	101.5	100.6	100.3	100.3	100.3	100.2	99.8	99.4	99.4	99.4
厨　　具	99.1	99.9	99.4	99.4	99.4	98.9	98.9	98.9	98.9	98.9	98.9	98.9	98.9
餐　　具	100.6	102.6	102.6	102.6	100.0	100.0	100.0	100.0	100.0	100.0	100.0	100.0	100.0
茶　　具	103.4	105.8	105.2	105.2	105.2	105.2	105.2	104.9	104.5	101.8	99.3	99.3	99.3
清洗用品	99.6	100.6	101.0	99.5	99.1	99.1	99.1	99.1	99.1	99.1	99.1	100.0	100.9
其他日用品	99.9	99.4	99.3	99.2	99.2	99.4	99.4	99.2	99.2	100.1	101.2	101.7	101.9
灯　　具	95.9	94.1	94.1	94.1	94.1	94.1	94.1	94.1	94.1	96.8	100.4	100.8	100.8
箱　　包	100.2	100.0	100.0	100.0	100.5	101.1	101.1	100.7	100.1	99.8	99.8	99.8	99.8
母婴用品	102.4	102.5	102.5	102.5	102.5	102.5	102.5	102.5	101.9	101.9	101.9	102.2	103.1
眼　　镜	100.0	100.0	100.0	100.0	100.0	100.0	100.0	100.0	100.0	100.0	100.0	100.0	100.0
其他护理用品	109.5	109.4	107.3	104.1	102.9	102.9	103.6	101.9	106.2	112.0	115.7	122.2	125.1
其他日用杂品	100.5	100.0	100.0	100.0	100.0	100.0	100.0	100.0	100.8	100.8	101.6	103.3	100.0
体育娱乐用品	**100.0**	**98.9**	**98.9**	**100.7**	**99.2**	**100.0**	**100.0**	**100.0**	**100.0**	**100.2**	**100.2**	**100.2**	**101.3**
体育户外用品	99.2	98.9	98.9	102.1	98.9	98.9	98.9	98.9	98.9	98.9	98.9	98.9	100.0
娱乐用品	101.0	98.9	98.9	98.9	99.6	101.5	101.5	101.5	101.5	101.9	102.0	102.0	103.0
乐　　器	104.3	100.0	100.0	100.0	100.0	106.5	106.5	106.5	106.5	106.5	106.5	106.5	106.5
游戏用品和玩具	98.4	96.1	96.1	96.1	98.6	98.6	98.6	98.6	98.6	98.6	98.9	98.9	102.7
园艺花卉及用品	100.0	100.0	100.0	100.0	100.0	100.0	100.0	100.0	100.0	100.0	100.0	100.0	100.0
宠物及用品	100.8	100.0	100.0	100.0	100.0	100.0	100.0	100.0	100.0	102.3	102.3	102.3	102.3
其他文化娱乐用品	100.0	100.0	100.0	100.0	100.0	100.0	100.0	100.0	100.0	100.0	100.0	100.0	100.0
通信用品	**95.8**	**94.7**	**93.9**	**92.7**	**92.9**	**93.4**	**94.4**	**94.9**	**95.7**	**97.1**	**99.0**	**100.4**	**101.1**
交通运输机械	97.8	97.9	97.9	97.7	97.7	97.5	97.3	97.7	97.7	97.0	97.9	98.0	99.0
小型汽车	96.8	96.9	96.8	96.7	96.6	96.3	96.2	96.6	96.6	95.8	96.8	97.0	98.7
大中型客车	100.0	100.0	100.0	100.0	100.0	100.0	100.0	100.0	100.0	99.9	99.9	99.9	99.9
交通工具零配件	107.9	108.4	108.4	108.4	108.4	108.4	108.4	108.4	108.1	108.1	109.3	109.3	100.8
通信器材	91.8	88.3	85.9	83.1	83.5	85.2	88.5	89.3	91.6	97.2	101.3	105.5	105.8
固定电话机	88.8	72.5	72.5	72.5	72.5	100.0	100.0	100.0	100.0	100.0	100.0	100.0	100.0
移动电话机	91.2	88.1	85.5	82.5	83.0	84.1	87.7	88.5	91.0	96.7	100.9	105.3	105.6

4-2 续表 5

类　　别	年　度	月　　份											
		一	二	三	四	五	六	七	八	九	十	十一	十二
其他通信器材	103.7	100.0	100.0	100.0	100.0	101.4	101.4	101.4	102.6	107.0	110.2	110.2	110.2
家具	**96.4**	**96.1**	**95.9**	**96.6**	**96.4**	**95.8**	**96.0**	**96.0**	**95.9**	**96.2**	**96.5**	**97.7**	**97.8**
柜	96.1	95.8	95.2	95.3	95.3	94.5	94.5	94.5	95.9	97.4	97.4	99.4	98.2
床	96.2	96.3	96.3	96.3	95.8	95.4	95.4	95.4	95.6	95.9	97.0	97.5	98.1
桌	93.0	93.2	93.5	93.8	93.2	92.7	92.7	92.7	91.5	91.4	92.3	94.6	94.2
椅	104.7	101.6	102.8	106.0	106.0	107.0	108.1	108.1	105.3	102.9	102.4	102.0	105.1
沙　　发	96.0	95.8	95.7	96.9	96.7	95.7	96.2	96.2	95.5	95.5	95.5	96.2	96.6
其他家具	96.2	97.2	96.2	96.2	96.2	96.4	96.7	96.7	95.8	94.9	94.7	96.2	97.2
化妆品	**101.9**	**102.2**	**102.2**	**101.4**	**101.1**	**100.9**	**101.1**	**101.9**	**102.1**	**102.1**	**102.1**	**102.1**	**103.1**
清洁化妆品	105.1	101.6	101.6	101.6	106.3	106.3	106.3	106.3	106.3	106.3	106.3	106.3	106.3
护肤化妆品	101.4	103.0	102.9	101.4	99.9	99.9	99.9	100.6	101.3	101.3	101.3	101.3	103.7
彩妆化妆品	101.6	107.3	107.3	106.1	101.4	100.0	100.0	100.0	100.0	99.8	99.6	99.6	99.6
清洁类护理用品	101.4	100.0	100.0	100.0	100.1	100.0	100.8	102.4	102.5	102.7	102.7	102.7	102.7
护发美发用品	99.8	100.7	100.7	100.9	99.7	98.8	99.6	100.4	99.6	99.5	99.3	99.2	99.2
金银饰品	**102.6**	**112.3**	**111.6**	**106.5**	**108.1**	**101.0**	**101.2**	**92.9**	**94.9**	**97.6**	**101.7**	**102.0**	**105.8**
金 饰 品	105.1	113.3	112.3	108.3	112.1	104.7	104.5	95.5	97.9	99.5	103.0	104.3	109.2
银　饰　品	90.8	92.3	91.7	90.7	87.0	88.1	88.1	84.9	89.2	94.4	94.7	94.9	95.3
铂金饰品	102.2	121.9	122.2	110.5	109.1	97.6	98.8	89.7	90.1	94.0	101.4	98.9	101.9
中西药品及医疗保健用品	**110.2**	**105.8**	**105.8**	**103.9**	**112.7**	**112.7**	**111.3**	**110.9**	**112.0**	**111.7**	**111.7**	**110.9**	**113.1**
医疗卫生器具	109.0	108.6	108.6	105.2	111.0	111.0	111.0	111.0	108.4	109.4	109.4	106.0	108.8
中药	109.2	105.2	105.2	102.6	111.7	111.7	110.1	110.1	110.1	111.6	111.6	109.9	109.9
中　药　材	113.1	114.4	114.4	113.1	122.5	122.5	115.2	115.2	108.6	108.8	108.8	108.3	108.3
中　成　药	107.7	101.9	101.9	98.9	107.9	107.9	108.1	108.1	110.7	112.7	112.7	110.6	110.6
西药	111.9	105.7	105.7	104.1	115.1	115.1	113.4	112.5	115.0	113.6	113.6	113.3	115.3
抗微生物药	107.9	99.8	99.8	99.8	110.1	110.1	110.1	110.1	110.1	111.3	111.3	111.3	111.1
消化系统用药	116.3	106.0	106.0	106.0	120.3	120.3	120.3	120.3	123.6	116.6	116.6	116.6	122.3
呼吸系统用药	103.1	101.1	101.1	101.1	101.1	101.1	111.6	111.6	103.5	103.5	103.5	100.0	100.0
解热镇痛药	100.2	96.9	96.9	96.9	96.9	96.9	96.9	96.9	105.4	105.4	105.4	104.9	103.5
抗肿瘤药	97.6	99.9	99.9	99.9	99.9	99.9	99.9	99.9	99.9	93.0	93.0	93.0	93.4
激素及影响内分泌药	101.9	100.5	100.5	102.7	103.4	103.4	103.4	103.4	102.8	100.6	100.6	100.6	100.6
心血管系统用药	134.2	111.7	111.7	111.7	151.6	151.6	135.8	135.8	138.1	138.1	138.1	138.1	144.5
血液系统用药	117.4	141.7	141.7	111.1	111.1	111.1	111.1	100.5	118.9	118.9	118.9	118.9	116.9
治疗精神障碍药	99.8	98.7	98.7	100.0	100.0	100.0	100.0	100.0	100.0	100.0	100.0	100.0	100.1
神经系统用药	100.7	100.8	100.8	100.8	100.8	100.8	100.8	100.8	100.8	100.0	100.0	100.0	101.6
消毒防腐及创伤外科用药	114.9	96.0	96.0	96.0	118.2	118.2	118.2	118.2	121.8	124.6	124.6	124.6	124.6
泌尿系统用药	109.0	117.5	117.5	113.0	113.0	113.0	113.0	113.0	113.0	100.0	100.0	100.0	100.0

4-2 续表6

类别	年度	月份											
		一	二	三	四	五	六	七	八	九	十	十一	十二
维生素、矿物质类药	106.4	108.9	108.9	108.1	108.1	108.1	103.5	103.5	105.7	105.7	105.7	105.7	105.7
调节水、电解质及酸碱平衡药	94.7	95.0	95.0	97.3	90.3	90.3	93.4	93.4	93.0	97.2	97.2	97.2	97.2
保健器具及用品	105.0	105.2	105.2	103.8	104.2	104.2	104.2	104.2	104.2	104.2	104.2	104.2	111.9
保健器具	99.3	100.0	100.0	100.0	99.0	99.0	99.0	99.0	99.0	99.0	99.0	99.0	99.0
滋补保健品	105.9	106.1	106.1	104.4	105.0	105.0	105.0	105.0	105.0	105.0	105.0	105.0	114.0
书报杂志及电子出版物	**99.9**	**99.9**	**99.9**	**99.9**	**99.9**	**99.9**	**99.9**	**99.8**	**99.8**	**99.9**	**99.9**	**99.9**	**99.9**
教材及参考书	99.7	99.7	99.7	99.7	99.7	99.7	99.7	99.5	99.5	99.9	99.9	99.9	99.9
工具书	100.0	100.0	100.0	100.0	100.0	100.0	100.0	100.0	100.0	100.0	100.0	100.0	100.0
教材	100.3	100.0	100.0	100.0	100.0	100.0	100.0	100.0	100.0	100.9	100.9	100.9	100.9
参考资料	100.0	100.0	100.0	100.0	100.0	100.0	100.0	100.0	100.0	100.0	100.0	100.0	100.0
其他教育用品	93.4	94.9	94.9	94.9	94.9	94.9	94.9	91.8	91.8	91.8	91.8	91.8	91.8
书报杂志	100.0	100.0	100.0	100.0	100.0	100.0	100.0	100.0	100.0	100.0	100.0	100.0	100.0
计算机办公软件	100.0	100.0	100.0	100.0	100.0	100.0	100.0	100.0	100.0	100.0	100.0	100.0	100.0
燃料	**114.9**	**120.3**	**119.6**	**119.6**	**118.0**	**115.1**	**110.5**	**109.1**	**117.1**	**116.6**	**113.5**	**111.2**	**110.2**
煤炭及制品	139.8	147.4	137.4	140.4	137.2	140.3	137.0	140.8	168.1	169.9	133.7	123.1	120.4
原煤	126.4	154.3	130.1	136.8	129.4	136.4	128.3	130.6	136.9	141.5	113.5	101.7	103.1
煤制品	149.3	142.9	142.9	142.9	142.9	142.9	142.9	147.7	189.2	189.2	147.8	138.8	132.3
石油及制品	109.7	115.0	115.9	115.4	114.0	110.3	105.5	103.1	107.4	106.6	108.6	108.2	107.6
管道燃气	100.0	100.0	100.0	100.0	100.0	100.0	100.0	100.0	100.0	100.0	100.0	100.0	100.0
液化石油气	112.6	108.3	109.2	111.0	111.0	111.0	111.0	111.0	111.0	116.8	116.8	118.6	116.2
汽油	112.3	120.8	121.8	120.7	118.9	113.6	106.9	103.5	109.6	107.6	110.3	109.0	108.4
柴油	111.1	119.2	121.6	120.5	118.1	111.2	103.5	100.3	106.4	105.3	108.6	110.8	110.4
建筑材料及五金电料	**101.8**	**102.2**	**102.2**	**102.1**	**101.9**	**101.3**	**101.3**	**101.4**	**101.1**	**102.3**	**102.1**	**101.7**	**101.8**
建筑装璜材料	102.0	102.0	102.0	102.0	102.0	101.4	101.4	101.5	101.4	103.1	102.8	102.2	102.5
木地板	102.4	103.1	103.1	103.1	103.1	103.1	103.1	103.1	103.1	102.9	101.3	99.8	99.8
瓷砖	100.5	100.0	100.0	100.0	100.0	100.0	100.0	100.0	100.0	101.5	101.5	101.5	101.5
水泥	107.8	112.0	112.0	112.0	112.0	103.8	103.8	103.8	103.8	111.3	111.3	106.0	102.6
涂料	100.0	100.0	100.0	100.0	100.0	100.0	100.0	100.0	100.0	100.0	100.0	100.0	100.0
板材	107.6	107.5	107.5	107.5	107.5	107.5	107.5	107.5	106.2	108.0	107.7	107.9	108.4
管材	100.0	100.0	100.0	100.0	100.0	100.0	100.0	100.0	100.0	100.0	100.0	100.0	100.0
厨卫设备	100.3	100.0	100.0	100.0	100.0	100.0	100.0	100.0	100.0	100.1	100.1	100.1	103.0
门窗	100.8	100.0	100.0	100.0	100.0	100.0	100.0	100.0	100.0	102.4	102.4	102.4	102.4
其他住房装潢材料	104.7	102.5	102.5	102.5	102.5	102.5	102.5	104.9	104.9	109.5	108.2	106.9	106.9
五金水暖	101.2	102.5	102.7	102.4	101.6	101.1	101.1	101.1	100.5	100.5	100.5	100.5	100.5
家用手工工具	100.8	100.0	100.5	100.9	100.9	100.9	100.9	100.9	100.9	100.9	100.9	100.9	100.9
配电附件	103.8	110.7	110.7	108.7	104.9	103.2	103.2	103.2	100.5	100.5	100.5	100.5	100.5
水暖器材	100.0	100.0	100.0	100.0	100.0	100.0	100.0	100.0	100.0	100.0	100.0	100.0	100.0

4-3 市区居民消费及零售商品平均价格

（2017 年）

品 名	规 格	单位	本年平均价格（元）	品 名	规 格	单位	本年平均价格（元）
大米	东北粳米一等散装	千克	6.28	鲜菜	郑州大白菜一等	千克	2.87
大米	原阳粳米一等散装	千克	5.59	鲜菜	郑州洋白菜一等	千克	3.32
面粉	郑州特一粉神象 25kg 袋装	千克	3.70	鲜菜	郑州菠菜一等	千克	7.13
面粉	郑州精制粉金苑 25kg 袋装	千克	3.37	鲜菜	郑州油菜一等	千克	6.33
其他粮食	郑州小米一等散装	千克	13.40	鲜菜	郑州芹菜一等	千克	4.64
其他粮食	郑州玉米面一等散装	千克	4.23	鲜菜	郑州韭菜一等	千克	4.72
粮食制品	郑州高筋挂面神象 400g	千克	6.18	鲜菜	郑州菜花一等	千克	5.44
粮食制品	郑州湿面条 （散装）	千克	4.82	鲜菜	郑州黄瓜一等	千克	5.90
粮食制品	郑州馄饨皮	千克	5.96	鲜菜	郑州冬瓜一等	千克	3.30
薯类	郑州一等土豆	千克	4.45	鲜菜	郑州西红柿一等	千克	6.64
薯类	郑州一等红薯	千克	4.45	鲜菜	郑州茄子一等	千克	5.84
干豆	郑州黄豆一等散装	千克	6.80	鲜菜	郑州白萝卜一等	千克	3.11
干豆	郑州绿豆一等散装	千克	12.42	鲜菜	郑州胡萝卜一等	千克	4.64
豆制品	郑州水豆腐	千克	4.36	鲜菜	郑州青椒一等	千克	6.67
豆制品	许昌腐竹	千克	25.20	鲜菜	郑州四季豆一等	千克	10.84
豆制品	郑州豆腐干	千克	7.80	鲜菜	郑州黄豆芽一等	千克	3.68
食用植物油	周口花生油金龙鱼非转基因压榨一级 5l 桶装	升	23.87	鲜菜	郑州洋葱头一等	千克	3.55
食用植物油	周口大豆油金龙鱼维生素 A 营养 5l 桶装	升	9.16	鲜菜	郑州大葱一等	千克	5.06
植物油制品	山东菏泽调和油福临门天然谷物 5l 桶装	升	11.82	鲜菜	郑州生姜一等	千克	10.97
食用动物油	郑州一级猪板油	千克	15.76	鲜菜	郑州大蒜一等	千克	14.46

4-3 续表1

品　名	规　格	单位	本年平均价格（元）	品　名	规　格	单位	本年平均价格（元）
鲜菜	郑州莲藕一等	千克	6.96	鸡	郑州鸡胸肉上等	千克	16.89
鲜菜	郑州蒜苔一等	千克	7.23	鸭	郑州半片鸭	千克	11.81
鲜菜	郑州西葫芦一等	千克	4.68	禽制品	郑州烧鸡	千克	38.20
鲜菜	郑州丝瓜一等	千克	9.73	禽制品	郑州鸡爪	千克	41.22
鲜菜	郑州莴笋一等	千克	4.63	禽制品	郑州鸡翅	千克	65.95
干菜及菜制品	东北木耳(干)甲级	千克	102.50	淡水鱼	郑州鲤鱼0.5kg以上	千克	12.98
干菜及菜制品	郑州五香大头菜甲级	千克	7.15	淡水鱼	郑州草鱼0.5千克以上	千克	14.69
干菜及菜制品	柘城干辣椒甲级	千克	24.10	海水鱼	浙江带鱼0.5kg以上	千克	36.71
干菜及菜制品	淮阳黄花菜甲级	千克	74.72	海水鱼	浙江扒皮鱼中等	千克	69.99
猪肉	郑州去骨五花猪肉	千克	30.81	虾蟹类	郑州河蟹	千克	85.76
猪肉	郑州去骨后腿猪肉	千克	30.73	虾蟹类	浙江竹节虾	千克	84.98
猪肉	郑州五花猪肉馅	千克	30.82	其他水产品及制品	浙江虾皮(干)	千克	37.00
牛肉	郑州去骨腿肉	千克	54.21	其他水产品及制品	浙江海带(干)	千克	20.40
牛肉	郑州肋排肉	千克	53.63	其他水产品及制品	浙江紫菜(不加调料)	千克	129.83
羊肉	郑州去骨腿肉	千克	57.63	鸡蛋	郑州鸡蛋新鲜完整	千克	7.50
畜肉副品	郑州猪肝	千克	15.83	鸡蛋	郑州柴鸡蛋新鲜完整	千克	17.38
畜肉副品	郑州猪肚	千克	39.37	蛋制品	郑州咸鸭蛋	千克	20.10
畜肉制品	郑州香肠	千克	42.80	蛋制品	郑州松花蛋	千克	20.10
畜肉制品	郑州五香熟牛肉	千克	105.25	巴氏杀菌乳或灭菌乳	呼和浩特纯牛奶蒙牛250ml盒装	升	11.47
畜肉制品	郑州熟猪头肉	千克	43.27	巴氏杀菌乳或灭菌乳	郑州纯牛奶花花牛200ml袋装(30天保质期)	升	7.91
鸡	郑州白条鸡上等	千克	13.92	酸牛乳	郑州酸奶花花牛180g袋装	升	9.67

4-3 续表 2

品　名	规　格	单位	本年平均价格（元）	品　名	规　格	单位	本年平均价格（元）
酸牛乳	呼和浩特活性乳酸菌酸牛奶蒙牛 100g＊8 盒	升	14.37	糖果	上海奶糖金丝猴散装	千克	55.87
乳粉	呼和浩特奶粉全脂无糖伊利 400g 袋装(16＊25g)	千克	78.67	巧克力制品	北京巧克力板糖德芙 80g(丝滑牛奶)	千克	150.78
乳粉	黑龙江双城婴儿奶粉力多精 400g 袋装(1 号)	千克	187.50	糕点	苏州太平梳打饼干(香葱)卡夫 100g 袋装	千克	30.31
冷冻饮品	天津冰激淋小神童	支	2.00	糕点	广东东莞沙琪玛徐福记鸡蛋 470g	千克	33.45
奶酪	呼和浩特产蒙牛未来星儿童成长奶酪 200g(13 片装)	袋	21.40	糕点	郑州桃酥散装	千克	17.50
鲜瓜果	郑州苹果红富士一级	千克	9.73	其他食品	上海冠生园 500g 瓶装蜂蜜	千克	45.72
鲜瓜果	砀山梨一级	千克	4.55	其他食品	郑州喜之郎果冻散装	千克	13.40
鲜瓜果	海南香蕉一级	千克	5.32	食用盐	平顶山加碘精盐卫群 400g	千克	4.97
鲜瓜果	郑州西瓜一级	千克	4.35	酱油	广东草菇老抽李锦记 500ml	升	15.02
鲜瓜果	四川橘子一级	千克	5.44	酱油	广东佛山金标生抽海天 500ml	升	15.27
鲜瓜果	郑州葡萄一级	千克	8.91	食醋	江苏香醋恒顺瓶装 500ml	升	11.50
鲜瓜果	郑州桃子一级	千克	5.77	食醋	东湖三年陈醋　500ml	升	22.03
鲜瓜果	四川猕猴桃一级	千克	12.79	调味酱	南阳仲景香菇酱 210g	千克	54.68
干(坚)果	新疆干红枣一级	千克	43.18	调味酱	上海味好美番茄沙司 340g	千克	21.59
干(坚)果	郑州生花生米一级	千克	12.53	味精	周口味精莲花含麸酸纳 99% 500g 袋装	千克	21.00
干(坚)果	郑州核桃一级	千克	42.80	料酒	北京王致和 500ml	瓶	4.91
瓜果制品	山东山楂片金泰散装	千克	25.17	水饺	思念猪肉白菜 500g	千克	11.80
瓜果制品	灵宝蜜枣散装	千克	12.91	方便面	天津红烧牛肉面康师傅五连包袋装 103g＊5	千克	28.17
食糖	北京白砂糖厨大妈 450g	千克	19.48	汤圆	郑州黑芝麻大汤圆三全 500g 袋装(15 个)	千克	15.13
食糖	北京红糖厨大妈 450g 袋装	千克	19.48	淀粉及制品	郑州红薯类淀粉	千克	11.12
糖果	上海玉米硬糖金丝猴散装	千克	39.73	淀粉及制品	禹州红薯粉条	千克	15.92

4-3 续表3

品名	规格	单位	本年平均价格（元）	品名	规格	单位	本年平均价格（元）
淀粉及制品	上海上好佳50g袋装（番茄味）田园薯片	袋	3.32	葡萄酒	吉林红葡萄酒通化720ml瓶装	瓶	54.00
淀粉及制品	安阳旺旺雪饼84g	袋	4.73	葡萄酒	山东烟台干红葡萄酒张裕750ml瓶装	瓶	45.27
淀粉及制品	呀！土豆 好丽友牌 番茄味 70g	袋	5.63	啤酒	青岛青岛啤酒330ml听装	瓶	4.42
茶叶	信阳毛尖天潭牌100g	千克	96.53	啤酒	郑州新一代啤酒金星550ml瓶装	瓶	3.00
茶叶	河南信阳碧螺春天潭一级100g	千克	133.33	黄酒	浙江绍兴女儿红600ml	瓶	11.53
固体咖啡	广东咖啡醇品雀巢100g瓶装	千克	421.08	主食	郑州小碗面	份	5.15
固体咖啡	广州麦斯威尔牌7条*13g（原味）	千克	127.40	主食	郑州烩面四两一碗	份	14.03
固体饮料	上海清凉菊花晶生字400g袋装	千克	43.45	炒菜	广东菜心	份	23.33
固体饮料	广州卡夫阳光甜橙味400g	千克	38.43	炒菜	石锅豆腐	份	27.42
饮用水	湖北丹江口农夫山泉550ml	升	2.87	炒菜	大烩菜	份	40.22
饮用水	河南娃哈哈纯净水596ml	升	2.57	炒菜	牛羊肉菜	份	56.22
果汁饮料	北京汇源果汁1L100%	升	14.10	炒菜	红烧肉	份	55.00
果汁饮料	郑州淼雨苹果醋480ml	升	14.06	炒菜	夫妻肺片	份	39.13
液体饮料	浙江绍兴凉茶加多宝罐装310ml	升	12.13	快餐	西式快餐超级鸡腿堡	份	16.05
液体饮料	郑州可口可乐2.3l瓶装	升	2.71	快餐	米饭套餐盒饭（两荤一素）	份	9.67
高档卷烟	上海中华软盒	盒	71.39	地方小吃	肉夹馍（肥瘦）	份	5.76
中档卷烟	云南玉溪软盒	盒	22.97	地方小吃	胡辣汤	份	3.54
其他	河南安阳黄金叶红旗渠	盒	10.67	地方小吃	豆腐脑	份	2.00
白酒	四川宜宾五粮液52度500ml瓶装	瓶	888.67	地方小吃	奶茶（原味）	杯	9.34
白酒	河南汝阳杜康500ml瓶装	瓶	134.67	西服	广州金利来	套	5474.17
白酒	北京二锅头55度普通红星500ml	瓶	20.35	西服	宁波雅戈尔牌	套	3980.00

4-3 续表 4

品 名	规 格	单位	本年平均价格（元）	品 名	规 格	单位	本年平均价格（元）
大衣	宁波雅戈尔牌	件	4680.00	羽绒衣	江苏阿迪达斯牌	件	1499.00
羽绒服	江苏产阿迪达斯牌(灰鸭绒)	件	1499.00	毛线衣	浙江米黄牌女 V 领羊绒衫	件	2350.00
男式夹克衫	宁波雅戈尔	件	2466.11	毛线衣	内蒙古鄂尔多斯羊绒衫	件	2683.06
男式夹克衫	广州金利来	件	2816.67	女运动衫裤	江苏阿迪达斯	条	444.83
毛线衣	米黄牌	件	2883.33	女运动衫裤	江苏耐克牌	条	482.33
毛线衣	内蒙古鄂尔多斯牌	件	3835.00	衬衫	阿玛施女衬衫	件	933.00
运动衫裤	阿迪达斯男	条	374.56	衬衫	衣恋女衬衫	件	630.67
运动衫裤	苏州耐克男	条	457.33	T 恤衫	依恋女 T 恤衫	件	630.67
衬衫	宁波雅戈尔牌	件	899.44	T 恤衫	GAVT 牌女 T 恤衫	件	764.33
衬衫	宁波金利来牌	件	1190.00	裤子	阿玛施女裤	条	860.00
T 恤衫	宁波雅戈尔牌	件	873.06	裤子	衣恋女裤	条	665.33
T 恤衫	GAVT 牌	件	751.33	裙子	衣恋短裙	条	592.67
男式裤子	广州金利来牌	条	1158.33	裙子	阿玛施短裙	条	726.67
男式裤子	宁波雅戈尔牌	条	1093.89	内衣	宜而爽女圆领 舒棉系列	套	92.33
男式内衣	宜而爽 舒棉系列 男圆领	套	92.33	内衣	三枪舒肤经典棉女内衣	套	92.33
男式内衣	三枪舒肤经典棉	套	92.33	内裤	蝶安芬牌女士	条	19.42
男式内裤	健将牌男士	条	24.79	婴幼服装	山东莱阳快乐熊牌	套	52.50
女式外套	阿玛施女西服	件(套)	1593.33	婴幼服装	英氏牌儿童连体衣	套	169.11
女式外套	阿玛施女开衫	件(套)	2560.00	上衣	耐克女童针织夹克	件	386.92
女式外套	PRICH 女外套	件(套)	1819.33	上衣	耐克男童针织夹克	件	489.00
大衣	广州阿玛施牌	件	2999.67	裤子	耐克男童针织裤	条	355.67

4-3 续表5

品 名	规 格	单位	本年平均价格(元)	品 名	规 格	单位	本年平均价格(元)
裤子	耐克女童针织裤	条	397.33	女鞋	百丽女皮鞋	双	859.00
裙子	依恋短裙童装	条	520.22	女鞋	百丽女凉鞋	双	799.00
裙子	Paw Paw 牌女童裙	条	598.00	童鞋	阿迪达斯男训练鞋	双	444.69
棉布	白棉布新疆3.4m	米	9.00	童鞋	耐克毛毛虫男童鞋	双	469.00
棉布	床单布上海	米	19.67	童鞋	耐克毛毛虫女童鞋	双	469.00
男袜	华贵男袜(单)	双	58.67	其他	换鞋跟	双	10.00
女袜	华贵女袜(单)	双	38.00	其他	擦皮鞋	次	5.33
男帽	耐克生活男线帽	顶	214.28	公房房租	三类区域电梯房	平方米	10.00
女帽	耐克生活女线帽	顶	214.28	私房房租	高档住房	平方米	52.54
围巾	白井 桑蚕丝	条	339.00	私房房租	中档住房	平方米	38.68
领带	雅戈尔牌 涤纶	条	320.00	私房房租	低档住房	平方米	25.34
皮带	金利来男士	条	198.33	木地板	北美枫林400mm*900mm(实木)	平方米	277.11
皮手套	金利来	副	358.00	木地板	广州400mm*900mm(强化)	平方米	122.22
清洗	男毛料西服干洗费(深色)	套/次	39.33	瓷砖	地板砖 80cm*80cm	块	46.78
清洗	干洗羽绒服	件/次	37.67	瓷砖	地板砖广州佛山300mm*300mm	块	4.53
其他	锁裤边	次	5.00	水泥	新乡水泥500号(42.5等级)	千克	0.49
其他	换拉链	次	7.11	水泥	新乡白水泥	千克	0.39
男鞋	C. Deny 男牛皮鞋	双	1860.00	涂料	郑州888(5千克)	袋	10.00
男鞋	沙驰牌男牛皮鞋	双	1380.00	涂料	华润聚酯漆(4.5千克)	桶	403.33
男鞋	BOSS 男牛皮鞋	双	1980.00	板材	河北三合板1.22m*2.44m	张	34.33
女鞋	百丽女靴	双	1299.00	板材	河北五合板1.22m*2.44m	张	40.00

4-3 续表 6

品　名	规　格	单位	本年平均价格（元）	品　名	规　格	单位	本年平均价格（元）
板材	河北板材 1.2m＊2.44m	张	110.42	自有住房	低档住房	平方米	25.34
管材	金德牌上水管 pvc	米	12.00	柜	板式衣柜深圳产红苹果牌 2.15m＊1.8m＊0.6m	个	3694.44
管材	下水管铝塑管	米	11.67	柜	床头柜深圳产红苹果牌 0.48m＊0.5m	个	419.58
管材	浙江金属暖管	米	23.33	床	实木双人床　福建厦门产 喜梦宝牌 1.8m＊2m	张	2628.47
厨卫设备	广东佛山座便器	件	277.83	床	单人床实木　福建厦门产 喜梦宝牌　1.2m＊2m	张	2233.33
厨卫设备	不锈钢水池	件	76.67	桌	餐桌实木　广州产　美庭世家牌　0.8m＊1.3m	张	2781.94
门窗	步阳防盗门	扇	1711.11	桌	电脑桌板式　深圳产　红苹果牌　1.5m＊0.6m	张	590.00
门窗	房间门复合门	扇	588.89	椅	实木椅普通徐州产爱心牌	把	361.25
玻璃	洛阳玻璃 5mm	平方米	36.94	椅	实木椅四川产韩城印象牌　高档	把	441.94
粘胶	广东鱼珠万能胶	瓶	31.67	沙发	皮沙发深圳产红苹果(1+2+3)	套	15285.11
物业管理费	住宅小区	月＊平方米	1.45	沙发	木沙发深圳产优度牌(1+1+3+茶几)	套	9081.94
装潢维修费	刷墙	平方米	11.00	玻璃茶几	深圳产　优度牌　1.2m＊0.6m	件	990.28
装潢维修费	铺地板	平方米	25.14	床垫	郑州产　港梦牌 1.8m＊2m	件	1502.78
水	居民用水	吨	4.40	灯具	广东中山冠雅牌护眼灯	个	188.33
电	居民生活用电	百度	56.00	灯具	广东佛山吸顶灯(50＊70cm)	个	629.70
管道燃气	天燃气	立方米	2.25	灯具	广东中山冠雅护眼灯	个	177.33
液化石油气	液化气	千克	7.14	日用普通饰品	仿真油画　130＊80	件	432.50
取暖费	暖气费	$10m^2$/天	1.90	日用普通饰品	水晶画 60＊60	件	144.17
取暖费	蜂窝煤(12 孔)	百千克	68.25	洗衣机	合肥三洋 DG-F90322BS	台	3726.58
自有住房	高档住房	平方米	52.54	洗衣机	无锡小天鹅 TG80-1411DXS	台	2687.98
自有住房	中档住房	平方米	38.68	洗衣机	青岛海尔 XQG80-12726	台	2528.17

4-3 续表 7

品 名	规 格	单位	本年平均价格（元）	品 名	规 格	单位	本年平均价格（元）
洗衣机	无锡小天鹅 TB80-6188DCL	台	1280.39	热水器	青岛海尔 ES60H-I5(E)	台	1944.83
洗衣机	青岛海尔 XQG80-BX12636	台	2655.69	热水器	广东万家乐 12JP5	台	1936.75
洗衣机	无锡小天鹅 TG80-1411DXS	台	3139.76	热水器	广东万和 EV36-J5Q20	台	3248.04
洗衣机	广东荣事达 RG-F70115	台	1658.66	炉具灶具	燃气灶 广东华帝 JZ20Y-BH807A1	台	2369.83
电冰箱(柜)	青岛海尔 BCD-220WDGC	台	2954.30	炉具灶具	电磁炉 浙江苏泊尔 CB28	台	518.5
电冰箱(柜)	广东美的 BCD-405WTGZM	台	2512.78	炉具灶具	燃气灶 广东华帝 JZT-832B	台	995.73
电冰箱(柜)	新乡新飞 BCD-256WKSR	台	2251.08	炉具灶具	电磁炉 山东九阳 C21-SC007	台	297.29
电冰箱(柜)	青岛海尔 BCD-192TMPL	台	1743.51	微波炉	广东"美的" M3-232B	台	1424.84
电冰箱(柜)	新乡新飞 BCD-275WGS	台	2938.05	微波炉	广东格兰仕 C2KR5	台	1194.83
电冰箱(柜)	广东容声 BCD245KL/NYC	台	2586.50	微波炉	广东美的 YR1309S-X	台	598.54
电冰箱(柜)	青岛海尔 BCD-251WDGW	台	3565.66	微波炉	广东格兰仕 G70F23N1P-M8(SO)	台	690.67
吸排抽烟机	浙江方太 CXW-200-EM03T	台	4446.92	吸尘器	美的 WD14Q5A	台	1359.50
吸排抽烟机	广东华帝 CXW-200-E618BH	台	4244.83	饮水机	沁园 YR 5(YL1393XZ)	台	2973.28
吸排抽烟机	广东万家乐 CXW-700-GX02(w)	台	1424.01	吸尘器	美的 wd14Q5A	台	1644.79
吸排抽烟机	杭州老板 CXW-200-8020	台	3359.17	饮水机	沁园 JLD5584XZ-RO	台	2439.62
吸排抽烟机	广东华帝 CXW-200-E601C1Z	台	3678.17	电饭煲	广东美的牌 FS4012	个	329.00
空调器	美的 KFR-51LW/BP2DN1Y-YA400(B2)E	台	6896.23	豆浆机	广东美的牌 HC13N11	个	365.67
空调器	青岛"海尔" KFR35GW/07WEC21AU1	台	3588.30	电压力	苏泊尔牌 50FC11	个	699.00
空调器	广东格力 KFR-32gw/32583FNHA-A2	台	3593.92	电烤箱	九阳牌 KX-30J01	个	382.33
空调器	广东美的 KFR-35GW/BP2DN1Y-PB400(A3)	台	3623.88	电风扇	广东产 美的牌 FS40-8A1	个	247.33
热水器	广东万家乐 JSQ22-12A1	台	2057.03	电风扇	杭州产 先锋牌 ME-EF4001F	个	259.00

4-3　续表 8

品　名	规　格	单位	本年平均价格（元）	品　名	规　格	单位	本年平均价格（元）
加湿器	莱克牌　HU2001	个	299.00	厨具	广东佛山日美砍骨刀	把	37.60
空气净化器	飞利浦牌　ACP017	个	3707.33	厨具	广东佛山日美锅铲	个	20.29
春秋被	上海罗莱大豆亲肤被 2m＊2.3m	条	938.33	厨具	广东佛山日美饭勺	个	21.62
羊毛被	上海罗莱华睿水洗 2m＊2.3m	条	2519.67	餐具	安徽含山产　民生兰富贵牌碗 5 寸	件	6.57
鸭绒被	上海罗莱悦诗	条	2653.33	餐具	广东产俏林牌铁木筷　J-04(5双)	件	9.90
床上四件套	上海罗莱牌　2m＊2.3m AD5626	套	942.00	茶具	乐美雅水杯	件	9.81
床上四件套	深圳富安娜牌　2m＊2.3m 811001522003	套	773.08	茶具	民生隔热双层茶具	套	74.63
其他床上用品	上海罗莱呵护大豆纤维枕	个	262.24	家用手工工具	浙江宁波好力得钢丝钳	把	24.07
其他床上用品	上海罗莱枕芯	个	152.00	家用手工工具	浙江宁波产螺丝刀	把	7.21
窗帘门帘	郑州化纤窗帘 6m＊2.8m	米	52.33	五金工具	张小泉牌剪刀	把	33.47
窗帘门帘	郑州化纤门帘	米	35.00	电池	福建南孚 7 号(2 节)	节	2.95
其他家用纺织品	山东金浩毛巾	条	52.33	电工电料	浙江子弹头牌插盘　10A 三相	个	50.10
其他家用纺织品	山东金浩浴巾	条	35.00	雨具	浙江杭州天堂折叠伞	把	36.23
清洗用品	雕牌洗洁精 500G	瓶	4.66	雨具	浙江杭州天堂电动自行车雨披	件	51.27
清洗用品	奥妙无磷洗衣粉 3kg	袋	36.15	其他日用杂品	江苏无锡妙洁垃圾袋　45＊50cm(36 只)	个	7.10
清洗用品	雕牌增白皂 242g(清新柠檬)	块	5.07	其他日用杂品	浙江临海龙仕达塑料脸盆	个	14.20
清洁用具	江苏无锡妙洁抹布	个	4.50	其他日用杂品	浙江台州东森垃圾桶	个	8.27
清洁用具	江苏无锡妙钢丝球	个	2.70	净妆乳	美宝莲	瓶	72.67
清洁用具	江苏无锡妙拖把	个	35.41	卸妆液	美宝莲眼部及唇部卸妆液	瓶	66.00
清洁用纸	浙江维达牌 1400g 加长型卷纸	提	25.84	洗面奶	妮维雅丝润柔珠洁面乳　100g	瓶	22.04
清洁用纸	清风手帕纸三层茶语　超质感(11 小包)	包	7.07	护肤品	欧莱雅复颜抗皱紧致滋润日霜 50ml	瓶	210.00

4-3 续表9

品　名	规　格	单位	本年平均价格（元）	品　名	规　格	单位	本年平均价格（元）
护肤品	欧泊莱时光锁紧实弹润系列醒活柔润乳 130ml	瓶	230.00	加工维修服务	清洗抽油烟机	次	83.33
护肤品	上海百雀羚水嫩倍现保湿精华乳液 100ml	瓶	86.91	加工维修服务	配门琐铜钥匙	次	2.11
彩妆化妆品	美宝莲新恒美眉笔(黑)天津 1.1g	支	67.67	轿车	2017 款迈腾 330TSI　DSG　领先　1.8T	辆	199861.11
彩妆化妆品	美宝莲唇膏天津水晶胶原 1.9g	支	86.00	轿车	2016 款帕萨特 330TSI　DSG　尊荣　1.8T	辆	195147.22
彩妆化妆品	玉兰油透白无痕美肌粉底液 28g	瓶	132.85	轿车	2016 款高尔夫 230TSI　自动领先　1.4T	辆	138361.11
化妆器具	女人传说修眉刀	个	11.10	轿车	2017 款　卡罗拉　1.2T　CVT　GL-I　1.2T	辆	115600.00
化妆器具	博友眉夹	个	9.77	轿车	2017 款哈弗 H6 红标运动款 1.5T　自动两驱豪华	辆	112166.67
洗浴用品	舒肤佳活力运动系列　125g	块	5.91	轿车	荣放 RAV4　2016 款 2.5L 自动四驱精英版	辆	218911.11
洗浴用品	力士滋养柔肤娇肤沐浴乳 200ml	瓶	14.97	电动车	洪都牌　M3 型	辆	2299.00
洗发用品	飘柔焗油护理洗发露 400ML	瓶	27.62	电动车	阿米尼牌　雷神	辆	3965.66
护发美容品	迪彩发膜冰海泥深层修复 500g	瓶	37.60	自行车	江苏昆山捷安特莱微型	辆	1409.11
护发美容品	迪彩弹力素丰盈波浪 300g	瓶	30.57	自行车	女自行车 26 型天津飞鸽	辆	472.67
护发美容品	美涛啫喱膏清爽保湿 240g	瓶	26.52	电动三轮车	深圳阿米尼 49018 型	辆	3483.83
化妆美容器具	飞利浦电吹风 BBC113 珠海	个	165.11	汽油	95#乙醇	升	6.76
化妆美容器具	飞利浦电动剃须刀 S530 珠海	个	496.36	汽油	92#乙醇	升	6.32
化妆美容器具	烫发器　飞科	个	245.67	柴油	0#柴油	升	5.87
其他护理用品	卫生巾　护舒宝超净棉日用 10 片	包	10.23	充电费	电动车充电	次	1.00
其他护理用品	棉签　东方之洁牌　广东东莞产(100 支)	包	2.22	停车费	电动车停车费	辆/次	1.00
家庭服务	钟点工	小时	36.25	车辆上牌费	小轿车	次	125.00
家庭服务	保姆费	月	3175.00	牌照成本费	小轿车	次	100.00
家庭服务	月嫂	月	6000.00	零配件	电动车蓄电池	件	425.00

4-3　续表 10

品　名	规　格	单位	本年平均价格（元）	品　名	规　格	单位	本年平均价格（元）
零配件	雨刮器	件	73.33	配件	三星手机无线充电器底座	个	185.00
车辆修理服务费	小轿车补胎	次	20.00	配件	华为手机贴膜	次	10.00
车辆修理服务费	桑塔纳换三芯机油	次	201.11	固定电话费	固定电话本地主叫	月	0.18
市内公共交通	公共汽车市区单程投币票（普通车）	张	1.00	移动通信费	短信费	分钟	0.10
市内公共交通	地铁 1 号线全程单程票	张	5.00	移动通信费	全国　1G　流量	分钟	50.00
出租汽车	市内出租车起步价（含 2 公里）	公里	8.00	上网费	网吧上网费	小时	3.00
出租汽车	市内出租车价格（2 公里以上）	公里	1.50	上网费	家用宽带　50M　一年费用	年	814.67
飞机票	郑州——广州 1389 公里 CZ6632 航班 15:20 起飞	人次	1127.50	邮政邮寄	信件邮寄外省 100g 以内	封	1.20
飞机票	郑州-上海 887 公里　MU9326 航班 15:35 起飞	人次	871.67	邮政邮寄	包裹邮寄郑州-洛阳　1 公斤以内	件	3.60
火车票	郑州-北京西 K180 次快速空调（硬座）	人次	93.00	其他邮寄	郑州-洛阳　快递费	件	10.67
火车票	郑州东-北京西 G588（高铁二等座）	人次	309.00	快递服务	郑州-北京　快递费用	件	17.33
火车票	郑州-西安 G97（高铁）	人次	229.00	工具书	现代汉语词典 32 开（商务印书馆）第六版	本	95.00
长途汽车	郑州-北京　豪华卧铺　723 公里　18:40	人次	203.79	工具书	牛津高阶双解英汉词典（外语与教学研究出版）	本	118.00
长途汽车	郑州-南阳　豪华大巴　265 公里　9:10	人次	100.00	工具书	辞海 16 开（缩印本）	本	260.00
租车	大众帕萨特汽车费	天	344.44	教材	初一语文（人民教育）普通班	本	9.46
固定电话机	步步高牌　6032	部	124.33	教材	小学一年级语文（人民教育）普通班	本	6.77
移动电话机	广州产　苹果牌　iphone7 32G	部	5423.46	参考资料	小学生优秀作文大全	本	29.80
移动电话机	深圳产　华为牌　mate9　64G	部	3760.29	参考资料	初中生优秀作文（中国对外翻译出版社）	本	19.80
移动电话机	东莞产　OPPO　R9S　64G	部	2837.89	参考资料	高中生优秀作文极品总汇（朝华出版社）	本	48.00
移动电话机	深圳产　华为牌　畅享 6 16G	部	1324.00	参考资料	轻轻松松背单词（电脑软件）北京大学出版社	册	38.00
配件	苹果 7 手机壳	个	30.00	学习机	步步高牌　H8S	台	1774.00

4-3　续表 11

品　名	规　格	单位	本年平均价格（元）	品　名	规　格	单位	本年平均价格（元）
点读机	步步高牌　S1	台	2648.00	照相机	苏州佳能牌　700D	台	3703.17
学前教育	私立幼儿园	月	1214.89	电脑	上海产　惠普牌　455-032	台	3905.65
学前教育	公立幼儿园	月	400.00	电脑	福建产　联想牌　H5060i3	台	4124.04
学前教育	双语幼儿园	学期	4416.67	电脑	福建产　联想牌　H5050i3	台	3976.23
小学初中教育	民办小学学费	学期	1890.00	电脑	上海产　戴尔台式机　3647-873813	台	3724.00
小学初中教育	民办中学学费	学年	4416.67	笔记本电脑	戴尔牌　14TR-5625	台	4667.54
中等教育	公办高中	学期	200.00	笔记本电脑	联想牌　300s-14	台	4165.88
中等教育	民办高中	学期	7100.00	笔记本电脑	戴尔牌　15-5565-R1945A	台	4720.04
高等教育	本科教育（理工类）	学年	3700.00	笔记本电脑	联想牌　300s	台	4333.00
高等教育	本科教育（艺术类）	学年	5700.00	笔记本电脑	戴尔牌　145MR-7528	台	4612.00
课外教育	家教　初三数学　一对一	小时	206.67	笔记本电脑	联想牌　310s	台	4624.00
课外教育	舞蹈	学期	1521.11	乐器	吉它深圳玫瑰木	件	783.33
专业技能培训	美容美发培训	学期	8240.00	乐器	钢琴　广州珠江产	件	16666.67
专业技能培训	驾校培训	学期	2346.94	音响	山水牌　10D	台	160.00
电视机	创维 49E6000	台	3207.51	音响	DCSS 牌　蓝牙音响	台	70.00
电视机	海信 LED49K300U	台	4618.24	摄像机	上海索尼牌　PJ675	台	3999.67
电视机	三星 UA55JU-6310JXXZ	台	4228.26	摄像机	上海　佳能牌　HF706	台	2354.56
电视机	长虹 LED50u1	台	3228.97	书报杂志	青年文摘	本	5.00
电视机	TCL　L55E5800	台	3778.17	书报杂志	参考消息	份	1.00
电视机	广东康佳 LED55k35u	台	3378.89	书报杂志	读者	本	6.00
照相机	无锡尼康牌　D3400	台	3129.33	纸张文具	墨水英雄纯蓝　203　60ml	件	4.79

4-3　续表 12

品　名	规　格	单位	本年平均价格（元）	品　名	规　格	单位	本年平均价格（元）
纸张文具	正姿笔英雄牌　6003	件	12.87	有线电视	初装费	次	240.00
纸张文具	稿纸	本	2.83	有线电视费	月租费	月	24.00
纸张文具	软抄本江苏常熟亚信牌 32 开（40 页）	本	2.70	健身活动	游泳门票	次	47.33
体育户外用品	篮球福建漳州斯伯丁牌	个	195.67	健身活动	打乒乓球	场	10.00
体育户外用品	足球广州祖迪斯牌	个	104.33	舞票	舞票	次	10.00
体育户外用品	羽毛球拍广州祖迪斯牌　铝碳一体	套	74.97	证件照	证件照相费　（1 寸）	次	10.00
积木	广东汕头茂盛牌	包	48.75	旅行社收费	三亚双飞 5 天唯美海岸系列郑州到三亚	次/人	3569.17
遥控车	广东汕头精灵狗牌	辆	89.00	旅行社收费	首尔济州全景三飞六天	次/人	2786.67
扑克	浙江义乌 3A 牌	盒	2.36	旅行社收费	少林寺一日游	次/人	184.61
仙人球	小盆仙人球	盆	13.33	国内导游费	国内导游费	天	270.83
其他	洒水壶	个	14.33	中草药	甘草一级	千克	74.83
其他	玻璃花瓶	个	20.00	中草药	银花一级	千克	300.00
其他	狗粮	斤	15.00	中草药	菊花一级	千克	99.42
其他	狗咬胶（小个）	个	6.33	中草药	陈皮一级	千克	24.75
其他	狗沐浴露　400ml	瓶	23.89	中草药	黄连一级	千克	270.00
其他	浙江小红包	个	1.33	中草药	柴胡一级	千克	257.42
其他	浙江请柬	个	6.03	中成药	牛黄解毒片 0.25g＊24s 贵州百灵	盒	0.67
电影票	进口片	张	46.67	中成药	维 C 银翘片 12s 贵州百灵	盒	0.77
电影票	国产片	张	46.67	中成药	复方板蓝根冲剂广州白云山	袋	20.07
景点门票	动物园类门票	张	76.67	中成药	霍香正气滴丸 2.6g＊9 包禹州药王	盒	16.03
景点门票	其他景点门票	张	98.75	中成药	跌打丸 6 克＊6s 广西中华	盒	9.13

4-3 续表13

品 名	规 格	单位	本年平均价格（元）	品 名	规 格	单位	本年平均价格（元）
中成药	六味地黄丸同仁堂北京10丸	盒	11.53	治疗精神障碍药	代力新 20s	盒	55.75
抗微生物药	阿奇霉素四川0.25g*6s	瓶	28.07	中枢神经系统用药	盐酸氯丙嗪片25mg*100s常州康普	瓶	3.03
抗微生物药	利巴韦林100g*24s	袋	4.46	中枢神经系统用药	阿司匹林25mg*100s石家庄欧意	瓶	2.11
消化系统用药	雷尼替丁胶囊150mg*30s杭州赛诺菲	盒	5.92	消毒防腐及创伤外科用药	创可贴云南白药100片	盒	15.10
消化系统用药	丽珠得乐胶囊0.3g*40s广东丽珠	盒	27.83	消毒防腐及创伤外科用药	云南白药4g	瓶	15.05
呼吸系统用药	批把膏300ml香港念慈庵	瓶	49.80	泌尿系统用药	三金片桂林36片	盒	14.67
呼吸系统用药	多索茶碱 黑龙江产 0.2g*12s	瓶	19.50	泌尿系统用药	盐酸左氧氟沙星扬子江制药0.1g*12s	盒	9.50
解热镇痛药	芬必得0.3g*20s天津中美史克	盒	16.18	维生素类	维生素c0.1g*100s湖北华中	瓶	1.26
解热镇痛药	扶他林25mg*30s北京诺华	盒	19.82	维生素类	维生素b25mg*100s湖北华中	瓶	2.82
抗肿瘤药	摩昔芬片枸橼酸他10mg*60s	瓶	26.10	调节水、电解质及酸碱平衡药	葡萄糖粉和平重庆产 500g	袋	4.43
抗肿瘤药	环磷酰胺针0.2g江苏恒瑞	支	4.70	调节水、电解质及酸碱平衡药	氯化钾缓释片迈特兴化制药广州0.5g*24s	盒	6.17
激素类药	强的松5mg*100s浙江仙琚	瓶	4.14	滋补保健用品	21金维他杭州民生牌 100s	瓶	45.77
激素类药	平消片0.23g*80s西安正大	盒	22.90	滋补保健用品	东阿阿胶山东500g	瓶	2643.00
心血管系统用药	硝酸甘油片0.5mg*50s北京益民	瓶	4.32	滋补保健用品	葡萄糖酸钙口服液哈尔滨三精牌 10mg*12支	盒	25.90
心血管系统用药	尼莫地平20mg*50s山东新华	瓶	4.62	医疗器具用品	体温计山东东阿产阿胶华牌	个	4.31
血液系统用药	叶酸片斯利安北京93s	瓶	64.17	医疗器具及用品	胶布广东徐州产华峰牌	盒	2.22
血液系统用药	氯吡格雷深立泰深圳25mg*10s	盒	36.69	医疗器具及用品	血压计江苏鱼跃牌	个	115.83
治疗精神障碍药	帕罗西丁中美史克20mg*10s	盒	55.76				

4-3 续表 14

品 名	规 格	单位	本年平均价格（元）	品 名	规 格	单位	本年平均价格（元）
保健器具	频普仪 W301 北京周林牌 W301	台	1216.67	临床诊断	心电图检查	次	19.80
保健器具	护膝浙江江都	个	21.60	临床手术治疗	阑尾手术费	次	692.40
保健器具	足浴盆浙江金鼎牌	个	452.33	临床手术治疗	剖腹产手术费	次	673.84
挂号诊疗费	主治医师	次	2.61	临床非手术治疗	经皮冠状动脉内支架置入术	次	2947.07
挂号诊疗费	副主任医师	次	4.61	临床非手术治疗	冠状动脉造影术	次	1726.33
床位费	普通病房住院费(四人间)	床/天	15.44	康复医疗	运动疗法	次	32.00
一般治疗操作	肌肉注射费	次	3.33	康复医疗	平衡功能训练	次	15.22
一般治疗操作	大清创缝合	次	50.22	中医治疗	骨折手法整复术	次	262.00
一般治疗操作	静脉穿刺置管术	次	13.67	中医治疗	关节脱位手法整复	次	193.33
一般治疗操作	一级护理	天	14.00	其他医疗服务	超声切割止血刀使用费	次	1220.00
一般治疗操作	二级护理	天	9.33	金饰品	千足金六福牌	克	357.09
一般治疗操作	特级护理	小时	2.33	银饰品	银镯子乾昌牌	克	11.10
一般治疗操作	救护车使用费(10 公里以内)	次	20.00	铂金饰品	铂金六福牌　PT950	克	368.94
病理学诊断	穿刺组织活检检查与诊断	次	86.67	手表	瑞士 RADO(雷达)男士石英表	块	9900.00
病理学诊断	手术标本检查与诊断	次	108.33	手表	瑞士梅花牌机械女表	块	8100.00
实验室诊断	血细胞分析式血常规	次	20.22	钱夹	金利来牌	个	444.33
实验室诊断	尿常规自动分析	次	22.76	手提包	金利来牌	个	2616.67
影像学诊断	螺旋 CT16 排	次	270.67	手提箱	金利来牌	个	995.00
影像学诊断	常规彩超多普勒超声检查	次	80.00	奶瓶	爱德力牌	个	46.30
临床诊断	无痛胃镜检查	次	763.33	营养米粉	亨氏牌　广东广州产　一段	袋	26.95

4-3 续表 15

品 名	规 格	单位	本年平均价格（元）	品 名	规 格	单位	本年平均价格（元）
眼镜	女士太阳镜 暴龙牌	副	315.33	专业音响器材	调音台 雅马哈牌 MG16XU型	台	2929.17
眼镜	隐形眼镜 博士伦牌 年抛	副	195.33	专业声像器材	摄像机 索尼牌 FDR-AX100E	台	10951.39
宾馆住宿	三星级宾馆标准间	天/间	298.29	电脑附件	鼠标罗技牌	件	82.78
宾馆住宿	四星级标准间	天/间	395.36	电脑附件	键盘双飞燕牌 5520型	件	61.67
其他住宿	快捷酒店标准间	天/间	194.00	打印复印机	激光打印机 北京产 联想牌 2041型	台	803.33
美容	皮肤护理	次	63.33	打印复印机	复印机 日本产 东芝牌 数码3008型	台	12819.50
美容	绣眉	次	860.00	教学设备	投影机爱普生牌 CB/X30	台	4150
美发	男理发	次	27.00	教学设备	显微镜宁波107双目	台	1216.67
美发	女短烫发	次	106.00	客车	南京依维柯A30型2.8L17座	辆	184000
洗浴	洗澡	次	20.00	客车	宇通客车(25座)	辆	250000
养老服务	养老院护理费	月	738.89	客车	宇通客车(45座)	辆	470000
短信服务	短信服务	月	2.56	中型客车	金龙客车(15座)	辆	225533
跨行取款费	跨行取款费	次	2.44	传真机	松下激光	个	634.44
车辆保险	交强险费 自用6座以下	年	950.00	路由器	迅捷	个	72.92
车辆保险	车损险费 25万以内轿车	年	1100.00	计算机软件	office软件		684.00
旅行保险	长途汽车意外保险	次	1.00	计算机软件	瑞星杀毒软件	套	300.00
其他保险	城镇医疗保险(18岁及以上)	年	200.00	原煤	民用煤	吨	485.73
其他保险	房地产中介费(50万房产)	次	10000.00	煤制品	蜂窝煤(12孔)	百千克	68.25
其他保险	身份证复印费(正反面复印)	次	0.50	水暖器材	深圳家必备立角阀门JB-X8343	个	23.30
专业音响器材	放大器 雅马哈牌 P7000S型	台	5683.33	水暖器材	深圳家必备洗衣机笼头JB-X8318	个	26.63

主要统计指标解释

居民消费价格指数 居民消费价格指数是城乡居民购买并用于日常生活消费的商品和服务项目的价格。居民消费价格指数,反映一定时期内居民所消费商品及服务项目的价格水平变动趋势和变动程度。居民消费价格水平的变动率在一定程度上反映了通货膨胀(或紧缩)的程度。编制居民消费价格指数的目的,是了解全国各地价格变动的基本情况,分析研究价格变动对社会经济和居民生活的影响,满足各级政府制定政策和计划、进行宏观调控的需要,以及为国民经济核算提供参考依据。目前编制居民消费价格指数调查的商品和服务项目共 8 个大类,262 个基本分类。基期年份的权数根据居民家庭住户调查资料及相关统计资料整理得出,同时辅以典型调查数据或专家评估予以补充和完善。

商品零售价格指数 商品的零售价格是商品在流通过程中的最后一个环节的价格,是工业、商业、餐饮业和其他零售企业向城乡居民、机关团体出售生活消费品和办公用品的价格。商品零售价格指数,反映市场商品零售价格的变动趋势和变动程度。其目的在于掌握商品价格的变动趋势,为国家宏观调控和国民经济核算提供参考依据。目前调查的商品共 16 个大类,197 个基本分类。基期年份的权数根据基期年份的零售贸易统计资料及相关统计资料整理得出,同时辅以典型调查数据或专家评估予以补充和完善。

五、人民生活

5-1 城镇居民家庭基本情况

（2017 年）

指　　标	单位	郑州市	中原区	二七区	管城区	金水区
调查户数	户	**675**	**103**	**67**	**57**	**107**
期内住户常住成员数	人	**2088**	**290**	**185**	**162**	**331**
劳动力人数	人	**1494**	**232**	**136**	**107**	**218**
6 周岁及以上住户成员受教育程度	人	**1494**	**232**	**136**	**107**	**218**
未上过学	人	19	1	2	2	
小学	人	74	5	7	7	7
初中	人	417	48	29	36	70
高中	人	464	77	54	27	52
大学专科	人	335	61	26	12	64
大学本科	人	172	37	15	21	24
研究生	人	13	3	3	2	2
从事主要行业	人	**1066**	**127**	**92**	**68**	**139**
第一产业	人	75			4	4
第二产业	人	179	15	8	3	16
第三产业	人	813	112	84	61	119
可支配收入	元/人	**36050.48**	**37367.76**	**38623.18**	**36555.16**	**42525.24**
总收入	元/人	**39379.15**	**39102.88**	**41615.08**	**39499.14**	**45929.95**
总支出	元/人	**30589.95**	**35549.61**	**29803.04**	**32070.11**	**32973.52**
消费支出	元/人	**24973.43**	**24762.56**	**23613.26**	**28260.72**	**26387.56**
恩格尔系数	%	**0.28**	**0.25**	**0.25**	**0.24**	**0.27**
年末人均居住面积	平方米/人	**38.37**	**33.00**	**27.37**	**35.58**	**31.68**

5-1 续表 （2017 年）

指　　标	单位	上街区	惠济区	中牟县	巩义市	荥阳市	新密市	新郑市	登封市
调查户数	户	**40**	**48**	**45**	**58**	**28**	**42**	**40**	**40**
期内住户常住成员数	人	**99**	**136**	**169**	**205**	**85**	**155**	**130**	**142**
劳动力人数	人	**71**	**94**	**116**	**149**	**67**	**118**	**92**	**93**
6 周岁及以上住户成员受教育程度	人	**71**	**94**	**116**	**149**	**67**	**118**	**92**	**93**
未上过学	人			6	2			1	5
小学	人	6	1	7	5	1	8	15	5
初中	人	17	17	38	45	24	33	36	24
高中	人	27	42	22	49	25	31	25	33
大学专科	人	16	25	25	32	13	33	9	20
大学本科	人	5	9	17	15	4	13	6	6
研究生	人			2	1				
从事主要行业	人	**36**	**81**	**98**	**118**	**55**	**97**	**72**	**83**
第一产业	人		1	28	7		5	17	9
第二产业	人	12	10	7	39	16	15	24	14
第三产业	人	24	70	64	72	39	77	31	60
可支配收入	元/人	**41751.26**	**31130.28**	**28199.34**	**30304.80**	**30855.90**	**30703.52**	**30885.80**	**29710.73**
总收入	元/人	**36305.93**	**40182.14**	**32481.64**	**31284.16**	**32912.04**	**31836.87**	**35593.02**	**31228.81**
总支出	元/人	**24854.45**	**28029.64**	**19713.33**	**22645.83**	**28115.77**	**24679.22**	**28742.83**	**19416.90**
消费支出	元/人	**20328.50**	**22564.00**	**15312.26**	**20002.12**	**21613.09**	**21192.30**	**23200.72**	**17611.91**
恩格尔系数	%	**0.31**	**0.28**	**0.26**	**0.23**	**0.25**	**0.28**	**0.30**	**0.24**
年末人均居住面积	平方米/人	**40.51**	**47.71**	**44.75**	**36.82**	**40.65**	**58.96**	**55.36**	**52.56**

5-2 城镇居民

（2017 年）

指　　标	郑州市	中原区	二七区	管城区	金水区
可支配收入	**36050.48**	**37367.76**	**38623.18**	**36555.16**	**42525.24**
工资性收入	**21326.66**	**18633.52**	**20899.98**	**17468.70**	**20302.47**
工资	19983.24	18330.24	18977.58	16754.77	19801.66
实物福利	30.99	14.60	43.69	5.39	3.79
其他	1312.43	288.67	1878.71	708.53	497.03
经营净收入	**4361.85**	**690.05**	**7647.17**	**2735.38**	**3234.07**
第一产业经营净收入	161.04	0.34			-39.14
第二产业经营净收入	615.21		-38.96		
第三产业经营净收入	3585.60	689.71	7686.12	2735.38	3273.21
财产净收入	**5034.56**	**7184.46**	**3486.15**	**8944.51**	**12111.71**
利息净收入	5.57	-132.30	-157.74	65.86	2.29
红利收入	986.36	1058.94		872.08	1706.22
储蓄性保险净收益	3.45				20.45
转让承包土地经营权租金净收入	261.77			131.77	
出租房屋财产性收入	1430.29	1090.02	271.13	4570.14	6446.05
出租机械专利版权等资产的收入	41.61	281.63	24.40		
其他财产净收入	11.79		-7.10	156.49	-3.35
房屋虚拟租金	2293.71	4886.18	3355.47	3148.17	3940.05
转移净收入	**5327.41**	**10859.74**	**6589.88**	**7406.57**	**6876.98**
转移性收入	**6361.89**	**12798.39**	**8467.81**	**8355.36**	**7811.34**
养老金或离退休金	5575.37	10859.13	8249.26	7505.94	6545.97
社会救济和补助	18.10	26.08	25.95		18.62
政策性生活补贴	332.68	541.96	174.54	546.19	822.28
报销医疗费	334.18	1365.55	18.06	274.18	389.74
家庭外出从业人员寄回带回收入	87.58				1.03
从政府和组织得到的实物产品和服务折价	11.37	5.67		29.05	33.71
现金政策性惠农补贴	2.60				
转移性支出	**1274.60**	**1949.92**	**1908.43**	**1340.50**	**1330.81**
个人所得税	60.52	250.88	56.15	118.15	26.61
社会保障支出	991.46	1590.22	1723.51	1087.28	1017.10
外来从业人员寄给家人的支出	14.65				88.28
赡养支出	55.13	26.77	102.57	1.20	125.44
其他转移性支出	152.84	82.04	26.19	133.88	73.37
实物可支配收入	**2802.51**	**6266.86**	**2968.48**	**3370.94**	**4057.89**

人均可支配收入

单位:元

上街区	惠济区	中牟县	巩义市	荥阳市	新密市	新郑市	登封市
41751.26	**31130.28**	**28199.34**	**30304.80**	**30855.90**	**30703.52**	**30885.80**	**29710.73**
11650.19	**14500.00**	**17711.86**	**17200.02**	**19819.90**	**20548.97**	**14784.94**	**15152.64**
11352.42	14213.70	10955.55	15408.18	18702.11	19296.80	14719.21	15138.99
33.99	24.71	8.25	1.49	123.60	239.12	1.37	1.33
263.78	261.59	6748.06	1790.36	994.19	1013.05	64.35	12.32
2861.51	**2799.30**	**8315.71**	**10395.19**	**3093.99**	**6367.22**	**10078.69**	**6400.80**
-0.74		2503.21	98.31		85.95	0.66	1184.09
	210.99		2493.12		424.95	8466.54	1734.00
2862.25	2588.31	5812.50	7803.77	3093.99	5856.31	1611.49	3482.71
8936.48	**12650.00**	**1634.74**	**1064.89**	**1863.19**	**1902.15**	**2362.05**	**5080.33**
200.77	24.51	-3.45	229.53	140.58	8.60	-12.80	
7107.19	5000.00			34.70	209.76		
1.49							
			111.36			1798.34	13.69
179.10	4451.86	995.06		141.11	406.03		4389.92
	1.67			0.34	0.71	0.06	
1447.94	3171.96	643.13	724.00	1546.46	1277.06	576.46	676.72
18303.08	**1180.98**	**537.04**	**1644.69**	**6078.81**	**1885.19**	**3660.12**	**3076.96**
18347.07	**2507.80**	**739.93**	**1823.32**	**6395.05**	**3708.23**	**3824.77**	**3364.29**
18073.49	1998.67	592.93	1153.34	5816.20	2576.35	3542.15	3359.06
6.09		11.38	91.10				1.81
	227.00	75.67	23.40	143.66		4.01	
267.49		9.43	142.59	102.19	36.16	278.28	
	186.93		113.45	319.24	1095.72		3.42
	24.44			13.76		0.33	
		50.52					
1274.15	**1534.82**	**525.13**	**178.63**	**883.01**	**2224.27**	**164.65**	**287.33**
4.75	15.87	3.29		0.09	23.17	19.11	
982.93	1488.15	511.53	129.63	606.57	950.05	124.35	269.07
225.58			30.67	271.12	32.68	7.98	4.17
60.89	30.80	10.31	18.33	5.23	1218.36	13.21	14.09
1627.59	**3211.11**	**978.55**	**656.92**	**1712.77**	**974.38**	**843.62**	**557.83**

5-3 城镇居民

(2017 年)

指　　标	郑州市	中原区	二七区	管城区	金水区
总收入	**39379.15**	**39102.88**	**41615.08**	**39499.14**	**45929.95**
工资性收入	**21326.66**	**18462.74**	**20347.89**	**18059.02**	**20902.11**
工资	19983.24	18162.25	18476.27	17320.97	20386.50
实物福利	30.99	14.47	42.54	5.57	3.90
其他	1312.43	286.02	1829.08	732.48	511.71
经营性收入	**5275.92**	**688.56**	**9438.82**	**3059.81**	**4104.76**
第一产业经营收入	197.83	0.58			0.02
第二产业经营收入	703.89				
第三产业经营收入	4374.20	687.98	9438.82	3059.81	4104.75
财产性收入	**5079.57**	**7259.33**	**3554.55**	**9337.65**	**12472.87**
利息收入	50.57	9.62		147.37	2.36
红利收入	986.36	1049.23		901.55	1756.61
储蓄性保险净收益	3.45				21.05
转让承包土地经营权租金净收入	261.77			136.22	
出租房屋财产性净收入	1430.29	1080.03	263.97	4724.58	6636.43
出租机械专利版权等资产的净收入	41.61	279.05	23.75		
其他财产净收入	11.79			173.37	
房屋虚拟租金	2293.71	4841.40	3266.83	3254.55	4056.42
转移性收入	**7697.01**	**12692.25**	**8273.82**	**9042.66**	**8450.21**
养老金或离退休金	5575.37	10759.61	8031.35	7759.58	6739.31
社会救济和补助	18.10	25.84	25.26		19.17
政策性生活补贴	332.68	536.99	169.93	564.64	846.56
家庭外出从业人员寄回带回收入	334.18				1.06
赡养收入	87.58	3.45	29.69	404.95	408.16
报销医疗费	11.37	1353.03	17.59	283.45	401.25
从政府和组织得到的实物产品和服务折价	2.60	5.62		30.03	34.70
现金政策性惠农补贴	1274.60				
其他转移性收入	60.52	7.72			

人均总收入

单位:元

上街区	惠济区	中牟县	巩义市	荥阳市	新密市	新郑市	登封市
36305.93	**40182.14**	**32481.64**	**31284.16**	**32912.04**	**31836.87**	**35593.02**	**31228.81**
9658.93	**22169.87**	**19698.61**	**17200.02**	**20159.23**	**18671.86**	**15516.50**	**15671.85**
9412.05	21583.98	12184.44	15408.18	19022.30	17534.07	15447.52	15657.80
28.18	18.10	9.18	1.49	125.72	217.27	1.44	1.37
218.70	567.80	7504.99	1790.36	1011.21	920.51	67.54	12.68
3006.87	**5128.68**	**9772.05**	**11195.92**	**3737.47**	**7693.22**	**13570.13**	**3778.28**
		3267.74	154.22		102.79	2.63	1223.85
	1120.59		2672.27		565.19	11149.16	634.01
3006.87	4008.09	6504.31	8369.44	3737.47	7025.25	2418.34	1920.42
7409.05	**9306.76**	**1829.67**	**1064.89**	**1934.33**	**1737.73**	**2492.36**	**8316.00**
166.45	30.15	7.73	229.53	182.23	17.16		
5892.42	2646.32			35.29	190.60		
1.24							
			111.36			1887.32	140.08
148.48	2725.00	1106.68		143.53	368.94		7605.63
	3.53			0.34	0.64	0.06	
1200.45	3901.76	715.27	724.00	1572.94	1160.40	604.98	696.48
16231.07	**3576.83**	**1181.32**	**1823.32**	**7081.01**	**3734.06**	**4014.02**	**3462.49**
14984.35	2458.53	659.44	1153.34	5915.78	2341.01	3717.41	3457.11
5.05		12.66	91.10				1.86
	735.29	84.16	23.40	146.12		4.21	
	352.94		113.45	324.71	995.62		3.52
871.11		21.10	299.45	576.47	317.40		
221.77		10.48	142.59	103.94	32.86	292.05	
	30.07			14.00		0.35	
		56.18					
148.79		337.29			47.18		

5-4 城镇居民

(2017 年)

指标名称	郑州市	中原区	二七区	管城区	金水区
总支出	**30589.95**	**35549.61**	**29803.04**	**32070.11**	**32973.52**
消费支出	24973.43	24762.56	23613.26	28260.72	26387.56
生产经营费用支出	593.39	0.24	1556.77	143.25	456.71
第一产业经营费用支出	31.97	0.24			
第二产业经营费用支出	84.63		37.93		
第三产业经营费用支出	476.79		1518.84	143.25	456.71
财产性支出	47.41	140.71	160.48	90.87	3.45
生活贷款利息支出	45.26	140.71	153.57	79.28	
其他财产性支出	2.15		6.91	11.59	3.45
转移性支出	1252.69	1932.05	1858.02	1385.80	1370.05
个人所得税	59.48	248.58	54.66	122.14	27.39
社会保障支出	974.43	1575.65	1677.99	1124.02	1047.14
外来从业人员寄给家人的支出	14.40				90.89
赡养支出	54.18	26.53	99.87	1.24	129.15
其他转移性支出	150.20	81.29	25.50	138.40	75.48
部分商业保险支出	181.26	186.18	212.59	468.51	120.61
意外伤害保险	6.44	1.92	1.13	21.96	12.19
商业医疗保险(含大病保险)	83.00	120.06	211.45	228.22	70.58
其他非储蓄性商业保险	47.37			176.47	18.52
其他储蓄性商业保险	44.45	64.21		41.86	19.31
购置资产及非经常性转移支出	2949.26	7594.37	1836.48	1248.47	3836.50
购置资产支出	1229.01	6054.90	39.48	71.58	1491.91
非经常性转移支出	1720.25	1539.47	1797.00	1176.89	2344.58
借贷性支出	592.51	933.50	565.45	472.47	798.66

人均总支出

单位:元

上街区	惠济区	中牟县	巩义市	荥阳市	新密市	新郑市	登封市
24854.45	**28029.64**	**19713.33**	**22645.83**	**28115.77**	**24679.22**	**28742.83**	**19416.90**
20328.50	22564.00	15312.26	20002.12	21613.09	21192.30	23200.72	17611.91
573.84		477.02	560.99	516.00	1279.68	2976.74	28.94
0.61		466.75	55.91		24.69	1.94	28.94
			107.49		129.35	2252.77	
573.23		10.28	397.59	516.00	1125.65	722.03	
	1.47	11.57		39.24	9.34	13.43	
		11.57		39.24	9.34	13.43	
	1.47						
1056.37	1887.96	584.03	178.63	898.12	2021.09	172.80	295.72
3.94	19.52	3.66		0.09	21.06	20.06	
814.93	1830.54	568.90	129.63	616.95	863.27	130.50	276.92
187.02			30.67	275.76	29.70	8.38	4.30
50.48	37.89	11.47	18.33	5.32	1107.06	13.86	14.50
737.90	491.93	59.14	44.52	37.18	5.23	0.11	0.07
5.56	12.13			19.76	4.85	0.11	0.07
151.52	176.49				0.37		
75.78	303.31	35.94	44.52				
505.05		23.20		17.41			
1900.06	2035.13	2264.35	1629.77	4364.87	0.31	2109.74	1443.63
		14.39	196.53	1712.48		599.87	65.35
1900.06	2035.13	2249.96	1433.24	2652.38	0.31	1509.88	1378.28
257.78	1049.16	1004.95	229.80	647.27	171.28	269.29	36.62

5-5 城镇居民

(2017 年)

指　　标	郑州市	中原区	二七区	管城区	金水区
消费支出	**24973.43**	**24762.56**	**23613.26**	**28260.72**	**26387.56**
食品烟酒	**6932.56**	**6101.30**	**5926.46**	**6776.46**	**7032.60**
食品	4584.76	4237.78	4042.30	4585.21	4507.22
谷物	501.32	496.37	542.66	485.46	484.38
薯类	64.63	48.00	71.52	89.25	64.40
豆类	62.54	70.78	56.57	60.32	57.28
食用油	202.44	168.08	130.24	214.19	181.54
蔬菜和食用菌	585.88	550.75	587.04	580.17	587.83
肉类	882.39	886.97	783.09	954.11	931.52
禽类	169.46	167.98	198.06	144.05	168.28
水产品	290.57	276.38	188.93	269.46	241.47
蛋类	135.84	112.05	119.79	144.80	166.42
奶类	534.95	463.68	379.19	627.28	563.19
干鲜瓜果类	687.36	688.83	524.09	615.67	672.49
糖果糕点类	216.81	157.84	154.90	191.86	178.51
其他食品	250.55	150.08	306.22	208.60	209.89
烟酒	685.51	578.70	402.84	615.66	803.44
烟草	339.22	319.98	210.44	222.19	371.72
酒类	346.29	258.71	192.40	393.47	431.72
饮料	172.92	125.70	163.08	206.24	215.48
饮食服务	1489.37	1159.12	1318.24	1369.35	1506.46
食堂用餐	67.37	71.52	63.56	35.70	34.99
其他在外饮食	1421.15	1087.61	1254.23	1333.61	1470.76
食品加工服务费	0.85		0.45	0.04	0.71
衣着	**2670.29**	**1528.59**	**1691.28**	**1977.75**	**2221.07**
衣类	1952.01	1185.31	1311.38	1492.14	1709.78
鞋类	718.27	343.28	379.90	485.62	511.28
居住	**5259.35**	**8292.63**	**6904.29**	**7011.02**	**7460.03**
租赁房房租	272.25	73.09	808.81	66.56	923.42
住房维修及管理	719.38	1087.86	731.37	689.16	762.56
水电燃料及其他	1001.56	1225.41	1090.65	1160.24	1081.78
自有住房折算租金	3266.16	5906.27	4273.47	5095.05	4692.27
#租赁房房租中租赁公房房租	14.07	1.98	27.96	3.41	64.89
租赁房房租中租赁私房房租	258.18	71.11	780.85	63.16	858.53
住房维修及管理中物业管理费	125.29	158.98	174.87	243.93	143.49
生活用品及服务	**2260.35**	**1497.08**	**1360.58**	**1689.47**	**2182.92**

人均消费支出

单位:元

上街区	惠济区	中牟县	巩义市	荥阳市	新密市	新郑市	登封市
20328.50	**22564.00**	**15312.26**	**20002.12**	**21613.09**	**21192.30**	**23200.72**	**17611.91**
6307.22	**4885.30**	**3930.50**	**4610.88**	**5508.34**	**5946.57**	**6863.79**	**4233.87**
4329.76	2691.59	2772.87	2960.74	4227.47	3466.11	4785.25	3010.46
532.25	806.82	294.73	384.78	520.93	491.33	397.20	449.48
64.99	81.60	54.35	67.54	89.41	102.71	38.81	46.96
95.00	56.58	10.80	58.49	101.86	115.94	65.67	64.81
160.67	127.11	112.95	202.47	223.52	306.31	356.12	282.44
534.17	532.48	264.51	328.77	565.49	573.81	742.92	402.38
888.09	828.96	518.90	503.75	714.07	428.52	478.28	619.57
163.33	139.73	54.99	64.90	87.30	69.39	37.07	36.18
258.22	309.71	82.50	80.82	84.86	73.05	838.11	43.94
142.17	123.73	96.50	84.59	143.60	120.51	274.44	114.41
363.22	395.62	160.05	412.70	435.68	325.94	1116.26	287.72
750.63	939.24	304.30	463.41	781.17	519.23	318.96	424.70
222.36	202.09		161.53	215.75	109.95	66.01	131.09
154.66	147.92	818.28	146.98	263.84	229.41	55.40	106.78
465.72	439.88	452.69	512.59	278.88	685.60	907.50	195.29
276.52	105.92	128.81	158.26	133.97	397.32	75.81	95.19
189.19	333.96	323.88	354.33	144.91	288.29	831.69	100.10
181.24	145.66	131.25	195.46	132.88	128.57	120.23	197.50
1330.50	1008.17	573.68	942.08	869.11	1666.30	1050.81	830.62
9.35	175.75	6.15	26.95	121.94	217.27	76.61	17.82
1320.55	831.65	567.54	909.92	746.64	1447.18	974.14	811.64
0.60	0.77		5.21	0.53	1.85	0.06	1.16
1622.01	**2764.30**	**1300.23**	**1811.61**	**2434.86**	**3055.91**	**2393.35**	**2534.52**
1252.93	2665.34	1076.43	1485.23	1823.06	2268.96	1496.09	1811.70
369.08	685.55	223.81	326.38	611.79	786.95	897.26	722.82
4475.35	**3936.06**	**2672.31**	**2987.65**	**3068.61**	**2722.00**	**3061.71**	**3174.22**
	145.87	145.15	13.40	240.14	21.93	1.05	0.11
1342.17	477.74	94.25	1182.87	199.91	177.78	685.25	77.80
1281.66	1040.40	764.02	508.22	733.27	799.08	1025.15	1124.84
1851.52	5272.06	1668.89	1283.16	1895.29	1723.21	1350.26	1971.48
		1.40	3.33		1.36	1.05	0.11
	145.87	143.75	10.07	240.14	20.57		
89.36	288.96	62.59	109.07	20.46	28.53	23.26	11.28
1641.63	**2765.02**	**1121.64**	**2506.37**	**1642.90**	**1720.15**	**2318.09**	**3265.24**

5-5 续表 （2017 年）

指　　标	郑州市	中原区	二七区	管城区	金水区
家具及室内装饰品	481.48	222.50	123.37	89.65	337.16
家用器具	600.94	442.40	434.29	559.81	686.60
家用纺织品	183.28	171.54	99.55	175.85	169.00
家庭日用杂品	542.66	258.53	396.77	501.09	434.50
个人用品	412.40	356.55	280.19	321.01	464.85
家庭服务	39.59	45.56	26.41	42.07	90.79
#家政服务	14.53	20.96	5.51	8.92	44.43
交通通信	**2893.71**	**1977.39**	**2891.61**	**3702.13**	**2458.42**
交通	1804.93	997.83	1978.27	2590.09	1422.35
交通工具	800.28	78.75	1304.06	596.37	162.90
交通费	169.46	273.13	181.73	445.77	222.36
交通工具用燃料	569.78	439.24	339.14	1047.19	701.42
交通工具使用及维修	265.42	206.71	153.33	500.76	335.68
#车辆保险支出	68.31	100.69	13.55	166.28	58.22
通信	1088.78	979.57	913.34	1112.04	1036.07
通信工具	360.45	199.32	235.76	444.63	374.42
通信服务	728.33	780.25	677.58	667.40	661.65
教育文化娱乐	**2779.93**	**2272.60**	**2500.19**	**3456.13**	**2959.52**
教育	1420.83	834.50	1357.20	2205.61	1386.30
学前教育	297.88	215.92	251.51	617.31	368.75
小学教育	266.70	153.13	266.20	304.39	284.10
初中教育	296.54	113.78	341.68	604.74	285.80
高中教育	170.13	111.14	290.15	37.01	192.65
中专职高教育	28.80	0.64	1.51	69.81	56.60
大专及以上教育	290.81	199.09	152.44	350.90	165.25
成人教育	69.96	40.81	53.71	221.46	33.15
文化娱乐	1359.11	1438.10	1142.99	1250.51	1573.23
文娱耐用消费品	153.31	48.76	107.09	167.31	143.44
其他文娱用品	243.92	127.17	241.30	225.39	367.34
文化娱乐服务	961.87	1262.18	794.61	857.82	1062.44
医疗保健	**1577.02**	**2655.70**	**2072.96**	**2376.68**	**1545.58**
医疗器具及药品	560.57	637.95	953.58	776.44	461.75
医疗服务	1016.45	2017.75	1119.38	1600.24	1083.83
门诊总费用	279.87	354.57	359.06	473.07	292.41
住院总费用	736.58	1663.18	760.32	1127.18	791.42
其他用品和服务	**600.28**	**437.26**	**265.90**	**1271.09**	**527.42**
其他用品	386.42	259.56	48.73	889.65	288.49
其他服务	213.86	177.70	217.17	381.44	238.93

单位:元

上街区	惠济区	中牟县	巩义市	荥阳市	新密市	新郑市	登封市
469.47	595.43	103.17	1242.84	222.09	223.34	1781.37	113.34
354.45	868.72	215.84	277.03	590.28	270.94	211.38	987.04
115.32	148.85	87.48	179.90	204.99	351.91	38.90	237.94
241.01	632.14	579.40	234.93	363.46	456.52	162.32	962.16
446.40	497.02	105.20	538.27	250.73	396.98	102.08	949.34
14.98	22.87	30.55	33.40	11.35	20.46	22.04	15.42
1.01	3.86		17.47			17.52	0.77
1875.55	**2930.91**	**3285.36**	**2864.56**	**3424.01**	**3065.66**	**2067.45**	**1375.89**
1141.58	1723.58	2625.58	2222.02	1957.05	2156.67	1252.71	533.32
103.92	375.21	1497.15	1666.55	1027.51	1242.77	918.41	249.30
183.87	106.73	46.04	71.37	78.84	63.08	11.57	85.66
595.22	893.66	786.16	341.13	589.41	499.59	269.95	155.32
258.57	347.99	296.24	142.97	261.29	351.23	52.78	43.04
17.42	75.57	66.76	22.82		101.50	27.30	
733.97	1207.40	659.78	642.54	1466.96	908.99	814.74	842.57
186.32	370.91	215.34	276.10	718.80	330.94	165.62	186.39
547.66	836.49	444.44	366.44	748.16	578.05	649.12	656.18
2090.31	**3633.73**	**2138.79**	**2526.43**	**3357.09**	**3129.97**	**2517.87**	**1309.97**
1190.98	2204.77	1165.39	777.42	1238.42	2467.93	1558.94	757.25
379.64	438.23	97.32	280.70	62.16	444.95	79.58	151.15
104.74	505.67	129.87	90.57	47.33	521.74	301.23	99.83
136.38	524.27	261.51	95.36	360.15	213.66	444.72	44.65
77.57	310.12	53.50	106.62	69.01	411.87	173.67	55.42
60.30	44.85			176.47			33.80
390.08	109.78	582.65	180.17	470.35	865.22	471.08	358.80
42.27	271.84	40.54	24.01	52.94	10.49	88.66	13.59
899.33	2428.96	973.40	1749.01	2118.67	662.04	958.93	552.72
228.21	183.72	35.20	99.05	455.13	65.45	344.41	195.46
186.18	274.58	250.91	125.18	106.80	220.23	322.03	127.39
484.94	1970.67	687.29	1524.77	1556.74	376.36	292.48	229.87
1672.08	**933.19**	**669.76**	**1312.74**	**1511.08**	**722.13**	**3330.44**	**907.78**
1041.53	607.06	306.81	858.61	1060.72	530.03	461.34	606.67
630.54	626.14	362.95	454.13	450.36	192.09	2869.10	301.11
252.37	398.25	121.86	199.85	247.34	70.20	174.95	228.89
378.17	227.89	241.09	254.28	203.02	121.90	2694.15	72.22
644.36	**715.49**	**193.68**	**1381.88**	**666.20**	**829.90**	**348.02**	**810.41**
384.27	372.24	129.36	1058.61	362.59	503.84	298.25	593.82
260.09	343.25	64.31	323.27	303.61	326.06	49.77	216.58

5-6 城镇居民人均

（2017 年）

指标名称	单位	郑州市	中原区	二七区	管城区	金水区
购买生活消费品	**元**	**20737.11**	**18908.25**	**19806.92**	**22213.15**	**20979.35**
食品烟酒	元	6192.81	6142.40	6043.57	6549.26	6826.84
食品	元	4230.25	4261.99	4108.28	4429.63	4373.90
谷物	元	594.23	490.00	517.46	464.20	470.19
小麦	公斤	0.04	0.02			
金额	元	0.14	0.08			
面粉	公斤	16.51	17.34	9.79	13.53	14.95
金额	元	65.84	75.56	45.29	56.15	61.91
稻谷	公斤	0.06			0.32	0.10
金额	元	0.22			0.90	0.40
大米	公斤	16.11	19.88	17.61	19.18	21.57
金额	元	107.28	132.07	118.74	118.08	138.19
玉米	公斤	1.01	0.71	0.95	1.89	1.67
金额	元	157.21	4.21	7.06	9.52	10.63
小米	公斤	3.34	2.85	2.60	3.60	2.98
金额	元	33.65	28.22	26.03	37.27	32.79
其他谷物	公斤	1.44	0.84	0.69	1.59	1.10
金额	元	13.90	10.37	6.59	17.29	10.40
面粉制品	公斤	30.56	32.41	41.67	31.45	29.07
金额	元	192.19	214.26	277.97	191.41	191.72
其他谷物制品	公斤	2.09	2.34	2.48	2.33	2.18
金额	元	23.81	25.24	35.79	33.57	24.14
薯类	公斤	11.42	11.27	11.88	16.92	10.20
金额	元	62.83	48.45	73.46	86.33	62.55
红薯	公斤	3.78	3.17	3.66	6.98	3.08
金额	元	11.66	8.92	11.98	21.33	10.87
马铃薯	公斤	4.98	6.85	5.69	7.42	4.48
金额	元	18.72	24.87	23.62	31.42	18.18
其他薯类及制品	公斤	2.66	1.26	2.53	2.53	2.64
金额	元	32.45	14.66	37.85	33.58	33.51
豆类	公斤	9.31	10.83	7.90	9.15	8.25
金额	元	63.63	71.43	58.10	58.35	55.64

购买生活消费品

上街区	惠济区	中牟县	巩义市	荥阳市	新密市	新郑市	登封市
22231.14	**20693.69**	**11999.12**	**18648.93**	**19248.53**	**21075.53**	**20790.16**	**15195.50**
7591.42	6709.45	3333.33	4563.67	5285.43	6305.28	6821.94	4112.46
5206.29	5413.84	2297.98	2913.54	4121.65	3814.56	4841.40	2923.74
631.02	2267.62	137.95	363.03	498.62	540.73	377.76	436.73
0.34	0.03	0.09			0.04		0.22
1.02	0.22	0.18			0.17	0.01	0.60
21.23	9.93	9.20	21.40	22.42	18.39	25.27	26.49
79.90	42.44	34.79	77.90	79.65	72.68	92.16	96.73
	0.03		0.01		0.02	0.03	0.17
	0.15		0.03		0.11	0.11	0.55
20.57	10.49	7.08	9.29	21.80	16.22	11.40	13.01
131.72	76.93	43.22	64.87	145.54	125.51	74.02	84.11
1.19	1.45		0.73	0.95	0.68	0.23	0.68
6.04	1866.95		2.96	4.95	3.27	1.45	2.88
4.33	2.48		4.32	6.78	6.11	6.04	3.36
43.93	26.14		40.07	67.26	57.27	59.20	33.00
0.94	2.32	1.85	0.29	2.10	0.66	0.55	3.53
12.08	26.39	15.82	3.17	17.58	6.50	3.83	29.91
40.81	23.20	10.08	25.32	35.25	45.16	24.84	33.51
306.88	194.38	43.95	158.73	153.01	257.94	132.22	174.70
4.07	2.45		1.46	3.46	2.13	2.10	1.78
49.45	34.04		15.31	30.63	17.27	14.76	14.28
19.85	10.61	2.77	10.04	19.86	15.03	6.36	7.64
78.39	66.34	9.18	56.20	87.90	113.04	36.98	45.63
7.57	3.70	0.01	3.18	9.14	3.70	4.44	1.45
23.80	10.98	0.02	8.35	26.49	13.63	10.87	4.04
10.08	4.32	2.74	4.29	7.29	4.13	0.07	3.09
32.02	17.77	9.08	12.38	22.68	17.11	0.33	12.27
2.20	2.59	0.02	2.57	3.43	7.21	1.85	3.11
22.57	37.58	0.09	35.46	38.73	82.29	25.78	29.32
14.55	6.26	2.00	7.77	13.69	20.51	7.44	9.89
114.59	46.00	9.71	58.49	100.14	127.60	62.57	62.98

5-6 续表 1 （2017 年）

指标名称	单位	郑州市	中原区	二七区	管城区	金水区
大豆	公斤	0.76	0.54	0.43	0.74	1.06
金额	元	5.41	4.35	3.00	5.47	7.63
其他豆类及制品	公斤	8.55	10.29	7.47	8.42	7.19
金额	元	58.22	67.08	55.10	52.88	48.01
食用油	公斤	10.37	8.65	8.89	9.38	9.32
金额	元	222.30	169.25	131.72	206.89	174.09
食用植物油	公斤	9.90	8.65	8.88	9.33	9.30
金额	元	199.22	169.23	131.41	205.70	173.87
食用动物油	公斤	0.46		0.02	0.05	0.02
金额	元	23.08	0.02	0.31	1.18	0.22
蔬菜和食用菌	公斤	104.19	124.93	112.31	106.70	104.12
金额	元	544.22	555.84	602.97	561.20	570.96
鲜菜	公斤	99.19	119.93	107.72	101.51	99.34
金额	元	430.32	490.44	521.16	472.33	486.17
干菜及菜制品	公斤	1.29	1.61	1.33	1.06	1.40
金额	元	27.05	14.98	28.28	21.72	25.58
鲜菌	公斤	3.11	3.16	2.90	3.53	2.90
金额	元	49.70	36.58	32.10	42.33	38.84
干菌及制品	公斤	0.60	0.24	0.35	0.60	0.48
金额	元	37.15	13.84	21.43	24.83	20.38
肉类	公斤	20.46	27.91	21.95	23.47	22.92
金额	元	744.82	895.17	804.06	922.92	904.77
猪肉	公斤	13.00	18.57	13.92	13.08	13.21
金额	元	361.85	466.82	400.89	373.32	392.59
牛肉	公斤	2.16	3.94	2.05	3.18	2.85
金额	元	110.62	126.85	112.24	173.32	160.49
羊肉	公斤	1.81	2.29	2.56	2.77	2.19
金额	元	96.83	119.90	122.58	153.63	119.78
其他肉类及制品	公斤	3.48	3.11	3.42	4.45	4.67
金额	元	175.53	181.60	168.35	222.65	231.92
禽类	公斤	4.99	6.55	7.98	6.16	7.09
金额	元	121.55	169.53	203.44	139.34	163.45
鸡	公斤	3.19	3.89	5.05	4.24	4.67

上街区	惠济区	中牟县	巩义市	荥阳市	新密市	新郑市	登封市
0.95	0.09	0.05	0.29	0.08	2.00	0.21	3.29
7.43	0.82	0.33	2.00	0.62	15.44	1.35	21.20
13.60	6.17	1.96	7.48	13.61	18.51	7.23	6.60
107.16	45.18	9.38	56.48	99.53	112.16	61.22	41.78
11.28	5.05	6.44	10.72	10.63	15.82	18.57	13.25
188.68	98.55	73.08	199.29	210.44	337.10	623.48	273.10
11.27	5.05	6.44	10.68	10.59	15.56	13.90	13.01
188.62	98.55	73.08	199.04	210.14	333.55	369.10	269.42
0.01			0.04	0.04	0.27	4.67	0.24
0.05			0.25	0.30	3.55	254.38	3.68
141.66	85.02	54.27	63.59	138.44	121.06	81.24	92.58
644.29	432.88	237.83	318.76	555.97	631.50	706.22	390.97
135.06	80.35	52.62	61.16	133.21	117.48	71.15	89.04
531.16	350.02	207.80	215.55	466.63	567.32	258.13	338.15
1.07	1.59	1.11	0.79	1.72	1.29	0.45	0.96
19.61	36.72	24.73	51.03	28.92	25.86	5.62	19.26
4.93	2.95	0.53	1.35	3.25	2.18	6.24	2.16
46.71	39.53	5.23	14.80	42.19	34.34	215.73	22.51
0.61	0.13	0.01	0.30	0.26	0.11	3.41	0.42
46.81	6.61	0.07	37.37	18.23	3.98	226.74	11.05
29.77	17.36	14.54	12.18	20.58	14.35	13.96	15.52
1071.17	671.09	466.56	503.75	699.27	471.60	455.73	602.00
20.79	9.89	10.74	7.43	10.64	11.27	10.72	10.42
568.82	296.07	283.58	213.22	311.63	294.20	277.76	301.01
1.57	1.35	0.16	0.76	3.61	1.36	0.23	2.31
87.13	75.11	8.14	40.62	141.97	105.35	13.00	172.09
2.82	1.94	0.29	1.08	2.32	0.67	0.38	1.78
147.91	96.02	17.24	60.03	105.77	39.53	21.53	101.77
4.58	4.17	3.35	2.91	4.00	1.05	2.63	1.00
267.31	203.90	157.60	189.88	139.90	32.51	143.44	27.12
7.29	4.30	2.55	2.06	3.97	3.37	1.91	1.51
197.01	113.59	49.45	64.90	85.83	76.37	35.32	35.15
3.59	2.47	2.55	1.18	2.08	1.87	1.41	1.21

5-6 续表 2 (2017 年)

指标名称	单位	郑州市	中原区	二七区	管城区	金水区
金额	元	63.36	78.83	99.87	84.13	94.64
鸭	公斤	0.33	0.35	0.51	0.36	0.84
金额	元	5.89	4.33	10.88	6.84	14.95
鹅	公斤	0.01			0.01	0.05
金额	元	0.30			0.22	1.28
其他禽类及制品	公斤	1.46	2.31	2.42	1.55	1.53
金额	元	51.99	86.37	92.69	48.15	52.58
水产品	公斤	7.10	11.40	7.35	8.37	8.20
金额	元	244.71	278.73	194.06	260.65	234.55
鱼类	公斤	4.72	8.41	5.02	5.68	5.92
金额	元	109.74	160.44	104.49	124.67	124.29
虾类	公斤	1.19	1.83	0.90	1.45	1.26
金额	元	92.03	82.41	58.25	90.09	76.00
蟹类	公斤	0.20	0.11	0.21	0.19	0.17
金额	元	19.36	7.90	2.48	21.77	13.01
贝类	公斤	0.15	0.23	0.17	0.23	0.17
金额	元	2.65	4.55	4.28	2.77	2.35
藻类	公斤	0.22	0.15	0.34	0.18	0.19
金额	元	2.98	2.23	5.33	2.18	2.60
其他水产品及制品	公斤	0.61	0.67	0.70	0.63	0.49
金额	元	17.95	21.19	19.22	19.16	16.30
蛋类	公斤	15.40	14.92	15.32	15.94	18.12
金额	元	138.22	113.08	123.05	140.07	161.64
鲜蛋	公斤	14.51	14.33	14.44	14.93	17.39
金额	元	120.82	106.60	112.36	125.88	152.76
蛋制品	公斤	0.89	0.59	0.87	1.02	0.73
金额	元	17.40	6.48	10.68	14.19	8.88
奶类	公斤	21.85	22.40	18.38	26.43	30.05
金额	元	493.42	467.97	389.48	606.78	547.04
鲜奶	公斤	11.17	11.88	9.27	14.17	16.07
金额	元	164.66	180.57	162.01	214.63	231.75
酸奶	公斤	7.82	9.54	6.57	9.29	12.74
金额	元	109.02	150.14	94.80	127.70	168.74

上街区	惠济区	中牟县	巩义市	荥阳市	新密市	新郑市	登封市
75.73	51.41	49.45	18.68	39.38	32.94	25.71	27.65
0.76	0.09		0.03	0.16	0.12		0.09
12.09	1.74		0.30	4.10	2.94	0.11	2.50
0.03							
1.78							
2.91	1.75		0.85	1.73	1.39	0.50	0.21
107.40	60.44		45.93	42.35	40.49	9.50	5.00
12.35	6.74	3.32	2.89	3.91	3.26	8.35	2.14
311.45	251.78	74.18	80.82	82.74	80.39	798.59	42.70
8.22	4.06	2.88	1.62	3.00	1.89	3.82	0.98
169.34	122.46	48.45	32.64	55.04	38.88	201.63	17.03
1.24	1.32	0.38	0.33	0.27	0.31	2.90	0.28
62.69	77.32	20.13	22.44	12.62	20.45	451.34	14.09
0.29	0.14	0.05		0.07		1.11	
12.88	13.83	5.34		5.26	0.03	139.14	
0.41	0.19	0.02	0.05		0.01	0.04	0.26
8.07	3.73	0.26	0.84		0.19	0.63	3.18
0.65	0.39		0.18	0.48	0.05	0.25	0.18
6.74	6.50		2.49	7.09	0.60	2.64	2.35
1.54	0.63		0.72	0.09	0.99	0.23	0.45
51.74	27.94		22.41	2.73	20.25	3.20	6.04
22.65	10.96	12.36	10.51	17.34	17.79	14.62	13.53
171.47	100.59	86.77	84.59	141.18	132.62	261.50	111.16
20.36	10.35	12.36	10.18	16.64	17.31	11.63	13.20
147.22	93.08	86.77	78.33	133.52	128.30	148.07	108.58
2.29	0.61		0.33	0.70	0.49	2.99	0.33
24.25	7.51		6.27	7.66	4.32	113.43	2.59
29.62	19.13	0.66	13.94	22.46	17.53	15.08	31.76
438.10	321.62	143.91	412.70	428.34	358.70	1063.63	279.56
18.09	3.99	0.03	8.63	11.15	13.13	5.48	16.18
227.84	56.57	0.13	143.64	188.18	222.35	98.40	130.02
7.83	7.86	0.04	3.27	6.68	3.68	3.09	12.00
115.75	135.49	0.76	64.24	108.94	57.36	46.55	78.88

5-6 续表 3 （2017 年）

指标名称	单位	郑州市	中原区	二七区	管城区	金水区
奶粉	公斤	0.99	0.81	0.38	1.04	0.55
金额	元	171.47	133.78	79.45	229.21	128.34
其他奶制品	公斤	1.87	0.17	2.16	1.93	0.68
金额	元	48.28	3.49	53.21	35.24	18.21
干鲜瓜果类	公斤	78.29	96.13	69.86	68.39	75.31
金额	元	597.29	695.20	538.00	595.54	653.00
鲜瓜果	公斤	71.56	90.46	64.58	61.98	67.91
金额	元	442.94	554.44	423.12	449.87	474.42
瓜果制品	公斤	1.58	1.56	0.83	1.48	1.18
金额	元	34.83	40.53	15.81	33.75	25.00
坚果类	公斤	5.15	4.11	4.45	4.94	6.22
金额	元	119.53	100.23	99.08	111.92	153.58
糖果糕点类	公斤	6.10	6.35	5.61	7.24	6.95
金额	元	148.44	156.17	158.35	185.59	172.15
食糖	公斤	1.06	1.51	1.05	1.02	0.91
金额	元	10.55	14.78	10.56	10.65	9.47
糖果	公斤	0.61	0.63	0.40	0.96	0.67
金额	元	19.95	25.07	13.40	29.44	23.56
糕点	公斤	3.83	3.81	3.49	4.32	4.80
金额	元	101.67	102.99	109.38	118.84	123.08
其他糖果糕点	公斤	0.60	0.41	0.67	0.94	0.57
金额	元	16.27	13.33	25.01	26.65	16.05
其他食品	元	254.58	151.16	314.14	201.78	203.87
调味品	元	96.06	77.33	131.65	116.61	102.82
其他食品	元	158.52	73.82	182.50	85.17	101.05
饮料	元	175.94	126.86	167.51	199.50	209.30
茶叶	公斤	0.24	0.23	0.35	0.30	0.36
金额	元	67.23	45.77	75.64	69.38	95.99
咖啡	元	7.13	6.15	11.48	15.67	11.24
其他固体饮料	元	3.80	1.27	2.17	5.12	6.20
瓶装饮用水	元	12.38	7.46	8.01	10.80	19.19
果汁饮料	元	23.51	21.01	14.18	40.59	42.93
其他液体饮料	元	61.89	45.21	56.03	57.94	33.74

上街区	惠济区	中牟县	巩义市	荥阳市	新密市	新郑市	登封市
0.25	0.11	0.52	0.28	0.01	0.59	5.73	0.19
32.18	17.16	128.99	58.32	0.45	76.18	902.26	21.84
3.45	7.16	0.08	1.76	4.61	0.14	0.78	3.39
62.34	112.40	14.03	146.50	130.77	2.81	16.42	48.81
122.86	90.17	46.76	54.82	87.83	88.65	58.26	64.33
905.37	762.90	273.61	462.50	764.43	571.43	303.92	412.66
108.18	84.78	42.98	47.69	71.73	81.11	54.78	58.56
593.14	614.12	205.86	258.24	424.66	433.63	243.50	319.67
5.15	2.10		1.81	3.28	0.74	0.53	2.47
111.17	58.55		41.06	60.52	18.99	6.19	43.58
9.54	3.29	3.78	5.32	12.83	6.80	2.94	3.30
201.07	90.23	67.75	163.20	279.25	118.80	54.23	49.41
9.51	5.57		5.85	9.38	6.99	3.70	7.17
268.20	163.60		161.53	207.95	121.01	62.90	127.37
1.14	0.97		1.15	1.24	1.44	1.03	1.25
12.48	12.33		12.24	10.66	12.75	7.31	11.34
0.81	0.69		0.22	0.20	1.42	0.72	0.66
36.84	28.63		7.55	5.63	29.11	16.57	13.60
6.77	3.09		4.27	6.69	4.05	1.26	4.05
184.95	99.63		132.69	159.60	77.27	25.08	84.18
0.79	0.81		0.22	1.25	0.09	0.69	1.21
33.93	23.01		9.05	32.05	1.88	13.95	18.26
186.54	117.26	735.75	146.98	258.82	252.47	52.79	103.75
120.31	81.00	58.33	70.58	130.71	145.43	43.71	95.58
66.24	36.26	677.42	76.41	128.11	107.04	9.08	8.17
218.61	118.41	118.01	195.46	130.64	141.49	114.56	191.90
0.31	0.11	0.01	0.16	0.12	0.21	0.02	0.40
109.11	31.71	2.41	95.92	11.47	45.36	3.98	133.19
4.28	4.58		13.41		0.62		3.50
6.63	5.22		3.41	7.71	2.46	3.22	1.21
23.84	17.37	0.35	5.43	14.74	18.30	9.05	8.66
28.02	17.67		12.32	19.43	7.29	12.45	33.65
46.72	41.86	115.26	64.98	77.29	67.47	85.85	11.68

5-6 续表 4 (2017 年)

指标名称	单位	郑州市	中原区	二七区	管城区	金水区
烟酒	元	595.75	584.05	413.77	595.54	780.39
烟草	元	243.40	322.94	216.15	214.93	361.06
卷烟	盒	18.06	24.72	16.08	16.42	22.70
金额	元	242.51	322.94	215.96	213.13	359.12
烟丝烟叶	公斤	0.06		0.01		0.18
金额	元	0.90		0.18	1.80	1.94
酒类	元	352.34	261.11	197.63	380.61	419.33
啤酒	公斤	3.88	3.07	3.28	3.17	4.71
金额	元	31.91	26.22	29.86	26.84	40.99
白酒	公斤	2.54	2.72	1.51	2.57	2.86
金额	元	291.00	196.49	126.75	307.98	347.42
果酒	公斤	0.25	0.30	0.10	0.36	0.40
金额	元	13.34	17.47	9.89	27.56	24.49
其他酒	元	16.09	20.92	31.13	18.24	6.44
饮食服务	元	1190.86	1169.50	1354.01	1324.58	1463.25
食堂用餐	元	49.25	71.83	65.28	34.54	33.99
其他在外饮食	元	1140.74	1097.67	1288.26	1290.01	1428.57
食品加工服务费	元	0.87		0.47	0.04	0.68
衣着	元	2207.98	1542.73	1737.17	1913.10	2157.35
衣类	元	1680.65	1196.28	1346.96	1443.36	1660.73
服装	元	1610.60	1134.94	1278.27	1377.90	1583.76
服装材料	元	4.56	12.11	1.41	13.41	2.66
其他衣类及配件	元	61.40	44.72	61.40	48.30	70.62
衣类加工服务费	元	4.09	4.51	5.88	3.74	3.69
鞋类	元	527.33	346.46	390.21	469.74	496.62
鞋	双	3.65	2.49	3.25	2.96	3.23
金额	元	524.88	344.91	385.56	464.09	494.57
鞋类配件及加工服务费	元	2.45	1.54	4.64	5.65	2.05
居住	元	2028.00	2408.44	2702.21	1853.34	2688.36
租赁房房租	元	277.01	73.77	830.75	64.39	896.93
租赁公房房租	元	14.31	2.00	28.72	3.29	63.03
租赁私房房租	元	262.69	71.76	802.03	61.09	833.90
住房维修及管理	元	731.95	1097.92	751.21	666.64	740.68

上街区	惠济区	中牟县	巩义市	荥阳市	新密市	新郑市	登封市
561.73	357.60	407.04	512.59	274.18	754.53	864.72	189.75
333.53	86.11	115.82	158.26	131.72	437.26	72.24	92.49
37.21	5.73	8.27	13.16	11.24	32.58	6.05	6.99
331.47	83.80	115.82	158.26	131.72	437.26	70.57	92.49
0.19	0.12					0.17	
2.06	2.30					1.67	
228.20	271.49	291.22	354.33	142.47	317.27	792.48	97.26
3.43	3.34	3.10	2.45	1.29	4.19	1.02	9.73
31.00	29.96	15.88	18.64	11.63	50.19	9.60	56.06
5.16	1.44	2.37	1.41	1.09	2.82	4.11	1.03
162.54	202.82	275.34	316.18	124.41	217.09	780.59	34.79
0.47	0.07		0.37	0.08	0.18	0.04	0.16
25.00	2.70		17.11	0.78	2.84	1.05	4.64
9.66	36.02		2.41	5.64	47.15	1.24	1.78
1604.79	819.60	510.30	942.08	758.94	1594.70	1001.27	807.06
11.28	142.87		26.95	24.35		72.99	17.31
1592.79	676.10	510.30	909.92	734.07	1592.67	928.21	788.62
0.72	0.63		5.21	0.52	2.03	0.06	1.13
1956.40	2724.13	1169.09	1811.61	2388.09	3363.13	2280.51	2462.64
1511.23	2166.81	967.86	1485.23	1786.59	2497.06	1425.55	1760.32
1434.72	1984.41	967.86	1432.48	1698.74	2442.51	1413.65	1680.98
3.28	1.34		1.64	1.18	3.80	1.92	1.41
70.42	165.23		48.11	85.92	49.04	9.91	75.72
2.81	15.82		2.98	0.75	1.72	0.07	2.22
445.16	557.32	201.23	326.38	601.50	866.06	854.95	702.32
3.75	4.44	2.54	3.00	4.18	5.45	5.01	3.97
443.25	554.34	201.23	325.35	597.02	865.31	854.13	698.32
1.91	2.98		1.03	4.48	0.75	0.83	4.00
3164.75	1352.40	902.22	1704.49	1153.56	1099.20	1630.76	1168.63
	118.58	130.51	13.40	236.10	24.13	1.00	0.10
		1.26	3.33		1.49	1.00	0.10
	118.58	129.25	10.07	236.10	22.64		
1618.87	388.38	84.75	1182.87	196.54	195.65	652.94	75.60

5-6 续表 5 （2017 年）

指标名称	单位	郑州市	中原区	二七区	管城区	金水区
住房装潢	元	483.36	817.69	485.53	400.17	136.79
住房维修	元	103.66	117.36	81.80	28.45	373.86
物业管理费	元	127.48	160.46	179.61	235.95	139.38
其他	元	17.45	2.41	4.27	2.07	90.66
水电燃料及其他	元	1019.04	1236.75	1120.24	1122.32	1050.75
水	吨	42.56	50.02	43.09	46.86	53.67
金额	元	131.88	176.49	152.61	158.78	193.84
电	度	867.72	805.75	875.15	842.34	1002.10
金额	元	499.57	459.29	499.22	484.01	569.04
燃料	元	263.40	216.08	277.72	252.45	256.54
煤炭	公斤	22.00	3.48	0.06		0.22
金额	元	18.51	4.87	0.11		0.22
管道天然气	立方米	69.88	80.93	81.28	107.01	106.72
金额	元	153.18	184.36	181.81	237.00	221.64
管道煤气	立方米	0.03				
金额	元	0.08		0.06		
罐装液化石油气	公斤	8.30	0.84	7.10	0.18	2.74
金额	元	49.40	3.20	46.01	1.38	13.58
汽油	升	4.83	3.40	7.61	1.93	3.39
金额	元	39.44	23.65	43.34	12.58	20.71
柴油	升	0.23				
金额	元	1.53				
其他油	升	0.11		0.20	0.03	0.09
金额	元	0.60		0.86	1.44	0.40
其他生活燃料	元	0.49		5.54	0.06	
取暖费	元	118.64	384.53	183.48	225.60	30.15
其他	元	5.55	0.37	7.21	1.49	1.17
生活用品及服务	元	2087.52	1510.82	1397.49	1605.50	2086.82
家具及室内装饰品	元	489.90	224.56	126.72	86.72	327.49
家具	元	395.50	196.43	116.38	62.70	283.43
家具材料	元	78.52	9.21	3.37	12.16	6.76
室内装饰品	元	15.88	18.91	6.97	11.85	37.30
家用器具	元	509.70	446.49	446.07	541.51	666.90

上街区	惠济区	中牟县	巩义市	荥阳市	新密市	新郑市	登封市
1471.95	151.23	28.47	1025.80		164.26	598.81	62.27
18.40			45.99	158.21		31.97	1.98
107.78	234.91	56.28	109.07	20.11	31.39	22.16	10.96
20.74	2.25		2.01	18.22			0.38
1545.88	845.44	686.96	508.22	720.92	879.41	976.82	1092.93
58.92	40.12	16.69	19.13	40.12	30.05	39.44	44.08
130.24	147.74	30.62	38.78	74.39	106.73	95.27	107.63
1171.46	822.03	754.57	503.44	736.87	919.92	701.47	1075.12
657.17	495.41	433.29	282.16	428.10	526.32	396.26	643.80
358.42	186.59	182.62	151.31	186.29	214.67	459.99	326.93
			142.34	7.52		7.43	62.10
			67.39	7.40		10.58	119.88
149.19	80.88	30.70	18.03	42.83	16.90	35.00	0.22
345.14	180.04	65.23	40.50	95.95	41.15	67.64	1.88
	0.41						
	0.94						
2.70	0.09	21.09	8.44	15.62	26.10	23.59	24.96
13.17	0.20	117.39	43.42	81.31	173.52	168.60	151.39
	0.78			0.27		22.05	3.80
	5.26			1.62		213.16	25.42
							3.17
							21.43
0.04	0.04						1.04
0.11	0.15						4.52
378.51	15.70	40.43	35.24	29.15		25.30	13.55
21.54			0.73	3.01	31.69		1.03
1980.06	2236.37	1008.51	2506.37	1615.25	1893.08	2208.80	3172.63
566.26	484.06	92.77	1242.84	218.36	245.80	1697.38	110.12
535.57	478.20	92.77	1227.83	188.54	227.29	861.02	98.01
0.12	2.99			25.45		834.84	5.82
30.57	2.87		15.01	4.37	18.50	1.52	6.30
427.52	706.23	194.07	277.03	580.35	298.18	201.42	959.05

5-6　续表 6　　（2017 年）

指标名称	单位	郑州市	中原区	二七区	管城区	金水区
耐用消费品	元	428.99	380.31	364.94	486.73	559.46
洗衣机	台	0.03	0.01	0.02	0.03	0.04
金额	元	51.88	45.19	54.82	49.04	48.02
电冰箱(柜)	台	0.02	0.01	0.02	0.02	0.02
金额	元	38.96	27.99	35.82	56.51	39.64
空调器	台	0.06	0.05	0.05	0.05	0.09
金额	元	172.47	191.16	131.48	186.86	247.08
吸尘器	台			0.01		
金额	元	0.74	2.43	0.72		
抽油烟机	台	0.01	0.01	0.02	0.01	0.02
金额	元	10.60	8.94	27.50	2.10	5.76
微波炉	台				0.01	0.01
金额	元	1.09			5.37	1.91
非太阳能热水器	台	0.02	0.01	0.03	0.04	0.03
金额	元	33.09	21.90	34.27	58.33	81.23
太阳能热水器	台				0.01	
金额	元	10.99			16.05	
燃气炉具	套	0.01	0.01	0.04	0.01	0.01
金额	元	12.66	1.31	33.47	4.67	11.09
洗碗机	台			0.01	0.01	
金额	元	1.32	0.90	3.60	8.92	0.94
其他	元	95.18	80.51	43.27	98.87	123.79
小家电	元	80.71	66.18	81.13	54.78	107.44
家用纺织品	元	186.48	173.13	102.25	170.10	164.15
床上用品	元	151.89	126.38	75.37	104.85	122.24
窗帘门帘	元	20.21	37.48	13.28	44.89	18.63
其他家用纺织品	元	14.38	9.27	13.59	20.37	23.29
家庭日用杂品	元	441.55	260.81	407.54	455.96	388.56
洗涤及卫生用品	元	176.55	77.00	136.20	150.55	157.60
厨具餐具茶具	元	59.08	46.83	37.33	78.85	72.00
家用手工工具	元	1.83	3.48	0.48	2.33	2.60

上街区	惠济区	中牟县	巩义市	荥阳市	新密市	新郑市	登封市
311.90	664.49	176.71	231.67	542.88	265.15	194.90	645.46
0.02	0.04		0.03	0.06	0.03	0.01	0.04
52.77	61.04	6.28	41.20	143.18	106.09	18.36	52.00
0.02	0.07		0.02	0.01			
37.34	153.56	5.20	22.36	12.72	29.38		
0.04	0.07	0.01	0.04	0.08	0.01	0.04	0.12
108.65	166.69	41.28	123.79	240.59	25.47	105.79	347.46
				0.01			
				8.00			
	0.01		0.01			0.01	0.01
	4.78	4.34	2.91		5.98	12.34	34.21
	0.01						
	4.15						
0.04	0.02		0.01			0.01	0.01
42.12	19.72		9.24			44.52	11.04
	0.01					0.01	0.01
	50.81					7.72	67.06
	0.03		0.02			0.01	0.01
	22.35	3.25	8.26		31.69	4.45	2.59
71.03	181.37	116.36	23.91	138.38	66.54	1.71	131.10
115.62	41.74	17.36	45.36	37.46	33.03	6.52	313.59
139.09	121.01	78.66	179.90	201.54	387.29	37.07	231.19
90.42	69.86	78.66	150.25	194.57	371.15	35.03	194.56
41.42	8.97		11.81	2.08	9.96	1.60	31.24
7.25	42.18		17.84	4.88	6.18	0.44	5.40
290.70	502.43	520.97	234.93	357.34	502.42	154.67	934.88
55.13	192.70	321.59	58.28	102.78	169.22	62.73	458.80
48.94	83.96	4.56	53.22	86.48	84.60	17.68	41.98
4.54	1.32		1.90	3.11	0.93	0.35	0.47

5-6 续表7 (2017年)

指标名称	单位	郑州市	中原区	二七区	管城区	金水区
其他	元	204.08	133.50	233.52	224.23	156.36
个人用品	元	419.61	359.85	287.79	310.52	451.52
化妆品	元	259.44	74.73	138.38	133.08	295.19
其他个人用品	元	160.17	285.11	149.40	177.44	156.33
家庭服务	元	40.28	45.99	27.13	40.69	88.19
家政服务	元	14.79	21.15	5.66	8.62	43.16
家庭设备修理费	元	25.50	24.83	21.47	32.07	45.03
交通通信	元	2874.03	1894.06	2956.15	3420.27	2331.34
交通	元	1929.01	905.43	2018.03	2344.58	1325.00
交通工具	元	977.06	79.48	1339.44	576.87	158.22
汽车	辆	0.01		0.01	0.01	
金额	元	842.04		1163.25	460.00	90.45
摩托车	辆					
金额	元	5.07				
自行车	辆	0.02	0.02	0.02	0.01	0.02
金额	元	13.69	48.54	4.82	0.72	8.23
电动自行车	辆	0.06	0.01	0.05	0.04	0.02
金额	元	97.59	30.94	150.81	85.72	56.44
其他交通工具	元	18.68		20.56	30.44	3.11
交通费	元	171.66	275.65	186.66	431.20	215.98
飞机	元	59.27	111.94	39.28	273.57	31.99
火车	元	46.56	84.98	74.24	62.64	93.74
长途汽车	元	19.60	30.61	24.98	6.51	26.34
市内公共交通	元	18.52	36.09	24.56	11.19	31.47
出租汽车费	元	17.73	8.22	15.72	25.73	27.79
其他交通费	元	9.98	3.80	7.89	51.55	4.65
交通工具用燃料	元	579.73	443.30	348.35	1012.96	681.29
汽油	升	89.88	66.58	55.04	151.73	108.22
金额	元	572.29	440.36	346.45	968.76	677.23
柴油	升	0.60	0.11	0.25	3.34	0.36
金额	元	3.64	0.70	1.66	19.41	2.35
其他燃料和润滑剂	元	3.81	2.24	0.23	24.80	1.71
交通工具使用及维修	元	200.55	106.99	143.58	323.55	269.49

上街区	惠济区	中牟县	巩义市	荥阳市	新密市	新郑市	登封市
182.09	224.45	194.82	121.53	164.98	247.66	73.91	433.63
538.43	404.05	94.59	538.27	246.51	436.89	97.26	922.41
98.00	207.07	85.94	413.30	50.86	329.02	55.78	874.45
440.43	196.98	8.65	124.96	195.66	107.86	41.48	47.96
18.07	18.59	27.47	33.40	11.16	22.51	21.00	14.99
1.22	3.14		17.47			16.70	0.75
16.85	15.45	27.47	15.93	11.16	22.51	4.30	14.23
2223.29	2320.72	2893.98	2841.74	3366.37	3262.15	1943.97	1336.86
1338.00	1339.16	2300.75	2199.19	1924.11	2261.78	1167.64	518.19
125.34	305.03	1346.15	1666.55	1010.21	1367.71	875.11	242.23
		0.01	0.02	0.02	0.01	0.01	
		1169.77	1645.09	734.48	1362.00	818.95	
0.01							0.01
43.86							46.53
0.05	0.01	0.01		0.03	0.01		0.03
18.13	1.67	6.12	1.63	22.76	5.01		26.18
0.02	0.30	0.05	0.01	0.08		0.04	0.06
63.35	156.08	169.61	19.84	234.46		54.71	158.24
	147.28	0.65		18.51	0.70	1.45	11.28
203.87	86.17	41.40	71.37	77.52	69.42	11.03	83.23
98.00	36.31	20.64	6.04	14.86			
62.01	10.32		18.79	14.23	13.23		6.70
19.03	7.16	1.48	11.24	16.22	6.76	8.01	48.61
12.62	5.21		18.00	13.41	21.17		7.31
6.13	9.60	16.39	15.01	10.99	27.28		9.83
6.08	17.56	2.89	2.29	7.82	0.98	3.01	10.78
717.93	726.51	706.87	341.13	579.49	549.82	257.23	150.92
113.40	112.26	112.82	51.33	92.38	86.62	39.90	20.45
715.55	723.76	706.87	337.05	573.94	548.33	257.23	130.35
	0.46		0.01	0.40			2.49
	2.75		0.06	2.31			15.44
2.38			4.02	3.24	1.49		5.13
290.86	221.46	206.34	120.15	256.89	274.84	24.28	41.81

5-6 续表 8 （2017 年）

指标名称	单位	郑州市	中原区	二七区	管城区	金水区
交通工具零配件和维修	元	117.47	56.07	24.20	170.99	167.43
停车费	元	17.23	17.10	33.22	75.33	16.40
车辆使用税费(含过桥过路费)	元	48.54	25.59	56.96	49.77	70.71
其他	元	17.32	8.24	29.19	27.46	14.96
通信	元	945.02	988.63	938.12	1075.69	1006.35
通信工具	元	305.70	201.16	242.15	430.10	363.68
电话机	部			0.02	0.01	
金额	元	1.16	0.52	8.03	4.07	
移动电话机	部	0.16	0.10	0.14	0.23	0.15
金额	元	295.96	191.09	223.40	406.48	351.80
其他通信工具及零配件	元	8.59	9.55	10.72	19.54	11.88
通信服务	元	639.32	787.47	695.96	645.59	642.67
固定电话费	元	26.46	42.52	24.95	17.90	28.13
移动电话费	元	489.14	547.89	494.96	491.96	479.49
上网费	元	116.88	189.34	155.80	129.93	127.66
邮费	元	2.11	1.44	3.77	4.11	2.65
其他通信服务费	元	4.73	6.28	16.49	1.68	4.74
教育文化娱乐	元	2828.52	2293.63	2568.02	3343.15	2874.62
教育	元	1445.66	842.22	1394.02	2133.52	1346.53
学前教育	元	303.09	217.92	258.33	597.13	358.17
教育用品	元	4.55	0.90		10.55	7.33
学杂费	元	73.93	95.73	181.56	70.67	120.89
培训费	元	85.11	84.48	58.35	222.03	126.02
赞助费	元	5.76			65.99	
一揽子教育服务(含食宿)	元	111.63	36.80	17.01	200.22	75.30
其他费用	元	22.11		1.41	27.67	28.63
小学教育	元	271.36	154.54	273.42	294.44	275.95
教育用品	元	12.13	2.75	9.30	13.76	18.18
学杂费	元	13.97	34.70	20.57	1.80	15.50
培训费	元	132.64	40.50	192.29	119.25	156.36
赞助费	元	27.22	1.22		12.88	
一揽子教育服务(含食宿)	元	28.17	31.81	27.83	97.43	31.23
其他费用	元	57.22	43.56	23.44	49.32	54.67
初中教育	元	301.72	114.83	350.95	584.97	277.60
教育用品	元	14.36	17.01	18.38	20.68	6.67
学杂费	元	14.72	2.71	6.69	8.50	13.88

上街区	惠济区	中牟县	巩义市	荥阳市	新密市	新郑市	登封市
140.54	143.25	134.49	45.07	221.15	158.44	22.96	29.31
29.44	17.05		2.70	0.29	2.90	0.27	0.14
110.73	35.59	71.85	53.89	22.64	59.93	0.99	0.39
10.15	25.56		18.49	12.81	53.57	0.06	11.97
885.29	981.56	593.23	642.54	1442.27	1000.37	776.33	818.67
224.73	301.53	193.62	276.10	706.70	364.21	157.81	181.11
			0.01				
			0.48				
0.21	0.14	0.16	0.12	0.31	0.16	0.07	0.13
207.17	296.22	193.62	266.94	681.15	362.88	155.49	175.88
17.56	5.31		8.69	25.55	1.33	2.33	5.23
660.56	680.03	399.62	366.44	735.57	636.16	618.51	637.57
35.40	22.43	6.32	2.16	6.36	14.92	50.30	21.11
437.85	527.05	356.43	281.60	594.64	549.30	496.06	572.05
177.21	128.69	36.87	71.34	130.40	71.67	71.73	41.03
2.50			5.85		0.04	0.14	
7.60	1.85		5.49	4.16	0.25	0.28	3.38
2521.24	3767.02	1923.08	2526.43	3300.58	3444.63	2399.16	1272.82
1436.51	1792.38	1047.85	777.42	1217.58	2716.03	1485.44	735.78
457.90	356.26	87.51	280.70	61.12	489.68	75.82	146.86
9.18	8.77		5.34	1.39	0.21	1.98	6.93
251.47	10.76					21.59	65.69
43.98	74.24		72.25	20.47	164.49	3.88	23.95
							5.47
127.21	248.17	27.63	203.11	1.69	309.66	47.90	44.82
26.06	14.32	59.87		37.57	15.31	0.48	
126.33	411.09	116.77	90.57	46.53	574.19	287.03	97.00
8.09	10.14		2.60	2.93	6.30	13.10	43.46
1.04	0.27		0.65		0.05	32.88	0.07
27.56	243.35		49.83		536.83	12.85	24.50
						212.78	
79.95	3.59		35.67	34.35	4.32	2.00	1.02
9.70	153.74	116.77	1.81	9.25	26.69	13.42	27.95
164.49	426.21	235.14	95.36	354.09	235.14	423.76	43.38
4.02	14.79		15.11	24.87	20.39	23.51	11.70
4.58	82.16		0.09		10.84	21.56	

5-6 续表 9 (2017 年)

指标名称	单位	郑州市	中原区	二七区	管城区	金水区
培训费	元	70.99	51.49	151.81	215.46	42.08
赞助费	元	41.59	1.39	1.11	4.49	
一揽子教育服务(含食宿)	元	97.48	17.72	106.84	114.07	186.96
其他费用	元	62.60	24.51	66.12	221.77	28.01
高中教育	元	173.11	112.16	298.02	35.80	187.12
教育用品	元	3.69	3.24		1.64	1.82
学杂费	元	13.43	31.64	3.88	11.68	6.46
培训费	元	25.71	45.86	40.42	2.40	49.13
赞助费	元	20.95		238.42		
一揽子教育服务(含食宿)	元	74.90	18.05	12.20	5.39	126.15
其他费用	元	34.42	13.38	3.10	14.69	3.56
中专职高教育	元	29.30	0.65	1.55	67.53	54.98
教育用品	元	0.22	0.45			0.94
学杂费	元	7.12			2.40	41.77
培训费	元	0.91				5.46
一揽子教育服务(含食宿)	元	20.85		1.55	64.99	5.87
其他费用	元	0.20	0.21		0.15	0.94
大专及以上教育	元	295.90	200.93	156.58	339.43	160.51
教育用品	元	1.84	0.12		7.19	0.57
学杂费	元	77.88	106.05		23.66	60.79
培训费	元	3.00	2.09		1.56	8.22
一揽子教育服务(含食宿)	元	150.95	42.05	156.58	305.47	83.99
其他费用	元	62.23	50.62		1.56	6.93
成人教育	元	71.18	41.18	55.17	214.22	32.20
教育用品	元	5.74		0.32	0.64	0.53
培训费	元	48.62	24.69	44.04	169.59	25.50
其他费用	元	16.82	16.50	10.81	43.99	6.17
文化娱乐	元	1382.86	1451.41	1174.00	1209.63	1528.09
文娱耐用消费品	元	155.99	49.21	109.99	161.84	139.33
组合音响	台				0.01	
金额	元	4.26			4.49	
彩色电视机	台	0.01	0.01		0.01	0.02
金额	元	31.81	32.82		13.78	49.37
照相机	台					0.01
金额	元	13.42				10.40
家用台式电脑	台	0.01			0.01	0.01

上街区	惠济区	中牟县	巩义市	荥阳市	新密市	新郑市	登封市
51.17	80.70		16.93		113.72	36.32	
						335.30	
101.25	226.38		63.23	294.01	61.91		22.79
3.47	22.18	235.14		35.21	28.29	7.07	8.90
93.56	252.11	48.10	106.62	67.85	453.27	165.48	53.85
1.58	5.85		2.77	0.76	20.26	5.64	
	0.11		6.90		18.28	42.16	6.84
	23.91		29.42		72.40		
78.45	189.31		67.53	65.93	271.85	5.59	43.31
13.52	32.94	48.10		1.16	70.49	112.09	3.69
72.73	36.46			173.50			32.84
72.73	36.46			173.50			32.84
470.50	89.25	523.89	180.17	462.44	952.21	448.87	348.63
					4.55	23.51	
352.10				55.52	158.28	391.62	123.17
				28.92			
118.40	75.92		180.17	378.00	677.05	33.75	170.72
	13.33	523.89			112.33		54.74
50.99	221.00	36.45	24.01	52.05	11.54	84.48	13.21
	63.63		0.67		0.08		4.31
50.99	142.29		22.94	52.05		58.13	8.90
	15.07	36.45	0.39		11.46	26.35	
1084.73	1974.64	875.23	1749.01	2083.01	728.60	913.71	537.04
275.26	149.36	31.65	99.05	447.47	72.03	328.18	189.91
						31.93	
0.04	0.01		0.02		0.01		0.01
90.73	24.50		68.50		33.38	13.39	26.00
						0.01	
					36.22	63.87	
0.02			0.01			0.01	0.01

5-6 续表 10 （2017 年）

指标名称	单位	郑州市	中原区	二七区	管城区	金水区
金额	元	25.87			34.74	27.31
家用笔记本电脑	台	0.01		0.02	0.02	0.01
金额	元	23.89	9.39	96.47	59.88	15.64
中高档乐器	元	33.27			26.95	18.09
健身器材	元	3.97			5.44	2.25
其他文娱耐用消费品	元	11.24	3.94	10.96	11.35	12.01
文娱耐用消费品的零配件及维修	元	8.25	3.06	2.56	5.20	4.26
其他文娱用品	元	248.18	128.34	247.84	218.02	356.80
书报杂志及音像制品	元	57.52	21.13	105.80	37.27	61.43
文具纸张	元	32.99	16.03	34.18	26.95	36.40
体育户外用品	元	23.66	20.35	13.86	8.61	25.61
游戏用品和玩具	元	75.46	26.38	53.57	97.52	76.20
园艺花卉及有关产品	元	13.54	15.24	11.54	12.94	24.07
宠物及有关产品	元	20.59	10.69	20.32	8.06	46.90
其他文娱用品及维修	元	24.42	18.54	8.57	26.67	86.19
文化娱乐服务	元	978.69	1273.86	816.17	829.78	1031.96
团体旅游	元	740.60	1051.25	495.33	518.44	752.98
景点门票	元	73.45	75.07	86.51	128.36	83.81
体育健身活动	元	17.05	37.38	9.10	43.29	11.16
电影话剧演出票	元	26.98	17.69	33.17	28.86	56.09
有线电视费	元	51.59	70.77	85.57	50.76	73.57
其他文化娱乐服务	元	69.02	21.70	106.49	60.07	54.34
医疗保健	元	1805.84	2674.89	2129.20	2298.99	1501.73
医疗器具及药品	元	670.84	639.27	979.46	751.06	448.50
药品	元	440.83	421.57	610.03	485.36	357.09
滋补保健品	元	169.75	140.93	261.64	229.93	64.30
医疗卫生器具	元	23.67	21.35	34.02	1.58	10.21
保健器具	元	36.59	55.42	73.78	34.18	16.91
医疗服务	元	1135.01	2035.62	1149.75	1547.93	1053.22
门诊医疗总费用	元	284.72	357.06	368.80	457.60	284.50
住院医疗总费用	元	850.29	1678.56	780.95	1090.33	768.72
其他用品和服务	元	712.41	441.30	273.12	1229.54	512.29
其他用品	元	464.29	261.96	50.06	860.57	280.21
首饰及手表	元	347.01	110.65	8.69	774.89	213.59
其他杂项用品	元	117.27	151.31	41.37	85.69	66.62
其他服务	元	248.13	179.34	223.06	368.97	232.08
旅馆住宿费	元	47.66	31.94	22.03	120.53	33.56
美容美发洗浴	元	144.85	79.95	141.37	138.91	166.20
其他杂项服务	元	55.61	67.45	59.66	109.53	32.32

上街区	惠济区	中牟县	巩义市	荥阳市	新密市	新郑市	登封市
79.19			8.05			95.80	42.42
0.01				0.02			0.01
75.54				219.54			50.63
	88.47	31.65				119.75	
			3.59	174.06	2.39	0.10	
7.29	28.21		2.25	32.39			36.86
22.51	8.18		16.66	21.49	0.04	3.33	33.99
224.56	223.22	225.60	125.18	105.01	242.37	306.85	123.78
46.37	55.34	69.77	17.40	24.20	132.85	39.03	8.45
35.57	21.49	28.94	12.80	23.98	36.54	73.65	53.05
33.83	36.51	13.92	8.27	5.47	12.87	39.79	7.27
68.33	77.39	112.97	43.61	22.21	47.72	90.73	49.43
8.77	21.81		15.78	19.00	7.28	0.33	4.56
8.87	2.75		4.43	2.65	2.02	61.87	1.03
22.82	7.93		22.89	7.51	3.08	1.44	
584.91	1602.06	617.97	1524.77	1530.53	414.20	278.69	223.35
347.68	947.86	566.89	1408.01	1428.99	283.99	210.91	176.72
119.15	136.82	38.38	44.41	25.71	14.40	20.57	13.23
14.74	26.43			27.76	0.11	22.88	1.03
10.63	59.90		17.17	7.25	9.39	14.12	3.39
64.57	82.14	6.67	15.05	35.08	12.64	10.21	24.63
28.13	348.92	6.03	40.14	5.73	93.66		4.34
2016.79	1002.53	594.78	1312.74	1485.65	794.72	3173.42	882.03
1256.25	493.51	273.14	858.61	1042.87	583.32	439.59	589.47
1020.82	363.31	273.14	287.63	383.75	376.56	297.03	547.65
194.44	114.13		565.82	158.34	172.35	40.94	29.70
32.01	3.85		0.67	79.47	34.41	80.14	1.92
8.99	12.22		4.49	421.30		21.47	10.20
760.53	509.02	321.63	454.13	442.78	211.40	2733.83	292.57
304.40	323.76	109.53	199.85	243.18	77.25	166.71	222.40
456.13	185.27	212.11	254.28	199.60	134.15	2567.12	70.17
777.19	581.06	174.14	1381.88	653.60	913.33	331.62	787.42
463.49	302.01	116.32	1058.61	355.10	554.49	284.19	576.98
268.30	202.78	59.97	945.60	196.55	476.80	277.37	197.35
195.19	99.24	56.34	113.02	158.55	77.69	6.82	379.63
313.70	279.05	57.83	323.27	298.50	358.84	47.42	210.44
155.24	35.82		123.84	3.24	21.50	18.88	0.79
109.53	140.29	57.83	156.99	100.70	299.53	26.71	193.64
48.94	102.94		42.44	194.57	37.81	1.83	16.01

5-7 城镇居民

（2017 年）

指　　标	单位	郑州市	中原区	二七区	管城区	金水区
住户居住空间样式						
单栋楼房	%	7.1		1.5	1.8	
单栋平房	%	7.7		1.5		
四居室及以上单元房	%	8.4	12.6	1.5	7.0	15.9
三居室单元房	%	41.5	18.5	26.9	43.9	47.4
二居室单元房	%	32.9	67.0	61.2	47.4	34.9
一居室单元房	%	2.1	1.9	4.5		1.9
筒子楼或连片平房	%	0.3		3.0		
主要建筑材料						
钢筋混凝土	%	47.2	56.2	61.2	63.2	37.1
砖混材料	%	52.8	43.8	38.8	36.8	62.9
现住房房屋来源						
租赁公房	%	0.3				0.9
租赁私房	%	5.5	1.9	7.5	1.8	17.0
自建住房	%	14.1				
购买商品房	%	38.2	27.2	32.8	19.3	21.4
购买房改住房	%	25.1	56.3	40.3	26.3	36.0
购买保障性住房	%	0.9	4.9	1.5		
拆迁安置房	%	14.8	9.6	16.4	52.6	22.4
继承或获赠住房	%	0.9		1.5		1.9
其他来源	%	0.2				0.4
现住房建筑面积	**平方米/人**	**38.4**	**33.0**	**27.4**	**35.6**	**31.7**

家庭现住房情况

上街区	惠济区	中牟县	巩义市	荥阳市	新密市	新郑市	登封市
		25.7	14.5		21.0	31.3	22.5
	2.1	16.6	28.0		40.9	39.2	27.5
5.0	6.2	1.0	14.1	3.6	10.7		
35.0	58.3	50.8	34.6	96.4	27.4	17.5	50.0
60.0	25.0	6.0	5.2			10.3	
	8.3		3.5			1.7	
50.0	29.2	48.3	18.4	92.9	41.1	59.0	7.5
50.0	70.8	51.7	81.6	7.1	58.9	41.0	92.5
						1.7	
	4.2	5.6	1.7	7.1			
	2.1	42.3	42.6		55.6	70.5	55.0
22.5	54.2	52.1	53.9	92.9	42.8	14.0	45.0
52.5	2.1				1.6	13.7	
22.5	33.3						
2.5	4.2						
			1.7				
40.5	**47.7**	**44.8**	**36.8**	**40.6**	**59.0**	**55.4**	**52.6**

5-8　城镇居民家庭

（2017 年）

指　　标	单位	郑州市	中原区	二七区	管城区	金水区
家用汽车	辆	52	43	25	53	56
摩托车	辆	21	2		5	9
助力车	台	86	72	113	81	89
洗衣机	台	103	100	101	104	105
电冰箱(柜)	台	100	99	106	98	102
微波炉	台	60	60	70	58	62
彩色电视机	台	129	113	113	128	124
#接入有线电视	台	104	92	100	84	111
空调	台	200	179	179	219	212
热水器	台	97	87	96	95	99
#太阳能热水器	台	32	3	19	4	19
洗碗机	台	2	6	1		
排油烟机	台	83	87	88	88	99
固定电话	线	29	40	34	40	27
移动电话	部	240	206	207	193	241
#接入互联网	部	153	160	184	95	197
计算机	台	84	85	76	86	96
#接入互联网	台	71	64	66	74	83
照相机	台	33	31	27	39	34
中高档乐器	架	5	3	3	5	
健身器材	台	7	1	6	2	1

每百户耐用消费品拥有量

上街区	惠济区	中牟县	巩义市	荥阳市	新密市	新郑市	登封市
40	64	75	44	64	84	41	40
38	6	31	53	21	40	77	73
70	96	110	60	125	61	87	95
102	102	104	97	107	110	104	105
102	100	103	92	100	98	101	95
45	88	38	33	68	50	73	55
120	165	125	123	125	188	120	137
102	150	62	86	125	115	91	132
193	258	174	186	204	253	137	160
105	102	103	104	100	93	105	82
45	6	48	42	46	83	75	70
	4				7		5
93	96	52	34	100	84	43	67
15	25	19	8	7	19	44	27
202	299	247	264	314	334	221	285
123	280	122	147	204	162	67	180
95	79	60	60	89	112	45	85
93	75	53	45	89	92	37	73
43	20	13	14	32	40	16	32
	12	7	2	4	5	10	8
3	2		2	4	8	5	8

5-9 城镇居民人均食品消费量

（2017 年）

单位:公斤

指标名称	郑州市	中原区	二七区	管城区	金水区	上街区	惠济区	中牟县	巩义市	荥阳市	新密市	新郑市	登封市
粮食消费量	**108.83**	**113.62**	**107.84**	**113.37**	**111.16**	**117.31**	**93.84**	**121.29**	**103.95**	**141.37**	**128.17**	**106.16**	**123.26**
谷物消费量	97.33	100.65	97.83	100.40	100.57	101.95	83.54	116.76	93.74	123.41	106.80	97.01	111.50
小麦	66.76	65.81	66.79	62.01	60.49	68.86	54.37	103.46	72.12	78.21	77.03	70.50	82.57
稻谷	22.70	28.17	24.49	28.66	31.91	24.36	18.48	11.25	13.27	31.68	21.07	17.12	19.31
玉米	1.11	0.70	0.93	1.96	1.72	0.99	1.78		2.28	0.96	0.61	0.27	0.70
其他谷物	6.75	5.96	5.61	7.78	6.46	7.75	8.91	2.05	6.07	12.55	8.09	9.12	8.93
薯类消费量	2.36	2.24	2.31	3.50	2.10	3.29	2.61	2.31	2.44	4.04	2.73	1.33	1.57
红薯	0.85	0.63	0.71	1.44	0.64	1.26	0.91	1.69	1.07	1.86	0.67	0.93	0.30
马铃薯	0.98	1.36	1.11	1.53	0.92	1.67	1.06	0.61	0.86	1.48	0.75	0.01	0.64
其他薯类	0.52	0.25	0.49	0.52	0.54	0.37	0.64	0.01	0.51	0.70	1.31	0.39	0.64
豆类消费量	9.15	10.74	7.69	9.46	8.50	12.06	7.70	2.23	7.77	13.93	18.64	7.81	10.18
大豆	0.75	0.53	0.42	0.76	1.10	0.78	0.11	0.05	0.29	0.08	1.81	0.22	3.38
其他豆类	8.40	10.21	7.27	8.70	7.40	11.28	7.59	2.18	7.48	13.84	16.82	7.59	6.80
油脂类消费量	**10.34**	**8.58**	**8.66**	**9.70**	**9.59**	**9.35**	**6.22**	**9.61**	**10.92**	**10.82**	**14.38**	**19.49**	**13.64**
植物油	9.89	8.58	8.64	9.64	9.58	9.34	6.22	9.61	10.88	10.77	14.14	14.59	13.39
动物油	0.46		0.02	0.06	0.02	0.01			0.04	0.04	0.24	4.90	0.25
蔬菜及菜制品消费量	**102.85**	**123.87**	**109.34**	**110.31**	**107.21**	**117.45**	**104.58**	**60.38**	**67.93**	**140.81**	**110.00**	**86.02**	**95.28**
鲜菜	97.95	118.93	104.87	104.94	102.30	111.98	98.84	58.54	65.49	135.49	106.75	75.43	91.64
干菜及菜制品	1.26	1.59	1.30	1.10	1.44	0.89	1.96	1.23	0.79	1.75	1.18	0.47	0.99
鲜菌	3.05	3.12	2.83	3.65	2.98	4.08	3.63	0.59	1.35	3.30	1.98	6.55	2.22
干菌及菌制品	0.59	0.23	0.34	0.62	0.49	0.50	0.15	0.02	0.30	0.26	0.10	3.58	0.43
肉类	**20.12**	**27.68**	**21.37**	**24.27**	**23.61**	**24.68**	**21.35**	**16.17**	**12.18**	**20.93**	**13.04**	**14.65**	**15.98**
猪肉	12.78	18.41	13.55	13.52	13.61	17.24	12.17	11.94	7.43	10.83	10.24	11.25	10.73
牛肉	2.13	3.92	2.00	3.29	2.93	1.30	1.67	0.17	0.76	3.67	1.24	0.24	2.38
羊肉	1.78	2.28	2.49	2.86	2.25	2.34	2.39	0.32	1.08	2.36	0.61	0.40	1.83
其他肉类及制品	3.42	3.08	3.33	4.60	4.82	3.80	5.13	3.73	2.91	4.07	0.95	2.76	1.03
禽类	**4.91**	**6.51**	**7.77**	**6.37**	**7.29**	**6.05**	**5.29**	**2.83**	**2.06**	**4.03**	**3.06**	**2.00**	**1.55**
鸡	3.13	3.86	4.91	4.39	4.80	2.98	3.03	2.83	1.18	2.12	1.70	1.48	1.25
鸭	0.32	0.35	0.50	0.37	0.86	0.63	0.11		0.03	0.16	0.11	0.01	0.09
鹅	0.01			0.01	0.05	0.03							

5-9 续表 (2017 年)

指标名称	郑州市	中原区	二七区	管城区	金水区	上街区	惠济区	中牟县	巩义市	荥阳市	新密市	新郑市	登封市
其他禽类及制品	1.44	2.29	2.35	1.61	1.57	2.41	2.15		0.85	1.75	1.26	0.52	0.22
水产品	**6.98**	**11.30**	**7.16**	**8.65**	**8.44**	**10.24**	**8.29**	**3.69**	**2.89**	**3.98**	**2.96**	**8.76**	**2.20**
鱼类	4.64	8.34	4.89	5.88	6.09	6.82	4.99	3.20	1.62	3.06	1.72	4.01	1.00
虾贝蟹类	1.52	2.14	1.26	1.94	1.64	1.60	2.04	0.49	0.38	0.34	0.30	4.26	0.56
藻类	0.21	0.15	0.33	0.19	0.19	0.54	0.48		0.18	0.49	0.04	0.26	0.18
其他	0.60	0.67	0.68	0.65	0.51	1.28	0.78		0.72	0.10	0.90	0.24	0.46
蛋类及蛋制品	**15.14**	**14.78**	**14.91**	**16.48**	**18.67**	**18.78**	**13.48**	**13.76**	**10.51**	**17.63**	**16.17**	**15.34**	**13.92**
鲜蛋	14.27	14.19	14.06	15.43	17.92	16.88	12.73	13.76	10.18	16.92	15.73	12.21	13.59
蛋制品	0.87	0.59	0.85	1.05	0.75	1.90	0.75		0.33	0.71	0.44	3.14	0.33
奶和奶制品	**21.48**	**22.20**	**17.90**	**27.33**	**30.97**	**24.56**	**23.53**	**0.74**	**13.94**	**22.84**	**15.93**	**15.83**	**32.68**
鲜奶	10.99	11.77	9.02	14.65	16.57	15.00	4.91	0.03	8.63	11.34	11.93	5.75	16.65
酸奶	7.68	9.44	6.39	9.61	13.13	6.49	9.67	0.04	3.27	6.80	3.34	3.25	12.35
奶粉	0.97	0.81	0.37	1.07	0.57	0.21	0.14	0.58	0.28	0.01	0.54	6.01	0.20
其他奶制品	1.84	0.17	2.10	2.00	0.70	2.86	8.81	0.09	1.76	4.69	0.13	0.82	3.49
干鲜瓜果类	**76.93**	**95.32**	**68.01**	**70.70**	**77.52**	**101.86**	**110.92**	**51.84**	**54.92**	**89.34**	**80.56**	**61.14**	**66.21**
鲜瓜果	70.31	89.70	62.88	64.07	69.89	89.69	104.28	47.63	47.72	72.96	73.70	57.50	60.27
瓜果制品	1.56	1.55	0.81	1.53	1.22	4.27	2.58		1.81	3.33	0.68	0.55	2.54
坚果类	5.06	4.07	4.33	5.10	6.41	7.91	4.05	4.21	5.38	13.05	6.18	3.09	3.40
糖果糕点类	**6.00**	**6.30**	**5.46**	**7.48**	**7.16**	**7.89**	**6.85**		**5.85**	**9.54**	**6.35**	**3.88**	**7.38**
食糖	1.04	1.50	1.03	1.06	0.94	0.95	1.19		1.15	1.26	1.30	1.08	1.28
糖果	0.60	0.62	0.39	0.99	0.68	0.67	0.85		0.22	0.21	1.29	0.75	0.68
糕点	3.77	3.77	3.40	4.47	4.95	5.61	3.80		4.27	6.80	3.68	1.33	4.17
其他糖果糕点	0.59	0.41	0.66	0.97	0.59	0.65	1.00		0.22	1.27	0.08	0.73	1.24
饮料	**0.24**	**0.22**	**0.34**	**0.31**	**0.37**	**0.25**	**0.13**	**0.01**	**0.16**	**0.12**	**0.19**	**0.02**	**0.42**
茶叶	0.24	0.22	0.34	0.31	0.37	0.25	0.13	0.01	0.16	0.12	0.19	0.02	0.42
烟叶消费量	**17.81**	**24.50**	**15.67**	**16.98**	**23.54**	**31.01**	**7.19**	**9.20**	**13.16**	**11.44**	**29.61**	**6.52**	**7.20**
酒	**6.56**	**6.04**	**4.76**	**6.30**	**8.19**	**7.51**	**5.96**	**6.09**	**4.23**	**2.50**	**6.53**	**5.42**	**11.24**
白酒	2.50	2.70	1.47	2.65	2.95	4.28	1.77	2.64	1.41	1.11	2.56	4.31	1.06
啤酒	3.81	3.04	3.19	3.27	4.83	2.84	4.11	3.45	2.45	1.31	3.81	1.07	10.01
果酒	0.24	0.29	0.10	0.37	0.41	0.39	0.08		0.37	0.08	0.16	0.04	0.16

5-10　城镇居民按五等份分组人均可支配收入

（2017 年）　　单位:元

指　标	低收入户	中低收入户	中等收入户	中高收入户	高收入户
可支配收入	**15492.67**	**26108.38**	**34712.45**	**45181.88**	**72152.20**
工资性收入	**11551.84**	**16384.54**	**22568.59**	**24236.35**	**24930.99**
工资	10848.51	15390.87	21298.08	22439.43	22571.02
实物福利	10.05	21.37	58.37	58.59	24.42
其他	693.29	972.30	1212.14	1738.34	2335.55
经营净收入	**1271.16**	**2261.62**	**2024.07**	**2666.02**	**18142.23**
第一产业经营净收入	262.53	331.27	94.39	-31.66	35.85
第二产业经营净收入			9.30	-19.89	3904.43
第三产业经营净收入	1008.63	1930.35	1920.38	2717.57	14201.95
财产净收入	**1547.60**	**3676.82**	**6642.02**	**7748.29**	**15158.47**
利息净收入	-51.41	16.85	-37.38	-49.91	237.87
红利收入	118.06	367.08	1207.51	1106.57	2721.75
储蓄性保险净收益			1.17		20.31
转让承包土地经营权租金净收入	31.80	2.16	6.90	749.98	777.38
出租房屋财产性收入	371.65	1120.12	2881.36	2405.58	6751.68
出租机械专利版权等资产的收入			10.23		249.87
其他财产净收入	0.03	60.47	0.72	-5.04	-7.75
房屋虚拟租金	1077.47	2110.13	2571.52	3541.11	4407.36
转移净收入	**1122.06**	**3785.41**	**3477.77**	**10531.21**	**13920.51**
转移性收入	1698.84	4858.05	5028.51	12279.74	15651.74
养老金或离退休金	1349.31	4423.48	4383.49	11365.84	12073.90
社会救济和补助	44.30		15.90	21.23	
政策性生活补贴	23.31	164.49	148.15	158.55	1469.77
报销医疗费	40.48	54.25	101.78	228.02	1617.31
家庭外出从业人员寄回带回收入	58.25	121.01	72.05	220.55	28.07
从政府和组织得到的实物产品和服务折价	13.05	9.96	14.81	7.13	9.53
现金政策性惠农补贴	4.08	4.73	2.41		
转移性支出	**576.79**	**1072.65**	**1550.73**	**1748.53**	**1731.23**
个人所得税	8.43	53.37	47.48	33.37	193.74
社会保障支出	450.64	795.86	1297.97	1422.04	1187.34
外来从业人员寄给家人的支出					92.74
赡养支出	73.92	22.25	31.97	55.77	136.83
其他转移性支出	43.79	201.16	173.32	237.34	120.57
实物可支配收入	**1106.58**	**2134.77**	**2652.52**	**3651.22**	**5463.63**

5-11　城镇居民按五等份分组人均消费支出

（2017 年）

单位：元

指　　标	低收入户	中低收入户	中等收入户	中高收入户	高收入户
消费支出	**13350.05**	**21043.95**	**24111.66**	**29221.49**	**40713.40**
食品烟酒	**4283.59**	**5427.29**	**6274.30**	**8000.70**	**8303.64**
食品	**3355.96**	**3719.66**	**4237.04**	**5201.95**	**5321.14**
谷物	948.47	436.61	459.35	524.18	601.25
薯类	53.41	60.28	64.74	73.76	85.12
豆类	43.71	57.63	65.36	72.58	91.40
食用油	143.08	168.58	304.92	347.78	202.54
蔬菜和食用菌	411.82	444.43	553.34	681.21	715.68
肉类	452.22	647.57	755.54	951.44	1075.30
禽类	75.77	113.65	119.83	150.00	168.03
水产品	77.39	130.00	365.38	418.06	305.65
蛋类	88.85	103.16	132.36	247.31	150.59
奶类	433.06	579.41	427.48	510.35	514.38
干鲜瓜果类	361.43	542.77	594.52	741.67	913.94
糖果糕点类	90.32	140.72	147.06	167.89	243.64
其他食品	176.41	294.83	247.17	315.72	253.62
烟酒	**220.81**	**466.87**	**597.39**	**1019.43**	**866.65**
烟草	113.78	227.04	269.79	291.09	364.22
酒类	107.03	239.82	327.60	728.34	502.43
饮料	**101.44**	**145.65**	**180.86**	**236.85**	**249.81**
饮食服务	**605.38**	**1095.12**	**1259.02**	**1542.48**	**1866.04**
食堂用餐	57.33	55.82	63.14	93.36	94.69
其他在外饮食	546.42	1038.43	1195.26	1449.01	1770.62
食品加工服务费	1.63	0.86	0.62	0.11	0.73
衣着	**1200.48**	**1817.62**	**2231.03**	**2899.18**	**3510.96**
衣类	885.31	1365.22	1714.31	2185.36	2749.91
鞋类	315.18	452.40	516.71	713.82	761.05
居住	**2773.98**	**4592.91**	**5172.12**	**7141.12**	**9574.45**
租赁房房租	152.90	63.68	208.27	316.98	811.19
住房维修及管理	333.79	732.35	406.87	935.75	1495.96
水电燃料及其他	644.79	866.93	1013.08	1196.06	1572.84
自有住房折算租金	1642.49	2929.94	3543.89	4692.32	5694.45
租赁房房租中租赁公房房租	3.91	4.91	19.91	24.01	24.75
租赁房房租中租赁私房房租	148.99	58.77	188.35	292.98	786.44
住房维修及管理中物业管理费	16.00	72.59	134.92	204.09	276.80
生活用品及服务	**853.50**	**1889.15**	**2142.93**	**2343.19**	**3862.61**

5-11 续表 （2017 年）

指 标	低收入户	中低收入户	中等收入户	中高收入户	高收入户
家具及室内装饰品	136.16	590.58	425.71	459.82	971.02
家用器具	198.35	390.49	562.01	523.26	1056.72
家用纺织品	67.62	173.68	205.77	243.87	291.21
家庭日用杂品	260.35	435.65	476.19	531.55	618.57
个人用品	170.50	288.32	430.04	532.23	831.03
家庭服务	20.52	10.42	43.21	52.45	94.06
#家政服务	2.85	0.30	16.08	5.08	61.78
交通通信	**1405.09**	**3070.94**	**3362.10**	**3146.25**	**4431.50**
交通	**792.82**	**2172.93**	**2456.38**	**1975.41**	**3127.88**
交通工具	304.40	1283.26	1341.77	897.88	1265.53
交通费	56.74	124.35	162.05	166.13	429.49
交通工具用燃料	300.11	529.66	645.78	611.64	991.49
交通工具使用及维修	131.57	235.66	306.77	299.76	441.37
#车辆保险支出	21.82	75.15	83.07	72.44	108.23
通信	**612.27**	**898.01**	**905.72**	**1170.83**	**1303.62**
通信工具	168.53	277.51	285.57	416.45	451.66
通信服务	443.74	620.51	620.15	754.38	851.96
教育文化娱乐	**1713.46**	**2627.58**	**2753.42**	**2756.23**	**5127.14**
教育	**1194.99**	**1624.66**	**1457.13**	**1191.20**	**1797.45**
学前教育	254.78	240.76	378.36	166.95	484.61
小学教育	169.08	334.02	350.79	208.27	286.03
初中教育	307.18	375.04	137.00	313.94	368.19
高中教育	99.46	248.72	183.09	160.49	174.15
中专职高教育	37.55	35.30	39.35	1.26	28.32
大专及以上教育	275.36	357.93	269.51	260.58	345.79
成人教育	51.56	32.88	99.02	79.71	110.35
文化娱乐	**518.47**	**1002.92**	**1296.28**	**1565.04**	**3329.68**
文娱耐用消费品	127.52	204.34	131.01	89.07	312.17
其他文娱用品	128.05	239.24	255.70	241.03	428.96
文化娱乐服务	262.90	559.35	909.58	1234.93	2588.56
医疗保健	**918.81**	**1184.58**	**1580.76**	**2242.71**	**3852.17**
医疗器具及药品	381.36	396.42	587.20	934.28	1348.18
医疗服务	537.45	788.16	993.56	1308.43	2503.99
门诊总费用	172.21	306.08	260.64	305.69	421.97
住院总费用	365.24	482.08	732.92	1002.75	2082.02
其他用品和服务	**201.14**	**433.87**	**595.01**	**692.11**	**2050.94**
其他用品	132.29	222.71	317.85	475.96	1481.79
其他服务	68.85	211.16	277.16	216.14	569.15

5-12 农村居民家庭基本情况

（2017 年）

指　　标	单位	郑州市	中原区	二七区	管城区	金水区
调查户数	户	496	10	20	30	28
期内住户常住成员数	人	1869	45	60	139	123
劳动力人数	人	1344	32	44	93	84
6 周岁及以上住户成员受教育程度	人	1344	32	44	93	84
未上过学	人	25		3		2
小学	人	181	8	5	23	9
初中	人	692	18	25	46	33
高中	人	293	4	7	22	13
大学专科	人	101	2	2	2	15
大学本科	人	50		2		12
研究生	人	3				
从事主要行业	人	1201	25	31	80	67
第一产业	人	464	22	2	40	39
第二产业	人	303	1		5	5
第三产业	人	434	2	29	35	23
可支配收入	元/人	19974.26	21244.67	22599.31	24058.73	23974.86
总收入	元/人	23176.02	20702.60	41709.28	23285.84	32068.70
总支出	元/人	21389.24	14280.57	18739.37	15376.40	26558.35
消费支出	元/人	14849.22	13307.97	16089.93	13354.30	18572.92
恩格尔系数	%	0.22	0.23	0.29	0.25	0.19
年末人均居住面积	平方米/人	58.30	82.67	87.05	92.57	59.71

5-12　续表

（2017 年）

指　　标	单位	上街区	惠济区	中牟县	巩义市	荥阳市	新密市	新郑市	登封市
调查户数	户	30	29	50	50	70	60	60	60
期内住户常住成员数	人	86	114	211	184	248	223	232	203
劳动力人数	人	66	93	147	122	179	174	156	155
6 周岁及以上住户成员受教育程度	人	66	93	147	122	179	174	156	155
未上过学	人			1	3	1	3	2	10
小学	人	4	8	18	12	22	16	16	40
初中	人	20	39	75	59	95	101	107	74
高中	人	24	20	38	38	46	38	18	25
大学专科	人	12	18	8	8	11	9	9	5
大学本科	人	6	7	5	2	4	7	4	1
研究生	人		1	2					
从事主要行业	人	51	91	137	98	166	160	146	149
第一产业	人		26	98	17	47	30	49	94
第二产业	人	16	14	11	50	71	70	30	30
第三产业	人	35	51	28	31	48	60	67	25
可支配收入	元/人	20731.26	23463.92	17968.75	21164.12	18923.95	18865.23	19872.92	17062.98
总收入	元/人	20894.53	26567.44	19459.28	24484.98	23611.84	22526.03	25599.66	18606.53
总支出	元/人	13244.19	27581.07	13687.24	15237.40	24085.75	15463.18	43135.38	13649.35
消费支出	元/人	11419.22	19581.96	10014.23	10135.41	15228.47	12240.74	18586.91	11717.04
恩格尔系数	%	0.27	0.20	0.23	0.24	0.24	0.29	0.29	0.19
年末人均居住面积	平方米/人	37.65	98.01	56.03	47.52	62.99	59.68	56.27	45.37

5-13 农村居民

（2017 年）

指　　标	郑州市	中原区	二七区	管城区	金水区
可支配收入	**19974.26**	**21244.67**	**22599.31**	**24058.73**	**23974.86**
工资性收入	**12808.27**	**16900.60**	**17072.90**	**13949.93**	**18974.88**
工资	11392.35	16857.84	15501.88	13853.52	18781.90
实物福利	52.33				
其他	1363.59	42.76	1571.03	96.41	192.98
经营净收入	**4797.33**	**1800.12**	**854.72**	**4844.93**	**3537.66**
第一产业经营净收入	1749.71		32.30	72.92	199.60
第二产业经营净收入	745.37		822.42		
第三产业经营净收入	2302.24	1800.12		4772.01	3338.06
财产净收入	**1175.73**	**523.80**	**3280.17**	**2667.12**	**1216.29**
利息净收入	13.67			-22.32	
红利收入	168.47	312.68	43.23	785.60	407.58
储蓄性保险净收益	7.50				
转让承包土地经营权租金净收入	650.70	32.07	369.03		643.61
出租房屋财产性收入	270.81	173.71	2867.91	1390.16	126.25
出租机械专利版权等资产的收入	43.65			513.68	
其他财产净收入	20.94	5.34			38.85
转移净收入	**1192.94**	**2020.27**	**1391.51**	**2596.75**	**1246.03**
转移性收入	1411.16	748.50	1426.20	2816.89	1268.86
养老金或离退休金	892.47	53.45	769.59	34.14	507.95
社会救济和补助	32.59		379.58		
政策性生活补贴	60.79	27.21	269.65	1506.93	445.31
报销医疗费	111.77	667.85		178.39	15.60
家庭外出从业人员寄回带回收入	223.82		7.38	1097.43	300.00
赡养收入	10.16				
其他经常转移收入	34.70				
从政府和组织得到的实物产品和服务折价	10.16				
现金政策性惠农补贴	34.70				
转移性支出	307.96	228.23	58.94	220.14	522.83
个人所得税	2.59				7.86
社会保障支出	148.13	228.23	58.41	185.86	389.21
赡养支出	22.80		0.53		121.39
其他转移性支出	134.44			34.28	4.36
实物可支配收入	**291.45**	**667.85**	**0.78**	**19.26**	**12.35**

人均可支配收入

单位:元

上街区	惠济区	中牟县	巩义市	荥阳市	新密市	新郑市	登封市
20731.26	**23463.92**	**17968.75**	**21164.12**	**18923.95**	**18865.23**	**19872.92**	**17062.98**
13806.45	**17106.85**	**10716.81**	**12238.63**	**11168.29**	**12832.52**	**11983.16**	**9986.56**
13687.85	16985.02	376.44	11359.61	10791.21	11974.45	11956.47	9803.82
8.22	15.98		5.46	34.11	394.80	3.58	0.51
110.38	105.85	10340.37	873.56	342.97	463.28	23.11	182.23
199.14	**1365.02**	**6778.20**	**7320.17**	**5081.50**	**3698.79**	**3881.04**	**1436.34**
-0.31	796.72	5844.39	1961.35	1302.78	631.80	2029.15	693.22
		125.27	2045.99	1670.76	486.85	686.04	132.73
199.45	568.30	808.54	3312.83	2107.95	2580.14	1165.85	610.39
1905.16	**2779.78**	**102.75**	**172.51**	**419.59**	**1314.54**	**2872.61**	**1426.07**
		43.57	54.53	2.03			
185.97				76.12	588.32		
	86.89		8.70				
1707.20	1308.72		100.57	249.56	612.80	2872.61	1426.07
12.00	1304.34		8.70	89.71	13.03		
		59.19			2.96		
	79.83			2.16	97.43		
4820.51	**2212.27**	**370.99**	**1432.82**	**2254.58**	**1019.38**	**1136.10**	**4214.01**
4887.29	2212.27	520.20	1588.55	2267.00	1911.34	1317.28	1381.10
4574.06	1302.66	144.67	1254.00	851.27	1024.85	1068.83	1208.45
		52.87	35.73	2.79	5.00	48.41	
8.66	837.93	91.35	6.80	256.43		6.36	
14.40	9.06	27.65		287.35	174.49	99.21	116.91
186.78				605.21	663.94		
48.79	22.77	18.22	230.20	33.41	2.61		
2.90	8.54	83.61	28.55	98.57	18.91	47.23	1.33
48.79	22.77	18.22	7.67	33.41	2.61		
2.90	8.54	83.61	25.59	98.57	18.91	47.23	1.33
262.23	389.38	63.76	155.74	340.15	1171.58	145.90	72.38
	16.02				0.43	5.99	
115.06	320.17	63.43	137.75	274.25	139.93	104.93	72.14
74.39	47.23		12.72	42.07	17.15	21.45	
72.79	5.95	0.33	5.27	23.84	1014.07	13.53	0.24
65.01	**39.29**	**347.19**	**4.20**	**234.14**	**798.13**	**304.68**	**1360.13**

5-14 农村居民

(2017 年)

指　　标	郑州市	中原区	二七区	管城区	金水区
总收入	**23176.02**	**21702.60**	**25709.28**	**24285.84**	**32068.70**
工资性收入	**12808.27**	**16900.60**	**17072.90**	**13949.93**	**18974.88**
工资	11329.37	14865.05	14537.57	13144.10	18781.90
实物福利	54.66				
其他	1424.24	2035.56	2483.33	805.83	192.98
经营性收入	**6106.55**	**1800.12**	**1351.55**	**4906.48**	**5088.28**
第一产业经营收入	2666.99		51.55	82.97	200.65
第二产业经营收入	923.40		1300.00		
第三产业经营收入	2516.16	1800.12		4823.52	4887.63
财产性收入	**1231.28**	**635.56**	**4185.00**	**3163.45**	**1219.39**
利息收入	17.53				
红利收入	175.96	260.00	68.33	631.96	408.62
储蓄性保险净收益	7.83				
转让承包土地经营权租金净收入	679.65	26.67	583.33		645.26
出租房屋财产性净收入	282.86	344.44	3533.33	2118.28	126.57
出租机械专利版权等资产的净收入	45.59			413.21	
其他财产净收入	21.87	4.44			38.95
转移性收入	**3029.92**	**2366.44**	**3099.83**	**2265.97**	**6786.15**
养老金或离退休金	932.17	44.44	1216.50	27.46	509.25
社会救济和补助	34.04		600.00		
政策性生活补贴	1525.77	1766.67	1233.33	1212.21	6261.26
家庭外出从业人员寄回带回收入	233.78		11.67	882.80	
赡养收入	127.56		38.33		
报销医疗费	116.74	555.33		143.50	15.64
从政府和组织得到的实物产品和服务折价	10.61				
现金政策性惠农补贴	36.24				
其他转移性收入	13.02				

人均总收入

单位:元

上街区	惠济区	中牟县	巩义市	荥阳市	新密市	新郑市	登封市
20894.53	**26567.44**	**19459.28**	**24484.98**	**23611.84**	**22526.03**	**25599.66**	**18606.53**
13806.45	**17106.85**	**10716.81**	**12238.63**	**11533.76**	**12832.52**	**11983.16**	**13258.56**
13687.85	16985.02	376.44	11359.61	11144.34	11929.39	11956.18	13055.78
8.22	15.98		5.46	35.23	415.56	3.62	0.57
110.38	105.85	10340.37	873.56	354.19	487.65	23.36	202.22
315.58	**2045.02**	**8201.14**	**10485.28**	**8937.42**	**6003.60**	**9417.03**	**3749.51**
	1103.38	7236.99	4246.34	1852.22	996.80	4978.04	2908.63
		126.17	2298.23	3579.11	797.74	1887.61	147.29
315.58	941.64	837.98	3940.72	3506.09	4209.06	2551.38	693.60
1846.43	**4169.78**	**103.48**	**172.51**	**461.03**	**1383.70**	**2903.63**	
		43.88	54.53	29.81			
180.23				78.61	619.27		
	117.82		8.70				
1654.57	1408.72		100.57	257.73	645.04	2903.63	
11.63	2534.99		8.70	92.65	13.72		
		59.61			3.11		
	108.25			2.23	102.56		
4926.07	**3245.79**	**437.85**	**1588.55**	**2679.63**	**2306.21**	**1295.84**	**1598.45**
4433.05	1702.66	145.70	1254.00	879.13	1078.76	1080.37	1451.97
		53.25	35.73	2.88	5.27	48.94	
8.40	1422.60	92.00	6.80	264.83		6.43	
181.02				625.01	698.87		
232.56	65.79		230.20	429.26	287.43	12.08	15.27
13.95	12.28	27.85		296.75	183.67	100.28	129.73
47.29	30.88	18.35	7.67	34.50	2.75		
2.81	11.58	84.20	25.59	101.80	19.91	47.74	1.48
6.98		16.50	28.55	45.48	29.56		

5-15 农民居民

（2017 年）

指　标	郑州市	中原区	二七区	管城区	金水区
总支出	**21389.24**	**14280.57**	**18739.37**	**15376.40**	**26558.35**
消费支出	**14849.22**	**13307.97**	**16089.93**	**13354.30**	**18572.92**
生产经营费用支出	**1845.52**		**0.48**	**842.98**	**1254.90**
第一产业经营费用支出	915.46		0.48	24.31	0.54
第二产业经营费用支出	322.87				
第三产业经营费用支出	607.19			818.67	1254.36
财产性支出	**3.26**			**17.95**	
生活贷款利息支出	3.26			17.95	
转移性支出	**321.65**	**189.78**	**93.17**	**177.08**	**524.16**
个人所得税	2.71				7.88
社会保障支出	154.72	189.78	92.33	149.51	390.21
赡养支出	23.81		0.83		121.70
其他转移性支出	140.42			27.58	4.37
部分商业保险支出	**82.94**	**96.82**	**108.28**	**35.91**	**137.77**
意外伤害保险	5.27				55.21
商业医疗保险(含大病保险)	56.17	96.82	108.28	35.91	82.56
其他非储蓄性商业保险	0.93				
其他储蓄性商业保险	20.57				
购置资产及非经常性转移支出	**3968.76**	**686.00**	**2197.51**	**948.17**	**5378.52**
购置资产支出	2761.17			183.12	3586.21
非经常性转移支出	1207.58	686.00	2197.51	765.05	1792.31
借贷性支出	**317.89**		**250.00**		**690.09**

人均总支出

单位:元

上街区	惠济区	中牟县	巩义市	荥阳市	新密市	新郑市	登封市
13244.19	**27581.07**	**13687.24**	**15237.40**	**24085.75**	**15463.18**	**43135.38**	**13649.35**
11419.22	**19581.96**	**10014.23**	**10135.41**	**15228.47**	**12240.74**	**18586.91**	**11717.04**
116.38	**313.04**	**1247.92**	**2782.02**	**3177.78**	**1829.92**	**5486.14**	**1025.10**
0.30	260.67	1247.92	2238.23	498.75	269.67	2926.99	1008.84
			216.08	1676.44	247.49	1192.18	
116.08	52.37		327.71	1002.60	1312.76	1366.98	16.26
				27.71			
				27.71			
254.15	**527.96**	**64.21**	**155.74**	**351.28**	**1233.21**	**147.47**	**80.32**
	21.73				0.46	6.05	
111.51	434.13	63.88	137.75	283.22	147.29	106.06	80.05
72.09	64.04		12.72	43.44	18.05	21.68	
70.55	8.07	0.33	5.27	24.62	1067.41	13.68	0.27
	664.24	**137.17**	**3.31**	**62.03**	**6.51**	**0.39**	**3.94**
	14.91	4.15			0.63	0.39	
	649.32	22.29					
			3.31		5.77		
		110.73		62.03	0.11		3.94
1442.12	**5258.51**	**2142.53**	**1787.26**	**4726.76**	**37.57**	**18233.28**	**822.95**
1.16	1858.42	395.81	983.26	2538.20		17490.78	132.76
1440.95	3400.09	1746.72	804.00	2188.56	37.57	742.50	690.19
12.33	**1235.37**	**81.17**	**373.66**	**511.71**	**115.23**	**681.19**	

5-16 农村居民

(2017 年)

指　　标	郑州市	中原区	二七区	管城区	金水区
消费支出	**14849.22**	**13307.97**	**16089.93**	**13354.30**	**18572.92**
食品烟酒	**3266.91**	**3108.76**	**4587.42**	**3319.15**	**3512.96**
食品	2265.42	2028.08	2945.19	2251.40	2108.59
谷物	326.82	352.49	370.56	262.96	307.56
薯类	41.20	36.25	87.74	23.76	32.67
豆类	44.31	23.23	69.93	23.75	31.70
食用油	148.49	105.49	77.33	120.52	86.00
蔬菜和食用菌	290.13	276.54	444.48	238.59	257.06
肉类	393.98	392.63	582.03	682.91	400.37
禽类	128.52	131.41	73.78	108.20	56.40
水产品	89.83	29.68	72.44	83.80	66.03
蛋类	90.55	76.67	112.21	84.29	74.77
奶类	229.70	261.48	270.51	167.72	211.30
干鲜瓜果类	256.04	248.18	481.18	183.73	304.64
糖果糕点类	73.23	21.06	98.15	62.53	94.76
其他食品	152.62	72.98	204.84	208.64	185.32
烟酒	334.99	146.13	452.10	520.22	575.31
烟草	191.48	98.36	301.82	369.03	291.50
酒类	143.51	47.78	150.28	151.20	283.81
饮料	82.77	48.10	172.43	159.74	97.12
饮食服务	583.72	186.44	1017.70	387.78	731.93
食堂用餐	71.45			6.74	0.81
其他在外饮食	506.52	186.44	1017.70	376.70	731.07
食品加工服务费	5.75			4.34	0.05

人均消费支出

单位:元

上街区	惠济区	中牟县	巩义市	荥阳市	新密市	新郑市	登封市
11419.22	**19581.96**	**10014.23**	**10135.41**	**15228.47**	**12240.74**	**18586.91**	**11717.04**
3136.54	**3843.90**	**2308.14**	**2382.37**	**3660.00**	**3507.10**	**5354.73**	**2182.55**
2383.06	2808.20	1325.38	1787.53	2632.89	2306.37	4243.58	1518.55
497.14	306.81	250.38	353.64	344.43	278.25	464.81	333.23
44.89	60.40	10.37	34.85	56.25	49.74	51.19	50.91
62.23	41.17	4.49	47.75	43.29	65.61	68.54	55.72
104.19	85.81	47.65	96.68	125.66	180.20	427.28	102.24
403.99	303.83	157.60	233.17	292.24	337.65	489.85	207.68
388.59	505.54	241.09	305.26	562.06	361.91	519.57	237.72
29.77	67.86	27.10	30.69	57.83	55.61	816.06	6.48
52.95	100.49	18.51	25.03	57.99	40.24	360.66	14.09
134.82	114.91	40.69	74.69	101.64	91.08	149.42	73.64
196.07	457.83	180.48	173.85	350.94	304.06	394.14	92.08
326.33	407.90	137.37	219.01	353.69	248.94	384.86	134.73
65.85	172.11	14.41	93.02	105.11	103.28	61.21	43.98
76.25	183.55	195.23	99.91	181.75	189.80	56.00	166.07
277.36	397.31	512.51	172.52	279.87	207.78	481.84	251.86
194.44	229.27	279.60	145.55	148.41	143.99	169.29	175.94
82.92	168.04	232.91	26.97	131.47	63.78	312.55	75.92
45.08	118.57	32.60	101.16	68.80	73.86	92.57	72.33
431.04	519.82	437.65	321.16	678.45	919.10	536.74	339.82
15.84		0.23	7.69	64.44	409.69	86.48	30.38
415.15	517.14	434.90	309.35	607.57	495.62	444.66	295.04
0.05	2.68	2.52	4.13	6.44	13.79	5.59	14.40

5-16 续表 1 (2017 年)

指标	郑州市	中原区	二七区	管城区	金水区
衣着	**1149.61**	**1133.86**	**1083.78**	**938.30**	**1360.93**
衣类	858.36	771.51	782.93	599.47	1077.66
鞋类	291.24	362.35	300.85	338.84	283.27
居住	**3885.08**	**3609.25**	**5415.95**	**4054.44**	**7656.09**
租赁房房租	262.70	566.67	358.33		280.70
住房维修及管理	857.52		14.06	63.74	643.06
水电燃料及其他	657.18	392.75	525.88	785.21	548.80
自有住房折算租金	2107.69	2649.83	4517.68	3205.48	6183.54
#租赁房房租中租赁公房房租	8.55				1.38
租赁房房租中租赁私房房租	154.15	566.67	358.33		279.32
住房维修及管理中物业管理费	16.90		1.83	23.48	53.53
生活用品及服务	**978.60**	**295.53**	**814.88**	**976.92**	**1026.29**
家具及室内装饰品	284.19	17.40	43.30	42.75	234.64
家用器具	232.74	61.40	272.78	325.91	244.06
家用纺织品	71.82	17.31	45.21	92.64	59.71
家庭日用杂品	230.53	95.10	272.59	270.87	264.72
个人用品	133.22	47.88	158.88	223.17	196.51
家庭服务	26.09	56.44	22.12	21.58	26.65
#家政服务	4.52	53.33		1.15	5.68
交通通信	**2587.82**	**2051.29**	**1351.91**	**2102.65**	**1597.54**
交通	1831.90	1841.80	744.78	1619.89	1028.15
交通工具	1209.65	1261.33	79.23	1045.51	46.98
交通费	39.02	1.02	64.93	10.84	89.29
交通工具用燃料	404.47	528.89	418.12	499.61	581.44
交通工具使用及维修	178.76	50.56	182.50	63.94	310.44

单位:元

上街区	惠济区	中牟县	巩义市	荥阳市	新密市	新郑市	登封市
777.30	**1769.01**	**772.01**	**845.93**	**1253.80**	**1402.85**	**1208.31**	**1441.22**
626.71	1240.01	601.13	648.69	945.10	960.07	965.30	1029.83
150.59	529.00	170.88	197.24	308.69	442.78	243.02	411.39
3447.61	**5055.15**	**2176.08**	**2210.05**	**3231.00**	**2228.07**	**4580.94**	**1905.78**
	295.61	180.42		238.07	138.73	218.98	24.63
922.03	394.19	163.17	146.17	864.08	193.69	1878.99	29.87
745.27	771.09	624.32	599.65	578.30	526.89	997.50	757.83
1780.30	3594.26	1208.16	1464.23	1550.55	1368.77	1485.48	1093.45
		8.26		26.59	15.59	16.01	4.93
	295.61	172.16		211.48	123.15	202.98	19.70
80.49	68.84	8.11	1.22	1.77		9.26	11.50
1031.22	**2020.79**	**1225.36**	**697.27**	**762.36**	**844.65**	**947.63**	**759.61**
176.89	712.19	477.54	204.95	89.68	72.26	555.73	61.93
374.03	446.12	401.68	164.06	251.96	252.27	68.36	157.71
86.71	206.35	38.68	51.70	61.60	96.84	66.34	110.77
165.87	337.78	252.44	148.73	208.42	295.45	150.84	282.38
202.45	310.41	32.02	116.17	139.20	101.41	91.45	71.05
25.27	7.94	23.01	11.67	11.49	26.42	14.91	75.77
3.49		0.85	2.89	0.02	2.00	11.07	3.85
1274.12	**2421.64**	**1400.69**	**1743.42**	**2319.71**	**1379.20**	**3271.00**	**817.94**
932.32	1505.78	884.14	1376.06	1650.95	631.27	2690.78	277.49
169.19	249.64	147.12	1028.05	939.38	39.59	2240.94	41.87
66.59	83.79	6.01	24.83	41.93	62.35	17.40	37.66
555.21	599.12	499.39	211.33	371.65	406.63	355.84	101.40
141.34	573.23	231.63	111.84	297.99	122.69	76.60	96.57

5-16 续表 2 (2017 年)

指 标	郑州市	中原区	二七区	管城区	金水区
#车辆保险支出	17.42		62.83		31.32
通信	755.92	209.49	607.13	482.76	569.39
通信工具	387.77	54.40	246.83	113.71	253.14
通信服务	368.15	155.09	360.30	369.05	316.26
教育文化娱乐	**1405.33**	**1195.88**	**1575.02**	**949.48**	**2071.97**
教育	919.89	1057.88	814.85	485.18	1342.10
学前教育	157.22		342.25	217.82	181.99
小学教育	148.21	60.61	224.60	123.22	520.28
初中教育	144.21	54.02	164.00	47.40	214.44
高中教育	115.14	354.36	3.33	11.49	
中专职高教育	5.07			1.65	
大专及以上教育	282.15	588.89		83.45	136.19
成人教育	67.89		80.67	0.14	289.21
文化娱乐	485.44	138.00	760.18	464.30	729.87
文娱耐用消费品	100.46	106.67	116.85	30.61	80.72
其他文娱用品	115.54	18.67	152.19	43.01	240.73
文化娱乐服务	269.44	12.67	491.13	390.67	408.43
医疗保健	**1211.13**	**1879.99**	**959.27**	**841.51**	**765.65**
医疗器具及药品	357.47	280.46	329.99	154.45	253.39
医疗服务	853.66	1599.53	629.28	687.05	512.26
门诊总费用	254.86	232.86	257.10	225.75	272.43
住院总费用	598.80	1366.67	372.18	461.30	239.84
其他用品和服务	**364.75**	**33.42**	**301.71**	**171.86**	**581.48**
其他用品	245.23	18.93	107.97	81.28	458.69
其他服务	119.52	14.49	193.74	90.59	122.79

单位:元

上街区	惠济区	中牟县	巩义市	荥阳市	新密市	新郑市	登封市
20.52	158.37	67.98	27.76	4.43	8.68		
341.79	915.86	516.55	367.36	668.76	747.94	580.22	540.45
70.06	330.32	172.85	90.03	237.11	346.66	89.22	173.97
271.73	585.54	343.70	277.34	431.65	401.27	491.00	366.48
774.21	**2728.91**	**1281.67**	**1376.72**	**2497.00**	**1342.19**	**1351.11**	**1532.93**
395.58	1732.22	1110.58	772.00	1521.91	888.66	958.80	877.95
58.63	567.77	49.30	236.12	222.46	104.84	224.82	106.00
139.04	73.63	122.40	146.19	317.94	65.78	77.12	158.33
19.30	14.72	221.18	34.63	239.42	177.78	74.81	382.29
41.51	327.66	93.59	163.71	159.36	137.46	199.15	79.61
10.47	27.29		4.76	41.81			
99.30	509.04	594.69	145.42	473.92	384.33	219.76	151.72
27.33	212.11	29.41	41.17	67.00	18.47	163.13	
378.63	996.69	171.09	604.72	975.09	453.54	392.31	654.98
73.41	62.69		40.92	136.09	30.60	210.68	353.20
61.85	137.31	100.52	67.97	284.44	250.12	97.84	91.44
243.37	796.68	70.56	495.83	554.57	172.81	83.79	210.34
776.80	**1201.44**	**787.14**	**455.30**	**1199.00**	**1221.36**	**1571.95**	**2111.06**
365.83	610.98	165.72	249.28	205.21	592.79	135.37	815.74
410.97	590.46	621.42	206.02	993.61	628.57	1436.57	1295.32
259.82	393.89	198.96	145.90	240.33	191.18	221.82	187.05
151.15	196.58	422.46	60.12	653.28	437.39	1214.75	1108.27
201.42	**541.12**	**63.14**	**424.36**	**305.02**	**315.30**	**301.24**	**965.95**
84.29	293.94	42.62	272.78	180.67	127.51	250.51	797.34
117.14	247.18	20.51	151.58	124.35	187.78	50.73	168.61

5-17 农村居民人均

（2017 年）

指　　标	单位	郑州市	中原区	二七区	管城区	金水区
购买生活消费品	**元**	**10918.70**	**9209.71**	**7280.33**	**12616.26**	**12326.57**
食品烟酒	**元**	**3027.57**	**1934.70**	**2901.28**	**4126.12**	**3504.01**
食品	**元**	**2116.70**	**1476.90**	**1862.36**	**2798.77**	**2103.22**
谷物	元	285.76	303.65	234.43	326.89	306.78
小麦	公斤	0.47	0.04		0.01	
金额	元	1.24	0.13		0.02	
面粉	公斤	15.44	5.40	6.85	17.66	19.00
金额	元	53.18	27.63	25.74	50.72	69.43
稻谷	公斤					
金额	元	0.01				
大米	公斤	8.96	12.48	6.24	14.70	15.19
金额	元	54.82	94.54	33.96	97.63	82.56
玉米	公斤	1.57	0.44	0.10	0.14	0.69
金额	元	5.40	2.14	0.53	0.75	3.76
小米	公斤	2.76	2.16	2.04	4.81	2.53
金额	元	25.49	16.28	20.34	47.82	17.91
其他谷物	公斤	0.39	0.45	0.59	0.89	0.13
金额	元	3.09	3.47	4.53	7.85	0.90
面粉制品	公斤	26.09	42.80	28.66	22.35	27.81
金额	元	131.85	143.23	132.49	105.11	129.43
其他谷物制品	公斤	1.43	2.23	1.93	2.03	0.29
金额	元	10.68	16.22	16.84	16.99	2.79
薯类	**公斤**	**7.44**	**10.33**	**10.88**	**5.70**	**6.10**
金额	元	38.34	43.60	55.50	29.53	32.59
红薯	公斤	2.04	1.42	0.85	4.29	1.69
金额	元	5.68	2.94	3.16	12.75	5.69
马铃薯	公斤	3.15	7.16	5.43	0.27	3.39
金额	元	9.71	25.26	19.42	1.63	13.29
其他薯类及制品	公斤	2.25	1.76	4.60	1.14	1.02
金额	元	22.95	15.39	32.93	15.15	13.61
豆类	**公斤**	**6.96**	**7.33**	**7.83**	**3.98**	**5.86**
金额	元	42.31	27.93	44.24	29.52	31.62
大豆	公斤	0.38	0.16	0.54	0.37	0.28

购买生活消费品

上街区	惠济区	中牟县	巩义市	荥阳市	新密市	新郑市	登封市
9867.31	**13738.76**	**8644.84**	**8555.06**	**13093.18**	**9856.03**	**16788.81**	**9570.26**
3179.29	**3499.11**	**2291.80**	**2294.96**	**3219.77**	**2867.97**	**5167.58**	**1963.64**
2401.85	**1997.75**	**1316.00**	**1700.12**	**2243.15**	**2116.46**	**4068.30**	**1365.26**
471.41	220.45	248.61	274.67	279.40	226.70	407.39	299.22
		1.84		0.39	0.47	0.73	0.03
		4.06		0.82	1.14	2.92	0.09
20.13	4.56	36.01	12.78	2.46	4.91	24.34	26.50
68.85	19.00	125.23	44.27	7.90	17.59	83.46	87.68
					0.01		
					0.05		
10.13	4.53	7.55	7.94	12.62	7.89	10.71	8.24
63.82	30.62	41.22	48.21	75.49	48.00	71.59	48.21
0.79	1.08		0.40	0.67	2.85	0.79	7.38
3.10	4.08	0.01	1.31	1.68	7.67	11.19	15.90
4.91	2.99	0.02	3.68	3.58	3.19	3.58	1.51
44.34	25.00	0.32	35.15	35.73	29.58	32.34	14.33
0.91	0.37	0.44	0.22	0.19	0.54	0.44	0.09
7.59	3.06	3.25	2.14	1.88	3.82	3.31	0.75
45.19	20.48	18.30	21.30	34.22	22.49	28.62	28.94
274.07	116.09	74.28	134.74	149.39	104.02	181.36	130.78
0.95	1.70	0.02	0.79	0.91	2.99	3.23	0.27
9.66	22.60	0.23	8.86	6.51	14.81	21.22	1.49
12.74	**7.97**	**2.05**	**7.89**	**10.87**	**8.35**	**8.75**	**6.24**
46.32	41.16	10.29	34.85	53.44	42.53	49.55	45.65
4.76	1.15	0.06	1.03	3.34	2.76	4.31	0.91
10.78	3.27	0.12	2.31	8.07	6.20	14.01	2.21
6.38	4.89	1.63	5.25	4.95	3.32	1.46	0.19
18.05	13.31	4.44	13.90	14.67	11.01	5.07	0.75
1.61	1.92	0.35	1.61	2.58	2.27	2.98	5.15
17.49	24.58	5.74	18.64	30.70	25.31	30.47	42.69
12.34	**4.08**	**0.99**	**7.27**	**7.12**	**10.36**	**10.26**	**8.21**
64.21	30.36	4.46	47.75	41.91	61.41	67.81	50.21
0.57	0.35	0.09	0.39	0.12	0.71	0.68	0.27

5-17 续表1 （2017年）

指　　标	单位	郑州市	中原区	二七区	管城区	金水区
金额	元	2.94	0.67	4.07	3.54	1.66
其他豆类及制品	公斤	6.57	7.17	7.28	3.61	5.58
金额	元	39.37	27.27	40.17	25.98	29.97
食用油	**公斤**	**7.59**	**10.32**	**3.11**	**6.54**	**10.21**
金额	元	133.29	126.86	48.92	149.82	85.78
食用植物油	公斤	7.14	10.32	3.10	5.82	10.21
金额	元	107.39	126.86	48.54	127.62	85.78
食用动物油	公斤	0.45		0.01	0.72	
金额	元	25.90		0.38	22.20	
蔬菜和食用菌	公斤	58.95	69.21	66.43	52.06	50.33
金额	元	265.63	212.30	280.34	296.60	256.41
鲜菜	公斤	56.79	67.17	64.54	49.24	48.82
金额	元	206.69	200.42	251.10	232.61	235.61
干菜及菜制品	公斤	0.76	0.62	0.80	1.08	0.13
金额	元	14.05	3.61	14.86	25.18	1.47
鲜菌	公斤	1.07	1.42	1.09	0.83	1.29
金额	元	17.27	8.28	14.02	13.02	15.01
干菌及制品	公斤	0.33			0.91	0.10
金额	元	27.62		0.35	25.78	4.32
肉类	**公斤**	**11.42**	**9.50**	**11.69**	**19.75**	**14.80**
金额	元	376.17	231.66	368.21	848.94	399.35
猪肉	公斤	7.77	6.10	9.12	6.71	11.70
金额	元	201.80	147.33	246.04	175.86	279.95
牛肉	公斤	0.79	0.64	0.43	4.82	1.23
金额	元	49.05	29.40	29.72	273.25	57.42
羊肉	公斤	0.87	0.35	0.44	6.35	1.11
金额	元	49.05	13.79	21.58	337.08	47.92
其他肉类及制品	公斤	1.98	2.41	1.70	1.87	0.76
金额	元	76.27	41.14	70.87	62.75	14.05
禽类	**公斤**	**4.21**	**2.98**	**2.15**	**7.47**	**2.88**
金额	元	122.95	37.78	46.68	134.51	56.26
鸡	公斤	3.19	2.10	1.27	5.77	2.55
金额	元	85.52	26.84	22.64	95.83	49.68
鸭	公斤	0.16	0.04	0.05	0.47	0.32

上街区	惠济区	中牟县	巩义市	荥阳市	新密市	新郑市	登封市
4.65	2.96	0.55	2.85	0.85	5.49	5.62	1.48
11.77	3.72	0.90	6.88	7.00	9.65	9.58	7.94
59.56	27.40	3.91	44.90	41.07	55.91	62.19	48.73
6.54	**3.14**	**3.76**	**7.39**	**8.49**	**10.67**	**11.73**	**8.28**
92.04	41.29	47.31	94.49	118.07	166.32	381.03	91.46
6.54	3.13	3.76	7.39	8.49	10.67	8.81	8.28
91.96	41.13	47.31	94.49	118.07	166.32	205.76	91.46
0.01	0.01					2.92	
0.08	0.16					175.27	
133.13	46.75	39.79	59.85	66.10	68.51	67.33	48.08
416.84	192.55	156.48	231.93	254.45	301.87	452.07	186.02
130.67	45.34	38.82	58.32	64.46	65.78	62.25	46.94
390.85	172.44	141.16	183.36	229.51	253.38	207.62	166.28
0.49	0.23	0.79	0.40	0.38	1.99	0.68	0.91
7.46	5.17	13.59	18.79	5.24	35.47	9.20	17.50
1.83	1.10	0.14	0.96	1.03	0.66	2.83	0.20
15.86	11.34	1.23	9.22	10.30	8.57	71.29	1.98
0.14	0.08	0.03	0.17	0.23	0.09	1.56	0.02
2.67	3.60	0.50	20.55	9.41	4.45	163.96	0.26
14.59	**12.11**	**8.87**	**8.50**	**13.81**	**10.36**	**13.46**	**7.28**
400.95	365.08	239.39	302.30	447.25	342.44	514.02	214.23
12.37	6.82	7.50	6.12	9.49	7.53	8.38	5.68
303.01	177.91	186.47	166.59	257.53	208.30	211.84	148.32
0.45	0.22	0.12	0.25	0.51	0.83	0.90	0.63
24.97	16.85	7.82	13.85	32.88	65.24	60.97	39.50
0.50	0.32	0.17	0.61	0.66	0.44	1.03	0.24
24.30	16.53	9.44	33.87	34.41	25.31	75.15	14.76
1.27	4.75	1.08	1.52	3.15	1.56	3.15	0.73
48.67	153.80	35.67	87.99	122.44	43.58	166.05	11.64
1.76	**2.14**	**1.67**	**1.53**	**2.24**	**2.91**	**21.89**	**0.29**
30.72	50.05	26.91	30.69	55.47	52.63	807.26	5.84
1.27	0.70	1.59	1.21	1.15	1.55	19.03	0.25
19.30	14.09	25.57	19.02	22.55	23.37	649.25	4.96
0.05	0.02	0.01	0.01	0.01	0.01	0.73	0.01

5-17 续表 2 (2017 年)

指　　标	单位	郑州市	中原区	二七区	管城区	金水区
金额	元	5.34	0.53	0.42	11.50	6.51
鹅	公斤	0.12			0.18	
金额	元	6.41			3.79	
其他禽类及制品	公斤	0.74	0.84	0.83	1.06	0.01
金额	元	25.67	10.40	23.62	23.39	0.06
水产品	**公斤**	**2.40**	**3.42**	**2.07**	**5.62**	**3.49**
金额	元	86.01	35.69	45.83	104.18	65.86
鱼类	公斤	1.55	2.39	1.64	4.07	2.34
金额	元	35.52	24.92	31.47	61.38	37.71
虾类	公斤	0.25	0.02	0.14	0.32	0.71
金额	元	21.67	1.07	7.35	13.02	21.40
蟹类	公斤	0.11		0.01		0.03
金额	元	15.62		0.53		1.54
贝类	公斤	0.06			0.02	0.04
金额	元	5.38			0.37	2.35
藻类	公斤	0.21	0.49	0.25	0.02	0.34
金额	元	2.79	2.38	3.79	0.18	1.93
其他水产品及制品	公斤	0.22	0.51	0.04	1.20	0.02
金额	元	5.03	7.32	2.69	29.23	0.93
蛋类	**公斤**	**10.61**	**11.43**	**8.86**	**13.61**	**10.39**
金额	元	85.86	92.20	70.99	104.79	74.58
鲜蛋	公斤	10.23	11.12	8.61	13.17	10.36
金额	元	76.71	90.65	68.27	96.06	74.22
蛋制品	公斤	0.38	0.31	0.25	0.44	0.03
金额	元	9.15	1.55	2.72	8.73	0.36
奶类	**公斤**	**9.97**	**4.93**	**6.90**	**16.98**	**12.65**
金额	元	219.92	73.93	171.13	208.49	210.76
鲜奶	公斤	5.69	3.25	5.23	2.24	7.35
金额	元	88.00	41.93	75.24	22.39	60.19
酸奶	公斤	2.82	1.19	1.22	12.75	3.47
金额	元	37.40	16.93	20.02	139.52	22.94
奶粉	公斤	0.33	0.12	0.29	0.09	0.89
金额	元	56.91	10.42	63.74	17.09	117.78
其他奶制品	公斤	1.13	0.37	0.16	1.91	0.93

上街区	惠济区	中牟县	巩义市	荥阳市	新密市	新郑市	登封市
0.41	0.20	0.16	0.06	0.27	0.24	29.21	0.22
0.07						0.73	
1.09						43.82	
0.37	1.42	0.08	0.30	1.07	1.35	1.40	0.02
9.92	35.75	1.17	11.60	32.65	29.02	84.98	0.66
2.72	**2.73**	**1.34**	**1.35**	**2.46**	**2.09**	**3.97**	**0.74**
54.64	74.11	18.38	25.03	56.15	38.23	356.81	12.69
1.84	1.77	1.28	0.78	1.47	1.56	1.77	0.38
29.61	42.35	16.60	13.94	30.50	26.64	94.57	6.23
0.15	0.29	0.04	0.05	0.17	0.08	0.75	0.07
13.17	15.90	1.52	1.99	11.19	4.09	110.25	2.02
0.01	0.01			0.03		0.73	
0.30	1.42			1.39		109.55	
0.02	0.06					0.37	0.04
0.16	0.79					36.52	0.13
0.44	0.39	0.01	0.07	0.66	0.03	0.31	0.25
4.98	7.61	0.08	0.98	8.61	0.37	4.19	4.32
0.27	0.20	0.01	0.45	0.13	0.41	0.04	
6.43	6.03	0.18	8.11	4.46	7.13	1.73	
18.93	**10.71**	**5.70**	**10.48**	**12.00**	**11.55**	**10.87**	**11.51**
139.11	84.75	40.40	74.69	96.24	81.92	147.67	66.27
18.68	10.15	5.70	10.34	11.80	11.16	9.54	11.37
137.13	79.59	40.40	72.37	93.52	78.66	97.86	65.16
0.26	0.56		0.14	0.19	0.39	1.33	0.15
1.97	5.16		2.32	2.73	3.26	49.80	1.11
11.64	**13.93**	**1.52**	**12.16**	**11.56**	**14.58**	**11.01**	**6.08**
202.30	337.65	179.20	173.85	227.48	288.86	389.93	82.98
5.70	8.37	0.85	10.80	7.68	9.62	5.58	2.25
81.26	130.93	6.76	121.68	78.28	191.40	153.13	19.63
3.53	2.62		1.02	1.95	3.24	3.67	2.80
55.87	40.54		17.59	37.81	56.17	56.55	21.17
0.78	0.52	0.63	0.22	0.52	0.09	0.19	0.17
39.34	127.88	164.62	31.82	81.87	14.11	32.34	29.60
1.63	2.42	0.05	0.12	1.42	1.64	1.57	0.87

5-17 续表3 (2017年)

指 标	单位	郑州市	中原区	二七区	管城区	金水区
金额	元	37.61	4.65	12.14	29.49	9.85
干鲜瓜果类	**公斤**	**43.68**	**31.91**	**48.54**	**31.32**	**43.72**
金额	元	244.82	178.21	304.41	228.40	303.86
鲜瓜果	公斤	40.11	28.33	44.82	29.94	40.36
金额	元	178.89	146.45	240.01	195.49	248.43
瓜果制品	公斤	0.91	0.43	0.54	0.57	0.07
金额	元	24.13	3.20	12.05	6.28	1.73
坚果类	公斤	2.67	3.14	3.18	0.82	3.29
金额	元	41.81	28.56	52.35	26.63	53.71
糖果糕点类	**公斤**	**4.46**	**2.27**	**3.19**	**5.07**	**6.96**
金额	元	69.85	25.33	62.09	77.73	94.52
食糖	公斤	1.03	0.21	0.89	0.58	0.97
金额	元	8.29	1.47	8.61	5.52	7.31
糖果	公斤	0.47	0.78	0.75	0.82	0.73
金额	元	8.09	6.75	17.83	8.80	6.85
糕点	公斤	2.06	1.01	1.26	1.60	2.48
金额	元	38.18	11.92	26.44	27.45	58.60
其他糖果糕点	公斤	0.90	0.27	0.29	2.08	2.77
金额	元	15.29	5.18	9.21	35.97	21.76
其他食品	元	145.79	87.76	129.59	259.37	184.85
调味品	元	60.01	77.85	49.83	77.99	63.70
其他食品	元	85.78	9.91	79.76	181.38	121.15
饮料	**元**	**79.25**	**57.85**	**109.08**	**198.58**	**96.87**
茶叶	公斤	0.17	0.22	0.11	1.84	0.08
金额	元	13.98	21.27	15.39	96.70	22.77
咖啡	元	0.34		1.89	1.26	1.11
其他固体饮料	元	2.33	0.21	0.83	0.78	5.11
瓶装饮用水	元	9.02	1.44	11.51	10.11	9.77
果汁饮料	元	12.16	3.02	4.27	39.19	24.75
其他液体饮料	元	41.42	31.90	75.19	50.55	33.38
烟酒	**元**	**320.72**	**175.74**	**286.01**	**646.70**	**573.84**
烟草	元	183.32	118.28	190.94	458.75	290.75
卷烟	盒	17.16	12.00	17.92	40.90	18.37
金额	元	183.04	118.28	190.94	458.75	288.04

上街区	惠济区	中牟县	巩义市	荥阳市	新密市	新郑市	登封市
25.82	38.32	7.82	2.76	29.51	27.18	147.91	12.58
63.17	**47.29**	**28.32**	**46.14**	**59.45**	**51.00**	**51.64**	**29.91**
336.70	299.54	136.40	217.99	341.43	236.06	380.36	121.42
57.73	43.65	27.14	41.47	53.01	46.89	46.56	28.07
242.52	230.23	112.03	142.70	227.69	173.44	237.98	100.29
1.53	0.68	0.19	1.53	0.61	0.83	2.38	0.80
30.98	15.58	2.05	29.94	16.46	15.19	99.07	8.98
3.90	2.96	0.99	3.14	5.84	3.29	2.71	1.04
63.21	53.73	22.32	45.36	97.27	47.43	43.30	12.14
3.58	**5.33**	**0.82**	**5.51**	**5.28**	**6.36**	**4.63**	**4.35**
67.94	126.55	14.31	91.99	101.78	98.03	59.61	39.63
0.66	0.40	0.14	1.00	0.95	1.36	1.78	2.12
5.56	3.62	0.81	8.33	8.49	10.90	13.76	15.57
0.16	0.70		0.18	0.19	0.81	0.36	0.72
5.61	21.20		3.71	5.74	14.58	6.18	6.15
2.52	3.85		4.19	3.43	3.00	0.63	1.28
46.66	90.76		74.17	70.86	53.07	9.29	15.21
0.24	0.39	0.69	0.13	0.71	1.19	1.86	0.23
10.12	10.97	13.50	5.78	16.69	19.47	30.37	2.70
78.68	134.20	193.85	99.91	170.07	179.48	54.80	149.66
56.34	49.26	40.18	73.44	56.84	92.46	39.06	72.44
22.34	84.95	153.67	26.47	113.22	87.02	15.74	77.21
46.52	**87.45**	**32.37**	**101.16**	**66.62**	**70.16**	**91.58**	**65.18**
0.01	0.07		0.07	0.04	0.04	0.05	0.23
0.14	6.86		24.74	13.48	8.02	6.10	9.71
2.14				1.52	0.05		
1.69	2.63	0.13	1.09	5.06	1.02	6.25	0.41
5.23	10.66	1.42	10.28	8.94	9.04	13.68	11.27
10.44	2.86	0.34	9.09	8.24	7.40	15.14	25.00
26.87	64.44	30.47	55.97	29.37	44.64	50.41	18.78
286.18	**293.02**	**508.88**	**172.52**	**271.00**	**197.39**	**476.69**	**226.97**
200.63	169.09	277.62	145.55	143.70	136.80	167.48	158.55
21.91	11.94	17.65	14.43	17.17	14.73	18.60	18.13
200.55	167.79	277.62	145.55	143.70	136.80	167.48	158.53

5-17 续表4 （2017年）

指 标	单位	郑州市	中原区	二七区	管城区	金水区
烟丝烟叶	公斤	0.01				0.16
金额	元	0.28				2.71
酒类	**元**	**137.40**	**57.46**	**95.07**	**187.96**	**283.09**
啤酒	公斤	3.55	0.98	1.90	4.93	1.95
金额	元	19.67	9.03	12.83	34.24	12.62
白酒	公斤	1.33	0.94	1.07	4.66	3.28
金额	元	93.11	46.69	81.07	109.88	268.91
果酒	公斤	0.19	0.24	0.01	0.23	
金额	元	21.22	1.74	0.93	4.29	
其他酒	元	3.39		0.24	39.55	1.57
饮食服务	**元**	**510.90**	**224.22**	**643.83**	**482.06**	**730.07**
食堂用餐	元	20.44			8.37	0.81
其他在外饮食	元	484.95	224.22	643.83	468.29	729.21
食品加工服务费	元	5.50			5.40	0.05
衣着	**元**	**1100.65**	**762.28**	**685.63**	**1166.43**	**1357.46**
衣类	**元**	**821.81**	**567.04**	**495.30**	**745.21**	**1074.92**
服装	元	801.17	545.10	470.72	735.23	1028.82
服装材料	元	2.39	2.83	0.58	1.21	3.63
其他衣类及配件	元	16.98	18.76	23.16	7.61	39.60
衣类加工服务费	元	1.27	0.35	0.84	1.15	2.87
鞋类	**元**	**278.84**	**195.24**	**190.32**	**421.22**	**282.54**
鞋	双	2.95	2.22	2.22	3.66	2.55
金额	元	276.63	193.50	180.14	419.15	279.47
鞋类配件及加工服务费	元	2.21	1.74	10.18	2.06	3.07
居住	**元**	**1309.05**	**1153.80**	**568.27**	**1055.35**	**1468.80**
租赁房房租	**元**	**155.77**	**681.48**	**226.69**		**279.98**
租赁公房房租	元	8.18				1.38
租赁私房房租	元	147.58	681.48	226.69		278.61
住房维修及管理	**元**	**525.64**		**8.89**	**79.24**	**641.42**
住房装潢	元	383.11				588.03
住房维修	元	95.84		7.74		
物业管理费	元	16.18		1.16	29.19	53.39
其他	元	30.51			50.05	
水电燃料及其他	**元**	**627.65**	**472.32**	**332.69**	**976.11**	**547.40**

上街区	惠济区	中牟县	巩义市	荥阳市	新密市	新郑市	登封市
0.01	0.01						
0.07	1.29						0.02
85.55	**123.93**	**231.26**	**26.97**	**127.30**	**60.60**	**309.21**	**68.41**
3.85	1.44	4.46	1.90	3.27	1.91	3.67	9.06
20.51	13.90	17.96	12.70	18.12	16.26	17.89	41.60
0.95	1.66	1.89	0.13	1.03	0.46	1.35	0.97
62.55	106.37	213.30	13.70	101.32	41.37	142.88	25.96
0.25	0.01		0.08	0.04	0.16	0.94	
0.73	0.45		0.32	4.77	0.69	146.77	
1.76	3.22		0.25	3.09	2.28	1.66	0.86
444.75	**1120.89**	**434.55**	**321.16**	**639.01**	**483.95**	**531.00**	**306.23**
16.34		0.23	7.69	44.45		85.56	27.38
428.36	1118.91	431.82	309.35	588.32	470.85	439.92	265.88
0.05	1.97	2.50	4.13	6.24	13.10	5.53	12.97
802.02	**1405.56**	**766.54**	**845.93**	**1214.07**	**1332.74**	**1195.41**	**1298.77**
646.65	**1103.10**	**596.87**	**648.69**	**915.15**	**912.09**	**954.99**	**928.04**
616.00	1071.57	596.12	625.39	891.27	896.02	940.37	899.66
7.43	9.54	0.02	1.91	3.42	0.08	0.46	2.53
21.84	19.58	0.73	17.28	19.47	14.72	13.93	24.58
1.38	2.43		4.11	0.99	1.27	0.22	1.28
155.38	**302.46**	**169.67**	**197.24**	**298.91**	**420.65**	**240.42**	**370.73**
2.29	2.10	2.19	2.79	3.59	4.14	3.13	3.20
154.76	301.95	169.62	196.63	296.64	416.72	239.48	367.22
0.61	0.51	0.06	0.61	2.28	3.94	0.94	3.51
1720.34	**1077.43**	**942.84**	**745.82**	**1833.22**	**816.36**	**3062.40**	**731.94**
	218.02	**179.15**		**230.52**	**131.80**	**216.64**	**22.20**
		8.20		25.74	14.81	15.84	4.44
	218.02	170.95		204.78	116.99	200.81	17.76
951.36	**290.72**	**162.01**	**146.17**	**1046.62**	**184.01**	**1858.91**	**26.92**
839.96	62.22	153.45	133.85	303.17	89.24	1776.69	6.66
27.15	161.80	0.51	8.47	518.33	86.91	24.57	8.75
83.05	50.77	8.06	1.22	1.72		9.16	10.36
1.20	15.93		2.62	223.40	7.85	48.50	1.15
768.97	**568.69**	**601.68**	**599.65**	**556.08**	**500.55**	**986.84**	**682.83**

5-17 续表 5 (2017 年)

指　标	单位	郑州市	中原区	二七区	管城区	金水区
水	吨	18.97	8.82	18.32	11.73	16.52
金额	元	37.01	10.42	15.54	17.64	49.23
电	度	582.92	631.07	475.48	1175.12	574.75
金额	元	344.54	389.75	270.04	834.72	370.78
燃料	元	238.18	72.16	47.10	123.76	127.39
煤炭	公斤	36.14			0.45	
金额	元	31.77			4.46	
管道天然气	立方米	11.64	0.40	3.21	4.72	26.71
金额	元	25.91	2.67	7.51	11.29	64.44
管道煤气	立方米	0.08			0.12	0.29
金额	元	0.24			1.09	0.65
管道液化石油气	立方米	0.01				
金额	元	0.04				
罐装液化石油气	公斤	18.02	11.49	6.23	16.51	30.87
金额	元	102.34	69.48	39.59	106.91	59.17
汽油	升	5.13				
金额	元	36.19				
柴油	升	1.09				
金额	元	10.67				
其他油	升	4.14				0.49
金额	元	30.99				3.12
取暖费	元	5.32				
其他	元	2.60				
生活用品及服务	**元**	**841.10**	**355.40**	**515.51**	**1214.43**	**1023.68**
家具及室内装饰品	**元**	**176.35**	**20.93**	**27.39**	**53.14**	**234.04**
家具	元	119.61	19.72	27.20	25.26	203.16
家具材料	元	50.51			21.77	3.24
室内装饰品	元	6.23	1.20	0.19	6.11	27.64
家用器具	**元**	**222.83**	**73.84**	**172.57**	**405.15**	**243.44**
耐用消费品	元	193.57	40.09	126.74	405.15	117.17
洗衣机	台	0.01	0.05	0.02	0.07	0.01
金额	元	21.30	40.09	37.96	87.94	38.70
电冰箱(柜)	台	0.01		0.01	0.02	0.02

上街区	惠济区	中牟县	巩义市	荥阳市	新密市	新郑市	登封市
39.93	5.82	47.78	28.86	14.22	20.00	19.54	11.04
92.09	19.38	69.97	54.37	23.85	47.64	32.63	31.44
649.94	781.35	563.91	627.08	679.51	497.18	461.09	373.03
368.20	449.73	316.53	352.40	384.82	287.81	261.68	213.61
175.18	95.51	215.19	192.87	147.22	149.24	692.53	437.69
			218.17	16.44	14.19	9.27	97.07
			114.81	10.43	13.39	11.11	146.16
81.25	10.98	64.61	1.54	3.49	0.79	0.91	1.08
168.06	24.64	142.19	1.16	9.17	0.50	2.06	4.48
1.38							
3.12							
0.28							
0.84							
0.05	10.93	13.41	12.08	21.46	20.36	27.88	27.00
0.36	66.99	72.59	76.91	127.03	135.30	177.89	158.29
0.34	0.54			0.09		21.46	20.67
2.02	3.88			0.59		170.93	125.03
						8.26	0.58
						82.64	3.61
0.18					0.01	33.05	0.02
0.78					0.04	247.91	0.11
124.57							
8.94	4.08			0.20	15.86		0.09
1064.02	**814.48**	**1216.69**	**697.27**	**737.81**	**802.40**	**937.51**	**684.53**
182.52	**28.15**	**474.16**	**204.95**	**86.84**	**68.64**	**549.80**	**55.81**
178.67	28.15	474.16	199.24	86.39	64.96	220.92	6.08
				0.12	2.31	328.64	22.68
3.85			5.71	0.34	1.38	0.24	27.04
385.93	**150.56**	**398.84**	**164.06**	**243.98**	**239.66**	**67.63**	**142.13**
356.31	113.22	374.63	145.97	216.10	223.83	63.26	103.12
0.01	0.01	0.01	0.01	0.02	0.01	0.01	0.01
30.59	5.82	34.63	25.38	22.46	7.30	14.89	5.99
0.01	0.01	0.02	0.01				0.01

5-17 续表6 (2017 年)

指　　标	单位	郑州市	中原区	二七区	管城区	金水区
金额	元	19.36		21.09	20.18	19.65
空调器	台	0.02		0.01	0.01	0.02
金额	元	88.01		21.09	30.35	42.08
吸尘器						
金额	元	0.20				
抽油烟机	台	0.01		0.02		
金额	元	6.89		12.86		
微波炉	台				0.04	
金额	元	1.76			21.69	
非太阳能热水器	台	0.01		0.02	0.01	0.01
金额	元	8.08		33.74	2.50	9.71
太阳能热水器	台					
金额	元	0.92				
燃气炉具	套					
金额	元	1.93				
洗碗机	台					
金额	元	0.11				
其他	元	45.00			242.48	7.02
小家电	元	29.26	33.75	45.83		126.27
家用纺织品	**元**	**68.76**	**20.82**	**28.60**	**115.16**	**59.56**
床上用品	元	55.46	18.07	21.84	91.37	54.24
窗帘门帘	元	7.27	1.42		13.09	2.27
其他家用纺织品	元	6.03	1.34	6.76	10.70	3.06
家庭日用杂品	**元**	**220.64**	**114.36**	**172.45**	**336.72**	**264.04**
洗涤及卫生用品	元	92.13	45.61	70.78	188.04	140.13
厨具餐具茶具	元	22.43	13.95	18.97	13.51	25.80
家用手工工具	元	1.96			4.74	9.46
其他	元	104.11	54.81	82.70	130.43	88.66
个人用品	元	127.55	57.58	100.51	277.43	196.00
化妆品	元	65.89	5.37	46.47	167.07	77.40
其他个人用品	元	61.65	52.20	54.04	110.35	118.60
家庭服务	**元**	**24.98**	**67.88**	**13.99**	**26.83**	**26.59**
家政服务	元	4.33	64.14		1.43	5.67

上街区	惠济区	中牟县	巩义市	荥阳市	新密市	新郑市	登封市
35.99	27.81	46.96	24.74	5.46	8.78	7.02	17.76
0.05	0.01	0.02	0.02	0.04	0.03	0.01	0.02
199.16	44.64	118.64	58.71	128.03	154.48	39.59	58.73
				1.54			
0.04		0.02	0.01	0.01			
40.79		27.96	14.21	9.75	5.40		
				3.90			
0.01	0.01	0.01		0.01			
14.97	2.46	16.86		16.85	13.66		
	0.01	0.01					
	3.36	9.11		1.09			
0.02			0.02				
21.60		0.29	5.31	1.68	1.22	0.49	
	0.01					0.01	
	0.87					0.42	
13.20	28.25	120.18	17.62	25.33	32.99	0.83	20.64
29.62	37.34	24.21	18.09	27.88	15.83	4.37	39.00
89.46	**78.43**	**38.40**	**51.70**	**59.65**	**92.00**	**65.63**	**99.82**
34.17	71.06	33.70	41.95	45.31	74.32	64.08	76.39
44.39		4.70	2.68	8.82	14.49	1.46	3.68
10.91	7.37		7.07	5.52	3.19	0.09	19.76
171.15	**248.79**	**250.65**	**148.73**	**201.43**	**280.65**	**149.23**	**254.47**
43.63	22.56	114.94	37.91	76.60	148.25	42.49	127.11
43.41	37.06	3.41	11.53	31.00	29.35	12.84	33.89
0.21		0.29	2.33	0.08	1.91	3.52	1.29
83.89	189.17	132.01	96.97	93.76	101.14	90.38	92.19
208.89	302.68	31.79	116.17	134.79	96.34	90.47	64.02
158.57	149.66	29.90	43.26	39.19	78.20	24.00	49.81
50.32	153.02	1.89	72.91	95.60	18.14	66.47	14.21
26.07	**5.85**	**22.85**	**11.67**	**11.12**	**25.10**	**14.75**	**68.28**
3.60		0.85	2.89	0.02	1.90	10.95	3.47

5-17　续表 7　　　　　　　　　　　　(2017 年)

指　　标	单位	郑州市	中原区	二七区	管城区	金水区
家庭设备修理费	元	20.65	3.74	13.99	25.40	20.92
交通通信	元	**1790.75**	**1264.28**	**815.50**	**2613.86**	**1562.23**
交通	元	**1258.51**	**1012.35**	**431.42**	**2013.73**	**994.29**
交通工具	元	679.43	915.58	50.13	1299.70	46.86
汽车	辆		0.05		0.01	
金额	元	569.41	765.93		880.23	
摩托车	辆					
金额	元	10.81				
自行车	辆	0.01		0.01		
金额	元	3.16		4.22		
电动自行车	辆	0.03	0.08	0.02	0.14	0.02
金额	元	74.48	149.66	26.35	418.67	25.90
其他交通工具	元	21.57		19.56	0.79	20.96
交通费	元	**37.35**	**1.23**	**41.07**	**13.48**	**89.06**
飞机	元	4.93			11.02	30.43
火车	元	5.06		1.03		23.77
长途汽车	元	5.47		4.22		7.74
市内公共交通	元	10.33		7.72	0.05	7.36
出租汽车费	元	5.07	1.23	2.83	2.41	14.89
其他交通费	元	6.49		25.28		4.88
交通工具用燃料	元	**387.24**	**34.74**	**264.51**	**621.07**	**579.95**
汽油	升	57.61	4.70	41.84	95.12	95.71
金额	元	364.81	34.74	264.51	594.29	577.73
柴油	升	3.38			3.84	
金额	元	19.85			23.21	
其他燃料和润滑剂	元	2.58			3.57	2.23
交通工具使用及维修	元	**154.48**	**60.80**	**75.70**	**79.48**	**278.41**
交通工具零配件和维修	元	114.97	60.80	44.03	75.57	222.48
停车费	元	4.52		0.63	0.10	11.46
车辆使用税费(含过桥过路费)	元	16.74		24.40	0.22	39.33
其他	元	18.25		6.64	3.59	5.14
通信	元	**532.25**	**251.93**	**384.09**	**600.13**	**567.94**
通信工具	元	**179.77**	**65.42**	**156.15**	**141.35**	**252.49**
电话机	部				0.01	

上街区	惠济区	中牟县	巩义市	荥阳市	新密市	新郑市	登封市
22.47	5.85	22.00	8.78	11.10	23.20	3.79	64.81
1293.47	**4080.28**	**1323.27**	**1715.66**	**2241.92**	**1302.03**	**3236.06**	**737.10**
940.80	**3404.82**	**810.38**	**1348.29**	**1594.35**	**591.48**	**2662.04**	**250.07**
174.57	2061.28	146.07	1028.05	909.61	37.61	2217.00	37.73
	0.01		0.01	0.01			
	2005.52		957.17	806.64		2065.92	
0.01						0.01	
81.58						57.23	4.88
0.01	0.02		0.01	0.02		0.02	
4.20	14.75	0.66	1.54	10.30	1.46	5.46	
0.04	0.01	0.02	0.01	0.02		0.03	0.01
88.78	27.17	64.93	53.99	78.40	8.72	88.39	32.85
	13.83	80.49	15.36	14.28	27.42		
68.71	**61.80**	**5.97**	**24.83**	**40.60**	**59.24**	**17.22**	**33.94**
0.32	20.57			0.06		5.54	0.06
20.94	7.52		9.38	2.63	5.55	0.72	
7.91	1.77	0.56	2.79	7.31	6.50	7.32	12.93
11.41	18.17	0.03	10.84	8.19	32.41	1.50	12.75
10.55	12.83	4.92	1.82	5.71	3.67	1.95	2.90
17.59	0.94	0.46		16.70	11.12	0.20	5.28
572.87	**893.91**	**495.86**	**211.33**	**359.88**	**386.31**	**352.04**	**91.37**
89.98	111.83	77.42	32.87	56.18	60.32	47.06	13.66
561.11	703.40	487.95	208.38	347.59	381.01	335.57	86.56
0.36	32.27	1.07		1.68	0.50	1.95	0.55
2.16	187.35	6.12		9.56	3.65	12.14	3.44
9.60	3.16	1.78	2.95	2.73	1.65	4.34	1.38
124.66	**387.83**	**162.48**	**84.08**	**284.26**	**108.32**	**75.78**	**87.02**
84.32	145.86	162.48	55.95	218.01	91.27	56.51	82.86
0.36	38.79		0.14	0.61	1.32	4.45	
22.41	40.47		25.75	31.03	9.35	14.51	0.13
17.56	162.71		2.24	34.61	6.38	0.31	4.03
352.66	**675.46**	**512.89**	**367.36**	**647.57**	**710.56**	**574.02**	**487.03**
72.29	**243.62**	**171.62**	**90.03**	**229.60**	**329.34**	**88.27**	**156.78**

5-17 续表 8 (2017 年)

指　　标	单位	郑州市	中原区	二七区	管城区	金水区
金额	元	1.89			26.78	
移动电话机	部	0.12	0.08	0.09	0.09	0.11
金额	元	172.22	61.41	154.04	107.25	236.95
其他通信工具及零配件	元	5.67	4.01	2.11	7.32	15.54
通信服务	**元**	**352.47**	**186.51**	**227.94**	**458.77**	**315.45**
固定电话费	元	7.78			0.89	4.22
移动电话费	元	292.51	131.24	199.31	399.55	261.46
上网费	元	50.60	55.27	28.31	56.37	49.76
邮费	元	0.15		0.32	0.18	
其他通信服务费	元	1.42			1.79	
教育文化娱乐	**元**	**1345.49**	**1438.17**	**996.40**	**1180.32**	**2066.70**
教育	**元**	**880.71**	**1272.21**	**515.50**	**603.15**	**1338.68**
学前教育	**元**	**150.53**		**216.52**	**270.78**	**181.52**
教育用品	元	1.96		0.72	5.55	
学杂费	元	63.73		90.83	216.93	
培训费	元	6.89		39.56		
赞助费	元	1.71				
一揽子教育服务(含食宿)	元	59.55		84.35	24.37	132.72
其他费用	元	16.68		1.05	23.93	48.80
小学教育	**元**	**141.90**	**72.89**	**142.09**	**153.18**	**518.95**
教育用品	元	9.10	16.46		24.47	2.63
学杂费	元	5.82	5.93	10.31	2.12	1.21
培训费	元	18.99	7.96	107.55	1.79	72.84
赞助费	元	2.12				
一揽子教育服务(含食宿)	元	46.00	42.53	24.23		45.88
其他费用	元	59.87			124.80	396.39
初中教育	**元**	**138.07**	**64.97**	**103.75**	**58.93**	**213.90**
教育用品	元	3.75	7.64		2.87	
学杂费	元	13.25		15.82		
培训费	元	7.25				
赞助费	元	6.43				
一揽子教育服务(含食宿)	元	49.21	41.29	61.58	50.53	70.17
其他费用	元	58.19	16.03	26.36	5.53	143.73
高中教育	**元**	**110.23**	**426.15**	**2.11**	**14.28**	

上街区	惠济区	中牟县	巩义市	荥阳市	新密市	新郑市	登封市
							3.04
0.11	0.12	0.15	0.08	0.17	0.18	0.09	0.11
65.92	235.13	171.37	83.21	221.02	321.22	86.37	150.66
6.37	8.48	0.26	6.81	8.58	8.11	1.90	3.07
280.38	**431.85**	**341.27**	**277.34**	**417.97**	**381.22**	**485.75**	**330.25**
14.52	8.80	4.89	3.25	5.29	4.94	15.84	21.51
227.11	317.95	272.99	242.55	327.13	334.95	397.14	274.21
22.80	104.83	63.39	29.02	84.42	39.99	72.48	33.21
0.49	0.07			0.31	0.18	0.30	
15.47	0.19		2.52	0.82	1.16		1.33
798.83	**1570.10**	**1272.59**	**1376.72**	**1933.53**	**1275.11**	**1336.68**	**1381.42**
408.16	**835.03**	**1102.72**	**772.00**	**1183.19**	**844.24**	**948.56**	**791.18**
60.49	**224.77**	**48.95**	**236.12**	**118.58**	**99.60**	**222.42**	**95.52**
0.44	2.85	0.25	0.05	1.55	0.76	1.48	7.09
14.40	178.40		0.51	50.40	32.22	152.42	17.05
12.00	7.11		12.37	0.78		20.66	
	16.37						3.55
32.39	16.82		220.61	64.76	43.67	19.83	58.06
1.26	3.23	48.70	2.57	1.09	22.95	28.03	9.77
143.46	**54.30**	**121.54**	**146.19**	**211.04**	**62.49**	**76.30**	**142.69**
5.44	0.09		1.37	6.80	15.72	37.44	6.82
33.59			0.26	0.16	7.30	20.17	4.57
75.47	35.45		11.72	9.60		3.37	
1.20					0.13		17.76
22.17	18.76		132.04	116.52	15.37	13.60	84.14
5.59		121.54	0.80	77.97	23.96	1.73	29.40
19.92	**10.86**	**219.62**	**34.63**	**135.00**	**168.90**	**74.01**	**344.50**
2.63	1.29		0.37	4.09	8.12	11.16	4.11
0.94			0.30	7.88		23.67	72.36
9.00				16.38		4.72	35.51
				2.15			53.27
7.35	9.56		33.97	104.50	82.48	34.45	68.72
		219.62			78.29		110.54
42.83	**108.30**	**92.93**	**163.71**	**154.31**	**130.59**	**197.03**	**71.74**

5-17 续表 9 (2017 年)

指　　标	单位	郑州市	中原区	二七区	管城区	金水区
教育用品	元	6.40	16.20			
学杂费	元	5.85				
培训费	元	1.99				
赞助费	元	14.35				
一揽子教育服务(含食宿)	元	62.64	409.95	2.11	14.28	
其他费用	元	19.01				
中专职高教育	**元**	**4.85**			**2.05**	
教育用品	元	0.12			2.05	
学杂费	元	0.46				
一揽子教育服务(含食宿)	元	4.27				
大专及以上教育	**元**	**270.13**	**708.20**		**103.74**	**135.84**
教育用品	元	2.83			2.68	
学杂费	元	34.46	96.21			
培训费	元	6.50				50.05
一揽子教育服务(含食宿)	元	122.78	611.99		101.06	
其他费用	元	103.57				85.78
成人教育	**元**	**65.00**		**51.03**	**0.18**	**288.47**
教育用品	元	1.47				21.93
培训费	元	43.82		20.03	0.18	136.04
其他费用	元	19.71		31.00		130.50
文化娱乐	**元**	**464.77**	**165.96**	**480.91**	**577.18**	**728.01**
文娱耐用消费品	**元**	**96.19**	**128.28**	**73.92**	**38.06**	**80.52**
彩色电视机	台	0.01	0.05	0.01	0.03	
金额	元	13.30	128.28	15.82	34.49	
家用台式电脑	台					
金额	元	6.69				
家用笔记本电脑	台					0.02
金额	元	21.54				49.44
中高档乐器	元	0.65		6.96		
健身器材	元	7.78				

上街区	惠济区	中牟县	巩义市	荥阳市	新密市	新郑市	登封市
7.20	39.08		2.08	3.17	12.29	4.12	1.55
10.38				8.51	15.45	21.03	
				1.12		14.87	
						115.69	
24.00	67.93		160.68	140.50	54.42	41.32	46.17
1.26	1.29	92.93	0.95	1.00	48.43		24.02
10.80	**4.53**		**4.76**	**40.49**			
10.80							
	4.53		4.76	40.49			
102.46	**375.42**	**590.48**	**145.42**	**458.90**	**365.12**	**217.42**	**136.73**
	1.94		2.85		1.44	18.00	
49.79	71.16			19.50	92.72	95.91	
	3.23					24.79	
52.67	165.29		142.56	420.68	198.46		
	133.79	590.48		18.72	72.51	78.72	136.73
28.19	**56.85**	**29.20**	**41.17**	**64.87**	**17.55**	**161.38**	
				0.12	0.50		
28.19	56.21	18.07	41.17		17.05	161.14	
	0.65	11.13		64.75		0.25	
390.67	**735.07**	**169.87**	**604.72**	**750.34**	**430.87**	**388.12**	**590.24**
75.74	**46.24**		**40.92**	**131.78**	**29.07**	**208.43**	**318.29**
0.02				0.02			
45.59				46.76			
	0.01		0.01			0.01	
	29.11		17.74	37.76		21.07	
			0.01			0.01	0.01
			13.34	45.60	25.01	90.37	27.52
					2.61		
	0.95				0.15	61.98	

5-17 续表 10 （2017 年）

指　　标	单位	郑州市	中原区	二七区	管城区	金水区
其他文娱耐用消费品	元	9.76		12.67		25.46
文娱耐用消费品的零配件及维修	元	32.35		38.47	3.57	5.62
其他文娱用品	元	**110.62**	**22.45**	**96.28**	**53.47**	**240.11**
书报杂志及音像制品	元	20.08	1.63	25.39	4.81	45.82
文具纸张	元	21.40	6.41	24.23	8.81	42.07
体育户外用品	元	2.78	8.36	1.89	14.39	1.56
游戏用品和玩具	元	24.54		29.93	13.38	54.74
园艺花卉及有关产品	元	4.90	1.66	5.41	3.48	31.27
宠物及有关产品	元	1.96		0.28		18.04
其他文娱用品及维修	元	34.96	4.38	9.15	8.59	46.61
文化娱乐服务	元	**257.96**	**15.23**	**310.70**	**485.65**	**407.39**
团体旅游	元	189.30		256.63	440.13	281.18
景点门票	元	26.19	3.21	33.42	20.11	55.98
体育健身活动	元	3.73	2.14		0.54	33.99
电影话剧演出票	元	3.99	2.41	10.80	2.77	16.03
有线电视费	元	12.47	7.48		1.07	0.81
其他文化娱乐服务	元	22.29		9.86	21.03	19.39
医疗保健	元	**1158.66**	**2260.88**	**606.86**	**1046.10**	**763.70**
医疗器具及药品	元	**342.25**	**337.28**	**208.76**	**192.00**	**252.74**
药品	元	233.69	304.50	202.85	179.54	181.58
滋补保健品	元	29.28	32.78	5.90	10.41	60.67
医疗卫生器具	元	2.05			1.90	0.78
保健器具	元	77.22			0.15	9.71
医疗服务	元	**816.41**	**1923.60**	**398.10**	**854.09**	**510.96**
门诊医疗总费用	元	243.99	280.04	162.65	280.64	271.73
住院医疗总费用	元	572.43	1643.56	235.45	573.45	239.23
其他用品和服务	元	**345.43**	**40.19**	**190.87**	**213.65**	**580.00**
其他用品	元	**231.10**	**22.77**	**68.30**	**101.04**	**457.52**
首饰及手表	元	176.82	16.03	8.59	101.04	154.57
其他杂项用品	元	54.28	6.73	59.71		302.95
其他服务	元	**114.33**	**17.42**	**122.57**	**112.61**	**122.48**
旅馆住宿费	元	10.24		18.88		10.41
美容美发洗浴	元	71.07	14.75	47.25	112.21	82.27
其他杂项服务	元	33.02	2.67	56.43	0.40	29.80

上街区	惠济区	中牟县	巩义市	荥阳市	新密市	新郑市	登封市
29.75	10.55		0.15	0.14	0.79	1.17	44.92
0.40	5.24		9.69	1.53	0.52	0.79	245.84
63.82	**101.27**	**99.81**	**67.97**	**81.57**	**237.62**	**96.79**	**82.40**
19.14	9.14	47.98	3.89	19.07	35.37	10.90	7.34
12.85	13.32	5.96	12.07	18.94	15.47	53.49	36.89
3.78	3.57	0.75	4.77	17.98	1.06	2.49	0.69
20.37	30.27	37.53	19.95	15.13	20.04	18.14	13.20
5.49	6.34	0.14	4.34	1.17	5.57		4.47
	1.07	0.41	3.23	0.23			3.11
2.18	37.56	7.05	19.72	9.06	160.11	11.78	16.70
251.11	**587.56**	**70.06**	**495.83**	**536.99**	**164.18**	**82.90**	**189.55**
195.44	423.03	53.06	440.39	372.43	121.06	35.49	102.10
14.28	87.07	5.62	17.52	42.26	34.90	8.31	0.22
0.36	13.04		0.26	43.76			
1.80	21.98		0.76	1.79	0.75	0.48	
29.03	4.53	11.39	13.53	11.59	0.67	34.14	19.98
10.20	37.92		23.37	65.15	6.80	4.49	67.25
801.50	**892.72**	**768.42**	**455.30**	**1645.18**	**1160.32**	**1555.15**	**1902.40**
377.46	**457.24**	**164.55**	**249.28**	**295.53**	**563.16**	**133.93**	**735.11**
339.27	248.68	164.55	193.60	256.30	496.75	128.15	167.12
16.46	87.56		52.80	34.13	54.76	4.20	1.92
0.05	2.10		2.73	0.21	1.34	0.12	11.17
21.69	118.91		0.15	4.91	10.32	1.46	554.90
424.04	**435.48**	**603.87**	**206.02**	**1349.65**	**597.16**	**1421.23**	**1167.29**
268.08	290.50	197.26	145.90	523.21	181.63	219.45	168.56
155.96	144.98	406.61	60.12	826.44	415.53	1201.77	998.73
207.83	**399.07**	**62.69**	**423.40**	**267.68**	**299.09**	**298.02**	**870.48**
86.97	**216.78**	**42.32**	**272.78**	**147.27**	**120.69**	**247.83**	**718.53**
40.60	146.99	16.94	224.30	86.97	95.01	229.29	685.95
46.37	69.79	25.38	48.48	60.30	25.68	18.54	32.59
120.86	**182.29**	**20.37**	**150.63**	**120.41**	**178.40**	**50.19**	**151.94**
19.48	14.23		46.53		3.70	14.61	1.68
58.48	86.41	20.37	72.29	87.33	170.17	31.63	39.38
42.90	81.65		31.80	33.07	4.53	3.95	110.89

5-18 农村居民

（2017 年）

指　　标	单位	郑州市	中原区	二七区	管城区	金水区
住户居住空间样式						
单栋楼房	%	48.6	100.0	100.0	96.7	50.5
单栋平房	%	38.4			3.3	14.4
四居室及以上单元房	%	0.6				3.6
三居室单元房	%	7.8				17.1
二居室单元房	%	2.6				7.2
一居室单元房	%	0.2				
其他	%	1.8				7.2
主要建筑材料						
钢筋混凝土	%	34.8		70.0	13.3	67.6
砖混材料	%	59.1	90.0	30.0	86.7	21.6
砖瓦砖木	%	3.4	10.0			3.6
其他	%	2.6				7.2
现住房房屋来源						
租赁公房	%	0.4				
租赁私房	%	3.7		20.0		8.1
自建住房	%	84.7	100.0	80.0	100.0	64.9
购买商品房	%	2.3				27.0
拆迁安置房	%	7.3				
继承或获赠住房	%	0.2				
免费借用房	%	0.2				
其他来源	%	1.2				
现住房建筑面积	**平方米/人**	**58.3**	**82.7**	**87.1**	**92.6**	**59.7**

家庭现住房情况

单位:平方米/人

上街区	惠济区	中牟县	巩义市	荥阳市	新密市	新郑市	登封市
	69.0	62.5	52.6	50.0	30.1	39.8	20.0
		35.9	45.7	44.3	68.3	49.3	76.7
3.3							1.7
80.0	20.7	1.6			1.6	2.9	
16.7	3.4		1.8	5.7			
	3.4						
	3.4					7.9	1.7
33.3	89.7	19.7	1.9	72.9	6.6	40.7	15.0
66.7	6.9	60.6	96.4	25.7	90.1	40.5	76.7
			1.7	1.4	3.3	10.8	8.3
	3.4	19.7				7.9	
		1.6		1.4			
	13.8			11.4			
	69.0	77.1	98.2	85.7	98.4	98.5	95.0
		1.6	1.8		1.6	1.5	
100.0		19.7		1.4			
							1.7
							1.7
	17.2						1.7
37.7	**98.0**	**56.0**	**47.5**	**63.0**	**59.7**	**56.3**	**45.4**

5-19 农村居民家庭

（2017 年）

指　　标	单位	郑州市	中原区	二七区	管城区	金水区
家用汽车	辆	51	20	45	73	88
摩托车	辆	62		25	20	29
助力车	台	90	60	80	97	96
洗衣机	台	101	100	100	100	100
电冰箱(柜)	台	96	100	90	110	89
微波炉	台	36	80	40	57	32
彩色电视机	台	132	90	140	137	136
#接入有线电视	台	76	80	115	60	49
空调	台	143	80	125	130	207
热水器	台	77	80	80	93	96
#太阳能热水器	台	54	70	35	53	22
洗碗机	台	1				7
排油烟机	台	46	60	55	47	78
固定电话	线	12		5	20	7
移动电话	部	265	185	190	237	265
#接入互联网	部	148	30	90	117	214
计算机	台	62	80	75	80	53
#接入互联网	台	54	60	60	53	53
照相机	台	13		35	10	35
中高档乐器	架	2		5		4
健身器材	台	1			3	

每百户耐用消费品用有量

上街区	惠济区	中牟县	巩义市	荥阳市	新密市	新郑市	登封市
50	69	52	28	63	52	56	23
40	3	58	105	56	91	79	82
63	167	82	62	154	48	118	38
100	100	97	101	107	109	109	87
100	100	97	94	103	102	95	75
23	41	15	25	56	30	42	17
113	169	114	151	127	161	123	100
83	145	56	122	87	95	16	52
183	248	57	184	190	154	119	53
103	100	58	66	99	78	95	22
63	72	50	39	81	61	77	15
					2	2	
103	93	24	28	53	58	20	10
10	10	17	21	7	10	14	12
233	301	228	283	330	315	270	223
140	274	100	198	270	165	34	87
67	76	47	55	93	71	48	27
60	72	40	46	93	68	27	25
13	5		7	16	16		7
3				3	2	6	
	3			3	2	2	2

5-20 农村居民

（2017 年）

指　　标	郑州市	中原区	二七区	管城区	金水区
粮食消费量	**100.13**	**80.51**	**112.09**	**70.26**	**95.08**
谷物消费量	**91.24**	**72.69**	**96.28**	**66.14**	**87.98**
小麦	70.50	53.48	74.83	42.91	62.57
稻谷	13.38	14.83	14.10	16.89	21.75
玉米	2.58	0.37	0.16	0.12	0.70
其他谷物	4.78	4.03	7.20	6.22	2.96
薯类消费量	**1.60**	**1.72**	**3.44**	**0.92**	**1.22**
红薯	0.47	0.24	0.27	0.69	0.34
马铃薯	0.66	1.19	1.72	0.04	0.68
其他薯类	0.47	0.29	1.45	0.18	0.20
豆类消费量	**7.29**	**6.10**	**12.37**	**3.20**	**5.87**
大豆	0.40	0.13	0.86	0.29	0.28
其他豆类	6.89	5.96	11.52	2.91	5.60
油脂类消费量	**8.37**	**8.58**	**4.91**	**5.26**	**10.24**
植物油	7.90	8.58	4.90	4.68	10.24
动物油	0.47		0.02	0.58	
蔬菜及菜制品消费量	**67.12**	**57.55**	**105.59**	**41.88**	**50.46**
鲜菜	64.85	55.86	102.61	39.61	48.94
干菜及菜制品	0.80	0.51	1.26	0.87	0.13
鲜菌	1.12	1.18	1.72	0.67	1.29
干菌及菌制品	0.34		0.01	0.74	0.10
肉类	**11.93**	**7.90**	**18.48**	**15.89**	**14.84**
猪肉	8.12	5.07	14.41	5.40	11.73
牛肉	0.83	0.53	0.68	3.88	1.23
羊肉	0.91	0.29	0.70	5.11	1.11
其他肉类及制品	2.07	2.00	2.69	1.50	0.77
禽类	**4.41**	**2.48**	**3.40**	**6.01**	**2.88**
鸡	3.35	1.75	2.01	4.64	2.55
鸭	0.17	0.03	0.08	0.38	0.32
鹅	0.12			0.14	

人均食品消费量

单位:公斤

上街区	惠济区	中牟县	巩义市	荥阳市	新密市	新郑市	登封市
120.19	**70.23**	**87.76**	**109.86**	**110.79**	**95.46**	**135.54**	**116.60**
105.76	**62.37**	**86.35**	**101.01**	**101.15**	**82.37**	**123.36**	**106.09**
84.41	45.27	74.98	84.57	75.25	54.11	99.33	82.46
14.02	8.77	10.88	11.35	18.61	11.88	15.54	13.07
0.77	1.47		0.40	2.45	9.31	1.16	8.49
6.56	6.86	0.49	4.70	4.84	7.07	7.34	2.07
2.47	**2.34**	**0.42**	**1.58**	**2.29**	**1.95**	**1.81**	**1.40**
0.92	0.49	0.01	0.21	0.73	0.77	0.91	0.21
1.24	1.33	0.33	1.05	1.02	0.70	0.30	0.04
0.31	0.52	0.08	0.32	0.53	0.48	0.60	1.14
11.96	**5.53**	**1.00**	**7.27**	**7.36**	**11.14**	**10.37**	**9.11**
0.55	0.48	0.09	0.39	0.12	0.74	0.68	0.30
11.41	5.05	0.90	6.88	7.23	10.40	9.69	8.81
6.34	**4.26**	**3.79**	**7.39**	**8.77**	**11.34**	**15.05**	**9.20**
6.34	4.25	3.79	7.39	8.77	11.34	12.10	9.20
0.01	0.01					2.95	
129.02	**82.40**	**40.36**	**60.38**	**81.02**	**80.74**	**82.29**	**53.90**
126.64	80.49	39.36	58.85	79.33	77.86	77.16	52.63
0.47	0.32	0.81	0.40	0.40	2.10	0.69	1.01
1.77	1.49	0.15	0.96	1.06	0.69	2.87	0.23
0.13	0.11	0.03	0.17	0.24	0.09	1.58	0.03
14.14	**16.41**	**8.98**	**8.50**	**14.27**	**10.91**	**13.61**	**8.07**
11.99	9.24	7.59	6.12	9.81	7.92	8.47	6.30
0.43	0.30	0.12	0.25	0.53	0.88	0.91	0.69
0.49	0.43	0.17	0.61	0.68	0.47	1.04	0.27
1.23	6.44	1.09	1.52	3.25	1.64	3.19	0.81
1.71	**2.91**	**1.70**	**1.53**	**2.40**	**3.10**	**4.14**	**1.32**
1.23	0.95	1.62	1.21	1.28	1.67	2.67	1.28
0.05	0.03	0.01	0.01	0.01	0.01	0.74	0.01
0.07						0.73	

5-20 续表 （2017 年）

指 标	郑州市	中原区	二七区	管城区	金水区
其他禽类及制品	0.77	0.70	1.31	0.85	0.01
水产品	**2.51**	**2.84**	**3.28**	**4.52**	**3.49**
鱼类	1.62	1.99	2.59	3.27	2.35
虾贝蟹类	0.44	0.02	0.22	0.28	0.78
藻类	0.22	0.41	0.40	0.01	0.34
其他	0.23	0.42	0.07	0.96	0.02
蛋类及蛋制品	**11.22**	**9.51**	**14.01**	**10.95**	**10.42**
鲜蛋	10.82	9.25	13.61	10.59	10.39
蛋制品	0.40	0.26	0.40	0.36	0.03
奶和奶制品	**10.42**	**4.10**	**10.91**	**13.66**	**12.68**
鲜奶	5.94	2.70	8.27	1.80	7.37
酸奶	2.95	0.99	1.93	10.26	3.48
奶粉	0.35	0.10	0.46	0.07	0.90
其他奶制品	1.18	0.31	0.25	1.53	0.94
干鲜瓜果类	**45.63**	**26.53**	**76.73**	**25.20**	**43.83**
鲜瓜果	41.90	23.56	70.85	24.08	40.46
瓜果制品	0.95	0.36	0.85	0.45	0.07
坚果类	2.78	2.61	5.03	0.66	3.30
糖果糕点类	**4.66**	**1.89**	**5.05**	**4.08**	**6.98**
食糖	1.07	0.18	1.41	0.46	0.98
糖果	0.49	0.64	1.19	0.66	0.73
糕点	2.15	0.84	1.99	1.28	2.49
其他糖果糕点	0.95	0.22	0.46	1.67	2.78
饮料	**0.18**	**0.19**	**0.17**	**1.48**	**0.08**
茶叶	0.18	0.19	0.17	1.48	0.08
烟叶消费量	**17.95**	**9.98**	**28.33**	**32.90**	**18.58**
酒	**5.29**	**1.79**	**4.70**	**7.90**	**5.25**
白酒	1.39	0.78	1.69	3.75	3.29
啤酒	3.71	0.81	3.00	3.96	1.96
果酒	0.20	0.20	0.01	0.19	

单位:公斤

上街区	惠济区	中牟县	巩义市	荥阳市	新密市	新郑市	登封市
0.36	1.93	0.08	0.30	1.11	1.42	1.42	0.03
2.64	**3.70**	**1.35**	**1.35**	**2.54**	**2.20**	**4.01**	**0.82**
1.79	2.41	1.29	0.78	1.52	1.64	1.79	0.42
0.16	0.50	0.04	0.05	0.21	0.09	1.87	0.12
0.43	0.53	0.01	0.07	0.68	0.03	0.31	0.28
0.26	0.27	0.01	0.45	0.14	0.43	0.04	
18.35	**14.52**	**5.76**	**10.48**	**12.74**	**12.91**	**11.01**	**12.79**
18.10	13.76	5.76	10.34	12.54	12.50	9.66	12.63
0.25	0.75		0.14	0.20	0.41	1.35	0.16
11.28	**18.89**	**1.54**	**12.16**	**11.93**	**15.35**	**11.13**	**6.75**
5.52	11.35	0.85	10.80	7.93	10.12	5.64	2.49
3.42	3.55		1.02	2.01	3.41	3.71	3.10
0.76	0.71	0.64	0.22	0.53	0.10	0.20	0.19
1.58	3.27	0.05	0.12	1.47	1.72	1.59	0.97
61.22	**64.13**	**28.59**	**46.14**	**61.40**	**53.68**	**52.20**	**33.19**
55.95	59.19	27.39	41.47	54.74	49.35	47.06	31.15
1.48	0.93	0.19	1.53	0.63	0.87	2.40	0.88
3.78	4.02	1.00	3.14	6.03	3.46	2.74	1.16
3.47	**7.23**	**0.83**	**5.51**	**5.45**	**6.70**	**4.68**	**4.82**
0.64	0.54	0.14	1.00	0.98	1.43	1.80	2.35
0.15	0.94		0.18	0.20	0.86	0.37	0.80
2.44	5.22		4.19	3.55	3.16	0.64	1.42
0.23	0.53	0.69	0.13	0.73	1.26	1.88	0.25
0.01	**0.09**		**0.07**	**0.04**	**0.05**	**0.05**	**0.25**
0.01	0.09		0.07	0.04	0.05	0.05	0.25
21.24	**16.21**	**17.87**	**14.43**	**17.73**	**15.51**	**18.80**	**20.12**
4.89	**4.21**	**6.41**	**2.12**	**4.49**	**2.67**	**6.02**	**11.14**
0.92	2.25	1.92	0.13	1.07	0.48	1.37	1.08
3.73	1.95	4.49	1.90	3.37	2.01	3.71	10.05
0.24	0.01		0.08	0.04	0.17	0.95	

5-21 农村居民按五等份分组人均可支配收入

（2017 年）

单位:元

指　　标	低收入户	中低收入户	中等收入户	中高收入户	高收入户
可支配收入	**8649.37**	**14677.15**	**19008.88**	**24820.99**	**44050.30**
工资性收入	**6654.54**	**11890.32**	**14201.31**	**15442.91**	**18523.59**
工资	5826.34	10756.79	12092.21	13610.84	16894.30
实物福利	37.85	46.46	95.38	75.24	27.89
其他	790.36	1087.06	2013.71	1756.84	1601.40
经营净收入	**887.95**	**1665.00**	**2617.68**	**4591.14**	**13210.75**
第一产业经营净收入	739.44	1266.08	1594.32	1538.63	4209.90
第二产业经营净收入	1.00	137.06	40.95	758.34	2455.47
第三产业经营净收入	147.51	261.86	982.41	2294.17	6545.38
财产净收入	**356.79**	**380.96**	**550.39**	**1259.11**	**4192.34**
利息净收入	1.50	11.48	3.07	-1.45	64.35
红利收入	23.29	19.78	108.77	300.54	510.17
储蓄性保险净收益		2.93			41.39
转让承包土地经营权租金净收入	228.66	257.07	326.94	321.70	2572.74
出租房屋财产性收入	88.70	84.98	82.97	448.58	874.02
出租机械专利版权等资产的收入	10.00		27.59	134.40	74.58
其他财产净收入	4.64	4.72	1.06	55.34	55.09
转移净收入	**750.09**	**740.88**	**1639.50**	**3527.83**	**8123.62**
转移性收入	993.01	1018.47	1997.73	4004.61	8520.74
养老金或离退休金	486.73	629.40	718.83	827.79	2359.00
社会救济和补助	46.89	1.68	4.29	15.36	114.64
政策性生活补贴	37.13	42.20	538.58	2479.61	5414.70
报销医疗费	50.53	61.43	141.06	111.07	247.59
家庭外出从业人员寄回带回收入	175.26	171.36	432.56	332.22	96.25
从政府和组织得到的实物产品和服务折价	5.26	8.48	15.55	11.12	13.43
现金政策性惠农补贴	31.35	45.29	38.68	28.96	35.61
转移性支出	**242.92**	**277.59**	**358.22**	**476.78**	**397.12**
个人所得税	0.25			1.76	13.42
社会保障支出	92.70	182.34	136.90	199.28	281.38
赡养支出	69.55	7.51	5.27	32.29	21.69
其他转移性支出	80.42	87.74	216.05	243.45	80.63
实物可支配收入	**186.11**	**383.16**	**573.47**	**384.71**	**128.14**

5-22 农村居民按五等份分组人均消费支出

（2017 年）

单位：元

指　　标	低收入户	中低收入户	中等收入户	中高收入户	高收入户
消费支出	**10124.99**	**11319.42**	**13095.99**	**16606.20**	**20969.11**
食品烟酒	**2680.12**	**2835.43**	**3106.47**	**3634.07**	**5033.46**
食品	**1893.58**	**2200.31**	**2205.32**	**2398.17**	**3205.18**
谷物	301.07	326.41	330.13	371.33	365.77
薯类	31.20	35.80	40.93	58.94	55.18
豆类	37.68	37.49	42.88	58.07	54.25
食用油	166.75	151.11	100.22	120.86	242.70
蔬菜和食用菌	281.10	237.89	259.37	324.21	410.09
肉类	492.91	322.79	321.11	425.02	486.17
禽类	36.09	134.32	43.01	53.54	426.92
水产品	25.45	27.65	275.60	57.09	76.11
蛋类	75.87	100.42	107.47	87.39	97.56
奶类	100.27	312.75	227.07	244.47	329.27
干鲜瓜果类	172.43	308.53	224.96	318.12	356.12
糖果糕点类	54.01	56.14	69.21	89.54	131.06
其他食品	118.76	149.02	163.38	189.59	173.99
烟酒	**338.37**	**167.76**	**299.80**	**428.82**	**548.32**
烟草	121.81	102.67	198.91	271.80	317.67
酒类	216.56	65.10	100.89	157.02	230.65
饮料	**53.58**	**60.31**	**77.32**	**111.84**	**136.48**
饮食服务	**394.58**	**407.05**	**524.03**	**695.24**	**1143.49**
食堂用餐	53.20	66.26	92.57	101.61	57.98
其他在外饮食	334.21	334.88	422.32	590.61	1082.00
食品加工服务费	7.17	5.91	9.14	3.02	3.50

5-22 续表 1 单位:元

指 标	低收入户	中低收入户	中等收入户	中高收入户	高收入户
衣着	**745.61**	**1139.93**	**1061.76**	**1288.92**	**1820.56**
衣类	560.04	860.58	771.02	940.57	1396.82
鞋类	185.57	279.35	290.73	348.35	423.74
居住	**3020.85**	**2776.18**	**3234.26**	**3964.80**	**4928.12**
租赁房房租	15.50	133.82	132.31	291.69	372.35
住房维修及管理	590.25	130.86	927.68	595.79	588.90
水电燃料及其他	604.28	636.62	553.73	825.53	765.54
自有住房折算租金	1810.83	1874.88	1620.54	2251.79	3201.34
租赁房房租中租赁公房房租	4.50	3.17	11.52	12.71	12.33
租赁房房租中租赁私房房租	11.00	130.65	120.79	278.98	360.02
住房维修及管理中物业管理费	11.80	8.86	9.86	11.93	47.53
生活用品及服务	**543.39**	**855.32**	**749.93**	**1092.88**	**1317.33**
家具及室内装饰品	97.14	338.30	44.03	214.75	233.42
家用器具	146.70	155.68	205.86	379.28	331.20
家用纺织品	52.61	42.22	103.05	69.62	105.67
家庭日用杂品	161.31	231.64	229.30	240.83	328.09
个人用品	58.21	76.93	128.18	163.55	288.46
家庭服务	27.42	10.55	39.51	24.85	30.49
#家政服务	7.98	2.52	6.32	1.50	3.84
交通通信	**790.48**	**1643.75**	**1550.69**	**3295.06**	**3202.07**
交通	**391.29**	**1179.63**	**972.76**	**2665.79**	**2336.19**
交通工具	30.47	841.22	336.43	1865.88	1118.93
交通费	26.95	21.37	34.80	33.77	89.42
交通工具用燃料	224.98	202.84	438.42	535.88	776.03
交通工具使用及维修	108.89	114.20	163.11	230.25	351.81

5-22 续表2 单位:元

指 标	低收入户	中低收入户	中等收入户	中高收入户	高收入户
#车辆保险支出	17.25	10.74	9.71	22.75	33.05
通信	**399.19**	**464.12**	**577.93**	**629.27**	**865.88**
通信工具	105.91	158.93	178.51	219.46	337.57
通信服务	293.28	305.19	399.42	409.81	528.31
教育文化娱乐	**1034.90**	**1208.43**	**1585.43**	**1576.24**	**2162.59**
教育	**663.04**	**979.14**	**1103.91**	**976.41**	**992.88**
学前教育	174.28	155.48	137.12	117.27	206.77
小学教育	115.38	156.33	92.82	93.80	321.97
初中教育	178.66	122.37	156.18	193.57	81.81
高中教育	86.30	226.73	63.94	111.13	103.19
中专职高教育		14.38	10.75	7.04	2.16
大专及以上教育	84.13	283.42	574.38	358.37	125.44
成人教育	24.30	20.44	68.72	95.23	151.55
文化娱乐	**371.86**	**229.29**	**481.52**	**599.83**	**1169.71**
文娱耐用消费品	115.92	39.70	162.03	150.04	98.21
其他文娱用品	71.96	85.28	170.87	103.93	180.74
文化娱乐服务	183.98	104.31	148.62	345.86	890.75
医疗保健	**871.66**	**658.69**	**1468.53**	**1394.06**	**1941.34**
医疗器具及药品	271.87	193.80	408.13	588.57	385.80
医疗服务	599.78	464.89	1060.40	805.49	1555.54
门诊总费用	255.49	188.94	177.13	238.23	489.42
住院总费用	344.29	275.95	883.27	567.27	1066.12
其他用品和服务	**437.99**	**201.68**	**338.92**	**360.17**	**563.63**
其他用品	363.01	101.44	225.11	228.99	353.44
其他服务	74.98	100.24	113.81	131.18	210.19

主要统计指标解释

住户 指居住在一个住宅内,共同分享生活开支或收入的一群人。居住在同一房间内、不共同分享生活开支的人群,每个人都视为一个住户。住家保姆、住家家庭帮工视为单独的住户。

常住成员 指住户成员中,经常在家居住、或者调查期内居住时间超过一半的人员,以及本住户供养的学生。

可支配收入 指调查户在调查期内获得的、可用于最终消费支出和储蓄的总和,即调查户可以用来自由支配的收入。可支配收入既包括现金,也包括实物收入。按照收入的来源,可支配收入包含四项,分别为:工资性收入、经营净收入、财产净收入和转移净收入。可支配收入=工资性收入+经营净收入+财产净收入+转移净收入

工资性收入 指就业人员通过各种途径得到的全部劳动报酬和各种福利,包括受雇于单位或个人、从事各种自由职业、兼职和零星劳动得到的全部劳动报酬和福利。

经营净收入 指住户或住户成员从事生产经营活动所获得的净收入,是全部经营收入中扣除经营费用、生产性固定资产折旧和生产税之后得到的净收入。经营净收入=经营收入-经营费用-生产性固定资产折旧-生产税

财产净收入 指住户或住户成员将其所拥有的金融资产、住房等非金融资产和自然资源交由其他机构单位、住户或个人支配而获得的回报并扣除相关的费用之后得到的净收入。财产净收入包括利息净收入、红利收入、储蓄性保险净收益、转让承包土地经营权租金净收入、出租房屋净收入、出租其他资产净收入和自有住房折算净租金等。财产净收入=财产性收入-财产性支出

转移性收入 指国家、单位、社会团体对住户的各种经营性转移支付和住户之间的经常性收入转移。包括养老金或退休金、社会救济和补助、政策性生产补贴、政策性生活补贴、救灾款、经营性捐赠和赔偿、报销医疗费、住户之间的赡养收入,以及本住户非常住成员寄回带回的收入等。转移净收入=转移性收入-转移性支出

消费支出 指出户用于满足家庭日常生活消费需要的全部支出,包括用于消费品的支出和用于服务性消费的支出。根据用途不同,消费支出可划分为食品烟酒、衣着、居住、生活用品及服务、交通通信、教育文化娱乐、医疗保健、其他用品及服务八大类。根据来源不同,消费支出可划分为现金消费支出、实物消费支出(含自产自用、来自单位、来自政府和其他社会组织)。

六、城市公用事业和环保

6-1 城市设施水平

指　　标	计量单位	2016 年	2017 年
人口密度	人/平方公里	13868	11140
人均日生活用水量	升	79.3	130.5
用水普及率	%	100	100
每万人拥有公共交通车辆	标台	18	22
燃气普及率	%	94.5	95.5
人均拥有道路面积	平方米	7.8	9.2
排水管道密度	公里/平方公里	8.9	8.9
污水处理率	%	98.0	98.0
人均公园绿地面积	平方米	7.6	13.0
建成区绿地率	%	35.5	35.5
建成区绿化覆盖率	%	40.4	40.4
垃圾粪便无害化处理率	%	100.0	100.0

6-2 城市建设用地情况

指　　标	计量单位	2016 年	2017 年
城市市区面积	平方公里	1010.3	1010.3
建成区面积	平方公里	443.0	500.8
#城市建设用地面积	平方公里	410.3	486.5
#工业	平方公里	36.7	43.5
物流仓储	平方公里	16.5	19.5
交通设施	平方公里	75.8	89.9
居住	平方公里	105.1	124.6
公共管理与公共服务	平方公里	59.9	71.1
公用设施	平方公里	16.5	19.5
绿地	平方公里	84.8	100.5
商业服务业设施	平方公里	15.2	18.0
本年征用土地面积	平方公里	8.4	12.5

6-3 城市供水、供电情况

指　　标	单位	2016 年	2017 年
供　水			
水厂数	个	9	9
自来水综合生产能力	万立方米/日	191	193
#地下水	万立方米/日	43	45
供水管道长度	公里	2997	4420
全年供水总量	万立方米	37259	39635
#生产用水	万立方米	1276	3001
生活用水	万立方米	29763	21164
#家庭用量	万立方米	18192	20964
用水人口	万人	661	638
节约用水			
取水量	万立方米	10387	9442
生产用水重复利用量	万立方米	123188	108963
节约用水量	万立方米	6548	5301
供　电			
公用配电线路长度	公里	19596	200815
全年销售总量	亿千瓦时	358	401
#生活用电	亿千瓦时	59	94
售给居民每千度电售价	元	542.7	544.2

6-4 城市燃气及供热

指　　标	单位	2016 年	2017 年
液化石油气			
储气能力	吨	970	970
外购气量	吨	60734	
供气总量	吨	60242	59808
#家庭用量	吨	42181	41510
用气家庭户数	户	201467	200578
用气人口数	万人	86	85
天然气			
储气能力	万立方米	240	240
供气总量	万立方米	112864	130025
#家庭用量	万立方米	33813	31327
用气家庭户数	户	1725216	1933390
用气人口数	万人	529	517
输送管道长度	公里	5886	6051
供热能力			
蒸汽	吨/小时	390	390
热水	兆瓦	4099	4099
供热总量			
蒸汽	万吉焦	107	28
热水	万吉焦	1866	1999
管道长度	**公里**	**1281**	**1306**
蒸汽	公里	91	
热水	公里	1190	
集中供热面积	**万平方米**	**6050**	**11726**
#住宅	万平方米	5017	9381

6-5 市政设施及公共交通

指　　标	计量单位	2016 年	2017 年
实有铺装道路长度	公里	1932	2101
实有铺装道路面积	万平方米	5125	5821
人行道面积	万平方米	1060	1203
实有桥梁数	座	243	276
#立交桥	座	60	68
路灯盏数	盏	97020	106020
排水管道长度	公里	4065	4461
污水年排放量	万立方米	35397	38494
污水处理厂	座	7	8
处理能力	万立方米/日	154	177
污水年处理量	万立方米	48497	63623
公共汽、电车运营车数	辆	6230	6180
标准运营车数	标台	8306.4	8057.9
运营线路网长度	公里	1479.9	1795.7
#快速公交	公里	533	539
全年客运总量	万人次	91039	85569
#快速公交	公里	26850	27209
实有出租汽车数	辆	10908	10908
地铁运营里程	公里	46.8	93.6
地铁全年客运总量	万人次	12376	25229

6-6 园林绿化及环境卫生

名　　称	单位	2016 年	2017 年
绿化覆盖面积	公顷	20638	22885
#建成区	公顷	18432	20228
园林绿地面积	公顷	17628	19643
#建成区	公顷	16210	17775
公园绿地面积	公顷	5027	8207
公园个数	个	94	107
公园面积	公顷	2728	3927
实际清扫面积	万平方米	5125	5821
生活垃圾清运量	万吨	223	237
垃圾无害化处理厂(场)	座	2	2
无害化处理能力	吨/日	4700	4700
公厕数量	座	966	987
市容环卫专用车辆总数	台	2846	6408

6-7 房产市场交易

名　　称	单位	2016 年	2017 年
房产买卖			
成交面积	万平方米	2035.8	1985.2
#住宅	万平方米	1721.6	1704.1
办公用房	万平方米	184.4	146.9
商服用房	万平方米	120.7	119.5
成交金额	万元	20175449	18382938
#住宅	万元	16762345	14750999
办公用房	万元	1782529	1709088
商服用房	万元	1581519	1808657
房产租赁			
出租面积	万平方米	1109	1271
#住宅	万平方米	232	976.8
办公用房	万平方米	121	40.4
商服用房	万平方米	443	253.7
租金收入	万元	965091	
#住宅	万元	314360	
办公用房	万元	157058	
商服用房	万元	531600	
向个人出售住宅			
新建住宅出售			
面积	万平方米	1973.1	1593.2
销售额	万元	19593075	14427833
旧住宅出售			
面积	万平方米	757.2	475.9
销售额	万元	7088741	5809689

6-8　全市工业污染排放及处理利用情况

（2017 年）

指　　标	单位	数量
工业废水		
废水治理设施数	套	300
废水治理处理能力	万吨/日	69.7
废水治理设施运行费用	万元	20049.4
工业废水处理量	万吨	7378.2
工业废水排放量	万吨	7317.0
化学需氧量产生量	吨	47517.4
化学需氧量排放量	吨	4721.3
氨氮产生量	吨	8630.3
氨氮排放量	吨	195.9
工业废气		
工业废气排放量	亿立方米	2817.2
废气治理设施数	套	2469
废气治理设施处理能力	万立方米/时	21735.5
废气治理设施运行费用	万元	114889.6
二氧化硫产生量	吨	196362.5
二氧化硫排放量	吨	16472.2
烟(粉)尘产生量	吨	6374063.9
烟(粉)尘排放量	吨	14012.4
工业固体废物		
一般工业固体废物产生量	万吨	983.0
一般工业固体废物综合利用量	万吨	760.7
一般工业固体废物处置量	万吨	227.4
危险废物产生量	万吨	9.7
危险废物综合利用量	万吨	1.4
危险废物处置量	万吨	8.3
企业基本情况		
工业企业数	个	880
工业企业工业总产值	万元	26205159.9
工业锅炉	台/蒸吨	417/29320.55
工业炉窑数	座	1121

注：此数据为环统初步数据，尚未经生态环境部正式审定。

6-9 全市工业污染防治投资情况

（2017 年）

指　　标	单位	数量	指　　标	单位	数量
工业企业数	**个**	**90**	政府其他补助	万元	1622
施工项目总数	**个**	**107**	企业自筹	万元	27894
废水治理项目	个	8	其中:银行贷款	万元	65
废气治理项目	个	63	**竣工项目数**	**个**	**100**
固体废物治理项目	个	7	废水治理项目	个	8
其他治理项目	个	29	废气治理项目	个	57
施工项目本年完成投资	**万元**	**29516**	固体废物治理项目	个	7
废水治理项目	万元	1124	其他治理项目	个	28
废气治理项目	万元	25062	**竣工项目新增设计处理能力**		
固体废物治理项目	万元	149	治理废水	吨/日	3753
其他治理项目	万元	3181	治理废气	万标立方米/时	546.0
施工项目本年投资来源					

6-10 城镇生活污染排放情况及污水处理厂运行情况

（2017 年）

指　　标	单位	数值	指　　标	单位	数值
污染排放			烟尘排放量	吨	8493.6
城镇生活污水排放系数	升/人·日	353	**污水处理厂运行情况**		
城镇生活污水排放量	万吨	80889.2	污水处理厂数	个	34
生活化学需氧量产生量	吨	205969.5	本年运行费用	万元	61963.8
生活化学需氧量排放量	吨	21334.7	污水设计处理能力	万吨/日	284.4
生活氨氮产生量	吨	22427.8	污水实际处理量	万吨	79986.2
生活氨氮排放量	吨	7835.2	生活污水处理量	万吨	75711.4
二氧化硫排放量	吨	10344.5	工业废水处理量	万吨	4274.8

注:此数据为环统初步数据,尚未经生态环境部正式审定。

主要统计指标解释

供水综合生产能力　指按供水设施取水、净化、送水、出厂输水干管等环节设计能力计算的综合生产能力。包括在原设计能力的基础上，经挖、革、改增加的生产能力。计算时，以四个环节中最薄弱的环节为主确定能力。原则上按设计能力填报，对于经过更新改造后，实际生产能力与设计能力相差很大的，按实际能力填报。

年底供水管道长度　指从送水泵至用户水表之间所有管道的长度。不包括新安装尚未使用、水厂内以及用户建筑物内的管道。在同一条街道埋设两条或两条以上管道时，应按每条管道的长度计算。

供水总量　指各种水源为用水户提供的包括输水损失在内的毛水量。

生活用水　指城镇生活用水。城镇生活用水由居民用水和公共用水（含第三产业及建筑业等用水）组成。

城市人口用水普及率　指报告期末城市用水人口数与城区人口总数的比率。计算公式：

$$用水普及率=\frac{城区用水人口（含暂住人口）}{城区人口+城区暂住人口}\times100\%$$

全年供气总量　指报告期燃气企业（单位）向用户供应的燃气数量。包括销售量和损失量。

城市供热管道长度　指从各类热源到热用户建筑物接入口之间的全部蒸汽和热水的管道长度。不包括各类热源厂内部的管道长度。可按管沟敷设方式（管沟、直埋、架空等）分类统计。

道路长度　指道路长度和与道路相通的桥梁、隧道的长度，按车行道中心线计算。

桥梁　指为跨越天然或人工障碍物而修建的构筑物。包括跨河桥、立交桥、人行天桥以及人行地下通道等。

排水管道长度　指所有排水总管、干管、支管、检查井及连接井进出口等长度之和。计算时应按单管计算，即在同一条街道上如有两条或两条以上并排的排水管道时，应按每条排水管道的长度相加计算。

无营运线路长度　指设置的固定营运线路长度，包括郊区营运线路长度。不包括临时行驶的线路长度。

绿地面积　指报告期末用作园林和绿化的各种绿地面积。包括公园绿地、生产绿地、防护绿地、附属绿地和其他绿地的面积。

公园绿地　城市中向公众开放的、以游憩为主要功能，有一定的游憩设施和服务设施，同时兼有健全生态、美化景观、防灾减灾等综合作用的绿化用地。

工业废气排放量　指报告期内企业厂区内燃料燃烧和生产工艺过程中产生的各种排入空气中含有污染物的气体的总量，以标准状态（273K，101325Pa）计算。

工业固体废物产生量　指未被列入《国家危险废物名录》或者根据国家规定的危险废物鉴别标准（GB5085）、固体废物浸出毒性浸出方法（GB5086）及固体废物浸出毒性测定方法（GB/T 15555）鉴别方法判定不具有危险特性的工业固体废物。计算公式是：

一般工业固体废物产生量=（一般工业固体废物综合利用量-其中：综合利用往年贮存量）+一般工业固体废物贮存量+（一般工业固体废物处置量-其中：处置往年贮存量）+一般工业固体废物倾倒丢弃量

工业固体废物处置量　指报告期内企业将工业固体废物焚烧和用其他改变工业固体废物的物理、化学、生物特性的方法，达到减少或者消除其危险成分的活动，或者将工业固体废物最终置于符合环境保护规定要求的填埋场的活动中，所消纳固体废物的量。

工业废水排放量　指报告期内经过企业厂区所有排放口排到企业外部的工业废水量。包括生产废水、外排的直接冷却水、废气治理设施废水、超标排放的矿井地下水和与工业废水混排的厂区生活污水，不包括独立外排的间接冷却水（清浊不分流的间接冷却水应计算在内）。

七、农　业

7-1 农村基本情况及从业人员

（2017 年）

指 标	单位	总计	中原区	二七区	管城区	金水区	上街区	惠济区	中牟县
乡村人口从业人员									
乡村户数	万户	107.05	2.23	0.51	1.77	0.88	0.95	4.45	10.52
乡村人口数	万人	421.20	7.38	2.51	7.62	3.67	3.75	17.38	43.12
乡村从业人员数	万人	228.81	3.11	1.30	4.24	1.26	1.46	9.48	24.79
按性别分									
#男劳动力	万人	147.36	1.92	0.75	2.60	1.10	0.95	6.18	14.72
女劳动力	万人	123.51	1.75	0.75	1.96	1.08	0.85	5.34	12.95
按行业分									
农业从业人员	万人	88.90	0.01	0.24	0.79	0.29	0.32	3.95	15.67

7-1 续表 （2017 年）

指 标	单位	巩义市	荥阳市	新密市	新郑市	登封市	经开区	高新区	郑东新区	航空港实验区
乡村人口从业人员										
乡村户数	万户	16.35	13.27	15.96	10.90	14.38	2.20	2.75	3.13	6.80
乡村人口数	万人	62.94	48.91	61.36	41.70	57.69	6.78	10.81	13.87	31.71
乡村从业人员数	万人	27.19	31.94	33.51	25.56	34.61	4.40	3.87	3.61	18.48
按性别分										
#男劳动力	万人	20.62	19.22	20.75	15.12	22.20	2.94	2.46	4.19	11.64
女劳动力	万人	16.03	17.67	16.62	13.45	17.04	2.49	2.20	3.17	10.16
按行业分										
农业从业人员	万人	11.54	7.85	8.55	8.65	14.12	2.31	0.82	3.58	10.21

注：乡镇数不包括县（市）所在地的城关镇。

7-2 农业机械、电气、化学、水利情况

（2017 年）

指　　标	单位	合计	中原区	二七区	管城区	金水区	上街区	惠济区	中牟县
农业机械化情况									
实际机耕面积	千公顷	234.59	0.03	0.08	0.90	0.80	0.40	7.44	47.42
当年机播面积	千公顷	336.43	0.05	0.15	1.00	0.90	0.67	6.70	46.80
当年机收面积	千公顷	313.69	0.05	0.13	0.92	0.89	0.63	6.10	46.55
农村用电量	**万千瓦时**	**373524**	**9907**	**217**	**1481**	**561**	**2981**	**7603**	**18675**
农用化肥施用量									
按折纯量计算	吨	207702	40	255	297	611	1004	3450	36981
氮肥	吨	59894	5	106	87	269	330	1081	8920
磷肥	吨	32472	4	58	24	35	38	504	5976
钾肥	吨	15324	1	34	14	86		324	3414
复合肥	吨	100011	30	57	172	221	636	1540	18671
农田水利化情况									
有效灌溉面积	千公顷	202	5.5	0.1	6.51	0.72	0.69	8.22	59.65
机电井数量	眼	54880	796	59	2748	360	389	4442	20615

7-2 续表　　（2017 年）

指　　标	单位	巩义市	荥阳市	新密市	新郑市	登封市	经开区	高新区	郑东新区	航空港实验区
农业机械化情况										
实际机耕面积	千公顷	24.34	37.89	27.59	23.44	27.99	4.99	2.7	5.78	22.8
当年机播面积	千公顷	39.87	54.32	50.85	51.48	42.99	6.15	4.00	7.35	23.15
当年机收面积	千公顷	37.20	49.46	47.59	48.63	38.60	5.51	3.83	6.79	20.81
农村用电量	**万千瓦时**	**139879**	**33219**	**48103**	**42312**	**45755**	**3995**	**459**	**7413**	**10964**
农用化肥施用量										
按折纯量计算	吨	27204	29816	26282	32154	24352	2825	756	8245	13430
氮肥	吨	9453	12064	5977	9744	6322	462	123	1632	3319
磷肥	吨	3719	6952	4298	2419	5016	465	90	775	2099
钾肥	吨	1406	1539	757	2228	3013	125	50	495	1838
复合肥	吨	12627	9261	15250	17763	10001	1773	493	5342	6174
农田水利化情况										
有效灌溉面积	千公顷	15.83	33.14	15.79	43.27	12.58				
机电井数量	眼	1791	6184	2219	12779	2498				

7-3 水果产量

（2017 年） 单位：吨

指　　标	总计	二七区	管城区	金水区	上街区	惠济区	中牟县
水果产量	**268723**	**9184**	**1227**	**133**	**1726**	**1721**	**16458**
苹果	41984	125	40		110	262	7598
#红富士	19906	111				254	5327
国光	2272	14	40				925
梨	20918	476	3	12	1485	574	419
#雪花梨	4228	249					290
鸭梨	3342	227				574	
其它	205821	8583	884	121	131	885	8451
#桃子	32239	229	884	95	25	85	3880
猕猴桃	163	10					
葡萄	48148	6641	300	16	106	348	3207
红枣	53440		353			70	482
柿子	7890	38		10		349	882

7-3 续表 （2017 年） 单位：吨

指　　标	巩义市	荥阳市	新密市	新郑市	登封市	经开区	郑东新区	航空港实验区
水果产量	**29292**	**52991**	**20468**	**86804**	**25274**	**12370**	**948**	**10128**
苹果	8025	4099	4376	4169	10537		242	2402
#红富士	4738	1516	740	74	6502		20	624
国光	177	300	565		251			
梨	2696	5509	2233	1666	1953		87	3806
#雪花梨	56	10	268	46	762			2547
鸭梨	489	168	735	544	605			
其它	18572	43462	13869	81040	12854	12420	629	3920
#桃子	2911	5061	3568	4212	2112	6190	486	2502
猕猴桃	51				102			
葡萄	11646	2518	7565	13479	1678		82	563
红枣	128	70	171	46981	202	4860	3	120
柿子	1571	3120	461	40	644		40	735

7-4 农业机械主要

（2017 年）

指　标	单位	总计	中原区	二七区	管城区	金水区	上街区	惠济区	中牟县
农业机械总动力	**千瓦**	**3879725**	**9582**	**21633**	**46090**	**23678**	**25545**	**68069**	**650008**
拖拉机及配套机械									
拖拉机	台	107640	60	289	313	76	615	305	37124
	千瓦	1675058	2443	5288	6321	1659	13312	11491	468494
大中型拖拉机	台	15179	58	60	103	36	230	216	3812
	千瓦	758413	2418	2588	4011	1379	8920	10627	168138
小型拖拉机	台	92461	2	229	210	40	385	89	33312
	千瓦	916645	25	2700	2310	280	4392	864	300356
拖拉机配套农具	部	169721	149	524	578	100	804	963	52198
种植业机械									
耕整地及种植业机械									
机引犁	台	69735	37	668	242	11	133	243	26087
机引耙	台	62638	23	154	153	19	126		25807
播种机	台	24986	12	64	82	51	282	72	1181
化肥深施机	台	2160		43			7		925
秸秆粉碎还田机	台	9806	14	27	50	32	99	162	1494
农用排灌动力机械									
排灌动力机械	台	85137	169	447	1755	777	450	2592	8578
	千瓦	694051	2777	8038	8775	4625	7108	10449	49339
#柴油机	台	14978		45		201	90		4253
	千瓦	128354		574		1809	898		34202
电动机	台	70158	169	402	1755	576	360	2592	4325
	千瓦	565695	2777	7464	8775	2814	6210	10449	15137
农用水泵	台	85226	169	498	1755	1094	360	2178	31716

生产情况

巩义市	荥阳市	新密市	新郑市	登封市	经开区	高新区	郑东新区	航空港实验区
499830	**449990**	**906969**	**597674**	**690774**	**65980**	**15820**	**109514**	**198399**
13869	5254	10292	10377	22298	4764	109	5983	9781
179057	123400	256456	228605	320820	55530	4500	67702	109036
1963	2032	2881	2656	1441	354	100	384	816
79586	81510	162108	150781	91393	15507	4400	17317	37316
468	3222	7411	7721	20857	4410	9	5599	8965
7813	41890	94349	77824	229427	40023	100	50385	71720
20701	10086	13357	17586	45241	6910	308	8620	12297
8595	4613	2706	6854	15235	3150	70	4768	4918
4293	4310	2042	4223	13949	3175	40	4291	4326
3785	2927	3103	3468	12454	145	26	289	830
164		52	311	395	112		145	170
665	1810	2016	2276	924	122	80	199	501
4387	7610	11914	12986	27503	1310	450	3043	5553
48763	106159	178263	98852	154818	11690	7800	17523	27835
73	910	726	2075	3134	562		1080	1902
638	9555	7248	8682	41768	4890		9148	9580
4314	6700	11188	10911	24369	748	450	1962	3651
48125	96604	171015	90170	113050	6800	7800	8375	18255
4402	6121	4807	10661	13569	980	450	7217	3651

7-4 续表

指　　标	单位	总计	中原区	二七区	管城区	金水区	上街区	惠济区	中牟县
节水喷灌机械	套	12023	1	87			90	27	736
植保机械									
机动喷雾(粉)机	台	10277	5	160	76	26	90	99	275
	千瓦	32804	14	1405	304	26	90	263	552
收获机械									
联合收获机	台	9848	33	28	44	35	48	123	1193
	千瓦	700499	1749	1462	2860	1944	2865	7960	73513
脱粒烘干机械									
机动脱粒机	台	18680	34	246		77	90	12	780
农副产品加工机械									
动力机械	台	35078	47	261	450		360	180	6113
	千瓦	306081	171	2674	3519		2250	1571	23280
#柴油机	台	796							
	千瓦	10241							
电动机	台	34232	47	261	450		360	180	6113
	千瓦	295631	171	2674	3519		2250	1571	23280
加工作业机械									
粮食加工机械	台	18322	31	172	439		270	104	2111
棉花加工机械	台	1841	3				180	9	186
油料加工机械	台	3408	13	87			90	18	331

(2017年)

巩义市	荥阳市	新密市	新郑市	登封市	经开区	高新区	郑东新区	航空港实验区
149	1171	381	5037	3806	3	3		681
471	830	927	6459	932	48	10	95	245
609	2490	1594	17633	7485	115	30	159	644
	1833	2678	1836	1337	71	75	159	355
	110595	208329	136694	99778	5540	5450	11709	30051
10586	3102	4336	690	8408	98	70	327	410
10467	8091	10005	2655	4040	350	100	1011	1415
60745	55080	150550	22510	28904	3000	350	4823	7399
9	521	275						
80	4741	5500						
10458	7570	9730	2655	4040	320	80	1011	1415
60665	50330	145050	22510	28904	2800	350	4823	7399
4715	3277	5136	2092	3000	300	60	670	660
113	380	411	104	410	30		63	65
100	470	688	366	920	60	20	155	190

7-5 果园面积

（2017 年）　　单位：公顷

指　　标	总　计	二七区	管城区	金水区	上街区	惠济区	中牟县
果园面积	**20288**	**410**	**561**	**35**	**54**	**132**	**1029**
苹果园	2485	12	4		7	20	515
梨园	1277	26	1	2	37	9	30
桃园	2500	20	495	28	2	5	228
猕猴桃园	11	1					
葡萄园	2496	241	10	2	8	39	135
枣园	6184		47			19	75
柿园	627	10				40	46

7-5　续表　　（2017 年）　　单位：公顷

指　　标	巩义市	荥阳市	新密市	新郑市	登封市	经开区	郑东新区	航空港实验区
果园面积	**1578**	**3387**	**1320**	**7424**	**2523**	**750**	**397**	**688**
苹果园	304	165	440	189	606		82	141
梨园	188	345	138	59	161		8	274
桃园	162	425	225	164	255	330		162
猕猴桃园	4				6			
葡萄园	405	222	400	613	308		62	52
枣园	5	9	32	5403	156	420	1	17
柿园	70	113	29	3	268		5	42

7-6 林业生产情况

（2017 年）

单位：公顷

县（市）区	当年造林面积	用材林	经济林	四旁植树（万株）	育苗面积	森林抚育实际面积
总计	**5379**	**1109**	**1891**	**604**	**3816**	**3649**
中原区				40	320	
二七区					3	
管城区				16	7	
金水区	13				102	40
上街区					35	
惠济区	100				943	40
中牟县	1083	450	447	220	500	343
巩义市	581		300		92	1796
荥阳市	770		622		512	277
新密市	1226		522	25	604	328
新郑市	660			75	285	267
登封市	946	659		228	413	558

7-7 渔业生产情况

（2017 年）

指　　标	单位	合计	二七区	金水区	惠济区	中牟县	巩义市	荥阳市	新密市	新郑市	登封市	郑东新区
水产品总产量	**吨**	**138214**	**98**	**7918**	**16150**	**63377**	**5385**	**18200**	**881**	**290**	**1100**	**30200**
#鱼类产量	吨	149948	135	8600	17000	64232	5370	19200	880	340	1100	33212
虾蟹类产量	吨	42				42						
#养殖产量	吨	150570	135	8600	17000	64539	5264	19500	880	340	1100	33212
养殖面积	**公顷**	**8306**	**8**	**287**	**687**	**2800**	**365**	**1934**	**463**	**240**	**667**	**1220**
池塘	公顷	8306	8	287	687	2800	246	1663	132	30		1220
水库	公顷	1479					119	271	331	210	667	

7-8 牧业主要产品产量

(2017 年)

指　　标	单位	合计	中原区	二七区	管城区	金水区	上街区	惠济区	中牟县
猪当年出栏头数	万头	180.39	0.55	0.17	1.68	0.35	0.38	1.48	24.37
牛当年出栏头数	万头	4.79						0.18	1.82
羊当年出栏只数	万只	51.97	0.03	0.10	0.04	0.10	0.11	0.28	26.88
禽当年出栏只数	万只	3263.91	26.37	14.52	4.03	24.57	2.12	138.28	408.14
猪肉产量	吨	137413	412	121	1255	333	296	1071	20147
牛肉产量	吨	7328						264	2911
羊肉产量	吨	6459	3	16	5	16	18	33	3305
禽肉产量	吨	45759	98	340	98	409	86	2915	8410
兔肉产量	吨	1378							
生牛奶产量	吨	107059	23		4	106	13	8422	39532
山羊毛产量	公斤	11025							
绵羊毛产量	公斤	22120							
蜂蜜产量	公斤	85483							
禽蛋产量	吨	128601	51	205	266	425	201	2375	12360

7-8 续表 (2017 年)

指　　标	单位	巩义市	荥阳市	新密市	新郑市	登封市	经开区	高新区	郑东新区	航空港实验区
猪当年出栏头数	万头	27.55	33.02	10.64	45.06	17.06	1.96	1.35	2.06	12.71
牛当年出栏头数	万头	0.35	1.07	0.23	0.28	0.58	0.17		0.06	0.03
羊当年出栏只数	万只	3.71	3.54	3.05	4.08	7.32	0.53	0.07	0.41	1.73
禽当年出栏只数	万只	164.62	747.31	324.04	211.68	369.00	5.17	33.36	12.62	778.07
猪肉产量	吨	21839	26554	7392	31337	13639	1464	1009	1704	8839
牛肉产量	吨	519	1649	290	431	888	233		90	53
羊肉产量	吨	495	485	331	509	903	68	8	50	216
禽肉产量	吨	2203	7138	5144	3188	3499	126	124	260	11720
兔肉产量	吨	45	21	947	59	277				29
生牛奶产量	吨	2841	28121	3623	10105	6431	5183	187	1223	1245
山羊毛产量	公斤	7294		1334	674	1723				
绵羊毛产量	公斤	4224		8667	3682	3871				1676
蜂蜜产量	公斤	62859	9445	8233	1415	3531				
禽蛋产量	吨	8201	20651	24268	8142	20737	341	65	382	29928

注:此表数据由国家统计局郑州调查队提供。

7-9 全市粮经比

单位:%

县(市)区	1995 年	2000 年	2005 年	2010 年	2011 年	2012 年
全　市	**79.8:20.2**	**74.9:25.1**	**69.0:31.0**	**70.9:29.1**	**71.2:28.8**	**71.5:28.5**
中原区		59.0:41.0	51.3:48.7	53.8:46.2	55.0:45.0	55.1:44.9
二七区		73.4:26.6	59.9:40.1	63.0:37.0	69.9:30.1	73.1:26.9
管城区	79.0:21.0	76.4:23.6	55.2:44.8	60.9:39.1	62.2:37.8	62.0:38.0
金水区		87.9:12.1	83.5:16.5	94.1:5.9	89.1:10.9	91.4:8.6
上街区	46.1:53.9	66.7:33.3	86.8:13.2	91.2:8.8	91.1:8.9	90.5:9.5
惠济区		48.8:51.2	36.9:63.1	37.4:62.6	37.8:62.2	38.7:61.3
中牟县	65.9:34.1	56.6:43.4	47.3:52.7	46.4:53.6	46.0:54.0	45.8:54.2
巩义市	89.0:11.0	90.0:10.0	86.6;13.4	88.4:11.6	88.4:11.6	88.7:11.3
荥阳市	84.9:15.1	82.3:17.7	74.8:25.2	79.0:21.0	79.4:20.6	80.1:19.9
新密市	88.7:11.3	86.6:13.4	86.2:13.8	85.1:14.9	84.9:15.1	84.4:15.6
新郑市	78.6:21.4	71.8:28.2	71.0:29.0	72.2:27.8	73.8:26.2	74.4:25.6
登封市	86.1:13.9	84.8:15.2	81.4:18.6	86.5:13.5	86.7:13.3	87.4:12.6
经开区			64.2:35.8	72.8:27.2	74.0:26.0	78.7:21.3
高新区			76.2:23.8	86.2:13.8	86.9:13.1	89.6:10.4
郑东新区					93.4:6.6	98.9:1.1
航空港实验区					67.0:33.0	69.3:30.7

7-9　续表

县(市)区	2013 年	2014 年	2015 年	2016 年	2017 年
全　市	**72.1:27.9**	**73.2:26.8**	**74.0:26.0**	**74.6:25.4**	**74.3:25.7**
中原区	56.3:43.7	65.7:34.3	68.0:32.0	71.6:28.4	100
二七区	77.5:22.5	74.5:25.5	72.9:27.1	81.8:18.2	77.1:22.9
管城区	58.7:41.3	56.9:43.1	60.2:39.8	59.1:40.9	83.9:16.1
金水区	92.7:7.3	90.8:9.2	90.3:9.7	90.4:9.6	93.4:6.6
上街区	90.6:9.4	94.0:6.0	94.3:5.7	95.0:5.0	93.6:6.4
惠济区	38.8:61.2	39.9:60.1	40.2:59.8	42.0:58.0	37.8:62.2
中牟县	45.1:54.9	44.5:55.5	44.2:55.8	44.1:55.9	42.9:57.1
巩义市	88.4:11.6	89.6:10.4	89.1:10.9	88.2:11.8	89.3:10.7
荥阳市	80.0:20.0	80.6:19.4	81.6:18.4	82.2:17.8	81.7:18.3
新密市	84.4:15.6	85.4:14.6	85.6:14.4	86.0:14.0	85.6:14.4
新郑市	74.9:25.1	77.9:22.1	78.7:21.3	80.7:19.3	79.3:20.7
登封市	87.4:12.6	86.6:13.4	86.8:13.2	86.7:13.3	86.5:13.5
经开区	65.0:35.0	65.6:34.4	67.6:32.4	69.1:30.9	66.4:33.6
高新区	89.5:10.5	90.7:9.3	91.4:8.6	92.3:7.7	99.8:0.2
郑东新区	73.6:26.4	77.9:22.1	76.0:24.0	78.9:21.1	77.1:22.9
航空港实验区	49.2:50.8	52.0:48.0	53.8:46.2	55.3:44.7	55.7:44.3

7-10 农作物主要

（2017 年）

指　　标	总计	中原区	二七区	管城区	金水区	上街区	惠济区	中牟县
农作物总播种面积	**432.20**	**0.05**	**0.17**	**1.21**	**1.01**	**0.75**	**9.11**	**68.72**
粮食作物播种面积	**321.18**	**0.05**	**0.13**	**1.02**	**0.94**	**0.70**	**3.44**	**29.46**
总产量	1531558	243	408	4920	4883	3635	20156	176023
夏收粮食播种面积	163.57	0.03	0.06	0.25	0.19	0.38	1.43	12.28
总产量	794697	122	257	3246	4053	1782	12556	72318
秋收粮食播种面积	157.65	0.03	0.06	0.32	0.17	0.36	1.31	17.23
总产量	722776	143	153	1654	790	1684	7100	104833
谷物合计播种面积	303.39	0.05	0.13	1.01	0.94	0.70	3.40	27.03
总产量	1442607	243	408	4863	4883	3560	20069	162330
小麦播种面积	162.17	0.03	0.07	0.70	0.77	0.34	2.14	12.31
总产量	794610	122	257	3246	4053	1782	12556	72318
玉米播种面积	141.75	0.03	0.09	0.31	0.17	0.35	1.27	14.72
总产量	655943	119	252	1617	830	1778	7513	90012
谷子播种面积	0.95							0.01
总产量	2888							
高粱播种面积	0.01							
总产量	19							
其它谷物播种面积	0.02							
总产量	31							
豆类合计播种面积	7.76						0.04	1.16
总产量	13332						87	2920

产品生产情况

单位:千公顷、吨

巩义市	荥阳市	新密市	新郑市	登封市	经开区	高新区	郑东新区	航空港实验区
47.78	**68.93**	**64.25**	**60.04**	**57.69**	**7.71**	**4.26**	**9.68**	**30.84**
42.65	**56.31**	**54.98**	**47.60**	**49.88**	**5.12**	**4.25**	**7.46**	**17.18**
159200	319859	207985	253251	203609	27405	21366	28154	100461
22.47	30.25	27.88	25.67	25.54	2.60	2.41	3.64	8.54
86289	171691	114611	134059	95367	13035	12080	19870	53361
20.35	25.53	27.09	23.37	26.14	2.57	1.46	3.66	7.97
72911	131730	90656	118941	107783	14002	5811	16957	47620
41.44	54.67	52.15	45.98	44.95	4.81	4.25	5.74	16.15
154289	310754	201088	246583	178423	24175	21366	17183	91872
22.29	29.85	27.43	24.35	24.55	2.57	2.73	3.69	9.25
86279	175818	115402	134059	95367	13035	14971	14795	53361
19.76	24.46	24.63	21.46	20.31	2.24	1.52	3.54	6.90
67354	133782	85213	111975	82941	11140	6395	13173	38511
0.26	0.02	0.02	0.02	0.02				0.01
636	1154	473	549	85				
0.01								
19								
				0.02				
1				30				
0.48	0.55	1.44	0.78	3.02			0.24	0.04
572	713	1749	2002	4587			638	105

7-10 续表 (2017 年)

指　　标	总计	中原区	二七区	管城区	金水区	上街区	惠济区	中牟县
大豆播种面积	5.85						0.04	1.16
总产量	11589						87	2920
绿豆播种面积	1.26							
总产量	1501							
红小豆播种面积	0.02							
总产量	24							
红薯播种面积	8.56			0.01		0.003		1.28
总产量	65375			57		75		10773
油料合计播种面积	**31.16**	**0.01**	**0.01**	**0.20**	**0.02**	**0.01**	**0.24**	**7.83**
总产量	116820	134	14	579	48	14	818	39249
花生播种面积	27.00	0.01		0.18	0.01		0.21	7.67
总产量	110019	134	4	525	41	9	793	38899
油菜籽播种面积	3.63		0.01	0.04	0.01	0.01	0.01	0.16
总产量	6160		7	54	7	5	10	338
芝麻播种面积	0.47						0.01	
总产量	550						8	
向日葵播种面积	0.06						0.01	0.01
总产量	241		3.1	0.7	0.4		17	12
棉花播种面积	**1.05**							**0.51**
总产量	1130				6			560
烟叶播种面积	**0.76**							
总产量	1585							
药材播种面积	**0.26**							
蔬菜(含菜用瓜)播种面积	**61.75**	**0.03**	**0.02**	**0.24**	**0.05**	**0.03**	**5.56**	**23.81**
总产量	2405466	650	172	6403	820	1462	230957	914688
瓜类(果用瓜)播种面积	**5.09**					**0.01**	**0.58**	**0.79**
总产量	355320			1376	47	258	24433	40775
#西瓜播种面积	1.49							
总产量	64413							
其他作物播种面积	**0.41**							

单位：千公顷、吨

巩义市	荥阳市	新密市	新郑市	登封市	经开区	高新区	郑东新区	航空港实验区
0.25	0.43	0.84	0.69	2.17			0.24	0.04
359	558	1122	1830	3996			638	91
0.20	0.12	0.41	0.10	0.43				0.01
144	155	433	172	573				14
0.01				0.01				
7				18				
0.73	1.09	1.39	0.84	1.92	0.31		0.01	0.99
3862	8392	5148	4666	20599	3230		89	8484
2.44	**19.50**	**2.09**	**5.20**	**2.42**	**1.21**	**0.09**	**0.22**	**7.20**
3700	5687	7121	18423	3730	4449	237	612	32003
1.43	1.64	1.41	4.48	1.43	1.11	0.09	0.20	7.14
2200	4960	5669	17193	2694	4223	233	572	31877
0.81	0.25	0.60	0.67	0.88	0.10		0.02	0.06
1300	627	1314	1166	951	225	4	39	113
0.19	0.04	0.08	0.04	0.11				
200	71	137	54	71			2	8
0.006	0.02	0.01	0.01					
150	29	2	9	14	1			4
0.29	**0.03**	**0.03**		**0.18**			**0.02**	
300	43	18	6	170			32	1
				0.76				
				1585				
0.04	**0.01**	**0.21**						
2.21	**9.77**	**5.19**	**5.38**	**2.27**	**0.79**	**0.04**	**1.22**	**5.16**
58900	444747	223549	220027	11257	37298	1434	38380	223214
0.40	**1.29**	**0.74**	**0.71**	**0.19**	**0.08**	**0.01**	**0.06**	**0.18**
11900	60048	41905	30994	11185	4600	516	2725	8750
	0.06							1.44
	2579							61834
0.01		**0.37**	**0.03**					

7-11 农林牧

（2017 年）

指　　标	全市	中原区	二七区	管城区	金水区	上街区	惠济区	中牟县
农林牧渔业总产值	**2630819**	**1471**	**1122**	**10908**	**13289**	**6750**	**98842**	**445050**
农业	**1648674**	**51**	**226**	**6481**	**1239**	**4031**	**55432**	**265305**
谷物及其他作物	459487	51	147	1639	1239	726	4858	60219
谷物	326570	48	136	1114	1089	704	4162	33282
#小麦	207975	29	80	802	956	420	2960	14750
稻谷	277							
玉米	117370	19	56	312	133	284	1202	18532
薯类	8477			19		10		1422
油料	70130		11	431	7	12	380	21844
#花生	63560		5	370		7	339	21520
油菜籽	5447		6	61		5	10	324
豆类	6685				31		38	1343
棉花	5077							2328
烟草	3892							
其他农作物	33256	3		75	112		278	
蔬菜园艺作物	732229		79	2451		1287	46743	166417
蔬菜（含菜用瓜）	703020		79	2352		263	44985	166235
花卉	17703			88			1642	
水果、坚果、饮料和香料作物	455546			2391		2018	3831	38669
水果（含果用瓜）	409673			2295		765	3716	38669
#苹果	17949			15		47	132	3244
梨	9560			1		679	262	191
坚果	45294			96		1253	115	
香料作物	579							
中草药材	1412							
林业	**48038**	**830**	**47**	**106**	**449**	**255**	**4043**	**4517**
林木的培育和种植	44248	794	47	106	389	243	3912	3579
竹木采运	1782	36			60	12	131	938
牧业	**724818**	**152**	**575**	**4165**	**1320**	**2464**	**19832**	**132098**
牲畜饲养	153387	20	55	1420	15	86	7801	57312
牛的饲养	49704		7	620	7		2985	17734
羊的饲养	13929		8	32	8	86	155	7358
其他牲畜饲养	2335							
奶产品	83849	20	40	768			4661	32220
猪的饲养	354400	67	200	2480	807	695	3497	57001
家禽饲养	151589	65	320	265	498	1683	7034	17785
肉禽	45833	5	320	54	498	81	3665	6973
禽蛋	104756	60		211		1602	3369	10812
狩猎和捕捉动物	2000							
其他畜牧业	63442						1500	
渔业	**149373**	**138**	**74**		**10281**		**18915**	**37716**
鱼类	148350	138	74		10281		18015	37716
虾蟹类	162							
其他	825						900	
农林牧渔服务业	**59916**	**300**	**200**	**156**			**620**	**5414**

渔业总产值

单位:万元

巩义市	荥阳市	新密市	新郑市	登封市	经开区	高新区	郑东新区	航空港实验区
241238	**505074**	**379409**	**345315**	**313706**	**62903**	**4699**	**110140**	**188862**
81015	**292085**	**161576**	**161467**	**138365**	**22097**	**4139**	**40926**	**103457**
39412	90841	60904	68947	75247	8810	3945	26920	38496
32076	78365	38570	49707	49282	5595	3945	5595	18745
20347	54941	24696	31611	28515	3609	2909	3487	12583
2								
11518	23047	13719	17916	20735	1986	1036	2108	6162
573	3357	3089	2800	20042	426		11	1090
1924	4456	5318	11817		2789		395	16735
756	3500	3690	10586		2595		355	16610
782	766	1339	1119		194		37	108
178	438	1021	952	2341			277	46
1824	59	72	23	684			588	1
2836	4166	12834	3648	2898			20054	1879
14777	115977	57660	47480	37539	6060	194	11912	53258
13574	100231	54086	47010	35083	6060	194	11912	53258
744	8551	833						
26342	85069	30364	45040	25579	7227		2094	11703
14192	81829	10324	43874		7227		2090	11703
3431	2350	1528	1782					
1232	2504	1020	739					
11809	3240	19838	1166	25579			4	
341		202						
484	198	12648						
15744	**9394**	**39041**	**6171**	**48756**	**14522**		**6001**	**2970**
7297	9394	35604	5851	48048	14522		6001	
1038		2239	320	708				
115968	**167871**	**156785**	**172410**	**113440**	**16837**	**560**	**29140**	**80550**
10596	42207	51216	20298	45190	10080	543	2133	38095
5930	18414	10577	6079	39679	2759		324	25769
2445	2917	1623	2628	5289	1076	382	837	7201
10	13	5388						
2167	20863	12034	11582	222	745	161	972	5125
59003	71383	46364	113129	36828	5813	12	2509	32592
9923	41048	31935	38944	22241	944	5	114	9863
2346	7101	8766	14418	3856	274	5	114	4309
7577	33947	23169	24526	18385	670			5554
		9555					3000	
36447	13233	17715	39	9181			21384	
6788	**30594**	**2587**	**1064**	**7246**	**3177**		**28319**	
6713	30594	1737	1064	4745	3177		28319	
				1638				
75		850		715				
21722	**5130**	**19420**	**4203**	**5899**	**6270**		**5754**	**1885**

7-12 农林牧

（2017 年）

指 标	全市	中原区	二七区	管城区	金水区	上街区	惠济区
合计							
农林牧渔业总产值	2630819	1471	1122	10908	13289	6750	98842
中间消耗	1081889	543	517	4365	5435	2970	52105
增加值	1548930	928	605	6543	7854	3780	46737
农业							
总产值	1648974	51	226	6481	1239	4031	55432
中间消耗	750397	17	122	2976	621	1774	31209
中间物质消耗	640288	18	85	2851	529	1517	29712
生产服务支出	105042			523	89	255	1497
增加值	898577	34	104	3505	618	2257	24223
林业							
总产值	48038	830	47	106	449	255	4043
中间消耗	26018	290	20	-13	163	112	1738
中间物质消耗	22836	290	20	182	143	101	1683
生产服务支出	4166			15	19	12	55
增加值	22020	540	27	119	286	143	2305
牧业							
总产值	724818	152	575	4165	1320	2464	19832
中间消耗	174084	64	252	1306	641	1084	9816
中间物质消耗	177784		264	1571	561	950	9389
生产服务支出	21787	64		240	79	132	427
增加值	550734	88	323	2859	679	1380	10016
渔业							
总产值	149373	138	74		10281		18915
中间消耗	84757	82	34		4010		9041
中间物质消耗	77985	82	34	57	3640		8649
生产服务支出	8109			6	369		392
增加值	64616	56	40		6271		9874
农林牧渔服务业							
总产值	59916	300	200	156			620
中间消耗	26933	90	89	96			301
增加值	32983	210	111	60			319

渔业增加值

单位:万元

中牟县	巩义市	荥阳市	新密市	新郑市	登封市	经开区	高新区	郑东新区	航空港实验区
445050	241238	505074	379409	345315	313706	62903	4699	110140	188862
190920	102899	212131	169201	139586	128634	25673	2596	50890	82505
254130	138339	292943	210208	205729	185072	37230	2103	59250	106357
265305	81015	292085	161576	161467	138365	22097	4139	40926	103457
115206	35495	122676	48381	62488	51193	11029	2314	18440	44749
70309	30961	117364	41183	47826	43825	6409	3542	15787	38485
41264	2497	5310	7199	14665	7376	1081	597	2656	6264
150099	45520	169409	113195	98979	87172	11068	1825	22486	58708
4517	15744	9394	39041	6171	48756	14522		6001	2970
1430	5733	3945	10735	1983	19688	3964		2564	1088
844	4152	3513	9469	1805	17299	5554		2247	827
299	1581	433	1266	180	2046	767		311	261
3087	10011	5449	28306	4188	29068	10558		3437	1882
132098	115968	167871	156785	172410	113440	16837	560	29140	80550
58210	49828	70506	92703	72891	52184	7631	282	13322	35981
44516	47689	53822	81582	70967	81711	6696	494	11696	31750
18504	3676	16684	11121	1922	11428	933	70	1628	4231
73888	66140	97365	64082	99519	61256	9206	278	15818	44569
37716	6788	30594	2587	1064	7246	3177		28319	
14696	3717	12849	952	539	3403	1435		14261	
11317	3211	12212	867	399	5459	1302		12945	
2437	506	637	85	142	627	131		1316	
23020	3071	17745	1635	525	3843	1742		14058	
5414	21722	5130	19420	4203	5899	6270		5754	1885
1378	8125	2155	16430	1685	2166	1614		2303	687
4036	13597	2975	2990	2518	3733	4656		3451	1198

7-13 主要牲畜

（2017 年）

指　　标	合计	中原区	二七区	管城区	金水区	上街区	惠济区	中牟县
大牲畜年末总头数	**81432**	**9**		**3**	**34**		**2755**	**27491**
牛年末总头数	79943	9		3	34		2755	27491
马年末存栏数	475							
驴年末存栏数	830							
骡年末存栏数	184							
猪年末总头数	**1251164**	**594**	**36**	**10801**	**1597**	**2979**	**3414**	**119070**
能繁殖母猪	108936	61	2	716	188	174	336	10577
羊年末总只数	**419279**	**209**	**323**	**542**	**708**	**570**	**1816**	**81661**
家禽期末存栏数	**20748251**	**8273**	**33089**	**42994**	**68649**	**32488**	**383161**	**1994082**
兔期末总只数	**342962**							

年末存栏情况

单位:头(只)

巩义市	荥阳市	新密市	新郑市	登封市	经开区	高新区	郑东新区	航空港实验区
5005	**14518**	**5367**	**10484**	**9779**	**3780**	**70**	**850**	**1286**
4848	14495	4567	10435	9319	3780	70	850	1286
12	3	180		280				
138	20	490	22	160				
7		130	27	20				
191849	**179281**	**103502**	**345600**	**170844**	**12598**	**1453**	**10073**	**97477**
17026	12592	8725	32033	15591	835	150	895	9035
41334	**47327**	**56051**	**62394**	**90169**	**7988**	**542**	**1244**	**26401**
1323150	**3331732**	**3915389**	**1313658**	**3345753**	**55082**	**10464**	**61673**	**4828614**
18229	**7527**	**116752**	**12690**	**183653**				**4111**

注:此表中的数据由国家统计局郑州调查队提供。

主要统计指标解释

农林牧渔业总产值 是以货币表现的农林牧渔业全部产品的总量和对农林牧渔业生产活动进行的各种支持性服务活动的价值,它反映一定时期内农业生产的总规模和总成果。

农林牧渔五业统计范围是:1. 种植业:包括粮、棉、油、糖料、麻类、烟叶、蔬菜、药材、瓜类、采集野生植物和其他农作物的种植以及茶园、桑园、果园的生产经营。

2. 林业:包括林木的栽培、林产品的采集和竹木采伐。

3. 牧业:包括除渔业以外的一切动物饲养和放牧及捕猎野兽。

4. 渔业:包括水生动物和海藻类植物养殖和捕捞。

5. 农林牧渔服务业:包括农林牧渔服务业营业收入。

农业总产值的计算方法通常是以农林牧渔业产品的产量乘以该项单位价格而得该项产品产值。少数生产周期较长,当年没有产品或产品不易统计的则采用间接方法匡算产值。五业产品产值之和即为农业总产值。

农业增加值 指各单位生产经营或劳务活动提供最终产品的货币表现,即本单位或本行业对社会所做的贡献。农业增加值是社会各经济单位,即企业、事业单位和行政单位及个体经营户在报告期内生产经营和业务活动最终成果的货币表现。

农业增加值主要采用生产法和分配法(收入法)两种方法计算。

农作物种植业 包括谷物、豆类、薯类、棉、油料、糖料、麻类、烟叶、蔬菜、药材、瓜类和其他农作物的种植,以及茶园、桑园、果园的生产经营。

其他农业 包括采集野生植物的果实、纤维、树胶、树脂、油料以及柴草、野生药材、菌类等。

粮食产量 指全社会的产量。包括国有经济经营的、集体统一经营的和农民家庭经营的粮食产量,还包括工矿企业家属办的农场和其他生产单位的产量。粮食除包括稻谷、小麦、玉米、高粱、谷子及其他杂粮外,还包括薯类和大豆。其产量计算方法,豆类按去豆荚后的干豆计算;薯类(包括甘薯和马铃薯,不包括芋头和木薯)1963 年以前按每 4 公斤鲜薯折 1 公斤粮食计算,从 1964 年开始及以后改为按 5 公斤鲜薯折 1 公斤粮食计算。郑州辖区作为蔬菜的薯类(如:马铃薯等)按鲜品计算,并且不做为粮食统计。其他粮食一律按脱粒后的原粮计算。

油料产量 指全部油料作物的生产量。包括花生、油菜籽、芝麻、向日葵籽、胡麻籽(亚麻籽)和其他油料。不包括大豆,也不包括木本油料和野生油料。花生以带壳干花生计算。

水产品产量 指人工养殖的水产品和天然生长的水产品的捕捞量。包括海水的鱼类、虾蟹类、贝类和藻类以及内陆水域的鱼类、虾蟹类和贝类,不包括淡水生植物。

猪、牛、羊肉产量 指当年出栏并已屠宰后除去头蹄下水 后带骨肉(即胴体重)的重量。

耕地面积 指年初可以用来种植农作物、经常进行耕锄的田地,除包括熟地、当年新开荒地、连续撩荒未满三年的耕地和当年的休闲地(轮歇地)外,还包括以种植农作物为主并附带种植桑树、茶树、果树和其他林木的土地,以及沿海、沿湖地区已围垦利用的"海涂"、"湖田"等面积。但不包括属于专业性的桑园、茶园、果园、果木苗圃、林地、芦苇地、天然或人工草地面积。

农作物播种面积 指实际播种或移植有农作物的面积,凡是实际种植有农作物的面积,不论种植在耕地上还是种植在非耕地上,均包括在农作物播种面积中,同时还包括因遭灾而重新改种和补种的农作物面积,种一公顷算一公顷。

农用化肥施用量 指本年内实际用于农业生产的化肥数量。包括氮肥、磷肥、钾肥和复合肥。化肥施用量要求按折纯量计算数量。折纯法化肥施用量是把氮肥、磷肥和钾肥分别按含氮、含五氧化二磷、含氧化钾的百分之百有效成份计算。复合肥按其所含主要成分折算。

农业机械总动力 指主要用于农、林、牧、渔业的各种动力机械的动力总和。包括耕作机械、排灌机械、收获机械、农产品加工机械、运输机械、植物保护机械、牧业机械、林业机械、渔业机械和其他农业机械〔内燃机按引擎马力折成瓦(特)计算,电动机按功率折成瓦(特)计算〕。不包括专门用于乡、镇、村、组办工业、基本建设、非农业运输、科学试验和教学等非农业生产方面用的动力机械与作业机械。

八、工　业

8-1 规模以上工业总产值、增加值及销售产值

（2017 年）

单位：万元

项目	工业总产值	工业增加值	工业销售产值
总计	**163291809**	**31913056**	**160139558**
按轻重工业分			
轻工业	26644467	8140111	26843817
重工业	136647342	23772946	133295741
按登记注册类型分			
国有控股企业	23442363	7320338	23321880
国有企业	15335082	4615206	15341386
集体企业	1150192	233106	1110943
股份合作企业	28460	8143	24343
股份制企业	105293972	21717051	103043616
外商和港澳台商投资企业	35372226	4141751	34749789
其他	6111877	1197800	5869481
按所有制类型分			
公有制	25676273	7775999	25553589
非公有制	137615536	24137057	134585969
按企业规模分			
大型企业	67990491	13188775	67016175
中型企业	36962257	7454840	36096171
小型企业	58166676	11235091	56856440
微型企业	172385	34350	170772

注：本表工业增加值、总产值、销售产值包含河南中烟工业公司和河南电力公司的全口径统计数据。

8-2　规模以上工业企业分行业总产值、增加值及销售产值

（2017 年）　　单位：万元

行　　业	工业总产值	工业增加值	工业销售产值
总　　计	**163291809**	**31913056**	**160139558**
煤炭开采和洗选业	1664967	577577	1131182
石油和天然气开采业	2264	1530	
黑色金属矿采选业	46032	12841	44434
有色金属矿采选业	622618	106219	616700
非金属矿采选业	1140537	258667	1013324
农副食品加工业	4399469	826251	4017255
食品制造业	3480802	691954	3958442
酒、饮料和精制茶制造业	1383184	320345	1268849
烟草制品业	4272940	3470500	4222619
纺织业	331727	68695	314376
纺织服装、服饰业	2056082	486032	2012979
皮革、毛皮、羽毛及其制品和制鞋业	18495	4193	16925
木材加工和木、竹、藤、棕、草制品业	178062	38399	156282
家具制造业	577331	131938	488478
造纸和纸制品业	2856919	640333	2803561
印刷和记录媒介复制业	568926	128604	794331
文教、工美、体育和娱乐用品制造业	934544	189477	1100417
石油加工、炼焦和核燃料加工业	145097	40801	142075
化学原料和化学制品制造业	4284341	825193	4109957
医药制造业	1694754	366258	1533713
化学纤维制造业	36555	8068	35626
橡胶和塑料制品业	2343080	484620	2350715
非金属矿物制品业	33308213	6699725	32369546
黑色金属冶炼和压延加工业	2290242	397225	2087679
有色金属冶炼和压延加工业	11760364	1668969	11285109
金属制品业	3394715	664962	2897195
通用设备制造业	7157104	1408009	7221369
专用设备制造业	9604516	1868247	9326007
汽车制造业	11025227	2250814	10632407
铁路、船舶、航空航天和其他运输设备制造业	366072	71930	463890
电气机械和器材制造业	4502111	784335	4218820
计算机、通信和其他电子设备制造业	31531485	3295674	31341858
仪器仪表制造业	581033	151609	481141
其他制造业	7002	991	24102
废弃资源综合利用业	62736	13236	62973
金属制品、机械和设备修理业	60118	14559	59978
电力、热力生产和供应业	13895811	2748391	14827477
燃气生产和供应业	487598	110441	490385
水的生产和供应业	218740	85446	217387

注：本表工业增加值、总产值、销售产值包含河南中烟工业公司和河南电力公司的全口径统计数据。

8-3 各种分组的规模以上工业增加值指数

上年=100

项 目	2012 年	2013 年	2014 年	2015 年	2016 年	2017 年
指 数	**117.2**	**111.3**	**111.2**	**110.2**	**106.0**	**107.8**
按注册类型分						
内资企业	112.4	108.8	109.5	108.6	105.9	107.7
国有	108.8	107.8	101.9	102.3	108.4	114.2
集体	124.4	101.0	111.7	104.2	111.4	109.8
股份合作	115.1	112.2	96.8	121.4	97.9	109.7
联营	92.1	116.5	96.6	7.0	114.5	108.8
有限责任公司	115.1	112.7	112.8	108.5	105.6	110.2
股份有限公司	114.1	105.4	104.1	113.1	109.3	103.4
私营	112.3	106.4	110.3	108.1	104.8	103.2
其他	94.4	144.5	117.2	122.3	125.2	104.6
港澳台商投资	213.8	134.6	122.2	122.4	105.6	107.5
外商投资	100.4	105.6	109.3	99.6	109.4	110.6
按控股类型分						
国有控股	107.0	105.6	102.1	100.1	97.4	110.6
集体控股	129.0	104.0	111.6	109.2	108.8	104.8
私人控股	112.7	109.4	111.8	110.3	106.2	104.5
港澳台控股	212.1	137.0	122.7	121.7	106.3	108.0
外商控股	105.5	100.7	102.5	101.5	111.7	113.8
按所有制分						
公有制	109.1	105.4	103.1	101.2	98.9	109.9
非公有制	119.6	112.7	113.0	111.7	107.1	107.5
按轻重工业分						
轻工业	108.4	105.5	106.6	106.4	102.8	111.3
重工业	119.5	112.7	112.3	111.1	106.8	106.9
按企业规模分						
大型企业	125.4	116.3	110.9	110.5	101.8	108.8
中型企业	109.7	109.8	109.3	107.5	102.9	101.8
小型企业	117.7	109.1	113.1	112.0	112.9	111.3
微型企业	161.1	71.9	142.5	100.7	121.7	109.1

8-4 分行业规模以上工业增加值指数

上年=100

项　目	2012 年	2013 年	2014 年	2015 年	2016 年	2017 年
总　计	**117.2**	**111.3**	**111.2**	**110.2**	**106.0**	**107.8**
煤炭开采和洗选业	100.0	102.1	102.0	93.3	90.9	94.7
黑色金属矿采选业	85.8	81.2	154.2	199.3	119.5	95.4
有色金属矿采选业	115.1	84.7	117.8	119.0	100.5	97.4
非金属矿采选业	111.3	120.0	111.0	114.5	107.9	79.1
农副食品加工业	123.6	100.8	110.3	110.1	107.6	108.7
食品制造业	101.8	112.1	107.0	105.1	105.2	113.5
酒、饮料和精制茶制造业	109.2	124.2	102.0	111.0	111.8	104.5
烟草制品业	118.5	107.4	100.6	99.8	85.9	110.9
纺织业	108.2	97.6	77.9	80.9	96.2	93.9
纺织服装、服饰业	100.3	105.6	124.8	112.9	111.2	115.3
皮革、毛皮、羽毛及其制品和制鞋业	113.9	67.0	98.9	67.7	103.1	67.9
木材加工和木、竹、藤、棕、草制品业	113.1	99.0	104.3	67.7	89.2	83.9
家具制造业	132.3	77.3	98.7	112.7	116.7	95.5
造纸和纸制品业	94.9	111.3	103.2	106.3	97.0	106.0
印刷和记录媒介复制业	104.7	94.7	101.9	93.4	85.8	109.7
文教、工美、体育和娱乐用品制造业	106.4	100.3	111.8	115.3	106.9	99.6
石油加工、炼焦和核燃料加工业	98.8	78.8	100.5	107.1	107.8	73.9
化学原料和化学制品制造业	125.1	109.4	108.7	111.4	100.1	96.2
医药制造业	89.0	92.9	117.5	113.5	106.2	114.6
化学纤维制造业	115.0	105.2	135.8	100.2	115.2	120.7
橡胶和塑料制品业	112.4	112.3	121.1	107.2	114.8	92.9
非金属矿物制品业	114.2	109.8	110.4	107.9	104.6	106.9
黑色金属冶炼和压延加工业	118.3	114.1	115.8	107.1	81.8	75.9
有色金属冶炼和压延加工业	112.3	109.9	107.1	115.3	107.8	103.8
金属制品业	102.6	111.0	116.6	105.0	114.0	107.6
通用设备制造业	132.8	115.7	113.1	108.3	108.5	113.1
专用设备制造业	110.7	103.9	109.8	110.6	106.7	113.2
汽车制造业	106.1	115.1	116.6	113.1	113.3	103.2
铁路、船舶、航空航天和其他运输设备制造业	119.3	99.1	134.6	150.3	105.8	105.5
电气机械和器材制造业	112.9	111.6	116.8	110.1	116.2	142.3
计算机、通信和其他电子设备制造业	273.4	137.9	124.5	126.3	113.5	117.5
仪器仪表制造业	118.5	147.7	118.1	119.2	110.7	106.3
其他制造业	55.8	97.1	149.0	83.7	14.5	52.9
废弃资源综合利用业			213.7	118.0	120.7	379.4
金属制品、机械和设备修理业	64.9	70.9	32.0	60.1	264.6	171.1
电力、热力生产和供应业	103.6	108.2	94.9	96.3	104.3	107.7
燃气生产和供应业	115.3	113.0	123.7	98.1	106.7	116.9
水的生产和供应业	103.0	108.9	111.5	97.8	150.1	109.8

8-5 规模以上工业企业单位数、总产值、增加值及销售产值

(2017 年)

项　　目	单位数 (个)	工　业 总产值 (万元)	工业总产 值指数 (上年=100)	工　业 增加值 (万元)	工业销 售产值 (万元)
总　　计	**2845**	**151399678**	**107.6**	**27938736**	**148247427**
#国有及国有控股企业	104	11550232	112.7	3346018	11429749
集体企业	35	1150192	109.0	233106	1110943
港澳台商投资企业	46	29189444	106.6	2979929	28938045
外商投资企业	54	6182781	111.0	1161822	5811744
按轻重工业分					
轻工业	630	23699423	112.5	5741372	23898773
重工业	2215	127700255	106.7	22197364	124348655
按企业规模分					
大型工业	79	56098360	108.2	9214455	55124044
中型工业	541	36962257	101.9	7454840	36096171
小型工业	2136	58166676	110.9	11235091	56856440
微型工业	89	172385	108.6	34350	170772

8-6 各县(市)、区规模以上工业企业单位数

(2017 年底)

单位:个

县(市)区	合计	#国有及国有控股	#集体	#港澳台投　资	#外商投资	轻工业	重工业	#大型	#中型
全　市	**2845**	**104**	**35**	**46**	**54**	**630**	**2215**	**79**	**541**
中原区	23	6		2	2	8	15	3	9
二七区	91	3		1	5	38	53	6	7
管城区	14	2	2	2		9	5	2	4
金水区	18	2	1			9	9	1	4
上街区	84	12	1	1	2	5	79	2	8
惠济区	20	1	1		4	10	10	4	1
中牟县	109	3	1	2	5	33	76	3	24
巩义市	553	3	4		5	24	529	9	69
荥阳市	445	4	10	1	3	79	366	6	129
新密市	473	8	8	5	3	117	356	3	70
新郑市	290	9	4	6	4	154	136	7	79
登封市	348	10	3	3	1	35	313	4	75
经开区	141	15		11	13	43	98	12	21
高新区	157	16		7	6	42	115	9	29
郑东新区	15	4		1	1	4	11	1	3
航空港实验区	61	3		4		20	41	4	9

8-7　各县(市)、区规模以上工业总产值

（2017 年）

单位：万元

县(市)区	合计	#国有及国有控股	#集体	#港澳台投资	#外商投资	轻工业	重工业	#大型	#中型
全　市	**151399678**	**11550232**	**1150192**	**29189444**	**6182781**	**23699423**	**127700255**	**56098360**	**36962257**
中原区	2462543	1821526		399159	37600	540064	1922479	2173298	208073
二七区	2168477	133526	2469	20316	564628	1174012	994465	891468	584037
管城区	1532998	31450	32932	121270		148566	1384432	1393244	68449
金水区	212146	45650	3670			181480	30666	77917	78621
上街区	3413545	1098760	14661	3473	32462	81514	3332031	1210404	444888
惠济区	1063486	11306	3282		855469	968348	95137	937466	11306
中牟县	4394673	653821	17308	39693	647425	2042235	2352438	1191523	1225807
巩义市	23503483	244098	129156		2093009	849047	22654437	5051044	6017098
荥阳市	18908789	361475	384968	15554	106698	2347604	16561185	1201855	10607997
新密市	16484748	510968	150244	100091	17479	4481788	12002961	1233463	3601195
新郑市	12497574	993590	159755	122728	297587	5428652	7068922	577672	5255017
登封市	15552239	2309767	251861	131266	27552	1093353	14458885	2354859	4719505
经开区	14251657	2616529		1464822	811345	3333290	10918367	10017025	2356086
高新区	4313674	594472		156500	649543	644260	3669414	1499201	1637494
郑东新区	436104	100707		90489	41569	68922	367182	90489	18398
航空港实验区	30203359	24489		26524120	430	312965	29890394	26198661	129627

注：本表按当年价格计算。

8-8　各县(市)、区规模以上工业销售产值

（2017 年）

单位：万元

县(市)区	合计	#国有及国有控股	#集体	#港澳台投资	#外商投资	轻工业	重工业	#大型	#中型
全　市	**148247427**	**11429749**	**1110943**	**28938045**	**5811744**	**23898773**	**124348655**	**55124044**	**36096171**
中原区	2465283	1820689		399159	39480	239608	2225675	2173298	203347
二七区	2136900	133677	2469	20316	553972	1141806	995094	880964	575112
管城区	1529384	47644	32714	124614		146976	1382408	1374181	83313
金水区	218497	47233	3670			173010	45487	77917	80223
上街区	3421647	1114772	14930	3473	36314	81313	3340334	1198607	474801
惠济区	1100524	11306	3282		894962	1007679	92845	976436	11306
中牟县	4087237	638678	17308	40411	631995	1805517	2281719	1128662	1188650
巩义市	22155653	241902	123745		1708969	1065804	21089849	4686957	5609029
荥阳市	18604556	359962	354693	24634	102960	2289527	16315029	1204394	10454777
新密市	16275714	515980	149594	100176	15832	4443606	11832108	1236643	3502079
新郑市	12284037	987535	159150	117378	296153	5503226	6780811	576423	5183192
登封市	15322166	2295083	249501	127106	27560	1637439	13684727	2340055	4676876
经开区	13670559	2536485		1299356	795483	3340735	10329824	9504974	2302610
高新区	4306444	555494		152369	666079	620836	3685608	1557016	1609411
郑东新区	428601	100705		91063	41569	68925	359676	91063	17470
航空港实验区	30240012	24489		26438023	430	330050	29909962	26117667	125370

注：本表按当年价格计算。

8-9 各县(市)、区规模以上工业增加值

(2017 年)

单位:万元

县(市)区	合计	#国有及国有控股	#集体	#港澳台投资	#外商投资	轻工业	重工业	#大型	#中型
全　市	**27938736**	**3346018**	**233106**	**2979929**	**1161822**	**5741372**	**22197364**	**9214455**	**7454840**
中原区	508050	353688		102712	7509	148759	359290	446454	44940
二七区	471263	47221	397	4110	126137	252114	219150	217747	112201
管城区	311297	6198	7842	18761		30422	280874	282880	15350
金水区	44145	10395	836			37024	7121	15241	16475
上街区	617898	187819	2700	791	6751	18601	599297	203640	83509
惠济区	213734	5448	804		170567	193081	20653	183368	5448
中牟县	865507	132514	3754	8391	133205	393914	471593	229225	246592
巩义市	4094046	52241	23770		351567	169280	3924765	779377	1082188
荥阳市	3873421	94390	75683	2070	19416	494057	3379363	218042	2215370
新密市	3448680	150621	28688	17108	3299	1018728	2429952	302871	829038
新郑市	2603513	200788	36571	26762	62316	1117960	1485553	136146	1090379
登封市	3257850	623223	52087	22682	5508	230123	3027727	646338	941594
经开区	3685123	1316911		345303	156710	1419189	2265933	2888516	421692
高新区	884543	139153		34045	110208	136670	747872	298109	322665
郑东新区	106292	19045		22604	8547	14536	91757	22604	3921
航空港实验区	2953341	6864		2374597	87	66139	2887203	2344270	23637

注:本表按当年价格计算。

8-10 历年主要

（2017 年）

产品名称	单位	1978 年	1980 年	1985 年	1990 年	1995 年	2000 年	2005 年	2006 年
原煤	万吨	868	897	1352	1628	2220	1830	6217	6699
饲料	万吨		0.5	3.3	5.3	6.6	21.6	65.1	114.1
速冻米面食品	万吨							32.3	59.6
方便面	万吨						6.9	20.5	25.5
啤酒	万千升			0.7	6.9	14.2	38.1	41.6	25.1
软饮料	万吨		0.2	1.4	1.6	4.5	6.4	25.5	46.0
卷烟	亿支	243.0	350.4	443.2	456.1	476.3	428.7	408.4	436.7
纱	万吨	7.7	8.5	7.9	8.8	8.8	6.9	8.4	7.8
布	万米	41876	44804	38904	40510	40981	23391	24647	22513
印染布	万米	15086	19188	13210	8758	20321	14620	23949	36615
服装	万件		1529	1730	2260	1619	1132	2974	4804
人造板	立方米		1548	5622	3788	196849	51276	104698	111770
家具	万件		23.2	66.0	72.1	49.4	9.9	7.2	26.2
机制纸机制纸板	万吨	2.7	3.6	9.2	6.7	35.4	92.3	183.4	237.5
硫酸	万吨	0.5	0.9	1.3	2.8	13.3	9.4	9.0	10.2
化学农药原药	吨			435	768	1976	2684	5016	4615
中成药	吨	422	895	1851	1322	1763	3276	3972	11334
化学肥料	万吨	8.9	3.8	3.4	8.0	11.7	15.7	13.8	13.4
塑料制品	万吨			1.5	1.9	5.6	5.8	7.5	8.0
水泥	万吨	38	55	119	227	737	932	1538	1592
工业陶瓷	万件							8844	10100
耐火材料制品	万吨							544.1	810.4
日用玻璃制品	万吨		1.7	3.2	2.6	7.3	2.1	0.6	
石墨及炭素制品	万吨								
磨具	万吨	1.3	1.6	1.8	1.9	4.2	5.2	4.8	4.4
粗钢	万吨	2.2	3.7	4.5	5.9	13.0	1.6	9.8	13.0
钢材	万吨		1.9	4.5	7.4	15.5	14.1	159.7	215.8
原铝（电解铝）	万吨	1.8	2.9	3.4	4.0	5.9	15.8	49.3	49.1
氧化铝	万吨	40.0	40.6	53.3	60.1	66.6	96.6	171.4	234.3
阀门	万吨		0.1	0.2	1.0	3.9	3.2	9.9	18.3
汽车	辆	695	1577	1625	1043	16187	7689	35855	47688
新能源汽车	辆								
变压器	万千伏安	54.9	36.9	62.5	50.1	94.2	169.9	126.3	202.2
电力电缆	千米	2513	3533	6318	7853	5732	7801	5758	6855
移动通信手持机（手机）	万台								
发电量	亿千瓦小时	13.3	11.1	10.6	18.3	65.7	85.1	204.6	206.1
供热量	万百万千焦		451	468	464	1901	2862	3355	3186
自来水生产量	万立方米		13127	17570	19435	30119	26079	24936	25754

注：2010 年始卷烟产量含河南中烟工业有限责任公司。从 2010 年至 2017 年郑州地区卷烟产量分别为 572.4 亿支，581.3

工业产品产量

2007年	2008年	2009年	2010年	2011年	2012年	2013年	2014年	2015年	2016年	2017年
6707	6629	6660	5963	6914	4568	4084	3554	3223	2512	2129
126.5	150.8	106.2	148.1	178.4	210.7	266.5	239.3	192.9	176.0	182.8
70.2	87.1	90.9	100.6	125.3	100.6	109.5	125.0	122.4	128.1	125.5
32.8	24.0	30.4	44.5	28.2	26.4	29.0	30.2	37.9	38.5	33.4
28.7	45.3	49.0	56.0	48.4	58.6	63.6	54.3	60.6	83.1	102.1
70.2	108.1	163.4	216.6	236.3	251.1	344.7	300.4	328.5	367.3	306.6
477.1	487.6	559.6	1650.4	1676.1	1691.0	1713.0	1733.25	1674.3	1528.1	1517.0
11.1	11.4	3.3	4.1	4.5	6.7	5.3	4.7	4.8	5.2	3.6
26034	27388	86063	81715	75968	87995	96156	6053	3505	3323	3496
59217	67429	67446	62277	53171	60895	66909	64582	12557	6804	3862
5681	7377	10117	10950	11708	12987	15590	20820	20410	21743	16691
101649	76398	118077	155128	170786	200844	259772	200494	152393	146812	148294
97.1	81.9	249.6	196.6	233.5	284.7	223.4	236.8	283	227.0	154.6
273.4	280.8	266.9	260.2	275.1	209.4	218.3	206.8	216.9	212.8	243.2
10.3	10.7	10.0	17.1	29.4	33.4	41.6	13.5	19.2	33.3	0.8
12361	3097	18255	14048	20244	22171	13881	37476	42505	49373	53357
13973	65055	106412	3941	3290	5957	7772	8773	9003	9810	12272
18.7	40.3	25.6	8.3	1.5	5.8	10.6	1.6	6.1	4.5	6.8
11.7	14.3	16.6	112.6	17.6	20.7	20.8	28.7	33.1	40.0	45.4
2109	1898	2198	2096	2153	2322	2518	2428	2184	2168	2311
11211	42277	37670	47209	36348	49585	192593	524363	555763	632299	672139
1267.7	1368.3	1533.4	1807.7	2080.6	2417.1	2897.6	3235.8	3375.5	3249.5	3409.2
	4.3	3.2	3.6	4.3				3	3.4	89.7
		280.5	311.6	439.7	514.2	581.4	590.4	601.2	617.0	577.1
6.1	8.0	20.4	9.4	14.6	45.4	69.4	75.8	73	68.6	63.3
12.2	24.1	19.5	17.3	4.8	4.8	2.2	2.95	0.2	20.9	9.9
326.1	358.7	339.7	377.0	424.7	481.1	525.6	657.2	627.4	536.1	305.8
67.0	66.4	60.1	58.4	56.8	69.7	65.2	53.2	55.7	57.2	55.8
237.8	219.7	167.3	221.8	246.0	253.0	264.9	238.3	260.6	174.4	221
29.0	52.4	65.3	79.9	102.5	126.7	144.4	156.3	160.5	172.0	157.8
62261	74044	112874	225196	354985	367597	461479	507047	513908	584702	471084
								20569	26554	31085
168.9	138.9	218.9	247.3	357.9	377.9	350.6	240.2	241.7	192.9	123.5
41031	60818	91775	83450	296201	321918.7	401496	401579	313043	222943	140054
				2445	6846	9645	11890	19672	25754	29506
254.3	285.2	266.8	292.8	386.3	447.4	518.0	494.98	444.2	445.6	432.3
3050	2982	2229	2851	3464	4015	3928	3604	3867	3850	4334
26044	27595	27744	29368	26900	29265	44281	58599	61722	71471	59182

亿支,586.4亿支,594.1亿支,601.09亿支,514.7亿支,469.7亿支,466.3亿支。

8-11 各县(市)、区

(2017 年)

产 品 名 称	计量单位	全 市	中原区	二七区	管城区	金水区	上街区	惠济区
小麦粉	吨	2901426			142482	67111		
饲料	吨	1828424		75024	26737	17992		16935
精制食用植物油	吨	529810						
速冻米面食品	吨	1255032		7266		122832		953536
方便面	吨	334302		170542				
饮料酒	千升	1028536		2516	200307			
白酒	千升	7480		2516				
啤酒	千升	1021055			200307			
饮料	吨	3065562		846541				
卷烟	万支	15169703						
纱	吨	35662						
布	万米	3496	1171					
印染布	万米	3862	3862					
服装	万件	16691	897					
人造板	立方米	148294						
家具	件	1545840		104632	53926		48928	
机制纸及机制纸板	吨	2432043						
硫酸(折 100%)	吨	8199						
农用氮、磷、钾化学肥料总计	吨	68316						
化学农药原药	吨	53357			2843			
涂料	吨	192334		71131		18327		
中成药	吨	12272						37
塑料制品	吨	454376	3272	4605				3108

主要工业产品产量

中牟县	巩义市	荥阳市	新密市	新郑市	登封市	经开区	高新区	郑东新区	航空港实验区
		394185		937011	409452	802332	148853		
346300		49943		852297		44320	240195	90253	68428
1495		127920		382981					17414
850				114637			55911		
41313				60264		45828			16355
			4965	820748					
			4964						
				820748					
55669	88818	364569		689322	212384	246651	370424		191184
						15169703			
4462				21457		6150		3594	
								2325	
4	33	4256	10362	988	9	35	106		
	60899				87395				
285821		18389			594320	439824			
			2353970		78073				
			8199						
		68316							
33513					17001				
10842	44127	19576			10790	17541			
		240	769	2145	7533		1548		
9695	19639	3245		392338		9895	6624		1956

8-11 续表 （2017 年）

产品名称	计量单位	全市	市直	中原区	二七区	管城区	金水区	上街区	惠济区
水泥	万吨	2311						93	
工业陶瓷	万件	672139						24881	
耐火材料制品	万吨	3409						40	
磨具	吨	632517		3471	3172				7201
钢材	吨	3058118		66812	670515				
焊接钢管	吨	988833		33127	670515				
铁合金	吨	156305							
氧化铝	吨	2209424						1750504	
原铝(电解铝)	吨	557754							
铝材	吨	5017655						86834	
工业锅炉	蒸发量吨	6146							
泵	台	419269				288		104756	
阀门	吨	1577802						427056	
矿山专用设备	吨	976155			347			27147	
水泥专用设备	吨	115602					2706		
汽车	辆	471084				26422			
基本型乘用车(轿车)	辆	55446							
客车	辆	79917				26422			
载货汽车	辆	41477							
改装汽车	辆	8534							
电动自行车	辆	30439							
变压器	千伏安	1234634		550340					
电力电缆	千米	140054			72880			51469	
电线	公里	1728233							
太阳能电池	千瓦	36147							
移动通信手持机(手机)	台	295056969							
发电量	万千瓦小时	4323351	30012	277715				82764	
自来水生产量	万立方米	59182		37785					8753

中牟县	巩义市	荥阳市	新密市	新郑市	登封市	经开区	高新区	郑东新区	航空港实验区
	569	321	170	257	819			81	
	59669				587542		47		
	1526	18	1374	3	444				
	242722	46957	254398				74595		
14366	572535	528575		768525		385989	13444		37357
				285191					
					156305				
					458920				
	447167				110587				
	3994120	187957		26800	429375		273781		18789
						4325	1821		
	1653	312572							
		1149517					1230		
	163069	249835	26107	57669	23305	343481	85195		
1840	111056								
63061		626				380975			
						55446			
12060		626				40809			
41477									
3529		4042		108		816	39		
					9463		20976		
				283794		400500			
	12904						2801		
	1662270	773					65190		
					36147				
									295056969
	712280	464354	1103859	71	1181589		282216	188491	
			1471		2189	2453	2280		4251

8-12 规模以上工业

（2017 年）

指　　标	合　计	#国有及国有控股	#集体	#股份制工　业
企业单位数(个)	2845	104	35	2550
#亏损企业	183	20	1	153
资产总计	135566423	22146261	821593	84691710
应收帐款	26414026	1502312	149969	10707899
存货	11693617	2770843	86069	6850749
#产成品	3969460	449956	32083	2675479
负债合计	79492946	14262960	312791	39429393
主营业务收入	147389220	12491113	1105235	100360982
主营业务成本	128675485	9984050	937736	85374931
营业费用	2870681	244652	24781	2188959
主营业务税金及附加	1389305	838991	3981	554009
管理费用	3379539	605711	25856	2598969
财务费用	1098362	336134	1933	925949
#利息支出	1351025	329942	2036	855381
利润总额	10713003	655880	112117	9290921
亏损企业亏损额	444252	113588	64	239315
利税总额	14680459	2018454	144416	11946417
本年应交增值税	2551346	515367	28317	2079562
全部从业人员年平均人数(人)	1024334	120448	6593	667638

企业主要经济指标

单位：万元

	按轻重工业分		按企业规模分			
#外商及港澳台投资	轻工业	重工业	大型企业	中型企业	小型企业	微型企业
100	630	2215	79	541	2136	89
22	50	133	13	37	122	11
41986318	20423358	115143065	72706157	31039150	29665448	2155668
15171326	1793991	24620035	19608347	3026894	3564668	214117
3786830	2519233	9174384	7253269	1856683	2241658	342007
1161198	914701	3054759	2078639	821780	1002221	66819
35471892	9793905	69699041	54388163	12630011	11516764	958009
36762538	25228334	122160886	59779508	38013823	47955072	1640817
35146715	20343414	108332071	53981866	32259152	41163411	1271056
474675	843257	2027424	915033	866584	1052535	36529
79662	841663	547642	942182	219328	213340	14456
572688	695134	2684405	1481254	886374	939891	72021
105740	171456	926906	504847	296047	261338	36131
431184	178941	1172084	819949	298962	196685	35429
526952	2490195	8222808	2446949	3620534	4416848	228672
196644	66203	378050	257756	63543	114998	7956
729509	4098276	10582183	4114179	4654938	5615413	295930
122223	763477	1787869	708317	808510	982293	52226
289683	184158	840176	489625	286765	246975	969

8-13 规模以上工业企业

（2017 年）

项目	企业单位数（个）	资产总计	应收帐款	存货	#产成品
总计	**2845**	**135566423**	**26414026**	**11693617**	**3969460**
按轻重工业分					
轻工业	630	20423358	1793991	2519233	914701
重工业	2215	115143065	24620035	9174384	3054759
按企业规模分					
大型企业	79	72706157	19608347	7253269	2078639
中型企业	541	31039150	3026894	1856683	821780
小型企业	2136	29665448	3564668	2241658	1002221
微型企业	89	2155668	214117	342007	66819
按行业分					
煤炭开采和洗选业	28	5355897	349358	530790	65691
黑色金属矿采选业	2	23027	3304	1512	1226
有色金属矿采选业	9	266524	63636	10131	6828
非金属矿采选业	55	971369	39374	44580	37487
开采专业及辅助性活动	1	1236	99		
农副食品加工业	97	3482962	134209	245915	96970
食品制造业	86	3630434	489164	300062	125752
酒、饮料和精制茶制造业	28	1056342	71500	78014	24683
烟草制品业	3	1539984	137418	840354	33680
纺织业	15	496249	31885	21912	9280
纺织服装、服饰业	43	1944360	97720	102147	44307
皮革、毛皮、羽毛及其制品和制鞋业	1	24027	70	16212	14934

分行业主要经济指标

单位:万元

负债合计	主营业务收入	营业费用	主营业务税金及附加	利润总额	利税总额	全部从业人员年平均人数(人)
79492946	**147389220**	**2870681**	**1389305**	**10713003**	**14680459**	**1024334**
9793905	25228334	843257	841663	2490195	4098276	184158
69699041	122160886	2027424	547642	8222808	10582183	840176
54388163	59779508	915033	942182	2446949	4114179	489625
12630011	38013823	866584	219328	3620534	4654938	286765
11516764	47955072	1052535	213340	4416848	5615413	246975
958009	1640817	36529	14456	228672	295930	969
3936341	1936523	23085	39173	119747	292744	55197
11522	43509	1227	135	5560	6445	226
122743	524392	10060	2764	87851	95428	1891
201767	1674059	17534	4626	204132	233974	13300
236	2893	9	7	2	9	15
2147611	4125206	62890	12035	291638	331085	19286
1993049	3610598	185928	17067	282588	391173	34487
486573	1663963	203179	22323	156324	234582	14285
542520	1438447	41857	719592	134028	1019169	4836
328971	304681	4562	907	26857	34753	4557
856880	2004405	69325	14382	198916	268558	21589
18936	14749	1522	38	539	893	432

8-13 续表 （2017 年）

项目	企业单位数（个）	资产总计	应收帐款	存货	#产成品
木材加工和木、竹、藤、棕、草制品业	11	147669	13865	13638	4160
家具制造业	19	336192	22213	15301	6419
造纸和纸制品业	87	1401821	98756	89339	41434
印刷和记录媒介复制业	40	513227	38365	46775	22465
文教、工美、体育和娱乐用品制造业	24	305994	18903	27166	12580
石油加工、炼焦和核燃料加工业	6	55827	4415	15425	6448
化学原料和化学制品制造业	161	2778466	239968	149270	75129
医药制造业	47	1843726	256065	133879	56563
化学纤维制造业	1	38773	335	447	270
橡胶和塑料制品业	73	1434245	78987	97764	70837
非金属矿物制品业	947	20554667	2354064	1113893	624308
黑色金属冶炼和压延加工业	35	1709484	60044	124586	41853
有色金属冶炼和压延加工业	142	8519351	498823	968360	206142
金属制品业	132	3074067	321740	243442	77878
通用设备制造业	149	4192610	470120	409890	151064
专用设备制造业	247	7935693	738795	1049412	295594
汽车制造业	93	8612697	2854082	592136	275232
铁路、船舶、航空航天和其他运输设备制造业	18	683662	107827	95079	25597
电气机械和器材制造业	104	2947091	447324	613667	403853
计算机、通信和其他电子制造业	49	35974472	15577757	3422557	1048247
仪器仪表制造业	36	1505319	260450	91339	30423
其他制造业	1	1433	757	306	36
废弃资源综合利用业	3	56953	2698	9752	8155
金属制品、机械和设备修理业	4	103314	44432	10420	16
电力、热力生产和供应业	21	9484634	344535	148256	22134
燃气生产和供应业	15	1179077	71497	17188	1416
水的生产和供应业	12	1383554	69472	2704	372

单位:万元

负债合计	主营业务收入	营业费用	主营业务税金及附加	利润总额	利税总额	全部从业人员年平均人数(人)
30838	173946	4089	946	21854	23948	2010
119283	546191	12528	3457	52740	66717	3947
429485	2847044	63639	7664	368401	472044	19307
182769	606041	7623	2457	47064	69018	6522
90715	1003039	16735	2661	62248	84445	5708
26359	105146	5325	978	11874	14959	548
1084722	4106634	70656	23485	407394	509378	22957
856130	1718354	107641	11270	246926	326151	14695
16013	32363	83	120	6084	7401	204
572431	2457990	31770	10987	279559	348990	13423
7046723	31110301	869711	177183	3084220	4066833	173495
841926	1794272	29039	3877	114483	140757	8473
5090269	11261618	117119	38901	533522	719860	45830
1201881	3249600	67492	16228	248839	320097	24781
1359700	5257432	81920	26089	420203	527977	31896
2567612	8799237	200148	54048	883664	1068010	60047
5470173	10309522	318692	81716	949308	1150094	51764
325556	591176	11985	2481	46493	55969	2240
1320574	4020220	71809	20888	376775	489256	28671
31175839	32877076	50183	28738	555629	588877	278262
447640	575492	42369	6711	110710	145649	6757
1001	6794	722	2	1019	1066	57
42767	61189	111	191	19147	20072	351
60835	106348	2621	725	5450	9450	2431
7310927	5586255	9171	22382	183462	343482	42382
665628	591225	45615	5103	116119	126913	3297
508001	251289	10708	6971	51637	74237	4178

8-14 国有及国有控股

（2017 年）

项　　目	企业单位数（个）	资产总计	应收帐款	存货	#产成品
总　计	**104**	**22146261**	**1502312**	**2770843**	**449956**
按轻重工业分					
轻工业	16	2435330	187409	905586	55934
重工业	88	19710931	1314903	1865257	394022
按企业规模分					
大型企业	16	16571149	945004	2138288	286445
中型企业	32	2754537	232943	194949	60394
小型企业	51	1496793	229158	168781	60226
微型企业	5	1323782	95207	268826	42891
按行业分					
煤炭开采和洗选业	8	4430240	202671	496296	53670
有色金属矿采选业	1	910540	23618	210937	31461
农副食品加工业	2	163062	1424	17692	4221
食品制造业	2	81244	18012	5506	2888
酒、饮料和精制茶制造业	2	159300	19327	15646	2788
烟草制品业	2	1522792	133360	835310	30061
纺织业	1	149881	622	4335	2846
纺织服装、服饰业	1	4937	96		
印刷和记录媒介复制业	3	92370	7217	13053	7127

工业企业主要经济指标

单位:万元

负债合计	主营业务收入	营业费用	主营业务税金及附加	利润总额	利税总额	全部从业人员年平均人数(人)
14262960	**12491113**	**244652**	**838991**	**655880**	**2018454**	**120448**
1014645	2015985	68866	734227	169888	1082858	9902
13248315	10475127	175786	104764	485992	935596	110546
11432111	9482982	160161	797421	301116	1506968	92270
1346971	1182744	54798	23454	107622	182582	20712
959419	961559	20949	7206	51543	87413	7466
524460	863827	8745	10911	195599	241492	
3499421	1689327	17009	35936	97030	250637	39770
251726	417769	6033	9504	6201	43107	
84641	266193	2593	642	4171	2585	869
41639	58182	1175	300	13146	13764	577
99433	136549	18202	12691	12692	32573	792
534877	1420795	41733	719430	133420	1016860	4509
126831	30783	431	42	-495	712	589
579	3826	4	82	2	697	337
13508	57105	1612	569	5764	11720	1406

8-14 续表 (2017 年)

项目	企业单位数（个）	资产总计	应收帐款	存货	#产成品
石油加工、炼焦和核燃料加工业	2	38036	1826	12937	4527
化学原料和化学制品制造业	3	184477	7445	14551	8246
医药制造业	1	239435	1716	5791	2629
橡胶和塑料制品业	2	14977	2010	1395	145
非金属矿物制品业	17	689253	69102	68058	42496
黑色金属冶炼和压延加工业	2	77726	4794	27435	181
有色金属冶炼和压延加工业	4	841671	52422	98893	13921
金属制品业	2	76787	19819	11990	2285
通用设备制造业	6	175966	71095	33449	14218
专用设备制造业	9	2950223	389809	602523	146404
汽车制造业	7	812430	84570	78412	29886
铁路、船舶、航空航天和其他运输设备制造业	2	382236	80563	62274	14450
电气机械和器材制造业	3	166816	37894	23740	7945
计算机、通信和其他电子设备制造业	1	10658	292	2810	2019
仪器仪表制造业	1	5008	1415	3053	3053
电力、热力生产和供应业	10	6664065	203964	121079	22134
燃气生产和供应业	2	18377	1823	1242	18
水的生产和供应业	8	1283757	65407	2439	339

单位:万元

负债合计	主营业务收入	营业费用	主营业务税金及附加	利润总额	利税总额	全部从业人员年平均人数(人)
19469	105226	5213	953	6823	9473	209
172108	59308	1590	535	1946	2557	732
95847	18824	2665	271	56	1778	603
10120	9502	810	204	-109	783	358
402049	295515	18501	2339	26153	47235	5330
54819	139207	921	501	4319	6233	149
651918	443322	7270	512	10809	35552	4279
44236	59934	1769	730	7247	10923	716
95834	147620	5279	1052	24495	31069	1451
1441619	831801	30371	8832	95025	124544	8253
713640	788485	55737	18446	-75204	-61422	4630
238627	233324	3025	902	15206	18138	248
71588	62330	2910	195	3003	4749	1668
5143	5713	568	20	540	595	292
1136	3311		32	736	1013	43
5138838	4960649	9141	17427	215833	343740	38634
14524	17582	52	11	576	508	98
438792	228932	10039	6834	46497	68332	3906

8-15 规模以上集体工业

（2017 年）

项目	企业单位数（个）	资产总计	应收帐款	存货	#产成品
总计	**35**	**821593**	**149969**	**86069**	**32083**
按轻重工业分					
轻工业	11	239258	60387	23834	10827
重工业	24	582335	89582	62235	21256
按企业规模分					
中型企业	7	514823	109508	53455	15024
小型企业	27	299073	40218	32414	17051
微型企业	1	7697	243	200	8
按行业分					
非金属矿采选业	1	24145	4432	3946	1973
农副食品加工业	1	6834	657	337	
烟草制品业	1	17192	4058	5044	3619
纺织业	1	15590	138	25	1
造纸和纸制品业	2	6739	1167	1257	977
印刷和记录媒介复制业	3	48560	8342	7200	4200
化学原料和化学制品制造业	2	23635	7954	3600	950
医药制造业	2	109919	45117	9830	1921
橡胶和塑料制品业	1	34426	908	142	109
非金属矿物制品业	10	159875	47997	8971	4711
有色金属冶炼和压延加工业	1	19094	2489	642	522
金属制品业	3	18617	4374	865	27
通用设备制造业	4	317086	19278	37983	7220
专用设备制造业	3	19883	3058	6229	5854

企业主要经济指标

单位:万元

负债合计	主营业务收入	营业费用	主营业务税金及附加	利润总额	利税总额	全部从业人员年平均人数(人)
312791	**1105235**	**24781**	**3981**	**112117**	**144416**	**6593**
130735	284430	5991	1157	23148	34047	1715
182057	820805	18790	2825	88970	110368	4878
186952	544135	9806	2292	52023	68010	3171
125554	539657	13889	1673	57593	73058	3352
286	21443	1086	17	2501	3348	70
9397	67765	4743	201	13272	14354	281
636	17308	134	30	1566	1960	110
7643	17652	124	162	608	2309	327
12644	6508	71	21	952	1101	18
2228	10996	643	51	1846	2447	121
19381	38238	317	301	396	2515	474
18958	56294	1997	89	2215	2724	858
78314	123429	4202	469	6722	9710	530
9888	70299	501	125	11057	14006	135
78064	335018	5134	1398	43479	53799	1749
1855	92132	307	99	6894	7927	215
4437	32939	494	238	2745	4834	391
63648	188177	4755	628	16683	21895	940
5698	48481	1360	173	3681	4835	444

8-16 各县(市)、区规模以上工业企业主要经济指标

(2017 年)

单位:万元

县(市)区	企 业 单位数 (个)	资产 总计	应收 帐款	存 货	#产成品	负债合计
全 市	**2845**	**135566423**	**26414026**	**11693617**	**3969460**	**79492946**
中原区	23	4140287	130350	126471	38297	2876581
二七区	91	2515755	210273	175304	72842	1740099
管城区	14	1897448	732332	111345	35008	1149337
金水区	18	318835	107762	38268	10423	138718
上街区	84	3235812	226558	418997	87329	1777023
惠济区	20	1340827	312482	160705	78239	944740
中牟县	109	2699736	537592	344628	128491	1871888
巩义市	553	13789279	1016337	1121050	388686	6461647
荥阳市	445	13127067	795061	779241	362671	3500885
新密市	473	12600579	825718	664745	236789	5976577
新郑市	290	12971486	400998	504217	167391	6393337
登封市	348	10697245	1576342	629795	252990	5044967
经开区	141	13196315	3588386	2149978	498398	6858555
高新区	157	7263531	1052410	1055273	528757	3258863
郑东新区	15	1404407	127009	36903	16131	779902
航空港实验区	61	34367816	14774417	3376695	1067017	30719826

8-16 续表

(2017 年)

单位:万元

县(市)区	主营业务 收入	营业费用	主营业务 税金及 附加	利润总额	利税总额	全部从业 人员年平 均人数(人)
全 市	**147389220**	**2870681**	**1389305**	**10713003**	**14680459**	**1024334**
中原区	2478576	70773	15808	91290	164398	29255
二七区	2439130	91816	4896	109546	145464	19839
管城区	1503267	95207	7086	156447	176869	10565
金水区	227725	10814	1218	8832	20075	4963
上街区	2931219	49321	18950	45678	156222	21086
惠济区	1216597	113801	5794	6034	37571	11359
中牟县	3392588	91688	28089	194037	307127	29350
巩义市	21195455	593774	83611	1188625	1624060	109265
荥阳市	18585252	200528	91316	1642460	1946662	113828
新密市	16652874	411270	99314	1709649	2341520	105377
新郑市	12089985	228189	65337	1431098	1890342	80199
登封市	15105591	245248	104934	1836169	2238832	103689
经开区	12737118	343700	796924	1372265	2477898	74357
高新区	4487686	234871	33066	473834	639324	43968
郑东新区	457818	5606	4920	48123	68090	6332
航空港实验区	31888341	84075	28046	398918	446007	260903

8-17 各县(市)、区国有及国有控股工业企业主要经济指标

(2017年)

单位:万元

县(市)区	企业单位数(个)	资产总计	应收帐款	存货	#产成品	负债合计
全市	**104**	**22146261**	**1502312**	**2770843**	**449956**	**14262960**
中原区	6	2764751	24505	51214	4532	2033003
二七区	3	1409648	82798	63875	8563	1128147
管城区	2	215767	22262	18495	7325	200232
金水区	2	77978	5204	8417	3720	9577
上街区	12	2549858	87301	333248	58985	1475333
惠济区	1	18500	3226	53		168
中牟县	3	712040	70485	68844	27503	645385
巩义市	3	354943	10596	12784	5995	283380
荥阳市	4	680565	67160	36188	15642	405034
新密市	8	2299329	122739	288195	35981	1885334
新郑市	9	1250642	76256	152201	30234	949136
登封市	10	3707781	217102	216023	36100	2644103
经开区	15	4038485	522631	1358072	160990	1712208
高新区	16	1168663	117461	143009	46747	611802
郑东新区	4	796005	58205	11549	6417	210712
航空港实验区	3	101309	14381	8675	1222	69408

8-17 续表

(2017年)

单位:万元

县(市)区	主营业务收入	营业费用	主营业务税金及附加	利润总额	利税总额	全部从业人员年平均人数(人)
全市	**12491113**	**244652**	**838991**	**655880**	**2018454**	**120448**
中原区	1734249	10929	8705	12442	67768	19486
二七区	536571	2088	1701	5653	14586	3771
管城区	61432	2293	701	378	970	953
金水区	46632	1420	471	5706	10734	1152
上街区	1466259	18296	12007	19307	103061	10926
惠济区	11181		62	3514	3945	340
中牟县	740074	54914	17940	-74557	-61990	3983
巩义市	86413	3070	1602	2033	13358	4776
荥阳市	310855	6085	2389	-835	8441	1935
新密市	1018272	13082	17443	129315	203501	17381
新郑市	787410	28720	21255	43362	95942	9301
登封市	2726650	14374	17920	175745	267525	27236
经开区	2303300	66847	727556	244465	1159681	10222
高新区	503030	21397	5546	50662	74452	6950
郑东新区	126231	606	3124	35431	50834	1518
航空港实验区	32554	531	569	3259	5646	518

8-18 各县(市)、区规模以上集体工业企业主要经济指标

(2017 年)

单位:万元

县(市)区	企业单位数(个)	资产总计	应收帐款	存货	#产成品	负债合计
全　市	**35**	**821593**	**149969**	**86069**	**32083**	**312791**
管城区	2	45570	8381	6998	4200	17890
金水区	1	2989	-39	202		1492
上街区	1	18633	5852	2540	72	16285
惠济区	1	11866	2466	7442	949	12612
中牟县	1	6834	657	337		636
巩义市	4	27748	4243	1890	1379	4517
荥阳市	10	451379	64362	45967	12880	150694
新密市	8	46947	6147	4585	3432	11866
新郑市	4	94901	8197	5453	3784	33397
登封市	3	114725	49703	10656	5387	63404

8-18　续表

(2017 年)

单位:万元

县(市)区	主营业务收入	营业费用	主营业务税金及附加	利润总额	利税总额	全部从业人员年平均人数(人)
全　市	**1105235**	**24781**	**3981**	**112117**	**144416**	**6593**
管城区	34549	305	281	385	2518	354
金水区	3689	12	20	10	-3	120
上街区	15055	1906	86	5	350	707
惠济区	6619	2476	22	14	220	110
中牟县	17308	134	30	1566	1960	110
巩义市	115168	2219	185	9954	11199	607
荥阳市	350398	7925	1279	27444	36816	1719
新密市	150146	2313	295	15782	19875	795
新郑市	163062	871	641	21187	29502	980
登封市	249240	6621	1144	35770	41979	1091

8-19 规模以上工业企业主要经济效益指标

（2017 年）

单位：%

项目	总资产贡献率	成本费用利润率	资产负债率	产品销售率
总计	**11.61**	**7.78**	**58.64**	**98.53**
按轻重工业分				
轻工业	20.98	11.17	47.95	97.49
重工业	9.94	7.12	60.53	98.74
按企业规模分				
大型企业	6.40	4.19	74.81	100.77
中型企业	15.94	10.52	40.69	97.63
小型企业	19.56	10.16	38.82	96.68
微型企业	15.33	15.75	44.44	97.64
按行业分				
煤炭开采和洗选业	7.51	6.59	73.50	100.13
黑色金属矿采选业	31.47	14.70	50.04	99.08
有色金属矿采选业	37.79	20.29	46.05	99.12
非金属矿采选业	24.53	13.94	20.77	98.88
开采辅助活动	-1.16	0.06	19.09	0.00
农副食品加工业	11.43	7.50	61.66	93.52
食品制造业	11.96	8.40	54.90	96.84
酒、饮料和精制茶制造业	22.81	10.36	46.06	99.64
烟草制品业	66.51	22.66	35.23	96.67
纺织业	7.84	9.32	66.29	97.47
纺织服装、服饰业	14.58	11.11	44.07	98.41
皮革、毛皮、羽毛及其制品和制鞋业	4.72	3.76	78.81	87.66
木材加工和木、竹、藤、棕、草制品业	16.72	14.28	20.88	98.46
家具制造业	20.78	10.76	35.48	98.91
造纸和纸制品业	33.99	14.89	30.64	99.13
印刷和记录媒介复制业	13.59	8.32	35.61	100.07
文教、工美、体育和娱乐用品制造业	28.45	6.62	29.65	96.67
石油加工、炼焦和核燃料加工业	27.22	12.86	47.22	88.31
化学原料和化学制品制造业	18.90	11.05	39.04	97.76
医药制造业	18.40	16.52	46.43	97.14
化学纤维制造业	18.97	23.30	41.30	98.00
橡胶和塑料制品业	24.90	12.78	39.91	99.87
非金属矿物制品业	20.45	11.05	34.28	96.32
黑色金属冶炼和压延加工业	8.61	6.82	49.25	97.62
有色金属冶炼和压延加工业	11.17	4.82	59.75	96.27
金属制品业	11.12	8.29	39.10	99.03
通用设备制造业	13.27	8.64	32.43	96.83
专用设备制造业	14.11	11.05	32.36	97.89
汽车制造业	13.69	9.73	63.51	96.55
铁路、船舶、航空航天和其他运输设备制造业	8.91	8.47	47.62	97.64
电气机械和器材制造业	17.30	9.92	44.81	97.80
计算机、通信和其他电子设备制造业	1.63	1.71	86.66	104.22
仪器仪表制造业	10.22	22.13	29.74	96.93
其他制造业	74.42	17.65	69.87	97.03
废弃资源综合利用业	35.33	31.86	75.09	97.54
金属制品、机械和设备修理业	9.18	5.44	58.88	99.94
电力、热力生产和供应业	5.52	3.04	77.08	98.13
燃气生产和供应业	11.85	24.31	56.45	100.04
水的生产和供应业	6.4	23.89	36.72	99.41

8-20 国有及国有控股工业企业主要经济效益指标

（2017 年）

单位：%

项目	总资产贡献率	成本费用利润率	资产负债率	产品销售率
总计	**10.53**	**5.47**	**64.40**	**98.73**
按轻重工业分				
轻工业	45.04	14.75	41.66	96.36
重工业	6.27	4.48	67.21	99.23
按企业规模分				
大型企业	10.55	3.27	68.99	98.88
中型企业	7.42	9.34	48.90	99.26
小型企业	7.12	5.55	64.10	95.76
微型企业	20.60	27.67	39.62	99.96
按行业分				
煤炭开采和洗选业	8.05	6.08	78.99	100.20
有色金属矿采选业	7.59	1.44	27.65	100.57
农副食品加工业	1.98	1.55	51.91	100.00
食品制造业	17.28	29.54	51.25	88.59
酒、饮料和精制茶制造业	20.92	10.65	62.42	89.95
烟草制品业	67.11	23.34	35.12	96.69
纺织业	2.19	-1.28	84.62	94.95
纺织服装、服饰业	13.07	0.04	11.72	0.00
印刷和记录媒介复制业	12.13	10.02	14.62	105.75
石油加工、炼焦和核燃料加工业	25.04	6.99	51.19	93.83
化学原料和化学制品制造业	1.10	3.37	93.30	133.88
医药制造业	2.75	0.25	40.03	83.98
橡胶和塑料制品业	8.44	-1.04	67.57	99.86
非金属矿物制品业	7.31	8.72	58.33	104.96
黑色金属冶炼和压延加工业	8.13	3.20	70.53	100.00
有色金属冶炼和压延加工业	7.27	2.20	77.46	98.14
金属制品业	15.06	13.81	57.61	101.23
通用设备制造业	17.53	18.65	54.5	102.00
专用设备制造业	4.71	11.20	48.9	97.10
汽车制造业	-7.67	-8.71	87.8	99.87
铁路、船舶、航空航天和其他运输设备制造业	5.94	6.97	62.4	98.17
电气机械和器材制造业	3.75	4.90	42.9	65.32
计算机、通信和其他电子设备制造业	5.58	10.47	48.3	100.00
仪器仪表制造业	20.23	28.90	22.7	100.00
电力、热力生产和供应业	6.74	4.03	77.1	99.67
燃气生产和供应业	4.09	3.27	79.0	100.47
水的生产和供应业	6.41	23.94	34.2	99.49

8-21 集体工业企业主要经济效益指标

(2017 年)

单位:%

项目	总资产贡献率	成本费用利润率	资产负债率	产品销售率
总计	**17.84**	**11.28**	**38.07**	**96.36**
按轻重工业分				
轻工业	14.50	8.74	54.64	94.61
重工业	19.21	12.20	31.26	96.96
按企业规模分				
中型企业	13.39	10.55	36.31	94.87
小型企业	24.84	11.95	41.98	97.73
微型企业	43.64	13.22	3.72	99.97
按行业分				
非金属矿采选业	59.80	24.45	38.92	99.80
农副食品加工业	31.40	9.97	9.31	100.00
烟草制品业	13.41	3.05	44.46	94.82
纺织业	7.23	17.20	81.11	92.46
造纸和纸制品业	36.41	20.29	33.07	99.74
印刷和记录媒介复制业	5.59	1.01	39.91	99.40
化学原料和化学制品制造业	11.75	4.07	80.21	96.02
医药制造业	9.01	5.78	71.25	89.53
橡胶和塑料制品业	40.84	18.70	28.72	100.00
非金属矿物制品业	34.17	14.99	48.83	98.78
有色金属冶炼和压延加工业	42.85	8.10	9.71	95.88
金属制品业	26.28	9.18	23.84	98.40
通用设备制造业	6.93	9.76	20.07	93.47
专用设备制造业	25.16	8.25	28.66	96.95

8-22 各县(市)、区规模以上工业企业主要经济效益指标

(2017 年)

单位:%

县(市)区	总资产贡献率	成本费用利润率	资产负债率	产品销售率
全市	**11.61**	**7.78**	**58.64**	**98.53**
中原区	6.35	10.14	61.39	100.57
二七区	6.76	4.64	68.87	98.67
管城区	5.39	6.23	71.42	91.47
金水区	6.75	3.83	43.51	105.38
上街区	7.23	1.72	50.16	100.78
惠济区	3.45	0.49	70.46	95.7
中牟县	11.75	6.08	69.34	96.41
巩义市	13.51	5.88	46.86	94.29
荥阳市	15.72	9.73	26.65	98.37
新密市	22.57	11.96	40.16	98.11
新郑市	16.1	13.62	47.23	96.28
登封市	23.5	13.56	44.12	97.56
经开区	23.02	12.68	54.33	96.05
高新区	9.46	10.89	44.87	99.66
郑东新区	5.83	11.15	55.53	98.32

8-23 各县(市)、区国有及国有控股工业企业主要经济效益指标

(2017 年)

单位:%

县(市)区	总资产贡献率	成本费用利润率	资产负债率	产品销售率
全市	**10.53**	**5.47**	**64.40**	**98.73**
中原区	3.11	3.38	61.50	99.1
二七区	1.79	0.92	79.92	99.16
管城区	0.26	0.62	92.80	151.49
金水区	13.10	12.16	12.28	103.47
上街区	6.90	1.57	52.26	99.42
惠济区	21.32	46.21	0.91	100
中牟县	-8.88	-9.18	90.64	99.94
巩义市	5.91	2.41	79.84	101.33
荥阳市	3.13	-0.83	64.93	98.83
新密市	70.80	114.50	69.70	98.16
新郑市	13.39	7.17	65.45	97.33
登封市	9.90	5.89	67.92	99.22
经开区	42.45	20.05	49.38	94.61
高新区	7.63	10.73	52.35	94.71
郑东新区	6.85	32.90	26.47	100.00
航空港实验区	6.89	11.2	68.51	98.27

8-24 各县(市)区集体工业企业主要经济效益指标

(2017 年)

单位:%

县(市)区	总资产贡献率	成本费用利润率	资产负债率	产品销售率
全 市	**17.84**	**11.28**	**38.07**	**96.36**
管城区	5.96	1.08	39.26	99.34
金水区	-0.14	0.28	49.89	100.00
上街区	2.14	0.03	87.40	68.45
惠济区	2.05	0.22	106.28	100.00
中牟县	31.40	9.97	9.31	100.00
巩义市	41.86	9.48	16.28	95.65
荥阳市	8.25	8.54	33.39	92.11
新密市	42.45	11.77	25.28	99.57
新郑市	31.20	14.69	35.19	99.62
登封市	37.24	16.85	55.27	99.06

8-25 规模以上工业企业全员劳动生产率

(2017 年)

单位:元/人·年

项 目	合计	#国有及国有控股	#集体	#港澳台投资	#外商投资
全 市	**272750**	**277798**	**353566**	**117018**	**331693**
按企业规模分					
大型企业	188194	282974		112261	340655
中型企业	259963	223190	406958	151793	259184
小型企业	454908	365314	310441	359183	476861
微型企业	354489			864938	
按轻重工业分					
轻工业	311763	1250887	290923	258933	258043
重工业	264199	190635	375590	113272	391418

8-26 各县(市)、区规模以上工业企业全员劳动生产率

(2017 年)

单位:元/人·年

县(市)区	合计	#国有及国有控股	#集体	#港澳台投资	#外商投资	轻工业	重工业	大型	中型	小型
全 市	**272750**	**277798**	**353566**	**117018**	**331693**	**311763**	**264199**	**188194**	**259963**	**454908**
中原区	173665	181512		245194	212711	334291	144848	204526	82778	83404
二七区	237548	125233		1370000	277103	229905	246995	198989	356081	248388
管城区	294662	65039	221525	131287		133490	338994	388437	65993	136686
金水区	88949	90230	69633			94041	69408	83556	90622	94096
上街区	293033	171896	38192	116294	165068	292924	293036	213922	207527	435839
惠济区	188163	160247	73127		220513	195406	139735	195281	160235	152961
中牟县	294892	332699	341291	485052	215821	372743	251088	246320	195553	527881
巩义市	374690	109383	391595		538718	366964	375030	337291	262858	496433
荥阳市	340288	487914	440271	103510	1885010	291634	348796	277211	306825	426327
新密市	327271	86659	360858	172984	95069	323026	329084	143876	243334	461436
新郑市	324632	215878	373172	130673	502143	279819	369119	83963	295128	509823
登封市	314193	228819	477424	205079	274005	246121	320939	211661	223885	537470
经开区	495599	1288255		174070	470882	819583	397247	567612	409609	284998
高新区	201179	200220		223685	307758	88990	261402	188117	227421	189652
郑东新区	167865	125463		68894	178424	158170	169511	68894	21195	664177
航空港实验区	113197	132514		108042		121244	113025	93494	55124	1002628

8-27 规模以上工业企业分行业全员劳动生产率

（2017 年）

单位：元/人·年

行业	合计	#国有及国有控股	#集体	#港澳台投资	#外商投资
全 市	**272750**	**277798**	**353566**	**117018**	**331693**
煤炭开采和洗选业	104639	122680			
黑色金属矿采选业	568190				
有色金属矿采选业	561707				
非金属矿采选业	194486				
农副食品加工业	428420	655946	341291	408422	632979
食品制造业	200642	237195		288706	234230
酒、饮料和精制茶制造业	224253			77719	256663
烟草制品业	2216215	2361152	217682		
纺织业	150745	66564	802111		81367
纺织服装、服饰业	225129	24234		26079	307682
皮革、毛皮、羽毛及其制品和制鞋业	97056				
木材加工和木、竹、藤、棕、草制品业	191041				
家具制造业	334273				
造纸和纸制品业	331658			28986	
印刷和记录媒介复制业	197184	88376	137926	113865	
文教、工美、体育和娱乐用品制造业	331949				
石油、煤炭及其他燃料加工业	744547	2073968		409595	
化学原料和化学制品制造业	359452	116429	105331	236715	
医药制造业	249240	113753	539553		
化学纤维制造业	395480				
橡胶和塑料制品业	361037	63802	1080511	180283	538685
非金属矿物制品业	386162	157400	410071	126824	384573
黑色金属冶炼和压延加工业	468813	4818109		231957	176148
有色金属冶炼和压延加工业	364165	315771	838563	196558	463526
金属制品业	268336	198253	149394	339774	72818
通用设备制造业	441438	118855	405056	166406	
专用设备制造业	311131	294815	212493	718973	164785
汽车制造业	434822	302688		237127	306187
铁路、船舶、航空航天和其他运输设备制造业	321117	202048			
电气机械和器材制造业	273564	137571			
计算机、通信和其他电子设备制造业	118438	260178		111336	
仪器仪表制造业	224373			513373	
其他制造业	173825				
废弃资源综合利用业	377103				
金属制品、机械和设备修理业	59889				
电力、热力生产和供应业	276723	221346		186983	7857369
燃气生产和供应业	334974	419276		298610	
水的生产和供应业	204515	203522			160247

8-28 工业企业能源购进、消费与库存情况

（2017 年）

指标	计量单位	年初库存量	购进量		消费量					年末库存量
			实物量	购自省外	合计	工业生产消费	用于原材料	非工业生产消费	合计中：运输工具消费	
原煤	**吨**	**991929**	**26625982**	**12089847**	**27385655**	**27378007**	**9726**	**7648**	**2**	**1059160**
采矿业	吨	20309	470253	186467	1072751	1065232		7519		14431
煤炭开采和洗选业	吨	20309	470169	186467	1072667	1065148		7519		14431
有色金属矿采选业	吨		30		30	30				
非金属矿采选业	吨		54		54	54				
制造业	吨	331693	5793791	2152504	5863003	5862874	9726	129	2	257750
农副食品加工业	吨	1035	36376	12185	35467	35461		6		1953
食品制造业	吨	7318	90133	80540	93882	93882				3155
酒、饮料和精制茶制造业	吨	747	9245	8795	9593	9508		85		399
纺织业	吨		967		967	967				
纺织服装、服饰业	吨		1500	675	1430	1430				70
造纸和纸制品业	吨	3664	86354	74539	86855	86855				122
印刷和记录媒介复制业	吨	31	2655	1685	2617	2617				40
文教、工美、体育和娱乐用品制造业	吨		94	2	94	94				
化学原料和化学制品制造业	吨	3952	41809	16100	41317	41317	9726			3574
医药制造业	吨	16	3235	1523	3251	3251				
橡胶和塑料制品业	吨	26	6442	2030	6441	6439		3		
非金属矿物制品业	吨	26674	1094457	663463	1092380	1092369		11		28250
黑色金属冶炼和压延加工业	吨	1647	26126		23277	23277				4296
有色金属冶炼和压延加工业	吨	286457	4347910	1288749	4419029	4419029			1	215702
金属制品业	吨		24674		24674	24674				
通用设备制造业	吨	65	15729		15729	15725		4		65
专用设备制造业	吨	12	5712	2218	5693	5672		21	1	10
汽车制造业	吨	49	260		195	195				114
电气机械和器材制造业	吨		80		80	80				
计算机、通信和其他电子设备制造业	吨		32		32	32				
电力、热力、燃气及水生产和供应业	吨	639927	20361938	9750876	20449901	20449901				786979
电力、热力生产和供应业	吨	639927	20361938	9750876	20449901	20449901				786979
其他洗煤	**吨**	**1565**	**22896**	**22896**	**24384**	**24384**	**386**			**268**
制造业	吨	41	4810	4810	4843	4843	386			198
化学原料和化学制品制造业	吨		1289	1289	1289	1289				190
非金属矿物制品业	吨	41	3521	3521	3554	3554	386			8
电力、热力、燃气及水生产和供应业	吨	1524	18086	18086	19540	19540				70
电力、热力生产和供应业	吨	1524	18086	18086	19540	19540				70

8-28　续表1　　　　（2017 年）

指　　标	计量单位	年初库存量	购进量		消费量					年末库存量
			实物量	购自省外	合计	工业生产消费	用于原材料	非工业生产消费	合计中:运输工具消费	
煤制品	**吨**	**6**	**40**		**46**	**46**				
制造业	吨	6	40		46	46				
汽车制造业	吨	6	40		46	46				
焦炭	**吨**	**3706**	**106245**	**45445**	**106129**	**106087**	**25287**	**42**		**2496**
制造业	吨	3706	106245	45445	106129	106087	25287	42		2496
食品制造业	吨		162		162	162				
化学原料和化学制品制造业	吨		16553	6664	16553	16553	11876			
非金属矿物制品业	吨		26209	21969	26209	26209	6820			
黑色金属冶炼和压延加工业	吨	2380	55910	12217	55794	55752		42		2496
有色金属冶炼和压延加工业	吨	1326	7411	4595	7411	7411	6591			
其他焦化产品	**吨**		**12888**		**12888**	**12888**	**12198**			
制造业	吨		690		690	690				
非金属矿物制品业	吨		690		690	690				
电力、热力、燃气及水生产和供应业	吨		12198		12198	12198	12198			
电力、热力生产和供应业	吨		12198		12198	12198	12198			
发生炉煤气	**万立方米**				**41160**	**41160**				
制造业	万立方米				41160	41160				
有色金属冶炼和压延加工业	万立方米				41160	41160				
天然气	**万立方米**	**15**	**210546**		**210770**	**209940**	**434**	**830**		**28**
采矿业	万立方米		188		188	188				
煤炭开采和洗选业	万立方米		176		176	176				
非金属矿采选业	万立方米		11		11	11				
制造业	万立方米	15	170862		171086	170256	434	830		28
农副食品加工业	万立方米	2	2013		2005	1979		26		2
食品制造业	万立方米		4335		4540	4517		23		
酒、饮料和精制茶制造业	万立方米		1290		1288	1287		2		1
烟草制品业	万立方米		618		617	579		38		1
纺织业	万立方米		137		137	137				
纺织服装、服饰业	万立方米		6720		6720	6720				
皮革、毛皮、羽毛及其制品和制鞋业	万立方米		2		2	2				
家具制造业	万立方米		19		19	19				
造纸和纸制品业	万立方米		8483		8474	8473		1		10
印刷和记录媒介复制业	万立方米		124		124	123		1		
文教、工美、体育和娱乐用品制造业	万立方米		309		309	309				2
化学原料和化学制品制造业	万立方米	2	13703		13761	13759		1		
医药制造业	万立方米		1369		1369	1367		2		
橡胶和塑料制品业	万立方米		1260		1260	1260				

8-28　续表 2　　　　　　　　　　　　　　　　(2017 年)

指　　　标	计量单位	年初库存量	购进量		消费量					年末库存量
			实物量	购自省外	合计	工业生产消费	用于原材料	非工业生产消费	合计中:运输工具消费	
非金属矿物制品业	万立方米	11	91768		91676	91588		89		13
黑色金属冶炼和压延加工业	万立方米		588		588	588				
有色金属冶炼和压延加工业	万立方米		28500		28571	28518	432	53		
金属制品业	万立方米		2955		2955	2946		9		
通用设备制造业	万立方米		695		695	690		4		
专用设备制造业	万立方米		775		775	681	2	94		
汽车制造业	万立方米		4290		4290	3812		478		
铁路、船舶、航空航天和其他运输设备制造业	万立方米		19		19	11		8		
电气机械和器材制造业	万立方米		366		366	365		1		
计算机、通信和其他电子设备制造业	万立方米		453		454	454				
其他制造业	万立方米		73		73	73				
电力、热力、燃气及水生产和供应业	万立方米		39496		39496	39496				
电力、热力生产和供应业	万立方米		39496		39496	39496				
液化天然气	**吨**		**38467**	**13503**	**38467**	**38372**	**7**	**94**		
制造业	吨		38467	13503	38467	38372	7	94		
农副食品加工业	吨		505		505	505				
酒、饮料和精制茶制造业	吨		16		16	16				
纺织服装、服饰业	吨		2		2			2		
造纸和纸制品业	吨		1407		1407	1407				
化学原料和化学制品制造业	吨		4023		4023	4023				
非金属矿物制品业	吨		13600	103	13600	13600		1		
黑色金属冶炼和压延加工业	吨		3626		3626	3626				
有色金属冶炼和压延加工业	吨		13406	13400	13406	13400		6		
金属制品业	吨		1266		1266	1202		64		
通用设备制造业	吨		325		325	324		1		
专用设备制造业	吨		119		119	117		3		
汽车制造业	吨		110		110	105	7	5		
电气机械和器材制造业	吨		48		48	48				
仪器仪表制造业	吨		13		13			13		
汽油	**吨**	**326**	**36641**	**942**	**36797**	**29501**	**1532**	**7229**	**24871**	**166**
采矿业	吨	71	1105	4	1097	711		386	775	82
煤炭开采和洗选业	吨		630		630	338		292	524	
黑色金属矿采选业	吨		1		1	1			1	
有色金属矿采选业	吨	71	249		237	237			72	82

8-28 续表 3　　(2017 年)

指　　标	计量单位	年初库存量	购进量		消费量					年末库存量
			实物量	购自省外	合计	工业生产消费	用于原材料	非工业生产消费	合计中:运输工具消费	
非金属矿采选业	吨		225	4	229	135		94	178	
制造业	吨	254	33259	938	33338	26701	1532	6569	22311	84
农副食品加工业	吨		949		949	927		22	689	
食品制造业	吨		1798		1798	1744		54	346	
酒、饮料和精制茶制造业	吨		197		197	191		6	197	
烟草制品业	吨		68		68				68	
纺织业	吨		68		68	61		8	64	
纺织服装、服饰业	吨		187		187	97		90	175	
皮革、毛皮、羽毛及其制品和制鞋业	吨		59	43	59	58		1	44	
木材加工和木、竹、藤、棕、草制品业	吨		53		52	52			51	
家具制造业	吨		180		180	132		48	104	
造纸和纸制品业	吨		3766		3759	3277		482	3699	
印刷和记录媒介复制业	吨		333		333	216		118	255	
文教、工美、体育和娱乐用品制造业	吨	1	278		278	230		48	252	
石油加工、炼焦和核燃料加工业	吨		19		19	6		13	13	
化学原料和化学制品制造业	吨	93	4071	677	4162	3965	1474	198	2422	
医药制造业	吨		996		996	815		181	883	
化学纤维制造业	吨		1		1	1		1	1	
橡胶和塑料制品业	吨		2741		2732	2711	1	21	487	
非金属矿物制品业	吨	4	6932	210	6926	4568		2358	5873	1
黑色金属冶炼和压延加工业	吨		176		175	151		24	173	
有色金属冶炼和压延加工业	吨	60	1572	2	1539	1454	23	85	1024	80
金属制品业	吨		957	1	956	392		564	806	
通用设备制造业	吨		1983		1983	1638		345	1211	
专用设备制造业	吨		1788	2	1789	1040		749	1264	
汽车制造业	吨	97	2036		2078	1925	20	152	590	4
铁路、船舶、航空航天和其他运输设备制造业	吨		80		80	22		57	28	
电气机械和器材制造业	吨		1121		1124	808		316	955	
计算机、通信和其他电子设备制造业	吨		437	2	439	98		341	405	
仪器仪表制造业	吨		242		242	115	14	127	211	
废弃资源综合利用业	吨		20		20	9		11	20	
金属制品、机械和设备修理业	吨		149		149			149		
电力、热力、燃气及水生产和供应业	吨	1	2278		2362	2088		274	1784	
电力、热力生产和供应业	吨		1562		1644	1398		246	1215	
燃气生产和供应业	吨		389		389	362		27	271	
水的生产和供应业	吨	1	328		330	329		1	299	
煤油	**吨**	**3**	**36**	**2**	**33**	**29**		**4**		

8-28　续表 4　　　　　　　　　　（2017 年）

指　　标	计量单位	年初库存量	购进量		消费量					年末库存量
			实物量	购自省外	合　计	工业生产消费	用于原材料	非工业生产消费	合计中:运输工具消费	
制造业	吨	3	36	2	33	29		4		
印刷和记录媒介复制业	吨		4		4			4		
通用设备制造业	吨		24		24	24				
专用设备制造业	吨		1		1	1				
汽车制造业	吨	3	6	2	4	4				
柴油	**吨**	**1284**	**33213**	**5**	**33128**	**30180**	**172**	**2939**	**11560**	**820**
采矿业	吨	111	4819		4750	4135		615	2601	179
煤炭开采和洗选业	吨		2254		2254	2226		28	1695	
黑色金属矿采选业	吨		2		2	2			2	
有色金属矿采选业	吨	111	1676		1607	1595		12	255	179
非金属矿采选业	吨		887		887	312		575	649	
制造业	吨	185	25864	5	25647	23332	172	2306	8870	126
农副食品加工业	吨	3	372		371	371			120	3
食品制造业	吨		4457		4457	4330		127	234	
酒、饮料和精制茶制造业	吨		566		566	559		7	365	
烟草制品业	吨		137		137	128			9	
纺织业	吨		1568		1568	1568				
纺织服装、服饰业	吨	1	12		12			12		
木材加工和木、竹、藤、棕、草制品业	吨		7		7	7				
家具制造业	吨		86		86	86			40	
造纸和纸制品业	吨	7	574		566	396		170	247	
印刷和记录媒介复制业	吨		377		377	375	1	2	36	
文教、工美、体育和娱乐用品制造业	吨		21		21	21			21	
化学原料和化学制品制造业	吨	1	656		656	478	92	178	509	1
医药制造业	吨		569		569	556		13	556	
橡胶和塑料制品业	吨		84		84	84			53	
非金属矿物制品业	吨	3	6311		6309	5586		723	2949	11
黑色金属冶炼和压延加工业	吨	18	434		450	450				2
有色金属冶炼和压延加工业	吨	73	3024		3036	2443		593	2701	61
金属制品业	吨	11	751		488	459	4	29	68	8
通用设备制造业	吨		225		225	137		88	123	
专用设备制造业	吨		1081		1081	854	13	227	655	
汽车制造业	吨	62	4088	4	4128	4055	23	73	134	21
铁路、船舶、航空航天和其他运输设备制造业	吨		3		3	3				
电气机械和器材制造业	吨	7	343		331	291		40	47	19
计算机、通信和其他电子设备制造业	吨		61		61	41		20	0	

8-28 续表 5 (2017 年)

指标	计量单位	年初库存量	购进量		消费量					年末库存量
			实物量	购自省外	合计	工业生产消费	用于原材料	非工业生产消费	合计中:运输工具消费	
仪器仪表制造业	吨		16	1	16	12		5	3	
废弃资源综合利用业	吨		41		41	41	39			
电力、热力、燃气及水生产和供应业	吨	988	2529		2730	2713		18	89	516
电力、热力生产和供应业	吨	984	2430		2627	2610		18	67	516
燃气生产和供应业	吨		22		22	22			22	
水的生产和供应业	吨	4	77		81	81				
燃料油	**吨**	**4242**	**9257**	**998**	**12265**	**12224**		**41**	**28**	**1235**
制造业	吨	3507	8453	998	11114	11073		41	28	848
化学原料和化学制品制造业	吨		87		87	87				
非金属矿物制品业	吨	261	4735	998	4578	4578			1	418
有色金属冶炼和压延加工业	吨	3246	3592		6408	6408				429
汽车制造业	吨		25		27			27	27	
电气机械和器材制造业	吨		14		14			14		
电力、热力、燃气及水生产和供应业	吨	735	803		1151	1151				388
电力、热力生产和供应业	吨	735	803		1151	1151				388
液化石油气	**吨**	**14**	**1538**		**1537**	**1516**	**19**	**21**		**3**
制造业	吨	14	1538		1537	1516	19	21		3
印刷和记录媒介复制业	吨		24		24	24				
化学原料和化学制品制造业	吨		27		27	27				
非金属矿物制品业	吨	6	481		481	481				
金属制品业	吨		624		624	624				
通用设备制造业	吨		203		203	203				
专用设备制造业	吨	2	51		50	47		3		3
汽车制造业	吨		108		108	90		18		
仪器仪表制造业	吨	6	19		19	19	19			
润滑油	**吨**		**62**	**2**	**62**	**62**	**3**			
制造业	吨		62	2	62	62	3			
汽车制造业	吨		59	2	59	59				
铁路、船舶、航空航天和其他运输设备制造业	吨		3		3	3	3			
石蜡	**吨**		**510**		**510**	**510**				
制造业	吨		510		510	510				
橡胶和塑料制品业	吨		510		510	510				
石油焦	**吨**	**9589**	**270037**	**126039**	**269062**	**269062**	**172538**			**10438**
制造业	吨	5639	148321	126039	148182	148182	51658			5652
非金属矿物制品业	吨	4526	148321	126039	148182	148182	51658			4539
电力、热力、燃气及水生产和供应业	吨	3950	121717		120880	120880	120880			4787

8-28　续表 6　　　　　　　　　　　　　　　（2017 年）

指　　标	计量单位	年初库存量	购进量		消费量					年末库存量
			实物量	购自省外	合　计	工业生产消费	用于原材料	非工业生产消费	合计中:运输工具消费	
电力、热力生产和供应业	吨	3950	121717		120880	120880	120880			4787
石油沥青	**吨**	**1315**	**45038**	**20392**	**45215**	**45215**	**27380**			**1200**
制造业	吨	760	22122	20392	21823	21823	3988			1120
非金属矿物制品业	吨	760	22122	20392	21823	21823	3988			1120
电力、热力、燃气及水生产和供应业	吨	555	22917		23392	23392	23392			80
电力、热力生产和供应业	吨	555	22917		23392	23392	23392			80
其他石油制品	**吨**	**365**	**5673**	**2980**	**3362**	**3362**	**430**			**2239**
制造业	吨	265	5435	2980	3024	3024	430			2239
橡胶和塑料制品业	吨		1747		1747	1747				
非金属矿物制品业	吨	65	2896	2869	457	457	430			2218
有色金属冶炼和压延加工业	吨	200	516	111	544	544				21
通用设备制造业	吨		25		25	25				
专用设备制造业	吨		251		251	251				
电力、热力、燃气及水生产和供应业	吨	100	238		338	338				
电力、热力生产和供应业	吨	100	238		338	338				
热力	**百万千焦**		**7135370**		**15453261**	**15437353**		**15908**		
制造业	百万千焦		3988901		12306792	12290884		15908		
农副食品加工业	百万千焦		487354		487354	487354				
食品制造业	百万千焦		1105648		1546148	1540604		5544		
酒、饮料和精制茶制造业	百万千焦		290780		290780	290780				
烟草制品业	百万千焦		1997		1997			1997		
纺织业	百万千焦		234903		234903	234903				
纺织服装、服饰业	百万千焦		70444		70444	70444				
造纸和纸制品业	百万千焦		1482640		1482640	1482640				
印刷和记录媒介复制业	百万千焦		9114		9114	9114				
石油加工、炼焦和核燃料加工业	百万千焦		2434		2434	2434				
化学原料和化学制品制造业	百万千焦		39964		39964	39964				
医药制造业	百万千焦		15176		15176	15176				
橡胶和塑料制品业	百万千焦		13377		13377	13377				
非金属矿物制品业	百万千焦		1374		1374	1374				
有色金属冶炼和压延加工业	百万千焦				7877391	7877391				
通用设备制造业	百万千焦		16760		16760	16760				
专用设备制造业	百万千焦		30354		30354	30354				
汽车制造业	百万千焦		182659		182659	176832		5827		
计算机、通信和其他电子设备制造业	百万千焦		3923		3923	1383		2540		
电力、热力、燃气及水生产和供应业	百万千焦		3146469		3146469	3146469				

8-28　续表 7　　（2017 年）

指　标	计量单位	年初库存量	购进量		消费量					年末库存量
			实物量	购自省外	合计	工业生产消费	用于原材料	非工业生产消费	合计中：运输工具消费	
电力、热力生产和供应业	百万千焦		3146469		3146469	3146469				
电力	**万千瓦时**		**2699872**		**3697816**	**3669925**		**27891**	**2081**	
采矿业	万千瓦时		85449		119356	109895		9460	115	
煤炭开采和洗选业	万千瓦时		63303		97210	88966		8243		
黑色金属矿采选业	万千瓦时		175		175	175				
有色金属矿采选业	万千瓦时		5715		5715	4498		1217		
非金属矿采选业	万千瓦时		16256		16256	16256			115	
制造业	万千瓦时		2056853		2767565	2754946		12619	1966	
农副食品加工业	万千瓦时		45314		45314	44194		1120	52	
食品制造业	万千瓦时		64232		64232	63338		894		
酒、饮料和精制茶制造业	万千瓦时		22797		22797	22789		8		
烟草制品业	万千瓦时		5879		5879	5253		627		
纺织业	万千瓦时		15802		15802	15802		1		
纺织服装、服饰业	万千瓦时		25795		25795	25782		13		
皮革、毛皮、羽毛及其制品和制鞋业	万千瓦时		102		102	102				
木材加工和木、竹、藤、棕、草制品业	万千瓦时		2279		2279	2279				
家具制造业	万千瓦时		5847		5847	5847				
造纸和纸制品业	万千瓦时		53548		53548	53534		15		
印刷和记录媒介复制业	万千瓦时		18086		18086	17480		607	871	
文教、工美、体育和娱乐用品制造业	万千瓦时		9396		9396	9376		20		
石油加工、炼焦和核燃料加工业	万千瓦时		1986		1986	1978		7		
化学原料和化学制品制造业	万千瓦时		107867		107867	107809		58		
医药制造业	万千瓦时		27049		27049	26660		389	1	
化学纤维制造业	万千瓦时		471		471	471				
橡胶和塑料制品业	万千瓦时		28672		28672	28653		19		
非金属矿物制品业	万千瓦时		749140		766593	765873		721	144	
黑色金属冶炼和压延加工业	万千瓦时		119967		117872	117440		432		
有色金属冶炼和压延加工业	万千瓦时		215847		911202	910094		1108	9	
金属制品业	万千瓦时		80735		80735	80294		441	3	
通用设备制造业	万千瓦时		52281		52281	52207		73		
专用设备制造业	万千瓦时		105878		105878	103501		2377	58	
汽车制造业	万千瓦时		64962		64964	62497		2467		
铁路、船舶、航空航天和其他运输设备制造业	万千瓦时		3729		3729	3678		51		
电气机械和器材制造业	万千瓦时		50253		50253	49875		378	829	
计算机、通信和其他电子设备制造业	万千瓦时		174682		174683	174185		498		

8-28 续表 8 (2017 年)

指标	计量单位	年初库存量	购进量		消费量					年末库存量
			实物量	购自省外	合计	工业生产消费	用于原材料	非工业生产消费	合计中:运输工具消费	
仪器仪表制造业	万千瓦时		2606		2605	2309		296		
其他制造业	万千瓦时		123		123	123				
废弃资源综合利用业	万千瓦时		987		987	987				
金属制品、机械和设备修理业	万千瓦时		540		540	540				
电力、热力、燃气及水生产和供应业	万千瓦时		557570		810896	805084		5811		
电力、热力生产和供应业	万千瓦时		529128		782453	776982		5471		
燃气生产和供应业	万千瓦时		3563		3563	3543		20		
水的生产和供应业	万千瓦时		24880		24880	24560		320		
煤矸石(用于燃料)	**吨**		**257**		**257**	**257**				
制造业	吨		257		257	257				
非金属矿物制品业	吨		257		257	257				
城市生活垃圾(用于燃料)	**吨**		**375056**		**375056**	**375056**				
电力、热力、燃气及水生产和供应业	吨		375056		375056	375056				
电力、热力生产和供应业	吨		375056		375056	375056				
生物燃料	**吨标准煤**	**102**	**10081**		**33319**	**33278**		**41**		**78**
制造业	吨标准煤	102	10081		10101	10061		41		78
农副食品加工业	吨标准煤	28	420		448	423		25		
食品制造业	吨标准煤		1906		1906	1906				
酒、饮料和精制茶制造业	吨标准煤	26	68		94	85		9		
烟草制品业	吨标准煤	27	95		122	122				
造纸和纸制品业	吨标准煤	20	1799		1816	1810		7		
化学原料和化学制品制造业	吨标准煤		8		8	8				
医药制造业	吨标准煤		4687		4687	4687				
非金属矿物制品业	吨标准煤		1097		1020	1020				78
电力、热力、燃气及水生产和供应业	吨标准煤				23218	23218				
电力、热力生产和供应业	吨标准煤				23218	23218				
余热余压	**百万千焦**		**1480303**		**2474773**	**2474773**				
采矿业	百万千焦		467813		467813	467813				
煤炭开采和洗选业	百万千焦		467813		467813	467813				
制造业	百万千焦		1012490		2006961	2006961				
非金属矿物制品业	百万千焦		1012490		2006961	2006961				
其它燃料	**吨标准煤**		**473**		**473**	**473**				
制造业	吨标准煤		473		473	473				
农副食品加工业	吨标准煤		198		198	198				
金属制品业	吨标准煤		275		275	275				

8-29 规模以上工业企业分行业能耗情况

（2017 年）

行　　业	企业数	综合能源消费量（吨标准煤）	同比增速（%）
全部工业企业	**2906**	**17318084**	**-1.46**
轻工业	646	1124541	0.56
重工业	2260	16193543	-1.60
采矿业	91	370387	-10.29
煤炭开采和洗选业	34	341126	-10.74
黑色金属矿采选业	2	221	-0.83
有色金属矿采选业	10	8222	-14.05
非金属矿采选业	45	20819	-0.39
制造业	2770	9071737	2.43
农副食品加工业	103	125901	-4.84
食品制造业	99	238688	12.90
酒、饮料和精制茶制造业	27	64547	-23.26
烟草制品业	2	14464	1.19
纺织业	20	32313	4.71
纺织服装、服饰业	49	124620	-3.64
皮革、毛皮、羽毛及其制品和制鞋业	2	241	-20.13
木材加工和木、竹、藤、棕、草制品业	11	2887	14.06
家具制造业	24	7761	2.97
造纸和纸制品业	84	287172	3.21
印刷和记录媒介复制业	47	26200	7.32
文教、工美、体育和娱乐用品制造业	30	16065	-2.07
石油加工、炼焦和核燃料加工业	8	2523	-1.01
化学原料和化学制品制造业	161	361894	-18.59
医药制造业	39	60305	-6.50
化学纤维制造业	2	579	10.31
橡胶和塑料制品业	78	63800	-1.36
非金属矿物制品业	964	3161426	1.78
黑色金属冶炼和压延加工业	44	232395	-10.29
有色金属冶炼和压延加工业	125	3417070	6.09
金属制品业	126	155675	2.32
通用设备制造业	155	88661	7.23
专用设备制造业	249	145150	-1.53
汽车制造业	94	142286	8.22
铁路、船舶、航空航天和其他运输设备制造业	17	4705	-17.10
电气机械和器材制造业	109	67901	26.74
计算机、通信和其他电子设备制造业	58	220379	19.69
仪器仪表制造业	34	3058	13.27
其他制造业	2	1122	3318.58
废弃资源综合利用业	5	1287	-3.49
金属制品、机械和设备修理业	2	663	31.99
电力、热力、燃气及水生产和供应业	45	7875960	-5.18
电力、热力生产和供应业	22	7840255	-5.23
燃气生产和供应业	14	4918	8.33
水的生产和供应业	9	30786	8.44

主要统计指标解释

按照国家统计方法制度规定,1998 年独立核算工业统计范围由原乡及乡以上调整为全部国有及年销售收入 500 万元及以上非国有工业企业(即新口径)。2007 年起为规模以上工业企业,即年主营业务收入为 500 万元及以上的法人工业企业。2011 年起为年主营业务收入为 2000 万元及以上的法人工业企业。同时,统计分类中的原经济组织类型分组相应地调整为按企业登记注册类型分组。

工业 指从事自然资源的开采,对采掘品和农产品进行加工和再加工的物质生产部门。具体包括:1. 对自然资源的开采,如采矿、晒盐、森林采伐等(但不包括禽兽捕猎和水产捕捞);2. 对农副产品的加工、再加工,如粮油加工、食品加工、轧花、缫丝、纺织、制革等;3. 对采掘品的加工、再加工,如炼铁、炼钢、化工生产、石油加工、机器制造、木材加工等,以及电力、自来水、煤气的生产和供应等;4. 对工业品的修理、翻新,如机器设备的修理,交通运输工具(包括小卧车)的修理等。1984 年以前农村的村及村以下办工业归属农业,1984 年以后划归工业。

工业统计调查单位工业统计调查单位分为两类:独立核算法人工业企业和工业活动单位。

1. 独立核算法人工业企业是指从事工业生产经营活动的单位。独立核算法人工业企业应同时具备以下条件:(1)依法成立,有自己的名称、组织机构和场所,能够承担民事责任;(2)独立拥有和使用资产,承担负债,有权与其他单位签订合同;(3)独立核算盈亏,并能够编制资产负债表。

2. 工业活动单位是指在一个场所从事一种或主要从事一种工业生产活动的经济单位。它包括独立核算工业企业按主营业务活动(即工业生产活动)划分的主营业务活动单位和非工业企业所属的工业生产活动单位(即原非独立核算工业生产单位)。工业活动单位,一般应同时具备以下三个条件:(1)具有一个场所,从事一种或主要从事一种工业活动;(2)单独组织工业生产、经营或业务活动;(3)单独核算收入和支出。

轻工业 主要是指生产消费资料的工业部门。如:食品、纺织、皮革、造纸、日用化工、文教艺术体育用品工业等。

轻工业主要指提供生活消费品的工业部门,包括:①以农产品为原料的。如棉、毛、麻、丝的纺织及缝纫,皮革及其制品,纸浆及造纸,食品制造等工业;②以非农产品为原料的。如日用金属、日用化工、日用玻璃、日用陶瓷、化学纤维及其织品、火柴、生活用木制品等工业。轻工业产品大部门是生产消费品,一部分作为原料和半成品用于生产,如化学纤维、工业用布、纸张、盐等。

重工业 指为国民经济各部门提供物质技术基础的主要生产资料的工业。按其生产性质和产品用途,可以分为下列三类:1. 采掘(伐)工业,是指对自然资源的开采,包括石油开采、煤炭开采、金属矿开采、非金属矿开采和木材采伐等工业;2. 原材料工业,指向国民经济各部门提供基本材料、动力和燃料的工业。包括金属冶炼及加工、炼焦及焦炭化学、化工原料、水泥、人造板以及电力、石油和煤炭加工业等工业;3. 加工工业,是指对工业原材料进行再加工制造的工业。包括装备国民经济各部门的机械设备制造工业、金属结构、水泥制品等工业,以及为农业提供的生产资料如化肥、农药等工业。

根据上述划分原则,修理业中以重工业产品为修理作业对象的划为重工业,反之划为轻工业。

工业增加值 指工业行业在报告期内以货币表现的工业生产活动的最终成果。

成本费用利润率 指在一定时期内实现的利润与成本费用之比,是反映工业生产成本及费用投入的经济效益指标,同时也是反映降低成本的经济效益的指标。计算公式:工业成本费用

$$利润率(\%)=\frac{利润总额}{成本费用总额}\times 100\%$$

全员劳动生产率 指根据产品的价值量指标计算的平均每个职工在单位时间内的产品生产量。是考核企业经济活动的重要指标,是企业生产技术水平、经营管理水平、职工技术熟练程度和劳动积极性的综合表现。目前我国的全员劳动生产率是将工业企业的工业增加值除以同一时期全部职工的平均人数来计算的。计算公式:

$$全员劳动生产率=\frac{工业增加值}{全部职工平均人数}\times 100\%$$

总资产贡献率 该指标反映企业全部资产的获利能力,是企业经营业绩和管理水平的集中体现,是

评价和考核企业盈利能力的核心指标。计算公式为：

$$总资产贡献率=(利润总额+税金总额+利息支出)/平均资产总额\times\frac{12}{累计月数}$$

#税金总额为产品销售税金及附加与应交增值税之和；平均资产总额为期初期末资产总计的算术平均值。

资产负债率 该指标既反映企业经营风险的大小，也反映企业利用债权人提供的资金从事经营活动的能力。计算公式为：

资产负债率=负债总额/资产总额

产品销售率 该指标反映工业产品已实现销售的程度，是分析工业产销衔接情况、研究工业产品满足社会需求的指标。计算公式为：

产品销售率=工业销售产值/工业总产值(现价)

主营业务收入 指企业销售产品的销售收入和提供劳务等主要经营业务取得的业务收入总额。

主营业务成本 指企业销售产品和提供劳务等主要经营业务的实际成本。

营业费用 指企业在报告期内在产品销售和提供工业性劳务等主要经营业务过程中所发生的各项费用，包括运输费、装卸费、包装费、保险费、展览费、广告费，以及为销售本企业产品而专设的销售机构的职工工资、福利费、业务费等经常费用。

主营业务税金及附加指企业在报告期销售产品和提供工业性劳务等应负担的销售税金及附加，包括产品税、增值税、营业税、城市维护建设税、资源税和教育费附加。

利润总额 指企业在报告期内实现的利润，反映企业最终的财务成果。亏损以"—"表示，计算公式为：

利润总额=营业利润+投资收益+补贴收入+营业外收入-营业外支出+以前年度损益调整

利税总额 指企业产品销售税金及附加和利润总额之和。

总资产 指企业拥有或控制的全部资产。包括流动资产、长期投资、固定资产、无形及递延资产、其他资产等，即为企业资产负债表的资产总计项。

1. 流动资产指企业可以在一年内或者超过一年的一个生产周期内变现或耗用的资产合计。包括现金及各种存款、短期投资、应收及预付款项、存货等。

2. 固定资产指企业固定资产净值、固定资产清理、在建工程、待处理固定资产损失所占用的资金合计。

3. 无形资产指企业长期使用而没有实物形态的资产。包括专利权、非专利技术、商标权、著作权、土地使用权、商誉等。

总负债 指企业承担并需要偿还的全部债务。包括流动负债和长期负债等。即为企业资产负债表的负债合计项。

1. 流动负债指企业在一年内或者超过一年的一个营业周期内需要偿还的债务合计，其中包括短期借款、应付及预收款项、应付工资、应交税金和应交利润等。

2. 长期负债指企业在一年以上或者超过一年的一个生产周期以上需要偿还的债务合计，其中包括长期借款、应付债务、长期应付款项等。

所有者权益 指企业投资人对企业净资产的所有权。企业净资产等于企业全部资产减去全部负债后的余额，其中包括投资者对企业的最初投入，以及公积金、盈余公积金和未分配利润，对股份制企业即为股东权益。

从业人员平均人数 是指报告期内平均拥有的从业人员人数。

成本费用利润率 反映企业投入的生产成本及费用的经济效益，同时也反映企业降低成本所取得的经济效益。

流动资产周转次数 指一定时期内流动资产完成的周转次数，反映投入工业企业流动资金的周转速度。

应交增值税 指企业按税法规定，从事货物销售或提供加工、修理修配劳务等增加货物价值的活动本期应交纳的税金。计算公式为：

应交增值税=销项税额-(进项税额-进项税额转出)-出口抵减内销产品应纳税额-减免税款+出口退税

进项税额指工业企业在报告期内购入货物或接受应税劳务而支付的、准予从销项税额中抵扣的增值税额。

销项税额指工业企业在报告期内销售货物或提供应税劳务应收取的增值税额。

能源生产总量 指一定时期内,全国一次能源生产量的总和。该指标是观察全国能源生产水平、规模、构成和发展速度的总量指标。一次能源生产量包括原煤、原油、天然气、水电、核能及其他动力能(如风能、地热能等)发电量,不包括低热值燃料生产量、生物质能、太阳能等的利用和由一次能源加工转换而成的二次能源产量。

能源消费总量 指一定时期内,全国各行业和居民生活消费的各种能源的总和。该指标是观察能源消费水平、构成和增长速度的总量指标。能源消费总量包括原煤和原油及其制品、天然气、电力,不包括低热值燃料、生物质能和太阳能等的利用。能源消费总量分为终端能源消费量、能源加工转换损失量和能源损失量三部分。

九、建　筑　业

9-1 建筑业生产情况

(2017 年)

指标	合计	内资企业			港、澳、台商投资企业	外商投资企业
			国有企业	集体企业		
建筑业企业个数(个)	1654	1648	12	16	4	2
签订的合同额(千元)	717315683	717014901	42556547	1325438	281621	19161
上年结转合同额	269420759	269412305	22049781	337186	8454	
本年新签合同额	447894924	447602596	20506766	988252	273167	19161
承包工程完成情况(千元)						
直接从建设单位承揽工程完成的产值	340296357	339994438	11379411	849064	273117	28802
自行完成施工产值	338764758	338462839	11348702	849064	273117	28802
分包出去工程的产值	1531599	1531599	30709			
从建设单位以外承揽工程完成的产值	10795355	10795355	595911	30000		
建筑业总产值(千元)	349560113	349258194	11944613	879064	273117	28802
#装饰装修产值	15030664	14749654			261000	20010
建筑工程产值	300397598	300376538	9173243	479813	1050	20010
安装工程产值	28233272	28213413	2610641	307392	11067	8792
其他产值	20929243	20668243	160729	91859	261000	
建筑业竣工产值(千元)	122783097	122543138	1818231	489815	211157	28802
从事生产建筑业活动的从业人员平均人数(人)	735688	734621	29179	5185	931	136
年末从业人数	679354	678313	27001	5600	931	110
#工程技术人员	103956	103859	2305	484	50	47
全员劳动生产率按总产值计算(元/人)	475147	475426	409356	169540	293359	211779
房屋建筑施工面积(平方米)	237719834	237719834	194148	433560		
#本年新开工面积	65891109	65891109	15310	236316		
房屋建筑竣工面积(平方米)	44093245	44093245	52341	127846		
房屋竣工率(%)	18.55	18.55	26.96	29.49		
年末自有施工机械设备(净值)(千元)	8329210	8325283	280371	48109	13	3914
年末自有施工机械设备(总台数)(台)	151957	151920	7776	1623	5	32
年末自有施工机械设备(总功率)(千瓦)	4645079	4641871	146194	27988	182	3026
技术装备率(元/人)	12260	12274	10384	8591	14	35582
动力装备率(千瓦/人)	6.8	6.8	5.4	5.0	0.2	27.5

9-1 续表 (2017 年)

指标	合计	房屋建筑业	土木工程建筑业	建筑安装业	建筑装饰和其他建筑业	建筑装饰业	其他建筑业
建筑业企业个数(个)	1654	391	377	308	578	432	116
签订的合同额(千元)	717315683	388653162	239500882	61673491	27488148	19748470	5241179
上年结转合同额	269420759	167864477	76421665	21159193	3975424	2294002	1228318
本年新签合同额	447894924	220788685	163079217	40514298	23512724	17454468	4012861
承包工程完成情况(千元)							
直接从建设单位承揽工程完成的产值	340296357	172839897	119736700	28978315	18741445	13578347	3331138
自行完成施工产值	338764758	171974887	119386006	28763930	18639935	13548254	3285603
分包出去工程的产值	1531599	865010	350694	214385	101510	30093	45535
从建设单位以外承揽工程完成的产值	10795355	1250974	1096399	8197243	250739	138531	58541
建筑业总产值(千元)	349560113	173225861	120482405	36961173	18890674	13686785	3344144
#装饰装修产值	15030664	3630223	509269	3453234	7437938	7315782	122105
建筑工程产值	300397598	159030603	113112016	13381672	14873307	10807464	2296813
安装工程产值	28233272	8493174	4829341	12909247	2001510	1103604	873686
其他产值	20929243	5702084	2541048	10670254	2015857	1775717	173645
建筑业竣工产值(千元)	122783097	65269265	26398063	22649022	8466747	5897925	1594386
从事生产建筑业活动的从业人员平均人数(人)	735688	454787	158957	60844	61100	47607	10450
年末从业人数	679354	432049	147588	57637	42080	29022	10368
#工程技术人员	103956	48991	28456	17875	8634	5328	2882
全员劳动生产率按总产值计算(元/人)	475147	380894	757956	607474	309176	287495	320014
房屋建筑施工面积(平方米)	237719834	221007268	3875232	3944214	8893120	7047999	132410
#本年新开工面积	65891109	61037277	2720684	1935060	198088		90347
房屋建筑竣工面积(平方米)	44093245	40605420	1793982	1407014	286829		86111
房屋竣工率(%)	18.55	18.37	46.29	35.67	3.23		65.03
年末自有施工机械设备(净值)(千元)	8329210	2136864	4821551	914113	456682	181894	165248
年末自有施工机械设备(总台数)(台)	151957	73116	47919	16435	14487	11723	2074
年末自有施工机械设备(总功率)(千瓦)	4645079	1928656	2161510	372320	182593	85722	48520
技术装备率(元/人)	12260	4946	32669	15860	10853	6267	15938
动力装备率(千瓦/人)	6.8	4.5	14.6	6.5	4.3	3.0	4.7

9-2 建筑业主要经济指标

（2017 年）

单位：千元

指　　标	合　计	内资企业	国有	集体	港澳台投资企业	外商投资企业
年初存货	**49025281**	**48763091**	**1979012**	**67735**	**259898**	**2292**
年末资产负债						
流动资产合计	310684532	309252275	13320286	601439	1344875	87382
应收工程款	89247712	89234147	5234891	318834	5881	7684
#存货	61105284	60674835	1838859	76000	422994	7455
固定资产合计	23088263	23074908	1125347	118173	13013	342
固定资产减值准备	192774	192774	898			
固定资产原价	32668740	32644293	2182961	173015	16548	7899
#房屋和构筑物	4904113	4897103	527587	11455	10	7000
#机器设备	13122459	13107951	1000633	39678	14502	6
#运输工具	2729118	2728442	126105	27985		676
累计折旧	15002558	14991464	1156463	58343	3537	7557
#本年折旧	2402999	2395370	200147	1988	253	7376
在建工程	2561424	2561422	97948	2632	2	
资产合计	364665385	363164599	15176341	731296	1410662	90124
流动负债合计	235050396	233757989	12101479	372228	1264914	27493
#应付账款	105914106	105495159	5240361	268538	413075	5872
非流动负债合计	13932749	13931391	707290	899	1358	
负债合计	252877098	251583333	12808769	373131	1266272	27493
所有者权益合计	111798286	111591265	2367572	358165	144390	62631
#实收资本	95601059	95489073	1596208	195599	51409	60577
#国家资本	16621590	16621590	996208	20000		
#集体资本	822305	822305		162599		
#法人资本	17509988	17496989	600000		11816	1183
#个人资本	60620732	60542867		13000	18471	59394
#港澳台资本	22735	4171			18564	
#外商资本	3709	1151			2558	
损益及分配						
营业收入	335157491	335094623	12506106	650088	35186	27682
主营业务收入	331600035	331538768	12404693	641524	33585	27682
营业成本	304955862	304903026	11324339	575654	30070	22766
主营业务成本	299925577	299874321	11272228	501061	28490	22766
税金及附加	3151049	3150642	84448	8183	280	127
主营业务税金及附加	2805156	2804774	83499	8010	255	127
其他业务利润	258986	258986	17443	6662		
销售费用	763391	763340	232	1078	51	
管理费用	10410441	10402170	742054	43614	3439	4832
财务费用	3222062	3222189	212744	847	-44	-83
#利息收入	727297	727456	20923	135	-73	-86
#利息支出	4297620	4297617	188658	88	3	
资产减值损失	143503	143488	16128		15	
公允价值变动收益	151	164			-13	
投资收益	225924	220642	12213	44	5282	
其他收益	6327	6307	1583		20	
营业利润	11856137	11849433	141790	20768	6664	40
营业外收入	278820	278747	27178	534	1	72
营业外支出	273854	273813	46080	1961	40	1
利润总额	11840870	11834134	122888	19341	6625	111
应交所得税	2949289	2948384	58879	9822	379	526
应付职工薪酬(本年贷方累计发生额)	43375897	43366291	2374674	135547	6184	3422
建筑业企业在境外完成的营业收入	2833155	2833155	915889			
应交增值税	6975522	6974208	269556	17579	252	1062
利税总额	21621548	21613116	475943	44930	7132	1300

9-2 续表 （2017 年）

指　　标	合　计	房屋建筑业	土木工程建筑业	建筑安装业	建筑装饰和其他建筑业	建筑装饰业	其他建筑业
年初存货	**49025281**	**20906652**	**20654172**	**3960346**	**3504111**	**1926460**	**920976**
年末资产负债							
流动资产合计	310684532	141521474	110155435	34144356	24863267	16062751	5506295
应收工程款	89247712	32370587	31505241	17149609	8222275	4822351	1925795
#存货	61105284	29090183	22425795	6210144	3379162	1711765	1112614
固定资产合计	23088263	9600644	9569977	2131227	1786415	977082	486395
固定资产减值准备	192774	102067	72316	7930	10461	9456	1005
固定资产原价	32668740	10714418	16722337	2962408	2269577	1239266	716103
#房屋和构筑物	4904113	2136276	1966438	492094	309305	210900	90329
#机器设备	13122459	2867399	8967592	884991	402477	173170	219741
#运输工具	2729118	489836	1921720	225483	92079	71665	18764
累计折旧	15002558	3802047	8805443	1460845	934223	528220	295659
#本年折旧	2402999	832827	1122948	297557	149667	91329	26714
在建工程	2561424	1081418	1031290	289273	159443	133047	15782
资产合计	364665385	171462416	124898012	38651275	29653682	18903943	6996593
流动负债合计	235050396	110990457	82864732	24963988	16231219	10535269	3095452
#应付账款	105914106	47327471	34882222	16912574	6791839	4514840	1409713
非流动负债合计	13932749	8549017	4539092	469413	375227	182589	8236
负债合计	252877098	122033193	87884765	25866738	17092402	10946136	3269567
所有者权益合计	111798286	49429223	37023247	12784536	12561280	7957807	3727026
#实收资本	95601059	58327836	20877024	8666858	7729341	4881656	2312775
#国家资本	16621590	8043583	7870797	480444	226766	71946	101020
#集体资本	822305	177307	341753	114074	189171	45000	144171
#法人资本	17509988	6155239	5111822	3759314	2483613	1671982	715901
#个人资本	60620732	43939365	7552608	4308968	4819791	3082728	1351683
#港澳台资本	22735	11203	32	1500	10000	10000	
#外商资本	3709	1139	12	2558			
损益及分配							
营业收入	335157491	159202514	124439576	30121531	21393870	14038763	4304458
主营业务收入	331600035	158283948	122978887	29476729	20860471	13837824	3987917
营业成本	304955862	146974161	113256741	26064225	18660735	12228494	3600909
主营业务成本	299925577	145268985	111607901	25058505	17990186	11893208	3272662
税金及附加	3151049	1500686	930648	489979	229736	153839	41832
主营业务税金及附加	2805156	1423205	691972	475780	214199	144902	35394
其他业务利润	258986	128480	73590	32176	24740	5264	16937
销售费用	763391	113528	171137	276730	201996	92884	86023
管理费用	10410441	2851666	4975066	1498580	1085129	676193	315154
财务费用	3222062	1948288	998875	179976	94923	52760	34241
#利息收入	727297	434128	261328	18456	13385	10341	3030
#利息支出	4297620	3402070	717005	112079	66466	49091	15299
资产减值损失	143503	54059	41826	23152	24466	19942	4524
公允价值变动收益	151	–152	219	60	24	9	15
投资收益	225924	194066	25773	9844	–3759	1030	–4789
其他收益	6327	2181	2544	80	1522	1512	10
营业利润	11856137	5139597	3911669	1669031	1135840	829908	245474
营业外收入	278820	58410	123452	56671	40287	28797	9772
营业外支出	273854	51715	97526	99224	25389	21594	2485
利润总额	11840870	5138919	3943016	1619245	1139690	826033	252791
应交所得税	2949289	1447905	877202	379442	244740	166391	60676
应付职工薪酬(本年贷方累计发生额)	43375897	23039877	13029532	4055306	3251182	2495528	622133
建筑业企业在境外完成的营业收入	2833155	1048939	649101	1011788	123327	23810	76023
应交增值税	6975522	3091465	2630389	819167	434501	247424	124019
利税总额	21621548	9653589	7265377	2914192	1788390	1218359	412204

9-3 劳务分包建筑企业生产经营情况

(2017年)

单位:千元、人

指标名称	总计	内资企业	私营企业
企业个数	410	410	257
企业个数(有工作量)	339	339	213
建筑业总产值	4938444	4938444	3175614
#装饰装修产值	262801	262801	170479
从业人员期末人数	26803	26803	15992
#工程技术人员	3757	3757	2251
#现场施工工人	20207	20207	11751
从事建筑业活动的平均人数	27928	27928	16393
资产负债			
固定资产原价	154941	154941	74594
本年折旧	20901	20901	9601
资产总计	3500659	3500659	1784398
负债合计	1754387	1754387	874063
实收资本	1196201	1196201	744328
损益及分配			
营业收入合计	6837990	6837990	4433790
#主营业务收入	6136248	6136248	4392749
营业成本	5687432	5687432	4170259
主营业务成本	5535874	5535874	4078312
税金及附加	78190	78190	36436
主营业务税金及附加	60999	60999	32677
销售费用	52194	52194	8050
管理费用	251018	251018	131430
财务费用	7941	7941	6974
营业利润	240262	240262	117574
利润总额	235049	235049	115538
应付职工薪酬	1545389	1545389	1007981
应交增值税	115429	115429	67404

9-4 建筑业企业房屋建筑工程完成情况

单位：万平方米

指　　标	房屋建筑竣工面积	
	2016 年	2017 年
合计	**4829.42**	**4409.32**
住宅房屋	3556.05	3262.52
商业及服务用房屋	198.07	242.13
商厦房屋(批发和零售用房)	86.59	94.74
宾馆用房屋(住宿用房)	0.03	3.49
餐饮用房屋(餐饮用房)	1.10	3.20
商务会展用房屋	9.17	12.01
其他商业及服务用房屋(居民服务业用房)	101.18	128.69
办公用房屋	328.51	234.76
科研、教育、医疗用房屋	217.01	106.45
科学研究用房屋	5.85	8.63
教育用房屋	148.16	78.13
医疗用房屋(卫生医疗用房)	63.00	19.69
文化、体育、娱乐用房屋	17.24	41.84
厂房及建筑物	325.45	354.20
厂房	175.34	180.28
仓库	118.69	110.96
其他未列明的房屋建筑物	68.41	56.48

9-5 各县(市)区建筑业企业个数

(2017 年)

县(市)区	企业个数(个)	国有控股	集体控股	年末从业人数(人)	从事生产建筑业活动的从业人员平均人数	国有控股	集体控股
郑州市	**1654**	**85**	**39**	**679354**	**735688**	**218483**	**13935**
中原区	130	14	7	96191	94290	21162	1791
二七区	131	16	4	38457	44547	17495	2453
管城区	119	7	1	45703	57975	7904	
金水区	545	20	4	267355	282758	128037	981
上街区	26	2	3	4611	8932	2516	51
惠济区	57	1	1	26821	31312	323	180
中牟县	40	2	2	17648	18561	63	1652
巩义市	32		2	6914	7453		822
荥阳市	34	1	1	26972	29310	168	75
新密市	47	1	1	25738	25092	16	182
新郑市	45	1	7	8446	10229	82	3525
登封市	27	1	4	6539	7007	35	1311
经开区	94	7	2	44095	48278	26242	912
高新区	94	7		23005	25044	11290	
郑东新区	227	5		39743	44166	3150	
航空港实验区	6			1116	734		

9-6 各县(市)区建筑业合同及承包工程完成情况

（2017 年）

单位:千元

县(市)区	签订的合同额	上年结转合同额	本年新签合同额	直接从建设单位承揽工程完成的产值	自行完成施工产值	分包出去工程的产值	从建设单位以外承揽工程完成的产值
郑州市	**71735683**	**269420759**	**447894924**	**340296357**	**338764758**	**1531599**	**10795355**
中原区	83964240	37079661	46884579	36421786	36396730	25056	1066807
二七区	61861031	23465048	38395983	26219704	26204090	15614	90839
管城区	36820937	20476242	16344695	17264578	17219747	44831	32150
金水区	299606555	104672294	194934261	129824500	129417607	406893	8150094
上街区	5483930	1138670	4345260	2905818	2890818	15000	2545
惠济区	15635895	7737450	7898445	9052516	8844937	207579	38379
中牟县	6244292	2183741	4060551	3445594	3442494	3100	109054
巩义市	4490584	2022489	2468095	1858668	1848646	10022	81388
荥阳市	18510606	8855153	9655453	10073131	10064014	9117	96526
新密市	10136628	3043000	7093628	5783985	5766258	17727	33252
新郑市	4762970	2564441	2198529	2830370	2810138	20232	83518
登封市	5801900	3228798	2573102	1576997	1575617	1380	980
经开区	82721959	7220173	75501786	54182602	54060227	122375	11946
高新区	57954624	35253277	22701347	24669450	24621127	48323	167970
郑东新区	23081138	10361674	12719464	14010859	13426509	584350	825535
航空港实验区	238394	118648	119746	175799	175799		4372

9-7 各县(市)区企业总产值

（2017 年）

单位:千元

县(市)区	建筑业总产值	国有控股	集体控股	建筑工程产 值	国有控股	集体控股
郑州市	**349560113**	**168080882**	**2122540**	**300397598**	**154736231**	**2853148**
中原区	37463537	15425875	270812	29031656	10174619	479341
二七区	26294929	19354851	103250	23097053	17730612	103250
管城区	17251897	2895128		15454552	2719267	
金水区	137567701	62752263	306886	114352405	59679988	319897
上街区	2893363	698243		2549959	517053	15164
惠济区	8883316	335781	13747	6819240		13747
中牟县	3551548	17535	376162	2982483	17535	577075
巩义市	1930034		104530	1705659		107530
荥阳市	10160540	31666		9907819		2924
新密市	5799510	1848		5700866	1252	2100
新郑市	2893656	88489	484193	2587396	88489	603676
登封市	1576597	7800	257722	1067179	7000	423206
经开区	54072173	48542609	205238	52724481	48496094	205238
高新区	24789097	16150973		20982839	13898807	
郑东新区	14252044	1777821		11296385	1405515	
航空港实验区	180171			137626		

9-8 各县(市)区建筑业竣工产值

(2017 年)

单位:千元

县(市)区	竣工产值	国有控股	集体控股
郑州市	**122783097**	**19954785**	**2280698**
中原区	15709502	3590083	378141
二七区	11017773	5948488	37251
管城区	7681417	235209	
金水区	44358985	4720772	552847
上街区	2010827	313776	13621
惠济区	4580346	293808	
中牟县	2426534	2952	497413
巩义市	861953		7500
荥阳市	5773913	31666	2924
新密市	4291142		170
新郑市	2609909	88489	445854
登封市	885404		320170
经开区	3825585	402357	24807
高新区	7122741	3084642	
郑东新区	9541254	1242543	
航空港实验区	85812		

9-9 各县(市)区建筑业全员劳动生产率

(2017 年)

单位:元/人

县(市)区	劳动生产率	国有控股	集体控股
郑州市	**475147**	**769309**	**152317**
中原区	397322	728942	151207
二七区	590274	1106308	42091
管城区	297575	366286	
金水区	486521	490110	312830
上街区	323932	277521	
惠济区	283703	1039570	76372
中牟县	191345	278333	227701
巩义市	258961		127165
荥阳市	346658	188488	
新密市	231130	115500	
新郑市	282887	1079134	137360
登封市	225003	222857	196584
经开区	1120017	1849806	225042
高新区	989822	1430556	
郑东新区	322693	564388	
航空港实验区	245465		

9-10 各县(市)区建筑业施工、竣工面积

(2017 年)

单位:平方米

县(市)区	施工面积	国有控股	集体控股	竣工面积	国有控股	集体控股
郑州市	**237719834**	**63551478**	**1582300**	**44093245**	**3707440**	**855252**
中原区	67356736	4800487	92172	9833261	337476	91572
二七区	7466565	517058		3161182	564186	
管城区	15210042	62556		1257097	58672	
金水区	96042022	50522479	30154	13032863	2167535	25361
上街区	2030095	196461		688579	165483	
惠济区	11287463			2870010		
中牟县	1322760		135200	831388		128600
巩义市	1540936		97300	434584		
荥阳市	10068026			3858702		
新密市	2901882			2076698		
新郑市	2277613		673889	1252963		377255
登封市	1741737		451357	578524		232464
经开区	4490205	3107171	102228	930125	42147	
高新区	3006341	1096673		736770	135700	
郑东新区	10823849	3248593		2547332	236241	
航空港实验区	153562			3167		

9-11 各县(市)区建筑业自有机械设备情况

(2017 年)

单位:千瓦、千元

县(市)区	总功率	国有控股	集体控股	设备净值	国有控股	集体控股
郑州市	**4645079**	**2146994**	**40576**	**8329210**	**4356233**	**142651**
中原区	259760	83755	7942	607239	218945	58979
二七区	279800	213895	2649	767323	506341	3520
管城区	553745	429516		286423	115569	
金水区	1801169	304541	5493	2032495	538296	12214
上街区	38490	25255	2	63966	21950	77
惠济区	153231	575		227595	2804	
中牟县	89512	2966	190	136374	3935	571
巩义市	17703		2110	91727		32450
荥阳市	20106		1463	65374		103
新密市	52298			181847		
新郑市	39987		16025	80131		19946
登封市	29731		4000	76269		9480
经开区	827678	778966	702	1445756	1248636	5311
高新区	312723	276769		1824306	1619191	
郑东新区	162695	30756		439981	80566	
航空港实验区	6451			2404		

9-12 各县(市)区建筑业实收资本及资产合计

(2017 年)

单位:千元

县(市)区	实收资本	国有控股	集体控股	资产合计	国有控股	集体控股
郑州市	**95601059**	**19344807**	**958351**	**364665385**	**203153140**	**2943980**
中原区	6193085	2630290	221110	33095457	19412248	593170
二七区	5740562	3256571	55915	33110175	25293594	226990
管城区	3152423	522350		19328510	7036868	
金水区	53407781	8223382	68000	150900213	94478726	419249
上街区	888966	310515	10024	4781076	1948924	37110
惠济区	2892398	23800	5000	8930822	870351	21659
中牟县	1111628	10000	172230	5689958	31344	479802
巩义市	633270		23660	1737422		138677
荥阳市	1986910	2407	6060	6415074	27548	8155
新密市	1483316	20000	5000	5417004	24614	48019
新郑市	1365169	20000	134760	4740377	115992	359938
登封市	962755	24000	160095	2506096	387401	398150
经开区	5424606	3127580	96497	43733286	36522285	213061
高新区	3801175	830152		25118873	14172696	
郑东新区	6446046	343760		18749809	2830549	
航空港实验区	110969			411233		

9-13 各县(市)区建筑业流动资产及固定资产

(2017 年)

单位:千元

县(市)区	流动资产合计	国有控股	集体控股	固定资产合计	国有控股	集体控股
郑州市	**310684532**	**176834038**	**2367074**	**23088263**	**8470578**	**514217**
中原区	27825074	17038321	489200	2389752	840325	86788
二七区	30552284	23742824	195024	1752170	1060119	26620
管城区	15978215	6157422		1689738	594856	
金水区	128771528	79748656	383060	5934201	1737869	36188
上街区	4440326	1777254	31340	196738	86997	5728
惠济区	7400783	869323	17910	720842	996	3749
中牟县	4047946	27402	322974	1370937	3942	126828
巩义市	1256896		98265	258737		40318
荥阳市	5452452	10665	3892	573077	16069	4263
新密市	4444936	24104	42872	545092	509	5146
新郑市	3808733	115878	286325	510853	105	65507
登封市	1990796	258970	293370	392258	89310	103012
经开区	39164961	33722483	202842	2904893	2203089	10070
高新区	20252473	10702017		2403974	1691853	
郑东新区	14979708	2638719		1437874	144539	
航空港实验区	317421			7127		

9-14 各县(市)区建筑业工程结算收入及负债合计

(2017年)

单位:千元

县(市)区	负债合计	国有控股	集体控股	主营业务收入	国有控股	集体控股
郑州市	**252877098**	**169417586**	**1540100**	**331600035**	**166306316**	**3335800**
中原区	23089365	14930848	304623	36040819	16516317	338879
二七区	24712907	20557130	110122	28248064	20467477	104957
管城区	13961104	6319866		16389884	3175490	
金水区	110641129	79746876	294213	120631639	59421010	527525
上街区	3571278	1553076	26442	2516850	914567	17163
惠济区	4875364	583700	479	8706316	216865	13747
中牟县	1267613	18672	296652	4364805	16550	917068
巩义市	724017		76078	1618181		18900
荥阳市	3798647	5158	2095	9520054		3253
新密市	2650484	4016	37658	5938130	1312	57572
新郑市	2063155	80644	119981	2474605	88501	545056
登封市	1141884	351950	179246	2876158	1064280	584019
经开区	34161878	31002046	92511	50903705	46202041	207661
高新区	17950459	12523345		24942531	15986073	
郑东新区	8097908	1740259		16208606	2235833	
航空港实验区	169906			219688		

9-15 各县(市)区建筑业利润、利税总额

(2017年)

单位:千元

县(市)区	利润总额	国有控股	集体控股	利税总额	国有控股	集体控股
郑州市	**11840870**	**3603057**	**117396**	**21621548**	**6592975**	**253210**
中原区	1329203	664242	15682	2500160	1084864	26125
二七区	809046	526482	3322	1396800	873232	7930
管城区	709486	114783		1209670	199425	
金水区	4135595	1196325	15484	7385645	1762623	29164
上街区	50823	36724	456	190052	98973	996
惠济区	400887	78006	1024	778023	117821	1580
中牟县	204032	28	22011	416183	524	72849
巩义市	148777		338	211291		1673
荥阳市	488407	15635	221	833780	15635	423
新密市	506394	5	281	744789	92	1021
新郑市	168940	1996	23158	284941	2546	56922
登封市	117949	2552	26649	196096	4411	44642
经开区	1015951	660501	8770	2209123	1684843	9885
高新区	825577	288533		1717081	671098	
郑东新区	897597	17245		1508731	76888	
航空港实验区	32206			39183		

主要统计指标解释

建筑业统计单位 指从事房屋、构筑物建造和设备安装活动的法人企业。建筑业法人企业应同时具备的条件是:①依法成立,有自己的名称、组织机构和场所,能够承担民事责任;②独立拥有和使用资产,承担负债,有权与其他单位签订合同;③独立核算盈亏,能够编制资产负债表。

建筑业总产值(即自行完成施工产值) 是以货币表现的建筑安装企业在一定时期内生产的建筑业产品的总和。建筑业总产值包括:

(1)建筑工程产值:指列入建筑工程预算内的各种工程价值。

(2)设备安装工程产值:指设备安装工程价值,不包括被安装设备本身价值。

(3)房屋、构筑物修理产值:指房屋、构筑物修理所完成的价值,但不包括被修理房屋、构筑物本身的价值和生产设备的修理价值。

(4)非标准设备制造产值:指加工制造没有定型的、非标准的生产设备的加工费和原材料价值,以及附属加工厂为本企业承建工程制作的非标准设备的价值。

建筑业增加值 指建筑业企业在报告期内以货币表现的建筑业生产经营活动的最终成果。目前建筑业增加值采用分配法(收入法)计算,即从收入的角度出发,根据生产要素在生产过程中应得的收入份额计算。具体计算公式为:

建筑业增加值=本年提取的固定资产折旧+应付工资+应付福利费+管理费用中的劳动待业保险金、税金+工程结算税金及附加+工程结算利润

房屋建筑施工面积 指在报告期内施工的全部房屋建筑面积,包括本期新开工的房屋面积、上期施工跨入本期继续施工的房屋面积、上期停缓建在本期恢复施工的房屋面积、本期竣工的房屋面积及本期施工后又停缓建的房屋面积。

房屋建筑竣工面积 指在报告期内房屋建筑按照设计要求全部完工,达到了住人和使用条件,经验收鉴定合格,正式移交使用单位的房屋建筑面积。

自有机械设备年末总台数 指归本企业所有,属于本企业固定资产的生产性机械设备年末总台数。包括施工机械、生产设备、运输设备以及其他设备。

自有机械设备年末总功率 指本企业自有施工机械、生产设备、运输设备以及其他设备等列为在册固定资产的生产性机械设备年末总功率,按设定能力或查定能力计算。包括机械本身的动力和为该机械服务的单独动力设备,如电动机等。计算单位用千瓦,动力换算可按 1 马力=0.735 千瓦折合成千瓦数。电焊机、变压器、锅炉不计算动力。

工程结算收入 指企业承包工程实现的工程价款结算收入,以及向发包单位收取的除工程价款以外的按规定列作营业收入的各种款项,如临时设施费、劳动保险费、施工机械调迁费等以及向发包单位收取的各种索赔款。

工程结算利润 指已结算工程实现的利润,如亏损以"-"号表示。计算公式为:

工程结算利润=工程结算收入-工程结算成本-工程结算税金及附加

企业总收入 指与企业生产经营直接有关的各项收入,包括工程结算收入和其他业务收入。计算公式为:

企业总收入=工程结算收入+其他业务收入

十、交通运输和邮电通讯

10-1 公路里程、桥梁、涵洞年报

（2017 年）

指 标	单位	合计	干线	国道	省道	县道	乡道	村道
公路里程合计	**公里**	**11692**	**1314**	**436**	**878**	**1345**	**2941**	**5476**
高速公路	公里	617						
一级公路	公里	433	433	139	295			
二级公路	公里	1804	610	223	387	576	391	227
三级公路	公里	1187	122	37	85	368	522	175
四级公路	公里	6679	136	30	106	379	1949	4215
等外公路	公里	973	13	8	5	22	79	859
按路面等级分	**公里**	**11075**	**1314**	**436**	**878**	**1345**	**2941**	**5476**
有铺装路面里程合计	公里	9356	1188	364	824	1277	2665	4226
沥青混凝土	公里	3624	1071	343	729	867	1055	631
水泥混凝土	公里	5732	116	21	95	410	1610	3595
简易铺装路面里程	公里	757	113	64	49	43	193	407
未铺装路面里程	公里	963	13	8	5	24	82	843
可绿化里程	**公里**	**10495**	**1283**	**412**	**871**	**1339**	**2912**	**4963**
绿化里程	**公里**	**6630**	**1163**	**341**	**823**	**1233**	**1915**	**2317**
养护里程	**公里**	**10652**	**1314**	**436**	**878**	**1345**	**2928**	**5064**
涵洞								
	道	2723	730	251	479	504	622	867
	米	36855	20383	6330	14053	6538	4924	5010
公路桥梁合计	**座**	**863**	**305**	**98**	**207**	**169**	**212**	**177**
	延米	76045	54435	23258	31178	8111	7717	5782
#危桥	座	69	15	6	9	13	17	24
	延米	2376	614	328	286	608	500	654
互通式立交桥	座	2	2	1	1			
	延米	1842	1842	1732	110			
按建筑材料和使用性质分								
永久性	座	862	305	98	207	169	212	176
	延米	76032	54435	23258	31178	8111	7717	5769
半永久性	座	1						1
	延米	13						13
按跨径分								
特大桥	座	7	6	3	3	1		
	延米	22347	21297	14018	7279	1050		
大桥	座	120	90	20	70	10	13	7
	延米	29594	25210	6303	18907	1764	1670	950
中桥	座	268	103	39	64	63	67	35
	延米	14960	5894	2196	3697	3387	3482	2197
小桥	座	468	106	36	70	95	132	135
	延米	9144	2035	741	1294	1910	2565	2635

10-2 民用车辆拥有量

（2017 年）

单位:辆

指标	总计							报废
		营运	非营运	校车	进口	个人	新注册	
合计	**3827096**	**210741**	**3507471**	**1244**	**167524**	**3397824**	**473054**	**416896**
汽车	**3128693**	**175628**	**2951821**	**1244**	**164447**	**2853065**	**456806**	**323680**
载客汽车	2916425	33496	2881685	1244	164033	2724552	424922	110491
#大型	20205	15198	4175	832	168	148	2028	14733
中型	5706	966	4328	412	253	1393	235	10252
小型	2836124	17317	2818807		163169	2672976	419467	63983
微型	54390	15	54375		443	50035	3192	21523
#轿车	1768135	16859	1751276		55815	1673287	241839	44455
载货汽车	185090	131292	53798		413	103015	31884	128128
#重型	49811	47218	2593		39	17922	10844	37767
中型	6932	5640	1292		3	4168	317	21951
轻型	127889	78280	49609		371	80608	20722	45373
微型	458	154	304			317	1	23037
#普通载货	70124	34158	35966		350	54582	7346	47978
其它汽车	27178	10840	16338		1	25498		85061
#三轮汽车	15533	5056	10477		1	14591		64420
低速货车	11645	5784	5861			10907		20641
摩托车	**538483**	**19**	**538464**		**2335**	**532428**	**3097**	**78127**
普通	521236	19	521217		2322	515289	3088	69336
轻便	17247		17247		13	17139	9	8791
拖拉机	**107640**							**21**
挂车	**18760**	**17278**	**1482**		**25**	**3232**	**5198**	**7261**
其他类型车	**33520**	**17816**	**15704**		**717**	**9099**	**7953**	**7807**

补充资料:1. 机动车驾驶员 3957943 人。2. 数据来源:郑州市公安局。

10-3 邮电通信行业基本情况

(2017 年)

指标名称	计量单位	本年实际	指标名称	计量单位	本年实际
邮政业网点及邮递线路			#期刊数	万份	670
营业网点	处	245	固定本地电话通话时长	万分钟	166092
#邮政局所	处	245	固定长途电话通话时长	万分钟	19934
邮政信筒信箱	个	491	移动电话通话时长合计	万分钟	4617451
邮路条数	条	397	#去话通话时长	万分钟	2856944
邮路总长度	公里	403534	非漫游	万分钟	4201902
#汽车邮路	公里	107770	国内漫游	万分钟	816006
铁路邮路	公里	7007	国际及港澳台漫游	万分钟	817
航空邮路	公里	288756	移动短信业务量	亿条	31
农村投递线路总长度	公里	17236	移动电话年末用户	万户	1506
城市投递线路总长度	公里	11655	#3G 移动电话用户	万户	47
通信业务量			本年移动电话新增用户	万户	141
邮电业务总量(2010 年不变价)	万元	4844983	固定本地电话年末用户	万户	163
邮政业务总量	万元	1237987	#公用电话用户	万户	21
电信业务总量	万元	3606996	城市电话用户	万户	139
函件	万件	4473	#住宅电话用户	万户	68
包裹	万件	36	农村电话用户	万户	24
汇票	万笔	48	#住宅电话用户	万户	18
快递	万件	49139	互联网接入用户数	万户	-
#国内同城快递	万件	10720	#互联网宽带接入用户	万户	320
国内异地快递	万件	36704	**电信主要通信能力**		
国际及港澳台快递	万件	1715	光缆线路长度	公里	89717
快递业务收入	亿元	58	固定长途电话交换机容量	万门	207
订销报刊期发数	万份	87	局用电话交换机容量	万门	55
#期刊数	万份	34	移动电话交换机容量	万门	2214
订销报刊累计数	万份	11993	移动电话基站	万个	4

10-4 电话用户情况

（2017 年）

县(市)区	计量单位	移动电话用户期末数	本地电话用户期末数
市区	户	10021299	1044674
上街区	户	208173	35070
中牟县	户	934486	61775
巩义市	户	788027	92638
荥阳市	户	734305	97892
新密市	户	830389	77862
新郑市	户	1203926	68831
登封市	户	684225	87303
航空港实验区	户	56451	2807

10-5 社会客货运输量

（2017 年）

指　　标	单位	总　计	铁路	航空	公路	天然气管道
货运量	万吨	25130	3034	23	22073	91
货运周转量	万吨公里	7791885	2024547	185694	5581645	91
客运量	万人	14752	5418	519	8815	
客运周转量	万人公里	3292852	1524386	724230	1044236	
换算周转量	万吨公里	9472797	3548933	237796	5686068	91

注:1. 天然气管道外购量:130025 万立方;2. 换算货运量周转量 91.0 万吨;3. 换算比例 0.7 千克。

10-6 新郑国际机场运输生产情况

（2017 年）

指　　标	单位	工作量	增长%	份额%
旅客吞吐量	**人次**	**24299073**	**17.0**	**100.0**
航线				
国内航线	人次	23010256	18.0	94.7
国际地区航线	人次	1288817	1.8	5.3
流向				
出港人数	人次	13067189	15.2	53.8
进港人数	人次	11231884	19.3	46.2
货邮吞吐量	**吨**	**502714.8**	**10.1**	**100.0**
航线				
国内航线	吨	166028.2	-8.6	33.0
国际地区航线	吨	336686.6	22.4	67.0
流向				
出港货邮	吨	285914.9	12.7	56.9
进港货邮	吨	216799.9	6.8	43.1
总起降架次	**架次**	**195718**	**9.9**	**-**
其中运输飞行架次	**架次**	**195028**	**9.9**	**100.0**
航线				
国内航线	架次	178443	11.9	91.5
国际地区航线	架次	16585	-7.8	8.5
流向				
出港架次	架次	97515	9.9	50.0
进港架次	架次	97513	9.9	50.0

注：数据来源，河南省机场集团有限公司。

主要统计指标解释

公路里程 指在一定时期内实际达到《公路工程技术标准 JTJ01—88》规定的等级公路，并经公路主管部门正式验收交付使用的公路里程数。其计算单位为：km。它包括大中城市的郊区公路以及通过小城镇街道部分的公路里程，也包括桥梁、渡口的长度，但不包括大中城市的街道、厂矿、林区生产用道和农业生产用道的里程。两条或多条公路共同经由同一路段，只计算一次，不得重复计算里程长度。公路里程是反映公路建设发展规模的重要指标，也是计算运输网密度等指标的基础资料。

货(客)运量 指在一定时期内，各运输部门实际运送的货物(旅客)数量。是反映运输业为国民经济和人民生活服务的数量指标，也是制定和检查运输生产计划，研究运输发展规模和速度的重要指标。货运按吨计算，客运按人计算。货物不论运输距离长短，货物类别，均按实际重量统计；旅客不论里程远近或票价多少，均按一人一次作为客运量统计。半价票、小孩票也按一人统计。

货物(旅客)周转量 指在一定时期内，由各种运输工具运送的货物(旅客)数量与其相应运输距离的乘积之总和，是反映运输业生产总成果的重要指标，也是编制和检查运输生产计划，计算运输效率、劳动生产率以及核算运输单位成本的主要基础资料。通常以吨公里和人公里为计算单位。计算货物周转量通常按发出站到达站之间的最短距离，也就是计费距离计算。

邮电业务总量 指以货币表现的邮电部门用于传递信息和提供其他邮电服务的总数量。它综合反映了一定时期邮电工作的总成果，是研究邮电业务量构成和发展趋势的重要指标。根据邮电管理体制不同，分为中央国营业务总量和地方国营业务总量。它用各种邮电分类业务量，如函件件数、电报份数、长话张数、市内电话和农村电话的年均户数、订销报刊累计份数等，分别乘以相应的平均单价(不变价)，加总后再加上出租电路和设备的收入、代用户维护电话交换机和线路等设备的收入、其他业务收入求得。

十一、国内贸易

11-1 社会消费品零售总额

(2017 年)

单位:万元

类 别	合 计	限额以上单位	限额以下单位
社会消费品零售总额	**40572205**	**18884252**	**21687953**
按销售单位所在地分			
城镇	36860623	18117126	18743497
乡村	3711582	767126	2944456
按行业分			
批发业	4745503	2287438	2458065
零售业	29218324	15468417	13749907
住宿业	254587	186332	68255
餐饮业	6353791	942065	5411726

11-2 分县(市)区社会消费品零售总额

(2017 年)

单位:万元

县(市)区	合 计	批发零售业	住宿餐饮业
中原区	1763263	1372970	390293
二七区	4709987	4250986	459001
管城区	3152212	2919397	232815
金水区	7708308	6230178	1478130
上街区	601588	513356	88232
惠济区	1243703	1189880	53823
中牟县	1188775	1146172	42603
巩义市	3092172	2374571	717601
荥阳市	2889013	2185469	703544
新密市	3146533	2578674	567859
新郑市	2655212	2267366	387846
登封市	2477444	2152917	324527
经开区	2156307	2140230	16077
高新区	993812	961608	32204
郑东新区	1697038	1611948	85090
航空港实验区	1099855	881035	218820

11-3 限额以上批发和零售业商品

（2017 年）

指标名称	法人企业数（个）	个体（产业）单位数（个）	从业人员期末人数（人）	商品购进额	进口
总计	**1935**	**529**	**130011**	**54615630**	**1262640**
批发业	**884**	**43**	**47670**	**40446412**	**755013**
农、林、牧产品批发	**37**	**2**	**2373**	**908244**	**369765**
谷物、豆及薯类批发	8		204	195808	5145
种子批发	11		707	52875	
饲料批发	5	1	130	104821	1534
棉、麻批发	4		72	33716	
林业产品批发	1		30	3918	
牲畜批发	2	1	1099	140832	
其他农牧产品批发	6		131	376273	363087
食品、饮料及烟草制品批发	**77**	**12**	**4390**	**1462249**	**7316**
米、面制品及食用油批发	14		894	138320	
糕点、糖果及糖批发	4	1	365	129858	
果品、蔬菜批发	15	2	577	46881	
肉、禽、蛋、奶及水产品批发	11	4	392	53029	
盐及调味品批发	5	4	405	31940	
营养和保健品批发	1		65	5969	37
酒、饮料及茶叶批发	12	1	310	61351	
烟草制品批发	2		529	890294	5828
其他食品批发	13		853	104609	1451
纺织、服装及家庭用品批发	**61**	**1**	**4640**	**3359088**	**55519**
纺织品、针织品及原料批发	16		462	337086	45169
服装批发	20		1197	149298	155
鞋帽批发	1		22	4873	
化妆品及卫生用品批发	4		474	78265	
厨房、卫生间用具及日用杂货批发	3	1	183	24363	
灯具、装饰物品批发	1		37	5488	
家用电器批发	13		2186	2737224	
其他家庭用品批发	3		79	22492	10196
文化、体育用品及器材批发	**25**		**1844**	**1439150**	**9606**
文具用品批发	6		119	205568	
体育用品及器材批发	2		288	79767	
图书批发	6		915	557205	
首饰、工艺品及收藏品批发	5		268	336063	
其他文化用品批发	6		254	260546	9606
医药及医疗器材批发	**112**		**14541**	**6944047**	**47616**
西药批发	28		4032	2228215	
中药批发	31		7273	3149236	522
医疗用品及器材批发	53		3236	1566595	47094
矿产品、建材及化工产品批发	**351**	**21**	**11264**	**18827607**	**119090**
煤炭及制品批发	67		1294	2203789	86585
石油及制品批发	28		3286	5600318	
非金属矿及制品批发	26		685	167955	179

购进、销售、库存总额

单位:万元

商品 销售额	批发额	出口	零售额	期末商品 库存额	年末零售 营业面积 (万平方米)
58765746	**41009892**	**789323**	**17755855**	**3294774**	**400.10**
41801675	**39514237**	**783509**	**2287438**	**1914089**	**62.17**
985739	**965784**	**73520**	**19955**	**67104**	**3.46**
209355	209336		20	30180	0.12
74243	73654		589	18552	0.55
109061	100988		8073	4444	0.24
35709	29125	4116	6584	4669	0.02
4087	2244		1844	45	
153238	151436	66515	1802	340	1.66
400045	399001	2889	1044	8875	0.87
2083135	**1943485**	**30745**	**139650**	**135668**	**2.03**
193732	168355	521	25377	31849	0.22
148250	102524		45726	17275	0.15
58348	54724		3624	3226	1.17
57493	52554	4439	4939	9013	0.20
37629	36458		1171	2716	0.06
6631	6631	6254		53	
76531	64794		11737	18960	0.09
1358554	1336650	7181	21904	43068	0.01
145967	120795	12351	25172	9509	0.15
3727428	**3670462**	**142353**	**56966**	**265732**	**1.07**
345366	345365	100156	1	5023	0.14
172160	152591	40477	19569	30391	0.52
6951	1835		5116	9325	0.01
83481	83481			9760	0.05
27035	24467	1288	2568	2555	0.06
8527	6957		1570	2032	0.06
3060607	3033462		27145	204226	0.20
23300	22303	432	997	2422	0.03
1419749	**1377408**	**5455**	**42341**	**148824**	**1.40**
207328	202924		4404	17468	0.08
90100	75127		14973	10961	
551682	541639		10044	26166	0.92
300862	292163	4550	8700	77696	0.25
269777	265556	906	4221	16534	0.14
7810111	**7591317**	**886**	**218794**	**460802**	**2.57**
2584735	2456863		127872	187255	0.94
3448607	3409866	886	38741	169611	1.00
1776770	1724589		52181	103936	0.62
17742395	**16367537**	**156756**	**1374859**	**608938**	**44.18**
2271503	2247126	12843	24377	83894	5.31
4132092	2925228		1206864	313949	30.98
191860	189254	6258	2606	7142	1.35

11-3 续表1 （2017年）

指标名称	法人企业数（个）	个体（产业）单位数（个）	从业人员期末人数（人）	商品购进额	进口
金属及金属矿批发	115	2	2545	5162751	24581
建材批发	60	15	2134	1234929	2707
化肥批发	7	4	250	684926	
农药批发	5		310	13218	3500
其他化工产品批发	43		760	3759721	1538
机械设备、五金产品及电子产品批发	**197**	**5**	**7930**	**7257646**	**123834**
农业机械批发	5		106	22666	
汽车批发	24		1349	1547658	
汽车零配件批发	20		559	166459	
摩托车及零配件批发	3		77	3980	
五金产品批发	17	4	336	92717	
电气设备批发	9	1	292	71376	983
计算机、软件及辅助设备批发	23		506	137397	
通讯及广播电视设备批发	23		865	632287	120175
其他机械设备及电子产品批发	73		3840	4583106	2675
贸易经纪与代理	**2**		**21**	**41808**	
贸易代理	1		12	35504	
其他贸易经纪与代理	1		9	6304	
其他批发业	**22**	**2**	**667**	**206574**	**22267**
再生物资回收与批发	7	1	130	51672	2115
其他未列明批发业	15	1	537	154902	20153
按登记注册类型分					
内资企业	**877**	**2**	**46865**	**37277187**	**754976**
国有企业	12		1161	987907	
股份合作企业	1		151	6270	
有限责任公司	564		31965	27504427	637094
国有独资公司	22		2953	5118026	16024
其他有限责任公司	542		29012	22386401	621071
股份有限公司	24	1	5040	4943765	
私营企业	275		7514	3751909	117881
私营独资企业	1		29	13390	
私营有限责任公司	269		7373	3700324	117881
私营股份有限公司	5		112	38195	
其他企业	1	1	1034	82909	
港、澳、台商投资企业	**3**	**1**	**211**	**2797365**	
港澳台商独资企业	3	1	211	2797365	
外商投资企业	**4**	**1**	**132**	**124306**	**37**
中外合资经营企业	2	1	63	115471	
外资企业	2		69	8835	37
按控股情况分					
国有控股	88		12510	17650235	145159
集体控股	9		167	66450	
私人控股	629		23796	10804835	515757
港澳台商控股	3		96	2789650	

单位:万元

商品销售额	批发额	出口	零售额	期末商品库存额	年末零售营业面积(万平方米)
5277526	5201902	83220	75624	121561	3.19
1320653	1287651	3289	33002	35109	2.65
703824	695700		8125	9389	0.41
17199	16892		306	4077	0.06
3827738	3803784	51147	23955	33817	0.24
7762712	**7335239**	**358370**	**427474**	**189888**	**7.18**
24465	15881		8585	6788	0.06
1628750	1345558	4820	283192	24561	2.76
192333	189173	25825	3161	20956	0.10
15334	13256		2078	7408	0.09
123517	115997	21342	7521	5588	0.68
78705	73598		5108	2213	0.10
138951	128718		10233	12715	0.32
812358	807151	285179	5208	19070	0.42
4748299	4645909	21205	102390	90589	2.65
48617	**48593**	**6783**	**24**	**32**	**0.01**
41834	41810		24	32	0.01
6783	6783	6783			
221789	**214413**	**8641**	**7376**	**37101**	**0.27**
52820	52820			2023	0.13
168969	161593	8641	7376	35079	0.14
38604092	**36327070**	**707808**	**2277022**	**1903423**	**61.57**
1426742	1425772		971	38899	0.34
6239	6239			107	
29410279	28302825	517737	1107454	1290143	52.59
5199435	4867506	21934	331929	132496	31.89
24210843	23435319	495802	775525	1157648	20.70
3468524	2557312	5635	911212	223024	0.45
4200323	3947411	184436	252913	351210	7.98
19129	14875		4254	156	0.12
4138247	3890357	184436	247890	346267	7.18
42947	42179		769	4787	0.68
91985	87512		4473	40	0.20
2801649	**2801649**	**66515**		**2407**	
2801649	2801649	66515		2407	
130964	**130964**	**9186**		**250**	**0.10**
121401	121401			197	0.10
9563	9563	9186		53	
16853013	15497553	156793	1355460	722673	33.21
74023	72833		1190	6670	0.07
12086791	11328830	324200	757961	738311	20.36
2792142	2792142	66515		808	

11-3 续表 2 (2017 年)

指标名称	法人企业数（个）	个体（产业）单位数（个）	从业人员期末人数（人）	商品购进额	进口
外商控股	2		69	8835	37
其他	153		9394	8732012	94060
按经营形式分					
独立门店	454	42	19599	13030742	124372
连锁总店	2		314	12686	
其他	428	1	27757	27402984	630641
按单位规模分					
大型	30		17290	13666069	
中型	279		18912	15912215	632501
小型	491		9179	9853587	122072
微型	84		651	620146	440
零售业	**1051**	**486**	**82341**	**14169218**	**507627**
综合零售	**104**	**179**	**29387**	**2590881**	**11461**
百货零售	54	68	17708	1403906	644
超级市场零售	37	21	9114	576655	10817
其他综合零售	13	90	2565	610320	
食品、饮料及烟草制品专门零售	**66**	**31**	**3399**	**398374**	
粮油零售	8	2	143	28110	
糕点、面包零售	2	2	124	2112	
果品、蔬菜零售	13	1	434	44332	
肉、禽、蛋、奶及水产品零售	7	6	736	141522	
营养和保健品零售	2		51	1404	
酒、饮料及茶叶零售	14	6	376	52090	
烟草制品零售		3	20	1878	
其他食品零售	20	11	1515	126926	
纺织、服装及日用品专门零售	**55**	**76**	**3712**	**367711**	**491**
纺织品及针织品零售	6	5	264	22059	
服装零售	26	44	2233	215007	491
鞋帽零售	6	5	276	16298	
化妆品及卫生用品零售	8	9	424	37834	
钟表、眼镜零售	1	3	226	22847	
箱、包零售		1	4	706	
厨房用具及日用杂品零售		2	8	2527	
自行车零售		4	64	8644	
其他日用品零售	8	3	213	41790	
文化、体育用品及器材专门零售	**58**	**43**	**3222**	**330466**	
文具用品零售	5	4	100	19856	
体育用品及器材零售	9	4	880	69884	
图书、报刊零售	17		1252	86082	
珠宝首饰零售	8	29	590	101307	
工艺美术品及收藏品零售	3	4	189	13351	
乐器零售	6		63	17151	
照相器材零售	7	1	119	19307	

单位:万元

商品销售额	批发额	出口	零售额	期末商品库存额	年末零售营业面积（万平方米）
9563	9563	9186		53	
9564716	9402305	226815	162411	435678	8.03
14090881	12431184	184384	1659697	877422	50.79
14173	8370		5802	6146	0.19
27696622	27074683	599125	621939	1030521	11.19
13297734	11825877		1471857	612354	32.57
17142294	16537808	483037	604487	1043093	10.33
10255005	10064656	293626	190350	221108	17.57
685213	674886	6846	10328	27638	1.21
16964071	**1495655**	**5814**	**15468417**	**1380685**	**337.93**
4033241	**151885**	**50**	**3881357**	**184158**	**164.75**
2568529	83435	50	2485095	133571	97.80
748824	22841		725982	35682	57.99
715889	45609		670280	14906	8.95
477233	**159778**		**317455**	**28374**	**4.68**
30340	4010		26330	3461	0.53
3964	492		3471	181	0.21
53229	7785		45444	978	0.78
162451	101919		60531	1150	0.63
2074	1178		896	128	0.01
64979	15724		49255	13329	0.56
2269			2269	20	0.05
157927	28670		129258	9128	1.92
481166	**49018**		**432148**	**45981**	**10.74**
27003	6436		20567	1627	0.44
303389	10016		293373	32727	8.23
17531	3375		14156	2432	0.62
45189	19754		25435	5821	0.81
28397	346		28051	840	0.16
1404			1404	7	0.04
2707	342		2365	102	0.05
8608	5845		2763	97	0.17
46938	2904		44034	2328	0.24
387611	**88666**		**298944**	**100416**	**5.80**
21210	5221		15989	3245	0.09
71694	18199		53495	16205	0.51
107838	33127		74710	25804	2.84
109673	12241		97432	46565	1.80
31200			31200	3525	0.19
21288	10436		10852	2170	0.17
21009	8244		12765	2150	0.12

11-3 续表 3 （2017 年）

指标名称	法人企业数（个）	个体（产业）单位数（个）	从业人员期末人数（人）	商品购进额	进口
其他文化用品零售	3	1	29	3528	
医药及医疗器材专门零售	**32**	**6**	**7914**	**326833**	**2200**
药品零售	28	6	7860	319626	2200
医疗用品及器材零售	4		54	7207	
汽车、摩托车、燃料及零配件专门零售	**353**	**31**	**22286**	**7827202**	**458911**
汽车零售	279	16	20153	7382666	458911
汽车零配件零售	16	3	631	145859	
摩托车及零配件零售	2	2	47	5650	
机动车燃料零售	56	10	1455	293026	
家用电器及电子产品专门零售	**284**	**41**	**8385**	**1513919**	**28**
家用视听设备零售	21	7	465	56670	
日用家电设备零售	28	26	3495	710105	
计算机、软件及辅助设备零售	176	2	2765	410778	28
通信设备零售	17	6	1097	288797	
其他电子产品零售	42		563	47569	
五金、家具及室内装饰材料专门零售	**62**	**76**	**2305**	**508828**	**382**
五金零售	35	11	1090	319405	
灯具零售	3	4	61	15591	
家具零售	10	35	867	95841	201
涂料零售	1	2	22	1632	
卫生洁具零售		2	14	4339	
木质装饰材料零售	1	1	7	3070	
陶瓷、石材装饰材料零售	1	15	132	37511	
其他室内装饰材料零售	11	6	112	31441	182
货摊、无店铺及其他零售业	**37**	**3**	**1731**	**305004**	**34154**
货摊纺织、服装及鞋零售	1		261	3263	
互联网零售	13		671	87456	34154
邮购及电视、电话零售	1		129	2364	
生活用燃料零售	12		356	100945	
其他未列明零售业	10	3	314	110976	
按登记注册类型分					
内资企业	**1028**	**4**	**62838**	**11349806**	**469703**
国有企业	5	1	253	25535	
集体企业	5		85	17643	
联营企业	1		60		
其他联营企业	1		60		
有限责任公司	684	1	43193	8618669	360301
国有独资公司	4		195	91429	
其他有限责任公司	680	1	42998	8527240	360301
股份有限公司	20		6499	272139	33152
私营企业	311	2	12723	2415344	76250
私营独资企业	10		118	16182	
私营合伙企业	1	1	91	3656	
私营有限责任公司	288		12223	2349503	76126
私营股份有限公司	12	1	291	46004	125

单位:万元

商品销售额	批发额	出口	零售额	期末商品库存额	年末零售营业面积(万平方米)
3699	1198		2500	752	0.08
412474	**11383**		**401091**	**45566**	**7.11**
404355	4203		400152	44551	7.10
8119	7180		939	1015	0.02
8139856	**198405**		**7941450**	**792434**	**79.93**
7576497	151459		7425038	768409	69.27
161843	30632		131212	12002	2.24
5548			5548	501	0.22
395967	16314		379652	11522	8.20
1797902	**483803**		**1314099**	**151948**	**31.07**
68139	128		68011	7515	1.98
759582	71841		687741	67899	20.26
482702	176074		306629	42570	6.43
428058	219070		208988	26675	1.74
59422	16691		42731	7289	0.65
572591	**220050**	**244**	**352540**	**15466**	**23.17**
349452	206999		142453	9362	1.63
16836	1690		15145	538	0.36
110488	4674	244	105815	2270	19.69
1725	580		1145	28	0.05
5277			5277	133	0.09
3354			3354	76	0.02
41153	4008		37145	1206	0.55
44307	2100		42207	1852	0.77
661998	**132667**	**5520**	**529332**	**16343**	**10.67**
5520	5520	5520			
406697	1463		405234	7920	5.50
3289	10		3279	161	0.01
120608	59605		61003	2912	1.56
125885	66069		59816	5351	3.60
13204923	**1356393**	**5814**	**11848530**	**1198748**	**267.94**
27299	14250		13050	3428	0.56
16884	5781		11103	6121	0.47
					0.20
					0.20
10158247	1073898	5764	9084350	869631	199.19
94618	47453		47165	1238	0.47
10063629	1026445	5764	9037185	868393	198.71
419456	19670		399786	36257	13.46
2582438	242738	50	2339700	283206	53.96
20847	6929		13918	1755	0.61
3613			3613	923	0.36
2505782	229127	50	2276655	253984	51.85
52197	6682		45515	26544	1.14

11-3 续表 4 （2017 年）

指标名称	法人企业数（个）	个体（产业）单位数（个）	从业人员期末人数（人）	商品购进额	进口
其他企业	2		25	476	
港、澳、台商投资企业	**11**	**1**	**8514**	**836986**	**37924**
与港澳台商合资经营企业	4		717	307077	3770
港澳台商独资企业	5		6176	416518	34154
港澳台商投资股份有限公司	2	1	1621	113391	
外商投资企业	**12**		**2106**	**343073**	
中外合资经营企业	4		536	97711	
外资企业	4		1151	77155	
外商投资股份有限公司	3		350	154850	
其他外商投资企业	1		69	13357	
按控股情况分					
国有控股	28		2123	494114	36391
集体控股	16		876	175609	
私人控股	784		45469	7944360	248686
港澳台商控股	8		8100	713542	34154
外商控股	13		2113	343968	
其他	202		14633	2852061	188397
按经营形式分					
独立门店	847	470	61102	12084966	451375
连锁总店	27	1	13099	846324	2200
连锁直营店	6	3	1496	224385	
其他	171	12	6644	1013544	54053
按单位规模分					
大型	22		23953	2319888	
中型	303		36994	7457031	441575
小型	451		10588	2256242	23154
微型	275		1779	490492	42899
有店铺零售	**974**	**486**	**79601**	**13633349**	**473255**
食杂店	3	2	54	16027	
便利店	6	53	1095	239084	
折扣店	1	1	17	60	
超市	37	90	3711	323827	20
大型超市	24	3	16419	1004465	624
仓储会员店	4		31	3491	
百货店	63	72	9762	1176322	10817
专业店	519	155	25142	5666963	108182
专卖店	266	80	20952	4658026	353516
家居建材商店	7	25	504	63091	
购物中心	7	1	433	290350	
厂家直销中心	37	4	1481	191644	97
无店铺零售	**77**		**2740**	**535869**	**34373**
电视购物	1		129	2364	
邮购	1		13	1856	
网上商店	15		992	97831	34154
电话购物	1		9	1734	
其他	59		1597	432085	219

单位:万元

商　品 销售额	批发额	出口	零售额	期末商品 库存额	年末零售 营业面积 （万平方米）
599	57		542	106	0.11
1554169	**1596**		**1552572**	**92124**	**24.13**
319698	1596		318101	29417	0.95
1121501			1121501	56063	19.78
112970			112970	6643	3.40
379944	**6979**		**372965**	**37917**	**10.66**
99064	6094		92970	12165	1.60
107676	885		106791	10152	6.96
159840			159840	15018	1.97
13365			13365	581	0.14
599416	90914		508502	55523	11.51
303343	104052		199291	11154	4.10
8698257	827432	5814	7870825	874660	181.49
1430882			1430882	79004	23.43
380954	6979		373975	37923	10.67
3719596	335592		3384004	268613	70.52
14297062	1150455	294	13146607	1165017	264.30
966849	9450		957398	70875	39.89
209070			209070	39533	13.08
1491091	335749	5520	1155341	105260	20.66
3666789	204071		3462718	236997	93.09
8338093	352509	5520	7985584	825987	153.39
2582333	597892	294	1984442	226635	45.57
545232	210497		334735	37258	9.67
16056963	**1170146**	**5703**	**14886818**	**1348631**	**329.18**
16811	8924		7887	422	0.06
247341	25957		221384	7956	4.39
72	20		52	6	0.06
376884	18818	50	358066	18750	12.14
1861614	6030		1855584	100270	90.89
3740	874		2866	1264	0.10
1729591	114474		1615117	67321	57.31
6133418	427639	133	5705779	709571	101.65
5057410	354890	5520	4702520	420132	47.74
70698	6780		63918	2245	2.88
319315	191622		127693	5758	8.69
240069	14118		225951	14935	3.28
907108	**325509**	**111**	**581599**	**32055**	**8.75**
3289	10		3279	161	0.01
4065	4055		10	62	0.01
437602	15319		422283	12905	5.71
1734	1473		261	88	0.01
460419	304653	111	155766	18840	3.01

11-4　分县(市)区限额以上批发和零售业商品购销存总额

(2017 年)　　单位:万元

县(市)区	商品购进总额	#进口	商品销售额	批发额	#出口	零售额	期末商品库存额
中原区	1005638	45162	1141261	382200	7483	759060	75839
二七区	2183090		2641999	905766	15500	1736233	129061
管城区	4496791	36822	4974642	2821852	4607	2152790	440881
金水区	7186983	561473	8663958	4200555	262384	4463404	747976
上街区	164470	179	192046	174858	304	17188	8046
惠济区	3373350	78846	3630608	2335431		1295177	349297
中牟县	976801	2230	1030695	743502	183	287194	29879
巩义市	1278595	702	1365647	944805	1522	420842	57430
荥阳市	843576		919275	490241		429034	48924
新密市	691792		814811	512530		302281	34403
新郑市	3598122	7259	3725826	2741640		984186	227559
登封市	1015446		1256544	688639	12843	567905	39987
经开区	9933811	127950	11400269	9721320	22477	1678949	484389
高新区	4007907	39237	2487965	1704841	22002	783124	170204
郑东新区	7533865	145203	7954172	6155073	154841	1799100	362540
航空港实验区	6325394	217578	6566029	6486641	285179	79388	88359

11-5 分县(市)区限额以上批发和零售业法人企业财务状况

(2017年)

单位:万元

县(市)区	流动资产合计	#存货	固定资产原价	资产总计	所有者权益	#实收资本	主营业务收入
中原区	78511	94171	30092	553027	98896	55235	969011
二七区	128033	113082	45482	669289	4482	114736	2157035
管城区	343570	439612	158223	2572756	584974	229884	4199576
金水区	762731	680611	551782	4907860	1023309	929649	7535772
上街区	10475	8639	2119	45040	15049	9643	175628
惠济区	327757	245969	40756	1610858	256098	206126	3057350
中牟县	29379	29185	68112	296065	64797	67547	771695
巩义市	16548	26381	22169	171957	61512	46673	980105
荥阳市	24424	32272	229586	514626	147282	59894	584624
新密市	27194	36992	68202	316361	154663	70384	560337
新郑市	47009	68228	34588	430178	76224	86457	2536048
登封市	16940	18857	106057	486458	155740	116387	773946
经开区	467081	419271	154444	5654823	1262269	557578	9238872
高新区	132877	155257	106632	819949	325140	251952	2261925
郑东新区	402185	346569	68648	2885239	732921	446330	6935905
航空港实验区	37203	75654	17763	2760877	1089624	709399	5559148

11-5 续表

(2017年)

单位:万元

县(市)区	主营业务成本	主营业务税金及附加	管理费用	利润总额	应付职工薪酬	应交增值税
中原区	918966	1997	20684	11838	18613	7301
二七区	1979388	6674	59587	-4769	60106	36694
管城区	3815617	9902	73429	78904	82969	69273
金水区	6915499	18506	255853	157728	141944	106271
上街区	163283	347	3134	1893	2421	8074
惠济区	2907948	3578	24548	66188	28440	27260
中牟县	717278	2175	8308	-24101	20136	3535
巩义市	945448	2307	9020	14968	7925	2426
荥阳市	528955	1488	10514	14515	9003	7049
新密市	403389	14730	20688	87410	12513	13137
新郑市	2463222	1775	22443	6986	25006	5664
登封市	626641	12127	18803	70584	16972	15790
经开区	8390798	170041	140611	241434	132736	145599
高新区	2168009	1755	29303	7782	29605	10742
郑东新区	6683054	8665	57779	109948	51740	47910
航空港实验区	5441094	4991	12906	41367	6137	16017

11-6 限额以上批发和零售业法人企业财务状况

（2017 年）

单位:万元

指标	法人企业数（个）	执行《2006年企业会计准则》企业数（个）	年初存货	流动资产合计	应收帐款	存货	固定资产合计
总计	**1935**	**1590**	**2851919**	**20737633**	**4780375**	**2790751**	**1704656**
批发业	**884**	**743**	**1751607**	**15312214**	**4195867**	**1685851**	**807857**
按批发行业小类分							
农、林、牧产品批发	**37**	**30**	**118324**	**697367**	**135137**	**84573**	**53637**
谷物、豆及薯类批发	8	7	51064	332659	11143	40589	12038
种子批发	11	10	31278	87986	3269	27174	32128
饲料批发	5	4	5549	18509	6454	5089	611
棉、麻批发	4	3	4365	23213	4483	2819	3616
林业产品批发	1	1	12	552			
牲畜批发	2	2	451	24301	1866	46	1898
其他农牧产品批发	6	3	25605	210147	107922	8857	3348
食品、饮料及烟草制品批发	**77**	**59**	**167466**	**715529**	**34693**	**136273**	**105275**
米、面制品及食用油批发	14	9	47163	117019	8839	40393	21388
糕点、糖果及糖批发	4	4	16362	79323	3395	25585	6369
果品、蔬菜批发	15	12	1645	7072	701	1829	23373
肉、禽、蛋、奶及水产品批发	11	9	1183	7798	1220	1991	3111
盐及调味品批发	5	3	1743	7621	439	1015	13267
营养和保健品批发	1	1	27	2664	976		129
酒、饮料及茶叶批发	12	10	12183	47669	8552	16938	520
烟草制品批发	2	1	79095	367072	1382	40039	36039
其他食品批发	13	10	8064	79289	9191	8483	1080
纺织、服装及家庭用品批发	**61**	**49**	**372549**	**1561786**	**63716**	**235189**	**14203**
纺织品、针织品及原料批发	16	12	7944	179825	6945	4772	4653
服装批发	20	15	31906	97256	28360	32358	1539
鞋帽批发	1		10343	12024		9325	13
化妆品及卫生用品批发	4	3	9376	17110	5734	8741	119
厨房、卫生间用具及日用杂货批发	3	3	1951	9779	1610	2512	44
灯具、装饰物品批发	1	1	3012	5236	1432	2031	30
家用电器批发	13	13	306137	1229495	17246	173178	724
其他家庭用品批发	3	2	1880	11062	2388	2273	7081
文化、体育用品及器材批发	**25**	**23**	**125596**	**473319**	**71905**	**120944**	**31590**
文具用品批发	6	5	16440	54162	15141	17276	660
体育用品及器材批发	2	1	8204	13400	352	10961	138
图书批发	6	6	6895	239219	33225	10385	25326
首饰、工艺品及收藏品批发	5	5	82590	110980	7399	66979	4296
其他文化用品批发	6	6	11467	55557	15789	15344	1170
医药及医疗器材批发	**112**	**96**	**454874**	**4160677**	**2274680**	**408791**	**62657**
西药批发	28	25	186461	1311593	774872	160048	16963
中药批发	31	26	160316	1874498	967994	153368	35582
医疗用品及器材批发	53	45	108097	974586	531814	95375	10112
矿产品、建材及化工产品批发	**351**	**308**	**320326**	**6048732**	**1153421**	**479111**	**480648**
煤炭及制品批发	67	60	28612	786020	169749	79459	244297
石油及制品批发	28	24	96520	1351688	138625	199823	163409
非金属矿及制品批发	26	22	8658	53969	17237	7574	10609
金属及金属矿批发	115	105	85420	2165763	191523	126391	30577

11-6 续表1 （2017年） 单位:万元

指标	法人企业数(个)	执行《2006年企业会计准则》企业数(个)	年初存货				
				流动资产合计	应收帐款	存货	固定资产合计
建材批发	60	52	33126	929328	543058	24429	18926
化肥批发	7	6	13811	91998	3175	7656	3054
农药批发	5	3	3855	11640	884	4019	1058
其他化工产品批发	43	36	50326	658327	89172	29760	8717
机械设备、五金产品及电子产品批发	197	160	151899	1560651	448463	187769	54596
农业机械批发	5	5	3144	11816	3902	6775	792
汽车批发	24	18	13784	250074	29662	23104	3893
汽车零配件批发	20	17	22096	69915	20955	25208	2245
摩托车及零配件批发	3	2	8781	16355	1800	7514	188
五金产品批发	17	13	3178	34920	13740	3730	5245
电气设备批发	9	8	2504	27521	6688	1799	1822
计算机、软件及辅助设备批发	23	18	13255	54501	16877	14584	1157
通讯及广播电视设备批发	23	19	17677	338560	68628	18546	471
其他机械设备及电子产品批发	73	60	67480	756990	286210	86509	38785
贸易经纪与代理	2	2		2865	1651		13
贸易代理	1	1		1758	603		
其他贸易经纪与代理	1	1		1107	1048		13
其他批发业	22	16	40573	91290	12203	33201	5238
再生物资回收与批发	7	5	2358	14620	5439	2184	3852
其他未列明批发业	15	11	38215	76669	6764	31017	1386
按登记注册类型分							
内资企业	**877**	**736**	**1750550**	**14697205**	**4112095**	**1684899**	**806989**
国有企业	12	9	77080	396876	11689	40839	45863
股份合作企业	1	1	90	556	101	116	84
有限责任公司	564	473	1184612	11012719	3368434	1072257	335478
国有独资公司	22	20	139240	1098387	237659	117310	90326
其他有限责任公司	542	453	1045372	9914332	3130775	954947	245152
股份有限公司	24	20	168621	1753751	236788	261925	152465
私营企业	275	232	320127	1532604	494583	309562	272496
私营独资企业	1	1	23	944	15	150	1066
私营有限责任公司	269	227	315403	1518518	488378	306172	269386
私营股份有限公司	5	4	4701	13141	6190	3240	2045
其他企业	1	1	20	700	500	200	602
港、澳、台商投资企业	**3**	**3**	**887**	**594094**	**70881**	**808**	**727**
港、澳、台商独资经营企业	3	3	887	594094	70881	808	727
外商投资企业	**4**	**4**	**170**	**20915**	**12891**	**145**	**142**
中外合资经营企业	2	2	94	17903	11662	145	12
外资企业	2	2	76	3012	1230		130
按控股情况分							
国有控股	88	81	560746	4921994	1126830	576299	291984
集体控股	9	9	1540	46569	6702	4862	14791
私人控股	629	508	722883	5483128	1609136	732799	430733
港澳台商控股	3	3	887	594094	70881	808	727
外商控股	2	2	76	3012	1230		130

11-6 续表2 (2017年) 单位:万元

指标	法人企业数(个)	执行《2006年企业会计准则》企业数(个)	年初存货	流动资产合计	应收帐款	存货	固定资产合计
其他	153	140	465476	4263417	1381089	371083	69493
按经营形式分							
独立门店	454	371	740629	5024069	823694	748031	345677
连锁总店	2	2	481	5064	1062	1132	342
其他	428	370	1010497	10283082	3371111	936687	461838
按单位规模分							
大型	30	27	556590	4990755	1477924	574981	214617
中型	279	248	930765	6721298	1600814	852691	433937
小型	491	401	235809	3275898	1030589	238674	148184
微型	84	67	28443	324264	86540	19505	11120
零售业	**1051**	**847**	**1100312**	**5425419**	**584508**	**1104901**	**896799**
按零售行业小类分							
综合零售	**104**	**87**	**103519**	**1276872**	**21051**	**100577**	**530261**
百货零售	54	47	49497	1017943	8530	54192	494422
超级市场零售	37	31	51582	230780	9360	43220	32323
其他综合零售	13	9	2440	28149	3161	3165	3516
食品、饮料及烟草制品专门零售	**66**	**57**	**23817**	**90521**	**11282**	**29634**	**18746**
粮油零售	8	6	3107	6619	1165	3368	914
糕点、面包零售	2	1	874	781	496	120	37
果品、蔬菜零售	13	11	1083	6724	1286	930	10512
肉、禽、蛋、奶及水产品零售	7	7	1502	16150	3162	4854	4539
营养和保健品零售	2	2	183	482	206	124	26
酒、饮料及茶叶零售	14	13	11601	32076	2267	13972	1532
其他食品零售	20	17	5466	27688	2701	6265	1185
纺织、服装及日用品专门零售	**55**	**44**	**46472**	**117657**	**22597**	**44413**	**22328**
纺织品及针织品零售	6	5	7354	11118	927	5835	71
服装零售	26	21	28327	73667	14900	28518	9949
鞋帽零售	6	6	1373	4892	1411	1501	276
化妆品及卫生用品零售	8	5	5922	8944	525	5763	754
钟表、眼镜零售	1	1	1263	8804	3648	785	278
其他日用品零售	8	6	2235	10233	1187	2012	11000
文化、体育用品及器材专门零售	**58**	**43**	**78965**	**170943**	**30651**	**83735**	**30497**
文具用品零售	5	3	1068	7357	1787	2681	29
体育用品及器材零售	9	6	11027	24887	3269	14511	465
图书、报刊零售	17	15	15403	55174	16079	17232	27096
珠宝首饰零售	8	7	37047	56770	5476	41015	2759
工艺美术品及收藏品零售	3	2	10056	11440	1034	3137	54
乐器零售	6	4	1415	6137	889	2168	42
照相器材零售	7	4	2195	7131	1524	2138	17
其他文化用品零售	3	2	755	2048	594	854	36
医药及医疗器材专门零售	**32**	**23**	**35317**	**193382**	**72730**	**43738**	**39997**
药品零售	28	21	34683	184320	67280	42988	39981
医疗用品及器材零售	4	2	634	9061	5450	751	16

11-6 续表3 （2017 年） 单位：万元

指标	法人企业数（个）	执行《2006年企业会计准则》企业数（个）	年初存货				
				流动资产合计	应收帐款	存货	固定资产合计
汽车、摩托车、燃料及零配件专门零售	**353**	**280**	**679946**	**2712184**	**172727**	**677447**	**190905**
汽车零售	279	223	651793	2592008	159688	648186	170404
汽车零配件零售	16	12	20205	53018	5704	19312	2301
摩托车及零配件零售	2	1	275	1414	681	284	759
机动车燃料零售	56	44	7673	65744	6654	9666	17441
家用电器及电子产品专门零售	**284**	**237**	**116471**	**664194**	**192149**	**104820**	**28970**
家用视听设备零售	21	17	7693	17640	1240	6684	4104
日用家电设备零售	28	20	36602	209115	28231	33368	10861
计算机、软件及辅助设备零售	176	151	32960	218751	66902	34234	5671
通信设备零售	17	16	33359	179877	81168	24493	2922
其他电子产品零售	42	33	5858	38812	14608	6041	5413
五金、家具及室内装饰材料专门零售	**62**	**47**	**9050**	**108940**	**12912**	**12879**	**7601**
五金零售	35	26	6367	30855	9664	8399	5206
灯具零售	3	3	105	1197	6	105	245
家具零售	10	8	1139	66608	415	1713	1903
涂料零售	1	1	26	556	445	25	
木质装饰材料零售	1		25	312	81	64	46
陶瓷、石材装饰材料零售	1	1	380	2917	634	671	175
其他室内装饰材料零售	11	8	1008	6494	1667	1902	27
货摊、无店铺及其他零售业	**37**	**29**	**6756**	**90728**	**48409**	**7657**	**27495**
货摊纺织、服装及鞋零售	1	1		3363	799		9
互联网零售	13	11	1901	36425	25447	1267	4359
邮购及电视、电话零售	1	1	186	907	353	161	8
生活用燃料零售	12	10	867	29682	14742	1214	20099
其他未列明零售业	10	6	3802	20351	7068	5016	3020
按登记注册类型分							
内资企业	**1028**	**826**	**1008304**	**4542685**	**569052**	**1018755**	**436159**
国有企业	5	5	626	1771	85	58	1171
集体企业	5	4	3423	7269	121	4998	379
联营企业	1	1					
其他联营企业	1	1					
有限责任公司	684	552	727036	3359935	429640	705171	298795
国有独资公司	4	4	613	22184	13405	286	1461
其他有限责任公司	680	548	726424	3337751	416235	704884	297333
股份有限公司	20	20	38247	178225	24942	36398	62316
私营企业	311	242	238836	994928	113841	272131	73487
私营独资企业	10	7	266	2313	686	491	4179
私营合伙企业	1	1	27	46		27	61
私营有限责任公司	288	223	214468	954879	107096	245613	65044
私营股份有限公司	12	11	24076	37690	6059	26001	4203
其他企业	2	2	136	558	424		13
港、澳、台商投资企业	**11**	**10**	**51978**	**783995**	**6319**	**53428**	**451664**
合资经营企业（港或澳、台资）	4	3	26589	60183	5358	27102	20387
港、澳、台商独资经营企业	5	5	22594	614380	859	19683	411678

11-6 续表4 (2017年) 单位:万元

指标	法人企业数(个)	执行《2006年企业会计准则》企业数(个)	年初存货	流动资产合计	应收帐款	存货	固定资产合计
港、澳、台商投资股份有限公司	2	2	2795	109433	101	6643	19598
外商投资企业	**12**	**11**	**40030**	**98738**	**9137**	**32718**	**8976**
中外合资经营企业	4	4	14516	24045	5675	7715	3487
外资企业	4	4	10424	21999	2080	9452	2988
外商投资股份有限公司	3	2	14596	48521	1230	15051	2022
其他外商投资企业	1	1	494	4173	152	501	479
按控股情况分							
国有控股	28	26	39166	148947	23877	33740	50219
集体控股	16	15	7316	47594	969	9489	6895
私人控股	784	610	732254	3088043	362190	775285	260523
港澳台商控股	8	7	42459	760728	3990	42216	436247
外商控股	13	12	40044	98738	9137	32718	9518
其他	202	177	239072	1281369	184345	211454	133397
按经营形式分							
独立门店	847	674	929422	4625089	408024	927995	810914
连锁总店	27	24	75987	237521	39689	83181	62175
连锁直营店	6	4	14385	98964	16855	7044	802
其他	171	145	80518	463845	119940	86681	22907
按单位规模分							
大型	22	19	185132	1313116	107033	173215	500764
中型	303	255	685772	3031448	277111	681561	293675
小型	451	358	188662	877363	153754	203731	90628
微型	275	215	40746	203492	46610	46394	11732
按零售业态分							
有店铺零售	**974**	**788**	**1077758**	**5249564**	**510631**	**1080553**	**887281**
食杂店	3	2	543	1195	51	544	108
便利店	6	4	1933	4043	710	2362	741
折扣店	1		43	707		23	
超市	37	28	9636	25878	6490	9821	15880
大型超市	24	22	81298	843344	6149	70521	431747
仓储会员店	4	4	1287	4663	1674	1306	577
百货店	63	55	17358	391960	13502	24855	57638
专业店	519	430	537352	2175203	291277	572372	180211
专卖店	266	205	407548	1673137	163678	376809	154440
家居建材商店	7	2	884	1822	440	792	897
购物中心	7	6	5123	45652	2652	4819	32731
厂家直销中心	37	30	14754	81961	24009	16330	12312
无店铺零售	**77**	**59**	**22554**	**175855**	**73877**	**24348**	**9518**
电视购物	1	1	186	907	353	161	8
邮购	1	1	1011	1487	914		1
网上商店	15	13	5979	47312	29139	6110	4406
电话购物	1	1	46	157	18	88	2
其他	59	43	15333	125991	43453	17989	5101

11-6 续表 5　　(2017 年)　　单位:万元

指标	固定资产原价	房屋和构筑物	机器设备	运输工具	累计折旧	本年折旧
总计	**2249745**	**554653**	**221288**	**104691**	**707828**	**133602**
批发业	**1079122**	**346815**	**147398**	**57667**	**346759**	**57337**
按批发行业小类分						
农、林、牧产品批发	**93076**	**54130**	**11794**	**2540**	**41577**	**3692**
谷物、豆及薯类批发	14537	11011	811	260	2500	547
种子批发	47643	22823	9731	1768	15515	2761
饲料批发	1075				464	24
棉、麻批发	23073	17825	748	268	21086	112
林业产品批发						
牲畜批发	2467	1594	482	203	591	61
其他农牧产品批发	4282	878	22	41	1421	187
食品、饮料及烟草制品批发	**140013**	**51142**	**8432**	**8020**	**50843**	**8028**
米、面制品及食用油批发	25207	10286	1617	334	4552	2660
糕点、糖果及糖批发	8951				2586	429
果品、蔬菜批发	30023	800	3200	128	6651	1516
肉、禽、蛋、奶及水产品批发	4408	2300	1037	130	1308	146
盐及调味品批发	4127	3178	197	450	1798	165
营养和保健品批发	122		69	53	21	21
酒、饮料及茶叶批发	1283		574	69	763	76
烟草制品批发	63755	34478	1603	6570	32107	2946
其他食品批发	2136	100	136	286	1057	70
纺织、服装及家庭用品批发	**15233**	**5898**	**898**	**3873**	**8559**	**1311**
纺织品、针织品及原料批发	9615	5898	446	2275	5170	740
服装批发	2876		317	228	1452	214
鞋帽批发	16				4	
化妆品及卫生用品批发	816		35	332	697	42
厨房、卫生间用具及日用杂货批发	87		11		43	13
灯具、装饰物品批发	247		42	205	216	16
家用电器批发	1342		48	673	796	246
其他家庭用品批发	235			159	181	40
文化、体育用品及器材批发	**48142**	**40300**	**115**	**1419**	**16866**	**2307**
文具用品批发	716		5	77	272	45
体育用品及器材批发	633		46	339	495	58
图书批发	38531	37760	45	563	13249	1808
首饰、工艺品及收藏品批发	5195	433		32	953	165
其他文化用品批发	3067	2108	19	409	1897	231
医药及医疗器材批发	**83242**	**11656**	**10796**	**6990**	**35930**	**13707**
西药批发	29316	4067	2572	2014	12621	2909
中药批发	36310	4740	2594	2875	15267	8104
医疗用品及器材批发	17616	2848	5630	2102	8042	2694
矿产品、建材及化工产品批发	**620059**	**163462**	**106656**	**28063**	**165534**	**24774**
煤炭及制品批发	252707	18049	6706	5178	18521	8181
石油及制品批发	257710	111275	83528	11361	104920	11455
非金属矿及制品批发	12544	5354	960	1126	2822	423
金属及金属矿批发	49526	15478	10506	6088	20390	2134

11-6 续表 6　　(2017 年)　　单位:万元

指标	固定资产原价	房屋和构筑物	机器设备	运输工具	累计折旧	本年折旧
建材批发	23557	4651	3172	1939	7126	1452
化肥批发	4747	2291	962	1076	1703	243
农药批发	1612			111	554	82
其他化工产品批发	17656	6367	823	1185	9499	805
机械设备、五金产品及电子产品批发	**69216**	**17417**	**6180**	**5652**	**22554**	**3012**
农业机械批发	1134	352	42	37	343	25
汽车批发	6070	438	1122	357	2409	197
汽车零配件批发	3863	1837	517	770	1757	218
摩托车及零配件批发	1525				1337	20
五金产品批发	5746	40	53	207	818	197
电气设备批发	2784	405	353	87	1418	282
计算机、软件及辅助设备批发	2054		126	152	898	286
通讯及广播电视设备批发	1172	212	84	268	762	63
其他机械设备及电子产品批发	44869	14132	3883	3774	12813	1725
贸易经纪与代理	**56**				**42**	**4**
贸易代理						
其他贸易经纪与代理	56				42	4
其他批发业	**10086**	**2810**	**2528**	**1111**	**4854**	**502**
再生物资回收与批发	6629	2277	2521	614	2777	297
其他未列明批发业	3457	533	7	497	2076	205
按登记注册类型分						
内资企业	**1077558**	**346086**	**147271**	**57295**	**346036**	**57241**
国有企业	69246	41040	2085	7525	35054	3321
股份合作企业	466				382	24
有限责任公司	463686	157444	45954	27307	169892	25189
国有独资公司	107058	53785	1565	1017	38666	5325
其他有限责任公司	356628	103659	44389	26290	131226	19864
股份有限公司	226079	116576	79966	10888	86794	16715
私营企业	317442	31027	19267	11575	53877	11974
私营独资企业	1207				141	86
私营有限责任公司	312957	30172	18345	10907	52463	11789
私营股份有限公司	3278	854	921	668	1273	100
其他企业	639				37	18
港、澳、台商投资企业	**1329**	**728**	**58**	**319**	**602**	**69**
港、澳、台商独资经营企业	1329	728	58	319	602	69
外商投资企业	**236**		**69**	**53**	**121**	**28**
中外合资经营企业	98				86	6
外资企业	138		69	53	35	22
按控股情况分						
国有控股	412754	204454	80338	20391	168037	26593
集体控股	15209	12787	1222	362	431	169
私人控股	527593	84566	51574	28049	120279	24568
港澳台商控股	1329	728	58	319	602	69
外商控股	138		69	53	35	22

11-6 续表7 （2017年） 单位：万元

指标	固定资产原价	房屋和构筑物	机器设备	运输工具	累计折旧	本年折旧
其他	122100	44279	14137	8493	57374	5916
按经营形式分						
独立门店	475119	195057	77689	28121	176048	20902
连锁总店	500				158	70
其他	603504	151757	69709	29546	170552	36365
按单位规模分						
大型	335680	168945	79885	18317	145000	22290
中型	518324	130787	29457	23513	126524	24394
小型	210368	45971	37129	14877	70190	9871
微型	14750	1113	928	960	5045	783
零售业	**1170623**	**207839**	**73890**	**47023**	**361069**	**76265**
按零售行业小类分						
综合零售	**679772**	**43027**	**29198**	**1972**	**195653**	**33492**
百货零售	606062	41432	8497	1368	156922	29168
超级市场零售	68675	1453	20630	567	37198	3584
其他综合零售	5035	142	71	37	1532	740
食品、饮料及烟草制品专门零售	**22859**	**6929**	**3506**	**1702**	**7626**	**1030**
粮油零售	959	408	25	8	45	29
糕点、面包零售	184		183		147	
果品、蔬菜零售	9851	5453	2098	244	2713	677
肉、禽、蛋、奶及水产品零售	7342		387	11	2846	93
营养和保健品零售	41		14	27	15	7
酒、饮料及茶叶零售	2810	897	510	1194	1371	167
其他食品零售	1673	171	289	219	489	58
纺织、服装及日用品专门零售	**27149**	**10806**	**2892**	**1099**	**5344**	**889**
纺织品及针织品零售	280		7	130	216	-26
服装零售	13824	7409	1249	171	4363	597
鞋帽零售	460			166	184	33
化妆品及卫生用品零售	848		2	99	123	18
钟表、眼镜零售	654				376	252
其他日用品零售	11082	3397	1635	534	83	16
文化、体育用品及器材专门零售	**22277**	**15179**	**1384**	**910**	**8699**	**1274**
文具用品零售	141			67	125	18
体育用品及器材零售	887		280	96	451	65
图书、报刊零售	16780	14550	488	404	6511	982
珠宝首饰零售	4047	629	596	166	1335	167
工艺美术品及收藏品零售	218			134	164	31
乐器零售	94			9	52	4
照相器材零售	43		15		28	4
其他文化用品零售	67		4	34	33	3
医药及医疗器材专门零售	**44305**	**24377**	**4882**	**2466**	**13950**	**9779**
药品零售	44169	24377	4882	2466	13829	9779
医疗用品及器材零售	137				121	

11-6 续表 8　　（2017 年）　　单位：万元

指标	固定资产原价	房屋和构筑物	机器设备	运输工具	累计折旧	本年折旧
汽车、摩托车、燃料及零配件专门零售	**296535**	**91703**	**25008**	**35250**	**111966**	**26653**
汽车零售	270014	83574	19718	32847	105149	25716
汽车零配件零售	3680	134	358	217	1675	193
摩托车及零配件零售	887	763	87	36	128	46
机动车燃料零售	21954	7233	4845	2149	5015	699
家用电器及电子产品专门零售	**35453**	**13194**	**4072**	**2500**	**7348**	**1324**
家用视听设备零售	4461	272	180	231	360	51
日用家电设备零售	12210	9294	560	464	1569	130
计算机、软件及辅助设备零售	8701	177	1021	707	3586	567
通信设备零售	4176	1632	191	689	1298	402
其他电子产品零售	5905	1819	2121	410	535	174
五金、家具及室内装饰材料专门零售	**11179**	**315**	**505**	**669**	**4113**	**363**
五金零售	6618	40	172	414	1781	101
灯具零售	245	74	57	49	1	1
家具零售	3876	202	229	141	2044	129
涂料零售						
木质装饰材料零售	46		46			
陶瓷、石材装饰材料零售	300			38	219	124
其他室内装饰材料零售	94		2	27	69	8
货摊、无店铺及其他零售业	**31093**	**2309**	**2442**	**456**	**6371**	**1462**
货摊纺织、服装及鞋零售	24		19	5	15	2
互联网零售	4869	128	511	71	571	311
邮购及电视、电话零售	15				7	4
生活用燃料零售	22231	1809	1691	269	4409	885
其他未列明零售业	3954	372	221	110	1369	260
按登记注册类型分						
内资企业	**592206**	**178701**	**47011**	**42692**	**199256**	**45499**
国有企业	2001	10	13	10	830	6
集体企业	614	171	238	58	235	13
联营企业						
其他联营企业						
有限责任公司	400372	131305	33780	28412	131692	23594
国有独资公司	2019	909	117	42	877	73
其他有限责任公司	398353	130396	33663	28370	130816	23521
股份有限公司	80591	24356	5932	3662	28012	12199
私营企业	108496	22860	7048	10551	38366	9676
私营独资企业	5134	838	614	110	1211	183
私营合伙企业	61	60	1			
私营有限责任公司	98528	21961	6433	10441	36533	9302
私营股份有限公司	4773				622	192
其他企业	133				122	12
港、澳、台商投资企业	**539123**	**21774**	**10910**	**3357**	**131495**	**27358**
合资经营企业(港或澳、台资)	30146	21774	2497	3332	9759	2450
港、澳、台商独资经营企业	505315		5289	20	120042	24497

11-6 续表9 （2017年） 单位：万元

指标	固定资产原价	房屋和构筑物	机器设备	运输工具	累计折旧	本年折旧
港、澳、台商投资股份有限公司	3662		3124	4	1694	411
外商投资企业	**39294**	**7364**	**15969**	**974**	**30318**	**3408**
中外合资经营企业	23967	4380	15313	267	20480	2756
外资企业	9604	1932	519	328	6616	575
外商投资股份有限公司	4718	1052	137	379	2695	77
其他外商投资企业	1005				527	
按控股情况分						
国有控股	51955	18921	1294	874	18686	1666
集体控股	14396	7920	1891	682	7641	161
私人控股	363838	92546	32804	31988	125498	31339
港澳台商控股	517228	4522	9087	2314	125018	25421
外商控股	39836	7364	15969	974	30342	3410
其他	183370	76566	12845	10192	53884	14268
按经营形式分						
独立门店	1038656	163492	47617	40575	304270	60809
连锁总店	79154	38108	8853	2259	26636	10213
连锁直营店	18517	1310	14057	82	17717	2308
其他	34295	4930	3363	4108	12446	2935
按单位规模分						
大型	604798	50285	25780	7775	174102	37997
中型	437288	130361	30030	29443	152933	31314
小型	113476	24530	15579	8059	30166	6188
微型	15060	2664	2501	1747	3869	766
按零售业态分						
有店铺零售	**1158656**	**206951**	**72224**	**46554**	**358021**	**75291**
食杂店	157	54	42	57	49	3
便利店	859	18	1		139	26
折扣店						
超市	17322	1674	740	820	3028	425
大型超市	566153	1315	22654	453	161003	28472
仓储会员店	598			34	47	4
百货店	70050	9696	6119	885	30526	2705
专业店	238404	72978	21048	20376	83159	19215
专卖店	208149	85905	19052	22339	68916	21251
家居建材商店	1557	40	36	40	726	44
购物中心	35934	30324	2	160	3204	2072
厂家直销中心	19474	4947	2529	1389	7225	1075
无店铺零售	**11966**	**888**	**1666**	**470**	**3048**	**974**
电视购物	15				7	4
邮购	4				4	4
网上商店	4686	128	511	147	513	247
电话购物	2		2			
其他	7260	761	1153	323	2524	719

11-6 续表10　　(2017年)　　单位:万元

指标	期末资产负债						
	在建工程	非流动资产合计	资产总计	流动负债合计	应付帐款	非流动负债合计	负债合计
总计	**199967**	**3923364**	**24695363**	**18394923**	**4241667**	**709313**	**19115896**
批发业	**133809**	**2475840**	**17819725**	**13173823**	**3314041**	**497178**	**13702647**
按批发行业小类分							
农、林、牧产品批发	**4381**	**388480**	**1087855**	**452994**	**14933**	**110460**	**563470**
谷物、豆及薯类批发	2028	255896	588555	198054	3133	105462	303516
种子批发	1438	72457	160443	27329	6613	3443	30772
饲料批发		7319	25827	15466	820	105	15571
棉、麻批发	916	17341	40554	16187	2069	1450	17637
林业产品批发			552	32			32
牲畜批发		22120	46421	2155	1297		2155
其他农牧产品批发		13347	225503	193771	1002		193787
食品、饮料及烟草制品批发	**11515**	**176095**	**906071**	**469488**	**107979**	**31882**	**527630**
米、面制品及食用油批发	115	24239	155705	109269	18658	29513	165045
糕点、糖果及糖批发		9536	88860	59233	13069		59233
果品、蔬菜批发		60116	67187	26175	867	528	26703
肉、禽、蛋、奶及水产品批发	11	4684	12482	8474	1900	1664	10138
盐及调味品批发	10923	14962	22584	5123	897	177	5300
营养和保健品批发		185	2849	374	337		374
酒、饮料及茶叶批发		1012	48681	42994	6071		42993
烟草制品批发	466	57053	424126	116645	59047		116645
其他食品批发		4309	83599	101200	7134		101200
纺织、服装及家庭用品批发		**63767**	**1625652**	**1373707**	**99920**	**6765**	**1380473**
纺织品、针织品及原料批发		32555	212436	162689	5590	517	163206
服装批发		2166	99464	77301	27998	4632	81933
鞋帽批发		13	12037	11251			11251
化妆品及卫生用品批发		526	17636	12861	5827	1616	14477
厨房、卫生间用具及日用杂货批发		195	9973	9345	1200		9345
灯具、装饰物品批发		42	5278	2693	2388		2693
家用电器批发		20355	1249850	1081449	54090		1081449
其他家庭用品批发		7916	18978	16119	2827		16119
文化、体育用品及器材批发	**9219**	**272609**	**745927**	**393182**	**226158**	**7043**	**400225**
文具用品批发		1034	55196	46658	31930	7	46665
体育用品及器材批发		142	13541	7138	1229		7138
图书批发	9189	242437	481656	219747	145438	6818	226564
首饰、工艺品及收藏品批发		6791	117771	71806	37863	200	72006
其他文化用品批发	30	22206	77763	47833	9697	19	47853
医药及医疗器材批发	**14088**	**328569**	**4489247**	**3738310**	**1717854**	**18374**	**3756144**
西药批发	1272	44931	1356524	1128762	581821	4188	1132951
中药批发	6735	236057	2110555	1793880	751912	7203	1800543
医疗用品及器材批发	6082	47582	1022168	815668	384121	6983	822651
矿产品、建材及化工产品批发	**81764**	**1007302**	**7068079**	**5383625**	**665907**	**172554**	**5562088**
煤炭及制品批发	532	296344	1090739	840407	259101	26438	870530
石油及制品批发	72497	339757	1691445	1715823	71802	39158	1754982
非金属矿及制品批发		42650	97659	51937	4918	15365	67302
金属及金属矿批发	4938	190694	2356457	1255492	130726	76804	1334456

11-6　续表 11　　(2017 年)　　单位:万元

指标	期末资产负债						
	在建工程	非流动资产合计	资产总计	流动负债合计	应付帐款	非流动负债合计	负债合计
建材批发		103489	1035295	816940	93164	7780	824784
化肥批发		9422	101420	81355	20882	6712	88068
农药批发		1447	13239	4440	1194	255	4695
其他化工产品批发	3797	23499	681825	617230	84120	42	617272
机械设备、五金产品及电子产品批发	**11766**	**180612**	**1744334**	**1237242**	**457920**	**146377**	**1383620**
农业机械批发		956	12771	8920	5248	870	9790
汽车批发		25744	277077	318821	40237	8208	327029
汽车零配件批发		6035	75949	54162	23116		54162
摩托车及零配件批发		423	16778	13331	4467		13331
五金产品批发		38560	73479	22579	9561	718	23297
电气设备批发		5774	35095	14643	2415	4985	19628
计算机、软件及辅助设备批发	749	4652	59163	35517	10569	473	35990
通讯及广播电视设备批发	66	3227	341790	166120	41148	55909	222029
其他机械设备及电子产品批发	10952	95242	852232	603149	321159	75215	678364
贸易经纪与代理		**14**	**2878**	**1475**	**1391**		**1475**
贸易代理			1758	682	682		682
其他贸易经纪与代理		14	1121	793	709		793
其他批发业	**1075**	**58392**	**149682**	**123800**	**21980**	**3722**	**127522**
再生物资回收与批发	150	6950	21571	15745	9078		15745
其他未列明批发业	925	51442	128111	108055	12902	3722	111777
按登记注册类型分							
内资企业	**133809**	**2455891**	**17184767**	**12629279**	**3237118**	**497178**	**13158103**
国有企业	12910	65071	476393	133325	56436	4110	163697
股份合作企业		366	921	1463	130	1	1464
有限责任公司	33740	1584030	12610156	9514617	2418382	429082	9952290
国有独资公司	11711	695338	1793725	1416297	312559	165993	1582290
其他有限责任公司	22029	888692	10816431	8098320	2105824	263089	8370000
股份有限公司	84321	425073	2178906	1516098	331677	6982	1523080
私营企业	2838	374042	1910382	1463196	430412	56898	1516887
私营独资企业		1066	2010	394		48	441
私营有限责任公司	2838	370446	1892700	1451859	422373	56695	1505348
私营股份有限公司		2531	15672	10943	8039	155	11098
其他企业		7310	8010	580	80	105	685
港、澳、台商投资企业		**19751**	**613845**	**527950**	**66279**		**527950**
港、澳、台商独资经营企业		19751	613845	527950	66279		527950
外商投资企业		**198**	**21113**	**16594**	**10645**		**16594**
中外合资经营企业		12	17916	15998	10182		15998
外资企业		186	3197	596	463		596
按控股情况分							
国有控股	103805	1274341	6212581	4379913	1142642	228794	4634429
集体控股		20244	66813	48337	39873		48337
私人控股	18536	919670	6418184	4472175	1294671	142487	4618264
港澳台商控股		19751	613845	527950	66279		527950
外商控股		186	3197	596	463		596

11-6　续表 12　　（2017 年）　　单位:万元

指标	期末资产负债						
	在建工程	非流动资产合计	资产总计	流动负债合计	应付帐款	非流动负债合计	负债合计
其他	11468	241648	4505105	3744852	770113	125897	3873071
按经营形式分							
独立门店	55237	1015000	6068182	4867072	967724	229031	5127750
连锁总店		3838	8902	3641			3641
其他	78571	1457002	11742641	8303110	2346317	268147	8571256
按单位规模分							
大型	88037	772426	5763180	4730770	1443302	22550	4753320
中型	38870	1269858	7995545	5416019	1398052	311333	5727396
小型	5977	406346	3695078	2729430	370473	159282	2894593
微型	925	27211	365921	297604	102214	4013	327339
零售业	**66159**	**1447523**	**6875637**	**5221101**	**927626**	**212136**	**5413249**
按零售行业小类分							
综合零售	**47560**	**670203**	**1946106**	**1542799**	**410675**	**84203**	**1627062**
百货零售	44287	592458	1609175	1322401	343488	76596	1399058
超级市场零售	2375	65911	296691	194281	66454	6825	201106
其他综合零售	897	11834	40241	26116	732	782	26898
食品、饮料及烟草制品专门零售	**347**	**30163**	**120766**	**67120**	**13007**	**504**	**68153**
粮油零售		1117	7798	4216	1188		4373
糕点、面包零售		37	818	1585	589		1585
果品、蔬菜零售	115	13493	20237	7766	514	255	8021
肉、禽、蛋、奶及水产品零售	202	8309	24459	9352	1177	41	9393
营养和保健品零售		27	509	772	712		772
酒、饮料及茶叶零售		2430	34506	14986	792	49	15394
其他食品零售	30	4752	32439	28444	8034	159	28617
纺织、服装及日用品专门零售		**40887**	**158544**	**120712**	**26466**	**2740**	**123452**
纺织品及针织品零售		223	11340	10252	4878	1509	11761
服装零售		21723	95390	82626	13208	854	83480
鞋帽零售		281	5173	3421	1721	50	3471
化妆品及卫生用品零售		1150	10094	8442	1402		8442
钟表、眼镜零售		928	9733	3085	2704		3085
其他日用品零售		16581	26814	12886	2554	328	13214
文化、体育用品及器材专门零售	**11394**	**53738**	**224827**	**141138**	**41363**	**7054**	**148617**
文具用品零售		29	7385	4897	930	40	5031
体育用品及器材零售		2061	26948	19091	6640	997	20088
图书、报刊零售	11394	31964	87138	49057	24381	1592	50649
珠宝首饰零售		16737	73507	54803	6644	4424	59228
工艺美术品及收藏品零售		2846	14418	7484	793		7814
乐器零售		29	6179	2362	1043		2362
照相器材零售		32	7163	2493	319		2493
其他文化用品零售		41	2089	951	612		953
医药及医疗器材专门零售	**565**	**62381**	**255763**	**193530**	**44102**	**10998**	**204528**
药品零售	565	62286	246606	186480	41976	9752	196232
医疗用品及器材零售		96	9157	7050	2126	1247	8296

11-6 续表13　　(2017年)　　单位:万元

指标	期末资产负债						
	在建工程	非流动资产合计	资产总计	流动负债合计	应付帐款	非流动负债合计	负债合计
汽车、摩托车、燃料及零配件专门零售	**4336**	**440528**	**3155559**	**2450667**	**191403**	**100911**	**2531432**
汽车零售	2883	394074	2988507	2384765	175305	98671	2463277
汽车零配件零售		3075	56093	42282	7821	298	42580
摩托车及零配件零售		759	2172	349		188	537
机动车燃料零售	1453	42620	108786	23270	8277	1754	25038
家用电器及电子产品专门零售	**37**	**86217**	**750946**	**508335**	**149284**	**3114**	**510592**
家用视听设备零售		4647	22286	9822	828	321	10113
日用家电设备零售	3	22974	232262	178096	10112	603	178682
计算机、软件及辅助设备零售	33	43148	262260	110804	39070	2084	112078
通信设备零售		6144	186020	191258	89643	35	191293
其他电子产品零售	1	9305	48117	18356	9631	72	18427
五金、家具及室内装饰材料专门零售	**517**	**30802**	**139741**	**123226**	**19643**	**1447**	**124673**
五金零售	417	14501	45356	31281	15792	873	32153
灯具零售		245	1442	181	39		181
家具零售	100	15780	82388	84815	488	575	85390
涂料零售			556	456	454		456
木质装饰材料零售		46	358	102	89		102
陶瓷、石材装饰材料零售		205	3121	832	252		832
其他室内装饰材料零售		27	6521	5559	2529		5559
货摊、无店铺及其他零售业	**1404**	**32604**	**123385**	**73575**	**31684**	**1164**	**74739**
货摊纺织、服装及鞋零售		9	3373	364	197		364
互联网零售		5950	42427	27046	8952	72	27117
邮购及电视、电话零售		145	1053	1736	129		1736
生活用燃料零售	1404	21697	51379	34759	17523	478	35237
其他未列明零售业		4803	25154	9670	4884	615	10285
按登记注册类型分							
内资企业	**22081**	**946071**	**5491452**	**4071666**	**609685**	**208665**	**4260344**
国有企业		1677	3448	2791	217	39	2830
集体企业	569	965	8233	6996	3708		6996
联营企业							
其他联营企业							
有限责任公司	19326	720742	4082071	3071142	479981	129282	3180519
国有独资公司	11	3900	26084	14896	8105	359	15255
其他有限责任公司	19315	716843	4055988	3056246	471875	128923	3165264
股份有限公司	1054	74332	252557	155229	22760	31320	186521
私营企业	1132	147838	1144067	835051	102701	48024	883021
私营独资企业		4095	6830	1035	699	259	1308
私营合伙企业		61	107	68			68
私营有限责任公司	1132	135564	1091322	806176	97562	42395	848504
私营股份有限公司		8118	45808	27772	4440	5369	33141
其他企业		517	1075	457	319		457
港、澳、台商投资企业	**44054**	**481720**	**1265716**	**1004257**	**303862**		**1004257**
合资经营企业(港或澳、台资)		25573	85757	56189	20086		56189
港、澳、台商独资经营企业	26418	431460	1045839	821398	282911		821398

11-6 续表 14 （2017 年） 单位:万元

指标	期末资产负债						
	在建工程	非流动资产合计	资产总计	流动负债合计	应付帐款	非流动负债合计	负债合计
港、澳、台商投资股份有限公司	17636	24688	134120	126670	864		126670
外商投资企业	**25**	**19732**	**118470**	**145178**	**14079**	**3470**	**148648**
中外合资经营企业	25	4474	28519	50494	2446	415	50908
外资企业		8317	30317	55541	10590	2290	57832
外商投资股份有限公司		6458	54979	36123	992	698	36821
其他外商投资企业		483	4656	3019	51	68	3087
按控股情况分							
国有控股	11874	81206	230153	125215	33690	1716	126931
集体控股	658	13214	60808	53547	13972	8843	62390
私人控股	6255	519722	3609548	2639122	353821	92900	2711956
港澳台商控股	44054	463282	1224010	975685	298820		975685
外商控股	25	20586	119324	145178	14079	3470	148648
其他	3294	349512	1631794	1282355	213245	105206	1387640
按经营形式分							
独立门店	61967	1260584	5888367	4486252	765380	175934	4656716
连锁总店	2904	117784	355305	295941	67606	31592	313002
连锁直营店	25	2864	101828	126414	11278	4	126418
其他	1263	66292	530138	312494	83363	4606	317114
按单位规模分							
大型	58380	571159	1884274	1499677	450937	20870	1520548
中型	4189	656847	3689327	2900292	292672	161993	3042344
小型	3558	196118	1074385	693243	146343	27528	720834
微型	33	23400	227651	127888	37673	1745	129524
按零售业态分							
有店铺零售	**65694**	**1430613**	**6682819**	**5107893**	**881651**	**210657**	**5298592**
食杂店		223	1418	594	227		594
便利店	569	1319	5362	3769	390	431	4200
折扣店			707	726	642		726
超市	30	27406	53284	18094	5896	1929	20022
大型超市	28778	490486	1332604	1047204	350208	12430	1059694
仓储会员店		894	5558	2290	1729		2290
百货店	18212	89900	482117	495355	55386	35584	530939
专业店	15319	383803	2561380	1925014	276792	72763	1977760
专卖店	1538	333840	2008214	1516901	157405	50271	1567171
家居建材商店		8649	10471	10435	1869	78	10514
购物中心		73372	119024	19907	9095	35105	55012
厂家直销中心	1247	20721	102682	67605	22012	2066	69671
无店铺零售	**465**	**16911**	**192818**	**113208**	**45975**	**1479**	**114657**
电视购物		145	1053	1736	129		1736
邮购		35	1522	668	623		668
网上商店		8782	56147	32367	11112	211	32578
电话购物		2	159	52	13		52
其他	465	7946	133937	78386	34098	1267	79624

11-6　续表 15　　（2017 年）　　单位:万元

指标	所有者权益合计	实收资本						
			国家资本	集体资本	法人资本	个人资本	港澳台资本	外商资本
总计	**6052979**	**3957874**	**767321**	**33954**	**1758558**	**1240018**	**132086**	**25938**
批发业	**4590591**	**2583954**	**728843**	**21064**	**1190275**	**566579**	**65000**	**12194**
按批发行业小类分								
农、林、牧产品批发	**524385**	**301346**	**122379**	**1225**	**99391**	**43352**	**35000**	
谷物、豆及薯类批发	285039	120508	109403		10065	1040		
种子批发	129671	67198	12776		15681	38742		
饲料批发	10257	9935		425	6900	2610		
棉、麻批发	22917	26635			26455	180		
林业产品批发	520							
牲畜批发	44266	35500				500	35000	
其他农牧产品批发	31716	41571	200	800	40291	280		
食品、饮料及烟草制品批发	**378441**	**97970**	**46746**		**15580**	**35523**		**122**
米、面制品及食用油批发	-9340	37203	28714		1178	7310		
糕点、糖果及糖批发	29627	2900	700		300	1900		
果品、蔬菜批发	40485	16075	160		166	15749		
肉、禽、蛋、奶及水产品批发	2345	5823			3788	2036		
盐及调味品批发	17284	9335	9285			50		
营养和保健品批发	2475	122						122
酒、饮料及茶叶批发	5687	6825			4706	2119		
烟草制品批发	307481	7887	7887					
其他食品批发	-17602	11802			5442	6359		
纺织、服装及家庭用品批发	**245179**	**59186**	**10113**		**3928**	**45145**		
纺织品、针织品及原料批发	49230	29336	7090		748	21497		
服装批发	17531	8052			1309	6742		
鞋帽批发	786	400				400		
化妆品及卫生用品批发	3159	1250	255			995		
厨房、卫生间用具及日用杂货批发	629	500			170	330		
灯具、装饰物品批发	2585	3000				3000		
家用电器批发	168401	11380			1200	10180		
其他家庭用品批发	2859	5269	2768		500	2001		
文化、体育用品及器材批发	**345702**	**64195**	**31900**		**7418**	**22806**		**2072**
文具用品批发	8531	8132			450	5610		2072
体育用品及器材批发	6403	1000			750	250		
图书批发	255092	18700	16700		900	1100		
首饰、工艺品及收藏品批发	45765	17645			2300	15345		
其他文化用品批发	29910	18718	15200		3017	501		
医药及医疗器材批发	**733102**	**489904**	**128431**	**4391**	**233805**	**123277**		
西药批发	223573	173076	72		144354	28650		
中药批发	310012	221900	69725	4391	65299	82486		
医疗用品及器材批发	199517	94928	58635		24152	12141		
矿产品、建材及化工产品批发	**1979504**	**1196104**	**292578**	**8641**	**687362**	**177523**	**30000**	
煤炭及制品批发	220209	139555	25785	501	71155	42114		
石油及制品批发	409976	199745	156825		37439	5481		
非金属矿及制品批发	30357	15761			2403	13358		
金属及金属矿批发	1022002	628759	85132	4900	479030	59697		

11-6 续表 16 （2017 年） 单位:万元

指标	所有者权益合计	实收资本	国家资本	集体资本	法人资本	个人资本	港澳台资本	外商资本
建材批发	210511	129530	17000		64141	18389	30000	
化肥批发	13352	14293	5300	3000	5099	894		
农药批发	8544	7415			850	6565		
其他化工产品批发	64553	61047	2536	240	27245	31026		
机械设备、五金产品及电子产品批发	**360714**	**341323**	**75696**	**6807**	**138609**	**110211**		**10000**
农业机械批发	2981	2448			1610	838		
汽车批发	-49952	23243			17658	5585		
汽车零配件批发	21787	11385			5968	5417		
摩托车及零配件批发	3447	2500			1800	700		
五金产品批发	50182	46404	34750		1447	10208		
电气设备批发	15467	13047	1000		1617	10430		
计算机、软件及辅助设备批发	23173	17988			7017	10972		
通讯及广播电视设备批发	119761	119429		3000	83245	33185		
其他机械设备及电子产品批发	173867	104878	39946	3807	18248	32877		10000
贸易经纪与代理	**1403**	**1302**			**1001**	**301**		
贸易代理	1075	1001			1001			
其他贸易经纪与代理	328	301				301		
其他批发业	**22160**	**32624**	**21000**		**3183**	**8442**		
再生物资回收与批发	5826	3093			2433	660		
其他未列明批发业	16334	29532	21000		750	7782		
按登记注册类型分								
内资企业	**4500177**	**2502920**	**728843**	**21064**	**1176434**	**566579**		**10000**
国有企业	312696	25905	20620		5235	50		
股份合作企业	-543	92	72			20		
有限责任公司	3131379	1923450	500460	20639	1061223	331128		10000
国有独资公司	684947	272630	272298		331			
其他有限责任公司	2446431	1650820	228162	20639	1060892	331128		10000
股份有限公司	655825	277775	207341		39641	30793		
私营企业	393495	268374	350		63436	204588		
私营独资企业	1568	486				486		
私营有限责任公司	387352	263101	350		62550	200201		
私营股份有限公司	4574	4787			886	3901		
其他企业	7325	7325		425	6900			
港、澳、台商投资企业	**85895**	**78776**			**13776**		**65000**	
港、澳、台商独资经营企业	85895	78776			13776		65000	
外商投资企业	**4519**	**2258**			**64**			**2194**
中外合资经营企业	1917	2072						2072
外资企业	2602	186			64			122
按控股情况分								
国有控股	2051665	889510	702548		172695	14267		
集体控股	18476	14349		6806	5843	1700		
私人控股	1799920	1125115	1256	426	677015	446419		
港澳台商控股	85895	78776			13776		65000	
外商控股	2602	186			64			122

11-6 续表 17　　　　(2017 年)　　　　单位:万元

指标	所有者权益合计	实收资本						
			国家资本	集体资本	法人资本	个人资本	港澳台资本	外商资本
其他	632034	476018	25039	13832	320882	104193		12072
按经营形式分								
独立门店	1413946	568478	115867	12123	181936	258552		
连锁总店	5261	3200			3200			
其他	3171384	2012276	612976	8941	1005139	308027	65000	12194
按单位规模分								
大型	1483373	484284	291595		164238	28451		
中型	2268150	1338283	308085	9816	680363	292825	35000	12194
小型	800486	721269	121006	10208	330017	230038	30000	
微型	38583	40119	8157	1040	15657	15265		
零售业	**1462388**	**1373920**	**38478**	**12890**	**568282**	**673439**	**67086**	**13745**
按零售行业小类分								
综合零售	**319045**	**394274**	**1942**	**1068**	**74986**	**247445**	**64106**	**4727**
百货零售	210117	142035	1942	948	45775	30599	62760	10
超级市场零售	95585	246201			24286	215854	1345	4717
其他综合零售	13343	6037		120	4925	992		
食品、饮料及烟草制品专门零售	**52613**	**31548**	**800**		**18110**	**11390**		**1248**
粮油零售	3425	2831	800		1765	266		
糕点、面包零售	-767	138				138		
果品、蔬菜零售	12216	8698			3716	3734		1248
肉、禽、蛋、奶及水产品零售	15066	3283			1100	2183		
营养和保健品零售	-262	600			600			
酒、饮料及茶叶零售	19112	7835			4929	2906		
其他食品零售	3823	8163			6000	2163		
纺织、服装及日用品专门零售	**35091**	**27601**		**234**	**7100**	**19374**	**893**	
纺织品及针织品零售	-421	254			80	175		
服装零售	11910	9057			1837	6327	893	
鞋帽零售	1702	1502			702	800		
化妆品及卫生用品零售	1652	2182			1482	700		
钟表、眼镜零售	6647	3000			3000			
其他日用品零售	13600	11606		234		11372		
文化、体育用品及器材专门零售	**76211**	**69059**	**5100**	**260**	**42546**	**21153**		
文具用品零售	2354	2920			1000	1920		
体育用品及器材零售	6860	6433			3496	2938		
图书、报刊零售	36490	13045	5100	132	6295	1518		
珠宝首饰零售	14280	32473		129	24332	8012		
工艺美术品及收藏品零售	6605	5449			3000	2449		
乐器零售	3816	3390			2035	1355		
照相器材零售	4670	4092			2338	1754		
其他文化用品零售	1137	1257			50	1207		
医药及医疗器材专门零售	**51235**	**27143**	**900**		**19119**	**7125**		
药品零售	50374	26358	900		18897	6562		
医疗用品及器材零售	861	785			222	563		

11-6 续表 18 （2017 年） 单位：万元

指标	所有者权益合计	实收资本						
			国家资本	集体资本	法人资本	个人资本	港澳台资本	外商资本
汽车、摩托车、燃料及零配件专门零售	**624127**	**574519**	**24770**	**1250**	**302630**	**237022**	**2077**	**6770**
汽车零售	525230	533594	8200	1100	288438	227009	2077	6770
汽车零配件零售	13513	8278			4858	3420		
摩托车及零配件零售	1635	100			50	50		
机动车燃料零售	83749	32546	16570	150	9284	6543		
家用电器及电子产品专门零售	**240353**	**196149**	**5**	**9995**	**90207**	**94942**		**1000**
家用视听设备零售	12174	10846	5	5	2183	8653		
日用家电设备零售	53580	41476		9990	29571	1915		
计算机、软件及辅助设备零售	150182	113105			47933	65172		
通信设备零售	-5273	6778			3383	2394		1000
其他电子产品零售	29690	23944			7136	16808		
五金、家具及室内装饰材料专门零售	**15068**	**25797**	**40**	**82**	**3926**	**21749**		
五金零售	13203	12951		26	2264	10661		
灯具零售	1261	1070			10	1059		
家具零售	-3002	8765	40	56	824	7844		
涂料零售	100	100				100		
木质装饰材料零售	256	10				10		
陶瓷、石材装饰材料零售	2289	2000				2000		
其他室内装饰材料零售	962	902			828	74		
货摊、无店铺及其他零售业	**48646**	**27832**	**4922**		**9659**	**13241**	**10**	
货摊纺织、服装及鞋零售	3009	1289			1289			
互联网零售	15310	9379	1722		2200	5447	10	
邮购及电视、电话零售	-684	200	200					
生活用燃料零售	16142	9082	3000		5170	912		
其他未列明零售业	14869	7882			1000	6882		
按登记注册类型分								
内资企业	**1231108**	**1274813**	**38478**	**12090**	**551252**	**671983**		**1010**
国有企业	618	720	395		325			
集体企业	1237	816		406	409			
联营企业								
其他联营企业								
有限责任公司	901553	1026386	37187	11598	433611	542990		1000
国有独资公司	10829	3600	3600					
其他有限责任公司	890724	1022786	33587	11598	433611	542990		1000
股份有限公司	66036	28395	846	26	19772	7751		
私营企业	261046	218317	50	60	96956	121242		10
私营独资企业	5522	2681			1297	1384		
私营合伙企业	39	75				75		
私营有限责任公司	242818	198681	50	60	84171	114390		10
私营股份有限公司	12666	16881			11488	5392		
其他企业	618	179			179			
港、澳、台商投资企业	**261459**	**80179**		**800**	**7593**	**700**	**67086**	**4000**
合资经营企业(港或澳、台资)	29567	9590		800	2593		2197	4000
港、澳、台商独资经营企业	224442	62589				700	61889	

11-6 续表19　　(2017年)　　单位:万元

指标	所有者权益合计	实收资本	国家资本	集体资本	法人资本	个人资本	港澳台资本	外商资本
港、澳、台商投资股份有限公司	7450	8000			5000		3000	
外商投资企业	**-30178**	**18928**			**9438**	**756**		**8735**
中外合资经营企业	-22390	12762			6128			6635
外资企业	-27515	2100						2100
外商投资股份有限公司	18158	3566			2810	756		
其他外商投资企业	1569	500			500			
按控股情况分								
国有控股	103223	44379	35932		7619	829		
集体控股	-1582	3110		1851	1239	20		
私人控股	897593	935894	2316	10240	394677	528651		10
港澳台商控股	248325	72589		800	5000	700	66089	
外商控股	-29324	19782			10292	756		8735
其他	244154	298166	230		149456	142484	997	5000
按经营形式分								
独立门店	1231652	1162837	26587	12890	445857	602520	66956	8028
连锁总店	42303	58210	500		51470	6120	120	
连锁直营店	-24590	10274			5558			4717
其他	213024	142598	11391		65398	64799	10	1000
按单位规模分								
大型	363727	330025	3300	800	59687	205252	56270	4717
中型	646983	670218	17044	10958	366749	257891	10805	6770
小型	353551	295736	18105	874	105197	170304		1258
微型	98128	77940	30	259	36650	39992	10	1000
按零售业态分								
有店铺零售	**1384227**	**1320134**	**32087**	**12890**	**551246**	**644091**	**67076**	**12745**
食杂店	823	650			550	100		
便利店	1162	580		40	330	210		
折扣店	-19							
超市	33261	26608	50	140	6143	20265		10
大型超市	272910	314947			31525	217600	61106	4717
仓储会员店	3267	2870			854	2016		
百货店	-48821	46935	1892	888	26197	14957	3000	
专业店	583620	429546	22945	10722	199883	192350	877	2770
专卖店	441043	445430	7200	1100	256077	175733	1320	4000
家居建材商店	-43	3076			560	2516		
购物中心	64012	23900			21827	1300	773	
厂家直销中心	33011	25592			7299	17045		1248
无店铺零售	**78162**	**53785**	**6391**		**17037**	**29348**	**10**	**1000**
电视购物	-684	200	200					
邮购	855	500				500		
网上商店	23569	14699	1722		5392	7575	10	
电话购物	108	100				100		
其他	54314	38287	4470		11645	21173		1000

11-6 续表 20 （2017 年） 单位:万元

指标	营业收入	主营业务收入	营业成本	主营业务成本	税金及附加	主营业务税金及附加	其他业务利润
总计	**48855920**	**48296977**	**45285345**	**45068589**	**267720**	**261058**	**247589**
批发业	**35971608**	**35794215**	**33879776**	**33766163**	**223352**	**218702**	**53746**
按批发行业小类分							
农、林、牧产品批发	**824732**	**816225**	**781134**	**779124**	**1267**	**1156**	**3641**
谷物、豆及薯类批发	200632	197629	194219	194219	201	201	3004
种子批发	74759	72688	55909	54642	398	330	571
饲料批发	38728	38728	35831	35831	115	115	
棉、麻批发	35772	32713	31763	31085	113	112	26
林业产品批发	4067	4067	3473	3473	21	21	
牲畜批发	73819	73457	70682	70617	132	90	29
其他农牧产品批发	396955	396943	389257	389257	287	287	12
食品、饮料及烟草制品批发	**1768618**	**1763665**	**1349851**	**1347289**	**160239**	**158838**	**1300**
米、面制品及食用油批发	182802	181294	171132	170266	157	152	298
糕点、糖果及糖批发	120754	119542	103212	103212	419	419	
果品、蔬菜批发	47845	47827	42488	42488	494	492	
肉、禽、蛋、奶及水产品批发	40612	40554	36106	36047	375	375	
盐及调味品批发	15420	14893	10785	10658	206	206	
营养和保健品批发	6622	6622	5119	5119			
酒、饮料及茶叶批发	62982	62972	54917	54907	80	80	15
烟草制品批发	1163100	1162535	812745	811959	158223	156842	-222
其他食品批发	128481	127425	113348	112633	286	272	1209
纺织、服装及家庭用品批发	**3241510**	**3230834**	**3092138**	**3089986**	**3677**	**3395**	**3416**
纺织品、针织品及原料批发	338184	337923	330324	330249	224	221	187
服装批发	152816	152748	133421	133417	314	314	7
鞋帽批发	5941	5941	5675	5675	7	7	
化妆品及卫生用品批发	78013	73167	71870	71848	41	41	3160
厨房、卫生间用具及日用杂货批发	15753	15496	13974	13931	21	21	
灯具、装饰物品批发	7288	7288	6953	6953	10	10	
家用电器批发	2621474	2616476	2509696	2507689	2982	2710	64
其他家庭用品批发	22040	21795	20225	20225	78	70	
文化、体育用品及器材批发	**1165886**	**1160993**	**1083145**	**1081047**	**1742**	**1732**	**15610**
文具用品批发	179757	179272	170572	169213	147	147	
体育用品及器材批发	85905	85905	77010	77010	122	122	-18
图书批发	408837	405598	367771	367356	793	792	14656
首饰、工艺品及收藏品批发	257488	257422	242733	242673	152	152	17
其他文化用品批发	233899	232797	225059	224794	528	519	955
医药及医疗器材批发	**6713435**	**6700153**	**6164301**	**6158536**	**17925**	**17652**	**17413**
西药批发	2216574	2214990	2009359	2009188	6981	6981	15567
中药批发	2983458	2977502	2769198	2766109	7453	7453	660
医疗用品及器材批发	1513402	1507661	1385744	1383239	3490	3218	1186
矿产品、建材及化工产品批发	**15465018**	**15369299**	**14922871**	**14833964**	**30169**	**28174**	**9668**
煤炭及制品批发	2061342	2050383	1938803	1929915	11976	11814	1340
石油及制品批发	3647537	3611967	3512271	3481655	4565	3103	5103
非金属矿及制品批发	169436	168601	148722	148695	1798	1757	3
金属及金属矿批发	4599488	4561102	4489586	4443078	4924	4768	1807

11-6 续表21 (2017年) 单位:万元

指标	营业收入	主营业务收入	营业成本	主营业务成本	税金及附加	主营业务税金及附加	其他业务利润
建材批发	1053233	1053209	966920	966917	4027	3863	1097
化肥批发	600054	599717	596188	596188	212	212	151
农药批发	17209	17099	13960	13960	32	32	24
其他化工产品批发	3316718	3307222	3256422	3253557	2634	2626	143
机械设备、五金产品及电子产品批发	**6574882**	**6536147**	**6282988**	**6274527**	**7879**	**7302**	**2561**
农业机械批发	23756	23756	18191	18191	503	503	
汽车批发	1332198	1306423	1243132	1237912	933	689	1304
汽车零配件批发	170836	170716	157224	157224	212	212	
摩托车及零配件批发	12651	12651	11811	11811	44	44	8
五金产品批发	88193	87664	77223	76709	629	298	
电气设备批发	62722	62716	56486	56486	116	115	
计算机、软件及辅助设备批发	129885	129689	123339	123264	132	132	53
通讯及广播电视设备批发	673571	673562	655689	655584	632	632	
其他机械设备及电子产品批发	4081070	4068970	3939892	3937346	4678	4678	1197
贸易经纪与代理	**42818**	**42818**	**41101**	**41101**	**16**	**16**	
贸易代理	37021	37021	35504	35504	16	16	
其他贸易经纪与代理	5798	5798	5597	5597			
其他批发业	**174709**	**174080**	**162247**	**160591**	**439**	**439**	**137**
再生物资回收与批发	34307	34307	28966	27425	358	358	108
其他未列明批发业	140402	139773	133281	133166	81	81	29
按登记注册类型分							
内资企业	**33457384**	**33286962**	**31399558**	**31286010**	**222091**	**217484**	**53630**
国有企业	1241895	1239014	895921	894416	158551	157036	-197
股份合作企业	5396	5333	5010	5010	5	5	64
有限责任公司	25553925	25450644	24248436	24189922	45990	44791	48650
国有独资公司	4502501	4481304	4399950	4386807	3371	3181	18314
其他有限责任公司	21051424	20969340	19848486	19803114	42619	41610	30336
股份有限公司	2927873	2897680	2768079	2744851	6003	4391	2859
私营企业	3716849	3682846	3472267	3441966	11437	11156	2255
私营独资企业	16068	16068	10105	10105	65	65	
私营有限责任公司	3663955	3629956	3427348	3397456	11251	10971	2255
私营股份有限公司	36826	36822	34814	34405	121	121	
其他企业	11445	11445	9845	9845	105	105	
港、澳、台商投资企业	**2403299**	**2396328**	**2375262**	**2375198**	**1153**	**1111**	**116**
港、澳、台商独资经营企业	2403299	2396328	2375262	2375198	1153	1111	116
外商投资企业	**110925**	**110925**	**104956**	**104956**	**108**	**108**	
中外合资经营企业	101371	101371	96971	96971	108	108	
外资企业	9555	9555	7985	7985			
按控股情况分							
国有控股	14648242	14571091	13842298	13806956	173219	169953	25487
集体控股	69204	68975	64673	64555	230	230	13
私人控股	10583587	10503082	9754429	9680285	35668	34377	8332
港澳台商控股	2403299	2396328	2375262	2375198	1153	1111	116
外商控股	9555	9555	7985	7985			

11-6 续表22 （2017年） 单位：万元

指标	营业收入	主营业务收入	营业成本	主营业务成本	税金及附加	主营业务税金及附加	其他业务利润
其他	8257721	8245185	7835129	7831185	13081	13031	19799
按经营形式分							
独立门店	12021424	11921926	11217958	11156711	34224	32272	40331
连锁总店	13671	13671	11135	11135	149	149	
其他	23936513	23858618	22650683	22598316	188979	186281	13416
按单位规模分							
大型	11363024	11289345	10406070	10365964	173487	170407	23125
中型	15055810	14989983	14305362	14254688	26141	25218	26999
小型	8951403	8918002	8583719	8563754	22911	22271	2405
微型	601371	596885	584624	581758	813	807	1217
零售业	**12884312**	**12502762**	**11405570**	**11302425**	**44369**	**42355**	**193842**
按零售行业小类分							
综合零售	**2264597**	**2082682**	**1758016**	**1739821**	**14314**	**13245**	**136834**
百货零售	1680276	1542729	1299776	1289502	10477	10249	110400
超级市场零售	533708	489483	415680	407902	3239	2415	26428
其他综合零售	50614	50470	42560	42416	598	581	6
食品、饮料及烟草制品专门零售	**323968**	**323513**	**275827**	**275386**	**1613**	**1581**	**147**
粮油零售	22004	21839	20709	20563	48	16	42
糕点、面包零售	1079	1079	917	917	2	2	
果品、蔬菜零售	48435	48339	36445	36415	532	532	
肉、禽、蛋、奶及水产品零售	134780	134665	126087	125994	290	290	22
营养和保健品零售	1853	1853	1181	1181	10	10	
酒、饮料及茶叶零售	43541	43532	33663	33548	251	251	
其他食品零售	72277	72206	56824	56767	480	480	83
纺织、服装及日用品专门零售	**293365**	**290301**	**246475**	**245235**	**1172**	**1133**	**2961**
纺织品及针织品零售	16985	16881	15355	15355	48	48	104
服装零售	191782	190227	158296	158282	665	665	2844
鞋帽零售	8965	8893	7786	7756	37	31	
化妆品及卫生用品零售	21005	19703	18038	16892	72	45	
钟表、眼镜零售	20980	20967	17143	17143	96	90	13
其他日用品零售	33647	33629	29857	29807	255	255	
文化、体育用品及器材专门零售	**276479**	**270229**	**224606**	**222082**	**2313**	**2310**	**1350**
文具用品零售	12307	12307	11791	11791	16	16	
体育用品及器材零售	55588	54995	43682	43654	193	193	
图书、报刊零售	100602	95726	76328	73843	422	420	575
珠宝首饰零售	47944	47190	39661	39655	1473	1473	739
工艺美术品及收藏品零售	23127	23127	19143	19143	155	155	
乐器零售	18269	18243	16432	16426	31	30	
照相器材零售	16691	16691	15722	15722	20	20	
其他文化用品零售	1951	1951	1847	1847	3	3	36
医药及医疗器材专门零售	**360999**	**353756**	**250909**	**250696**	**2443**	**2407**	**1063**
药品零售	353542	346298	245243	245030	2405	2369	1063
医疗用品及器材零售	7457	7457	5666	5666	38	38	

11-6 续表23 （2017年） 单位:万元

指标	营业收入	主营业务收入	营业成本	主营业务成本	税金及附加	主营业务税金及附加	其他业务利润
汽车、摩托车、燃料及零配件专门零售	**7295332**	**7122643**	**6789658**	**6719425**	**16616**	**16305**	**41763**
汽车零售	6821808	6654830	6393214	6328317	14146	13972	40355
汽车零配件零售	139546	138595	131967	130627	176	176	541
摩托车及零配件零售	1775	1775	1046	1046	45	45	
机动车燃料零售	332203	327443	263430	259435	2249	2113	867
家用电器及电子产品专门零售	**1445561**	**1437713**	**1295782**	**1292342**	**4362**	**3980**	**9033**
家用视听设备零售	44125	42849	34994	33725	769	471	87
日用家电设备零售	576854	574327	504246	504152	1583	1582	7950
计算机、软件及辅助设备零售	404223	402001	369203	368351	1001	985	135
通信设备零售	367268	366192	341335	341198	549	517	799
其他电子产品零售	53091	52343	46006	44917	460	426	62
五金、家具及室内装饰材料专门零售	**309129**	**308490**	**279816**	**279434**	**609**	**577**	**690**
五金零售	246851	246809	227833	227833	141	141	512
灯具零售	2236	2236	1916	1916	21	21	
家具零售	37296	36698	29252	28871	419	388	108
涂料零售	580	580	532	532			
木质装饰材料零售	2328	2328	2040	2040	5	5	
陶瓷、石材装饰材料零售	3929	3929	3259	3259	6	6	
其他室内装饰材料零售	15909	15909	14984	14984	17	17	70
货摊、无店铺及其他零售业	**314882**	**313437**	**284481**	**278004**	**928**	**817**	**1**
货摊纺织、服装及鞋零售	5520	5520	3263	3263			
互联网零售	120273	120231	111058	105653	255	186	1
邮购及电视、电话零售	2961	2826	2156	2035	10	10	
生活用燃料零售	106511	105760	98624	97949	568	526	
其他未列明零售业	79617	79099	69381	69105	94	94	
按登记注册类型分							
内资企业	**11018667**	**10751705**	**9887105**	**9787801**	**36105**	**34217**	**87199**
国有企业	21043	19488	16899	15709	148	113	
集体企业	15765	15765	13904	13904	204	202	
联营企业							
其他联营企业							
有限责任公司	8305178	8096446	7458335	7388245	27449	26358	75321
国有独资公司	81607	80621	77355	76653	149	149	104
其他有限责任公司	8223572	8015825	7380980	7311592	27300	26209	75218
股份有限公司	371972	348239	264047	250822	2367	2367	
私营企业	2304112	2271169	2133446	2118646	5937	5176	11877
私营独资企业	17834	17695	13747	13617	372	312	
私营合伙企业	599	599	559	559	1	1	
私营有限责任公司	2240466	2208090	2078549	2063995	5360	4729	11877
私营股份有限公司	45213	44786	40590	40474	204	134	
其他企业	597	597	475	475	2	2	
港、澳、台商投资企业	**1528068**	**1419423**	**1209923**	**1206270**	**7578**	**7578**	**101978**
合资经营企业(港或澳、台资)	315244	305916	276746	273440	1226	1226	1965
港、澳、台商独资经营企业	1085222	1001381	840525	840525	5692	5692	85174

11-6 续表 24 （2017 年） 单位:万元

指标	营业收入	主营业务收入	营业成本	主营业务成本	税金及附加	主营业务税金及附加	其他业务利润
港、澳、台商投资股份有限公司	127602	112127	92652	92306	660	660	14838
外商投资企业	**337578**	**331635**	**308542**	**308354**	**686**	**560**	**4666**
中外合资经营企业	94729	93778	88848	88682	167	138	3680
外资企业	94850	90925	76912	76912	302	206	27
外商投资股份有限公司	135820	134862	131428	131426	186	186	958
其他外商投资企业	12179	12070	11353	11334	31	31	2
按控股情况分							
国有控股	505951	494475	416864	409584	2195	2107	2201
集体控股	231994	225775	208633	208579	1352	1330	1666
私人控股	7596591	7416260	6845887	6790637	23732	22047	52814
港澳台商控股	1416309	1310761	1110124	1106732	7256	7256	100013
外商控股	338532	332561	309326	309129	721	572	4666
其他	2794935	2722930	2514736	2477764	9113	9045	32483
按经营形式分							
独立门店	10851344	10507246	9698062	9603650	36752	34793	173001
连锁总店	853531	822054	663220	661210	3743	3722	17492
连锁直营店	148978	146570	126961	126961	318	318	3145
其他	1030459	1026892	917326	910605	3556	3523	204
按单位规模分							
大型	3024145	2812588	2435180	2390063	12878	12878	137709
中型	7239385	7091807	6611803	6565196	21077	20127	49895
小型	2127517	2106671	1909492	1898900	8215	7187	5742
微型	493266	491696	449094	448266	2199	2164	496
按零售业态分							
有店铺零售	**12302241**	**11921922**	**10872403**	**10775598**	**43541**	**41614**	**193768**
食杂店	9931	9931	9093	9093	65	65	83
便利店	8544	8544	7307	7307	82	82	
折扣店	274	274	294	294			
超市	110999	108547	93833	92809	1679	1008	26
大型超市	1577307	1443278	1211372	1204216	7761	7523	117015
仓储会员店	3341	3313	3080	3071	38	14	
百货店	576469	533653	451385	448833	4469	4302	20078
专业店	5167513	5043566	4682113	4628357	16442	15784	35757
专卖店	4364469	4292030	3981530	3958020	11450	11342	19075
家居建材商店	14321	13932	12285	12003	108	107	108
购物中心	276096	272081	251009	242511	1044	984	1410
厂家直销中心	192977	192773	169103	169084	402	402	216
无店铺零售	**582072**	**580841**	**533167**	**526828**	**828**	**741**	**74**
电视购物	2961	2826	2156	2035	10	10	
邮购	2808	2808	2209	2209	16	16	
网上商店	148343	148337	128612	123206	309	234	1
电话购物	1486	1486	1440	1440	1	1	
其他	426474	425385	398751	397938	492	480	73

11-6 续表 25　　　　（2017 年）　　　　单位：万元

指标	损益及分配							
	销售费用	管理费用	财务费用	利息收入	利息支出	资产减值损失	公允价值变动收益	投资收益
总计	**1448267**	**767609**	**277365**	**27105**	**152983**	**41221**	**1869**	**114314**
批发业	**752375**	**372357**	**198913**	**26192**	**109709**	**32943**	**1478**	**106740**
按批发行业小类分								
农、林、牧产品批发	**11907**	**20374**	**15583**	**7306**	**18269**	**161**	**89**	**12064**
谷物、豆及薯类批发	2020	3219	11033	7002	17640	4		7525
种子批发	6634	12418	17	132	119	106	89	2991
饲料批发	600	810	765	1	16			
棉、麻批发	1441	1450	493	14	423			-20
林业产品批发	5	9	37					
牲畜批发	791	1346	-94	157				2594
其他农牧产品批发	417	1122	3332		71	51		-1026
食品、饮料及烟草制品批发	**80271**	**55333**	**-525**	**6965**	**2809**	**159**	**80**	**407**
米、面制品及食用油批发	19525	5479	1791	282	1178	36		355
糕点、糖果及糖批发	858	2362	340	300	483	-37		
果品、蔬菜批发	799	1626	916		301	65	30	
肉、禽、蛋、奶及水产品批发	2075	815	794	4	271	93	50	
盐及调味品批发	1761	2563	21	16	14			12
营养和保健品批发	304	713	36	35				
酒、饮料及茶叶批发	3928	1272	979	-1	498			
烟草制品批发	42379	38393	-6069	6056	-32	-0		40
其他食品批发	8643	2110	668	272	96	3		
纺织、服装及家庭用品批发	**57959**	**14949**	**2222**	**2511**	**4068**	**9**		**5071**
纺织品、针织品及原料批发	6852	2908	602	251	309	-7		5054
服装批发	9158	6449	1556	26	1269	2		
鞋帽批发	100	40	-0					
化妆品及卫生用品批发	3874	1001	38	123	162			
厨房、卫生间用具及日用杂货批发	1252	345	28	3	24	1		
灯具、装饰物品批发	240	203	-10	-15				
家用电器批发	36027	3056	-323	2120	2264	13		
其他家庭用品批发	457	946	332	3	41			17
文化、体育用品及器材批发	**29612**	**8219**	**3164**	**-677**	**3233**	**6087**		**4736**
文具用品批发	5306	1197	192	4	52	56		
体育用品及器材批发	6362	1116	4					103
图书批发	11844	2002	728	-670	1266	5489		5394
首饰、工艺品及收藏品批发	3147	1134	1472	-35	1428			-935
其他文化用品批发	2953	2769	768	23	487	542		173
医药及医疗器材批发	**203378**	**130649**	**63910**	**3896**	**29320**	**8159**	**-533**	**49029**
西药批发	94000	54055	13814	533	8075	1231	-533	45
中药批发	84392	51280	32611	994	4588	6233		44427
医疗用品及器材批发	24986	25314	17484	2369	16657	695		4557
矿产品、建材及化工产品批发	**177559**	**90067**	**100554**	**3923**	**46416**	**6599**	**1841**	**33882**
煤炭及制品批发	35129	16950	22695	1040	14450	595	1870	5710
石油及制品批发	78340	22425	3741	-4003	5753	1432	9	8173
非金属矿及制品批发	2694	2908	939	6	79	377	1	1255
金属及金属矿批发	29032	20445	24438	7723	19794	1275	13	17556

11-6 续表 26　　　　(2017 年)　　　　单位:万元

指标	损益及分配							
	销售费用	管理费用	财务费用	利息收入	利息支出	资产减值损失	公允价值变动收益	投资收益
建材批发	11260	15908	24537	-1714	3532	2542	19	974
化肥批发	2045	1388	1180	751	1908			
农药批发	891	1589	112		107	12		
其他化工产品批发	18168	8455	22913	120	794	366	-71	214
机械设备、五金产品及电子产品批发	**186830**	**47683**	**10820**	**2231**	**5274**	**112**	**1**	**1047**
农业机械批发	1453	1860	57	16	8			
汽车批发	94036	8789	-676	1655	93	-220		
汽车零配件批发	6482	2629	286	20	359	17		
摩托车及零配件批发	403	573	120	4	122			
五金产品批发	3423	3024	463	-1	236	51	1	286
电气设备批发	3590	1628	245	37	23			
计算机、软件及辅助设备批发	2071	3767	375	42	268			700
通讯及广播电视设备批发	10178	3654	3147	-169	146	2	-2	
其他机械设备及电子产品批发	65195	21759	6802	628	4019	262	2	61
贸易经纪与代理	**282**	**1364**	**-4**	**8**	**5**			
贸易代理	158	1275	4		5			
其他贸易经纪与代理	124	89	-8	8				
其他批发业	**4578**	**3720**	**3188**	**31**	**315**	**11658**		**505**
再生物资回收与批发	1444	857	310		234			60
其他未列明批发业	3135	2863	2878	31	81	11658		445
按登记注册类型分								
内资企业	**747335**	**368382**	**178898**	**27850**	**108284**	**32887**	**1471**	**104042**
国有企业	39071	36455	-5862	6084	170	-62		12
股份合作企业	243	169	17		17			
有限责任公司	529405	245463	152981	25480	98629	29008	1342	71921
国有独资公司	41051	25779	21188	7072	23179	20150	2	14647
其他有限责任公司	488354	219685	131793	18408	75451	8858	1339	57274
股份有限公司	70315	29525	14142	-4405	1417	1754	89	26186
私营企业	107900	56321	17391	690	8051	2188	41	5923
私营独资企业	85	203	202					
私营有限责任公司	107384	55659	17195	678	8051	2188	41	5923
私营股份有限公司	432	459	-6	12				
其他企业	400	450	230					
港、澳、台商投资企业	**791**	**2927**	**19959**	**-1692**	**1425**		**7**	**2699**
港、澳、台商独资经营企业	791	2927	19959	-1692	1425		7	2699
外商投资企业	**4249**	**1048**	**56**	**35**		**56**		
中外合资经营企业	3876	287	21			56		
外资企业	373	761	35	35				
按控股情况分								
国有控股	226780	114658	56684	10526	43279	23341	4	47536
集体控股	2340	1106	259	1	234	11		50
私人控股	354005	180920	59914	11405	30044	5765	222	53641
港澳台商控股	791	2927	19959	-1692	1425		7	2699
外商控股	373	761	35	35				

11-6 续表27 （2017年） 单位：万元

指标	损益及分配							
	销售费用	管理费用	财务费用			资产减值损失	公允价值变动收益	投资收益
				利息收入	利息支出			
其他	168086	71986	62061	5918	34728	3826	1244	2815
按经营形式分								
独立门店	328155	130655	44278	4984	23249	9159	19	21902
连锁总店	1426	443	134	3		36		232
其他	422793	241259	154501	21206	86460	23748	1459	84607
按单位规模分								
大型	349298	98667	41468	7205	29395	10467	-541	33663
中型	306415	190349	80011	14410	55799	20779	1887	64560
小型	85412	78356	76463	-624	19754	1309	132	8453
微型	11249	4985	970	5201	4760	387		64
零售业	**695892**	**395252**	**78452**	**913**	**43274**	**8278**	**392**	**7574**
按零售行业小类分								
综合零售	**211960**	**182560**	**10021**	**-2467**	**6777**	**5702**	**319**	**12**
百货零售	117006	160333	7603	-2291	6318	197	4	4
超级市场零售	93774	19451	2016	-176	459	5041	4	
其他综合零售	1181	2777	402			463	311	8
食品、饮料及烟草制品专门零售	**19817**	**8137**	**1181**	**100**	**467**	**-40**	**11**	**305**
粮油零售	236	344	75	1	48			
糕点、面包零售	152	114	1					
果品、蔬菜零售	1864	1713	644	54	369	1	5	45
肉、禽、蛋、奶及水产品零售	3076	1673	40	15	2	-77		
营养和保健品零售	596	99				4		
酒、饮料及茶叶零售	2419	1172	129	36	48	9	5	260
其他食品零售	11474	3022	292	-6	1	23		
纺织、服装及日用品专门零售	**33945**	**7990**	**1263**	**61**	**610**		**1**	
纺织品及针织品零售	1118	684	15			1		
服装零售	27049	5106	901	12	437			
鞋帽零售	588	529	82		56	1		
化妆品及卫生用品零售	1365	723	98	1	1	-1		
钟表、眼镜零售	3078	133	-39	48	9			
其他日用品零售	747	816	205	-1	107			
文化、体育用品及器材专门零售	**21900**	**16506**	**2523**	**-14**	**1723**	**1098**		**282**
文具用品零售	68	372	2					
体育用品及器材零售	8341	2090	46	-3	209			
图书、报刊零售	8539	8110	103	-32	56	1084		
珠宝首饰零售	3373	1763	2016	20	1435	14		9
工艺美术品及收藏品零售	1283	1967	321					273
乐器零售	24	1607	24		21			
照相器材零售	233	535	10		2			
其他文化用品零售	39	63	1					
医药及医疗器材专门零售	**76985**	**14953**	**4913**	**38**	**3074**	**1040**		**130**
药品零售	76840	14018	4901	43	3071	1040		130
医疗用品及器材零售	145	935	11	-5	3			

11-6 续表 28　　(2017 年)　　单位:万元

指标	损益及分配							
	销售费用	管理费用	财务费用	利息收入	利息支出	资产减值损失	公允价值变动收益	投资收益
汽车、摩托车、燃料及零配件专门零售	**221929**	**106408**	**52095**	**2914**	**28072**	**258**	**21**	**5112**
汽车零售	189148	99655	50729	2957	27354	239	8	5039
汽车零配件零售	3592	3083	852	-39	575			
摩托车及零配件零售	185	272	16		16			
机动车燃料零售	29003	3398	498	-4	127	19	13	73
家用电器及电子产品专门零售	**82338**	**41939**	**3811**	**-83**	**1107**	**185**	**4**	**1642**
家用视听设备零售	1159	1656	554	9	79			
日用家电设备零售	49129	17498	913	-70	162	178		1468
计算机、软件及辅助设备零售	8410	16729	1096	-25	494	6	1	174
通信设备零售	21929	3427	1030	5	301			
其他电子产品零售	1711	2629	218	-1	72	2	2	
五金、家具及室内装饰材料专门零售	**12693**	**7469**	**1366**	**4**	**917**	**6**	**36**	**120**
五金零售	8128	3458	280	1	141	6	36	
灯具零售	37	79	27					
家具零售	3591	3340	1050	2	770			120
涂料零售	15	31						
木质装饰材料零售	16	6						
陶瓷、石材装饰材料零售	627	128	2		2			
其他室内装饰材料零售	278	426	7		4			
货摊、无店铺及其他零售业	**14326**	**9290**	**1281**	**360**	**527**	**30**		**-30**
货摊纺织、服装及鞋零售	314	1743	1	1				
互联网零售	5781	1548	535	23	322			50
邮购及电视、电话零售	937	649	1	1				
生活用燃料零售	2264	2230	603	294	61	29		-80
其他未列明零售业	5031	3120	141	42	144			
按登记注册类型分								
内资企业	**582831**	**284083**	**74861**	**383**	**41466**	**6216**	**392**	**6326**
国有企业	349	729	211		124	2	1	
集体企业	411	529	59	1				
联营企业								
其他联营企业								
有限责任公司	437227	215313	51251	-406	29640	4838	73	4547
国有独资公司	1475	1436	246	241	-10	17		
其他有限责任公司	435752	213877	51004	-646	29650	4821	73	4547
股份有限公司	66539	17291	5487	17	1833	595		1434
私营企业	78302	50176	17848	771	9868	781	318	345
私营独资企业	495	634	290		22	6		
私营合伙企业		41						
私营有限责任公司	76733	48389	17440	769	9835	741	315	322
私营股份有限公司	1073	1113	118	2	11	35	3	23
其他企业	4	46	5					
港、澳、台商投资企业	**85200**	**106950**	**2024**	**416**	**835**	**49**		**74**
合资经营企业(港或澳、台资)	13520	4464	529	193	685	49		74
港、澳、台商独资经营企业	52862	89728	1198	111	150			

11-6 续表 29 （2017 年） 单位：万元

指标	损益及分配							
	销售费用	管理费用	财务费用			资产减值损失	公允价值变动收益	投资收益
				利息收入	利息支出			
港、澳、台商投资股份有限公司	18818	12758	297	111				
外商投资企业	**27861**	**4218**	**1568**	**115**	**973**	**2013**		**1174**
中外合资经营企业	8926	1455	431	1	358	1990		
外资企业	16292	1199	1100	12	671	24		
外商投资股份有限公司	2344	1389	67	58	-58			1174
其他外商投资企业	299	176	-31	44	2			
按控股情况分								
国有控股	37726	10710	1726	293	976	574	12	255
集体控股	3540	10650	519	149	581	-6		
私人控股	392020	173329	52417	2192	25333	5603	371	948
港澳台商控股	78452	104635	1418	342	192			
外商控股	27886	4284	1573	115	973	2013		1174
其他	156268	91644	20799	-2177	15218	94	8	5198
按经营形式分								
独立门店	484443	322640	69741	529	36957	5723	386	7151
连锁总店	141754	34038	4058	-62	3083	28		130
连锁直营店	22722	5080	231	2	1	1990		27
其他	46973	33494	4422	443	3233	537	6	266
按单位规模分								
大型	283487	151746	6254	151	3518	6039		37
中型	315160	175696	60166	134	34959	2113	309	7233
小型	85989	54447	9912	583	4449	162	40	289
微型	11257	13363	2121	44	348	-36	43	15
按零售业态分								
有店铺零售	**676391**	**382452**	**76886**	**559**	**42439**	**7783**	**391**	**7456**
食杂店	212	133	10					
便利店	458	383	39		3			
折扣店		25						
超市	5353	4848	756	-10	106	538	303	
大型超市	148622	120412	4327	-161	2094	5020	3	1
仓储会员店	57	146	6					
百货店	57882	58535	6327	565	2916	145	14	11
专业店	233845	110978	37535	1892	20449	2006	29	2194
专卖店	205898	75494	27517	1143	14246	70	7	5063
家居建材商店	791	450	93	3	35			120
购物中心	15899	2728	-554	-2882	2072			
厂家直销中心	7373	8318	831	9	516	4	36	67
无店铺零售	**19502**	**12800**	**1566**	**354**	**836**	**495**		**118**
电视购物	937	649	1	1				
邮购		255		1				
网上商店	7062	3801	635	30	397	573		50
电话购物		42						
其他	11503	8053	930	322	439	-78		68

11-6 续表 30 （2017 年） 单位：万元

指标	其他收益	营业利润	营业外收入	营业外支出	利润总额	所得税费用	人工成本及增值税		从事批发和零售业活动的从业人员平均人数（人）
							应付职工薪酬（本年贷方累计发生额）	应交增值税	
总计	**8361**	**856805**	**71891**	**26456**	**882675**	**222455**	**646267**	**522741**	**113663**
批发业	**6774**	**588392**	**47817**	**8040**	**611106**	**142784**	**307629**	**322841**	**43143**
按批发行业小类分									
农、林、牧产品批发	**1197**	**7687**	**7982**	**111**	**15537**	**613**	**11668**	**1473**	**1367**
谷物、豆及薯类批发	20	-2518	3643	7	1107	207	1732	165	224
种子批发	977	3383	3833	69	7146	210	6454	40	717
饲料批发		608	10		618	36	420	95	106
棉、麻批发		492	37	15	514	1	535	48	79
林业产品批发		521			521		51	209	20
牲畜批发	200	3757	2		3759		1798	239	90
其他农牧产品批发		1444	458	20	1871	159	678	678	131
食品、饮料及烟草制品批发		**123857**	**5060**	**585**	**128129**	**36198**	**73359**	**71469**	**4974**
米、面制品及食用油批发		-14963	4231	82	-10814	99	8744	957	852
糕点、糖果及糖批发		13600	31	274	13357	3105	1007	1504	235
果品、蔬菜批发		1487	150	40	1597	444	2050	467	556
肉、禽、蛋、奶及水产品批发		404	22	2	423	420	1611	172	366
盐及调味品批发		97	16	7	3	261	2520	390	396
营养和保健品批发		451			416	113	303		50
酒、饮料及茶叶批发		1822	237	75	1985	489	1101	1485	255
烟草制品批发		117470	174	96	117548	30370	51534	64941	1341
其他食品批发		3490	198	8	3615	896	4488	1554	923
纺织、服装及家庭用品批发		**73254**	**10957**	**149**	**83888**	**18751**	**20164**	**23902**	**3577**
纺织品、针织品及原料批发		2331	422	4	2754	69	1937	164	466
服装批发		2180	90	97	2149	175	5129	1997	1176
鞋帽批发		120					102		22
化妆品及卫生用品批发		1188		5	1184	298	2554	288	548
厨房、卫生间用具及日用杂货批发		133	9		141	1	606	356	147
灯具、装饰物品批发		-109			-109		233	72	10
家用电器批发		67391	10360	22	77743	18187	9176	20897	1123
其他家庭用品批发		20	77	22	26	21	428	129	85
文化、体育用品及器材批发	**2579**	**24102**	**1376**	**77**	**25374**	**1557**	**6919**	**3255**	**1829**
文具用品批发		2287	6		2293	128	881	171	119
体育用品及器材批发		1393	1		1376	384	1153	1019	271
图书批发	2579	11037	891	44	11883	275	1340	140	937
首饰、工艺品及收藏品批发		7933	10	20	7912	268	1054	244	260
其他文化用品批发		1453	468	12	1910	503	2492	1681	242
医药及医疗器材批发	**1502**	**175149**	**990**	**2695**	**171974**	**31753**	**67933**	**129443**	**11513**
西药批发		36542	136	1411	36340	9236	21722	58534	3950
中药批发	1323	78040	190	663	77445	8461	23602	49211	5157
医疗用品及器材批发	179	60568	664	621	58189	14056	22609	21698	2406
矿产品、建材及化工产品批发	**763**	**171603**	**19328**	**2487**	**175057**	**40521**	**69283**	**65146**	**11142**
煤炭及制品批发	698	44342	785	368	44294	10934	8606	11416	1220
石油及制品批发	13	33397	1433	1383	32925	11994	29943	24353	3689
非金属矿及制品批发	50	12049	11156	3	10062	1596	2924	1790	647
金属及金属矿批发	2	44580	3210	480	50256	9465	12675	11016	2512

11-6 续表 31 （2017 年） 单位：万元

指标	其他收益	营业利润	营业外收入	营业外支出	利润总额	所得税费用	人工成本及增值税		从事批发和零售业活动的从业人员平均人数(人)
							应付职工薪酬(本年贷方累计发生额)	应交增值税	
建材批发		29245	116	171	27977	4888	9090	8955	1911
化肥批发		-958	435	6	-529	95	676	322	102
农药批发		612		3	497	58	1028	156	287
其他化工产品批发		8337	2192	74	9575	1493	4341	7140	774
机械设备、五金产品及电子产品批发	**733**	**21715**	**1899**	**1801**	**20051**	**11013**	**54954**	**24110**	**8071**
农业机械批发		1693	41	16	1718	254	395	617	106
汽车批发		-32463	245	123	-32347	-459	15740	1133	1379
汽车零配件批发	10	3981	84	39	4323	1086	3329	1278	582
摩托车及零配件批发		-300	8	3	-311	4	288	350	95
五金产品批发		3666	144	11	3590	660	2171	1151	320
电气设备批发		657	3	6	656	66	1374	440	266
计算机、软件及辅助设备批发		900	127	16	1012	166	2975	828	568
通讯及广播电视设备批发	723	1095	227	117	864	457	5843	1761	879
其他机械设备及电子产品批发		42486	1021	1471	40547	8779	22838	16553	3876
贸易经纪与代理		**60**	**35**	**10**	**94**	**18**	**82**	**130**	**21**
贸易代理		64			64	15	50	130	12
其他贸易经纪与代理		-4	35	10	30	3	32		9
其他批发业		**-9035**	**190**	**125**	**-8999**	**2361**	**3267**	**3913**	**649**
再生物资回收与批发		3990	82	2	4179	897	563	1023	127
其他未列明批发业		-13025	108	124	-13177	1464	2704	2890	522
按登记注册类型分									
内资企业	**6574**	**581740**	**46593**	**8040**	**603265**	**142240**	**304788**	**319901**	**42964**
国有企业		117837	502	211	118024	30869	56057	65411	1983
股份合作企业		-47			-47		363	46	151
有限责任公司	4265	342852	30053	5898	352956	85949	181812	188336	30199
国有独资公司	2579	-8840	8580	1023	-1425	2813	17792	9579	3001
其他有限责任公司	1686	351692	21473	4876	354381	83136	164021	178757	27198
股份有限公司	2299	63999	4012	1342	66448	12660	29795	28436	3144
私营企业	10	56683	12026	588	65469	12763	36673	37669	7459
私营独资企业		5408			5408	954	148	1125	29
私营有限责任公司	10	50268	12026	588	59519	11776	36034	36034	7313
私营股份有限公司		1007			542	33	492	510	117
其他企业		415			415		89	4	28
港、澳、台商投资企业	**200**	**6200**	**1202**		**7401**	**432**	**2030**	**2906**	**94**
港、澳、台商独资经营企业	200	6200	1202		7401	432	2030	2906	94
外商投资企业		**453**	**22**		**440**	**113**	**810**	**35**	**85**
中外合资经营企业		52	2		54		480	35	31
外资企业		401	20		386	113	331		54
按控股情况分									
国有控股	4803	224934	14020	2530	239122	65740	139010	127815	11112
集体控股		635	136		848	156	629	1366	168
私人控股	833	246778	28926	4355	253373	44667	113652	114993	22940
港澳台商控股	200	6200	1202		7401	432	2030	2906	94
外商控股		401	20		386	113	331		54

11-6 续表 32 （2017 年） 单位：万元

指标	其他收益	营业利润	营业外收入	营业外支出	利润总额	所得税费用	人工成本及增值税		从事批发和零售业活动的从业人员平均人数（人）
							应付职工薪酬（本年贷方累计发生额）	应交增值税	
其他	938	109444	3513	1154	109975	31677	51977	75762	8775
按经营形式分									
独立门店	2622	248603	9440	4900	247386	57464	109814	108609	18130
连锁总店		580	1	2	579		1275	1089	295
其他	4152	339209	38376	3138	363141	85320	196539	213143	24718
按单位规模分									
大型	4080	284960	3240	2254	285946	77697	149184	157191	14807
中型	2448	188496	37228	4422	208644	40416	110473	116259	18194
小型	246	114914	6914	1259	116706	24204	45338	46809	9405
微型		22	435	104	-190	467	2634	2582	737
零售业	**1588**	**268414**	**24074**	**18416**	**271570**	**79671**	**338639**	**199900**	**70520**
按零售行业小类分									
综合零售	**7**	**85515**	**7820**	**8605**	**82654**	**31289**	**98092**	**70642**	**23647**
百货零售	5	84905	6087	6334	83322	27560	61045	63770	14629
超级市场零售		-2344	1511	2266	-3784	3287	35357	5953	8518
其他综合零售	2	2953	222	6	3116	442	1690	919	500
食品、饮料及烟草制品专门零售	**6**	**17500**	**950**	**137**	**18238**	**3507**	**7004**	**3543**	**2911**
粮油零售		592	172	66	271	17	455	13	120
糕点、面包零售		-107	4		-103		287	15	82
果品、蔬菜零售	5	7010	186	3	7346	1233	1853	1282	455
肉、禽、蛋、奶及水产品零售	1	3692	556	3	4245	611	1198	107	587
营养和保健品零售		-37			-36		245	101	58
酒、饮料及茶叶零售		6189	17	51	6338	1378	1642	1570	330
其他食品零售		162	16	14	178	267	1323	455	1279
纺织、服装及日用品专门零售		**2520**	**664**	**275**	**4033**	**1042**	**10984**	**4431**	**2661**
纺织品及针织品零售		-235	2	3	-302	21	777	223	231
服装零售		-234	610	130	1419	710	6836	2911	1549
鞋帽零售		-57	1		-66	10	648	171	230
化妆品及卫生用品零售		709	50	4	703	35	918	184	257
钟表、眼镜零售		570		138	432	116	1143	748	210
其他日用品零售		1768			1847	150	661	195	184
文化、体育用品及器材专门零售		**7814**	**3257**	**2656**	**7266**	**1634**	**12378**	**2805**	**2837**
文具用品零售		57		25	32	21	218	123	68
体育用品及器材零售		1237	19		1256	302	3509	402	869
图书、报刊零售		6015	118	102	6011	705	5882	387	1245
珠宝首饰零售		-346	3078	2506	-903	493	1491	359	319
工艺美术品及收藏品零售		530	8	23	515	32	562	1251	151
乐器零售		151	18		169	64	297	242	61
照相器材零售		172	8		180	15	365	33	101
其他文化用品零售		-2	8		6	2	55	9	23
医药及医疗器材专门零售	**9**	**9180**	**468**	**409**	**8644**	**2361**	**26121**	**11886**	**6757**
药品零售	9	9602	468	409	9057	2361	25362	11764	6722
医疗用品及器材零售		-422			-413		759	122	35

11-6 续表 33　　　　　　　　　　（2017 年）　　　　　　　　　　单位：万元

指标	其他收益	营业利润	营业外收入	营业外支出	利润总额	所得税费用	人工成本及增值税 应付职工薪酬（本年贷方累计发生额）	人工成本及增值税 应交增值税	从事批发和零售业活动的从业人员平均人数（人）
汽车、摩托车、燃料及零配件专门零售	**1565**	**115457**	**7606**	**3127**	**122214**	**32894**	**131806**	**85992**	**20762**
汽车零售	1564	85385	7481	3030	87501	24901	122365	71916	18845
汽车零配件零售		1190	27	28	1237	312	3515	5295	621
摩托车及零配件零售		211			211	58	136	68	29
机动车燃料零售	1	28671	99	69	33265	7622	5790	8713	1267
家用电器及电子产品专门零售	**1**	**18567**	**2365**	**3012**	**15747**	**3721**	**38354**	**15703**	**7894**
家用视听设备零售		4979	61		4795	1484	1418	541	377
日用家电设备零售		3479	-960	298	2177	367	17920	6301	3146
计算机、软件及辅助设备零售		8009	3003	2700	7974	1533	11433	3952	2732
通信设备零售	1	33	211	13	-1308	204	4967	4389	1090
其他电子产品零售		2067	50	1	2109	133	2617	520	549
五金、家具及室内装饰材料专门零售		**7318**	**114**	**148**	**7146**	**1875**	**5727**	**3261**	**1409**
五金零售		7031	3	15	7020	1647	3351	1577	823
灯具零售		156			156	30	99	30	43
家具零售		-236	111	104	-377	152	1892	1464	429
涂料零售		1			1		102		17
木质装饰材料零售		261			261	23	15	42	5
陶瓷、石材装饰材料零售		-93		30	-123	7	80	59	30
其他室内装饰材料零售		198			208	16	188	88	62
货摊、无店铺及其他零售业		**4543**	**831**	**46**	**5629**	**1349**	**8173**	**1636**	**1642**
货摊纺织、服装及鞋零售		200			200		406	-138	289
互联网零售		1170	380	14	1772	560	3457	449	607
邮购及电视、电话零售		-791	1		-791		740	89	129
生活用燃料零售		2113	218	25	2372	375	1669	525	355
其他未列明零售业		1851	232	7	2076	414	1901	712	262
按登记注册类型分									
内资企业	**1583**	**154454**	**18803**	**12272**	**157110**	**49122**	**291059**	**162371**	**60258**
国有企业		2892	17	29	416	136	1302	229	219
集体企业		658			658	1	291	70	84
联营企业									
其他联营企业									
有限责任公司	941	115230	10569	7385	117144	37443	210208	134172	42016
国有独资公司		928	44	26	946	17	1269	454	194
其他有限责任公司	941	114302	10525	7359	116198	37426	208940	133718	41822
股份有限公司	11	15833	615	378	15601	3061	24306	10562	5754
私营企业	631	19776	7602	4480	23226	8481	54917	17328	12170
私营独资企业		2290			2200	43	518	337	117
私营合伙企业		-2			-2		28	8	8
私营有限责任公司	631	15382	7586	4480	19072	8313	53331	16789	11764
私营股份有限公司		2106	16		1956	124	1040	195	281
其他企业		65			65		35	10	15
港、澳、台商投资企业		**116950**	**4887**	**5077**	**118133**	**30293**	**35630**	**35153**	**8026**
合资经营企业（港或澳、台资）		19315	156	110	19361	4750	6880	2086	687
港、澳、台商独资经营企业		95217	576	3073	94093	23597	20314	28279	5735

11-6 续表 34 (2017 年) 单位:万元

指标	其他收益	营业利润	营业外收入	营业外支出	利润总额	所得税费用	人工成本及增值税 应付职工薪酬(本年贷方累计发生额)	应交增值税	从事批发和零售业活动的从业人员平均人数(人)
港、澳、台商投资股份有限公司		2417	4156	1894	4679	1947	8436	4788	1604
外商投资企业	**5**	**−2990**	**383**	**1066**	**−3673**	**256**	**11950**	**2376**	**2236**
中外合资经营企业		−3942	41	27	−3928	50	2733	266	608
外资企业	5	−979	303	1018	−1693	85	6235	1280	1204
外商投资股份有限公司		1580	38	19	1599	33	2686	760	355
其他外商投资企业		350	2	3	349	89	296	71	69
按控股情况分									
国有控股		31610	392	334	34207	7900	11711	11549	2097
集体控股		7306	203	14	7503	1670	3795	19353	812
私人控股	1580	108571	15309	10818	110334	31377	201627	72429	43275
港澳台商控股		114424	4851	5068	115580	29750	32373	33100	7659
外商控股	5	−2952	383	1066	−3673	256	11975	2380	2243
其他	3	9454	2935	1116	7619	8717	77157	61089	14434
按经营形式分									
独立门店	1577	247304	14682	12387	242158	70658	250766	171039	50929
连锁总店	9	6830	1962	539	9150	3270	54287	17846	11855
连锁直营店		−5151	134	52	−5070	44	5587	571	1439
其他	2	19431	7297	5438	25332	5700	27998	10445	6297
按单位规模分									
大型	14	131752	3544	7521	128700	38031	103572	56777	22684
中型	1565	61718	13457	7471	69653	27611	183091	110903	35474
小型	2	58594	6675	3316	58581	11621	44882	28700	10576
微型	6	16350	398	108	14636	2408	7094	3519	1786
按零售业态分									
有店铺零售	**1588**	**254557**	**23221**	**18276**	**257283**	**76170**	**325734**	**196501**	**67944**
食杂店		418			420	103	145	54	41
便利店		274	4		306	4	672	43	226
折扣店		−46			−46	1	20		2
超市		4305	229	89	3579	524	6611	1019	1946
大型超市	5	82944	2535	6352	79807	26539	61718	35687	15611
仓储会员店		14	16		−8	4	72	5	31
百货店	2	−2247	4790	2170	−1544	4731	31308	33590	6598
专业店	638	88021	10817	7871	87053	20273	113365	51891	22304
专卖店	944	67162	3672	1781	71563	21119	102158	70453	18990
家居建材商店		570		−5	720	58	983	504	195
购物中心		5970	383	3	7632	1578	2885	1734	620
厂家直销中心		7173	776	14	7803	1236	5797	1522	1380
无店铺零售		**13857**	**853**	**140**	**14286**	**3501**	**12904**	**3399**	**2576**
电视购物		−791	1		−791		740	89	129
邮购		328			328		66	199	13
网上商店		7426	477	59	8079	1773	5834	608	995
电话购物		2			2	1	36	12	9
其他		6891	375	81	6667	1727	6229	2492	1430

11-7 限额以上住宿和餐饮业法人企业财务状况

（2017 年）

单位：万元

指标	法人企业数（个）	执行《2006年企业会计准则》企业数（个）	年初存货				
				流动资产合计	应收帐款	存货	固定资产合计
总计	**421**	**319**	**29155**	**924477**	**55267**	**31352**	**484816**
住宿业	**236**	**191**	**20561**	**703664**	**30392**	**20564**	**367995**
按住宿行业小类分							
旅游饭店	127	100	11435	578370	23563	11113	262636
一般旅馆	99	83	8826	123020	6667	9261	103655
其他住宿业	10	8	300	2273	162	189	1704
按登记注册类型分							
内资企业	**231**	**186**	**13833**	**545221**	**29168**	**14047**	**322589**
国有企业	22	17	2716	43499	4233	2659	87660
集体企业	4	3	695	9280	99	706	7942
有限责任公司	140	112	7299	311793	18696	7278	185685
国有独资公司	4	3	411	9232	306	357	21062
其他有限责任公司	136	109	6888	302562	18390	6921	164623
股份有限公司	6	4	394	31888	1088	233	5802
私营企业	59	50	2729	148761	5052	3172	35500
私营有限责任公司	57	49	2719	146531	5033	3167	35460
私营股份有限公司	2	1	10	2229	19	5	41
港、澳、台商投资企业	**5**	**5**	**6728**	**158443**	**1225**	**6517**	**45406**
与港澳台商合资经营企业	4	4	6528	153478	1147	6361	42613
与港澳台商合作经营企业	1	1	200	4965	77	156	2792
按控股情况分							
国有控股	47	37	4946	120024	8029	4623	164435
集体控股	8	5	774	10320	396	836	10989
私人控股	135	113	6170	291558	9924	6692	115284
港澳台商控股	3	3	6164	146167	836	6001	33188
其他	43	33	2507	135596	11208	2411	44099
按经营形式分							
独立门店	206	167	20052	681720	29496	20117	360461
连锁总店	2	2	9	14247	58	6	807
连锁直营店	5	4	48	1840	55	48	3341
连锁加盟店	9	7	31	1495	470	18	585
其他	14	11	421	4362	314	376	2803
按单位规模分							
大型	3	3	2273	215701	6278	2077	63193
中型	43	35	12570	319979	8000	11916	219726
小型	183	148	5498	167167	15695	6556	84989
微型	7	5	220	818	420	15	87
按星级分							
五星	11	10	3095	298963	7325	2931	90601
四星	22	19	3439	89957	4437	3177	45059
三星	40	31	7413	51705	8018	7284	50058

11-7 续表 1 （2017 年） 单位：万元

指标	法人企业数（个）	执行《2006年企业会计准则》企业数（个）	年初存货	流动资产合计	应收帐款	存货	固定资产合计
二星	5	5	267	1182	95	255	8934
其他	158	126	6347	261857	10517	6916	173344
餐饮业	**185**	**128**	**8595**	**220813**	**24874**	**10789**	**116821**
按餐饮行业小类分							
正餐服务	171	115	7525	192122	13685	8768	84398
快餐服务	7	6	778	14272	6005	1636	24541
饮料及冷饮服务	1	1	3	83		3	75
咖啡馆服务	1	1	3	83		3	75
其他餐饮业	6	6	289	14335	5184	382	7807
餐饮配送服务	3	3	191	6459	4254	298	2118
其他未列明餐饮业	3	3	98	7876	930	84	5690
按登记注册类型分							
内资企业	**181**	**125**	**7920**	**209296**	**19107**	**9561**	**96583**
集体企业	1		73	1083	30	61	4241
股份合作企业	1	1	6	143		6	516
有限责任公司	101	77	5482	130459	10380	6003	67996
其他有限责任公司	101	77	5482	130459	10380	6003	67996
股份有限公司	3	2	193	14535	326	435	1919
私营企业	75	45	2166	63076	8371	3056	21910
私营独资企业	1		21	112	55	12	246
私营合伙企业	1			70			12
私营有限责任公司	68	40	2005	61418	8183	2885	19210
私营股份有限公司	5	5	139	1476	133	159	2443
港、澳、台商投资企业	**1**	**1**	**40**	**438**	**36**	**39**	**523**
港澳台商独资企业	1	1	40	438	36	39	523
外商投资企业	**3**	**2**	**635**	**11078**	**5732**	**1189**	**19716**
外资企业	3	2	635	11078	5732	1189	19716
按控股情况分							
国有控股	2	2	361	1360	389	301	919
集体控股	1		73	1083	30	61	4241
私人控股	145	97	3950	140496	15588	5142	60629
港澳台商控股	1	1	40	438	36	39	523
外商控股	3	2	635	11078	5732	1189	19716
其他	33	26	3536	66357	3099	4056	30794
按经营形式分							
独立门店	162	111	4833	134707	6568	5773	74884
连锁总店	4	3	561	12771	5972	1534	24437
其他	19	14	3200	73334	12335	3483	17500
按星级分							
大型	2	2	55	4573	336	1027	14757
中型	21	16	4089	118284	20093	4493	64630
小型	153	103	4251	94605	4378	5184	37310
微型	9	7	200	3350	67	85	125

11-7 续表2 (2017年) 单位:万元

指标	固定资产原价	房屋和构筑物	机械设备	运输工具	累计折旧	本年折旧
总计	**864391**	**251764**	**44125**	**5548**	**407189**	**43077**
住宿业	**692002**	**205526**	**35374**	**2819**	**333571**	**24720**
按住宿行业小类分						
旅游饭店	534531	165255	31333	2095	276559	16235
一般旅馆	155457	40121	3889	699	56540	8430
其他住宿业	2014	150	152	25	472	55
按登记注册类型分						
内资企业	**589105**	**164742**	**25555**	**2209**	**276080**	**21544**
国有企业	167388	107694	11119	983	80599	5147
集体企业	18640	9156	1573	125	10725	268
有限责任公司	311194	29943	7975	817	131017	12975
国有独资公司	41602				21617	713
其他有限责任公司	269592	29943	7975	817	109400	12262
股份有限公司	24272	13674	3791	19	18495	713
私营企业	67612	4276	1096	265	35245	2441
私营有限责任公司	66979	4276	1096	265	34653	2437
私营股份有限公司	632				592	4
港、澳、台商投资企业	**102897**	**40784**	**9820**	**610**	**57491**	**3176**
与港澳台商合资经营企业	83880	34284	4642	427	41266	2645
与港澳台商合作经营企业	19017	6500	5177	183	16225	531
按控股情况分						
国有控股	341728	132806	21649	1554	179242	10550
集体控股	24064	11293	2334	417	13307	453
私人控股	183042	19932	5751	578	73488	9007
港澳台商控股	66155	28354	2315	73	32967	1884
其他	77014	13140	3325	197	34569	2826
按经营形式分						
独立门店	674852	204904	35256	2819	323144	23075
连锁总店	422				393	33
连锁直营店	6536				3196	476
连锁加盟店	1763	291	31		1189	97
其他	8429	331	88		5650	1040
按单位规模分						
大型	114878	76023	5141	320	51686	3719
中型	396335	106368	22930	1198	182564	11657
小型	180466	23135	7303	1300	99083	9301
微型	323		1		239	43
按星级分						
五星	184447	59119	13713	810	94040	4945
四星	108230	35664	5560	268	68413	4340
三星	120114	14741	5063	423	71352	2581

11-7　续表 3　　（2017 年）　　单位:万元

指标	固定资产原价	房屋和构筑物	机械设备	运输工具	累计折旧	本年折旧
二星	10380	354	26	54	1446	376
其他	268832	95648	11013	1265	98321	12479
餐饮业	**172390**	**46238**	**8751**	**2729**	**73618**	**18357**
按餐饮行业小类分						
正餐服务	117818	43006	8184	1926	41719	7383
快餐服务	38212				23392	10064
饮料及冷饮服务	77	23	18	15	2	2
咖啡馆服务	77	23	18	15	2	2
其他餐饮业	16282	3209	549	788	8504	908
餐饮配送服务	3720	120	114	30	1631	262
其他未列明餐饮业	12562	3089	435	758	6873	646
按登记注册类型分						
内资企业	**145179**	**46238**	**8751**	**2729**	**56966**	**16136**
集体企业	3352	1892	798	55	1027	1027
股份合作企业	833	770	56	7	317	19
有限责任公司	102626	32653	6400	2368	40184	13242
其他有限责任公司	102626	32653	6400	2368	40184	13242
股份有限公司	2233	697	313	87	889	210
私营企业	36135	10227	1185	211	14549	1639
私营独资企业	330	113	210	7	84	26
私营合伙企业	12			8		
私营有限责任公司	33158	8374	624	166	14243	1570
私营股份有限公司	2636	1740	351	30	222	43
港、澳、台商投资企业	**1639**				**1116**	**235**
港澳台商独资企业	1639				1116	235
外商投资企业	**25571**				**15536**	**1986**
外资企业	25571				15536	1986
按控股情况分						
国有控股	2309				1390	56
集体控股	3352	1892	798	55	1027	1027
私人控股	91474	37908	4035	1802	32059	4582
港澳台商控股	1639				1116	235
外商控股	25571				15536	1986
其他	48045	6439	3918	872	22490	10471
按经营形式分						
独立门店	106460	44974	8713	2727	34653	6371
连锁总店	37874				23117	10054
其他	28056	1264	38	3	15847	1931
按星级分						
大型	31805				17049	10008
中型	87018	27189	5362	1371	37935	4891
小型	52826	19049	3384	1357	18009	3426
微型	741		5	1	626	32

11-7 续表4 (2017年) 单位:万元

指标	期末资产负债						
	在建工程	非流动资产合计	资产总计	流动负债合计	应付帐款	非流动负债合计	负债合计
总计	**94336**	**800392**	**1736841**	**1004876**	**78471**	**337256**	**1342535**
住宿业	**78559**	**593436**	**1308852**	**777661**	**43380**	**284262**	**1062452**
按住宿行业小类分							
旅游饭店	23315	408308	997597	589783	27948	190132	778914
一般旅馆	54648	182192	305667	183463	14530	94130	279122
其他住宿业	597	2937	5587	4416	902		4416
按登记注册类型分							
内资企业	**50561**	**516325**	**1073297**	**592661**	**36221**	**220103**	**813293**
国有企业	40498	135121	180429	48083	7861	36022	83105
集体企业	6	3369	21146	14218	123	3117	17335
有限责任公司	5640	296231	609093	344923	19474	139135	484059
国有独资公司	860	28623	37855	23813	555	253	24066
其他有限责任公司	4780	267608	571238	321110	18919	138881	459993
股份有限公司	263	13900	46165	12433	838	1064	13497
私营企业	4154	67704	216465	173004	7925	40766	215297
私营有限责任公司	4154	67594	214126	172507	7904	40717	214751
私营股份有限公司		110	2339	497	21	48	545
港、澳、台商投资企业	**27998**	**77111**	**235555**	**185001**	**7159**	**64159**	**249159**
与港澳台商合资经营企业	13818	60115	213594	175313	6784	38934	214247
与港澳台商合作经营企业	14180	16996	21961	9688	375	25225	34912
按控股情况分							
国有控股	56116	243394	365227	143454	12683	64373	206827
集体控股	6	6016	25446	15810	437	3282	19092
私人控股	7006	196183	488118	335075	16125	89208	425811
港澳台商控股	13593	50291	196457	167347	6307	38934	206281
其他	1838	97553	233604	115976	7829	88464	204442
按经营形式分							
独立门店	78539	580590	1274061	749801	41576	282966	1033297
连锁总店		3377	17624	15557	310		15557
连锁直营店	14	4396	6235	3153	113	32	3184
连锁加盟店		1041	2535	2757	122	59	2817
其他	6	4034	8396	6393	1260	1204	7598
按单位规模分							
大型	1945	68636	284337	164861	5035	47582	212443
中型	34995	350061	680346	417437	18187	161110	578546
小型	41619	173911	342523	191874	19474	75538	267942
微型		828	1646	3490	684	32	3522
按星级分							
五星	14886	125587	426359	316471	5400	108647	425119
四星	4048	61765	151722	75007	5695	13748	88755
三星	17245	88768	141086	94335	12148	27703	121038

11-7 续表 5 （2017 年） 单位：万元

指标	期末资产负债						
	在建工程	非流动资产合计	资产总计	流动负债合计	应付帐款	非流动负债合计	负债合计
二星		9996	11178	3542	333	1797	5339
其他	42381	307321	578507	288306	19804	132367	422202
餐饮业	**15777**	**206956**	**427989**	**227214**	**35091**	**52994**	**280083**
按餐饮行业小类分							
正餐服务	13459	159535	351878	165701	17907	46181	211757
快餐服务	2318	38808	53080	39403	8222	6413	45816
饮料及冷饮服务		75	158	25			25
咖啡馆服务		75	158	25			25
其他餐饮业		8538	22872	22086	8962	400	22486
餐饮配送服务		2726	9184	3650	1625		3650
其他未列明餐饮业		5812	13688	18436	7337	400	18836
按登记注册类型分							
内资企业	**13459**	**178099**	**387616**	**190730**	**28558**	**46852**	**237457**
集体企业	1916	4246	5329	10948	381		10948
股份合作企业		792	936	774			774
有限责任公司	10581	95110	225741	100797	21219	43907	144598
其他有限责任公司	10581	95110	225741	100797	21219	43907	144598
股份有限公司	213	42987	57522	17232	1268		17232
私营企业	750	34964	98089	60980	5689	2946	63906
私营独资企业		246	358	28	27		28
私营合伙企业		12	82	11			11
私营有限责任公司	750	32264	93730	59836	5344	992	60808
私营股份有限公司		2443	3918	1105	319	1954	3059
港、澳、台商投资企业		**884**	**1322**	**1563**	**191**		**1563**
港澳台商独资企业		884	1322	1563	191		1563
外商投资企业	**2318**	**27972**	**39050**	**34922**	**6342**	**6142**	**41064**
外资企业	2318	27972	39050	34922	6342	6142	41064
按控股情况分							
国有控股	13	2748	4108	5987	2642		5987
集体控股	1916	4246	5329	10948	381		10948
私人控股	1597	120181	260897	149066	19559	15865	164935
港澳台商控股		884	1322	1563	191		1563
外商控股	2318	27972	39050	34922	6342	6142	41064
其他	9933	50925	117282	24729	5976	30987	55586
按经营形式分							
独立门店	8226	143192	278121	166019	22667	16368	182262
连锁总店	2318	38704	51475	38840	7738	6372	45212
其他	5233	25059	98394	22355	4686	30254	52610
按星级分							
大型	2318	29023	33597	27867	2102	494	28362
中型	10327	125481	243765	100965	25452	47578	148544
小型	3131	52225	147052	94652	7449	4900	99426
微型		226	3576	3730	88	22	3752

11-7 续表 6　　(2017 年)　　单位:万元

指标	所有者权益合计	实收资本	国家资本	集体资本	法人资本	个人资本	港澳台资本	外商资本
总计	**394305**	**495542**	**124460**	**7435**	**181348**	**140033**	**38844**	**3421**
住宿业	**246399**	**354125**	**121728**	**6630**	**107461**	**80552**	**37733**	**20**
按住宿行业小类分								
旅游饭店	218683	281352	110866	4637	66129	63986	35715	19
一般旅馆	26545	70233	10862	1993	40623	14736	2018	1
其他住宿业	1171	2540			710	1830		
按登记注册类型分								
内资企业	**260004**	**278780**	**102096**	**6630**	**89471**	**80552**	**11**	**20**
国有企业	97323	59973	56769		3205			
集体企业	3811	3424		3424				
有限责任公司	125034	164191	39527	1938	61515	61179	11	20
国有独资公司	13789	27000	22000		5000			
其他有限责任公司	111245	137191	17527	1938	56515	61179	11	20
股份有限公司	32668	9475	5800		520	3155		
私营企业	1168	41718		1268	24231	16218		
私营有限责任公司	-626	41704		1268	24227	16208		
私营股份有限公司	1793	14			4	10		
港、澳、台商投资企业	**-13604**	**75345**	**19632**		**17990**		**37722**	
与港澳台商合资经营企业	-653	61978	10918		17990		33069	
与港澳台商合作经营企业	-12951	13367	8714				4653	
按控股情况分								
国有控股	158400	137288	113913	100	16837		6419	19
集体控股	6355	6751		5261	1400	90		
私人控股	62307	113314	106	1269	47582	64346	11	1
港澳台商控股	-9823	54916	5622		17990		31303	
其他	29162	41856	2088		23652	16116		
按经营形式分								
独立门店	240765	345933	119547	5812	103561	79290	37723	1
连锁总店	2067	550			250	300		
连锁直营店	3051	3211	2000		1201	10		
连锁加盟店	-281	581	81		160	311	10	19
其他	798	3849	100	818	2290	641		
按单位规模分								
大型	71894	74120	24572		16262	4000	29286	
中型	101800	157726	59847	3113	40909	45421	8436	
小型	74581	121853	37309	3518	50078	30918	11	20
微型	-1876	425			212	213		
按星级分								
五星	1241	115053	35774		29190	14384	35705	
四星	62967	44195	16120		20825	7250		
三星	20048	59687	30379	3514	17723	6054	2017	

11-7 续表 7　　（2017 年）　　单位：万元

指标	所有者权益合计	实收资本	国家资本	集体资本	法人资本	个人资本	港澳台资本	外商资本
二星	5839	2521	2271		150	100		
其他	156305	132669	37185	3116	39574	52764	11	20
餐饮业	**147906**	**141418**	**2732**	**805**	**73887**	**59481**	**1112**	**3402**
按餐饮行业小类分								
正餐服务	140122	117190	2732	805	52694	58848	1112	1000
快餐服务	7265	17387			14401	585		2402
饮料及冷饮服务	133	48				48		
咖啡馆服务	133	48				48		
其他餐饮业	386	6792			6792			
餐饮配送服务	5534	4690			4690			
其他未列明餐饮业	-5148	2102			2102			
按登记注册类型分								
内资企业	**150160**	**136905**	**2732**	**805**	**73887**	**59481**		
集体企业	-5619	1000			1000			
股份合作企业	162	78				78		
有限责任公司	81144	96333	2732	805	52577	40218		
其他有限责任公司	81144	96333	2732	805	52577	40218		
股份有限公司	40291	3600				3600		
私营企业	34183	35894			20309	15585		
私营独资企业	330	5				5		
私营合伙企业	72	30				30		
私营有限责任公司	32922	35068			19699	15369		
私营股份有限公司	859	791			610	181		
港、澳、台商投资企业	**-240**	**1112**					**1112**	
港澳台商独资企业	-240	1112					1112	
外商投资企业	**-2014**	**3402**						**3402**
外资企业	-2014	3402						3402
按控股情况分								
国有控股	-1879	1500	1500					
集体控股	-5619	1000			1000			
私人控股	95962	69128	1232		30874	37022		
港澳台商控股	-240	1112					1112	
外商控股	-2014	3402						3402
其他	61696	65276		805	42013	22459		
按经营形式分								
独立门店	95859	82442	2732	805	35258	41535	1112	1000
连锁总店	6263	16738			14237	100		2402
其他	45784	42238			24392	17846		
按星级分								
大型	5235	15975			14237			1738
中型	95222	60284	1732	800	34095	22994		663
小型	47626	63256	1000	5	25504	34635	1112	1000
微型	-176	1903			51	1852		

11-7 续表8　　(2017年)　　单位:万元

指标	营业收入	主营业务收入	营业成本	主营业务成本	税金及附加	主营业务税金及附加	其他业务利润
总计	**666682**	**657480**	**255380**	**247495**	**9778**	**8835**	**12305**
住宿业	**369878**	**363190**	**109860**	**105251**	**6033**	**5300**	**8164**
按住宿行业小类分							
旅游饭店	265749	260598	75247	70780	4591	3944	6011
一般旅馆	95730	94193	31985	31842	1377	1301	1994
其他住宿业	8399	8399	2628	2628	65	56	158
按登记注册类型分							
内资企业	**340006**	**335362**	**104697**	**100155**	**5762**	**5030**	**6534**
国有企业	58186	57145	14766	14395	800	786	1874
集体企业	8097	8097	2710	2710	101	101	
有限责任公司	204385	201552	65816	61874	3457	2760	3026
国有独资公司	9972	9767	1845	1845	369	361	19
其他有限责任公司	194414	191784	63970	60029	3088	2399	3007
股份有限公司	12691	12691	3640	3640	358	358	
私营企业	56647	55877	17766	17537	1046	1024	1634
私营有限责任公司	55992	55222	17428	17199	1033	1011	1634
私营股份有限公司	655	655	338	338	13	13	
港、澳、台商投资企业	**29871**	**27828**	**5163**	**5096**	**271**	**270**	**1629**
与港澳台商合资经营企业	25204	23161	4498	4431	180	179	1629
与港澳台商合作经营企业	4667	4667	665	665	91	91	
按控股情况分							
国有控股	120419	118237	37967	33739	2238	2080	1970
集体控股	11915	11915	4328	4328	175	175	
私人控股	143777	141827	47608	47303	2670	2096	4564
港澳台商控股	21527	19484	3931	3863	65	64	1629
其他	72239	71726	16025	16017	886	885	
按经营形式分							
独立门店	347127	341155	103748	99155	5802	5068	8005
连锁总店	4113	3653	270	265	21	21	
连锁直营店	3820	3820	328	328	62	62	
连锁加盟店	5600	5362	2442	2430	76	76	158
其他	9219	9201	3072	3072	73	73	
按单位规模分							
大型	41058	38513	7777	7380	130	116	2148
中型	167002	165703	42111	39408	2984	2552	1907
小型	160747	157905	59177	57668	2901	2615	4109
微型	1071	1070	795	795	18	17	
按星级分							
五星	62949	61150	12557	12489	870	870	1703
四星	61709	61285	19325	19201	1093	1024	1653
三星	64980	63357	26344	22448	1413	1203	2663

11-7 续表9 (2017年) 单位:万元

指标	营业收入	主营业务收入	营业成本	主营业务成本	税金及附加	主营业务税金及附加	其他业务利润
二星	3752	3752	1217	1217	95	95	
其他	176487	173646	50417	49896	2563	2109	2145
餐饮业	**296804**	**294290**	**145520**	**142244**	**3744**	**3535**	**4141**
按餐饮行业小类分							
正餐服务	167711	167000	76825	76677	2829	2619	3916
快餐服务	102849	101352	47656	46978	586	586	
饮料及冷饮服务	376	376	169	169	21	21	
咖啡馆服务	376	376	169	169	21	21	
其他餐饮业	25868	25562	20871	18420	308	308	226
餐饮配送服务	13256	13175	12774	10389	130	130	
其他未列明餐饮业	12613	12387	8097	8031	179	179	226
按登记注册类型分							
内资企业	**222472**	**221456**	**108025**	**105428**	**3681**	**3472**	**4141**
集体企业	1013	1013	663	663	5	5	345
股份合作企业	1137	1137	676	676	1	1	3
有限责任公司	145803	145057	73861	71338	2567	2368	1209
其他有限责任公司	145803	145057	73861	71338	2567	2368	1209
股份有限公司	8665	8651	4315	4315	37	37	
私营企业	65854	65599	28510	28436	1072	1061	2585
私营独资企业	892	892	337	337	14	14	
私营合伙企业	372	372	98	98	1	1	
私营有限责任公司	63075	62820	27402	27328	1019	1014	2400
私营股份有限公司	1515	1515	673	673	38	32	184
港、澳、台商投资企业	**1987**	**1985**	**734**	**733**	**1**	**1**	
港澳台商独资企业	1987	1985	734	733	1	1	
外商投资企业	**72346**	**70849**	**36761**	**36084**	**63**	**63**	
外资企业	72346	70849	36761	36084	63	63	
按控股情况分							
国有控股	3848	3848	1944	1944	23	23	-1
集体控股	1013	1013	663	663	5	5	345
私人控股	149273	148554	76782	74314	2235	2036	3734
港澳台商控股	1987	1985	734	733	1	1	
外商控股	72346	70849	36761	36084	63	63	
其他	68338	68041	28636	28507	1418	1408	63
按经营形式分							
独立门店	156311	155376	73214	73066	2915	2706	4140
连锁总店	98031	96534	44701	44024	529	529	
其他	42462	42380	27605	25154	300	300	1
按星级分							
大型	90372	90372	41239	41239	520	520	
中型	92971	90871	45001	41877	961	961	226
小型	112385	111971	58716	58565	2239	2029	3910
微型	1077	1077	564	564	26	26	6

11-7　续表 10　　（2017 年）　　单位：万元

指标	损益及分配							
	销售费用	管理费用	财务费用			资产减值损失	公允价值变动收益	投资收益
				利息收入	利息支出			
总计	**229743**	**168277**	**18755**	**2153**	**10510**	**1149**	**16**	**1836**
住宿业	**135606**	**122556**	**14023**	**43**	**7474**	**11**	**14**	**640**
按住宿行业小类分								
旅游饭店	100960	90505	9666	-68	6552	123	4	591
一般旅馆	31880	29570	4332	111	922	-112	10	49
其他住宿业	2767	2480	24					
按登记注册类型分								
内资企业	**121863**	**109706**	**11881**	**-52**	**5881**	**11**	**14**	**638**
国有企业	24859	18682	305	154	172	63		144
集体企业	2195	1260	668		653			
有限责任公司	70647	69283	6811	-458	4674	-76	9	114
国有独资公司	3436	4588	-38	115	1			
其他有限责任公司	67211	64696	6849	-573	4673	-76	9	114
股份有限公司	4065	3640	-218	250				377
私营企业	20098	16842	4315	1	382	24	5	2
私营有限责任公司	19941	16743	4310	1	379	24	5	2
私营股份有限公司	157	98	5		4			
港、澳、台商投资企业	**13743**	**12849**	**2141**	**95**	**1593**			**2**
与港澳台商合资经营企业	10598	11486	1214	95	666			2
与港澳台商合作经营企业	3145	1363	927		927			
按控股情况分								
国有控股	44721	40085	696	623	1118	-26		715
集体控股	3447	2023	705	-6	660			
私人控股	54181	46426	6872	16	1676	30	14	-75
港澳台商控股	8649	10137	1308		666			
其他	24608	23885	4441	-591	3355	7		
按经营形式分								
独立门店	126258	117024	13870	42	7403	135	14	640
连锁总店	2514	150	76		61	6		
连锁直营店	1889	1545	14					
连锁加盟店	1117	1699	12	1	2			
其他	3827	2138	52	1	9	-129		
按单位规模分								
大型	13537	17658	1304	94	666			-71
中型	65862	58238	8761	-66	5107	58		786
小型	55923	46252	3956	15	1702	-47	14	-75
微型	284	407	2					
按星级分								
五星	24103	22636	4069	106	1593			27
四星	21393	17844	1133	-228	523	-139		583
三星	22224	18856	1147	18	228	124	4	52

11-7 续表 11 （2017 年） 单位：万元

指标	损益及分配							
	销售费用	管理费用	财务费用			资产减值损失	公允价值变动收益	投资收益
				利息收入	利息支出			
二星	1857	1245	5	1	3			
其他	66028	61974	7670	147	5128	27	11	-22
餐饮业	**94138**	**45722**	**4733**	**2110**	**3036**	**1138**	**2**	**1195**
按餐饮行业小类分								
正餐服务	52294	28085	3902	1922	2791	23	2	1195
快餐服务	39111	12750	610	152	3	949		
饮料及冷饮服务	22	122	12					
咖啡馆服务	22	122	12					
其他餐饮业	2712	4766	209	35	242	166		
餐饮配送服务	218	2206	-30	32		166		
其他未列明餐饮业	2494	2560	239	3	242			
按登记注册类型分								
内资企业	**69151**	**34378**	**4284**	**1957**	**3032**	**189**	**2**	**1195**
集体企业	322	218	1020		150			
股份合作企业	125	201	79					
有限责任公司	43190	22921	1192	1970	1496	188	2	1158
其他有限责任公司	43190	22921	1192	1970	1496	188	2	1158
股份有限公司	3038	1357	1029	2	1020			
私营企业	22475	9681	963	-16	367	1		37
私营独资企业	357	89	1					
私营合伙企业	211	50						
私营有限责任公司	21590	9241	941	-16	355	1		37
私营股份有限公司	317	302	21	1	12			
港、澳、台商投资企业	**1353**		**-1**	**1**				
港澳台商独资企业	1353		-1	1				
外商投资企业	**23634**	**11344**	**449**	**152**	**3**	**949**		
外资企业	23634	11344	449	152	3	949		
按控股情况分								
国有控股	1694	474	9					
集体控股	322	218	1020		150			
私人控股	42222	24194	2216	1952	2878	188	1	1195
港澳台商控股	1353		-1	1				
外商控股	23634	11344	449	152	3	949		
其他	24912	9492	1038	5	4	1	1	
按经营形式分								
独立门店	45745	26090	3600	1922	3032	23	2	1195
连锁总店	38914	12244	451	152	3	949		
其他	9480	7387	682	35		166		
按星级分								
大型	36689	8242	481			949		
中型	29612	19370	2877	212	1953	174		37
小型	27443	17872	1295	1898	1083	15	2	1158
微型	394	238	80					

11-7 续表12 （2017年） 单位：万元

指标	其他收益	营业利润	营业外收入	营业外支出	利润总额	所得税费用	人工成本及增值税		从事住宿和餐饮业活动的从业人员平均人数(人)
							应付职工薪酬(本年贷方累计发生额)	应交增值税	
总计	**1**	**-8343**	**2244**	**1033**	**-2616**	**6623**	**157380**	**17481**	**40980**
住宿业	**1**	**-13746**	**1189**	**947**	**-13123**	**3485**	**101522**	**10691**	**21462**
按住宿行业小类分									
旅游饭店		-10960	812	514	-9999	2320	78130	8292	15600
一般旅馆	1	-3220	347	402	-3475	1077	21689	2305	5451
其他住宿业		435	30	31	352	89	1703	94	411
按登记注册类型分									
内资企业	**1**	**-9452**	**1007**	**882**	**-8941**	**3361**	**92589**	**10015**	**19689**
国有企业		-1143	307	295	-961	195	21084	1882	3586
集体企业		1164		4	1161	5	2343	97	255
有限责任公司	1	-7621	534	547	-6966	2682	51005	6285	11536
国有独资公司	1	-208	2	44	-250	49	3325	189	595
其他有限责任公司		-7412	532	503	-6716	2633	47680	6096	10941
股份有限公司		1584	3	5	1580	261	3325	265	734
私营企业		-3436	163	31	-3755	218	14832	1486	3578
私营有限责任公司		-3481	162	28	-3796	216	14664	1469	3520
私营股份有限公司		44		3	41	2	168	17	58
港、澳、台商投资企业		**-4294**	**182**	**65**	**-4182**	**124**	**8933**	**676**	**1773**
与港澳台商合资经营企业		-2769	181	65	-2657	124	7542	652	1501
与港澳台商合作经营企业		-1525			-1525		1392	24	272
按控股情况分									
国有控股	1	-831	563	441	-558	752	41620	3749	7467
集体控股		1237		153	1103	10	3358	236	494
私人控股		-14071	325	158	-13849	1410	33213	4033	8325
港澳台商控股		-2562	181	64	-2450	124	6429	624	1294
其他		2481	120	131	2630	1188	16903	2049	3882
按经营形式分									
独立门店	1	-15245	1017	909	-14767	3043	96705	9881	20279
连锁总店		1076	5	2	1082	270	570	184	113
连锁直营店		-17	7	13	-29	121	704	62	164
连锁加盟店		254		20	256	38	1098	328	263
其他		186	159	4	336	13	2446	237	643
按单位规模分									
大型		581	94	92	583	284	13466	1093	2134
中型		-7435	490	295	-6584	1794	50316	4578	9644
小型	1	-6457	577	535	-6686	1406	37513	5001	9609
微型		-435	28	25	-436	1	227	19	75
按星级分									
五星		-1258	77	176	-1365	487	17546	1667	3293
四星		1643	212	62	1793	876	18060	1724	3724
三星		-1374	538	169	-831	443	18266	2464	4449

11-7 续表 13　　　　　　　　　　（2017 年）　　　　　　　　　　单位：万元

指标	其他收益	营业利润	营业外收入	营业外支出	利润总额	所得税费用	人工成本及增值税		从事住宿和餐饮业活动的从业人员平均人数（人）
							应付职工薪酬（本年贷方累计发生额）	应交增值税	
二星		-667		3	-670	16	1223	81	211
其他	1	-12089	361	538	-12049	1663	46427	4756	9785
餐饮业		**5402**	**1055**	**86**	**10507**	**3138**	**55858**	**6789**	**19518**
按餐饮行业小类分									
正餐服务		5063	861	184	5885	2311	37008	4172	12313
快餐服务		1187	190	-103	5471	679	11745	515	5876
饮料及冷饮服务		31			31	8	79		28
咖啡馆服务		31			31	8	79		28
其他餐饮业		-879	4	5	-880	140	7026	2102	1301
餐饮配送服务		77	1	4	74	128	5064	916	976
其他未列明餐饮业		-956	3	1	-954	12	1962	1186	325
按登记注册类型分									
内资企业		**6357**	**980**	**189**	**7293**	**2499**	**44215**	**6243**	**14299**
集体企业		-1216	3	5	-1218		367	42	120
股份合作企业		54			54	1	253	8	20
有限责任公司		5478	517	96	5996	1617	26524	3979	9150
其他有限责任公司		5478	517	96	5996	1617	26524	3979	9150
股份有限公司		-1112	57	31	-1086	14	2044	244	608
私营企业		3152	404	58	3546	868	15027	1971	4401
私营独资企业		94		10	8		237	27	72
私营合伙企业		13			13		121	11	30
私营有限责任公司		2981	404	48	3462	859	14218	1908	4091
私营股份有限公司		64			62	10	452	26	208
港、澳、台商投资企业		**-101**			**-101**		**354**		**49**
港澳台商独资企业		-101			-101		354		49
外商投资企业		**-853**	**75**	**-103**	**3315**	**639**	**11290**	**546**	**5170**
外资企业		-853	75	-103	3315	639	11290	546	5170
按控股情况分									
国有控股		-297	36	11	-272	26	1314	181	274
集体控股		-1216	3	5	-1218		367	42	120
私人控股		4978	513	134	5498	1739	34734	4261	11513
港澳台商控股		-101			-101		354		49
外商控股		-853	75	-103	3315	639	11290	546	5170
其他		2891	429	40	3285	735	7800	1760	2392
按经营形式分									
独立门店		5933	670	155	6682	2190	34058	3619	11335
连锁总店		243	190	-103	4526	639	11467	518	5790
其他		-773	195	35	-702	309	10333	2652	2393
按星级分									
大型		2253	172	-301	2725	14	10787		5363
中型		-2603	711	279	1820	1759	22074	3422	5416
小型		5914	172	108	6133	1361	22761	3352	8689
微型		-160			-172	4	237	16	50

11-8 分县(市)区限额以上住宿和餐饮业法人财务状况

(2017 年)

单位:万元

县(市)区	流动资产合计	存货	固定资产原价	资产合计	所有者权益	实收资本	主营业务收入
中原区	204820	1834	23436	255754	4758	51921	40363
二七区	47723	7054	48063	121993	8239	47951	57508
管城区	48417	1033	10907	62475	11633	9136	12780
金水区	200172	7784	158517	445253	86503	150317	253538
上街区	862	62	534	1937	355	2436	2103
惠济区	62679	3322	69448	144748	95925	58183	27455
中牟县	10628	1019	10547	30606	8489	10783	11356
巩义市	8687	1153	14508	32793	10980	13571	19871
荥阳市	22121	370	17395	86794	57811	4299	18585
新密市	80622	609	11364	103883	-3353	17896	17920
新郑市	34166	577	6265	46883	11254	17203	9901
登封市	26028	2174	39334	71941	8785	21350	33668
经开区	8481	489	2857	13319	8213	11970	8220
高新区	13398	219	6291	20645	6863	5680	13940
郑东新区	131663	2074	33681	238381	46185	51213	90986
航空港实验区	24010	1578	31668	59436	31665	21633	39288

11-8 续表

(2017 年)

单位:万元

县(市)区	主营业务成本	主营业务税金及附加	销售费用	管理费用	营业利润	利润总额	应付职工薪酬
中原区	11786	323	18698	16293	-7229	-7231	12138
二七区	20698	1206	19985	15799	-1244	-1211	14731
管城区	5715	162	4686	3546	-3040	-2910	2738
金水区	96102	2687	99420	57726	-3278	2182	54883
上街区	944	16	388	622	120	124	673
惠济区	6583	88	12541	8697	-751	-601	10282
中牟县	4338	200	4125	2808	-416	-336	3143
巩义市	9737	347	3635	2681	2775	2809	2842
荥阳市	7654	126	9050	4183	-3282	-3080	4664
新密市	7287	771	2626	2690	2889	2940	4070
新郑市	5010	192	1995	4184	1122	1145	2230
登封市	16980	888	9161	4769	-228	-620	7007
经开区	2216	119	4127	2358	-543	-626	1951
高新区	6968	44	2454	3004	1534	1542	4764
郑东新区	25355	973	31977	26914	1543	1413	22207
航空港实验区	20123	693	4876	12005	1684	1843	9058

11-9 限额以上住宿和餐饮业

(2017 年)

指　　标	法人企业（个）	个体（产业）单位数（个）	从业人员期末人数（人）	营业额	客房收入
总计	**421**	**752**	**60173**	**1524009**	**333204**
住宿业	**236**	**98**	**24955**	**526703**	**299960**
按住宿业行业小类分					
旅游饭店	127	34	17690	365990	190867
一般旅馆	99	60	6743	150103	101087
其他住宿业	10	4	522	10611	8006
按登记注册类型分					
内资企业	**231**	**11**	**21369**	**408956**	**218867**
国有企业	22	3	3624	64210	29049
集体企业	4		427	8378	3342
有限责任公司	140	6	12586	256432	141264
国有独资公司	4		661	10223	5655
其他有限责任公司	136	6	11925	246210	135609
股份有限公司	6	1	780	15064	6040
私营企业	59		3752	59099	35359
私营有限责任公司	57		3694	58433	34769
私营股份有限公司	2		58	667	590
其他企业		1	200	5772	3814
港、澳、台商投资企业	**5**		**1631**	**31428**	**10961**
与港澳台商合资经营企业	4		1354	26494	8625
与港澳台商合作经营企业	1		277	4934	2337
按控股情况分					
国有控股	47		7366	124394	57695
集体控股	8		664	12396	5884
私人控股	135		8399	149458	87999
港澳台商控股	3		1141	22618	6755
其他	43		4021	75700	43666
按经营形式分					
独立门店	206	95	22904	468575	264629
连锁总店	2		163	3897	3661
连锁直营店	5		165	3915	3168
连锁加盟店	9		257	6153	5244
其他	14	3	1466	44164	23259
按单位规模分					
大型	3		2126	42689	14932
中型	43		9604	173590	83345
小型	183		9788	167200	102780
微型	7		73	1089	942
按星级分					
五星	11	2	3572	83524	36536
四星	22	1	3892	69658	33346
三星	40	2	4382	69253	30680
二星	5	11	417	22236	18322
一星		4	88	4918	4525

经营情况

单位:万元

			客房数(间)	床位数(个)	餐位数(位)	年末餐饮营业面积(万平方米)
餐费收入	商品销售额收入	其他收入				
1050641	**77757**	**62408**	**48477**	**83640**	**278331**	**126.00**
165082	**21251**	**40411**	**43480**	**74168**	**72002**	**49.44**
129709	13117	32298	24814	41306	50828	33.12
33180	7908	7928	16924	29875	20162	15.33
2193	226	186	1742	2987	1012	0.99
140277	**16614**	**33197**	**36489**	**61185**	**66361**	**46.79**
22802	3848	8511	4432	8305	9896	5.12
2756	63	2217	562	1204	1212	0.81
88113	9520	17535	22281	37057	40587	29.75
2955	340	1273	791	1250	1454	2.14
85158	9180	16262	21490	35807	39133	27.62
5608	1860	1556	1329	2121	2321	1.49
19152	1323	3265	7611	12105	12063	9.40
19127	1308	3228	7401	11677	11739	9.16
25	15	37	210	428	324	0.24
1846		112	274	393	282	0.22
13324	**1397**	**5746**	**1505**	**2280**	**2023**	**0.69**
10828	1397	5645	1270	1990	1659	0.50
2496		101	235	290	364	0.19
44181	5202	17316	8888	15020	19317	10.40
3645	63	2804	1011	2167	2262	1.78
43806	8761	8892	18099	30335	28528	21.20
9118	1397	5348	1087	1770	1531	0.40
27496	1483	3055	6846	11071	13262	11.35
145073	20802	38072	37947	64418	69198	45.25
58	21	157	1190	3150	309	0.23
602	107	38	711	1127	294	0.08
443	140	326	1091	1625	315	0.93
18906	182	1818	2541	3848	1886	2.96
19684	1688	6385	1306	1998	1989	1.41
64233	6948	19063	12091	21043	26911	16.32
44298	8158	11965	21945	36395	35756	27.16
32	112	3	589	927	244	0.25
35911	2651	8426	3421	4921	6616	4.83
28180	1562	6570	4818	8209	14919	8.98
22611	6172	9790	6581	11262	15337	7.72
3450	438	27	933	1422	1055	1.10
	259	134	190	443		

11-9 续表 (2017 年)

指　　标	法人企业（个）	个体(产业)单位数（个）	从业人员期末人数（人）	营业额	客房收入
其他	158	78	12604	277115	176551
餐饮业	**185**	**654**	**35218**	**997306**	**33244**
按餐饮业行业小类分					
正餐服务	171	629	27733	838449	32653
快餐服务	7	7	5891	118144	
饮料及冷饮服务	1	5	139	6503	
茶馆服务		1	39	425	
咖啡馆服务	1	4	100	6079	
其他餐饮业	6	13	1455	34210	591
小吃服务		12	105	5356	
餐饮配送服务	3		967	14656	
其他未列明餐饮业	3	1	383	14198	591
按登记注册类型分					
内资企业	**181**		**12508**	**237599**	**19518**
集体企业	1		120	1069	602
股份合作企业	1		95	1149	
有限责任公司	101		7295	157491	9355
其他有限责任公司	101		7295	157491	9355
股份有限公司	3		471	9186	2686
私营企业	75		4527	68704	6874
私营独资企业	1		72	919	160
私营合伙企业	1		22	384	
私营有限责任公司	68		4233	65490	6590
私营股份有限公司	5		200	1912	124
港、澳、台商投资企业	**1**		**38**	**2110**	
港澳台商独资企业	1		38	2110	
外商投资企业	**3**		**5032**	**77458**	
外资企业	3		5032	77458	
按控股情况分					
国有控股	2		271	4085	
集体控股	1		120	1069	602
私人控股	145		9523	158250	13665
港澳台商控股	1		38	2110	
外商控股	3		5032	77458	
其他	33		2594	74195	5251
按经营形式分					
独立门店	162	634	26356	830442	29266
连锁总店	4	1	5694	105798	
连锁直营店		3	123	6557	
连锁加盟店		2	53	532	
其他	19	14	2992	53977	3978
按单位规模分					
大型	2		5239	92372	
中型	21		5254	104249	11701
小型	153		7015	119442	7808
微型	9		70	1104	9

单位：万元

			客房数（间）	床位数（个）	餐位数（位）	年末餐饮营业面积（万平方米）
餐费收入	商品销售额收入	其他收入				
74930	10168	15466	27537	47911	34075	26.82
885559	**56506**	**21996**	**4997**	**9472**	**206329**	**76.56**
743603	51974	10218	4932	9382	172357	70.12
105121	2731	10292			24211	4.74
4768	1735				614	0.30
425					135	0.09
4344	1735				479	0.21
32067	66	1486	65	90	9147	1.41
5344	11	1			1076	0.30
13508		1148			20	0.01
13215	56	337	65	90	8051	1.09
197878	**10630**	**9574**	**4141**	**7915**	**77607**	**28.44**
442	20	5	102	170	500	0.07
86	884	180			120	0.02
137455	6304	4378	1878	3911	54103	18.75
137455	6304	4378	1878	3911	54103	18.75
3790	184	2525	618	1260	1832	0.58
56105	3239	2486	1543	2574	21052	9.02
751	8		55	110	450	0.08
384					35	0.05
53201	3216	2483	1422	2358	19792	8.26
1770	15	3	66	106	775	0.63
2067	**42**	**2**			**428**	**0.27**
2067	42	2			428	0.27
67150	**16**	**10292**			**15805**	**3.02**
67150	16	10292			15805	3.02
4085					1400	0.49
442	20	5	102	170	500	0.07
131587	5905	7092	2979	5692	50153	21.73
2067	42	2			428	0.27
67150	16	10292			15805	3.02
61763	4705	2477	1060	2053	25554	6.16
739804	53476	7896	3995	7462	165911	68.13
93243	2263	10292			23177	4.29
6497	60				778	0.16
348	184				152	0.17
45668	523	3808	1002	2010	16311	3.81
90125	2247				22580	4.16
72232	2667	17650	2210	3911	16746	6.87
103672	5749	2212	1893	3941	53445	19.87
1066	24	6	38	63	1069	0.83

11-10 分县(市)区限额以上住宿和餐饮业经营情况

(2017 年)

单位:万元

县(市)区	营业额	客房收入	餐费收入	商品销售额收入	其他收入
中原区	99749	19282	71729	5050	3688
二七区	135847	32054	90312	5965	7515
管城区	34255	6825	19407	7362	660
金水区	309506	66832	209865	7740	25068
上街区	16158	2826	13144	14	174
惠济区	50036	10871	32612	2139	4414
中牟县	26062	5219	18080	1555	1208
巩义市	127052	26141	97037	2891	983
荥阳市	101135	17923	69685	7938	5589
新密市	70331	10766	49625	8264	1676
新郑市	190384	9076	166625	14315	367
登封市	134316	37510	84939	9947	1921
经开区	11122	5033	5580	252	257
高新区	14419	3539	9323	237	1320
郑东新区	155928	67012	81374	2512	5030
航空港实验区	47709	12295	31302	1576	2536

11-11 限额以上批发、零售贸易业商品销售类值

单位:万元

指　　标	批发业				零售业			
	销售额		零售额		销售额		零售额	
	2017 年	2016 年	2017 年	2016 年	2017 年	2016 年	2017 年	2016 年
合计	**42826856**	**37633605**	**2452115**	**2331835**	**18038555**	**16280871**	**16919779**	**15393504**
粮油、食品类	1036611	1793007	47713	45260	1393179	1181635	1259086	1129194
#粮油类	568112	1234077	26314	27952	244074	216628	226595	208994
肉禽蛋类	265217	325409	12620	10310	210800	194906	209084	193495
水产品类	4454	5946	45	47	34495	30875	34495	30875
蔬菜类	37838	35339	2011	1123	99374	90519	99330	90516
干鲜果品类	58511	33603	712	1594	290773	242396	287697	239902
饮料类	20777	15492	975	789	262532	229567	254142	222320
烟酒类	1597159	1460556	85604	93451	295157	271793	277793	255171
服装、鞋帽、针纺织品类	336832	318645	18103	17575	1645041	1517195	1630466	1497611
服装类	227474	217015	17110	16508	1232073	1145201	1222962	1130636
鞋帽类	69849	63548	367	361	269009	244320	267343	242743
针纺织品类	39509	38082	626	707	143959	127674	140161	124231
化妆品类	20148	29589	460	12231	859330	505499	857170	503912
金银珠宝类	495688	468210	112205	143186	341630	299121	337483	291410
日用品类	112613	88617	56613	31876	728790	695234	725424	692599
#儿童玩具类		195			28920	25501	28167	24855
五金、电料类	170083	244684	41239	65493	386547	301054	192811	159211
体育、娱乐用品类	6560	8008	289		78459	72055	62866	63677
#照相器材类	3909	4353	2		19561	14590	11318	13955
书报杂志类	374960	354127	15440	13136	83173	72392	71759	68991
电子出版物及音像制品类	173	361	47		28416	18485	28413	18485
家用电器和音像器材类	2568397	1815506	51853	25072	899380	816513	896069	813988
中西药品类	8003131	6743053	311710	257069	422463	345933	421433	337576
#西药类	5604951	4495121	194234	99793	179585	164092	179320	163722
中草药及中成药类	1009138	812518	31394	10641	77739	56208	77088	51207
文化办公用品类	463527	466524	13271	18439	600436	554915	522619	506691
#计算机及其配套产品	137134	118199	8817	10081	324734	253231	279398	226368
家具类	31	219	31	219	141483	119912	139355	118073
通讯器材类	1531289	965331	28602	33589	592943	494648	386177	290893
煤炭及制品类	3445110	2931378	55400	67436	47460	35404	6448	35404
木材及制品类	8194	4953			653	2558		
石油及制品类	6800962	6452011	1203828	1022211	520499	431711	506061	421272
化工材料及制品类	1737905	1620390			159594	137441		
#化肥类	691429	613333			54104	47129		
金属材料类	5696341	4276337			3412	3255		
建筑及装潢材料类	2559896	1868162	61709	41745	149448	100916	141546	95197
机电产品及设备类	1116505	940032	52673	47493	45298	48803	30726	31267
#农机类	19626	16251			474	473		
汽车类	1767137	2174672	246222	368011	7924077	7715816	7784203	7562235
种子饲料类	530472	519866			16540	15372		
棉麻类	337953	232162			257	244	224	219
其他类	2088404	1841714	48130	27555	412360	293398	387506	278109

11-12 全市批发、零售贸易企业年销售额前50名排序

（2017年）

单位：万元

序号	批发企业 单位名称	批发企业 销售额	零售企业 单位名称	零售企业 销售额
1	河南能源化工集团国龙物流有限公司	3333285	中国石油化工股份有限公司河南郑州石油分公司GJZB	1208026
2	黄河国际贸易(郑州)有限公司	2724128	郑州丹尼斯百货有限公司	1005954
3	河南延长石油销售有限公司	1618885	郑州维纳斯信息科技有限公司	318894
4	河南省烟草公司郑州市公司	1314899	河南迪信通商贸有限公司	286886
5	国药控股河南股份有限公司	1180217	永辉超市河南有限公司	217330
6	华润河南医药有限公司	1087623	河南苏宁云商销售有限公司	201155
7	河南弘力环保科技有限公司	1011508	郑州利星汽车有限公司	197254
8	河南盛世欣兴格力贸易有限公司	1004211	郑州华盛佳和商业投资有限公司	196617
9	河南九州通医药有限公司	819407	郑州之星汽车销售服务有限公司	195169
10	海马汽车销售有限公司	747047	郑州市优行商贸有限公司	183362
11	郑州航空港实验区兴瑞实业有限公司	704447	河南中油联合石油天然气销售有限公司	182249
12	郑州嘉瑞供应链管理有限公司	688072	河南张仲景大药房股份有限公司	179520
13	中国石油天然气股份有限公司河南销售分公司	677255	大商集团郑州新玛特购物广场有限公司	176354
14	郑州亿融易建供应链管理有限公司	601281	河南永乐生活电器有限公司	159772
15	郑州日产汽车销售有限公司	567689	河南世纪联华超市有限公司	154203
16	河南维沃通商贸有限公司	552656	郑州中升汇迪汽车销售服务有限公司	129168
17	河南智盛通讯器材有限公司	525055	河南丰之元汽车销售服务有限公司	127503
18	河南省新华书店发行集团有限公司	513299	河南省国美电器有限公司	125086
19	天脊集团河南农资有限公司	510865	河南华润万家生活超市有限公司	121047
20	民生集团河南医药有限公司	477300	大商集团(郑州)商贸有限公司	110155
21	河南裕隆金属材料有限公司	449506	河南中德宝汽车销售服务有限公司	108890
22	天地民生医药有限公司	427489	河南丹尼斯百货有限公司	108490
23	河南阳光国际贸易有限公司	385050	郑州鹏龙万通汽车销售有限公司	103431
24	国家电投集团河南省电力燃料有限公司	372124	郑州宝莲祥汽车销售服务有限公司	103295
25	河南省医药有限公司	368614	郑州新融农牧贸易有限公司	101601
26	河南欣豫国际浆纸有限公司	357315	河南豫海汽车销售有限公司	100817

11-12 续表 （单位：万元）

序号	批发企业		零售企业	
	单位名称	销售额	单位名称	销售额
27	河南康信医药有限公司	320908	河南华林汽车销售有限公司	96128
28	中国石油天然气股份有限公司河南郑州销售分公司	279023	河南万通一汽贸易有限公司	93062
29	河南同舟棉业有限公司	265211	河南双仪汽车销售服务有限公司	88696
30	河南中钢网电子商务有限公司	252412	河南新纪元汽车销售服务有限公司	88624
31	河南省金利福珠宝有限公司	227869	河南锦鸿汽车销售服务有限公司	86477
32	河南省润海实业有限公司	227486	河南合众汇金实业有限公司	83009
33	郑州国龙矿业有限公司	212922	郑州聚龙实业发展有限公司	82811
34	河南金汇国际贸易有限公司	210028	河南裕华江南汽车销售服务有限公司	82418
35	河南中电建物贸有限公司	203145	郑州保福利汽车销售有限公司	79820
36	河南美的空调销售有限公司	202663	郑州市豫北机电设备有限公司	77915
37	河南汇通甲醇有限公司	201559	国电河南燃料有限公司	76664
38	郑州航空港兴港供应链管理有限公司	201052	大商集团河南超市连锁发展有限公司	76490
39	河南省顺康医药有限责任公司	200211	河南瑞华汽车销售有限公司	75596
40	中铁七局集团物资贸易有限公司	197020	河南威佳金凯汽车销售服务有限公司	72546
41	郑州市宝聚丰实业有限公司	192541	河南通孚祥汽车销售服务有限公司	71427
42	郑州煤矿机械集团物资供销有限公司	183120	河南新盛和汽车销售公司	70997
43	河南省国药医药集团有限公司	165243	郑州世纪鸿图丰田汽车销售服务有限公司	70401
44	河南省迪康医药有限责任公司	164961	河南奥吉通奥霖汽车销售有限公司	69026
45	河南商博通供应链管理有限公司	160161	郑州恒信德龙众合和汽车销售服务有限公司	67718
46	河南平瑞供应链管理有限公司	154800	郑州郑德宝汽车销售服务有限公司	67710
47	中原裕阔商贸有限公司	154491	河南天道汽车贸易服务有限公司	67425
48	郑州欣卓商贸有限公司	153175	河南合众明德汽车销售服务有限公司	66822
49	河南张仲景医药物流有限公司	151978	河南新众康医药有限公司	66458
50	河南新华物资集团有限公司	139291	河南鑫港源汽车服务有限公司	66111

主要统计指标解释

社会消费品零售总额 指企业(单位、个体户)通过交易直接售给个人、社会集团非生产、非经营用的实物商品金额,以及提供餐饮服务所取得的收入金额。个人包括城乡居民和入境人员,社会集团包括机关、社会团体、部队、学校、企事业单位、居委会或村委会等。

商品购进额 指从本企业以外的单位和个人购进(包括从国外直接进口)作为转卖或加工后转卖的商品金额(含增值税)。本指标反映批发和零售业从国内外市场上购进商品的总价。

商品购进包括:(1)从工农业生产者、批发和零售业企业、住宿和餐饮业企业、出版社或报社的出版发行部门和其他服务业企业购进的商品;(2)从机关团体、事业单位购进的商品;(3)从海关、市场管理部门购进的缉私和没收的商品;(4)从居民收购的废旧商品等。

不包括:(1)企业为本单位自身经营用,不是作为转卖而购进的商品,如材料物资、包装物、低值易耗品、办公用品等;(2)未通过买卖行为而收入的商品,如接受其他部门移交的商品、借入的商品、收入代其他单位保管的商品、其他单位赠送的样品、加工回收的成品等;(3)经本单位介绍,由买卖双方直接结算,本单位只收取手续费的业务;(4)销售退回和买方拒付货款的商品;(5)商品溢余。

商品销售额 指对本单位以外的单位和个人出售的商品金额(包括售给本单位消费用的商品,含增值税),本指标反映批发和零售业在国内市场上销售商品以及出口商品的总量。

商品销售包括:(1)售给城乡居民和社会集团消费用的商品;(2)售给农业、工业、建筑业、运输邮电业、服务业、公用事业等国民经济各行业用于生产、经营用的商品,包括售予批发和零售业作为转卖或加工后转卖的商品;(3)对国(境)外直接出口的商品。

商品销售不包括:(1)未通过买卖行为付出的商品,如随机构变动移交给其他企业单位的商品、借出的商品、归还受其他单位委托代保管的商品、付出的加工原料和赠送给其他单位的样品等;(2)经本单位介绍,由买卖双方直接结算,本单位只收取手续费的业务;(3)购货退回的商品;(4)商品损耗和损失;(5)出售本单位自用的废旧物资。

期末商品库存额 对于批发和零售业法人单位和个体经营户,是指取得所有权的全部商品金额(含增值税);对于批发和零售业产业活动单位,是指期末实际在库且归属法人具有所有权的全部商品金额(含增值税)。这个指标反映批发和零售业的商品库存情况,以及对市场商品供应的保证程度。

库存商品包括:(1)存放在本单位(如门市部、批发站、采购站、经营处)的仓库、货场、货柜和货架中的商品;(2)挑选、整理、包装中的商品;(3)已记入购进而尚未运到本单位的商品,即发货单或银行承兑凭证已到而货未到的商品;(4)寄放他处的商品,如因购货方拒绝付款而暂时存在购货方的商品;(5)委托其他单位代销(未作销售或调出)尚未售出的商品;(6)代其他单位购进尚未交付的商品。

库存商品不包括:(1)所有权不属于本单位的商品,如商品已作销售但买方尚未取走的商品,代替他人保管、运输、加工的商品,代其他单位销售(未做购进或调入)而未售出的商品;(2)委托外单位加工的商品(包括本单位所属加工厂和其他生产单位加工生产尚未收回成品的商品);(3)外贸企业代理其他单位从国外进口,尚未付给订货单位的商品;(4)代国家储备部门保管的商品。

连锁总店(总部) 负责连锁企业资源(商号、商誉、经营模式、服务标准、管理模式等等)的开发、配置、控制或使用等功能的企业核心管理机构。连锁经营是指经营同类商品或服务,使用统一商号的若干店铺,在同一总店(总部)的管理下,采取统一采购或特许经营等方式,实现规模效益的组织形式,包括直营连锁、特许连锁和自愿连锁三种形式。

十二、对外经济贸易和旅游

12-1 对外经济贸易

单位:万美元

项　　目	2016 年	2017 年	2017 年比 2016 年±%
全市进出口总值	**5502878**	**5963545**	**8.4**
#全市进口总值	2332904	2507412	7.5
全市出口总值	3169974	3456133	9.0
#国内企业	373387	501530	34.3
外资企业	2796587	2954603	5.7
新批外资企业	72	79	9.7
合同外资额	426930	352024	-17.5
实际利用外商直接投资	403305	404969	0.4

12-2 分县(市)、区直接出口总值

单位:万美元

县(市)区	2016 年	2017 年	2017 年比 2016 年±%
合　计	**5502878**	**5963545**	**8.4**
中原区	20362	21007	3.2
二七区	10402	10703	2.9
管城区	81637	75979	-6.9
金水区	170235	174724	2.6
上街区	3909	4089	4.6
惠济区	5262	5640	7.2
中牟县	27447	28339	3.2
巩义市	38719	52660	36.0
荥阳市	10932	12809	17.2
新密市	5115	7239	41.5
新郑市	7863	5999	-23.7
登封市	4434	4998	12.7
经开区	360747	396473	9.9
高新区	56598	74780	32.1
郑东新区	84010	107312	27.7
航空港实验区	4619418	4980792	7.8

12-3 分县(市)、区实际使用外资表

单位:万美元

名 称	2016 年	2017 年	2017 年比 2016 年±%
合 计	**403305**	**404969**	**0.4**
中原区	21136	21241	0.5
二七区	20300	20400	0.5
管城区	13542	13615	0.5
金水区	30823	31003	0.6
上街区	8860	8900	0.5
惠济区	16090	16090	
中牟县	5630	5687	1.0
巩义市	32205	32300	0.3
荥阳市	16500	16568	0.4
新密市	21130	21223	0.4
新郑市	19841	19930	0.4
登封市	10728	10835	1.0
经开区	55138	55140	
高新区	29087	29105	0.1
郑东新区	48929	48932	
航空港实验区	53366	54000	1.2

12-4 向各大洲出口总额

单位:万美元

地　　区	2016 年	2017 年	2017 年比 2016 年±%
直接出口总值	**3169974**	**3456133**	**9.0**
亚洲	940691	1098176	16.7
非洲	52976	56219	6.2
欧洲	919039	684909	-25.5
拉丁美洲	125347	137808	9.9
北美洲	1073425	1377033	28.3
大洋州	58439	101913	74.4

12-5 与郑州市建立友好关系的城市

国　　家	城　　市	建立时间
日本	埼玉市	1981.10
美国	里士满市	1994.9
罗马尼亚	克卢日·纳波卡市	1995.5
韩国	晋州市	2000.7
俄罗斯	萨马拉市	2000.8
纳米比亚	马林塔尔市	2001.8
约旦	伊尔比德市	2002.2
巴西	若茵维莱市	2003.11
德国	什未林市	2006.4
保加利亚	舒门市	2007.4
白俄罗斯	莫吉廖夫市	2014.6

12-6 旅　　游

指　　标	单位	2016 年	2017 年	2017 年比 2016 年±%
海内外游客	**万人次**	**8933.6**	**10092.1**	**12.9**
#国际旅游人数	万人次	48.1	50.3	4.7
国内旅游人数	万人次	8885.5	10041.8	14.2
旅游外汇收入	亿美元	1.9	2.0	4.8
国内旅游收入	亿元	1040.8	1193.1	13.7
旅游总收入	亿元	1053.9	1195.0	13.4
国际国内旅行社	家	290	301	3.8
星级宾馆	个	89	84	-5.6

注:以上数据不含巩义。

12-7 郑州市出口企业30强

（2017年）

单位:万美元

序号	企业名称	出口额	比上年±%
1	鸿富锦精密电子郑州有限公司	2871825	6.2
2	郑州宇通客车股份有限公司	58249	-13.4
3	河南明泰铝业有限公司	26038	39.6
4	郑州明泰实业有限公司	24930	52.2
5	郑州市宝聚丰实业有限公司	20451	-
6	中平能化国际贸易有限公司	19221	35.9
7	河南省金昌威电子有限公司	14603	242.4
8	河南商博通供应链管理有限公司	12579	61.5
9	河南裕展精密科技有限公司	12567	3364.5
10	华润肉类食品(河南)有限公司	9580	-19.6
11	河南华讯方舟电子有限公司	8845	-
12	中国河南国际合作集团有限公司	7594	198.2
13	河南中孚实业股份公司	7531	112.1
14	河南方正博研实业有限公司	6659	41.5
15	郑州喜万年食品有限公司	5654	-57.4
16	郑州比克电池有限公司	5120	453.1
17	河南省通用机械进出口有限公司	5109	4.1
18	中铁工程装备集团有限公司	4732	-8.9
19	郑州拓洋实业有限公司	4322	1470.5
20	郑州名扬窗饰材料有限公司	4168	9.1
21	河南科泰乐讯通讯设备产业基地有限公司	4129	516.8
22	河南浩丰贸易有限公司	4116	271.0
23	新密市万力实业发展有限公司	4014	105.5
24	河南永阳进出口贸易有限公司	4004	68.3
25	卡特彼勒郑州有限公司	4000	2761.4
26	河南龙库供应链管理有限公司	3766	-
27	河南省硕威科技有限公司	3738	2805.4
28	富鼎精密工业(郑州)有限公司	3689	3.1
29	河南信太通讯科技有限公司	3633	38.1
30	河南万达铝业有限公司	3582	-10.5

主要统计指标解释

进出口总额 海关进出口总额指实际进出我国国境的货物总金额。包括对外贸易实际进出口货物，来料加工装配进出口货物，国家间、联合国及国际组织无偿援助的物资和赠送品，华侨、港澳台同胞、外籍华人的捐赠品的金额。租赁期满归承租人所有的租赁货物，进料加工进出口货物，边境地方贸易及边境地区小额贸易进出口货物（边民互市贸易除外），中外合资企业、中外合作经营企业、外商独资经营企业进出口货物和公用物品，到、离岸价格在规定限额以上的进出口货样和广告品（无商业价值、无使用价值和免费提供出口的除外），从保税仓库提取在中国境内销售的进口货物，以及其他进出口货物。进出口总额用以观察一个国家在对外贸易方面的总规模。我国规定出口货物按离岸价格统计，进口货物按到岸价格统计。

出口总值 指在对外贸易中实际离开我国口岸或边境直接出口或转口的商品，包括来料加工装配（工缴费）和补偿贸易出口。

进口总值 指在对外贸易中实际到达我国口岸或边境的进口商品。

利用外资 是指我国各级政府、部门、企业、中国银行和其他单位通过对外借款、吸收外商直接投资和外商其他投资方式，从国外和港澳台地区筹措的资金。

利用外资协议金额 是指在一定时期内，经主管部门批准的与境外政府、部门、银行、企业和国际组织新签订的借款或投资协议（合同）资金总额。包括大陆与港、澳、台同胞及华侨签订的协议金额。它是反映全国及各地区、各部门同境外发生借贷关系和利用外资规模、方式、来源、用途及其效益的重要统计指标。利用外资金额包括我国各级政府、部门、企业和其他经济组织的对外借款（政府贷款、国际金融组织贷款、出口信贷、外国银行商业贷款、对外发行债券股票），吸收外商直接投资（合资、合作、外商独资经营和合作开发），以及外商补偿贸易、加工装配、国际租赁等其他境外现汇、设备、技术投资。其计量单位都折算成美元统计。

外商直接投资 是指外国企业和经济组织或个人（包括华侨、港澳台胞以及我国在境外注册的企业）按我国有关政策、法规，用现汇、实物、技术等在我国境内开办外商独资企业、与我国境内的企业或经济组织共同举办中外合资经营企业、合作经营企业或合作开发资源的投资（包括外商投资收益的再投资）以及经政府有关部门批准的项目投资总额内，企业从境外借入的资金。

对外承包工程 指各对外承包公司以招标议标承包方式承揽的下列业务：1. 承包国外工程建设项目；2. 承包我国对外经援项目；3. 承包我国驻外机构的工程建设项目；4. 承包我国境内利用外资进行建设的工程项目；5. 与外国承包公司合营或联合承包工程项目时我国公司分包部分；6. 对外承包兼营的房屋开发业务。对外承包工程的营业额是以货币表现的本期内完成的对外承包工程的工作量，包括以前年度签订的合同和本年度新签订的合同在报告期内完成的工作量。

旅游人数 包括入境国际旅游者人数、出境居民人数和国内旅游者人数。1. 入境国际旅游者人数：指来我国参观、访问、旅行、探亲、访友、休养、考察、参加会议和从事经济、科技、文化、教育、体育、宗教等活动的外国人、华侨、港澳和台湾同胞的人数。不包括外国在我国的常驻机构，如使领馆、通讯社、企业办事处的工作人员；来我国常住的外国专家、留学生以及在岸逗留不过夜人员。2. 出境居民人数：指大陆居民因公务活动或私人事务短期出境的人数。公务活动出境居民人数包括在国际交通工具上的中国服务员工，因私出境居民人数不包括在国际交通工具上的中国服务员工，因私出境居民人数不包括在国际交通工具上的中国服务员工。3. 国内旅游者人数：指我国大陆居民和在我国常住 1 年以上的外国人、华侨、港澳台同胞离开常住地在境内其他地方的旅游设施内至少停留一夜，最长不超过 6 个月的人数。

旅游外汇收入 指国内各部门为来我国旅游的外国人、华侨、港澳和台湾同胞提供商品和劳务而获得的外汇收入。包括供应商品、饮食和提供住宿、交通、邮电文化娱乐、导游等各项服务所得到的全部外汇收入。

对外借款 指通过对外正式签订借款协议，从境外筹措的资金，包括外国政府贷款、国际金融组织贷款、外国银行商业贷款、出口信贷以及对外发行债券等。1996 年及以前还包括对外发行股票。该指标是我国利用外资的重要部分。

十三、财政金融

13-1　金融机构信贷收支

（2017 年底）

单位：万元

项　　目	合计	2017 年比年初	2017 年比年初±%	市区	中牟县	巩义市	荥阳市	新密市	新郑市	登封市	上街区
各项存款	**203495592**	**13475105**	**7.09**	**175234268**	**6157132**	**4220190**	**3775053**	**4256026**	**6557003**	**3295921**	**1510534**
境内存款	203419086	13462221	7.09	175163037	6155745	4218493	3774754	4255897	6555371	3295790	1510244
住户存款	65382301	2402365	3.81	47848086	3651501	2733274	2400082	3053073	3303319	2392965	967636
活期存款	29346190	1320879	4.71	22278186	1735251	1007887	903662	1181633	1370167	869403	379165
定期及其他存款	36036111	1081486	3.09	25569899	1916250	1725387	1496420	1871439	1933153	1523562	588472
非金融企业存款	84345513	5697939	7.24	78053980	1321221	956259	944256	559150	1864907	645739	436447
活期存款	42749158	4694698	12.34	38292556	1019666	663698	706384	440089	1273859	352905	231745
定期及其他存款	41596355	1003241	2.47	39761424	301555	292561	237872	119061	591048	292833	204702
广义政府存款	34447770	2553926	8.01	30285138	1181020	528887	430415	621110	1180277	220923	104146
财政性存款	3099816	1277719	70.12	2712519	180612	9624	106252	16731	34632	39446	7684
机关团体存款	31347954	1276206	4.24	27572619	1000408	519263	324163	604378	1145646	181478	96462
非银行业金融机构存款	19243503	2807991	17.08	18975833	2002	73		22564	206867	36163	2015
境外存款	76506	12884	20.25	71232	1388	1697	299	129	1632	130	290
各项贷款	**179923648**	**25699796**	**16.66**	**163256212**	**3475444**	**2294073**	**2323840**	**1857196**	**5128828**	**1588055**	**918736**
境内贷款	179915858	25699276	16.66	163248460	3475432	2294073	2323840	1857170	5128828	1588055	918721
住户贷款	63626502	13855993	27.84	55994167	1923171	624332	1652822	660024	2419719	352267	678675
短期贷款	10098911	1289625	14.64	8554012	456370	170177	195472	213862	421458	87561	26447
消费贷款	5150180	1815520	54.44	4819808	50973	55082	46106	50175	81067	46969	15883
经营贷款	4948731	-525895	-9.61	3734204	405397	115095	149366	163687	340390	40592	10564
中长期贷款	53527591	12566368	30.68	47440155	1466801	454155	1457350	446162	1998261	264707	652228
消费贷款	47749978	10952186	29.76	42768455	824896	410444	1354720	372031	1794357	225074	609594
经营贷款	5777613	1614182	38.77	4671700	641905	43711	102630	74131	203904	39633	42635
非金融企业及机关团体贷款	116279396	11833324	11.33	107254293	1552261	1659781	671018	1197146	2709110	1235787	240046
短期贷款	32178752	1278962	4.14	27941226	456163	886583	374244	549203	1362847	608486	142086
中长期贷款	79606194	12056788	17.85	74825354	1096098	767274	296670	647700	1346066	627032	96660
票据融资	3334649	-1964113	-37.07	3331731		2210		243	197	269	
融资租赁	1065076	479221	81.80	1065076							
各项垫款	94725	-17533	-15.62	90906		3715	104				1300
非银行业金融机构贷款	9960	9960				9960					
境外贷款	7790	520	7.15	7790	12			26			15

13-2　中资全国性四家行信贷收支

（2017 年底）　　　　单位:万元

项　　目	合　计	市　区	中牟县	巩义市	荥阳市	新密市	新郑市	登封市	上街区
各项存款	**57890021**	**48443023**	**1267162**	**1771313**	**1337554**	**1731965**	**2062592**	**1276412**	**717104**
境内存款	57843603	48400697	1266893	1769664	1337256	1731839	2060961	1276294	716814
个人存款	26932980	20676292	689174	1219674	895838	1426842	1072584	952577	533893
#活期储蓄存款	13352710	10396849	421307	547405	435476	617269	540069	394336	239953
定期储蓄存款	9462116	6946476	200586	516495	365519	625559	396431	411050	241870
结构性存款	149559	124685	1666	5509	3357	6288	3613	4441	3399
单位存款	28405894	25310495	575716	549916	441418	282433	958361	287554	180919
#活期存款	14304161	12007179	488899	321459	367272	243961	722061	153329	151956
定期存款	4448760	4256461	207	28208	22954	12071	93704	35155	16581
保证金存款	966520	784407	11510	81828	25714	14897	44184	3980	4752
结构性存款	616295	566185	30000			40	10070	10000	
国库定期存款	603600	603600							
非存款类金融机构存款	1901129	1810310	2002	73		22564	30016	36163	2002
境外存款	46418	42326	269	1650	299	126	1631	118	289
各项贷款	**57913133**	**50963412**	**878522**	**998251**	**1284385**	**857654**	**2367324**	**563585**	**638841**
境内贷款	57910105	50960421	878510	998251	1284385	857628	2367324	563585	638826
短期贷款	6524126	5575761	31421	283463	104592	149937	214367	164585	45015
个人贷款及透支	1656896	1440902	23683	40126	30247	37795	48101	36042	12559
#个人消费贷款	1562886	1353178	23594	38590	30044	35497	46716	35267	11709
单位贷款及透支	4867230	4134859	7739	243337	74344	112142	166266	128543	32456
经营贷款及透支	4300012	3568641	7739	243337	73344	112142	166266	128543	32456
固定资产贷款	7838	6838			1000				
贸易融资	559380	559380							
中长期贷款	50314010	44315224	847089	712360	1179689	707691	2152957	399000	593311
个人贷款	26828963	23556879	434953	288851	995954	275671	1163780	112875	517311
#个人消费贷款	25910133	22750498	431108	282258	981783	267249	1091261	105974	483861
单位贷款	23485047	20758345	412136	423509	183735	432020	989177	286126	76000
经营贷款	3421811	3156902	500	158120	11391	5950	28412	60536	
固定资产贷款	19784273	17365929	411636	255239	172344	426070	927465	225590	76000
并购贷款	212675	169225		10150			33300		
贸易融资	66288	66288							
票据融资	1058017	1056481		1536					
各项垫款	13952	12956		892	104				500
境外贷款	3028	2991	12			26			15

13-3 农村合作金融机构(农信、农商)信贷收支表

(2017 年底)

单位:万元

项目	合计	市区	中牟县	巩义市	荥阳市	新密市	新郑市	登封市	上街区
各项存款	**16489065**	**6872554**	**2328889**	**1170687**	**1082911**	**1248719**	**2737077**	**1048228**	**104349**
境内存款	16489065	6872554	2328889	1170687	1082911	1248719	2737077	1048228	104349
个人存款	11516821	4508412	1720176	892637	882332	880422	1661731	971111	64230
#活期储蓄存款	4515480	2055677	916275	233228	199997	240701	559436	310166	17184
定期储蓄存款	6386494	2273336	729292	586871	613797	583714	961508	637976	46830
结构性存款	105715	64518					41197		
单位存款	4647896	2216645	608713	278050	200579	368297	898495	77117	40119
#活期存款	4126427	2006918	595253	181766	190582	328293	766469	57146	18833
定期存款	307676	118330	690	24713	7694	34347	110902	11000	20226
保证金存款	183005	74495	11870	68036	2303	5657	12782	7862	1060
非存款类金融机构存款	324348	147497					176851		
各项贷款	**8227570**	**3066801**	**1200533**	**739813**	**555201**	**735318**	**1301061**	**628843**	**60897**
境内贷款	8227570	3066801	1200533	739813	555201	735318	1301061	628843	60897
短期贷款	5337652	2212920	578576	521337	284003	445629	988732	306455	60668
个人贷款及透支	1647653	767601	265220	95429	109742	135564	245047	29050	5208
#个人消费贷款	125679	104549		10255		2543	6822	1510	654
单位贷款及透支	3615039	1405319	313356	415948	174261	310065	743685	252405	55460
非存款类金融机构贷款	74960	40000		9960				25000	
中长期贷款	2889174	853881	621957	217802	271198	289689	312329	322318	229
个人贷款	1207918	443793	234912	75012	160763	90960	126352	76126	229
#个人消费贷款	714864	372985	84287	45896	77016	30485	54379	49816	50
单位贷款	1681256	410088	387045	142790	110435	198729	185977	246192	

13-4 财 政

（2017 年）

单 位	郑州市	市本级	中原区	二七区	管城区	金水区	上街区	惠济区
一般公共预算收入	**10566713**	**6275095**	**266334**	**293517**	**265586**	**554861**	**123693**	**200188**
税收收入	**7752093**	**4483506**	**251626**	**270577**	**256239**	**528181**	**110225**	**164918**
增值税	2728061	1600985	82595	85714	87587	173621	40418	52286
国内增值税	1121091	588111	29224	29856	47614	65460	18511	18259
国有企业增值税	68517	34581	9256	834	405	2115	1191	106
集体企业增值税	6581	1504	16	370	517	246	331	165
股份制企业增值税	767742	399044	14719	19493	32289	44432	11438	9255
联营企业增值税	169	76			55	20		
港澳台和外商投资企业增值税	128981	79443	2712	6494	3476	8603	1431	4002
私营企业增值税	47179	21209	8	719	137	2729	2522	420
其他增值税	80837	31179	4028	1840	3137	10792	1644	4343
增值税税款滞纳金、罚款收入	3432	1560	93	87	269	334	147	33
残疾人就业增值税退税	-14535	-2667	-297	-345	-123	-1770	-353	-82
软件增值税退税	-15498	-14800	-29	-8		-597		
宣传文化单位增值税退税	-3951	-2320		-28		-1603		
资源综合利用增值税退税	-13036	-2912	-1689	-100		-4	-330	-14
其他增值税退税	-1394	-627	-16			-206		
免抵调增增值税	66067	42841	423	500	7452	369	490	31
改征增值税(项)	1606970	1012874	53371	55858	39973	108161	21907	34027
改征增值税(目)	1606135	1012458	53357	55837	39959	108031	21815	34004
改征增值税税款滞纳金、罚款收入	1010	591	14	21	14	130	92	23
改征增值税国内退税	-175	-175						
营业税	9196	2627	604	676	187	314	500	284
金融保险业营业税(地方)	-1231	-443					-23	
一般营业税	7230	1819	463	506	114	199	380	188
营业税税款滞纳金、罚款收入	3197	1251	141	170	73	115	143	96
企业所得税	1440625	939382	31372	34583	48497	95213	10742	23992
个人所得税(款)	405138	277065	17010	17297	10916	35198	2535	4285
个人所得税(项)	404243	276694	16989	17259	10886	35131	2493	4232
储蓄存款利息所得税	24	7			1		4	1
其他个人所得税	404219	276687	16989	17259	10885	35131	2489	4231
个人所得税税款滞纳金、罚款收入	895	371	21	38	30	67	42	53
资源税	31667			166			12	
城市维护建设税	427691	220500	22869	23344	22787	48978	6694	14242
房产税	244316	110850	14167	22681	13344	40748	3547	6611
印花税	151810	77237	8473	10368	8104	17198	1644	4948
城镇土地使用税	219459	64442	8455	10763	11788	13276	8461	8590
土地增值税	923993	372040	53121	58084	47154	101890	12861	48471
车船税(款)	133192	98450				5	11564	
耕地占用税(款)	157486	44630	12960	6901	5875	1740	1796	1209
契税(款)	879214	675298					9451	
烟叶税(款)	245							
非税收入	**2814620**	**1791589**	**14708**	**22940**	**9347**	**26680**	**13468**	**35270**
专项收入	1217177	1053202	305			3788	4272	
教育费附加收入(项)	190636	150338				49	3005	

收　入

单位:万元

经开区	高新区	郑东新区	航空港实验区	中牟县	巩义市	荥阳市	新密市	新郑市	登封市
591817	**365299**	**819428**	**362720**	**480166**	**423575**	**429063**	**320423**	**683887**	**250325**
488351	**308491**	**769545**	**257636**	**316541**	**242634**	**312887**	**197010**	**460966**	**156783**
131973	91586	182095	51371	89493	89905	102875	112164	136300	74118
100113	52302	28368	10723	24399	70979	36265	78930	55812	57671
9145	783	208	1	3397	4630	2799	2908	3968	2327
26	66	3		32	400	668	445	1681	206
72135	41506	15595	4209	11261	47887	25692	72309	37601	42322
						9			9
12835	5533	3784	4194	4711	820	666	1434	4955	10234
1038	3352	3521	682	1057	5936	3611	1278	5010	2543
260	1405	777	1042	3694	8858	2238	2308	2897	3879
125	152	90	5	25	333	206	126	100	119
-1	-14	-8	-3	-912	-3587	-280	-2236	-1252	-631
-101	-6667	-315							-64
	-18	-327							
-2		-289	-53	-360	-55	-2649	-457	-756	-3710
		-202					-245	-300	
4653	6204	5531	646	1494	5757	3305	1060	1908	437
31860	39284	153727	40648	65094	18926	66610	33234	80488	16447
31800	39348	153624	40640	65082	18884	66593	33209	80468	16438
60	23	103	8	12	42	17	25	20	9
	-87								
5	226	24	-34	330	548	186	513	2303	124
		-30			-183	-11	-19	-384	-168
3	178	-10	-55	99	583	121	382	2170	206
2	48	64	21	231	148	76	150	517	86
55076	43335	66374	39866	45238	15861	54376	22552	96125	22692
11136	10545	33576	6193	8709	3968	7415	4216	12451	4073
11120	10536	33541	6182	8690	3927	7375	4164	12415	3988
								1	10
11120	10536	33541	6182	8690	3927	7375	4164	12414	3978
16	9	35	11	19	41	40	52	36	85
					7788	3420	5982	3865	10434
101576	26592	32815	14785	9333	10230	12769	10609	17132	8204
19033	11782	32975	24611	7107	8208	4021	2383	6474	4175
12787	7828	14639	22099	5249	4340	3709	2155	6830	1555
19368	11641	16240	12386	22862	31036	12367	6058	15647	5714
56020	41106	231591	35206	50861	6838	54183	15368	100210	2912
		22		3527	8185	2034	2729	2868	3830
16710	11313	3020	13587	14520	47380	6337	2133	4650	7355
64667	52537	156174	37566	59312	8347	49195	10148	56111	11352
									245
103466	**56808**	**49883**	**105084**	**163625**	**180941**	**116176**	**123413**	**222921**	**93542**
42579	11137	13124	34053	19353	27408	16326	18229	62798	11496
42579	11133	13119	6301	5571	5481	6000	6510	8924	4758

13-4 续表 1 （2017 年）

单　　位	郑州市	市本级	中原区	二七区	管城区	金水区	上街区	惠济区
地方教育附加收入	64302	50866					1002	
文化事业建设费收入	4782	569	305			3739		
残疾人就业保障金收入	22426	16607					265	
教育资金收入	545305	489746						
农田水利建设资金收入	387009	344962						
水利建设专项收入	174							
其他专项收入(项)	2543	114						
行政事业性收费收入	426553	178138	4342	9427	4586	8760	4434	3833
公安行政事业性收费收入	34346	32271						
法院行政事业性收费收入	78177	41713	2232	7984	1538	7125	327	2886
司法行政事业性收费收入	1481	598	384		39	126		96
外交行政事业性收费收入	5	5						
商贸行政事业性收费收入	267	265						
财政行政事业性收费收入	2051	1818	28	9	9	34		11
人口和计划生育行政事业性收费收入	7555	3897	113	178	8	302		159
质量监督检验检疫行政事业性收费收入	1193	481					6	
安全生产行政事业性收费收入	669	352						
档案行政事业性收费收入	8							
人防办行政事业性收费收入	43465	14181					3156	
文化行政事业性收费收入	17	11						
教育行政事业性收费收入	27104	12678	882	304	490	546		428
科技行政事业性收费收入	8	8						
国土资源行政事业性收费收入	26960	3826			9	10	846	1
建设行政事业性收费收入	130548	54024	591	338		246	94	67
环保行政事业性收费收入	10184	1337						
交通运输行政事业性收费收入	224	63						
工业和信息产业行政事业性收费收入	3	3						
农业行政事业性收费收入	98	5	3		1	1		
水利行政事业性收费收入	1705	469	2	17	109			35
卫生行政事业性收费收入	47191	1114	91	68	1867	343		107
食品药品监管行政事业性收费收入	186	182						
民政行政事业性收费收入	1553	731	14	7	7	25		5
人力资源和社会保障行政事业性收费收入	4952	4563	2	21	26	2	5	38
仲裁委行政事业性收费收入	2569	2569						
党校行政事业性收费收入	462	309						
其他行政事业性收费收入	3572	665		501	483			
罚没收入	229880	146763	5338	2585	292	1627	474	3127
一般罚没收入	229880	146763	5338	2585	292	1627	474	3127
公安罚没收入	98702	76224					471	
检察院罚没收入	7988	2769	2500	226				478
法院罚没收入	10335	2295	1083	867	153	527		585
工商罚没收入	2284	585	138	211	22	41		41
新闻出版罚没收入	78	37	2			34		
技术监督罚没收入	429	33						
海关罚没收入	47	47						
食品药品监督罚没收入	1311	440	34	39	26	46		126
卫生罚没收入	308	57	3	2	4	11		7
检验检疫罚没收入	33							

单位:万元

经开区	高新区	郑东新区	航空港实验区	中牟县	巩义市	荥阳市	新密市	新郑市	登封市
				1857	1835	2000	2170	2981	1591
	4	4		103					66
				804	609	377	973	2051	740
			15066	6121	10824	3500	4744	28287	2083
			12686	4897	8659	2800	3795	20229	1667
									174
		1				1649	37	326	417
54657	16560	4975	3083	35037	12334	52635	16550	90392	6085
				25	1199	257	29	39	526
1692	16560		742	1700	1936	2881	2733	3427	1695
				56	16	100	15	36	15
						2			
		9	40	19	57		26	26	14
305		3013	578	2629	9	6	11	243	
				67	230	164	126	52	67
					179	31		107	
						8			
1161			1269	21595	701	1368	964	1294	206
1						6			
310		1585		2265	1294	4261		2786	1170
		15	82	4413	3563	13208	239	755	90
50856		325	334	940	1066	1398	314	71398	72
			19	1106	1412	2567	1544	601	1617
					68	15	6	72	
				28		47	7		6
26		28	19	2	89	78	549	3	352
303				7	78	25637	8370	9456	53
								4	
1				160	250	218	75	59	2
					187	7	24	34	43
						132			21
2				25		244	1518		136
3374	2150	7058	2076	22939	9168	9548	9542	11000	7477
3374	2150	7058	2076	22939	9168	9548	9542	11000	7477
				5469	2694	2306	4600	4193	2745
	1240		1029		313	5		326	1371
			142	516	1043	411	647	1281	927
					240	452	233	188	133
					5				
				87	36	62	58	2	151
			15						
29		44	16		107	94	201	108	90
				11	21	76	12	73	31
						13	20		

13-4　续表 2　　（2017 年）

单　　位	郑州市	市本级	中原区	二七区	管城区	金水区	上街区	惠济区
交通罚没收入	3439	1674						
审计罚没收入	1298	3				6		
物价罚没收入	138	9						
其他一般罚没收入	103490	62590	1578	1240	87	962	3	1890
国有资本经营收入	182669	119586		3661				
利润收入	37973	22902						
股利、股息收入	7269	6608		661				
产权转让收入	133121	90001		3000				
其他国有资本经营收入	4306	75						
国有资源（资产）有偿使用收入	481592	156050	3660	6375	4441	12037	4271	25860
利息收入	45782	23222	791	1519	283	1835	3311	1978
国库存款利息收入	8651	5410	274	153	139	434	108	209
财政专户存款利息收入	1129	1	13					
其他利息收入	36002	17811	504	1366	144	1401	3203	1769
非经营性国有资产收入	43768	22120	1331	4741	1619	2528	296	5464
行政单位国有资产出租、出借收入	9699	3259	166	1324		2500	231	1052
行政单位国有资产处置收入	5612	1103	488	6	529	3	65	3344
事业单位国有资产处置收入	8001	4968	81	804	1090	25		800
事业单位国有资产出租出借收入	840	292	3					17
其他非经营性国有资产收入	19616	12498	593	2607				251
出租车经营权有偿出让和转让收入	258	258						
矿产资源专项收入	3099	1						
排污权出让收入	143	143						
水资源费收入	20578	13005	259	89			2	99
其他国有资源（资产）有偿使用收入	367964	97301	1279	26	2539	7674	662	18319
捐赠收入	4829	394	3	770	28	315		1124
政府性基金收入	**10725776**	**7282862**	**24**				**147425**	**23**
政府住房基金收入	77733	75828	968			153		
上缴管理费用	4678	4678						
计提公共租赁住房资金	53986	53986						
公共租赁住房租金收入	14047	12239	968			153		
其他政府住房基金收入	5022	4925						
国有土地使用权出让收入	9219828	6087110					109136	
土地出让价款收入	8764832	5862968					110159	
补缴的土地价款	325114	139022						
划拨土地收入	178035	134087						
缴纳新增建设用地土地有偿使用费	-89219	-52707					-1023	
其他土地出让收入	41066	3740						
城市公用事业附加收入	31227	25340						
国有土地收益基金收入	499898	437371						
农业土地开发资金收入	38245	24843						
城市基础设施配套费收入	886680	670281					37488	
污水处理费收入	35278	29388	24				1	23
新型墙体材料专项基金收入	12318	6366					800	
彩票发行机构和彩票销售机构的业务费用	2269	2131						
其他政府性基金收入	33	32						

单位:万元

经开区	高新区	郑东新区	航空港实验区	中牟县	巩义市	荥阳市	新密市	新郑市	登封市
				37	631	459	425	60	153
			3	308	12	869	100		
				99					30
3345	910	7014	871	16412	4066	4801	3246	4769	1846
		22902			33872	1559			23991
		22902							15071
					31200				8920
					2672	1559			
2709	26960	1225	26847	85609	84085	5159	5133	51394	37518
161	291	482	725	3022	2276	864	403	2690	3588
143	291	480	492	887	117	469	54	278	119
					975	55	85		
18		2	233	2135	1184	340	264	2412	3469
2521	10378	574			868	902	10	2214	1675
2087		381			738			413	16
434		28			3		9	56	6
					127		1	88	17
								507	21
	10378	165				902		1150	1615
						1863			1235
27		91		585	764	1512	1421	1543	1299
	16291	78	26122	82002	80177	18	3299	44947	29721
		97			207		786	310	892
107953	**67000**	**127038**	**922646**	**1583848**	**240583**	**611144**	**148242**	**517419**	**194206**
		494	37384	687	97				
			25645						
		494	11739	687					
					97				
			866968	1436175	226552	548740	130672	499504	181939
			885281	1348709	106274	541027	131832	485818	178045
				78455	96347	1178	266	5084	4762
				30400	3407	8094	143		1904
			-20123	-23381	-2902	-1584	-1569	-3028	-3025
			1810	1992	23426	25		11630	253
	3500			713	2065	1362	594	443	710
			1698	27980	2806	12054	3121	12670	3896
			1010	4582	917	2531	1293	2790	1289
107949	63500	126093	52773	111528	7569	43082	11099		5633
4				910	699	1034	1202	1226	771
		913	197	1942	-146	2341	261	786	-32
				18	120				
		32			1				

13-5 财 政

（2017 年）

单 位	郑州市	市本级	中原区	二七区	管城区	金水区	上街区	惠济区
一般公共预算支出	**15149533**	**9223807**	**300345**	**352749**	**250373**	**596955**	**206522**	**194020**
一般公共服务支出	**1174374**	**444090**	**56789**	**68091**	**46923**	**89813**	**24574**	**35587**
人大事务	18076	7252	1038	852	697	1182	763	746
政协事务	13183	4538	969	935	727	861	532	618
政府办公厅(室)及相关机构事务	513835	168307	25165	40342	25374	46888	12665	18315
发展与改革事务	26029	13207	547	428	849	397	203	102
统计信息事务	18829	5450	1592	1323	349	1277	372	1247
财政事务	60607	17705	3592	2542	3707	2597	1229	1947
税收事务	9801	5274					709	
审计事务	18469	7062	355	1376	337	763	332	618
海关事务	212	212						
人力资源事务	28822	12794	3699	1279	258	3312	103	459
纪检监察事务	31591	16066	1200	1274	911	1248	711	1390
商贸事务	32157	19721	880	860	542	513	938	1653
知识产权事务	730	477					29	
工商行政管理事务	43701	11629	3314	4064	3382	4663	920	2224
质量技术监督与检验检疫事务	19904	8851	72		743	1	14	286
民族事务	1983	997	156	11	348	5	37	51
宗教事务	1052	93	17	138	48	184	21	43
港澳台侨事务	396	197					46	
档案事务	4350	1132	228	266	257	286	143	218
民主党派及工商联事务	2743	1445	19	140	63	147	90	148
群众团体事务	21859	10839	691	954	592	1646	541	329
党委办公厅(室)及相关机构事务	44309	11754	1155	927	828	1654	785	3195
组织事务	15221	3086	884	1137	941	3410	820	482
宣传事务	25515	13835	957	1605	658	788	1237	1204
统战事务	4171	1030	363	355	266	346	150	305
其他共产党事务支出(款)	29608	5917	6223	2521	5046	7427	1184	
其他一般公共服务支出(款)	187221	95220	3673	4762		10218		7
国防支出	7200	2605	471		343			270
国防动员	3984	355	422					270

支　出

单位:万元

经济区	高新区	郑东新区	航空港实验区	中牟县	巩义市	荥阳市	新密市	新郑市	登封市
553664	**439023**	**915340**	**741317**	**797660**	**651200**	**601376**	**536639**	**912301**	**525586**
60570	**33310**	**48999**	**95343**	**67004**	**79893**	**53514**	**45246**	**94417**	**68433**
22	141	92	33	1131	782	1166	942	780	745
				854	699	816	649	517	468
52655	17372	28427	26807	41908	22075	25655	20448	45941	20752
400	1329	132	1598	2106	1545	1689	1272	2061	1623
416	471	639	798	1317	1185	1812	659	1631	615
2581	1419	1486	3528	4888	4438	5544	3793	6468	2157
1616		2388	1051	1444	24		2305		45
	496	1782	510	1967	767	1446	875	2022	549
2			210						
102	1522	1651	1308	242	2823	853	315	2402	283
252	935	1219	631	1737	1881	1355	846	1813	1159
330	2932	4487	2007	877	2418	974	1011	1338	432
					36			188	
		150	50	2956	1946	3348	1963	13	3279
60		397	560	231	1236	1571	799	6015	85
46				42		252	10		74
2		23		125	17		88	96	182
						76	77		
				323	247	296	263	416	275
			17	30	118	90	58	304	91
874	50	801	694	1390	313	548	649	2443	924
	1119	3012	405	1085	5461	2452	1593	5466	7954
		630		977	460	895	723	691	715
		4	4	951	199	1779	558	900	844
		2	30	261	176	209	154	294	262
558			48	149			1131		10
654	5524	1677	55054	13	31047	688	4065	12618	24910
			13	290	1095	421	230	1186	289
			13	286	849	421	230	862	289

13-5 续表 1 (2017 年)

单 位	郑州市	市本级	中原区	二七区	管城区	金水区	上街区	惠济区
其他国防支出(款)	3216	2250	49		343			
公共安全支出	672757	404608	9829	12363	10064	24387	10941	6665
武装警察	64464	54494	575			1486	172	815
公安	402882	269181		10		1608	7175	
国家安全	309	309						
检察	56451	23115	3522	3117	2727	4029	1072	2008
法院	92358	33374	4169	6666	6087	9034	1592	2599
司法	27724	7767	1563	980	1250	2141	654	1243
监狱	4811	4811						
强制隔离戒毒	12925	11098						
缉私警察	90	90						
其他公共安全支出(款)	10743	369		1590		6089	276	
教育支出	1759635	725965	64236	74442	45857	128743	27921	46744
教育管理事务	24184	6198	598	260	1238	146	1554	2619
普通教育	1314703	469455	51831	65818	36241	117131	21030	38288
职业教育	175153	147146	23	288	79		640	462
成人教育	1171	552		9	7	7	7	247
广播电视教育	428	23						
特殊教育	7760	4387	15	535	258	410		
进修及培训	19884	7508	677	191	323	337	365	661
教育费附加安排的支出	145824	70065	7317	6388	7638	10645	3193	3983
其他教育支出(款)	70528	20631	3775	953	73	67	1132	484
科学技术支出	339602	229981	1572	3813	5527	21426	1978	2163
科学技术管理事务	11545	3772	272	326	495	347	855	119
基础研究	1745	1735				10		
应用研究	34348	31262				331		
技术研究与开发	148371	105470	602	2635	4743	6568	945	1287
科技条件与服务	13180	4365		120		347		100
社会科学	175	175						
科学技术普及	5273	2378	200	137	174	313	76	62
科技交流与合作	2431	2431						

单位:万元

经济区	高新区	郑东新区	航空港实验区	中牟县	巩义市	荥阳市	新密市	新郑市	登封市
				4	246			324	
34064	12107	12586	23370	36347	32457	28340	27724	39684	29348
24413		3824	6844	1724	675	568	989	2426	540
2563		7662	9453	25243	19691	18231	17207	24872	19664
			4						
1200	1300	700	3055	2363	2713	2800	3285	3288	2412
5291	10807	400	3310	4978	4961	3570	4734	6086	4508
439			537	1364	1675	2814	1492	2908	1873
					1827				
158			167	675	915	357	17	104	351
44049	45472	123935	39516	130746	98878	88544	87297	131795	108467
495	863	216	1171	2458	1201	1152	3560	2063	1137
23513	33258	100661	30338	111755	84931	75398	73446	90810	78569
	30		43	4888	4302	5225	4696	4646	2758
	33			106	200	6	8	22	
						405			
		27		344	226	367	396	520	302
	20		14	2242	1408	1405	2146	1527	1094
20041	11268	22701	7364	8645	6340	4164	2649	9708	5089
		330	586	308	270	422	396	22499	19518
24006	77265	6033	12002	8087	36130	12180	4159	8150	4436
	382	1620		306	2071	357	263	1930	432
	80								
254	1578	114		651	1164	252		688	
18896	43689	4142	1235	6844	5927	2850	3629	5050	1821
1870	2382	62		60	100	7893		2	193
	9			226	193	372	265	460	417

13-5 续表 2 (2017 年)

单 位	郑州市	市本级	中原区	二七区	管城区	金水区	上街区	惠济区
科技重大项目	1137	793						
其他科学技术支出(款)	121397	77600	498	595	115	13510	102	595
文化体育与传媒支出	128696	73083	1654	1770	2276	3695	1171	1056
文化	45331	22257	1163	1301	956	2014	564	701
文物	36760	26621	68		1133		61	10
体育	6494	3558		112			18	45
新闻出版广播影视	25857	12995	1			109	412	
其他文化体育与传媒支出(款)	14254	7652	422	357	187	1572	116	300
社会保障和就业支出	945717	450119	26192	46416	24538	42696	17156	21255
人力资源和社会保障管理事务	60669	39724	359	660	1743	946	4395	1645
民政管理事务	64124	16150	7640	7938	5101	6575	2193	2031
行政事业单位离退休	331239	144408	5343	21981	8703	12503	7763	10767
企业改革补助	4639	3103						
就业补助	27808	19206		413	525	300	558	50
抚恤	63281	8493	4469	5168	2861	6806	744	2380
退役安置	86216	65991	1448	3298	988	7231	109	650
社会福利	31553	16757	2289	1740	909	1926	351	103
残疾人事业	35361	6857	1774	2260	1257	1906	696	1606
自然灾害生活救助	556	100	8					10
红十字事业	2079	717	92	111	126	157		87
最低生活保障	21991	1550	13	511	347	1331	264	39
临时救助	5074	2964	137	153	89	108	20	220
特困人员救助供养	9904	186	44	102	11	66	43	24
其他生活救助	1108	22	32	241	61	71	14	11
财政对基本养老保险基金的补助	171771	103264	2342	1609	1817	1496		1592
财政对其他社会保险基金的补助	3550	267				547		
其他社会保障和就业支出(款)	24794	20360	202	231		727	6	40
医疗卫生与计划生育支出	908763	294292	28789	32077	28790	43662	10224	21228
医疗卫生与计划生育管理事务	31579	5815	2481	1410	733	1935	1004	1742
公立医院	131262	52578		100	50	2500	10	4830
基层医疗卫生机构	89640	11370	1396	1377	6080	3825	655	881

单位:万元

经济区	高新区	郑东新区	航空港实验区	中牟县	巩义市	荥阳市	新密市	新郑市	登封市
			700						344
2986	29145	95	10067		26675	456	2	20	1229
2786	1626	3332	2023	5952	8407	9577	3347	10203	6505
1152	1028	1658	256	3843	2334	3854	882	3142	2320
92	81		1592	609	3279	860	753	1289	2077
13	40			15	280	1944	66	283	173
				1045	1330	2722	1256	5168	819
1529	477	1674	175	440	1184	197	390	321	1116
4413	9873	22083	19810	29626	73537	55590	60251	55954	42387
180	492	458	3017	2165	1206	2979	2098	1433	1316
767	582	5991	586	5782	1161	3404	1605	3430	1114
433	111		7325	2219	24980	23897	24293	28618	15764
	64		15	7	21		1272	117	119
833	153	689	2033	107	931	2008	2557	1014	139
627	1157	3549	1697	4703	5702	4953	5518	5642	5842
45	108	527	185	845	1680	1896	642	783	655
	268	2751	68	1100	464	1480	1690	1359	1385
384	864	925	955	2883	1921	3273	4546	2619	3763
		40		39	49	91	114		145
6	17	3		51	40	73	72	357	196
120	188	294	948	2082	4301	2912	3322	2394	2925
79	63	247	160	140	227	143	289	303	281
24	1	123	38	663	943	1350	2930	1179	2363
1	6	5	10	59	116	205	119		157
898	814	1375	2471	6039	28860	6625	7249	5405	5473
2				222			1301	1213	
14	4985	5106	302	520	935	301	634	88	750
9502	11238	23824	25428	62106	94847	86344	68359	80361	57684
766	677	145	1452	2718	899	2463	899	7626	1854
			14	7998	28497	25363	2222	1770	5344
320	1556	1551	6780	6174	14388	9006	12291	19916	2281

13-5 续表 3

（2017 年）

单　　位	郑州市	市本级	中原区	二七区	管城区	金水区	上街区	惠济区
公共卫生	113009	28168	8257	7543	5033	11599	1729	2560
中医药	301	68	26	8		24		
计划生育事务	58643	6469	5906	6097	3229	8665	1454	1912
食品和药品监督管理事务	37121	15298	1112	1096	1365	2081	686	1024
行政事业单位医疗	83220	32237	5285	7362	5742	5239	2234	3533
财政对基本医疗保险基金的补助	345891	134040	3567	6841	6098	7248	2361	4674
医疗救助	7045	1834	39	114	144	72	57	3
优抚对象医疗	1052	75	38	64	28	189	34	49
其他医疗卫生与计划生育支出(款)	10000	6340	682	65	288	285		20
节能环保支出	946665	790014	6474	5772	3797	4370	1440	2971
环境保护管理事务	35240	12113	1330	788	683	1049	623	905
环境监测与监察	2563	832					80	
污染防治	150604	93851	3845	3943	3114	3031	623	1914
自然生态保护	6554	1149				8	20	6
天然林保护	183							
退耕还林	2738	57						22
能源节约利用(款)	535534	526087	1299	241		123	6	
污染减排	13133	880		200		144	88	124
可再生能源(款)	497							
循环经济(款)	788							
其他节能环保支出(款)	198831	155045		600		15		
城乡社区支出	5897448	4457250	70747	68535	58850	185584	90985	29896
城乡社区管理事务	343599	183678	9580	14539	21825	25390	10280	11909
城乡社区规划与管理(款)	33232	14530	43	295	304		9299	288
城乡社区公共设施	3575360	3102944	1932	11399	2571	64058	1408	8569
城乡社区环境卫生(款)	366653	152964	23734	42152	34136	36939	3603	9076
建设市场管理与监督(款)	521	258	32	45				54
其他城乡社区支出(款)	1578083	1002876	35426	105	14	59197	66395	
农林水支出	659589	173511	12027	7612	4476	5818	2930	15274
农业	172175	35879	1088	3751	2390	3118	1129	5226
行政运行	10864	3656	870	172	1689	152	524	225

单位:万元

经济区	高新区	郑东新区	航空港实验区	中牟县	巩义市	荥阳市	新密市	新郑市	登封市
1525	1556	4132	2132	7337	11141	6560	9380	6097	7605
				93	61		18		3
781	1506	2515	2	5518	5164	4113	2797	4998	2321
1039	771	1360	1470	3006	1308	2365	2028	3881	1871
1			2569	2208	1247	4695	5244	3805	4389
5019	5172	10875	10030	23590	30878	31363	32844	31593	30794
26		354	881	1353	961	349	520	547	1052
7		30	38	111	122	67	100	77	98
18		2862	60	2000	181		16	51	72
52196	3837	21383	30523	9640	33657	16956	28275	16844	26455
103	392		1753	624	2172	3371	3963	5426	2193
96			641	485	736				430
984	3370	7629	18255	6541	6361	5563	2819	9073	9926
			500	757	526	2662	148	565	713
									183
			57	239	442	187	513	432	846
	75		873	9	2068	1714	3176	148	663
				11	8582	2491	225		388
				14					483
						368			420
51013		13754	8444	960	12770	600	17431	1200	10210
126966	153960	420967	285746	323402	76424	120779	92106	281908	40982
2586	12185	69617	6086	11082	6888	9564	4430	28785	5649
	175	100	4492	2844	2359	1581	1454		235
95965	114	325746	248456	61357	52985	16360	62356	176166	13255
28411	17350	23645	20026	15480	7693	5121	15925	7101	12729
4	217				132				
	123919	1859	6686	232639	6367	88153	7941	69856	9114
7045	4540	22051	21222	71154	46787	68207	80329	82270	89194
923	1991	2549	7382	12130	17374	22844	23653	27501	16092
				50	338	412	293	809	1674

13-5 续表 4 （2017 年）

单　　位	郑州市	市本级	中原区	二七区	管城区	金水区	上街区	惠济区
一般行政管理事务	1457	47	30				107	1020
机关服务	2476							
事业运行	25073	10122		258		1174		770
农垦运行	65	65						
科技转化与推广服务	5108	1823	2		3	7	2	313
病虫害控制	6105	1389	6	12	21	7	1	131
农产品质量安全	5513	4651	1	1		314	15	23
执法监管	557	517						
统计监测与信息服务	728	701					2	
农业行业业务管理	1192	367	17	32		20		63
防灾救灾	297					7	2	
稳定农民收入补贴								
农业结构调整补贴	929						6	
农业生产支持补贴	50289	9187	9	2	144	115	280	856
农业组织化与产业化经营	9606	1700	150	286	362	637	38	1520
农产品加工与促销	246	221						10
农村公益事业	10058			1500				
农业资源保护修复与利用	3504	230				330		208
农村道路建设	6156	41		225				
成品油价格改革对渔业的补贴	10							
对高校毕业生到基层任职补助	272	8				3		
其他农业支出	31670	1154	3	1263	171	352	152	87
林业	103887	46858	25	215	792	400	63	7575
行政运行	5238	1982	25					967
一般行政管理事务	699	71				3		33
机关服务	685							
林业事业机构	14261	10275						
森林培育	22112	1041		42	610	23		4074
林业技术推广	160	80						31
森林资源管理	19031	17836		15				53
森林资源监测	39	29				10		

单位:万元

经济区	高新区	郑东新区	航空港实验区	中牟县	巩义市	荥阳市	新密市	新郑市	登封市
13				8		188	10	24	23
					28		2448		
		108		67	4292	2662	2818	2910	
	740	35	31	455	393	746	191	343	830
6	1	8	97	733	688	352	391	2086	288
	1		5	87	88	288	6	34	5
				7		3	20	5	5
					24	1			
		109	225		19	281	160		233
					66	204	14		4
				551		372			
653	480	1386	6424	7849	5087	7023	6205	7298	6234
112	769	369	450	712	137	2062	17	1515	470
					15				
				86	65	1922	5151	1129	205
		1	4	206	129	353	63	352	1633
41				372	1427	1277	1599		1215
				10					
		8			151	110			
98		525	146	937	4427	4588	4267	10996	3273
2004		12085	759	4020	4928	9258	5669	11413	12671
				89	188	368	265	203	1151
				41	18	115		24	394
					202		483		
		3943		79	706	768	293	1018	1122
		4	1	2302	2693	2498	1345	5673	1811
				37	5	2		5	
				479				648	
29									

13-5　续表 5　（2017 年）

单　　位	郑州市	市本级	中原区	二七区	管城区	金水区	上街区	惠济区
森林生态效益补偿	1504	53						26
林业自然保护区	85	44						
动植物保护	70	19						2
湿地保护	2254	454						122
林业执法与监督	607	353						
林业检疫检测	4							
林业工程与项目管理	14603	1989		62	158	334	60	1459
林业产业化	1989	72						120
林业政策制定与宣传	42	42						
林区公共支出	5							
林业贷款贴息	818				7			538
成品油价格改革对林业的补贴	4							
林业防灾减灾	3371	2219			6		3	150
其他林业支出	16306	10299		96	11	30		
水利	131028	38751	17	620	76	22	124	801
行政运行	6984	3680					27	509
一般行政管理事务	168	73						
机关服务	2573							
水利行业业务管理	1608	323						58
水利工程建设	5287	2099						
水利工程运行与维护	21446	20901						
长江黄河等流域管理	572	572						
水利前期工作	2916	2479						
水利执法监督	32							
水土保持	2255						2	
水资源节约管理与保护	2546	1353	5	3	3			
水质监测	68							
防汛	1457	659		118	53		10	40
抗旱	625	109			2			
农田水利	27194	60		186			1	100
江河湖库水系综合整治	6148	325						

单位:万元

经济区	高新区	郑东新区	航空港实验区	中牟县	巩义市	荥阳市	新密市	新郑市	登封市
				23	362	73	259	60	648
				2	39				
			5	16		6	8	5	14
		9		365		1313			
				79	27	50	50	16	32
				4					
		98	714	88		3270	800	445	5938
				280		477	240	560	240
									5
					119	154			
									4
			25	89	162	84	104	101	453
1975		8031	14	47	407	80	1822	2655	859
95	57	3685	14	34914	6147	12995	10605	13150	12806
		143		66	206	413	137	153	1793
9					1	94			
					323	1833	417		
							1026	3	198
				79	26	584	35	1464	1000
1					439		38	20	48
					174				263
						30	2		
				53	602	234	725	56	583
61	47			105	120	2	955		
					18				50
24		52		75	161	99	11	48	183
		10			14	119	70	66	245
		46	14	4333	2523	7015	4050	3876	5050
					228	1028	2278	2289	

13-5 续表 6 (2017 年)

单　　位	郑州市	市本级	中原区	二七区	管城区	金水区	上街区	惠济区
大中型水库移民后期扶持专项支出	303							
水利建设移民支出	30014							
农村人畜饮水	1273			30			30	80
其他水利支出	17559	6118	12	283	18	22	54	14
南水北调	24101	7161	9698	1028	200		20	
扶贫	96281	2188		3	260	13	567	7
农业综合开发	5927	2				56	119	10
农村综合改革	82846	12369	1199	1259	710	2125	713	1642
普惠金融发展支出	32390	26616			48	83	195	13
目标价格补贴	404	16				1		
其他农林水支出(款)	10550	3671		736				
交通运输支出	208015	91541	490	854	427	1154	1935	1337
公路水路运输	134139	38958	490	854	427	1154	1386	1337
行政运行	6820	3295	450	127	250	83	783	738
一般行政管理事务	1894	1253	40				382	83
机关服务	1790			231				
公路建设	19316	425		18		128	54	3
公路养护	17932	7129			177	387	49	271
公路和运输安全	879	41						
公路运输管理	6738	2146		401		443	13	208
公路和运输技术标准化建设	13							
海事管理	432	353				15		19
水路运输管理支出	4	4						
取消政府还贷二级公路收费专项支出	7253	6118						
其他公路水路运输支出	71068	18194		77		98	105	15
铁路运输	252	252						
成品油价格改革对交通运输的补贴	45603	34578					549	
对城市公交的补贴	30727	24930					247	
对农村道路客运的补贴	3340	21					86	
对出租车的补贴	11521	9627					216	

单位:万元

经济区	高新区	郑东新区	航空港实验区	中牟县	巩义市	荥阳市	新密市	新郑市	登封市
									303
				30014					
				85	44	298	311		395
	10	3434		104	1268	1246	550	5175	2695
			6016	845		768		4381	
75	20	8	1194	9750	6893	9945	21334	9936	35385
				2	1248	2251	882	35	1322
1027	1821	3716	5805	8161	9179	9098	16914	10222	9255
			21	989	700	1048	491	618	1589
		8	8	187	125		8	3	64
2921	651		23	156	193		773	5011	10
258			4660	5098	24969	12246	8840	40161	18963
6			4660	1759	15313	11612	6927	37298	16624
			340	30	79	310	157	248	270
6			38			70	66		
						1559			
				9	3492	5459	29	74	9625
			1951	588	1941	416	3399	2155	1420
			41	74		105			659
			2121	4	682	873	951		1017
									13
					6	30			9
									1135
			169	1054	9113	2790	2325	34821	2476
252									
				2206	2836	326	1861	2738	509
				1737	1236	311	1442	315	509
				53	955			2225	
				416	645		419	198	

13-5　续表 7　　　　　　　　　　　　　　　　　　　　　　　　　　　　　　　　(2017 年)

单　　位	郑州市	市本级	中原区	二七区	管城区	金水区	上街区	惠济区
成品油价格改革补贴其他支出	15							
邮政业支出	180	164						
车辆购置税支出	26289	17589						
车辆购置税用于公路等基础设施建设支出	21963	17439						
车辆购置税用于农村公路建设支出	4126							
车辆购置税其他支出	200	150						
其他交通运输支出(款)	1552							
公共交通运营补助	1020							
其他交通运输支出(项)	532							
资源勘探信息等支出	353449	285141	4648	6140	2357	9477	938	1249
资源勘探开发	16716	3023	254	804	40	2188	153	112
制造业	4174	1410	2164					
建筑业	359	359						
工业和信息产业监管	74756	53684	899	3551	1497	4055	326	418
安全生产监管	23418	8772	1066	1263	670	1994	383	569
国有资产监管	3542	2404						
支持中小企业发展和管理支出	192709	180013	265	468	150	1032	60	150
其他资源勘探信息等支出(款)	37775	35476		54		208	16	
商业服务业等支出	64889	47807	641	1227	42	713	46	918
商业流通事务	13283	8706	25	350		180	39	
旅游业管理与服务支出	11741	2562	16	377	42	517	7	918
涉外发展服务支出	20223	18824						
其他商业服务业等支出(款)	19642	17715	600	500		16		
金融支出	18528	14536	133		80	449	87	20
金融部门行政支出	11	11						
金融部门监管支出	497	497						
金融发展支出	17951	14028	133		80	449	87	20
其他金融支出(款)	69							
援助其他地区支出	11713	10506						
国土海洋气象等支出	56769	19988	1986	1474	1034	1813	851	1329

单位:万元

经济区	高新区	郑东新区	航空港实验区	中牟县	巩义市	荥阳市	新密市	新郑市	登封市
						15			
				16					
				291	6560	308	50	125	1366
					4524				
				291	2036	308		125	1366
							50		
				826	260		2		464
				296	260				464
				530			2		
94957	45449	33828	87187	4456	7063	5985	9280	8056	8659
271	1011	1381	360	270	1469	334	5240	1241	1588
	1200				600				
4484	34626	1804	2886	2661		2457	463	4045	700
195	1025	663	164	523	1210	1872	1416	1899	1781
239						512	344		282
88860	5419	180	81177	1002	3784	710	1246	488	3341
908	2168	29800	2600			100	571	383	967
16239	70	309	792	1558	1879	1753	955	4684	2666
239	70		42	392	501	801	602	1287	400
				149	576	952	353	3006	2266
			350	597	802				
16000		309	400	420				391	
766	1778	6021	245	120	2583	93	109	258	60
			11						
397			100						
369	1778	6021	134	120	2567	40	109	258	60
					16	53			
				597	610				
29	1701	1563	1614	2967	6341	5204	940	7985	4857

13-5 续表 8 （2017 年）

单　　位	郑州市	市本级	中原区	二七区	管城区	金水区	上街区	惠济区
国土资源事务	54015	18633	1986	1474	1034	1813	802	1319
地震事务	795	693					19	10
气象事务	1959	662					30	
住房保障支出	540352	370412	12845	14965	8713	29762	6399	2162
保障性安居工程支出	398581	309622	2886	7218	2351	22876	3915	
住房改革支出	132437	54404	7578	7747	6362	6886	2464	2162
城乡社区住宅	9334	6386	2381				20	
粮油物资储备支出	24200	13577	822	825	964	1004	124	48
粮油事务	9417	2754	235	257	543	1004	124	48
物资事务	264				91			
粮油储备	14519	10823	587	568	330			
其他支出(类)	14294	4400		4121	555		1021	
债务付息支出	416878	320381		2252	4760	2389	5801	3848
政府性基金支出	**9141511**	**3875646**	**434411**	**354086**	**345449**	**654933**	**99512**	**496789**
国家电影事业发展专项资金相关支出	1720	76	376	238	271	458		
大中型水库移民后期扶持基金支出	8924	768		75			10	
小型水库移民扶助基金相关支出	713	10						
国有土地使用权出让相关支出	8563108	3431327	433447	352954	344680	653674	71332	496327
城市公用事业附加相关支出	21596	16000						
国有土地收益基金相关支出	44814	27485						
农业土地开发资金相关支出	1928							
城市基础设施配套费相关支出	430940	352833					26644	
污水处理费相关支出	28960	25239					463	
大中型水库库区基金相关支出	293							
车辆通行费相关支出	1184	394						
新型墙体材料专项基金相关支出	1268	1208						10
旅游发展基金支出	389			109		2		70
彩票发行销售机构业务费安排的支出	2897	2764						
彩票公益金相关支出	32040	17542	588	710	498	799	333	382
其他政府性基金相关支出	737						730	

单位:万元

经济区	高新区	郑东新区	航空港实验区	中牟县	巩义市	荥阳市	新密市	新郑市	登封市
29	1701	1563	1614	2728	5567	5152	811	7905	4791
					58	15			
				239	716	37	129	80	66
68635	32157	145168	74168	9622	15536	14627	14016	30577	10716
68323	32157	140617	68525	6413	5428	6477	5083	20629	5683
		4551	5643	3193	9577	8150	8933	9948	5033
312				16	531				
1154	241			1183	1088	849	978	1437	1301
				783	1088	469	978	527	607
								173	
1154	241			400		380		737	694
			4400	1248		2528		155	266
6029	4399	23258	13255	26457	9019	17639	4198	16216	3918
714024	**481600**	**943495**	**786237**	**1300441**	**220069**	**476531**	**130947**	**637439**	**115258**
		76		25	69	60	14	112	21
		65		671	416	4104	510	392	1978
					79	60	214	64	286
640588	414383	801460	778868	1280135	201537	439132	115702	633761	109100
	3500				2064	1393	744	878	517
21325			178	6523	2806	5000	3000		
					917	522	267	222	
52045	63460	141588	6900	10560	7569	23899	7876		1559
				441	699	900		718	500
					12	87	44	38	112
				62	683	25			20
					15	25		10	
				30	25	32	40	44	37
				18	115				
66	257	306	291	1976	3063	1285	2536	1200	1128
						7			

主要统计指标解释

财政收入 国家财政参与社会产品分配所取得的收入，是实现国家职能的财力保证。财政收入所包括的内容几经变化，目前主要包括：增值税、营业税、企业所得税、企业所得税退税、外商投资企业和外国企业所得税、个人所得税、资源税、固定资产投资方向调节税、城市维护建设税、房产税、印花税、城镇土地使用税、土地增值税、车船使用税、屠宰税、筵席税、农业税、农业特产税、牧业税、耕地占用税、契税、国有资产经营收益、国有企业计划亏损补贴、行政性收费收入、罚没收入、土地和海域有偿使用收入、专项收入、其他收入。

财政支出 国家财政将筹集起来的资金进行分配使用，以满足经济建设和各项事业的需要，主要包括：基本建设支出、企业挖潜改造资金、简易建筑费、地质勘探费、科技三项费用、流动资金、支援农村生产支出、农业综合开发支出、农林水利气象等部门的事业费、工业交通等部门的事业费、流通部门事业费、文体广播事业费、教育事业费、科学事业费、卫生经费、税务统计财政审计等部门的事业费、抚恤和社会福利救济费、行政事业单位离退休经费、社会保障补助支出、国防支出、行政管理费、外交外事支出、武装警察部队支出、公检法司支出、城市维护费、政策性补贴支出、支援不发达地区支出、土地和海域开发建设支出、专项支出、其他支出、总预备费。

中央财政收入和地方财政收入 按财政体制划分的中央本级收入和地方本级收入。1994 年分税制财政体制以后，属于中央财政的收入包括关税、海关代征消费税和增值税，消费税，中央企业所得税，地方银行和外资银行及非银行金融企业所得税，铁道、银行总行、保险总公司等集中缴纳的营业税、所得税、利润和城市维护建设税，增值税的 75% 部分，海洋石油资源税和证券（印花）税 50% 部分。属于地方财政的收入包括营业税，地方企业所得税，个人所得税，城镇土地使用税，固定资产投资方向调节税，城镇维护建设税，房产税，车船使用税，印花税，屠宰税，农牧业税，农业特产税，耕地占用税，契税，增值税 25% 部分，证券交易税（印花税）的 50% 部分和除海洋石油资源税以外的其他资源税。

中央财政支出和地方财政支出 根据政府在经济和社会活动中的不同职责，划分中央和地方政府的责权，按照政府的责权划分确定的支出。中央财政支出包括国防支出，武装警察部队支出，中央级行政管理费和各项事业费，重点建设支出以及中央政府调整国民经济结构、协调地区发展，实施宏观调控的支出。地方财政支出主要包括地方行政管理和各项事业费，地方统筹的基本建设、技术改造支出，支援农村生产支出，城市维护和建设经费，价格补贴支出等。

信贷资金 国家银行用于发放贷款的资金叫信贷资金。中国人民银行信贷资金的来源有各项存款、对国际金融机构负债、流通中货币、银行自有资金及当年结益等。信贷资金的运用有各项贷款、黄金占款、外汇占款、财政借款及在国际金融机构中的资产等。

各项存款 企业、机关、团体或居民根据可以收回的原则，把货币资金存入银行或其他信用机构保管并取得一定利息的一种信用活动形式。根据存款对象的不同可划分为企业存款、财政存款、机关团体存款、基本建设存款，城镇储蓄存款、农村存款等科目。它是银行信贷资金的主要来源。

贷款 银行或其他信用机构根据必须归还的原则，按一定利率，为企业、个人等提供资金的一种信用活动形式。我国银行贷款分为流动资金贷款、固定资产贷款、城乡个体工商户贷款以及农业贷款等科目。

十四、教育、文化、卫生、体育、科技和民政

14-1 教育事业主要综合指标

(2017 年)

单位:所、人

指标	数值	指标	数值
平均每万人拥有各类学校数(个)	**1.60**	**小学五年巩固率(%)**	**101.70**
高等学校	0.06	**小学学生辍学率(%)**	**0.01**
中等职业学校	0.12	**初中学生毛入学率(%)**	**114.90**
技工学校	0.03	**初中三年巩固率(%)**	**103.5**
普通中学	0.45	**初中学生辍学率(%)**	**0.10**
普通小学	0.93	**初中毕业生升学率(%)**	**120.20**
平均每万人各类学校在校生数(人)	**3059.09**	平均每万人各类学校教职工数(人)	**226.48**
高等学校	1195.16	#专任教师	174.17
中等职业学校	306.29	#高等学校	65.45
技工学校	103.67	中等职业学校	15.99
普通中学	569.26	技工学校	3.29
普通小学	883.06	普通中学	49.57
小学适龄儿童净入学率(%)	**100.00**	普通小学	42.33

14-2 学校教育基本情况

(2017 年)

单位:所、人

项　　目	全市	市区	县(市)	中牟县	巩义市	荥阳市	新密市	新郑市	登封市
各类学校教育合计数									
学校数	1584	746	780	112	107	91	166	146	158
毕业生数	752979	232100	181146	24595	21786	32004	28279	36261	38221
招生数	920370	294308	223672	32241	23774	38733	29390	52646	46888
在校学生数	3022691	1019630	822128	122616	95277	120379	121682	183722	178452
教职工数	223784	89131	69986	8445	11345	10227	12942	12760	14267
#专任教师	172095	68480	54757	6835	8899	8274	10105	9639	11005
高等学校									
学校数	58								
#研究生培养单位	(12)								
普通本专科学校	58								
成人本专科学校	(36)								
毕业生数	339733								
#研究生	7651								
普通本专科	245209								
成人本专科	52043								
招生数	402391								
#研究生	10723								
普通本专科	292089								
成人本专科	36643								
在校学生数	1180933								
#研究生	26370								
普通本专科	935332								
成人本专科	86742								
教职工数	64667								
#专任教师	48858								
中等职业学校									
学校数	123	82	41	7	3	5	7	8	11
毕业生数	88552	66076	22476	4246	1253	2715	1925	9343	2994
招生数	119285	83443	35842	4149	1564	3811	1882	11757	12679
在校学生数	302648	217916	84732	9815	3672	9671	5228	32227	24119
教职工数	15797	10732	5065	539	304	775	605	1623	1219
#专任教师	11856	7820	4036	486	287	618	505	1102	1038
技工学校									
学校数	25	17	8			4		4	
毕业生数	31316	13369	17947			12009		5938	
招生数	45227	22078	23149			15000		8149	
在校学生数	102441	51231	51210			30736		20474	
教职工数	3251	2108	1143			715		428	
#专任教师	2238	1372	866			546		320	
普通中学									
学校数	442	230	212	26	35	26	40	32	53
#高中	122	84	38	4	8	4	7	6	9
初中	320	146	174	22	27	22	33	26	44

14-2 续表 （2017 年） 单位:所、人

项　　目	全市	市区	县(市)	中牟县	巩义市	荥阳市	新密市	新郑市	登封市
毕业生数	168631	87503	81128	10408	12410	10003	15444	11486	21377
#高中	59273	32390	26883	4047	4114	3734	5624	4470	4894
初中	109358	55113	54245	6361	8296	6269	9820	7016	16483
招生数	195799	102348	93451	14082	12863	11682	16045	16961	21818
#高中	65532	37350	28182	3325	4857	3526	5494	6165	4815
初中	130267	64998	65269	10757	8006	8156	10551	10796	17003
在校学生数	562487	291494	270993	38812	38237	32610	47857	43933	69544
#高中	192312	109294	83018	10884	14148	10795	16546	16214	14431
#初中	370175	182200	187975	27928	24089	21815	31311	27719	55113
教职工数	48980	25577	23403	3146	4070	3068	3962	3623	5534
#专任教师	42990	22163	20827	2725	3728	2861	3626	3177	4710
小学									
学校数	922	409	513	78	68	55	118	101	93
毕业生数	124566	65025	59541	9941	8117	7272	10893	9492	13826
招生数	157436	86304	71132	14010	9329	8219	11420	15772	12382
在校学生数	872555	458129	414426	73893	53246	47230	68421	86959	84677
教职工数	41822	23428	18394	2444	3099	2606	3993	2931	3321
#专任教师	39424	21958	17466	2326	2953	2551	3695	2774	3167
特殊教育学校									
学校数	13	7	6	1	1	1	1	1	1
毕业生数	144	90	54		6	5	17	2	24
招生数	205	107	98		18	21	43	7	9
在校学生数	1517	750	767	96	122	132	176	129	112
教职工数	444	244	200	26	21	38	48	34	33
#专任教师	409	222	187	26	16	38	44	32	31
工读学校									
学校数	1	1							
毕业生数	37	37							
招生数	27	27							
在校学生数	110	110							
教职工数	24	24							
#专任教师	23	23							
幼儿园									
幼儿园数	(1611)	(799)	(812)	(123)	(116)	(109)	(161)	(151)	(152)
入园幼儿数	(124856)	(62222)	(62634)	(10823)	(10556)	(6906)	(10090)	(13723)	(10536)
离园幼儿数	(115875)	(52688)	(63187)	(9482)	(9694)	(7419)	(12020)	(12567)	(12005)
在园幼儿数	(391203)	(196794)	(194409)	(30994)	(31580)	(24854)	(34497)	(37998)	(34486)
教职工数	48799	27018	21781	2290	3851	3025	4334	4121	4160
#专任教师	26297	14922	11375	1272	1915	1660	2235	2234	2059

注:1. 标注“( )”为不计合计数中。
2. 高等教育为省教育厅反馈数据,只有合计数。

14-3 全市各级各类学校

（2017 年）

类　别	总计	国家财政性教育经费	公共财政预算安排的教育经费	公共财政教育经费	教育事业费	基本建设经费
总计	**1968910**	**1862373**	**1847710**	**1605221**	**1351770**	**107342**
高等学校	**159594**	**130996**	**130412**	**119205**	**96552**	**18653**
普通高等学校	159422	130904	130319	119113	96460	18653
成人高等学校	172	93	93	93	93	
中等职业学校	**145816**	**140249**	**140208**	**123904**	**109636**	**5620**
中等专业学校	34035	32876	32835	30129	24829	5053
职业高中	72447	71257	71257	62857	55137	
技工学校	33670	30499	30499	25998	24776	567
成人中等专业学校	5664	5617	5617	4920	4894	
普通中学	**745062**	**727866**	**722185**	**624473**	**535047**	**40388**
普通高中	276274	260829	259930	226681	207220	10974
普通初中	468788	467036	462254	397793	327827	29413
普通小学	**703869**	**699878**	**693794**	**593561**	**474026**	**42681**
特殊教育学校	**9346**	**9126**	**9106**	**7624**	**7336**	
幼儿园	**114286**	**67079**	**66863**	**57859**	**51373**	
教育行政单位	**10971**	**10758**	**10736**	**9026**	**8987**	
教育事业单位	**47502**	**44813**	**42797**	**39576**	**38821**	
其他	**32465**	**31609**	**31609**	**29993**	**29993**	

教育经费收入情况

单位:万元

教育费附加	其他公共财政预算安排的教育经费	政府性基金预算安排的教育经费	捐赠收入	事业收入	其中:学费	其他教育经费
146109	**242490**	**14663**	**354**	**98806**	**76070**	**7376**
4000	**11207**	**584**		**27272**	**20813**	**1326**
4000	11207	584		27193	20738	1326
				79	75	
8648	**16304**	**41**		**5323**	**448**	**245**
247	2706	41		913	137	245
7720	8401			1190	174	
655	4500			3171	136	
26	697			47		
49040	**97711**	**5680**	**87**	**15756**	**10304**	**1354**
8487	33250	899		14672	9494	773
40553	64462	4782	87	1084	809.6	581
76855	**100233**	**6084**	**15**	**1408**	**1130.6**	**2566**
288	**1482**	**20**				**220**
6486	**9005**	**215**	**252**	**45600**	**43374**	**1356**
39	**1710**	**22**		**194**		**20**
755	**3221**	**2016**		**2405**		**284**
	1616			**850**		**5**

14-4 分县(市)区教育

(2017 年)

类　别	总计	国家财政性教育经费	公共财政预算安排的教育经费	公共财政教育经费	教育事业费	基本建设经费
总计	**1968910**	**1862373**	**1847710**	**1605221**	**1351770**	**107342**
市本级	550270	503375	502146	442511	396945	36950
中原区	72238	69215	69126	57442	49553	
二七区	83230	80621	80473	66083	59695	
管城区	45030	44373	44284	38072	30434	
金水区	132407	126429	126166	104978	70337	23997
上街区	33985	32447	32348	26736	21560	2159
惠济区	48581	47017	46739	39784	35694	
中牟县	130015	127504	126440	113780	105135	
巩义市	129277	111141	109625	98878	92538	
荥阳市	107989	103005	102502	85205	81123	
新密市	113698	108000	107889	86146	83535	
新郑市	156090	153110	144258	127851	118143	
登封市	107509	102481	102377	82230	77141	
经开区	43544	43192	43158	39863	19823	
高新区	44898	43411	43283	39011	27765	
郑东新区	129404	127567	127411	117859	50923	44236
航空港实验区	40744	39484	39484	38790	31426	

经费收入情况

单位:万元

教育费附加	其他公共财政预算安排的教育经费	政府性基金预算安排的教育经费	捐赠收入	事业收入	其中:学费	其他教育经费
146109	**242490**	**14663**	**354**	**98806**	**76070**	**7376**
8616	59635	1229	18	44299	27942	2579
7889	11684	89	50	1240	1198	1732
6388	14390	148	5	2372	1586	233
7638	6212	88		528	451	129
10643	21188	263	135	4034	4034	1809
3017	5612	98	15	1236	1100	287
4090	6956	277	2	1560	1531	3
8645	12660	1064	4	2507	2262	
6340	10747	1516		18135	16502	
4082	17297	504		4984	3090	
2611	21743	111	80	5597	5032	20
9708	16407	8852	8	2786	2786	185
5089	20148	104	38	4985	4187	5
20041	3295	34		352	294	
11246	4271	128		1487	1487	
22701	9551	157		1444	1334	393
7364	695			1260	1252	

14-5 全市各级各类学校教育经费支出情况

（2017 年）

单位：万元

类别	总计	事业性经费支出	工资福利支出	对个人和家庭的补助支出	商品和服务支出	其他资本性支出	基本建设支出	其它支出
总计	**1971086**	**1967310**	**918726**	**190664**	**438152**	**305029**	**114743**	**3654**
高等学校	**159788**	**156492**	**50206**	**14906**	**35904**	**29473**	**26003**	**3296**
普通高等学校	159616	156320	50120	14906	35829	29463	26003	3296
成人高等学校	172	172	86		76	10		
中等职业学校	**145855**	**145663**	**54121**	**12976**	**47215**	**25730**	**5620**	**193**
中等专业学校	34061	33868	10588	3487	9764	4976	5053	193
职业高中	72460	72460	29716	7164	19993	15587		
技工学校	33670	33670	10406	1822	15948	4926	567	
成人中等专业学校	5664	5664	3411	503	1510	240		
普通中学	**745387**	**745314**	**369447**	**76368**	**152331**	**106728**	**40439**	**73**
普通高中	276040	275973	137836	27651	68908	30576	11001	67
普通初中	469347	469341	231611	48717	83423	76153	29437	6
普通小学	**702695**	**702624**	**353859**	**73858**	**126047**	**106178**	**42681**	**63**
特殊教育学校	**9392**	**9392**	**5557**	**971**	**1754**	**1110**		
幼儿园	**116769**	**116626**	**63605**	**6689**	**32598**	**13734**		**29**
教育行政单位	**11235**	**11235**	**4362**	**1206**	**5444**	**224**		
教育事业单位	**47901**	**47901**	**11488**	**2742**	**22945**	**10726**		
其他	**32065**	**32065**	**6080**	**948**	**13913**	**11125**		

14-6　分县(市)区教育经费支出情况

(2017 年)

单位:万元

类　　别	总计	事业性经费支出					基本建设支出	其它支出
			工资福利支出	对个人和家庭的补助支出	商品和服务支出	其他资本性支出		
总计	**1971086**	**1967310**	**918726**	**190664**	**438152**	**305029**	**114743**	**3654**
市本级	550894	547405	206741	52213	161517	82583	44351	3489
中原区	72260	72260	38182	7211	23177	3692		
二七区	84067	84055	54221	9624	11795	8416		11
管城区	45030	45030	19891	3649	11191	10300		
金水区	132920	132918	59012	11277	19258	19373	23997	2
上街区	33764	33760	17742	3840	5269	4750	2159	4
惠济区	48580	48466	22717	5744	14222	5784		
中牟县	127125	127125	55904	9395	19987	41838		
巩义市	128701	128701	72355	13992	33301	9053		
荥阳市	107989	107986	64805	11859	15351	15971		3
新密市	115033	114965	63658	26468	13891	10948		67
新郑市	156325	156325	74211	9606	46462	26046		
登封市	107800	107800	69868	11553	17309	9070		
经开区	44350	44350	16387	2814	5312	19837		
高新区	45004	45004	20189	3483	8906	12425		
郑东新区	130491	130405	34726	6233	27969	17242	44236	77
航空港实验区	40753	40753	28116	1704	3234	7699		

14-7 公有制艺术表演团体(事业)基本情况

(2017 年)

县(市)区	机构数(个)	从业人员(人)	专业技术人员	演出场次(场)	国内演出场次	农村演出场次	国内演出观众人次(千人次)	本年收入(千元)	本年支出(千元)
总　计	**15**	**1269**	**778**	**4500**	**4500**	**3039**	**4971**	**332604**	**295279**
省本级	4	592	408	1475	1475	708	2097	229918	195792
郑州市	11	677	370	3025	3025	2331	2874	102686	99487
市本级	4	413	271	732	732	213	630	76806	73973
中牟县	1	30	4	493	493	493	178	6024	6024
巩义市	1	43	29	210	210	170	265	2242	2231
荥阳市	1	30	17	390	390	390	695	2673	2673
新密市	2	50	28	260	260	220	154	1430	1430
新郑市	1	61	20	440	440	385	340	10725	10446
登封市	1	50	1	500	500	460	612	2786	2710

14-8 公有制艺术表演场馆(事业)基本情况

(2017 年)

县(市)区	机构数(个)	从业人员(人)	专业技术人员	座席数(个)	演(映)出场次(场)	艺术演出场次	观众人次(千人次)	艺术演出观众人次	实际使用建筑面积(平方米)	演(映)出业务用房	本年收入(千元)	本年支出(千元)
总　计	**11**	**414**	**32**	**7549**	**752**	**493**	**1166**	**314**	**44058**	**15621**	**79534**	**90862**
省本级	1	183	7	2925	440	370	970	201	12263	7358	60204	70811
郑州市	10	231	25	4624	312	123	196	113	31795	8263	19330	20051
市本级	7	172	18	1724	110	95	110	95	21906	5063	11371	12852
巩义市	1	15	3								510	510
新密市	1	13		1700	200	26	85	17	1500	1500	1200	1200
新郑市	1	31	4	1200	2	2	1	1	8389	1700	6249	5489

14-9 公共图书馆情况

(2017 年)

县(市)区	机构数(个)	从业人员(人)		年末总藏量(千册)		书刊文献外借(千册次)	总流通人次(千人次)	为读者举办各种活动(次)			实际使用公用房屋建筑面积(平方米)		阅览室坐席数(个)
			专业技术人员		图书			举办展览	组织各类讲座	举办培训班		阅览室面积	
总 计	**15**	**574**	**417**	**7122**	**5700**	**3666**	**9358**	**266**	**379**	**879**	**143020**	**38553**	**7037**
省本级	2	213	182	3971	3095	1930	2638	166	133	703	38864	14606	2078
郑州市	13	361	235	3151	2605	1736	6720	100	246	176	104156	23947	4959
市本级	1	203	188	1208	972	366	4812	13	45	36	70476	15335	2146
中原区	1	15	9	137	133	114	128	5	21	15	2000	500	240
二七区	1	12	2	91	73	170	122	1	6	43	1146	1000	165
管城区	1	6	1	86	85	28	168	10	8	3	2500	460	120
金水区	1	25	5	104	100	253	281	5	22	10	2000	900	351
惠济区	1	11		105	103	98	142	3	13	10	1500	280	180
上街区	1	12		248	214	248	232	15	22	26	3000	720	300
中牟县	1	7	1	103	85	35	141		3	2	1670	520	260
巩义市	1	12	4	225	178	85	232	10	10	10	11700	1330	397
荥阳市	1	24	12	331	269	63	104	10	50	3	2100	300	300
新密市	1	11	2	222	161	97	147	10	12	4	2000	700	100
新郑市	1	18	8	209	171	153	198	10	28	8	3258	1758	300
登封市	1	5	3	82	61	26	13	8	6	6	806	144	100

14-10 文化馆基本情况

(2017 年)

县(市)区	机构数(个)	从业人员(人)	专业技术人员	举办展览个数(个)	举办训练班次(次)	培训人次(千人次)	组织文艺活动(次)	参加人次(千人次)
合 计	**14**	**342**	**168**	**146**	**4265**	**162**	**1512**	**818**
省本级	1	50	40	22	31	3	360	268
郑州市	13	292	128	124	4234	159	1152	550
市本级	1	50	46	20	120	20	105	60
中原区	1	22	2	7	360	15	70	25
二七区	1	19	13	22	120	9	100	9
管城区	1	35	6	17	309	8	243	106
金水区	1	21	3	5	2522	81	169	13
惠济区	1	22	8	7	657	15	99	47
上街区	1	8	7	6	48	3	68	4
中牟县	1	16	2	2	8	1	13	8
巩义市	1	30	17	7	18	1	194	230
荥阳市	1	24	4	5	24	1	15	27
新密市	1	19	7	8	15	1	12	4
新郑市	1	17	10	10	30	3	50	4
登封市	1	9	3	8	3	1	14	13

14-11 博物馆基本情况

(2017 年)

县(市)区	机构数(个)	从业人员(人)	藏品数(件)	一级品	展览(次)	观众人数(千人次)
总　计	**38**	**1091**	**227052**	**727**	**120**	**6835**
省本级	4	471	104579	583	22	3280
郑州市	34	620	122473	144	98	3555
市本级	22	431	25855	80	66	2599
管城区	1	4			1	11
巩义市	1	33	16025	19	6	310
荥阳市	1	18	12400	4	2	
新密市	2	10	3747	8	10	87
新郑市	1	43	62879	33	4	318
登封市	6	81	1567		9	230

注:博物馆统计包含民办博物馆。

14-12 文物保护管理单位情况

(2017 年)

县(市)区	机构数(个)	从业人员(人)	藏品数(件)	一级品	展览(次)	观众人数(千人次)
总　计	**10**	**437**	**3187**	**5**	**3**	**1813**
市本级	2	38	108		3	400
中牟县	1	8	970	2		
巩义市	4	340	2007	3		1412
荥阳市	1	28				
新密市	2	23	102			1

14-13 等级运动员、社会指导员人数

单位:人

人员分类	2016 年	女	2017 年	女
等级运动员				
二级运动员	426	122	458	125
社会体育指导员				
当年发展人数	3781	2510	4413	-

14-14 体育彩票发行情况

项　　目	单位	2015 年	2016 年	2017 年
体育彩票销售点	个	1783	1877	1852
体育彩票销售收入	万元	239200	280760	316744

14-15 卫生事业基本情况

（2017 年）

指 标	机构数（个）	实有床位数（个）	人员数（人）	卫生技术人员（人）	执业（助理）医师	执业医师	注册护士	药师（士）	技师（士）	其他	其他技术人员（人）	管理人员（人）	工勤人员（人）
总 计	**4421**	**91454**	**132482**	**106458**	**38025**	**34404**	**52352**	**4544**	**5085**	**6452**	**5936**	**7156**	**7928**
中原区	217	8514	12790	10929	3915	3649	5345	426	520	723	467	686	626
二七区	227	21148	26763	22944	7904	7610	12405	826	947	862	968	1295	1494
管城区	389	6711	11732	9431	3621	3195	4351	345	590	524	519	530	1119
金水区	419	28864	42126	34718	11824	11371	17851	1604	1367	2072	2343	2821	2125
上街区	95	968	1561	1332	496	440	579	69	61	127	46	69	80
惠济区	126	1136	1858	1417	499	411	629	46	56	187	34	159	109
中牟县	445	3050	4453	3198	1221	924	1332	166	188	291	199	106	434
巩义市	646	3704	6614	5074	1942	1503	2249	241	304	338	206	210	422
荥阳市	455	2819	5299	3663	1302	1009	1559	158	202	442	154	334	527
新密市	398	5349	6232	4472	1617	1312	2060	215	299	281	240	243	248
新郑市	529	4982	7428	5193	2089	1750	2235	228	265	376	484	483	431
登封市	475	4209	5626	4087	1595	1230	1757	220	286	229	276	220	313
医院	**219**	**79725**	**99132**	**83395**	**27922**	**26511**	**43697**	**3462**	**3730**	**4584**	**4639**	**5686**	**5412**
综合医院	103	51456	64576	55127	18339	17542	29313	2085	2382	3008	2805	3589	3055
中医医院	49	13359	16025	13482	5023	4684	6295	847	619	698	724	760	1059
中西医结合医院	5	402	405	299	148	116	107	14	12	18	37	27	42
专科医院	61	14458	18054	14439	4399	4158	7962	514	715	849	1072	1306	1237
口腔医院	3	55	411	295	156	142	115	4	10	10	20	59	37
眼科医院	6	460	543	337	99	86	180	17	18	23	52	77	77
耳鼻喉科医院	2	180	216	153	50	44	88	6	9		40	12	11
肿瘤医院	2	3219	3196	2863	793	785	1632	61	81	296	108	97	128
心血管病医院	3	1457	2139	1812	585	582	987	60	88	92	91	167	69
胸科医院	1	1104	1285	1087	310	264	679	46	52			121	77
妇产（科）医院	6	340	815	533	185	169	283	23	36	6	115	99	68
儿童医院	1	2150	2964	2567	645	640	1422	99	161	240	35	192	170
精神病医院	4	828	628	475	143	138	250	26	30	26	55	56	42
传染病医院	2	1350	1340	1146	320	318	657	49	58	62	28	100	66
皮肤病医院	3	250	160	105	38	29	50	9	7	1	5	20	30
骨科医院	8	1364	1700	1424	529	479	762	52	69	12	75	66	135
康复医院	4	775	734	591	176	163	297	26	43	49	53	47	43
整形外科医院	1	34	345	100	39	35	58	2	1		56	37	152
美容医院	5	124	805	340	130	110	158	11	16	25	318	66	81
其他专科医院	10	768	773	611	201	174	344	23	36	7	21	90	51
护理院	1	50	72	48	13	11	20	2	2	11	1	4	19

14-15 续表 （2017 年）

指标	机构数（个）	实有床位数（个）	人员数（人）	卫生技术人员（人）	执业（助理）医师	执业医师	注册护士	药师（士）	技师（士）	其他	其他技术人员（人）	管理人员（人）	工勤人员（人）
基层医疗卫生机构	**4064**	**7737**	**22644**	**15722**	**7691**	**5658**	**5572**	**864**	**676**	**919**	**624**	**452**	**842**
社区卫生服务中心（站）	294	2257	5547	4881	2088	1802	2010	263	283	237	189	213	264
社区卫生服务中心	91	2196	4277	3705	1520	1289	1471	233	279	202	149	185	238
社区卫生服务站	203	61	1270	1176	568	513	539	30	4	35	40	28	26
卫生院	103	5311	5699	4795	1995	1228	1599	283	306	612	370	129	405
乡镇卫生院	103	5311	5699	4795	1995	1228	1599	283	306	612	370	129	405
中心卫生院	28	1936	1830	1587	685	415	518	103	104	177	94	46	103
乡卫生院	75	3375	3869	3208	1310	813	1081	180	202	435	276	83	302
村卫生室	2500		6489	1485	1049	440	436						
门诊部	52	169	931	748	377	308	270	40	55	6	24	73	86
综合门诊部	13	160	452	366	154	139	157	21	34		18	35	33
中医门诊部	17	5	185	142	82	73	33	16	8	3	5	9	29
专科门诊部	22	4	294	240	141	96	80	3	13	3	1	29	24
诊所、卫生所、医务室	1115		3978	3813	2182	1880	1257	278	32	64	41	37	87
诊所	974		3441	3318	1876	1608	1119	250	25	48	22	30	71
卫生所、医务室	141		537	495	306	272	138	28	7	16	19	7	16
专业公共卫生机构	**111**	**3972**	**9666**	**7038**	**2285**	**2134**	**3049**	**210**	**574**	**920**	**505**	**853**	**1270**
疾病预防控制中心	15		1580	1020	504	443	104	28	140	244	118	209	233
专科疾病防治院（所、站）	2	177	275	205	101	98	45	4	28	27	15	27	28
健康教育所（站、中心）	3		30	8	2	1	3		1	2	7	10	5
妇幼保健院（所、站）	13	3795	5957	4890	1514	1458	2637	163	333	243	147	275	645
妇幼保健院	8	3795	5875	4835	1490	1435	2619	163	325	238	146	256	638
妇幼保健所	5		82	55	24	23	18		8	5	1	19	7
急救中心（站）	3		109	56	12	12	34	1		9	6	38	9
采供血机构	1		420	252	31	31	144	1	48	28	50	17	101
卫生监督所（中心）	16		621	347						347	28	172	74
计划生育技术服务机构	58		674	260	121	91	82	13	24	20	134	105	175
其他卫生机构	**27**	**20**	**1040**	**303**	**127**	**101**	**34**	**8**	**105**	**29**	**168**	**165**	**404**
疗养院	1	20	30	26	13	12	10	1	2			4	
医学科学研究机构	4		108	52	40	40	2	2	1	7	45	9	2
医学在职培训机构	4		83	56	26	20	12	3	4	11	9	6	12
临床检验中心（所、站）	2		617	139	32	25	1		96	10	89	20	369
统计信息中心	1		17	1	1	1					6	10	
其他	15		185	29	15	3	9	2	2	1	19	116	21

14-16 医疗卫生机构门诊服务情况

（2017 年）

类别	总诊疗人次数（人次）	门、急诊人次	门诊人次	急诊人次	死亡人数	家庭卫生服务人次数	观察室留观病例数（例）	死亡人数（人）	健康检查人数（人）	预约诊疗人次占总诊疗人次百分比（%）
总　计	**84042965**	**78516379**	**74822852**	**3693527**	**2373**	**683958**	**467199**	**49**	**6430910**	**11.53**
医　院	**45023017**	**41625631**	**38669656**	**2955975**	**2295**	**22628**	**275580**	**49**	**2066532**	**19.28**
综合医院	29795197	27545139	25643114	1902025	1768	20408	115178	5	1383900	18.42
中医医院	9267110	8721912	8356491	365421	394	1173	8955	44	407684	7.47
中西医结合医院	192955	103973	103973						744	1.53
专科医院	5763997	5250850	4562321	688529	133	1046	151447		273804	43.31
口腔医院	194119	194119	194119							
眼科医院	137575	136521	136521							13.79
耳鼻喉科医院	36844	36844	36844							
肿瘤医院	535266	518797	518783	14					13187	79.99
心血管病医院	900568	728925	574880	154045	102		50		57625	29.37
胸科医院	91625	91625	91625							
妇产（科）医院	182279	165711	165305	406		452	38		4868	19.89
儿童医院	1961300	1961300	1507867	453433	26		145862			86.57
精神病医院	297543	297543	290501	7042	2					2.18
传染病医院	451290	449857	423573	26284		594	5305		164000	3.42
皮肤病医院	56047	55843	55843							8.72
骨科医院	512333	302955	272656	30299			1		1870	2.89
康复医院	233409	150427	140789	9638	3		150		31459	0.22
整形外科医院	9370	9370	9370							
美容医院	74328	74328	74278	50						0.99
其他专科医院	90101	76685	69367	7318			41		795	8.54
护理院	3758	3757	3757			1			400	26.61
基层医疗卫生机构	**34690568**	**32719288**	**32391694**	**327594**	**65**	**652318**	**176621**		**1696344**	
社区卫生服务中心（站）	7579539	6926272	6719977	206295	19	487013	99063		882378	
社区卫生服务中心	5708219	5126177	4936162	190015	11	430980	87654		784563	
社区卫生服务站	1871320	1800095	1783815	16280	8	56033	11409		97815	
卫生院	9361273	9060364	8939065	121299	46	165305	77558		712236	
乡镇卫生院	9361273	9060364	8939065	121299	46	165305	77558		712236	
中心卫生院	2717743	2485283	2449747	35536		154247	41916		294553	
乡卫生院	6643530	6575081	6489318	85763	46	11058	35642		417683	
村卫生室	12809212	11853256	11853256							
门诊部	434697	410277	410277						101730	
诊所、卫生所、医务室	4505847	4469119	4469119							
诊所	4048600	4016621	4016621							
卫生所、医务室	457247	452498	452498							
专业公共卫生机构	**4329337**	**4171417**	**3761459**	**409958**	**13**	**9012**	**14998**		**146809**	**23.35**
专科疾病防治院（所、站）	65094	17292	17292						56382	
妇幼保健院（所、站）	4103641	3993523	3744167	249356	13	9012	14998		90427	24.63
妇幼保健院	4065937	3955870	3706514	249356	13	9012	14998		76990	24.86
急救中心（站）	160602	160602		160602						
其他机构	**43**	**43**	**43**						**2521225**	
疗养院	43	43	43							
临床检验中心									2521225	

14-17 门诊部、诊所、卫生所、

（2017 年）

指标名称	合计	按管理类别分		按经济类型分				
		非营利性	营利性	国有	集体办	联营	私营	其他
机构总数（个）	**1166**	**138**	**1028**	**67**	**39**	**3**	**972**	**85**
总人员数（人）	**4908**	**937**	**3971**	**464**	**243**	**5**	**3784**	**412**
卫生技术人员	4560	829	3731	414	216	5	3560	365
执业医师	2188	426	1762	234	108	3	1659	184
执业助理医师	371	45	326	7	17		323	24
注册护士	1526	274	1252	126	65	1	1207	127
药剂师（士）	318	38	280	24	13	1	263	17
技师（士）	87	32	55	15	10		50	12
其他卫生技术人员	70	14	56	8	3		58	1
工勤技能人员	173	50	123	16	19		112	26
床位数（门诊部）	**169**	**160**	**9**	**160**			**5**	**4**
房屋建筑面积（㎡）	**152794**	**37328**	**115466**	**24422**	**6502**	**120**	**106405**	**15345**
总收入（万元）	**31915**	**7503**	**24412**	**5205**	**1081**	**42**	**22411**	**3177**
#医疗收入	23455	5308	18147	3167	956	24	16552	2756
药品收入	11295	2296	8999	1645	215	17	8491	928
总支出（万元）	**26935**	**7720**	**19214**	**5594**	**899**	**40**	**17662**	**2740**
#人员经费	14575	4193	10382	2800	711	22	9216	1826
药品支出	8822	2137	6685	1605	164	17	6440	597
诊疗人次数	**4940044**	**583258**	**4356786**	**247224**	**158383**	**5799**	**4084823**	**443815**
#出诊人次数	61148	19666	41482	469	820		54780	5079
出院人数（门诊部）	**1382**	**1382**		**1382**				

医务室基本情况

按设置/主办单位分			按诊所类别分				
政府办	社会办	私人办	普通	中医	中西医结合	口腔	其他
12	**120**	**1034**	**504**	**260**	**29**	**146**	**175**
62	**794**	**4052**	**1792**	**773**	**93**	**625**	**694**
52	707	3801	1730	746	91	606	639
26	379	1783	883	363	44	264	326
3	35	333	102	23	4	126	47
20	214	1292	654	171	27	200	204
2	40	276	63	166	16	3	30
1	28	58	19	3			10
	11	59	9	20		13	22
9	32	132	30	17	1	12	27
	160	**9**					
1885	**34082**	**116827**	**56070**	**18610**	**2533**	**14162**	**27830**
177	**7265**	**24474**	**9376**	**5741**	**464**	**4751**	**2287**
113	5122	18220	6931	4142	329	2889	1744
68	2179	9048	4182	2782	237	783	843
129	**7466**	**19340**	**7812**	**4509**	**413**	**2943**	**2157**
73	4047	10454	3728	2323	200	1827	1150
44	2020	6757	3033	1921	159	736	729
49598	**486399**	**4404047**	**2452191**	**1044027**	**116077**	**355914**	**537138**
38	1786	59324	23071	5519	106	2396	5636
	1382						

14-18　医疗卫生机构住院服务情况

（2017 年）

机构分类	入院人数（人）	出院人数（人）	死亡	住院病人手术人次数（人次）	每百门急诊的入院人数(人)	死亡率（%）
总　计	**3065898**	**3042730**	**7727**	**865877**	**4.98**	**0.25**
医　院	**2683548**	**2661255**	**7543**	**816531**	**6.45**	**0.28**
综合医院	1887412	1864842	5792	635168	6.85	0.31
中医医院	374691	374819	1265	58589	4.30	0.34
中西医结合医院	11400	12010		1924	10.96	
专科医院	409821	409355	478	120850	7.80	0.12
眼科医院	10709	10578		8910	7.84	
耳鼻喉科医院	4772	4772		4397	12.95	
肿瘤医院	143906	143911	131	26210	27.74	0.09
心血管病医院	41366	41491	117	22486	5.67	0.28
胸科医院	19992	19903	63		21.82	0.32
妇产(科)医院	4908	4895		2933	2.96	
儿童医院	86197	86025		12234	4.39	
精神病医院	8825	8624	2		2.97	0.02
传染病医院	21731	21563	127	2950	4.83	0.59
皮肤病医院	1702	1684		20	3.05	
骨科医院	37188	37123	9	22803	12.28	0.02
康复医院	10288	10610	29	63	6.84	0.27
整形外科医院	2730	2730		2730	29.14	
美容医院	2860	2856		5853	3.85	
其他专科医院	12647	12590		9261	16.49	
护理院	224	229	8		5.96	3.49
基层医疗卫生机构	**203724**	**202882**	**48**		**1.27**	**0.02**
社区卫生服务中心(站)	38843	38817	42		0.56	0.11
社区卫生服务中心	38810	38789	42		0.76	0.11
社区卫生服务站	33	28				
卫生院	163499	162683	6		1.80	
乡镇卫生院	163499	162683	6		1.80	
中心卫生院	58425	58093	1		2.35	
乡卫生院	105074	104590	5		1.60	
门诊部	1382	1382				
专业公共卫生机构	**178626**	**178593**	**136**	**49346**	**4.45**	**0.08**
专科疾病防治院(所、站)	920	892		16	5.32	
妇幼保健院(所、站)	177706	177701	136	49330	4.45	0.08
妇幼保健院	177706	177701	136	49330	4.49	0.08

14-19 医疗卫生机构病床使用情况

(2017 年)

机构分类	实际开放总床位(床日)	平均开放病床数(张)	实际占用总床日数(床日)	出院者占用总床日数(床日)	病床周转次数(次)	病床工作日(日)	病床使用率(%)	出院者平均住院日(日)
总　计	**32252190**	**88362**	**30459003**	**30313744**	**34.4**	**344.7**	**94.44**	**10.0**
医　院	**28341923**	**77649**	**27381392**	**27339006**	**34.3**	**352.6**	**96.61**	**10.3**
综合医院	18314311	50176	17646291	17709086	37.2	351.7	96.35	9.5
中医医院	4784573	13108	4447426	4339009	28.6	339.3	92.95	11.6
中西医结合医院	146730	402	116614	115045	29.9	290.1	79.48	9.6
专科医院	5078059	13912	5162324	5170540	29.4	371.1	101.66	12.6
口腔医院	14601	40						
眼科医院	153386	420	49946	45088	25.2	118.9	32.56	4.3
耳鼻喉科医院	65700	180	36208	36411	26.5	201.2	55.11	7.6
肿瘤医院	1157276	3171	1784367	1781830	45.4	562.8	154.19	12.4
心血管病医院	526865	1443	437605	420797	28.7	303.2	83.06	10.1
胸科医院	402960	1104	443982	442453	18.0	402.2	110.18	22.2
妇产(科)医院	81801	224	28218	26044	21.8	125.9	34.50	5.3
儿童医院	786286	2154	758905	764840	39.9	352.3	96.52	8.9
精神病医院	301470	826	277472	295642	10.4	335.9	92.04	34.3
传染病医院	478275	1310	422629	425530	16.5	322.5	88.37	19.7
皮肤病医院	91290	250	29448	28081	6.7	117.7	32.26	16.7
骨科医院	496806	1361	488954	509402	27.3	359.2	98.42	13.7
康复医院	259233	710	221981	223577	14.9	312.5	85.63	21.1
整形外科医院	10950	30	9490	4380	91.0	316.3	86.67	1.6
美容医院	41310	113	20903	19967	25.2	184.7	50.60	7.0
其他专科医院	209850	575	152216	146498	21.9	264.8	72.54	11.6
护理院	18250	50	8737	5326	4.6	174.7	47.87	23.3
基层医疗卫生机构	**2524562**	**6917**	**1676903**	**1574899**	**29.3**	**242.4**	**66.42**	**7.8**
社区卫生服务中心(站)	708414	1941	430060	396019	20.0	221.6	60.71	10.2
社区卫生服务中心	696676	1909	427053	395851	20.3	223.7	61.30	10.2
社区卫生服务站	11738	32	3007	168	0.9	93.5	25.62	6.0
卫生院	1816148	4976	1246843	1178880	32.7	250.6	68.65	7.2
乡镇卫生院	1816148	4976	1246843	1178880	32.7	250.6	68.65	7.2
中心卫生院	650274	1782	453731	418230	32.6	254.7	69.78	7.2
乡卫生院	1165874	3194	793112	760650	32.7	248.3	68.03	7.3
专业公共卫生机构	**1385340**	**3795**	**1400708**	**1399839**	**47.1**	**369.0**	**101.11**	**7.8**
专科疾病防治院(所、站)	64605	177	22592	22219	5.0	127.6	34.97	24.9
妇幼保健院(所、站)	1320735	3618	1378116	1377620	49.1	380.9	104.34	7.8
妇幼保健院	1320735	3618	1378116	1377620	49.1	380.9	104.34	7.8
其他机构	**365**	**1**						
疗养院	365	1						

14-20 医疗机构收入与支出

（2017 年）

单位：万元

类　　别	总收入	财政补助收入	科教项目收入	上级补助收入	医疗收入/事业收入	总费用/支出	医疗业务成本/医疗支出/事业支出	公共卫生支出	科教项目支出	管理费用	财政项目补助支出	总费用中:人员支出
总　计	**5547671**	**301508**	**19248**	**12633**	**5128403**	**5294737**	**4512564**	**46820**	**9723**	**465201**	**122917**	**1522334**
医　院	**4963929**	**205199**	**19132**		**4685294**	**4764543**	**4154108**		**9686**	**441770**	**98937**	**1329644**
综合医院	3487454	130709	11933		3311873	3386338	2987820		7323	305979	62658	924965
中医医院	604820	38136	5552		546963	550979	462146		1691	64388	15484	179314
中西医结合医院	6129				6116	6059	4169			291		2503
专科医院	865291	36354	1647		820107	820211	699241		672	71030	20796	222862
口腔医院	12519				12065	10627	5246			2194		3856
眼科医院	11178				11074	12786	9313			1640		2858
耳鼻喉科医院	4871				4871	5107	3446			1063		1271
肿瘤医院	324973	14127	257		308568	292038	266874		76	17115	7405	56801
心血管病医院	82960	2186	36		80068	86546	71936		21	10349	1054	24982
胸科医院	71189	3935	60		66905	70322	62578		290	6102	1353	18433
妇产(科)医院	15456				15425	17152	5970			8087		4534
儿童医院	124313	4881	596		116724	110351	107070		73	609	2452	41678
精神病医院	15918	1618	4		14296	20517	16009		5	1848	2457	9626
传染病医院	58742	4506	620		53061	55055	45547		105	6179	2899	17451
皮肤病医院	5187				5187	5093	2778		1	1002		1110
骨科医院	86549	4438	69		81480	85095	74415		69	7255	3155	24715
康复医院	19009	662	5		17958	15783	10516		34	870	22	6321
整形外科医院	1502				1502							
美容医院	15986				15986	20367	8372			3305		5581

14-20 续表　　　　(2017 年)　　　　单位:万元

类　别	总收入	财政补助收入	科教项目收入	上级补助收入	医疗收入/事业收入	总费用/支出	医疗业务成本/医疗支出/事业支出	公共卫生支出	科教项目支出	管理费用	财政项目补助支出	总费用中:人员支出
其他专科医院	14940				14939	13372	9171			3414		3647
护理院	236				235	958	731			82		
基层医疗卫生机构	**281892**	**66267**		**12633**	**191071**	**280006**	**162949**	**46820**			**3387**	**110646**
社区卫生服务中心(站)	95008	28311		2801	63213	106139	63760	27409			633	36736
社区卫生服务中心	84953	26810		2661	54873	95588	55414	25654			604	32979
社区卫生服务站	10056	1502		140	8340	10551	8346	1755			29	3757
卫生院	128286	37956		1244	88011	122868	99189	19411			2754	49137
乡镇卫生院	128286	37956		1244	88011	122868	99189	19411			2754	49137
中心卫生院	42829	13618		170	28687	40401	31303	6473			1802	16091
乡卫生院	85457	24338		1074	59324	82466	67886	12938			952	33045
村卫生室	26681			8589	16391	24077						10203
门诊部	9297				7421	9100						5347
诊所、卫生所、医务室	22620				16035	17822						9223
诊所	21189				15033	16440						8554
卫生所、医务室	1431				1002	1382						669
专业公共卫生机构	**271593**	**30042**	**117**		**226985**	**223873**	**177759**		**38**	**21187**	**20593**	**80864**
专科疾病防治院(所、站)	4935	1587			3334	5807	3635			635	1538	2051
妇幼保健院(所、站)	264600	26397	117		223651	216009	174016		38	20552	17108	77706
妇幼保健院	260751	22820	116		223379	212987	173491		38	20443	15144	76770
急救中心(站)	2058	2058				2056	109				1948	1108
其他机构	**30258**				**25052**	**26315**	**17748**			**2244**		**1180**
疗养院	2				2							
临床检验中心	30255				25050	26315	17748			2244		1180

14-21 村卫生室基本情况

（2017 年）

类别	合计	按设置/主办单位分					按行医方式分		
		村办	乡医院设点	联合办	私人办	其他	中医为主	西医为主	中西医结合
机构数(个)	2500	1547	154	219	320	260	70	1700	730
执业(助理)医师(人)	1049	633		122	175	119	30	694	325
注册护士(人)	436	243		55	72	66	9	299	128
乡村医生和卫生员(人)	5004	3327	271	408	521	477	122	3237	1645
乡村医生	4672	3075	258	405	460	474	108	3013	1551
卫生员	332	252	13	3	61	3	14	224	94
年内培训人次数	24354	17252	562	1028	3397	2115	697	16397	7260
总收入(万元)	26681	17341	1851	1988	2846	2655	623	16693	9365
#上级补助收入	8589	5925	432	890	504	838	172	5438	2979
村或集体补助收入	41	35	2		2	1	1	25	16
医疗收入	16391	10639	1185	1025	1891	1650	386	10173	5832
药品收入	12367	8387	965	765	1205	1045	275	7435	4657
总支出(万元)	24080	16103	1633	1712	2209	2423	542	15177	8361
#人员经费	10203	6833	656	736	1008	971	254	6712	3237
药品支出	12577	8508	970	830	1067	1202	261	7646	4670
诊疗人次数(次数)	12809212	8575248	869784	907354	1342328	1114498	344383	8441257	4023572
#出诊人次数	955956	742878	35506	59057	45806	72709	127233	556306	272417

14-22 分县(市)区医疗机构收入与支出

(2017 年)

单位:万元

地区	总收入	财政补助收入	科教项目收入	上级补助收入	医疗收入/事业收入	总费用/支出	医疗业务成本/医疗支出/事业支出	公共卫生支出	科教项目支出	管理费用	财政项目补助支出	总费用中:人员经费
总计	**5547671**	**301508**	**19248**	**12633**	**5128403**	**5294737**	**4512564**	**46820**	**9723**	**465201**	**122917**	**1522334**
中原区	386373	21612	251	680	357836	383029	299355	4761	104	43616	10370	119197
二七区	1970216	61265	8523	671	1878312	1872686	1690756	5310	4241	129648	31325	506278
管城区	313102	20506	96	576	283362	312746	242576	3825	161	38366	10177	92323
金水区	2097323	115819	10129	2119	1930820	1971554	1676649	11624	4861	195416	41956	562896
上街区	28598	1347	2	252	26830	28798	25981	549		1097	203	11125
惠济区	33885	8664		570	24495	33937	19398	1751		1636	7192	9521
中牟县	112074	26212		1244	83753	105219	81520	2756	4	5400	12157	32344
巩义市	111756	6910		1675	101099	108906	87026	2817	5	9853	457	37804
荥阳市	88935	8647		724	78410	86238	71428	2224		4595	2915	30321
新密市	121681	9375	246	1659	109077	113955	91180	4018	346	5017	4478	34383
新郑市	183938	12342		1469	165926	184702	152739	4026		20980	581	54724
登封市	99791	8810	1	994	88484	92967	73957	3160		9577	1107	31419

14-23　科技事业发展情况

指　　标	单位	2010 年	2011 年	2012 年	2013 年	2014 年	2015 年	2016 年	2017 年
完成科技成果	项	198	213	310	447	511	576		
国际水平	项	12	18	31	41	45	46		
国内先进水平或国内领先水平	项	186	195	279	406	466	530		
获国家和省科技进步奖	项	26	38	141	139	142	147	137	138
国家	项		4	4	4	8	12	8	9
省	项	26	34	37	35	34	36	30	29
市	项		92	100	100	100	99	99	100
各类科研计划	项	842	1214	1472	1416	1237	1007	909	1228
国家级	项	84	91	101	65	25	1		
省级	项	134	194	221	297	263	334	188	303
市级	项	624	929	1150	1054	949	672	721	925
高新技术企业数	家	223	274	332	387	362	465	625	855

14-24　专利申请和授权情况

指　　标	单位	2010 年	2011 年	2012 年	2013 年	2014 年	2015 年	2016 年	2017 年
专利申请量	件	8203	10997	16254	20259	24307	26046	37411	50544
#发明专利	件	2455	3019	4257	6038	8267	8452	12304	18543
实用新型	件	3784	5922	7944	9574	10781	12883	19627	25675
外观专利	件	1964	2056	4053	4647	5259	4711	5480	6326
专利授权量	件	5677	6141	9065	10372	12316	16125	17884	21249
#发明专利	件	554	888	1228	1205	1265	1869	2388	2954
实用新型	件	3399	3826	6041	6905	8182	10441	11519	13696
外观专利	件	1724	1427	1796	2262	2859	3815	3977	4599

14-25 民政事业中收养性单位情况

指　标	单位	2016年	2017年
各种收养性社会福利单位总数	个	97	97
#优抚类收养性单位	个	3	3
福利类收养性单位	个	88	88
#社会福利院	个	2	2
儿童福利院	个	3	2
城镇收养性老年福利机构	个	51	53
农村收养性老年福利机构	个	32	31
工作人员	人	3172	3464
床位数	张	16773	18964
年底收养人数	人	8882	8708

14-26 民政事业中社保及扶贫情况

指　标	单位	2010年	2011年	2012年	2013年	2014年	2015年	2016年	2017年
城市居民最低生活保障金标准	元	300	340	380	430	470	520	550	600
农村居民最低生活保障金标准	元	160	180	200	240	260	290	320	380

14-27 社会福利彩票及捐赠情况

指　标	单位	2010年	2011年	2012年	2013年	2014年	2015年	2016年	2017年
社会福利彩票销售额	亿元	7.5	11.3	13.8	14.7	15.4	15.2	15.1	17.2
社会福利资金筹集额	万元	4049.5	4788.6	10082.4	10159.0	9337.0	12973.1	9199.0	8102.0
接受社会捐赠额	万元	641.7	77.6	0.7	93.1	86.5	476.6	409.1	287.9
捐赠接收工作站、点数	个	107	110	109	114	118	126	127	144

14-28 结婚及离婚登记情况

项 目	单位	2010 年	2011 年	2012 年	2013 年	2014 年	2015 年	2016 年	2017 年
结婚登记	对	**83594**	**94275**	**99522**	**100531**	**98036**	**88996**	**84308**	**78307**
内地居民登记结婚	对	83562	94226	99480	100492	97996	88964	84273	78277
#初婚人数	人	151647	166279	178566	188849	181060	162699	150828	135171
#再婚人数	人	15541	22271	20478	12135	14932	15229	17788	21443
涉外结婚	对	32	49	42	39	40	32	35	30
离婚登记	对	**15606**	**19281**	**22879**	**29269**	**28433**	**31032**	**37173**	**46441**
内地居民	对	15602	19276	22871	29260	28427	31026	37166	46428
华侨、港澳台居民登记离婚	对	4	5	8	9	6	6	7	13

14-29 分县(市、区)最低生活保障情况

(2017 年)

指 标	最低生活保障人数(人)	城镇	农村	最低生活保障保障金(万元)	城镇	农村
郑州市	68053	13687	54366	24167	9208	14960
中原区	1570	1570		1020	1020	
二七区	2053	2053		1268	1268	
管城区	1253	1253		884	884	
金水区	1995	1995		1394	1394	
上街区	627	627		308	308	
惠济区	585	585		382	382	
中牟县	3306	360	2946	1534	330	1203
巩义市	17871	1198	16673	3895	593	3303
荥阳市	8826	688	8138	2915	425	2490
新密市	9527	671	8856	3425	414	3011
新郑市	10313	1791	8522	3100	1071	2029
登封市	6176	175	6001	2554	691	1863
经开区	196	20	176	129	11	118
高新区	291	291		175	175	
郑东新区	685	205	480	294	135	159
航空港实验区	2779	205	2574	890	106	784

14-30 规模以上工业企业R&D人员情况

（2017年）

类别	有R&D活动企业个数(个)	有科技机构企业个数(个)	R&D人员合计(人)	#参加项目人员	管理和服务人员	#女性	#研究人员
总计	**752**	**450**	**48946**	**46462**	**2484**	**9232**	**14604**
按企业规模分组							
大型	53	43	26111	24848	1263	4007	7634
中型	170	120	11785	11057	728	2787	3813
小型	521	282	10928	10458	470	2412	3128
微型	8	5	122	99	23	26	29
按隶属关系分组							
中央	22	16	3513	2958	555	773	1724
省(自治区、直辖市)	19	13	4937	4760	177	487	1301
地(区、市、州、盟)	60	44	7223	6861	362	1394	2887
县级及以下	39	26	3358	3195	163	631	681
其他	612	351	29915	28688	1227	5947	8011
按登记注册类型分组							
内资企业	708	428	39663	37879	1784	7649	12230
国有企业	6	5	2339	2205	134	507	769
集体企业	7	4	120	118	2	32	26
有限责任公司	416	237	21578	20386	1192	4099	6103
国有独资公司	10	9	848	795	53	202	404
其他有限责任公司	406	228	20730	19591	1139	3897	5699
股份有限公司	82	64	11117	10855	262	1971	4185
私营企业	196	118	4490	4296	194	1035	1145
私营独资企业	22	23	401	380	21	102	92
私营合伙企业	2	1	20	20		3	3
私营有限责任公司	155	83	3325	3165	160	757	878
私营股份有限公司	17	11	744	731	13	173	172
其他企业	1		19	19		5	2
港、澳、台商投资企业	24	13	5224	5039	185	829	1223
合资经营企业(港或澳、台资)	10	6	685	618	67	192	245
港、澳、台商独资经营企业	13	6	4493	4379	114	633	954
港、澳、台商投资股份有限公司	1	1	46	42	4	4	24
外商投资企业	20	9	4059	3544	515	754	1151
中外合资经营企业	13	6	2788	2576	212	472	517

14-30　续表 1　　（2017 年）

类　别	有 R&D 活动企业个数(个)	有科技机构企业个数(个)	R&D 人员合计(人)				
				#参加项目人员	管理和服务人员	#女性	#研究人员
中外合作经营企业	1		25	21	4	2	3
外资企业	4	2	644	486	158	97	312
外商投资股份有限公司	1	1	416	293	123	149	220
其他外商投资企业	1		186	168	18	34	99
按国民经济行业大类分组							
采矿业	6	4	2212	2097	115	55	523
煤炭开采和洗选业	4	3	2122	2029	93	38	503
有色金属矿采选业	1	1	42	20	22	11	18
非金属矿采选业	1		48	48		6	2
制造业	734	440	44651	42355	2296	8883	13579
农副食品加工业	26	16	754	698	56	177	226
食品制造业	39	20	2186	1859	327	692	842
酒、饮料和精制茶制造业	5	2	230	203	27	62	77
烟草制品业	2	2	559	388	171	65	290
纺织业	9	5	216	172	44	68	60
纺织服装、服饰业	11	9	498	441	57	321	154
木材加工和木、竹、藤、棕、草制品业	1		91	91		10	4
家具制造业	3	2	111	109	2	13	41
造纸和纸制品业	11	5	313	307	6	87	55
印刷和记录媒介复制业	11	4	226	219	7	62	85
文教、工美、体育和娱乐用品制造业	9	5	211	189	22	38	69
石油加工、炼焦和核燃料加工业	2		23	23		2	3
化学原料和化学制品制造业	41	31	1152	1083	69	335	439
医药制造业	31	17	1596	1516	80	733	599
化学纤维制造业	1		40	40		10	5
橡胶和塑料制品业	22	15	446	424	22	88	135
非金属矿物制品业	190	114	4806	4631	175	1017	1171
黑色金属冶炼和压延加工业	10	5	358	354	4	43	51
有色金属冶炼和压延加工业	23	17	3018	2879	139	521	505
金属制品业	29	20	1075	1033	42	249	238
通用设备制造业	54	32	2531	2396	135	377	939
专用设备制造业	76	44	3777	3594	183	480	1401
汽车制造业	25	12	6298	6107	191	707	2661
铁路、船舶、航空航天和其他运输设备制造业	11	6	1136	999	137	343	491
电气机械和器材制造业	37	23	2032	1823	209	384	751

14-30　续表 2　（2017 年）

类　别	有 R&D 活动企业个数(个)	有科技机构企业个数(个)	R&D 人员合计(人)	#参加项目人员	管理和服务人员	#女性	#研究人员
计算机、通信和其他电子设备制造业	23	10	9028	8872	156	1732	1513
仪器仪表制造业	30	22	1919	1884	35	259	765
其他制造业	1	1	5	5			1
金属制品、机械和设备修理业	1	1	16	16		8	8
电力、热力、燃气及水生产和供应业	12	6	2083	2010	73	294	502
电力、热力生产和供应业	6	4	1889	1880	9	250	422
燃气生产和供应业	2	1	106	45	61	19	56
水的生产和供应业	4	1	88	85	3	25	24
按经济成分分组							
公有经济	74	53	9886	9054	832	1635	3369
非公有经济	678	397	39060	37408	1652	7597	11235
按企业控股情况分组							
国有控股	56	42	9485	8729	756	1542	3289
集体控股	18	11	401	325	76	93	80
私人控股	578	343	24221	23443	778	4783	7810
港澳台商控股	20	10	4903	4721	182	713	1099
外商控股	12	5	2938	2507	431	519	779
其他	68	39	6998	6737	261	1582	1547
按地区分组							
中原区	16	12	2575	2406	169	283	677
二七区	31	13	3012	2879	133	580	925
管城区	10	9	3972	3880	92	509	1634
金水区	12	8	246	233	13	50	88
上街区	25	16	860	797	63	206	307
惠济区	10	5	1098	812	286	260	552
中牟县	33	17	1934	1709	225	414	760
巩义市	106	111	3953	3743	210	655	693
荥阳市	49	34	1744	1708	36	316	453
新密市	79	29	1634	1626	8	364	356
新郑市	116	66	2965	2866	99	789	914
登封市	66	25	2915	2784	131	557	451
经开区	49	34	7165	6909	256	1140	2385
高新区	119	54	8562	8145	417	1806	3145
郑东新区	5	2	958	682	276	80	399
航空港实验区	26	15	5353	5283	70	1223	865

14-30 续表3 （2017年）

类 别	#全时人员	非全时人员	R&D人员折合全时当量合计（人年）	#研究人员	应用研究人员	试验发展人员
总计	**34876**	**14070**	**32254**	**10334**	**315**	**31938**
按企业规模分组						
大型	18567	7544	16297	5361	302	15995
中型	8749	3036	8414	2765	8	8406
小型	7481	3447	7463	2192	6	7458
微型	79	43	80	16		80
按隶属关系分组						
中央	2594	919	2226	1098		142
省（自治区、直辖市）	1517	3420	2969	808		67
地（区、市、州、盟）	5865	1358	5064	1977		
县级及以下	2033	1325	2528	483		
其他	22867	7048	19467	5968		59
按登记注册类型分组						
内资企业	28089	11574	25213	8517	220	24993
国有企业	1315	1024	1460	533		1460
集体企业	60	60	57	14		57
有限责任公司	14572	7006	12466	4137	212	12254
国有独资公司	650	198	522	251		522
其他有限责任公司	13922	6808	11944	3886	212	11732
股份有限公司	9179	1938	8065	2998	6	8059
私营企业	2958	1532	3161	834	2	3159
私营独资企业	239	162	238	62		238
私营合伙企业	16	4	14	2		14
私营有限责任公司	2247	1078	2315	635	2	2314
私营股份有限公司	456	288	593	135		593
其他企业	5	14	4			4
港、澳、台商投资企业	4443	781	3614	877		3614
合资经营企业（港或澳、台资）	408	277	653	233		653
港、澳、台商独资经营企业	4011	482	2945	636		2945
港、澳、台商投资股份有限公司	24	22	16	8		16
外商投资企业	2344	1715	3427	941	96	3331
中外合资经营企业	1718	1070	2391	421	47	2344

14-30　续表 4　　　　　　　　　　（2017 年）

类　别			R&D 人员折合全时当量合计（人年）			
	#全时人员	非全时人员		#研究人员	应用研究人员	试验发展人员
中外合作经营企业	4	21	1			1
外资企业	287	357	556	265	49	508
外商投资股份有限公司	168	248	293	155		293
其他外商投资企业	167	19	186	99		186
按国民经济行业大类分组						
采矿业	394	1818	1208	284	67	1141
煤炭开采和洗选业	369	1753	1167	274	67	1100
有色金属矿采选业	11	31	19	8		19
非金属矿采选业	14	34	21	1		21
制造业	33585	11066	29903	9761	248	29655
农副食品加工业	487	267	506	172		506
食品制造业	1059	1127	1695	648	53	1642
酒、饮料和精制茶制造业	72	158	148	58		148
烟草制品业	83	476	264	138	123	141
纺织业	133	83	158	48		158
纺织服装、服饰业	362	136	458	146		458
木材加工和木、竹、藤、棕、草制品业	67	24	82	4		82
家具制造业	77	34	84	40		84
造纸和纸制品业	213	100	208	36		208
印刷和记录媒介复制业	172	54	126	52		126
文教、工美、体育和娱乐用品制造业	134	77	128	43		128
石油加工、炼焦和核燃料加工业	7	16	15	2		15
化学原料和化学制品制造业	818	334	790	295		790
医药制造业	1200	396	1278	509	1	1277
化学纤维制造业	9	31				
橡胶和塑料制品业	289	157	280	88	3	278
非金属矿物制品业	2925	1881	2993	781		2993
黑色金属冶炼和压延加工业	262	96	229	33		229
有色金属冶炼和压延加工业	1816	1202	2336	386	47	2289
金属制品业	731	344	795	159	2	793
通用设备制造业	1916	615	1678	591		1678
专用设备制造业	2791	986	2942	1094	11	2931
汽车制造业	5604	694	4505	1899		4505
铁路、船舶、航空航天和其他运输设备制造业	992	144	891	378		891
电气机械和器材制造业	1660	372	1538	552	8	1530

14-30 续表 5 （2017 年）

类　别	#全时人员	非全时人员	R&D 人员折合全时当量合计（人年）	#研究人员	应用研究人员	试验发展人员
计算机、通信和其他电子设备制造业	8021	1007	4200	969		4200
仪器仪表制造业	1666	253	1557	633		1557
其他制造业	5					
金属制品、机械和设备修理业	14	2	16	8		16
电力、热力、燃气及水生产和供应业	897	1186	1143	290		1143
电力、热力生产和供应业	832	1057	957	214		957
燃气生产和供应业	31	75	100	53		100
水的生产和供应业	34	54	86	23		86
按经济成分分组						
公有经济	5023	4863	6356	2238	212	6144
非公有经济	29853	9207	25898	8097	103	25794
按企业控股情况分组						
国有控股	4842	4643	6148	2187	212	5936
集体控股	181	220	208	50		208
私人控股	18296	5925	17325	5745	7	17318
港澳台商控股	4286	617	3301	758		3301
外商控股	1388	1550	2457	622	96	2361
其他	5883	1115	2815	972		2815
按地区分组						
中原区	639	1936	1547	414	67	1480
二七区	1824	1188	1839	655		1839
管城区	3374	598	2894	1189		2894
金水区	182	64	129	48		129
上街区	678	182	563	191		563
惠济区	447	651	840	426	49	792
中牟县	1660	274	1368	526		1368
巩义市	2323	1630	3154	508	47	3107
荥阳市	1251	493	1293	334	1	1292
新密市	904	730	1086	235		1086
新郑市	2072	893	1877	592	4	1872
登封市	1622	1293	1479	271		1479
经开区	5801	1364	5545	1868	11	5534
高新区	6999	1563	6450	2316	13	6437
郑东新区	386	572	683	253	123	559
航空港实验区	4714	639	1508	508		1508

14-31 规模以上工业企业全部 R&D 项目情况

(2017 年)

类　别	项目数（项）	参加项目人员（人）	全部项目经费内部支出（万元）
总计	**4021**	**46462**	**1028183.7**
按企业规模分组			
大型	1231	24848	660564.5
中型	1040	11057	195708.5
小型	1738	10458	168398.1
微型	12	99	3512.6
按隶属关系分组			
中央	364	2958	90212.0
省(自治区、直辖市)	288	4760	66099.4
地(区、市、州、盟)	456	6861	197045.2
县级及以下	248	3195	81681.5
其他	2665	28688	593145.6
按登记注册类型分组			
内资企业	3538	37879	804523.5
国有企业	132	2205	26879.5
集体企业	12	118	3317.2
有限责任公司	2063	20386	451775.4
国有独资公司	103	795	20771.3
其他有限责任公司	1960	19591	431004.1
股份有限公司	770	10855	246405.9
私营企业	557	4296	74837.4
私营独资企业	36	380	5354.4
私营合伙企业	3	20	377.0
私营有限责任公司	445	3165	52356.5
私营股份有限公司	73	731	16749.5
其他企业	4	19	1308.1
港、澳、台商投资企业	196	5039	97732.2
合资经营企业(港或澳、台资)	62	618	12630.5
港、澳、台商独资经营企业	129	4379	84693.7
港、澳、台商投资股份有限公司	5	42	408.0
外商投资企业	287	3544	125928.0
中外合资经营企业	155	2576	85820.5
中外合作经营企业	1	21	75.0

14-31　续表 1　　　　　　　　　　　　（2017 年）

类　　别	项目数 （项）	参加项目人员 （人）	全部项目经费 内部支出(万元)
外资企业	107	486	21208.2
外商投资股份有限公司	16	293	14932.8
其他外商投资企业	8	168	3891.5
按国民经济行业大类分组			
采矿业	78	2097	28758.7
煤炭开采和洗选业	75	2029	27633.4
有色金属矿采选业	1	20	163.9
非金属矿采选业	2	48	961.4
制造业	3791	42355	969188.9
农副食品加工业	85	698	14345.5
食品制造业	246	1859	47279.5
酒、饮料和精制茶制造业	14	203	2002.9
烟草制品业	95	388	20387.0
纺织业	30	172	3656.8
纺织服装、服饰业	28	441	3812.9
木材加工和木、竹、藤、棕、草制品业	7	91	885.1
家具制造业	20	109	1025.0
造纸和纸制品业	22	307	3376.8
印刷和记录媒介复制业	63	219	4922.1
文教、工美、体育和娱乐用品制造业	25	189	2376.0
石油加工、炼焦和核燃料加工业	11	23	333.7
化学原料和化学制品制造业	147	1083	18068.5
医药制造业	170	1516	28615.6
化学纤维制造业	1	40	250.0
橡胶和塑料制品业	69	424	7798.3
非金属矿物制品业	501	4631	84764.2
黑色金属冶炼和压延加工业	20	354	9425.9
有色金属冶炼和压延加工业	209	2879	94793.6
金属制品业	142	1033	18677.0
通用设备制造业	282	2396	46601.3
专用设备制造业	420	3594	84401.1
汽车制造业	328	6107	213834.5
铁路、船舶、航空航天和其他运输设备制造业	73	999	16669.2
电气机械和器材制造业	227	1823	62260.6
计算机、通信和其他电子设备制造业	310	8872	152294.0

14-31　续表 2　（2017 年）

类　　别	项目数（项）	参加项目人员（人）	全部项目经费内部支出(万元)
仪器仪表制造业	244	1884	26179.2
其他制造业	1	5	15.0
金属制品、机械和设备修理业	1	16	137.6
电力、热力、燃气及水生产和供应业	152	2010	30236.1
电力、热力生产和供应业	132	1880	27802.2
燃气生产和供应业	9	45	1774.6
水的生产和供应业	11	85	659.3
按经济成分分组			
公有经济	814	9054	206002.1
非公有经济	3207	37408	822181.6
按企业控股情况分组			
国有控股	770	8729	197761.2
集体控股	44	325	8240.9
私人控股	2372	23443	507451.0
港澳台商控股	164	4721	95262.3
外商控股	222	2507	86081.1
其他	449	6737	133387.2
按地区分组			
中原区	125	2406	34390.7
二七区	206	2879	40081.5
管城区	136	3880	133716.7
金水区	63	233	5076.9
上街区	134	797	15036.1
惠济区	128	812	34460.4
中牟县	236	1709	52208.6
巩义市	294	3743	100056.0
荥阳市	210	1708	21794.1
新密市	167	1626	21447.9
新郑市	369	2866	53906.7
登封市	222	2784	63512.3
经开区	527	6909	169382.3
高新区	872	8145	149837.0
郑东新区	113	682	27487.5
航空港实验区	219	5283	105789.0

14-32 规模以上工业企业

(2017 年)

类别	R&D经费内部支出合计(万元)	按活动类型分组		按支出用途分组			
		应用研究支出	试验发展支出	经常费支出	#人员劳务费	资产性支出	#土建工程
总计	**1033005.5**	**11320.7**	**1021684.8**	**907586.2**	**333838.1**	**125419.3**	**4822.0**
按企业规模分组							
大型	664881.2	9245.9	655635.3	585115.9	221467.8	79765.3	4316.7
中型	195901.1	1940.4	193960.7	172274.5	65408.3	23626.6	192.6
小型	168708.2	134.4	168573.8	146928.4	46776.0	21779.8	310.3
微型	3515.0		3515.0	3267.4	186.0	247.6	2.4
按隶属关系分组							
中央	93610.0	5156.2	88453.8	80537.0	34510.0	13073.0	3398.0
省(自治区、直辖市)	66417.9	1591.9	64826.0	58774.1	18337.6	7643.8	318.5
地(区、市、州、盟)	197146.6		197146.6	187836.3	88717.7	9310.3	101.5
县级及以下	82269	1589.2	80679.8	53789.5	11995.4	28479.5	587.5
其他	593562.0	2983.4	590578.6	526649.3	180277.4	66912.7	416.5
按登记注册类型分组							
内资企业	808825.6	6947.7	801877.9	725661.3	274261.7	83164.3	4302.4
国有企业	26888.3		26888.3	26492.1	7874.1	396.2	8.8
集体企业	3384.1		3384.1	1964.2	692.5	1419.9	66.9
有限责任公司	455793.1	6774.6	449018.5	400702.9	142161.1	55090.2	4017.9
国有独资公司	20786.1		20786.1	14277.5	5276.4	6508.6	14.8
其他有限责任公司	435007.0	6774.6	428232.4	386425.4	136884.7	48581.6	4003.1
股份有限公司	246486.9	134.1	246352.8	232392.2	106238.7	14094.7	81.1
私营企业	74965.1	39.0	74926.1	62801.8	16855.0	12163.3	127.7
私营独资企业	5420.9		5420.9	4637.5	1539.1	783.4	66.5
私营合伙企业	380.5		380.5	318.9	118.6	61.6	3.5
私营有限责任公司	52405.6	39.0	52366.6	41316.3	12397.4	11089.3	49.1
私营股份有限公司	16758.1		16758.1	16529.1	2799.9	229.0	8.6
其他企业	1308.1		1308.1	1308.1	440.3		
港、澳、台商投资企业	97737.0		97737.0	81691.3	32003.3	16045.7	4.8
合资经营企业(港或澳、台资)	12635.0		12635.0	10117.7	4191.1	2517.3	4.5
港、澳、台商独资经营企业	84694.0		84694.0	71243.6	27671.9	13450.4	0.3
港、澳、台商投资股份有限公司	408.0		408.0	330.0	140.3	78.0	
外商投资企业	126442.9	4373.0	122069.9	100233.6	27573.1	26209.3	514.8
中外合资经营企业	86275.5	1589.2	84686.3	63748.8	16659.4	22526.7	454.9

R&D 经费情况

	按资金来源分组			R&D 经费外部支出合计（万元）				
#仪器设备	政府资金	企业资金	其他资金		对境内研究机构支出	对境内高等学校支出	对境内企业支出	对境外支出
120597.3	**18653.6**	**1010151.2**	**4200.7**	**32244.9**	**13664.1**	**5807.2**	**11089.0**	**1684.6**
75448.6	9969.1	652626.7	2285.4	19061.4	10233.6	2595.1	5645.6	587.1
23434.0	4901.9	189820.2	1179.0	7792.3	2406.5	1558.4	2739.0	1088.4
21469.5	3720.1	164251.8	736.3	5320.5	1019.0	1653.7	2638.7	9.1
245.2	62.5	3452.5		70.7	5.0		65.7	
9675.0	3518.8	89522.5	568.7	4088.0	1555.6	1548.1	984.3	
7325.3	432.2	65980.3	5.4	1880.0	581.8	723.8	574.4	
9208.8	3956.2	193190.4		3227.5	378.9	533.8	1651.7	663.1
27892	981.6	81287.4	-1915.3	2479.4	975.2	154.3	1249.9	100
66496.2	9764.8	580170.6	3626.6	20570.0	10172.6	2847.2	6628.7	921.5
78861.9	17841.1	787560.2	3424.3	23125.7	6135.4	5659.2	10534.6	796.5
387.4	1218.0	25670.3		729.6	216.2	421.4	92.0	
1353.0		3384.1		100.0	100.0			
51072.3	9092.1	443865.7	2835.3	12780.3	3402.8	3297.2	5879.0	201.3
6493.8	878.0	19625.5	282.6	439.4	377.6		61.8	
44578.5	8214.1	424240.2	2552.7	12340.9	3025.2	3297.2	5817.2	201.3
14013.6	6698.9	239776.6	11.4	7496.7	2096.1	1282.8	3522.6	595.2
12035.6	832.1	73555.4	577.6	2019.1	320.3	657.8	1041.0	
716.9		5420.9		249.3	36.0	151.3	62.0	
58.1		380.5		34.5	21.7	7.6	5.2	
11040.2	785.6	51042.4	577.6	1734.2	262.6	498.9	972.7	
220.4	46.5	16711.6		1.1			1.1	
		1308.1						
16040.9	125.1	96835.5	776.4	150.0	40.0		110.0	
2512.8	5.1	11853.5	776.4	150.0	40.0		110.0	
13450.1	120.0	84574.0						
78.0		408.0						
25694.5	687.4	125755.5		8969.2	7488.7	148.0	444.4	888.1
22071.8	452.8	85822.7		7460.7	7216.7		68.0	176.0

14-32 续表 1 (2017 年)

类别	R&D 经费内部支出合计（万元）	按活动类型分组		按支出用途分组			
		应用研究支出	试验发展支出	经常费支出	#人员劳务费	资产性支出	#土建工程
中外合作经营企业	75.0		75.0	75.0	25.2		
外资企业	21208.2	2783.8	18424.4	19617.9	5117.1	1590.3	
外商投资股份有限公司	14992.7		14992.7	13728.4	3728.4	1264.3	59.9
其他外商投资企业	3891.5		3891.5	3063.5	2043.0	828.0	
按国民经济行业大类分组							
采矿业	29079.1	1591.9	27487.2	22263.0	9361.8	6816.1	320.4
煤炭开采和洗选业	27952.9	1591.9	26361.0	21187.8	8974.9	6765.1	319.5
有色金属矿采选业	164.8		164.8	113.8	79.6	51.0	0.9
非金属矿采选业	961.4		961.4	961.4	307.3		
制造业	973595.9	9728.8	963867.1	860779.0	318960.6	112816.9	4407.2
农副食品加工业	14347.2		14347.2	12965.7	3093.7	1381.5	1.8
食品制造业	47409.3	2849.0	44560.3	41163.9	13907.9	6245.4	129.8
酒、饮料和精制茶制造业	2019.8		2019.8	1580.2	898.3	439.6	16.9
烟草制品业	23755.8	3083.0	20672.8	18849.0	13186.3	4906.8	3368.8
纺织业	3656.8		3656.8	3423.5	684.6	233.3	
纺织服装、服饰业	3818.0		3818.0	3521.3	1922.0	296.7	5.1
木材加工和木、竹、藤、棕、草制品业	885.1		885.1	885.1	433.6		
家具制造业	1025.0		1025.0	878.7	300.5	146.3	
造纸和纸制品业	3380.3		3380.3	2779.6	546.9	600.7	3.5
印刷和记录媒介复制业	4922.1		4922.1	4778.4	1433.9	143.7	
文教、工美、体育和娱乐用品制造业	2379.1		2379.1	1973.6	784.2	405.5	3.1
石油加工、炼焦和核燃料加工业	333.7		333.7	286.9	106.6	46.8	
化学原料和化学制品制造业	18142.8		18142.8	14081.7	4595.4	4061.1	74.3
医药制造业	28683.1	68.9	28614.2	25411.4	10393.8	3271.7	67.5
化学纤维制造业	250.0		250.0	150.0	47.5	100.0	
橡胶和塑料制品业	7808.6	26.5	7782.1	5298.7	1577.7	2509.9	10.3
非金属矿物制品业	84886.5		84886.5	66399.8	20468.8	18486.7	122.3
黑色金属冶炼和压延加工业	9426.8		9426.8	8385.7	1095.7	1041.1	0.9
有色金属冶炼和压延加工业	95219.4	1589.2	93630.2	72131.0	10983.5	23088.4	425.8
金属制品业	18688.7	39.0	18649.7	16175.4	4376.7	2513.3	11.7
通用设备制造业	46609.0		46609.0	43347.0	13877.5	3262.0	7.7
专用设备制造业	84425.8	132.8	84293.0	79854.7	26477.5	4571.1	24.7
汽车制造业	213909.0		213909.0	203543.2	93409.7	10365.8	74.4
铁路、船舶、航空航天和其他运输设备制造业	16704.8		16704.8	15877.2	6393.2	827.6	35.6
电气机械和器材制造业	62267.3	1940.4	60326.9	56529.6	11915.5	5737.7	6.8

	按资金来源分组			R&D经费外部支出合计（万元）				
#仪器设备	政府资金	企业资金	其他资金		对境内研究机构支出	对境内高等学校支出	对境内企业支出	对境外支出
		75.0						
1590.3	199.9	21008.3		440.0	272.0	148.0	20.0	
1204.4	18.0	14974.7						
828.0	16.7	3874.8		1068.5			356.4	712.1
6495.7		29079.1		1982.8	581.8	763.8	637.2	
6445.6		27952.9		1920.0	581.8	763.8	574.4	
50.1		164.8		62.8			62.8	
		961.4						
108409.7	18187.1	951335.7	4073.1	29116.9	12262.3	5001.8	10168.2	1684.6
1379.7	358.5	13988.7		49.5	19.8	29.7		
6115.6	1228.4	46171.5	9.4	278.6	1.0	142.3	135.3	
422.7	20.0	1999.8		92.3	6.4	21.0	64.9	
1538.0		23587.3	168.5	2447.1	1018.4	862.2	566.5	
233.3		3656.8		8.6	1.6		7.0	
291.6	13.5	3684.5	120.0	77.6	48.0	22.0	7.6	
		885.1						
146.3	0.9	1024.1		34.0	34.0			
597.2	107.7	3268.8	3.8	95.6	94.5		1.1	
143.7	50.0	4872.1						
402.4	1.9	2315.9	61.3					
46.8		333.7						
3986.8	834.6	16417.8	890.4	345.5	182.0	144.5	19.0	
3204.2	1218.6	27421.9	42.6	2272.1	1615.5	243.0	413.6	
100.0		250.0		50.0		50.0		
2499.6	350.0	7458.6		172.8	104.0	66.8	2.0	
18364.4	1678.4	83163.1	45.0	3142.3	423.9	1228.5	1479.9	10.0
1040.2	100.0	9326.8		397.5	272.0	78.0	47.5	
22662.6	75.5	95143.9		20.0		10.0	10.0	
2501.6	964.6	17724.1		185.7	147.3	35.5	2.9	
3254.3	1478.0	42954.3	2176.7	1089.5	155.7	781.6	152.2	
4546.4	1469.9	82462.5	493.4	2511.7	417.2	420.7	771.4	902.4
10291.4	5918.9	207990.1		10954.2	7483.5	384.0	2323.6	763.1
792.0	817.0	15887.8		452.9	161.2	29.2	262.5	
5730.9	310.1	61903.2	54.0	86.8	26.3	21.0	38.5	1.0

14-32　续表 2　（2017 年）

类　　别	R&D 经费内部支出合计（万元）	按活动类型分组		按支出用途分组			
		应用研究支出	试验发展支出	经常费支出	#人员劳务费	资产性支出	#土建工程
计算机、通信和其他电子设备制造业	152294.0		152294.0	135393.9	62589.2	16900.1	
仪器仪表制造业	26195.3		26195.3	24971.0	13357.5	1224.3	16.2
其他制造业	15.0		15.0	5.2	2.3	9.8	
金属制品、机械和设备修理业	137.6		137.6	137.6	100.6		
电力、热力、燃气及水生产和供应业	30330.5		30330.5	24544.2	5515.7	5786.3	94.4
电力、热力生产和供应业	27892.1		27892.1	22504.5	3847.6	5387.6	89.9
燃气生产和供应业	1779.1		1779.1	1380.4	1291.3	398.7	4.5
水的生产和供应业	659.3		659.3	659.3	376.8		
按经济成分分组							
公有经济	209906.3	6774.6	203131.7	182896.8	66757.0	27009.5	3904.2
非公有经济	823099.2	4546.1	818553.1	724689.4	267081.1	98409.8	917.8
按企业控股情况分组							
国有控股	201596.3	6774.6	194821.7	176068.9	64573.3	25527.4	3835.1
集体控股	8310.0		8310.0	6827.9	2183.7	1482.1	69.1
私人控股	507866.1	173.1	507693.0	457000.1	165670.3	50866.0	415.3
港澳台商控股	95267.1		95267.1	79528.5	31032.0	15738.6	4.8
外商控股	86566.9	4373.0	82193.9	62651.1	14595.8	23915.8	485.8
其他	133399.1		133399.1	125509.7	55783.0	7889.4	11.9
按地区分组							
中原区	34722.6	1591.9	33130.7	26013.0	12086.5	8709.6	331.9
二七区	40092.7		40092.7	36442.4	9321.5	3650.3	11.2
管城区	133745.1		133745.1	128603.3	64667.0	5141.8	28.4
金水区	5081.8		5081.8	4623.9	1337.7	457.9	4.9
上街区	15043.4		15043.4	13943.2	5172.3	1100.2	7.4
惠济区	34583.3	2783.8	31799.5	31629.3	8383.7	2954.0	122.9
中牟县	52274.0		52274.0	44986.2	15859.7	7287.8	65.4
巩义市	100573.6	1589.2	98984.4	74444.2	12608.1	26129.4	517.7
荥阳市	21817.2	68.9	21748.3	19575.6	6859.3	2241.6	23.1
新密市	21471.8		21471.8	16720.8	4648.9	4751.0	23.8
新郑市	54047.5	65.2	53982.3	42834.2	13486.6	11213.3	140.8
登封市	63624.8		63624.8	52562.5	13311.0	11062.3	112.5
经开区	169387.4	132.8	169254.6	158077.2	61452.1	11310.2	5.0
高新区	149893.7	2005.9	147887.8	142256.7	52689.0	7637.0	56.9
郑东新区	30856.3	3083.0	27773.3	26254.3	17130.0	4602.0	3368.8
航空港实验区	105790.3		105790.3	88619.4	34824.7	17170.9	1.3

	按资金来源分组			R&D经费外部支出合计（万元）				
#仪器设备	政府资金	企业资金	其他资金		对境内研究机构支出	对境内高等学校支出	对境内企业支出	对境外支出
16900.1	390.1	151895.9	8.0	3190.0		431.8	2758.2	
1208.1	800.5	25394.8		1162.6	50.0		1104.5	8.1
9.8		15.0						
		137.6						
5691.9	466.5	29736.4	127.6	1145.2	820.0	41.6	283.6	
5297.7	461.1	27303.4	127.6	1145.2	820.0	41.6	283.6	
394.2		1779.1						
	5.4	653.9						
23105.3	3838.7	205376.7	690.9	14804.2	10330.7	2376.9	2096.6	
97492.0	14814.9	804774.5	3509.8	17440.7	3333.4	3430.3	8992.4	1684.6
21692.3	3827.6	197200.0	568.7	14490.6	10230.7	2376.9	1883.0	
1413.0	11.1	8176.7	122.2	313.6	100.0		213.6	
50450.7	12461.9	493936.3	1467.9	13306.7	2867.6	3071.7	6570.9	796.5
15733.8	151.1	95116.0						
23430.0	460.7	86106.2		684.0	272.0	148.0	88.0	176.0
7877.5	1741.2	129616.0	2041.9	3450.0	193.8	210.6	2333.5	712.1
8377.7	14.7	34425.3	282.6	2390.8	1012.8	745.8	632.2	
3639.1	1044.3	39039.0	9.4	868.1	315.9	332.6	219.6	
5113.4	1891.0	131854.1		2610.6	216.2	398.5	1408.8	587.1
453.0	154.0	4927.8		130.5	85.5	45.0		
1092.8	217.7	14648.3	177.4	203.8	2.0	19.4	182.4	
2831.1	291.8	34291.5		179.5	89.5	70.0	20.0	
7222.4	423.0	51851.0		8402.4	7216.7		1009.7	176.0
25611.7	648.1	99807.7	117.8	1604.1	628.2	526.4	448.5	1.0
2218.5	397.9	21419.3		834.2	70.8	633.6	129.8	
4727.2	114.5	21357.3		488.0	111.5	333.6	42.9	
11072.5	3041.7	50997.8	8.0	2400.3	1669.8	640.6	79.9	10.0
10949.8	982.2	62561.0	81.6	1395.8	893.0	179.3	323.5	
11305.2	5196.6	164014.2	176.6	1499.2	34.0	208.4	544.7	712.1
7580.1	3696.6	143022.1	3175.0	3520.7	171.8	647.6	2502.9	198.4
1233.2		30687.8	168.5	2452.7	1020.0	862.2	570.5	
17169.6	539.5	105247.0	3.8	3264.2	126.4	164.2	2973.6	

14-33 规模以上工业企业办科技机构情况

（2017 年）

指标名称	机构数（个）	企业在境外设立的研发机构数（个）	机构人员合计（人）	#博士毕业	硕士毕业	机构经费支出（万元）	仪器和设备原价（万元）	#进口
总计	**555**	**18**	**31286**	**444**	**3423**	**642739.6**	**414588.6**	**83153.9**
按企业规模分组								
大型	69		18936	169	1803	474965.0	211650.9	62819.4
中型	157	2	6849	135	1024	93088.7	119508.5	16346.0
小型	324	16	5379	140	595	74395.0	79417.9	3988.5
微型	5		122		1	290.9	4011.3	
按隶属关系分组								
中央	26		2595.0	38.0	697.0	64893.6	87651.8	13915.1
省（自治区、直辖市）	19		1349.0	47.0	281.0	27886.5	39247.5	3777.8
地（区、市、州、盟）	50	1	6235.0	85.0	866.0	173363.3	60315.9	15375.1
县级及以下	30	9	2058	66	158	26187.5	22138.3	1485
其他	430	8	19049	208	1421	350408.7	205235.1	48600.9
按登记注册类型分组								
内资企业	523	17	24847	383	3100	488221.1	338662.0	50858.4
国有企业	6		1054	27	301	15548.7	24309.3	635.5
集体企业	4		45	1	7	485.5	452.7	7.4
有限责任公司	287	14	12650	176	1430	229160.4	162505.2	24794.0
国有独资公司	15		866	17	286	11273.8	41679.1	9141.2
其他有限责任公司	272	14	11784	159	1144	217886.6	120826.1	15652.8
股份有限公司	92	1	8975	132	1180	207464.1	116735.9	22453.2
私营企业	134	2	2123	47	182	35562.4	34658.9	2968.3
私营独资企业	24		260	7	17	3180.5	2957.4	55.4
私营合伙企业	1		5			10.0	11.5	
私营有限责任公司	92	2	1477	37	113	22579.2	20460.5	553.3
私营股份有限公司	17		381	3	52	9792.7	11229.5	2359.6
港、澳、台商投资企业	20	1	4210	10	148	82294.4	40650.8	27731.6
合资经营企业（港或澳、台资）	6		511		74	6952.6	12173.8	324.0
港、澳、台商独资经营企业	13	1	3692	8	71	75334.0	28132.5	27407.6
港、澳、台商投资股份有限公司	1		7	2	3	7.8	344.5	
外商投资企业	12		2229	51	175	72224.1	35275.8	4563.9
中外合资经营企业	7		1684	27	129	41029.0	11655.3	2132.3
外资企业	3		440	14	17	19661.4	17238.1	2310.5
外商投资股份有限公司	2		105	10	29	11533.7	6382.4	121.1

14-33 续表1 (2017年)

指标名称	机构数(个)	企业在境外设立的研发机构数(个)	机构人员合计(人)	#博士毕业	硕士毕业	机构经费支出(万元)	仪器和设备原价(万元)	#进口
按国民经济行业大类分组								
采矿业	5		259	10	34	2156.4	5423.6	312.6
煤炭开采和洗选业	4		160	10	33	2011.8	1480.2	312.6
有色金属矿采选业	1		99		1	144.6	3943.4	
制造业	543	18	30450	410	3249	636070.8	405080.6	82701.3
农副食品加工业	19	9	454	18	58	5044.0	3223.1	130.4
食品制造业	26	2	998	39	148	34797.8	27870.5	121.1
酒、饮料和精制茶制造业	2		56	1	6	324.0	486.0	
烟草制品业	2		156	5	29	12051.5	8543.2	6493.3
纺织业	5		115	4	7	1361.3	3807.9	2592.5
纺织服装、服饰业	9		266	2	10	1821.9	1604.1	421.7
家具制造业	2		64	3	13	417.5	130.2	
造纸和纸制品业	5		224	1	6	2294.0	1118.1	8.6
印刷和记录媒介复制业	5		121	1	4	3044.2	6757.6	
文教、工美、体育和娱乐用品制造业	5		103		2	584.0	356.6	
化学原料和化学制品制造业	37		1003	37	117	15224.2	12431.4	55.8
医药制造业	24		1158	33	313	19556.6	21061.7	897.0
橡胶和塑料制品业	18	1	281	7	28	4375.0	3209.8	266.0
非金属矿物制品业	129	4	2359	63	320	28617.0	54342.4	11345.3
黑色金属冶炼和压延加工业	5		102	2	3	2917.5	4712.7	2310.5
有色金属冶炼和压延加工业	24		1973	48	209	27713.3	31163.1	3387.4
金属制品业	25		676	9	73	13364.7	24936.4	3915.0
通用设备制造业	34		1202	27	190	16208.0	28426.0	2665.1
专用设备制造业	55	1	2424	24	370	59872.5	50426.8	1386.2
汽车制造业	13		5795	40	752	197315.2	45552.6	17376.2
铁路、船舶、航空航天和其他运输设备制造业	9		980	6	146	14014.3	15606.8	39.7
电气机械和器材制造业	32		1119	6	99	22077.9	17476.2	93.3
计算机、通信和其他电子设备制造业	25		7352	22	139	132626.3	35539.2	29170.3
仪器仪表制造业	31	1	1448	12	207	20295.5	6290.3	25.9
其他制造业	1		5			15.0	6.7	
金属制品、机械和设备修理业	1		16			137.6	1.2	

14-33 续表 2 （2017 年）

指标名称	机构数（个）	企业在境外设立的研发机构数（个）	机构人员合计（人）	#博士毕业	硕士毕业	机构经费支出（万元）	仪器和设备原价（万元）	#进口
电力、热力、燃气及水生产和供应业	7		577	24	140	4512.4	4084.4	140.0
电力、热力生产和供应业	5		405	24	115	2809.6	2468.2	140.0
燃气生产和供应业	1		159		18	1606.1	516.2	
水的生产和供应业	1		13		7	96.7	1100.0	
按经济成分分组								
公有经济	65		4723	93	1089	120244.1	139160.0	20952.1
非公有经济	490	18	26563	351	2334	522495.5	275428.6	62201.8
按企业控股情况分组								
国有控股	54		4600	89	1072	117460.1	136796.9	20476.8
集体控股	11		123	4	17	2784.0	2363.1	475.3
私人控股	413	17	15564	260	1748	307777.7	179411.7	29757.7
港澳台商控股	17	1	3994	10	92	79340.9	33369.7	27725.3
外商控股	7		1701	49	99	45235.1	34123.1	2431.6
其他	53		5304	32	395	90141.8	28524.1	2287.2
按地区分组								
中原区	14		588	11	75	7355.3	8945.9	766.6
二七区	13		1318	46	254	17248.6	15261.4	1989.1
管城区	9		3834	37	476	122626.9	27709.5	13902.4
金水区	8		180	8	12	3291.0	3144.9	
上街区	18		746	26	154	9011.3	17272.6	1026.4
惠济区	7		543	23	50	29257.9	20278.8	121.1
中牟县	17		1570	2	212	46655.0	17598.3	2179.9
巩义市	120	4	3245	64	151	45071.0	51682.4	6134.1
荥阳市	39		1100	13	93	17731.3	13802.0	2293.2
新密市	36		485	15	30	3856.2	4832.8	122.0
新郑市	69	11	1780	56	251	26956.3	36671.9	289.5
登封市	25		534	20	64	5596.9	5895.8	800.9
经开区	62	1	6367	35	829	148148.4	80909.4	11910.2
高新区	95	2	3885	43	602	52250.2	70887.3	11514.9
郑东新区	2		166	5	28	12842.8	10431.3	8197.9
航空港实验区	21		4945	40	142	94840.5	29264.3	21905.7

14-34 规模以上工业企业自主知识产权保护情况

(2017 年)

类别	专利申请数(件)		期末有效发明专利数(件)			专利所有权转让及许可数(项)	专利所有权转让及许可收入(万元)	发表科技论文(篇)	期末拥有注册商标(件)		形成国家或行业标准(项)
		#发明专利(件)		#已被实施	#境外授权					境外注册	
总计	**7057**	**2305**	**3991**	**2298**	**26**	**183**	**149.4**	**1874**	**6172**	**1450**	**161**
按企业规模分组											
大型	3320	1329	1537	914	9	21	50.4	1313	4769	1409	72
中型	1595	488	1077	731	13	80	31.1	385	540	27	52
小型	2118	488	1341	623	4	82	67.9	176	860	14	36
微型	24		36	30					3		1
按隶属关系分组											
中央	1155	427	720	532	5	2		550	1677	855	45
省(自治区、直辖市)	679	381	557	405	2	62		796	15		6
地(区、市、州、盟)	1484	559	545	180	6	5	10.0	75	1884	503	37
县级及以下	397	85	169	55				56	130		17
其他	3342	853	2000	1126	13	114	139.4	397	2466	92	56
按登记注册类型分组											
内资企业	6458	2149	3709	2196	25	183	149.4	1820	5167	1364	148
国有企业	618	377	575	452		2		744	3		3
有限责任公司	3266	905	1917	974	19	91	77.9	837	2250	877	69
国有独资公司	138	98	113	97	1	2		154	24	1	14
其他有限责任公司	3128	807	1804	877	18	89	77.9	683	2226	876	55
股份有限公司	1830	681	738	449	5	87	71.5	219	2565	484	56
私营企业	744	186	479	321	1	3		20	347	3	19
私营独资企业	22	7	16	16					14		
私营有限责任公司	569	148	366	236	1	3		20	245	2	12
私营股份有限公司	153	31	97	69					88	1	7
港、澳、台商投资企业	222	86	182	50	1			26	41	9	7
合资经营企业(港或澳、台资)	97	43	89	39	1			19	39	9	4
港、澳、台商独资经营企业	125	43	91	9				4	2		3
港、澳、台商投资股份有限公司			2	2				3			
外商投资企业	377	70	100	52				28	964	77	6
中外合资经营企业	228	28	49	20				18	221	10	3
中外合作经营企业	4		4	4							
外资企业	56	11	17	17				2	2		2

14-34 续表 1 （2017 年）

类别	专利申请数（件）	#发明专利（件）	期末有效发明专利数（件）	#已被实施	#境外授权	专利所有权转让及许可数（项）	专利所有权转让及许可收入（万元）	发表科技论文（篇）	期末拥有注册商标（件）	境外注册	形成国家或行业标准（项）
外商投资股份有限公司	27	4	18					8	723	67	1
其他外商投资企业	62	27	12	11					18		
按国民经济行业大类分组											
采矿业	6		53	24				91	3		1
煤炭开采和洗选业	6		24	1				91	3		
有色金属矿采选业			29	23							1
制造业	6443	1944	3431	1896	26	183	149.4	1063	6166	1450	155
农副食品加工业	25	9	60	22				6	413	24	
食品制造业	149	48	106	48				30	1584	95	3
酒、饮料和精制茶制造业	5		27	5				89	38		
烟草制品业	602	177	200	49				166	1622	848	19
纺织业	15	10	11	10		2		4	5		2
纺织服装、服饰业	9		1	1					14		1
家具制造业	112	2	15						1		
造纸和纸制品业	13	2	7	6							
印刷和记录媒介复制业	130	28	13	3				9	3		
文教、工美、体育和娱乐用品制造业	200	18	17	5				2	10		1
石油加工、炼焦和核燃料加工业	8	8									
化学原料和化学制品制造业	128	38	89	65	1	2		13	120	1	9
医药制造业	191	66	240	86	1	38		100	437	1	8
橡胶和塑料制品业	111	36	48	15				8	14		
非金属矿物制品业	628	273	564	345	5	26	127.8	73	181	10	35
有色金属冶炼和压延加工业	230	76	93	66		18		98	4		3
金属制品业	191	33	81	54				35	38	2	1
通用设备制造业	378	105	343	243		12	20.0	93	67		14
专用设备制造业	738	232	412	260	13			130	162	22	15
汽车制造业	1344	492	332	86	1			127	1083	435	30
铁路、船舶、航空航天和其他运输设备制造业	149	37	122	122		2		64	4		
电气机械和器材制造业	288	50	282	191	1	16	0.1	10	53		3
计算机、通信和其他电子设备制造业	413	131	102	37		62	0.4	2	182		6

14-34 续表 2 （2017 年）

类　别	专利申请数（件）	#发明专利(件)	期末有效发明专利数（件）	#已被实施	#境外授权	专利所有权转让及许可数（项）	专利所有权转让及许可收入（万元）	发表科技论文（篇）	期末拥有注册商标（件）	境外注册	形成国家或行业标准（项）
仪器仪表制造业	386	73	255	166	4	5	1.1	3	129	12	5
电力、热力、燃气及水生产和供应业	608	361	507	378				720	3		5
电力、热力生产和供应业	604	361	507	378				715	3		5
燃气生产和供应业	2							3			
水的生产和供应业	2							2			
按经济成分分组											
公有经济	1978	824	1372	962	7	4		1394	2001	865	57
非公有经济	5079	1481	2619	1336	19	179	149.4	480	4171	585	104
按企业控股情况分组											
国有控股	1962	815	1327	925	7	4		1393	1999	865	56
集体控股	16	9	45	37				1	2		1
私人控股	3948	1201	2007	1055	18	112	149.4	384	3217	517	92
港澳台商控股	166	50	102	18				10	3		3
外商控股	159	21	65	28				10	725	67	3
其他	806	209	445	235	1	67		76	226	1	6
按地区分组											
中原区	58	2	54	23				89	16	1	
二七区	651	393	635	472		2		755	15		2
管城区	1027	441	207	69	1			117	883	425	19
金水区	45	9	23	19					102		
上街区	116	48	124	102		18		104	20		2
惠济区	90	13	36	18				15	726	67	3
中牟县	327	67	63	42		2		37	223	10	6
巩义市	282	83	252	189	3	8	67.9	21	46		3
荥阳市	324	65	145	86	4	8		9	56	16	10
新密市	144	40	192	120		41		82	41		14
新郑市	385	129	174	92				22	1174	52	8
登封市	360	92	136	72				49	21		4
经开区	869	226	509	286	7	68	10.0	174	174	9	14
高新区	1378	420	1058	605	11	34	71.5	213	797	22	52
郑东新区	617	182	203	51		2		166	1622	848	19
航空港实验区	384	95	180	52				21	256		5

14-35 规模以上工业企业新产品开发、生产及销售

（2017 年）

类　别	新产品开发项目数（项）	新产品开发经费支出（万元）	新产品产值（万元）	新产品销售收入（万元）	
					出口
总计	**2991**	**757429.9**	**37766963.6**	**37470565.3**	**29050998.3**
按企业规模分组					
大型	677	453102.5	35369718.2	35105305.4	28639216.0
中型	869	166747.2	1358194.4	1344069.7	335991.0
小型	1435	136674.0	1038718.1	1020867.6	75791.3
微型	10	906.2	332.9	322.6	
按隶属关系分组					
中央	202	68063.4	1101667.4	674688.5	23212.1
省（自治区、直辖市）	110	29817.5	326151.5	325963.3	36493.6
地（区、市、州、盟）	409	192254.4	2843676.4	2673043.4	183340.2
县级及以下	164	55655.3	698806.4	600179.2	4506.5
其他	2106	411639.3	32796661.9	33196690.9	28803445.9
按登记注册类型分组					
内资企业	2670	631778.3	9573999.4	8943017.5	1807570.9
国有企业	31	15715.7	145816.0	144955.5	
集体企业	10	3069.0	2664.0	2256.2	
有限责任公司	1490	322259.0	5740892.3	5273236.8	1573483.3
国有独资公司	58	15108.2	48243.6	47206.7	5319.6
其他有限责任公司	1432	307150.8	5692648.7	5226030.1	1568163.7
股份有限公司	623	222741.7	3182408.7	3034861.2	201615.6
私营企业	515	67627.7	502218.4	487707.8	32472.0
私营独资企业	31	4042.3	40759.2	38195.2	2334.5
私营有限责任公司	407	46681.3	189261.4	182488.0	20828.7
私营股份有限公司	77	16904.1	272197.8	267024.6	9308.8
其他企业	1	365.2			
港、澳、台商投资企业	105	19716.6	26948453.3	27361780.3	27194670.3
合资经营企业（港或澳、台资）	50	8149.0	106265.1	105916.2	15978.5
港、澳、台商独资经营企业	50	11123.2	26840785.6	27254461.5	27178691.8
港、澳、台商投资股份有限公司	5	444.4	1402.6	1402.6	
外商投资企业	216	105935.0	1244510.9	1165767.5	48757.1
中外合资经营企业	122	73564.8	798139.3	738560.5	30190.9
中外合作经营企业	1	75.0	128.0	128.0	32.0

14-35 续表1 （2017年）

类别	新产品开发项目数（项）	新产品开发经费支出（万元）	新产品产值（万元）	新产品销售收入（万元）	出口
外资企业	70	14158.2	309936.3	309853.2	18264.2
外商投资股份有限公司	15	14245.2	136307.3	117225.8	270.0
其他外商投资企业	8	3891.8			
按国民经济行业大类分组					
采矿业	36	13626.7	54678.9	52292.4	
煤炭开采和洗选业	33	12863.3	54678.9	52292.4	
有色金属矿采选业	2	269.8			
非金属矿采选业	1	493.6			
制造业	2936	736359.1	37546003.1	37254068.6	29050998.3
农副食品加工业	73	12507.2	106501.9	110191.4	
食品制造业	174	33833.6	488731.6	509333.2	41752.4
酒、饮料和精制茶制造业	8	1285.8	3447.9	3385.8	
烟草制品业	22	20531.7	212782.5	178610.3	123.6
纺织业	27	2664.0	11321.0	11254.2	1119.9
纺织服装、服饰业	20	3457.9	51184.4	52491.9	
皮革、毛皮、羽毛及其制品和制鞋业			14750.0	13274.1	
木材加工和木、竹、藤、棕、草制品业	3	404.3			
家具制造业	21	1422.6	11648.0	9988.8	
造纸和纸制品业	17	3058.6	52661.0	53120.5	
印刷和记录媒介复制业	31	2801.4	49300.8	48562.4	
文教、工美、体育和娱乐用品制造业	20	1955.3	10219.1	11958.8	650.1
石油加工、炼焦和核燃料加工业	11	334.1			
化学原料和化学制品制造业	110	14063.9	79412.3	87988.2	7276.0
医药制造业	134	24031.5	124280.0	130179.0	426.0
化学纤维制造业	1	250.0			
橡胶和塑料制品业	58	6776.9	30702.8	30439.3	1059.0
非金属矿物制品业	410	67398.2	375008.1	351109.8	27227.3
黑色金属冶炼和压延加工业	18	8931.5	18642.5	18642.5	2760.5
有色金属冶炼和压延加工业	143	73790.6	682740.4	584277.1	12180.6
金属制品业	117	15839.9	154472.1	150178.8	1009.8
通用设备制造业	264	43559.2	580387.9	572778.3	8081.6
专用设备制造业	315	55570.7	1281277.8	942993.9	59128.5
汽车制造业	307	211271.5	3426900.9	3177790.8	199735.4
铁路、船舶、航空航天和其他运输设备制造业	65	16724.6	123930.5	125138.3	

14-35 续表2 (2017年)

类 别	新产品开发项目数(项)	新产品开发经费支出(万元)	新产品产值(万元)	新产品销售收入(万元)	
					出口
电气机械和器材制造业	189	57225.9	1295114.2	1147168.9	47590.8
计算机、通信和其他电子设备制造业	157	31201.3	28222117.7	28798894.0	28637506.8
仪器仪表制造业	220	25451.9	138467.7	134318.3	3370.0
其他制造业	1	15.0			
电力、热力、燃气及水生产和供应业	19	7444.1	166281.6	164204.3	
电力、热力生产和供应业	11	6651.8	166281.6	164204.3	
燃气生产和供应业	5	534.0			
水的生产和供应业	3	258.3			
按经济成分分组					
公有经济	470	140368.0	2105428.2	1668318.9	92739.3
非公有经济	2521	617061.9	35661535.4	35802246.4	28958259.0
按企业控股情况分组					
国有控股	433	133285.3	2047364.9	1610634.5	92739.3
集体控股	37	7082.7	58063.3	57684.4	
私人控股	1975	454732.4	5735014.0	5370414.5	317556.7
港澳台商控股	77	16638.1	26902295.5	27315251.2	27178691.8
外商控股	157	66398.2	841585.4	770930.0	18980.6
其他	312	79293.2	2182640.5	2345650.7	1443029.9
按地区分组					
中原区	83	18989.8	41930.7	45667.9	200.0
二七区	77	26305.0	271648.5	312934.5	995.6
管城区	134	132708.8	2205018.4	2076984.2	173765.8
金水区	58	4809.9	42457.6	42040.2	212.0
上街区	96	10587.9	83058.2	85364.6	3268.3
惠济区	88	26417.0	374696.5	361248.9	270.0
中牟县	184	47381.5	649387.2	591799.3	61686.3
巩义市	257	86217.6	889245.3	775452.6	22937.7
荥阳市	174	17383.3	151811.6	134212.6	10829.1
新密市	134	16943.0	116477.9	112246.0	5061.8
新郑市	310	43449.1	241660.0	253920.0	2854.6
登封市	129	32933.9	245303.4	242871.9	2060.3
经开区	358	109992.2	3038821.5	2629242.4	963105.5
高新区	762	139911.8	1905520.6	1769432.4	92224.5
郑东新区	36	27484.6	251926.4	218151.3	18407.4
航空港实验区	111	15914.5	27257999.8	27818996.5	27693119.4

14-36 规模以上工业企业政府相关政策落实情况

（2017 年）

单位：万元

类别	使用来自政府部门的研发资金	研究开发费用加计扣除减免税	高新技术企业减免税
总计	**18887.7**	**49298.8**	**113386.6**
按企业规模分组			
大型	9986.2	29340.6	85958.2
中型	4982.8	13262.8	18730.9
小型	3856.2	6695.4	8697.5
微型	62.5		
按隶属关系分组			
中央	3547.9	2889.0	7688.7
省（自治区、直辖市）	442.0	2243.3	3026.6
地（区、市、州、盟）	4020.4	14409.4	64667.6
县级及以下	986.1	1064.7	1040.4
其他	9891.3	28692.4	36963.3
按登记注册类型分组			
内资企业	18065.1	44385.7	111063.6
国有企业	1218.0	679.3	1752.8
有限责任公司	9231.9	24237.9	40722.4
国有独资公司	899.7	1125.2	603.0
其他有限责任公司	8332.2	23112.7	40119.4
股份有限公司	6763.7	17680.1	66362.8
私营企业	851.5	1788.4	2225.6
私营有限责任公司	801.5	1556.6	1731.3
私营股份有限公司	50.0	231.8	494.3
港、澳、台商投资企业	125.1	2608.9	461.6
合资经营企业（港或澳、台资）	5.1	933.4	343.2
港、澳、台商独资经营企业	120.0	1675.5	118.4
外商投资企业	697.5	2304.2	1861.4
中外合资经营企业	462.8	2035.0	1804.1
外资企业	200.0		

14-36　续表 1　（2017 年）　单位:万元

类　别	使用来自政府部门的研发资金	研究开发费用加计扣除减免税	高新技术企业减免税
外商投资股份有限公司	18.0	121.7	
其他外商投资企业	16.7	147.5	57.3
按国民经济行业大类分组			
采矿业		34.7	
煤炭开采和洗选业		34.7	
制造业	18410.5	48977.3	113386.6
农副食品加工业	368.1	840.5	86.2
食品制造业	1242.0	515.2	154.7
酒、饮料和精制茶制造业	20.0		
纺织业		11.9	
纺织服装、服饰业	19.0		
木材加工和木、竹、藤、棕、草制品业		443.5	379.4
家具制造业	2.0		
造纸和纸制品业	122.0	59.5	206.6
印刷和记录媒介复制业	50.0	200.0	299.2
文教、工美、体育和娱乐用品制造业	2.0	74.1	48.6
化学原料和化学制品制造业	857.6	1531.8	771.2
医药制造业	1277.5	1974.5	6955.7
橡胶和塑料制品业	350.0	124.4	224.5
非金属矿物制品业	1723.6	1790.7	2623.4
黑色金属冶炼和压延加工业	100.0		17.5
有色金属冶炼和压延加工业	75.5	298.4	101.9
金属制品业	969.3	3054.3	1800.6
通用设备制造业	1490.5	1729.3	3588.9
专用设备制造业	1474.7	2546.8	9991.4
汽车制造业	5933.2	22821.3	58934.9
铁路、船舶、航空航天和其他运输设备制造业	817.0	1168.0	2651.6
电气机械和器材制造业	311.0	826.6	14839.0
计算机、通信和其他电子设备制造业	397.0	5896.3	4526.1
仪器仪表制造业	808.5	3070.2	5185.2

14-36 续表 2 （2017 年） 单位:万元

类　别	使用来自政府部门的研发资金	研究开发费用加计扣除减免税	高新技术企业减免税
电力、热力、燃气及水生产和供应业	477.2	286.8	
电力、热力生产和供应业	469.6	192.3	
燃气生产和供应业		94.5	
水的生产和供应业	7.6		
按经济成分分组			
公有经济	3874.8	5820.0	10748.3
非公有经济	15012.9	43478.8	102638.3
按企业控股情况分组			
国有控股	3854.8	5820.0	10748.3
集体控股	20.0		
私人控股	12604.9	33594.2	84743.5
港澳台商控股	151.1	1770.0	118.4
外商控股	470.8	227.8	121.0
其他	1786.1	7886.8	17655.4
按地区分组			
中原区	18.6	189.2	240.0
二七区	1058.0	510.7	1222.0
管城区	1891.0	8771.0	51962.5
金水区	155.9	179.2	315.2
上街区	236.4	442.1	271.8
惠济区	306.2	376.7	397.9
中牟县	435.1	3473.5	4056.4
巩义市	661.3	1668.2	1609.4
荥阳市	407.4	331.3	1366.2
新密市	119.4	335.6	182.6
新郑市	3047.1	1843.1	2305.2
登封市	996.7	1610.9	578.0
经开区	5210.2	16695.3	21077.2
高新区	3794.0	8702.1	26517.7
航空港实验区	550.4	4169.9	1284.5

14-37 规模以上工业企业技术获取和技术改造情况

（2017 年） 单位：万元

类　别	引进境外技术经费支出	引进境外技术的消化吸收经费支出	购买境内技术经费支出	技术改造经费支出
总计	**1730.5**	**239.1**	**21661.2**	**106098.2**
按企业规模分组				
大型			20988.9	58387.3
中型	862.1	100.0	401.4	2577.9
小型	868.4	139.1	270.9	12333.0
微型				32800.0
按隶属关系分组				
中央			225.0	43892.5
省（自治区、直辖市）			735.2	2056.2
地（区、市、州、盟）			2.0	37278.6
县级及以下				4712.8
其他	1730.5	239.1	20699.0	18158.1
按登记注册类型分组				
内资企业	1018.4	239.1	21304.8	105178.2
国有企业				6778.5
集体企业				305.4
有限责任公司	1018.4	100.0	18210.3	53650.4
国有独资公司				357.4
其他有限责任公司	1018.4	100.0	18210.3	53293.0
股份有限公司		53.0	3059.4	43780.2
私营企业		86.1	35.1	663.7
私营独资企业				6.7
私营有限责任公司		86.1	35.1	647.0
私营股份有限公司				10.0
外商投资企业	712.1		356.4	920.0
外资企业				920.0
其他外商投资企业	712.1		356.4	

14-37 续表1 (2017年) 单位:万元

类别	引进境外技术经费支出	引进境外技术的消化吸收经费支出	购买境内技术经费支出	技术改造经费支出
按国民经济行业大类分组				
采矿业				34387.6
煤炭开采和洗选业				1587.6
有色金属矿采选业				32800.0
制造业	1730.5	239.1	21661.2	67514.3
农副食品加工业				150.0
食品制造业				201.3
烟草制品业				305.4
纺织业		86.1	36.3	86.1
造纸和纸制品业				71.5
印刷和记录媒介复制业				5.8
文教、工美、体育和娱乐用品制造业				22.1
化学原料和化学制品制造业		53.0	32.0	8276.0
医药制造业			5.0	112.7
橡胶和塑料制品业				33.8
非金属矿物制品业	1018.4	100.0	172.0	2949.1
黑色金属冶炼和压延加工业				920.0
有色金属冶炼和压延加工业				3583.2
金属制品业			75.4	1932.5
通用设备制造业				787.4
专用设备制造业	712.1		1321.7	4451.1
汽车制造业				37266.7
铁路、船舶、航空航天和其他运输设备制造业				6339.0
电气机械和器材制造业			18000.0	5.0
计算机、通信和其他电子设备制造业			2018.8	
仪器仪表制造业				15.6

14-37　续表 2　　(2017 年)　　单位:万元

类　别	引进境外技术经费支出	引进境外技术的消化吸收经费支出	购买境内技术经费支出	技术改造经费支出
电力、热力、燃气及水生产和供应业				4196.3
电力、热力生产和供应业				4196.3
按经济成分分组				
公有经济			960.2	49943.7
非公有经济	1730.5	239.1	20701.0	56154.5
按企业控股情况分组				
国有控股			960.2	49566.8
集体控股				376.9
私人控股	1018.4	239.1	20344.6	47188.8
外商控股				920.0
其他	712.1		356.4	8045.7
按地区分组				
中原区				1589.0
二七区				6349.0
管城区				37683.7
金水区				5.8
上街区				33141.2
中牟县				16.7
巩义市		86.1	117.5	14645.2
荥阳市	868.4		131.0	699.8
新密市				1079.5
新郑市	150.0	100.0	55.3	496.6
登封市			22.0	5384.0
经开区	712.1		1091.6	
高新区		53.0	20243.8	4982.5
航空港实验区				25.2

14-38 建筑业企业 R&D 人员情况

（2017 年）

类　别	有 R&D 活动企业个数(个)	有科技机构企业个数(个)	R&D 人员合计(人)	#参加项目人员	管理和服务人员	#女性	#研究人员
总计	**57**	**33**	**11789**	**11545**	**244**	**1714**	**3608**
按企业规模分组							
大型	27	16	10909	10712	197	1572	3289
中型	27	13	842	802	40	134	306
小型	3	4	38	31	7	8	13
按隶属关系分组							
中央	16	5	5627	5465	162	1023	1861
省(自治区、直辖市)	5	3	991	984	7	72	182
地(区、市、州、盟)	7	5	1347	1329	18	325	567
县级及以下	1	1	8	8		1	1
其他	28	19	3816	3759	57	293	997
按登记注册类型分组							
内资企业	57	33	11789	11545	244	1714	3608
国有企业	5	3	513	494	19	61	168
有限责任公司	36	20	6963	6832	131	1271	2290
国有独资公司	5	1	764	745	19	79	192
其他有限责任公司	31	19	6199	6087	112	1192	2098
股份有限公司	4	1	1768	1696	72	269	630
私营企业	12	9	2545	2523	22	113	520
私营有限责任公司	11	8	2541	2519	22	112	519
私营股份有限公司	1	1	4	4		1	1

14-38 续表 1 （2017 年）

类别	有 R&D 活动企业个数(个)	有科技机构企业个数（个）	R&D 人员合计（人）	#参加项目人员	管理和服务人员	#女性	#研究人员
按国民经济行业大类分组							
建筑业	57	33	11789	11545	244	1714	3608
房屋建筑业	22	16	4370	4268	102	555	1350
土木工程建筑业	18	10	6138	6035	103	1021	1893
建筑安装业	13	7	1201	1166	35	124	328
建筑装饰和其他建筑业	4		80	76	4	14	37
按经济成分分组							
公有经济	24	9	7253	7075	178	1198	2305
非公有经济	33	24	4536	4470	66	516	1303
按企业控股情况分组							
国有控股	24	9	7253	7075	178	1198	2305
私人控股	32	23	4533	4467	66	515	1301
其他	1	1	3	3		1	2
按地区分组							
中原区	7	6	751	737	14	99	242
二七区	8		1100	998	102	114	359
管城区	6	4	1194	1175	19	280	549
金水区	21	13	4135	4037	98	395	1169
惠济区	2	2	49	43	6	10	18
中牟县	2	1	38	38		8	9
荥阳市	2	2	87	85	2	11	24
新密市	1	1	8	8		1	1
新郑市	2	1	12	12		1	7
经开区	2	1	3818	3815	3	773	1140
高新区	2		583	583		18	84
郑东新区	2	2	14	14		4	6

14-38 续表 2 （2017 年）

类　别	#全时人员	非全时人员	R&D 人员折合全时当量合计（人年）	#研究人员	基础研究人员	应用研究人员	试验发展人员
总计	**7281**	**4508**	**8140**	**2679**	**184**	**470**	**7486**
按企业规模分组							
大型	6582	4327	7520	2467	184	470	6866
中型	669	173	584	200			584
小型	30	8	36	12			36
按隶属关系分组							
中央	4553	1074	5325	1742	184	354	4787
省（自治区、直辖市）	798	193	766	137		23	742
地（区、市、州、盟）	572	775	952	393			952
县级及以下	4	4	4	1			4
其他	1354	2462	1094	407		93	1001
按登记注册类型分组							
内资企业	7281	4508	8140	2679	184	470	7486
国有企业	297	216	420	129			420
有限责任公司	5640	1323	6112	2011	184	253	5675
国有独资公司	601	163	662	168		23	639
其他有限责任公司	5039	1160	5449	1843	184	230	5036
股份有限公司	794	974	1308	465		125	1183
私营企业	550	1995	301	75		93	208
私营有限责任公司	547	1994	300	75		93	207
私营股份有限公司	3	1	1				1

14-38 续表 3 （2017 年）

类别	#全时人员	非全时人员	R&D 人员折合全时当量合计（人年）	#研究人员	基础研究人员	应用研究人员	试验发展人员
按国民经济行业大类分组							
建筑业	7281	4508	8140	2679	184	470	7486
房屋建筑业	1656	2714	1955	783		93	1863
土木工程建筑业	5001	1137	5621	1724	184	377	5060
建筑安装业	557	644	525	154			525
建筑装饰和其他建筑业	67	13	39	19			39
按经济成分分组							
公有经济	5827	1426	6684	2123	184	377	6123
非公有经济	1454	3082	1456	557		93	1363
按企业控股情况分组							
国有控股	5827	1426	6684	2123	184	377	6123
私人控股	1451	3082	1453	555		93	1361
其他	3		2	2			2
按地区分组							
中原区	472	279	698	225			698
二七区	640	460	839	261		161	678
管城区	532	662	759	345			759
金水区	1694	2441	1483	612		115	1368
惠济区	31	18	29	10			29
中牟县	34	4	36	9			36
荥阳市	63	24	63	18			63
新密市	4	4	4	1			4
新郑市	6	6	9	6			9
经开区	3359	459	3787	1131	184	194	3409
高新区	434	149	430	62			430
郑东新区	12	2	3	1			3

14-39 建筑业全部R&D项目情况

(2017年)

类　　别	项目数(项)	参加项目人员(人)	全部项目经费内部支出(万元)
总计	**752**	**11545**	**247529.2**
按企业规模分组			
大型	605	10712	232139.6
中型	140	802	14818.3
小型	7	31	571.3
按隶属关系分组			
中央	357	5465	139726.1
省(自治区、直辖市)	147	984	47519.5
地(区、市、州、盟)	78	1329	24794.0
县级及以下	1	8	102.0
其他	169	3759	35387.6
按登记注册类型分组			
按国有及国有控股分组	522	7075	204690.0
国有企业	74	494	16696.0
国有独资企业	187	745	41534.9
国有控股	522	7075	204690.0
内资企业	752	11545	247529.2
国有企业	74	494	16696.0
有限责任公司	496	6832	170282.7
国有独资公司	187	745	41534.9
其他有限责任公司	309	6087	128747.8
股份有限公司	96	1696	40849.5
私营企业	86	2523	19701.0
私营有限责任公司	82	2519	19689.0
私营股份有限公司	4	4	12.0
按国民经济行业大类分组			
建筑业	752	11545	247529.2
房屋建筑业	272	4268	73211.4
土木工程建筑业	329	6035	149400.7
建筑安装业	139	1166	23420.9
建筑装饰和其他建筑业	12	76	1496.2
按经济成分分组			
公有经济	522	7075	204690.0
非公有经济	230	4470	42839.2
按企业控股情况分组			
国有控股	522	7075	75953
私人控股	229	4467	15431
其他	1	3	26
按地区分组			
中原区	129	737	33894.8
二七区	135	998	32789.4
管城区	67	1175	13842.5
金水区	191	4037	53616.9
惠济区	8	43	498.9
中牟县	8	38	1136.1
经开区	142	3815	80251.0
高新区	53	583	30106.6
荥阳市	8	85	704.6
新密市	1	8	102.0
新郑市	3	12	380.9
郑东新区	7	14	205.5

14-40 建筑业企业

（2017 年）

类　别	R&D 经费内部支出合计	按活动类型分组			按支出用途分组			
		基础研究支出	应用研究支出	试验发展支出	经常费支出	#人员劳务费	资产性支出	#土建工程
总计	**247728.6**	**2650.0**	**13842.4**	**231236.2**	**224127.1**	**72359.2**	**23601.5**	**199.2**
按企业规模分组								
大型	232310.2	2650.0	13842.4	215817.8	210177.9	67128.2	22132.3	170.8
中型	14845.6			14845.6	13449.2	4969.9	1396.4	26.9
小型	572.8			572.8	500.0	261.1	72.8	1.5
按隶属关系分组								
中央	139746.6	2650.0	5855.8	131240.8	129033.1	46097.9	10713.5	20.5
省（自治区、直辖市）	47526.9		2197.4	45329.5	39802.4	6144.6	7724.5	7.4
地（区、市、州、盟）	24883.8			24883.8	23221.6	9291.2	1662.2	89.7
县级及以下	110.7			110.7	67.4	17.6	43.3	8.7
其他	35460.6		5789.2	29671.4	32002.6	10807.9	3458.0	72.9
按登记注册类型分组								
内资企业	247728.6	2650.0	13842.4	231236.2	224127.1	72359.2	23601.5	199.2
国有企业	16701.9			16701.9	16579.6	5315.3	122.3	5.9
有限责任公司	170440.2	2650.0	7015.2	160775.0	158846.4	50057.2	11593.8	157.3
国有独资公司	41542.4		2197.4	39345.0	40558.5	6730.8	983.9	7.5
其他有限责任公司	128897.8	2650.0	4817.8	121430.0	118287.9	43326.4	10609.9	149.8
股份有限公司	40849.5		1038.0	39811.5	31843.1	10879.0	9006.4	
私营企业	19737.0		5789.2	13947.8	16858.0	6107.7	2879.0	36.0
私营有限责任公司	19725.0		5789.2	13935.8	16849.5	6106.9	2875.5	36.0
私营股份有限公司	12.0			12.0	8.5	0.8	3.5	

R&D 经费情况

单位:万元

	按资金来源分组				R&D 经费外部支出合计				
#仪器设备	政府资金	企业资金	境外资金	其他资金		对境内研究机构支出	对境内高等学校支出	对境内企业支出	对境外支出
23402.3	**294.0**	**247287.4**	**34.5**	**112.7**	**6368.6**	**2124.3**	**2151.2**	**1551.9**	**541.2**
21961.5	152.6	232073.8	34.5	49.3	5920.6	2111.7	2092.8	1174.9	541.2
1369.5	129.6	14652.6		63.4	268.2		38.3	229.9	
71.3	11.8	561.0			179.8	12.6	20.1	147.1	
10693.0		139702.5	34.5	9.6	1027.9	22.6	419.7	585.6	
7717.1	2.0	47475.6		49.3	341.7	12.6	143.1	186.0	
1572.5	150.5	24733.3			2679.8	1299.9	549.5	289.2	541.2
34.6		110.7							
3385.1	141.5	35265.3		53.8	2319.2	789.2	1038.9	491.1	
23402.3	294.0	247287.4	34.5	112.7	6368.6	2124.3	2151.2	1551.9	541.2
116.4	10.6	16642.0		49.3	176.2	3.2	123.0	50.0	
11436.5	209.1	170187.0	34.5	9.6	4761.1	1533.9	1394.5	1291.5	541.2
976.4		41507.9	34.5		520.1			520.1	
10460.1	209.1	128679.1		9.6	4241.0	1533.9	1394.5	771.4	541.2
9006.4	25.0	40824.5			18.6	9.3	9.3		
2843.0	49.3	19633.9		53.8	1412.7	577.9	624.4	210.4	
2839.5	49.3	19621.9		53.8	1412.4	577.9	624.1	210.4	
3.5		12.0			0.3		0.3		

14-40 续表1 (2017年)

类别	R&D经费内部支出合计	按活动类型分组			按支出用途分组			
		基础研究支出	应用研究支出	试验发展支出	经常费支出	#人员劳务费	资产性支出	#土建工程
按国民经济行业大类分组								
建筑业	247728.6	2650.0	13842.4	231236.2	224127.1	72359.2	23601.5	199.2
房屋建筑业	73364.1		5789.2	67574.9	67831.9	22439.0	5532.2	152.4
土木工程建筑业	149421.1	2650.0	8053.2	138717.9	131561.6	40551.4	17859.5	20.4
建筑安装业	23447.2			23447.2	23243.7	8853.4	203.5	26.4
建筑装饰和其他建筑业	1496.2			1496.2	1489.9	515.4	6.3	
按经济成分分组								
公有经济	204793.8	2650.0	8053.2	194090.6	185890.0	55312.9	18903.8	103.8
非公有经济	42934.8		5789.2	37145.6	38237.1	17046.3	4697.7	95.4
按企业控股情况分组								
国有控股	204793.8	2650.0	8053.2	194090.6	185890.0	55312.9	18903.8	103.8
私人控股	42914.6		5789.2	37125.4	38216.9	17027.6	4697.7	95.4
其他	20.2			20.2	20.2	18.7		
按地区分组								
中原区	33901.2			33901.2	33683.7	7956.6	217.5	6.5
二七区	32806.9		3650.5	29156.4	32560.6	7422.9	246.3	17.5
管城区	13857.0			13857.0	12243.7	7319.2	1613.3	14.4
金水区	53756.9		7312.9	46444.0	49563.9	15884.8	4193.0	140.0
惠济区	499.9			499.9	297.8	95.0	202.1	0.9
中牟县	1136.1			1136.1	1133.1	214.7	3.0	
荥阳市	710.1			710.1	581.6	273.3	128.5	5.4
新密市	110.7			110.7	67.4	17.6	43.3	8.7
新郑市	380.9			380.9	380.9	121.3		
经开区	80256.8	2650.0	2879.0	74727.8	70871.1	28828.1	9385.7	5.8
高新区	30106.6			30106.6	22541.4	4159.8	7565.2	
郑东新区	205.5			205.5	201.9	65.9	3.6	

单位:万元

	按资金来源分组				R&D经费外部支出合计				
#仪器设备	政府资金	企业资金	境外资金	其他资金		对境内研究机构支出	对境内高等学校支出	对境内企业支出	对境外支出
23402.3	294.0	247287.4	34.5	112.7	6368.6	2124.3	2151.2	1551.9	541.2
5379.8	234.2	73079.9	34.5	15.5	3605.5	1373.3	828.8	862.2	541.2
17839.1	12.6	149359.2		49.3	896.6	32.0	562.8	301.8	
177.1	37.4	23361.9		47.9	1734.1	719.0	759.6	255.5	
6.3	9.8	1486.4			132.4			132.4	
18800.0	90.5	204609.9	34.5	58.9	3661.7	1162.5	1082.9	875.1	541.2
4602.3	203.5	42677.5		53.8	2706.9	961.8	1068.3	676.8	
18800.0	90.5	204609.9	34.5	58.9	3661.7	1162.5	1082.9	875.1	541.2
4602.3	203.5	42657.3		53.8	2706.9	961.8	1068.3	676.8	
		20.2							
211.0	39.7	33827.0	34.5		604.9	63.5	30.2	511.2	
228.8		32806.9			209.3	150.7		58.6	
1598.9	27.4	13732.4		97.2	141.6	9.3	132.3		
4053.0	226.9	53520.4		9.6	4954.5	1900.8	1530.7	981.8	541.2
201.2		494.0		5.9	38.0		38.0		
3.0		1136.1							
123.1		710.1							
34.6		110.7							
		380.9			0.3			0.3	
9379.9		80256.8			419.7		419.7		
7565.2		30106.6							
3.6		205.5			0.3		0.3		

14-41 建筑业企业办科技机构情况

(2017 年)

类 型	机构数(个)	机构人员合计(人)	#博士毕业	硕士毕业	机构经费支出(万元)	仪器和设备原价(万元)	#进口
总计	**72**	**7552**	**81**	**241**	**154834.0**	**59692.5**	**3370.9**
按企业规模分组							
大型	45	6852	50	204	148015.8	50533.4	2670.9
中型	22	640	31	36	6466.1	8850.1	700.0
小型	5	60		1	352.1	309.0	
按隶属关系分组							
中央	23	4612	23	82	109370.0	39985.8	
省(自治区、直辖市)	3	121	1	6	725.5	606.9	
地(区、市、州、盟)	9	1195	29	83	14786.4	7046.3	2906.4
县级及以下	1	8			168.0	197.9	
其他	36	1616	28	70	29784.1	11855.6	464.5
按登记注册类型分组							
内资企业	72	7552	81	241	154834.0	59692.5	3370.9
国有企业	3	407	1	16	10614.9	2735.2	
有限责任公司	48	5463	53	128	118256.2	45905.3	700.5
国有独资公司	1	217	5	7	15430.8	188.3	
其他有限责任公司	47	5246	48	121	102825.4	45717.0	700.5
股份有限公司	2	850	3	49	12190.0	3676.5	2205.9
私营企业	19	832	24	48	13772.9	7375.5	464.5
私营有限责任公司	18	772	20	45	12574.6	6852.4	464.5
私营股份有限公司	1	60	4	3	1198.3	523.1	
按国民经济行业大类分组							
建筑业	72	7552	81	241	154834.0	59692.5	3370.9
房屋建筑业	36	2458	61	149	44854.7	32203.4	3370.9
土木工程建筑业	23	4093	19	85	88354.3	24754.5	
建筑安装业	13	1001	1	7	21625.0	2734.6	
按经济成分分组							
公有经济	30	4901	34	114	113206.9	42900.6	0.5
非公有经济	42	2651	47	127	41627.1	16791.9	3370.4
按企业控股情况分组							
国有控股	30	4901	34	114	113206.9	42900.6	0.5
私人控股	41	2649	47	127	41606.9	16791.5	3370.4
其他	1	2			20.2	0.4	
按地区分组							
中原区	9	675	7	34	28889.1	4688.7	464.5
管城区	5	1071	8	66	12633.4	5114.6	2205.9
金水区	32	1712	24	69	25012.8	24651.1	0.5
惠济区	6	135	8	4	1549.9	3574.0	
中牟县	1	33			263.0	36.0	
荥阳市	4	164	15	7	1614.0	1315.4	700.0
新密市	1	8			168.0	197.9	
新郑市	1	2			20.2	0.4	
经开区	10	3672	15	57	83480.3	19371.3	
郑东新区	3	80	4	4	1203.3	743.1	

14-42 建筑业企业自主知识产权保护情况

（2017 年）

单位:件

类　　别	专利申请数	#发明专利	期末有效发明专利数	#已被实施
总计	**1048**	**129**	**416**	**364**
按企业规模分组				
大型	907	100	318	281
中型	124	25	87	76
小型	17	4	11	7
按隶属关系分组				
中央	822	64	163	146
省(自治区、直辖市)	60	14	25	25
地(区、市、州、盟)	46	17	51	38
其他	120	34	177	155
按登记注册类型分组				
内资企业	1048	129	416	364
国有企业	56	26	17	14
有限责任公司	913	86	339	294
国有独资公司	75	15	25	17
其他有限责任公司	838	71	314	277
股份有限公司	48	8	22	22
私营企业	31	9	38	34
私营有限责任公司	25	7	33	29
私营股份有限公司	6	2	5	5
按国民经济行业大类分组				
建筑业	1048	129	416	364
房屋建筑业	662	42	205	174
土木工程建筑业	246	55	158	153
建筑安装业	88	24	38	29
建筑装饰和其他建筑业	52	8	15	8
按经济成分分组				
公有经济	895	89	275	245
非公有经济	153	40	141	119
按企业控股情况分组				
国有控股	895	89	275	245
私人控股	153	40	141	119
按地区分组				
中原区	89	32	39	38
二七区	53	6	22	12
管城区	38	14	40	29
金水区	695	41	255	230
惠济区	5		5	5
中牟县	6			
新郑市	15	4	11	8
经开区	118	25	27	27
高新区	15	3	10	10
郑东新区	14	4	7	5

14-43 建筑业企业政府相关政策落实情况

（2017 年）

单位:万元

类 别	使用来自政府部门的研发资金	研究开发费用加计扣除减免税	高新技术企业减免税
总计	**482.8**	**4640.2**	**5144.6**
按企业规模分组			
大型	205.0	3883.8	4488.4
中型	265.8	756.4	628.5
小型	12.0		27.7
按隶属关系分组			
中央		2630.4	3644.0
省(自治区、直辖市)	2.0	807.9	1187.3
地(区、市、州、盟)	172.0	53.0	52.2
县级及以下			
其他	308.8	1148.9	261.1
按登记注册类型分组			
内资企业	482.8	4640.2	5144.6
国有企业	12.0	85.3	262.1
有限责任公司	362.8	2102.4	4622.4
国有独资公司		771.0	3321.3
其他有限责任公司	362.8	1331.4	1301.1
股份有限公司	25.0	1901.5	196.7
私营企业	83.0	551.0	63.4
私营有限责任公司	83.0	551.0	63.4
按国民经济行业大类分组			
建筑业	482.8	4640.2	5144.6
房屋建筑业	418.8	1322.0	2169.7
土木工程建筑业	14.0	3027.5	2092.3
建筑安装业	40.0	290.7	882.6
建筑装饰和其他建筑业	10.0		
按经济成分分组			
公有经济	112.0	3942.3	4831.3
非公有经济	370.8	697.9	313.3
按企业控股情况分组			
国有控股	112.0	3942.3	4831.3
私人控股	370.8	697.9	313.3
按地区分组			
中原区	72.0	870.0	2739.0
二七区		1000.0	1226.1
管城区	30.0		
金水区	380.8	557.3	79.9
中牟县		551.0	36.7
经开区		760.4	866.2
高新区		807.9	
郑东新区		93.6	196.7

14-44 服务业企业 R&D 人员情况

（2017 年）

类别	有 R&D 活动企业个数(个)	有科技机构企业个数（个）	R&D 人员合计（人）	#参加项目人员	管理和服务人员	#女性	#研究人员
总计	**76**	**34**	**5909**	**5780**	**129**	**1302**	**2449**
按企业规模分组							
大型	26	14	3617	3590	27	756	1561
中型	50	20	2292	2190	102	546	888
按隶属关系分组							
中央	7	4	1657	1641	16	354	776
省（自治区、直辖市）	10	5	619	598	21	174	307
地（区、市、州、盟）	7	5	357	341	16	94	133
其他	52	20	3276	3200	76	680	1233
按登记注册类型分组							
内资企业	75	34	5860	5731	129	1294	2427
国有企业	4	2	318	315	3	86	161
有限责任公司	40	21	3515	3446	69	786	1518
国有独资公司	3	2	239	239		74	121
其他有限责任公司	37	19	3276	3207	69	712	1397
股份有限公司	14	7	1098	1063	35	197	414
私营企业	17	4	929	907	22	225	334
私营有限责任公司	12	2	720	698	22	162	244
私营股份有限公司	5	2	209	209		63	90
港、澳、台商投资企业	1		49	49		8	22
合资经营企业（港或澳、台资）	1		49	49		8	22
按国民经济行业大类分组							
交通运输、仓储和邮政业	2		94	94		28	46
道路运输业	1		45	45		20	24
仓储业	1		49	49		8	22
信息传输、软件和信息技术服务业	34	14	2457	2381	76	494	885
互联网和相关服务	6	3	240	234	6	72	99
软件和信息技术服务业	28	11	2217	2147	70	422	786
租赁和商务服务业	2	1	46	46		21	19
商务服务业	2	1	46	46		21	19

14-44 续表1 （2017 年）

类别	有 R&D 活动企业个数(个)	有科技机构企业个数（个）	R&D 人员合计（人）	#参加项目人员	管理和服务人员	#女性	#研究人员
科学研究和技术服务业	32	16	3120	3067	53	721	1423
研究和试验发展	6	2	392	370	22	93	150
专业技术服务业	26	14	2728	2697	31	628	1273
水利、环境和公共设施管理业	3	1	79	79		12	30
水利管理业	1		46	46		9	24
生态保护和环境治理业	2	1	33	33		3	6
文化、体育和娱乐业	3	2	113	113		26	46
新闻和出版业	2	2	85	85		22	45
文化艺术业	1		28	28		4	1
按经济成分分组							
公有经济	17	10	2372	2318	54	543	1117
非公有经济	59	24	3537	3462	75	759	1332
按企业控股情况分组							
国有控股	15	9	2136	2105	31	477	1005
集体控股	2	1	236	213	23	66	112
私人控股	44	17	2647	2572	75	602	966
其他	15	7	890	890		157	366
按地区分组							
中原区	5	4	1114	1101	13	221	525
二七区	5		296	294	2	68	137
管城区	2	1	178	171	7	36	80
金水区	19	14	1902	1879	23	433	744
惠济区	1		103	103		34	53
荥阳市	1		7	7		1	2
新郑市	2	1	33	33		3	6
登封市	1		28	28		4	1
经开区	10	3	480	477	3	80	165
高新区	25	10	1586	1505	81	368	648
郑东新区	5	1	182	182		54	88

14-44 续表 2

（2017 年）

类　别	#全时人员	非全时人员	R&D 人员折合全时当量合计（人年）	#研究人员	基础研究人员	应用研究人员	试验发展人员
总计	**4761**	**1148**	**4400**	**1834**	**11**	**44**	**4345**
按企业规模分组							
大型	2857	760	2809	1214	7	6	2795
中型	1904	388	1591	620	4	37	1550
按隶属关系分组							
中央	1289	368	1232	579	7	6	1218
省（自治区、直辖市）	495	124	397	196	4	22	371
地（区、市、州、盟）	255	102	262	100			262
其他	2722	554	2509	960		15	2494
按登记注册类型分组							
内资企业	4717	1143	4399	1834	11	44	4344
国有企业	215	103	225	111		4	221
有限责任公司	2840	675	2643	1144	11	25	2607
国有独资公司	175	64	181	90			181
其他有限责任公司	2665	611	2462	1054	11	25	2426
股份有限公司	834	264	883	337			883
私营企业	828	101	649	241		15	634
私营有限责任公司	640	80	486	170		15	471
私营股份有限公司	188	21	163	71			163
港、澳、台商投资企业	44	5	1				1
合资经营企业(港或澳、台资)	44	5	1				1
按国民经济行业大类分组							
交通运输、仓储和邮政业	44	50	9	5			9
道路运输业		45	8	4			8
仓储业	44	5	1				1
信息传输、软件和信息技术服务业	1972	485	1855	671			1855
互联网和相关服务	199	41	178	77			178
软件和信息技术服务业	1773	444	1678	594			1678
租赁和商务服务业	41	5	46	19			46
商务服务业	41	5	46	19			46

14-44 续表 3 （2017 年）

类 别	#全时人员	非全时人员	R&D 人员折合全时当量合计（人年）	#研究人员	基础研究人员	应用研究人员	试验发展人员
科学研究和技术服务业	2536	584	2379	1097	11	44	2324
研究和试验发展	352	40	262	101	4	37	221
专业技术服务业	2184	544	2117	996	7	6	2103
水利、环境和公共设施管理业	71	8	30	8			30
水利管理业	41	5	6	3			6
生态保护和环境治理业	30	3	24	4			24
文化、体育和娱乐业	97	16	81	35			81
新闻和出版业	72	13	65	34			65
文化艺术业	25	3	16	1			16
按经济成分分组							
公有经济	1860	512	1768	829	11	28	1728
非公有经济	2901	636	2633	1005		15	2617
按企业控股情况分组							
国有控股	1647	489	1619	759	7	6	1605
集体控股	213	23	149	70	4	22	123
私人控股	2157	490	1941	730		15	1926
其他	744	146	691	275			691
按地区分组							
中原区	899	215	889	422	7		881
二七区	266	30	223	103			223
管城区	160	18	101	53			101
金水区	1457	445	1465	580	4	25	1437
惠济区	93	10	90	46			90
荥阳市	6	1	7	2			7
新郑市	30	3	24	4			24
登封市	25	3	16	1			16
经开区	426	54	307	101		15	291
高新区	1276	310	1175	469		4	1171
郑东新区	123	59	104	54			104

14-45 服务业企业全部R&D项目情况

(2017年)

类　别	项目数(项)	参加项目人员(人)	全部项目经费内部支出(万元)
总计	**711**	**5780**	**91777.7**
按企业规模分组			
大型	495	3590	68918.4
中型	216	2190	22859.3
按隶属关系分组			
中央	336	1641	38526.0
省(自治区、直辖市)	63	598	7740.7
地(区、市、州、盟)	37	341	3823.7
其他	275	3200	41687.3
按登记注册类型分组			
内资企业	710	5731	91121.1
国有企业	99	315	14672.1
有限责任公司	443	3446	53201.9
国有独资公司	20	239	2464.7
其他有限责任公司	423	3207	50737.2
股份有限公司	100	1063	14239.9
私营企业	68	907	9007.2
私营有限责任公司	51	698	7213.1
私营股份有限公司	17	209	1794.1
港、澳、台商投资企业	1	49	656.6
合资经营企业(港或澳、台资)	1	49	656.6
按国民经济行业大类分组			
交通运输、仓储和邮政业	4	94	723.6
道路运输业	3	45	67.0
仓储业	1	49	656.6
信息传输、软件和信息技术服务业	159	2381	26974.8
互联网和相关服务	17	234	2381.5
软件和信息技术服务业	142	2147	24593.3
租赁和商务服务业	4	46	349.8
商务服务业	4	46	349.8
科学研究和技术服务业	525	3067	61292.9
研究和试验发展	50	370	4210.7
专业技术服务业	475	2697	57082.2
水利、环境和公共设施管理业	14	79	1492.0
水利管理业	6	46	908.8
生态保护和环境治理业	8	33	583.2
文化、体育和娱乐业	5	113	944.6
新闻和出版业	4	85	719.0
文化艺术业	1	28	225.6
按经济成分分组			
公有经济	398	2318	47100.8
非公有经济	313	3462	44676.9
按企业控股情况分组			
国有控股	382	2105	45349.8
集体控股	16	213	1751.0
私人控股	214	2572	28937.8
其他	99	890	15739.1
按地区分组			
中原区	174	1101	15848.8
二七区	38	294	7778.3
管城区	7	171	4148.1
金水区	240	1879	30905.8
惠济区	9	103	1352.2
荥阳市	1	7	485.4
新郑市	8	33	583.2
登封市	1	28	225.6
经开区	49	477	4622.4
高新区	157	1505	23907.4
郑东新区	27	182	1920.5

14-46 服务业企业

(2017 年)

类别	R&D 经费内部支出合计	按活动类型分组			按支出用途分组			
		基础研究支出	应用研究支出	试验发展支出	经常费支出	#人员劳务费	资产性支出	#土建工程
总计	**91804.1**	**64.8**	**5082.8**	**86656.5**	**88339.4**	**63787.1**	**3464.7**	**26.2**
按企业规模分组								
大型	68944.0	59.8	5041.1	63843.1	67307.0	49236.2	1637.0	25.5
中型	22860.1	5.0	41.7	22813.4	21032.4	14550.9	1827.7	0.7
按隶属关系分组								
中央	38526.1	59.8	5041.1	33425.2	37320.0	24512.8	1206.1	
省(自治区、直辖市)	7766.2	5.0	4.4	7756.8	7684.8	5259.8	81.4	25.5
地(区、市、州、盟)	3823.8			3823.8	3476.2	2742.9	347.6	
其他	41688.0		37.3	41650.7	39858.4	31271.6	1829.6	0.7
按登记注册类型分组								
内资企业	91147.5	64.8	5082.8	85999.9	87682.8	63165.9	3464.7	26.2
国有企业	14672.1		4784.8	9887.3	13770.5	8969.4	901.6	
有限责任公司	53227.5	64.8	260.7	52902.0	51809.6	38040.3	1417.9	25.5
国有独资公司	2490.2			2490.2	2426.7	1770.3	63.5	25.5
其他有限责任公司	50737.3	64.8	260.7	50411.8	49382.9	36270.0	1354.4	
股份有限公司	14240.7			14240.7	13631.6	10734.8	609.1	0.7
私营企业	9007.2		37.3	8969.9	8471.1	5421.4	536.1	
私营有限责任公司	7213.1		37.3	7175.8	6712.1	4071.2	501.0	
私营股份有限公司	1794.1			1794.1	1759.0	1350.2	35.1	
港、澳、台商投资企业	656.6			656.6	656.6	621.2		
合资经营企业(港或澳、台资)	656.6			656.6	656.6	621.2		
按国民经济行业大类分组								
交通运输、仓储和邮政业	723.6			723.6	685.6	638.3	38.0	
道路运输业	67.0			67.0	29.0	17.1	38.0	
仓储业	656.6			656.6	656.6	621.2		
信息传输、软件和信息技术服务业	26975.7			26975.7	25837.7	21427.9	1138.0	0.7
互联网和相关服务	2381.5			2381.5	2346.3	1740.6	35.2	
软件和信息技术服务业	24594.2			24594.2	23491.4	19687.3	1102.8	0.7

R&D 经费情况

单位:万元

	按资金来源分组			R&D经费外部支出合计			
#仪器设备	政府资金	企业资金	其他资金		对境内研究机构支出	对境内高等学校支出	对境内企业支出
3438.5	**3099.6**	**88392.0**	**312.5**	**5301.9**	**2168.8**	**10.2**	**3122.9**
1611.5	2348.6	66491.7	103.7	2539.9	2168.8	1.9	369.2
1827.0	751.0	21900.3	208.8	2762.0		8.3	2753.7
1206.1	787.0	37668.9	70.2	2346.0	2168.8	1.9	175.3
55.9	434.8	7297.9	33.5	167.6			167.6
347.6	44.8	3726.9	52.1	60.1		4.5	55.6
1828.9	1833.0	39698.3	156.7	2728.2		3.8	2724.4
3438.5	3099.6	87735.4	312.5	5301.9	2168.8	10.2	3122.9
901.6	174.6	14427.3	70.2	1839.4	1541.3	1.9	296.2
1392.4	1028.5	51956.7	242.3	1740.4	627.5	4.5	1108.4
38.0	238.1	2218.6	33.5				
1354.4	790.4	49738.1	208.8	1740.4	627.5	4.5	1108.4
608.4	1423.2	12817.5		628.9			628.9
536.1	473.3	8533.9		1093.2		3.8	1089.4
501.0	473.3	6739.8		1089.4			1089.4
35.1		1794.1		3.8		3.8	
		656.6					
		656.6					
38.0		690.1	33.5				
38.0		33.5	33.5				
		656.6					
1137.3	1531.4	25235.5	208.8	2548.6		4.5	2544.1
35.2	44.8	2336.7		99.9			99.9
1102.1	1486.6	22898.8	208.8	2448.7		4.5	2444.2

14-46 续表 1 （2017 年）

类　别	R&D 经费内部支出合计	按活动类型分组			按支出用途分组			
		基础研究支出	应用研究支出	试验发展支出	经常费支出	#人员劳务费	资产性支出	#土建工程
租赁和商务服务业	349.8			349.8	349.8	231.0		
商务服务业	349.8			349.8	349.8	231.0		
科学研究和技术服务业	61292.9	64.8	5082.8	56145.3	59227.5	39984.9	2065.4	
研究和试验发展	4210.7	5.0	41.7	4164.0	3608.0	1242.7	602.7	
专业技术服务业	57082.2	59.8	5041.1	51981.3	55619.5	38742.2	1462.7	
水利、环境和公共设施管理业	1492.0			1492.0	1359.4	862.2	132.6	
水利管理业	908.8			908.8	776.2	524.4	132.6	
生态保护和环境治理业	583.2			583.2	583.2	337.8		
文化、体育和娱乐业	970.1			970.1	879.4	642.8	90.7	25.5
新闻和出版业	744.5			744.5	713.1	526.7	31.4	25.5
文化艺术业	225.6			225.6	166.3	116.1	59.3	
按经济成分分组								
公有经济	47126.4	64.8	5045.5	42016.1	45577.7	30253.8	1548.7	25.5
非公有经济	44677.7		37.3	44640.4	42761.7	33533.3	1916.0	0.7
按企业控股情况分组								
国有控股	45375.4	59.8	5041.1	40274.5	43828.2	28746.5	1547.2	25.5
集体控股	1751.0	5.0	4.4	1741.6	1749.5	1507.3	1.5	
私人控股	28938.6		37.3	28901.3	27592.7	21567.9	1345.9	0.7
其他	15739.1			15739.1	15169.0	11965.4	570.1	
按地区分组								
中原区	15848.8	59.8		15789.0	15536.7	11226.7	312.1	
二七区	7778.3			7778.3	7639.7	4848.5	138.6	
管城区	4148.1			4148.1	4132.8	3708.2	15.3	
金水区	30931.3	5.0	260.7	30665.6	30427.4	21605.3	503.9	25.5
惠济区	1352.2			1352.2	1352.2	1154.7		
荥阳市	485.4			485.4	71.9	27.9	413.5	
新郑市	583.2			583.2	583.2	337.8		
登封市	225.6			225.6	166.3	116.1	59.3	
经开区	4622.6		37.3	4585.3	4491.1	3289.4	131.5	
高新区	23908.1		4784.8	19123.3	22055.6	15856.2	1852.5	0.7
郑东新区	1920.5			1920.5	1882.5	1616.3	38.0	

单位:万元

	按资金来源分组			R&D经费外部支出合计			
#仪器设备	政府资金	企业资金	其他资金		对境内研究机构支出	对境内高等学校支出	对境内企业支出
		349.8					
		349.8					
2065.4	1330.1	59892.6	70.2	2636.2	2168.8	5.7	461.7
602.7	358.9	3851.8		216.8			216.8
1462.7	971.2	56040.8	70.2	2419.4	2168.8	5.7	244.9
132.6		1492.0		19.1			19.1
132.6		908.8					
		583.2		19.1			19.1
65.2	238.1	732.0		98.0			98.0
5.9	238.1	506.4		98.0			98.0
59.3		225.6					
1523.2	1037.6	45985.1	103.7	2505.2	2168.8	6.4	330.0
1915.3	2062.0	42406.9	208.8	2796.7		3.8	2792.9
1521.7	1025.1	44246.6	103.7	2505.2	2168.8	6.4	330.0
1.5	12.5	1738.5					
1345.2	1777.8	26952.0	208.8	2669.8		3.8	2666.0
570.1	284.2	15454.9		126.9			126.9
312.1	312.6	15466.0	70.2	177.2		1.9	175.3
138.6	184.2	7594.1		22.9			22.9
15.3		4148.1					
478.4	1755.2	29124.0	52.1	989.0	627.5		361.5
		1352.2					
413.5	100.0	385.4					
		583.2		19.1			19.1
59.3		225.6					
131.5	2.6	4463.3	156.7	980.7			980.7
1851.8	745.0	23163.1		3086.0	1541.3	8.3	1536.4
38.0		1887.0	33.5	27.0			27.0

14-47 服务业企业办科技机构情况

（2017 年）

类　型	机构数（个）	机构人员合计（人）	#博士毕业	硕士毕业	机构经费支出（万元）	仪器和设备原价（万元）	#进口
总计	**61**	**2856**	**53**	**598**	**42564.9**	**23748.3**	**61.0**
按企业规模分组							
大型	34	1927	38	458	35636.9	11900.0	
中型	27	929	15	140	6928.0	11848.3	61.0
按隶属关系分组							
中央	23	969	32	315	21334.0	10881.1	
省（自治区、直辖市）	7	289	4	28	3950.1	911.8	61.0
地（区、市、州、盟）	7	320	3	60	3550.0	1794.0	
其他	24	1278	14	195	13730.8	10161.4	
按登记注册类型分组							
内资企业	61	2856	53	598	42564.9	23748.3	61.0
国有企业	4	129	7	76	4897.9	576.8	
有限责任公司	42	1966	34	398	31530.6	13424.8	61.0
国有独资公司	3	194	3	13	2659.2	161.6	
其他有限责任公司	39	1772	31	385	28871.4	13263.2	61.0
股份有限公司	11	491	11	106	3543.4	9330.7	
私营企业	4	270	1	18	2593	416.0	
私营有限责任公司	2	138	1	6	1330.6	109.6	
私营股份有限公司	2	132		12	1262.4	306.4	
按国民经济行业大类分组							
信息传输、软件和信息技术服务业	20	862	14	109	5758.5	10181.6	
互联网和相关服务	4	205	4	16	1409.5	7435.4	
软件和信息技术服务业	16	657	10	93	4349.0	2746.2	
租赁和商务服务业	1	78		11	550.1	235.1	
商务服务业	1	78		11	550.1	235.1	
科学研究和技术服务业	36	1834	39	477	35225.7	13225.6	61.0
研究和试验发展	3	85	1	7	830.5	796.5	61.0
专业技术服务业	33	1749	38	470	34395.2	12429.1	
水利、环境和公共设施管理业	1	5			48.1	20.0	
生态保护和环境治理业	1	5			48.1	20.0	
文化、体育和娱乐业	3	77		1	982.5	86.0	
新闻和出版业	3	77		1	982.5	86.0	
按经济成分分组							
公有经济	32	1254	36	377	24743.7	13304.7	61.0
非公有经济	29	1602	17	221	17821.2	10443.6	
按企业控股情况分组							
国有控股	30	1243	35	373	24718.2	12620.3	
集体控股	2	11	1	4	25.5	684.4	61.0
私人控股	22	933	15	95	7160.1	9624.8	
其他	7	669	2	126	10661.1	818.8	
按地区分组							
中原区	18	755	11	201	7390.9	7099.9	
管城区	1	71	1	3	508.5	27.4	
金水区	23	1138	28	248	27031.9	5561.6	61.0
新郑市	1	5			48.1	20.0	
经开区	3	254	1	7	2245.8	7471.1	
高新区	13	587	12	106	5323.4	2452.4	
郑东新区	2	46		33	16.3	1115.9	

14-48 服务业企业自主知识产权保护情况

(2017 年)

类别	专利申请数(件)	#发明专利	期末有效发明专利数(件)	#已被实施
总计	**774**	**332**	**1253**	**252**
按企业规模分组				
大型	517	256	1045	157
中型	257	76	208	95
按隶属关系分组				
中央	393	198	952	109
省(自治区、直辖市)	66	32	67	2
地(区、市、州、盟)	33	17	36	30
其他	282	85	198	111
按登记注册类型分组				
内资企业	774	332	1253	252
国有企业	300	161	849	49
有限责任公司	280	97	207	107
国有独资公司	9	3	7	
其他有限责任公司	271	94	200	107
股份有限公司	106	38	96	53
私营企业	88	36	101	43
私营有限责任公司	70	18	46	36
私营股份有限公司	18	18	55	7
按国民经济行业大类分组				
交通运输、仓储和邮政业	10	10		
道路运输业	10	10		
信息传输、软件和信息技术服务业	107	30	142	70
互联网和相关服务	26	8	59	6
软件和信息技术服务业	81	22	83	64
租赁和商务服务业	13	13	2	2
商务服务业	13	13	2	2
科学研究和技术服务业	627	278	1097	180
研究和试验发展	99	39	24	22
专业技术服务业	528	239	1073	158
水利、环境和公共设施管理业	17	1	12	
生态保护和环境治理业	17	1	12	
按经济成分分组				
公有经济	508	244	992	138
非公有经济	266	88	261	114
按企业控股情况分组				
国有控股	487	233	987	136
集体控股	21	11	5	2
私人控股	166	51	180	91
其他	100	37	81	23
按地区分组				
中原区	151	44	62	51
二七区	126	51	67	9
金水区	107	52	140	92
惠济区	7			
新郑市	17	1	12	
经开区	29	6	19	19
高新区	288	153	891	26
郑东新区	49	25	62	55

14-49　服务业企业政府相关政策落实情况

（2017 年）

单位:万元

类　　别	使用来自政府部门的研发资金	研究开发费用加计扣除减免税	高新技术企业减免税
总计	**3476.7**	**6853.6**	**15750.9**
按企业规模分组			
大型	2419.7	3701.0	10232.1
中型	1057.0	3152.6	5518.8
按隶属关系分组			
中央	827.4	1296.4	2779.3
省（自治区、直辖市）	519.2	426.8	3030.4
地（区、市、州、盟）	44.8	1392.2	1096.2
其他	2085.3	3738.2	8845.0
按登记注册类型分组			
内资企业	3476.7	6853.6	15750.9
国有企业	178.7	476.1	1041.8
有限责任公司	1158.7	3910.8	7646.7
国有独资公司	240.0		268.8
其他有限责任公司	918.7	3910.8	7377.9
股份有限公司	1464.3	1515.6	4012.9
私营企业	675.0	951.1	3049.5
私营有限责任公司	675.0	883.5	2866.3
私营股份有限公司		67.6	183.2
按国民经济行业大类分组			
信息传输、软件和信息技术服务业	1783.3	3497.8	6017.9
互联网和相关服务	44.8	294.2	330.5
软件和信息技术服务业	1738.5	3203.6	5687.4
租赁和商务服务业		38.5	96.5
商务服务业		38.5	96.5
科学研究和技术服务业	1453.4	3249.5	9636.5
研究和试验发展	413.0	359.1	8.8
专业技术服务业	1040.4	2890.4	9627.7
水利、环境和公共设施管理业		67.8	
水利管理业		67.8	
文化、体育和娱乐业	240.0		
新闻和出版业	240.0		
按经济成分分组			
公有经济	1133.6	1941.4	3785.5
非公有经济	2343.1	4912.2	11965.4
按企业控股情况分组			
国有控股	1067.4	1825.5	3596.4
集体控股	66.2	115.9	189.1
私人控股	2030.1	3237.4	6197.4
其他	313.0	1674.8	5768.0
按地区分组			
中原区	314.4	991.9	3161.9
二七区	213.0	556.3	2177.0
金水区	1883.6	811.3	2805.1
惠济区		124.8	546.6
荥阳市	100.0		
经开区	3.0	1745.2	1462.7
高新区	962.7	2456.0	4358.7
郑东新区		168.1	1238.9

主要统计指标解释

普通高等学校 指按照国家规定的设置标准和审批程序批准举办的,通过全国普通高等学校统一招生考试,招收高中毕业生为主要培养对象,实施高等教育的全日制大学、独立设置的学院和高等专科学校、高等职业学校和其他机构。

中等职业学校 指实施中等职业教育的学校,招生对象是初中毕业生和具有初中同等学历的人员,基本学制为三年制。

成人高等学校 指按照国家有关规定审批,招收通过全国成人高教统一招生考试的具有高中毕业或同等学历的在职从业人员,利用脱产、半脱产、业余或函授等多种形式对其实施高等学历教育,培养高等教育专科或本科毕业水平的专门人才,修业年限、课程设置和总学时数均按高等学历教育要求付诸实施的学校。

等级运动员人数 指经考核正式批准授予等级运动员称号的人数。运动员等级分为国际级运动健将、运动健将、一级运动员、二级运动员、三级运动员、少年级运动员。

文化事业机构 指从事专业文化工作和专业文化工作服务的独立建制的单位。不包括这些单位另外举办独立核算的其他机构和各部门的业余文化组织。

研究与试验发展(R&D) 指在科学技术领域,为增加知识总量,以及运用这些知识去创造新的应用进行的系统的创造性的活动,包括基础研究、应用研究、试验发展三类活动。国际上通常采用 R&D 活动的规模和强度指标反映一国的科技实力和核心竞争力。

R&D 人员 指参与研究与试验发展项目研究、管理和辅助工作的人员,包括项目(课题)组人员,企业科技行政管理人员和直接为项目(课题)活动提供服务的辅助人员。反映投入从事拥有自主知识产权的研究开发活动的人力规模。

R&D 经费内部支出合计 指调查单位用于内部开展 R&D 活动(基础研究、应用研究和试验发展)的实际支出。包括用于 R&D 项目(课题)活动的直接支出,以及间接用于 R&D 活动的管理费、服务费、与 R&D 有关的基本建设支出以及外协加工费等。不包括生产性活动支出、归还贷款支出以及外单位合作或委托外单位进行 R&D 活动而转拨给对方的经费支出。

R&D 经费内部支出中政府资金 指 R&D 经费内容支出中来自政府部门的各类资金,包括财政科学技术拨款、科学基金、教育等部门事业费及政府部门预算外资金的实际支出。

R&D 经费内部支出中企业资金 指 R&D 经费内部支出中来自本企业的自有资金和接受其他企业委托而获得的经费,以及科研院所、高校等事业单位从企业获得的资金的实际支出。

艺术表演团体 指从事戏曲、音乐、舞蹈、杂技等专业艺术表演,有独立帐户,实行单独核算的团体,不包括半工半艺、半农半艺和民间职业剧团。

艺术表演场馆 指由各级文化主管部门、文化单位和其他部门(除部队系统处)举力的,具有观众厅设备,经常供专业艺术表演团体演出,并在工商、税务部门登记,公开售票的营业场所。

卫生机构 指从卫生、民政、工商行政、机构编制管理部门取得《医疗机构执业许可证》或法人单位登记证书,为社会提供医疗保健、疾病控制、卫生监督服务或从事医学科研和医学在职培训等工作的单位。

医院 包括综合医院、中医医院、中西医结合医院、民族医院、各类专科医院和护理院,不包括专科疾病防治院、妇幼保健院和疗养院。

实有床位数 指年底固定实有床位数,包括正规床、简易床、监护床、超过半年加床、正在消毒和修理床位、因扩建或大修而停用床位。不包括产科新生儿床、接产室待产床、库存床、观察床、临时加床和病人家属陪侍床。

卫生技术人员 包括执业医师、执业助理医师、注册护士、药师(士)、检验及影像技师(士)、卫生监督员和见习医(药、护、技)师(士)等卫生专业人员。不包括从事管理工作的卫生技术人员(如院长、副院长、党委书记等)。

十五、产业集聚区

15-1 产业集聚区主要经济指标

指标名称	规上工业主营业务收入			规上工业平均用工人数			固定资产投资	
	2016 年（亿元）	2017 年（亿元）	增减（%）	2016 年（万人）	2017 年（万人）	增减（%）	2017 年（亿元）	增减（%）
郑州高新技术产业集聚区	353.7	450.9	27.5	4.3	4.2	-2.3	268.4	-19.3
郑州经济技术产业集聚区	1128.6	1094.5	-3.0	6.3	6.5	3.2	447.5	18.1
郑州航空港产业集聚区	2666.4	2991.7	12.2	23.0	23.8	3.5	682.0	8.5
郑州市中牟产业集聚区	29.8	36.0	20.8	0.6	0.5	-16.7	293.7	67.0
郑州市中牟汽车产业集聚区	223.0	279.9	25.5	2.3	2.6	13.0	124.0	-24.9
郑州市金岱产业集聚区	7.0	8.9	27.1	0.1	0.2	100.0	91.9	378.6
郑州上街装备产业集聚区	152.7	146.8	-3.9	0.6	0.6		43.6	72.3
郑州马寨产业集聚区	160.1	182.0	13.7	1.3	1.4	7.7	60.1	65.0
新郑新港产业集聚区	342.6	355.8	3.9	2.8	2.7	-3.6	99.1	-17.3
新密市产业集聚区	275.6	331.8	20.4	2.2	2.6	18.2	103.8	-28.8
登封市产业集聚区	223.5	254.9	14.0	1.7	1.7		99.5	8.0
荥阳市产业集聚区	363.4	385.4	6.1	2.8	2.7	-3.6	100.9	-5.0

15-2 产业集聚区法人单位数

（2017 年）

单位：个

名　称	合计	工业	建筑业	房地产业	批发和零售业			住宿和餐饮业			重点服务业
						批发业	零售业		住宿业	餐饮业	
合　计	**1730**	**731**	**195**	**215**	**227**	**147**	**80**	**39**	**21**	**18**	**323**
郑州高新技术产业集聚区	443	143	77	37	42	32	10	3	1	2	141
郑州经济技术产业集聚区	481	127	87	60	83	55	28	9	7	2	115
郑州航空港产业集聚区	165	56	3	39	21	15	6	15	9	6	31
郑州市中牟产业集聚区	78	13	7	35	11	4	7	2	1	1	10
郑州市中牟汽车产业集聚区	92	56	5	13	8	6	2	5	2	3	5
郑州市金岱产业集聚区	32	2	1	4	21	17	4				4
郑州上街装备产业集聚区	38	36	2								
郑州马寨产业集聚区	118	90	2	10	9	3	6	1	1		6
新郑新港产业集聚区	96	73	8	2	7	3	4	3		3	3
新密市产业集聚区	64	45	3	8	7	7					1
登封市产业集聚区	67	53			9	3	6				5
荥阳市产业集聚区	56	37		7	9	2	7	1		1	2

15-3　商务中心区和特色商业区主要经济指标

（2017 年）

名　　称	规划面积（万平方米）	固定资产投资完成额（万元）	增加值（万元）	服务业法人企业从业人员（人）
合　　计	**2891**	**2935100**	**3676089**	**121599**
商务中心区合计	**710**	**406000**	**1663300**	**26776**
郑东新区中央商务区	710	406000	1663300	26776
特色商业区合计	**2181**	**2529100**	**2012790**	**94823**
郑州市中原区特色商业区	200	99700	412624	15844
郑州市二七区特色商业区	217	241600	392967	15450
郑州市管城回族区特色商业区	224	261500	393245	30865
郑州市金水区特色商业区	98	329200	199411	10160
郑州市上街区通航特色商业区	316	447800	31658	2008
郑州市惠济区特色商业区	168	430400	114726	3939
中牟县特色商业区	217	223000	84403	1738
荥阳市特色商业区	116	89900	19370	1321
新密市特色商业区	151	21000	78896	2268
新郑市特色商业区	254	104700	199368	7088
登封市特色商业区	220	280300	86122	4142

15-4　商务中心区和特色商业区规上法人单位数

（2017 年）

单位：个

项目	合计	房地产业	批零业	批发业	零售业	住餐业	住宿业	餐饮业	重点服务业
合　　计	**613**	**106**	**302**	**87**	**215**	**54**	**28**	**26**	**151**
按商务中心区分组	**118**	**22**	**35**	**30**	**5**	**11**	**4**	**7**	**50**
郑东新区中央商务区	118	22	35	30	5	11	4	7	50
按特色商业区分组	**495**	**84**	**267**	**57**	**210**	**43**	**24**	**19**	**101**
中原区特色商业区	40	7	8	5	3	7	4	3	18
二七区特色商业区	86	22	35	7	28	13	10	3	16
管城回族区特色商业区	59	5	30	10	20	4	3	1	20
金水区特色商业区	152	6	127	23	104				19
上街区通航特色商业区	17	7	5	5					5
惠济区特色商业区	17	2	12		12	1	1		2
中牟县特色商业区	16	4	6		6	1	1		5
荥阳市特色商业区	27	9	8	1	7	4	2	2	6
新密市特色商业区	16	6	7	2	5	2	1	1	1
新郑市特色商业区	11	1	8		8				2
登封市特色商业区	54	15	21	4	17	11	2	9	7

十六、统计工作大事记

元月

1.1 日，河南省第三次全国农业普查领导小组副组长、河南省统计局局长王世炎，河南省农普办主任、河南省统计局总统计师王贵斌等一行 5 人，莅临郑州市现场指导第三次全国农业普查入户登记工作。郑州市第三次全国农业普查领导小组副组长、统计局局长万永生陪同。

2.1 日，郑州市农普办组建 8 个督查组，分赴全市 15 个县(市、区)，查看现场入户登记情况，慰问一线普查员。

3.1 月初，由郑州市人民政府主编，郑州市经济社会调查队具体承办的《2016 郑州农村发展报告》由中国统计出版社出版发行。

4.5 日，郑州市召开监测评价统计年报业务培训会。各县(市、区)统计局评价专业分管领导、科长和业务骨干参加会议。郑州市统计局总统计师张庆华参加会议并讲话。

5.6 日，郑州市农普办召开全体人员会议，总结前阶段全市农业普查工作开展情况，部署下阶段工作任务。郑州市农普办常务副主任孙玉平出席会议并对下一步工作做了具体安排。

6.9 日，郑州市农普办召开全市农普办主任会议，研究解决各县(市、区)现场登记工作中存在的问题，并对现场登记下一步工作进行部署。郑州市农普办常务副主任孙玉平出席会议并讲话。

7.11 日，郑州市统计局印发《关于加强值班工作纪律的通知》，进一步明确值班工作纪律。

8.11 日，郑州市召开交通运输邮电业部门年报会议，市交通运输委员会、市公安局、市邮政管理局、市邮政局等相关部门和航空通讯等有关单位统计负责人参加会议。

9.12 日，郑州市召开全市 2016 年文化“妇儿”监测统计暨社会事业统计培训工作会议，全市 40 多个市直部门统计人员参加了会议。

10.13 日，郑州市统计局党组召开民主生活会，局党组成员参加会议。局党组书记、局长万永生主持会议。

11.16 日，郑州市统计局印发《关于加强 2016 年统计年报评估工作的通知》，加强年报数据的审核工作和基层统计制度执行情况的监督检查。

12.17 日，郑州市统计局党组成员、副局长祝遵刚带领机关党委和人事处相关人员，到港区三官庙办事处耿家村进行走访慰问。

13.18 日，郑州市统计局党组书记、局长万永生，带领人事处、办公室的同志走访慰问局离退休老干部。

14.1 月中旬，郑州市统计局局长万永生带领相关专业处处长先后到管城回族区、二七区进行调研考察，贯彻落实郑州市委经济工作会议及主要领导讲话精神。管城回族区、二七区常务副区长和发改统计局局长参加了调研座谈。

15.20 日，郑州市统计局召开 2016 年度经济形势分析会。各县(市、区)统计局主管经济形势分析的领导、局县处级领导干部、各部门(单位)正副处长、调查队各处长、业务处室全体人员 120 余人参加了会议。

16.22 日，郑州市统计局开展迎新春系列文体活动，迎接新春佳节的到来。

二月

1.7 日，郑州市统计局召开保密工作会议，贯彻郑州市委、市政府关于保密工作的有关要求，传达典型泄密案例，总结 2016 年保密工作，并对 2017 年保密工作统筹安排。局办公室、数管中心有关人员参加会议。副局长韩彦北主持会议并对保密工作重点强调部署。

2.7 日，郑州市统计局印发《中共郑州市统计局党组贯彻落实〈党委(党组)讨论决定干部任免事项守则〉实施方案》。

3.13 日，郑州市统计局召开局中层以上领导干部会议，传达国家领导同志对统计工作的要求和全国、河南省统计工作会议精神，对贯彻落实工作安排部署。

4.13 日，郑州市召开第三次全国农业普查现场登记数据快速汇总工作视频会议，市农普办常务副主任孙玉平出席会议并讲话。

5.15 日，郑州市农普办召开全体人员会议，总结交流现场登记阶段各工作组工作开展情况，部署下阶段工作任务。市农普办常务副主任孙玉平出席会议并对下一步工作进行安排部署。

6.17 日，郑州市统计局召开重点贸易企业座谈会，选取了百货、超市、石油、汽车、住宿、餐饮、医药、家具、书店等20家重点贸易企业,全面了解春节消费品市场情况。

7.17日,郑州市统计局和市委宣传部联合召开全市文化产业单位核查工作会。各县(市、区)统计局、各县(市、区)宣传部以及市委宣传部、市发改委、市文广新局、市工信委等14家市直部门的同志参加了会议。

8.21日,西安市统计局副巡视员赵群洁一行到郑州市统计局开展业务交流。郑州市统计局副县级领导赵广程和综合处、办公室等处室负责人参加座谈。

9.23日,郑州市统计局召开了2017年全市统计工作暨党风廉政建设工作会议,对2016年统计工作进行了总结,对2017年统计工作、全面从严治党重点任务进行了部署。郑州市统计局党组书记、局长万永生作了题为《围绕中心 深化改革 主动作为 为郑州建设国家中心城市提供有力统计保障》的工作报告,纪检组长王停军作了廉政建设工作报告。郑州市统计局党组成员、副局长韩彦北主持会议。

三月

1.2日,郑州市统计局核算处参加我省关税及海关代征的增值税和消费税等有关情况座谈会。

2.2日,南阳市统计局局长时德清一行到郑州市统计局交流精神文明建设、统计服务、统计"双基"建设、名录库建设等工作经验。郑州市统计局局长万永生及相关业务分管领导和处(室)负责人参加会议。

3.按照郑州市绩效考核工作领导小组《关于做好2016年度综合工作考核的通知》(郑绩文〔2017〕1号)要求,郑州市统计局组织有关专业通过认真核实,对承担认定任务的生产总值、规模以上工业增加值、固定资产投资等10项经济社会发展指标进行科学计算,将全市所辖15个县(市)区的指标完成情况及时报送市绩效考核办。

4.8日,郑州市统计局到新郑市始祖山开展学雷锋"关爱自然、绿色环保"志愿服务活动,清理垃圾,保护自然,用实际行动践行雷锋精神。

5.9日,郑州市统计局到新密市开展规模以上服务业走访调研,通过与业务指导、提升服务业能力、数据质量核查相结合,全方位促进统计工作开展。

6.10日,郑州市统计局举办了2017年首场读书分享会。郑州市统计局调研员江滨同志紧密结合统计工作,畅谈美国统计与我国的差异。

7.10日,郑州市农普办召开全市农业普查办公室主任会议,贯彻落实全省农业普查办公室主任会议精神,听取各县(市、区)农业普查主要数据汇报,对现场登记阶段下一步工作进行安排部署。郑州市农普办常务副主任孙玉平出席会议并讲话。

8.10日,郑州市召开全市工业统计工作暨数据处理程序培训会议。郑州市统计局调研员江滨出席会议并讲话。

9.13日,郑州市统计局召开贸易外经统计工作数据联审培训会议。各县(市、区)统计局贸易外经统计主管领导、贸易科长和有关业务骨干参加了会议。

10.14日,郑州市人民政府、河南省统计局举行座谈会,郑州市市长程志明、常务副市长王跃华,河南省统计局局长王世炎、副局长俞肖云、冯文元及有关专业处室负责人参加,就郑州加快推进国家中心城市建设进行交流。

11.由郑州市委主办的《郑州工作》第三期刊登了郑州市统计局局长万永生撰写的《不负重托牢记使命 加快国家中心城市建设》的署名文章。

12.16日,郑州市统计局印发《2017年郑州市统计法治建设工作要点》(郑统〔2017〕8号),安排部署2017年度统计法治建设重点工作,夯实政府统计工作法治保障基础。

13.按照郑州市人民政府办公厅《关于申报拟争取省支持郑州建设国家中心城市政策意见的通知》要求,郑州市统计局召集相关专业开展研究,3月16日报送4条意见建议,为郑州建设国家中心城市做出应有的贡献。

14.按照河南省统计局安排部署,郑州市开展生活性服务业规上调查单位核实工作。3月20日,全市生活性服务业规上调查单位的核实、认定和上报工作全面完成。

15.17日、20日、22日,《郑州日报》分别在头版显著位置刊登郑州市统计局撰写的统计信息《去年郑州经济总量居全国17位》《前俩月全市经济平稳向好》《郑州居民收入稳步提高》,对宣传郑州加快国家中心城市建设起到积极促进作用。

16.23日,河南省统计局投资处处长顾俊龙一行到郑州市经济技术开发区对建筑业企业进行专题调研。

17.24 日，郑州市统计局赴登封陈家门开展“学雷锋”义务植树活动。

18.28 日，郑州市统计局召开全市建设领域统计工作培训会议，安排部署 2017 年投资统计制度方法改革试点工作。

19.28 日，在郑州市统计局党组成员、副局长祝遵刚及人事处同志的陪同下，局老干部春游踏青，共赏大好春光。

20.29 日，郑州市统计局到马寨产业集聚区实地核实、调研固定资产投资 3 月新开工入库项目基本情况。

21.31 日，郑州市统计局组织 100 余名干部职工观看了由省纪委、省委宣传部等单位联合摄制的反腐电影《第一大案》。

四月

1.1 日，《中国信息报》刊发郑州市统计局党组书记、局长万永生署名文章《强优势补短板　郑州加快中心城市建设》。

2.6 日，郑州市统计局到郑州航空港经济综合实验区调研指导服务业统计工作。

3.7 日，郑州市统计执法随机抽查制度清单通过政府门户网站向社会公示，接受社会监督。

4. 为做好郑州市第十四届人大五次会议和政协郑州市第十三届四次会议“两会”服务，郑州市统计局制作《数字郑州》图册作为大会参阅材料之一分发至各位人大代表和政协委员。

5. 在郑州市第八届“百万妇女健身活动展示大赛”活动中，郑州市统计局取得了“第九套广播体操团体二等奖”“羽毛球比赛市直组第七名”的优异成绩，集体跳绳及其它参赛项目荣获“优秀组织奖”。

6.12 日，在 2017 年全省社科文统计工作会议上，郑州市统计局社科处以《适应新形势为科技统计工作发展做贡献》为主题做典型发言。

7.14 日，在全省服务业统计工作暨季度数据联审会议上，郑州市统计局以《围绕提升数据质量不断夯实服务业统计基层基础工作》为主题，做典型发言。

8.18 日，郑州市农普办召开全体人员会议，总结前阶段全市农业普查工作开展情况，部署下阶段工作任务。郑州市农普办常务副主任孙玉平出席会议并对下一步工作做了具体安排。

9. 国务院第三次全国农业普查领导小组办公室印发国农普办字〔2017〕1 号文，公布第三次全国农业普查宣传作品征集活动优秀作品入选名单。郑州市农普办制作的《农业普查今天到俺家》动画 MV 和《农业普查　惠及农家》宣传片双双获奖。

10.20 日，郑州市统计局召开 2017 年第一季度经济形势分析会。综合、核算、投资、贸易、服务业处对今年一季度经济形势进行了深入解读，河南财经政法大学李冻菊教授受邀对发言内容进行点评。

11.20 日，河南省统计局副巡视员方国根一行到登封调研工业企业生产经营、能源消费和统计规范化建设情况。郑州市统计局调研员汀滨陪同调研。

12.21 日，郑州市召开全市农普办主任会议，安排国家、省事后质量抽查迎检工作，并对下阶段各级事后质量抽查工作进行部署。郑州市农普办常务副主任孙玉平出席会议并讲话。

13.24 日，郑州市统计局精心制作的“一张图解读一季度郑州经济发展”对外发布。

14.25 日，郑州市统计局召开全市普查中心系统工作会议，传达全省基本单位名录管理工作会议精神，总结 2016 年工作，安排布置 2017 年工作任务。郑州市统计局副局长孙玉平出席会议并讲话。

15.26 日，郑州市统计局党组成员、副局长祝遵刚围绕从严治党上党课。

16.26 日，郑州市统计局召开固定资产重点项目入库工作会，各县（市、区）统计局局长、投资专业的分管领导、投资科长参加了会议。郑州市统计局党组书记、局长万永生出席会议并讲话。

17.27 日，《郑州市国民经济和社会发展统计公报》及解读“一张图读懂 2016 年统计公报”同时在《郑州日报》发布。

18. 近日，郑州市人民政府办公厅印发《关于 2016 年郑州市政府网站绩效评估情况的通报》（郑政办文〔2017〕18 号），郑州市统计局在郑州市部门（单位）网站绩效评估中排名第 10 位，较 2015 年前进 8 个位次；2016 年信息报送 126 篇，其中审核通过数 115 篇，在郑州市部门（单位）网站信息报送排行中位列第二，采用率 91.27% 位列第一；并荣获“部门（单位）网站评估优秀单位”。

五月

1.3 日，郑州市农普办召开全市农业普查工作推进会，部署省、市两级第三次全国农业普查事后质量抽查工作，安排乡镇普查表、行政村普查表填报工作。郑州市农普办常务副主任孙玉平出席会议并讲话。

2.3 日，河南省统计局工业处孙磊处长和国调队河南总队工业处李海燕处长一行到郑州市调研规模以下工业企业情况。郑州调查队队长连林昌、郑州市统计局调研员江滨陪同调研。

3.3 日，郑州市统计局参加了《中国（河南）自由贸易试验区郑州片区实施方案（讨论稿）》讨论会议，积极参加研讨并提出修改意见。

4. 郑州市统计局在五四青年节到来之际，以“青年、青春”为主题举办读书分享会。郑州市统计局领导分享了自己的工作经历和心路收获，并鼓励大家要甘于奉献、踏实工作。与会同志也交流分享了名家著作、经典诗歌等内容，共话青春，绽放梦想。

5. 在 4 日—5 日举行的郑州市市直机关羽毛球比赛中，郑州市统计局喜获乙组男子双打亚军（蔡江水　徐新岗）、女子单打亚军（李理愿）、混双第五名（杨宏革　侯彬）、男子单打第五名（程胜先）、女子单打第九名（宋玉清）的优异成绩。

6.5 日，郑州市统计局到金水区调研服务业统计工作，了解金水区服务业经济形势和服务业统计工作开展情况。

7.5 日，郑州市统计局参加促进服务外包产业发展工作征求意见座谈会，对《关于促进服务外包产业快速发展的意见》提出意见建议。

8.5 日、8 日、12 日、22 日，郑州市统计局赴惠济区和中牟县，抽取 15 家单位开展劳动工资统计执法检查工作。

9.9 日，郑州市统计局太极拳学习班在碧沙岗公园正式开班。郑州市统计局 30 多名干部职工利用工作之余，积极投入学习训练。

10. 近日，郑州市人力资源和社会保障局和郑州市妇联联合召开了 2016 年度郑州市三八红旗集体、优秀妇女工作者及优秀妇委会表彰大会。郑州市统计局被授予“郑州市三八红旗集体”光荣称号。

11.9 日—10 日，郑州市统计局总工程师、普查中心负责人李海宾带领由普查中心、投资处有关人员组成的核查组，深入荥阳市、金水区，对 5 月份拟新增一套表调查单位开展现场核查。

12.10 日，郑州市统计局和新密市统计局以机关党建工作为主要内容召开座谈会，并就新形势下如何更好地开展统计机关党建工作进行了探讨。郑州市统计局党组成员、副局长、机关党委书记祝遵刚到会并讲话。

13.11 日，郑州市委常委、常务副市长王跃华对郑州市统计局报送的统计信息《一季度 11 个中心城市主要经济指标对比》作出批示：“这个指标对比搞的很好，要持续下去”。

14.17 日，河南省统计局工业处处长孙磊到郑州宇通客车调研企业生产经营情况。郑州市统计局工业处和管城区统计局有关人员陪同调研。

15.17 日，郑州市统计局组织召开全市部门研发人员统计工作培训会。郑州市政府副秘书长张红军在培训班开班仪式上发表重要讲话，郑州市统计局党组书记、局长万永生，郑州市统计局副局长韩彦北出席培训班开班仪式。

16.17 日，郑州市统计局召开全市名录库核查工作紧急视频会议，安排布置规下工业非目录样本单位实地核查工作。郑州市统计局党组成员、副局长孙玉平出席会议并讲话。

17.17 日，郑州市统计局由普查中心、工业处、服务业处有关人员组成核查组，深入高新技术产业集聚区，开展经济功能区单位核查工作。

18.18 日—19 日，郑州市统计局召开全市 2016 年拟奖励“四上”单位主要指标数据联审会议，对拟奖励企业的申报材料和主要指标数据进行联审。

19.18 日—19 日，河南省统计局普查中心主任杨全明一行到郑州市调研督导规下工业样本单位核查工作。郑州市统计局副局长孙玉平陪同调研。

20.19 日，郑州市召开 2017 年统计法治工作会议。郑州市统计局党组书记、局长万永生出席会议并讲话，局党组成员、副局长祝遵刚作具体工作部署。

21.19 日，郑州市统计系统召开推进“两学一做”学习教育常态化制度化工作动员部署会。郑州市统计局党组书记、局长万永生出席会议并讲话。

22.22 日，郑州市统计局召开专题会议，通报了近几年典型泄密案例。郑州市统计局党组书记、局长万永生再次强调保密工作重要性，对保密工作提出新要求。

23.22 日，郑州市委副书记、市长程志明听取了郑州市统计局对全市当前经济运行情况的专题汇报，重点对投资、工业及房地产的运行情况进行了解。在听取汇报后，对下一步统计局如何做好经济形势研判,做好分析研究,更好地为党政领导决策提供服务作出具体指示和要求。

24.25 日,河南省统计局服务业处王予荷处长一行莅临郑州市统计局,与黄河勘测规划设计有限公司、中国河南国际合作集团有限公司等9家郑州市“一带一路”服务业重点企业进行座谈。郑州市统计局局长万永生、总统计师张庆华参加了座谈会。

25.25 日,郑州市统计局开展了以“传承孝道”为主题的2017年第二期道德讲堂活动。来自河南大学教育科学学院的赵国权教授围绕“重孝道、知感恩、传美德”为大家作了题为《百善孝为先——穿越时空,看传统的孝道文化》的讲座。

26.26 日,郑州市统计局召开全市2017年一季度能源统计数据联审会议。各县(市、区)能源统计主管领导、能源统计科科长及业务骨干参加会议。

27.26 日,西安市统计局副局级领导陈瑾瑜一行到郑州市统计局交流学习工业统计和固定资产投资统计工作。郑州市统计局调研员江滨和工业、投资专业的相关人员参加了会议。

28.26 日,郑州市召开《郑州农村发展报告2017》编辑工作会议。郑州市政府办公厅秘书三处处长王明太,郑州市统计局副局长、《报告》编辑部主编孙玉平到会并讲话。

29.30 日,《郑州统计概要—2017》编辑出版,及时、全面反映2016年郑州市国民经济和社会发展状况。

30.31 日,郑州市统计局印发《郑州市统计系统推进服务型行政执法建设工作方案》,要求以建立长效机制为基础,强化服务型行政执法理念,推进服务型统计执法建设,确保统计数据质量。

六月

1.河南省统计学会第三十一届统计经济论文评选结果日前发布,郑州市统计学会选送的三篇课题获奖。其中:人口处撰写的《郑州市人口及公共服务设施配套现状分析报告》荣获一等奖;核算处撰写的《郑州市“十三五”经济增长动力研究》荣获二等奖;调查队信息处撰写的《郑州市电子商务发展问题研究》荣获三等奖。

2.在1日召开的郑州市公务员平时考核业务培训会上,郑州市统计局人事处处长杜九利向与会单位介绍并讲解了郑州市统计局实施目标考核管理的经验做法。

3.2 日,郑州市统计局联合市商务局分别对新郑市华南城、中牟县万邦国际农产品公司进行了调研,为做好市场运行监测和贸易统计工作打下良好基础。

4.2 日,郑州市统计局印发《2017年度郑州市统计系统全面落实行政执法责任制工作方案》,通过规范行政处罚裁量权、健全行政执法规范、加强行政执法监督、做好行政执法培训、开展统计法治调研等六项措施,进一步规范行政执法,压实统计执法责任。

5.6 日,郑州市市直机关第29届老干部运动会隆重开幕。郑州市统计局25名离退休干部组成代表队积极参赛,孙学仁获得沙狐球比赛三等奖。

6.6 日—8 日,郑州市统计局普查中心与投资处等有关专业人员组成核查组,先后到郑东新区、中牟县、中原区,对6月份拟新增一套表调查单位开展核查。

7.8 日,郑州市统计局组织各县(市、区)统计局法制机构负责人、业务骨干和市局具备行政执法资格的人员共70余人,开展了运用行政指导方式推进服务型行政执法培训。郑州市统计局党组成员、副局长祝遵刚作动员讲话。

8.8 日,郑州市统计局组织召开规范统计执法业务培训会议,郑州市统计系统近70名具备行政执法资格的人员参加培训并通过统计执法能力测试。

9.9 日,河南省地方经济社会调查队发展载体处刘文太副处长一行来郑进行专题调研。郑州市统计局副局长韩彦北、副局长孙玉平,市局社科处,高新区、航空港区、郑东新区、经开区、金水区、金水科教园区研发创新统计负责人及统计人员就当前研发创新统计工作与省地调队调研组进行了座谈交流。

10.9 日,郑州市统计局举办第三期统计素能提升讲坛,特邀河南省统计局普查中心主任杨全明以“云计算和大数据”为主题做深度解读。

11.13 日—14 日,河南省统计局人口和就业统计处处长孙斌育一行深入管城区检查督导月度劳动力调查入户登记工作。郑州市统计局副局长孙玉平和人口就业处有关人员陪同参与检查督导。

12.19 日,郑州市市直“两学一做”学习教育常态化制度化第二督导组组长李书英一行4人到郑州市统计局就“两学一做”学习教育常态化制度化开展情况进行督导检查。

13.19 日—23 日,郑州市统计局副县级以上领导、全体党务干部和2015年度优秀共产党员及党务工作者到愚公移山精神干部学院参加学习培训。

14. 20 日—30 日，郑州市统计局由主管领导芦珊带队，设管处牵头，联合法规处、监察室与管城区、金水区、中牟县、荥阳市等八个县（市、区）相关专业人员交流、座谈，听取汇报本级“三公统计”制度的制定、执行、宣传情况，以及对郑州市统计局各专业“三公统计”制度的评价、意见和建议。

15. 26 日，郑州市统计局党组书记、局长万永生，局纪检组长王停军带领群众工作队队员，在经开区副主任孙兵和社区党支部书记关莉的陪同下，前往明湖办事处格林社区老党员、困难党员家中走访慰问，为他们送去了慰问品和节日的祝福。

16. 26 日—28 日，由郑州市政府督查室牵头，郑州市统计局会同市发改委、工信委、建委、财政局、房管局等部门成立联合督察组，对郑州市上半年经济运行中的重要经济指标完成情况进行了专项督查。

17. 29 日，郑州市统计局召开“七一”表彰大会，总结 2016 年以来的党建工作，表彰 2016 年度先进党支部、优秀共产党员和优秀党务工作者。

18. 29 日，郑州市统计局党组书记、局长万永生以“讲责任、有作为、敢担当”为主题作专题党课。

19. 30 日，郑州市统计局组织党员干部到中原豫西抗日纪念园、密北抗日民主政府旧址开展庆“七一”党员红色教育活动。

七月

1. 4 日，河南省统计局普查中心主任杨全明、副主任孙勇莅临郑州开展商务中心区统计单位入库管理工作专题调研。郑州市统计局副局长孙玉平及普查中心有关人员陪同。

2. 6 日，郑州市统计局党组书记、局长万永生主持召开专题会议，交流座谈全市“三公统计”工作执行情况。设管处汇报了全市“三公统计”自查督查情况，各专业处针对本专业“三公统计”开展情况和县（市、区）提出的建议进行说明。

3. 7 日，郑州市统计局 40 余名干部职工不畏酷暑，来到百花社区积极参加“省会城市清洁大行动”，主动服务郑州市“双迎攻坚”工作。

4. 近期，中共郑州市委办公厅印发郑办文〔2017〕9 号文，郑州市统计局赵广程、宋玉清撰写的《郑州市高技术产业发展及对策》和程胜先、潘鹏举、侯彬撰写的《郑州市生产性服务业发展研究》两篇课题荣获郑州市 2015—2016 年度社会科学优秀成果二等奖。

5. 5 日—7 日，郑州市统计局副局长孙玉平带领核查组，先后深入到新郑市、新密市、管城区，对 7 月份拟新入一套表调查单位开展现场核查。

6. 5 日—14 日，郑州市统计局与科技局、财政局组成联合调研组对全市科研事业单位、高校、医院和重点服务业企业研发情况进行调研。

7. 11 日，郑州市统计局印发《中共郑州市统计局机关委员会关于重新划分党支部的通知》，对局党支部进行了重新划分。各党支部进行党支部书记选举。

8. 近日，根据郑州市人民政府统一部署，郑州市统计局圆满完成政府机构失信问题专项治理工作，全力打造诚信型、信用型统计机关。

9. 近日，市直机关工委下发《关于表彰先进基层党组织、优秀党务工作者和优秀共产党员的决定》（郑直〔2017〕48 号），郑州市统计局机关党委被评为“先进基层党组织”，张全力同志被评为“优秀党务工作者”，郝惊迪同志被评为“优秀共产党员”。

10. 12 日，郑州市统计局召开专题会议，安排部署全市一套表调查单位审核质量核查及近期重点工作。郑州市统计局党组成员、副局长孙玉平出席会议并讲话，郑州市统计局总工程师、普查中心负责人李海宾主持会议。

11. 14 日，郑州市统计局开展“数据审核认定会议记录本”展评活动。评审人员由设管处、监察室、法规处组成。执行“三公统计”的各个专业处室、调查队、中心参加了此次展评。

12. 14 日，郑州市统计局举办第四期统计素能提升讲坛，郑州市统计局贸易处处长张春培同志以“中国自由贸易区发展理念管窥”为主题作精彩讲解。

13. 17 日，郑州市统计局召开上半年工业数据评审会议，郑州市统计局调研员江滨，局设管处、法规处有关负责人参与了此次评审会议。

14. 18 日，郑州市统计局调研员江滨及工业处、能源处统计工作人员以“从统计数据看郑州工业转型发展”为主题开展在线访谈，解读郑州市工业发展、能源消耗等方面的统计数据及概念。

15. 20 日，洛阳市统计局副局长宋晓霞一行 4 人来郑交流研发统计工作，郑州市统计局副局长韩彦北和社科处人员参加了此次座谈。

16.20 日，郑州市统计局召开 2017 年上半年经济形势分析会。综合、核算、工业、投资、贸易、服务业处室负责人从各自专业角度对上半年全市经济发展形势进行了分析，局领导依次对发言进行了点评。郑州市统计局党组书记、局长万永生作重要讲话。

17.24 日，郑州市统计局召开巡察工作动员会，市委第五巡察组组长高永振同志就巡察主要任务、工作安排提出要求，市委巡察办副主任陈刚同志作重要讲话，市委巡察组全体成员出席会议，郑州市统计局党组书记、局长万永生主持会议并作表态发言，统计局机关全体工作人员和二级机构负责人参加了会议。

18.25 日，郑州市统计局县处级领导，局各处（室）、队、中心负责人等 20 余人认真收听收看国家统计局学习贯彻《中华人民共和国统计法实施条例》视频会，进一步落实《条例》学习贯彻工作。

19.26 日—27 日，郑州市统计局机关党委组织各党支部认真学习巡察组讲话精神和局党组表态发言。

20.27 日，河南省统计局人口就业处副处长刘晓峰一行，深入郑州市妇幼保健院对全面两孩政策实施效果情况进行专题调研。郑州市统计局副局长孙玉平及人口就业处相关人员参与调研。

21.19 日—31 日，郑州市统计局在全市范围选取了 8 个县区的 3 家接生量较大的医院或助产机构、6 个村（居）委会，开展全面两孩政策实施效果调研工作。

八月

1.1 日，郑州市人民政府法制办、郑州市统计局在绿城广场联合开展《中华人民共和国统计法实施条例》集中宣传日活动，各县（市、区）《条例》集中宣传活动同时开展。

2.2 日，河南省统计局社会和科技统计处处长李贵峰一行 4 人来郑开展研发统计调研。郑州市统计局副局长韩彦北和社科处人员陪同调研。

3.4 日，郑州市召开全市研发、企业创新调查统计数据联审会议，各县（市、区）统计局负责研发、创新统计的主管领导、科长及业务骨干共 40 余人参加了会议。

4. 在 2017 年郑州市党委办公厅（室）系统优秀调研报告和调研工作先进个人评选中，郑州市统计局撰写的《郑州市绿色发展指标体系构建及评价研究》一文获优秀调研报告三等奖，徐端同志获调研工作先进个人。

5.7 日，郑州市统计局特邀河南省消防协会台露佳教员开展消防安全知识专题培训。

6.7 日，郑州市统计局党组书记、局长万永生主持召开中心组学习（扩大）会，专题学习《中华人民共和国统计法实施条例》。

7.10 日，郑州市统计局召开各部门 2018—2020 年财政规划编制工作会议，郑州市统计局副局长韩彦北出席会议并讲话，各处室、中心负责人参加了会议。

8.10 日—11 日，国家统计局服务业司贾春华处长一行三人到郑州调研服务业统计工作，河南省统计局副巡视员罗勤礼、服务业处处长王予荷，郑州市统计局总统计师张庆华陪同调研。

9.11 日，郑州市统计局党组书记、局长万永生，党组成员、副局长祝遵刚深入街道办事处开展送法下基层活动，以座谈解读《中华人民共和国统计法实施条例》和赠送统计法规书籍的方式宣传普及统计法律知识。

10.11 日，郑州市统计局召开全市贸易专业上半年数据联审会议，各县（市、区）统计局负责贸易业的主管领导、科长和业务骨干参加了会议。

11.15 日，郑州市统计局机关党委工作人员来到荥阳市刘河镇申庄村开展文明单位结对帮扶对接工作，签订农村精神文明创建结对帮扶协议书。

12.15 日，河南省统计局设管处处长方伟平一行莅临新郑市调研双基建设工作，进行走访，开展座谈。郑州市统计局分管领导芦珊和设管处同志陪同调研。

13.17 日，郑州市统计局组织 57 名干部职工到郑州好人馆参观学习，聆听郑州市各级道德模范、中国好人、感动中国人物的先进事迹，接受道德洗礼。

14.17 日，郑州市统计局党组书记、局长万永生带领副局长祝遵刚、办公室主任、人事处处长等有关人员深入郑州航空港经济综合试验区三官庙办事处耿家村开展工作，实地察看驻村工作情况，与辖区相关同志进行座谈，了解工作情况，现场解决实际困难。

15.22 日，郑州市统计局召开新闻媒体座谈会，郑州日报、郑州电视台、郑州人民广播电台等市级主流媒体的记者参加座谈，就如何做好统计新闻宣传工作进行交流探讨。

16. 23 日,郑州市统计局召开全市上半年工业统计数据联审会议,传达2017 年全国、全省上半年工业统计数据联审会议精神,通报上半年全市工业统计数据质量,安排部署下阶段重点工作及注意事项。各县(市、区)统计局工业统计分管领导、工业科科长和业务骨干参加了会议。

17. 24 日,由郑州市公务员局主办、郑州市统计局承办的第 16 期全市公务员大讲堂在市总工会礼堂开课。郑州大学商学院教授李中建应邀作了题为《国家中心城市建设的郑州版本》的讲座。来自市直机关的近 300 名公务员参加学习。

18. 24 日,新郑市统计局学习贯彻《中华人民共和国统计法实施条例》宣讲活动成功举办,标志着郑州市组织的《条例》宣讲活动圆满完成。从 8 月 4 日至 8 月 24 日,宣讲团先后深入 15 个县(市、区)开展了 16 场《条例》宣讲活动,全市约 4000 名统计系统干部职工和企业统计人员接受了统计法律知识教育。

19. 近期,郑州市统计局组织统计系统全体人员观看政论专题片《法治中国》,强化提高干部职工依法办事、依法行政意识和能力,为推进依法统计、依法治统贡献力量。

20. 28 日,河南省统计局评价处副处长袁俊山一行到新郑调研指导园区基础规范化建设工作,郑州市统计局总统计师张庆华和评价处同志陪同调研。

21. 29 日,郑州市统计局召开党组中心组学习(扩大)会。局中心组成员及局有关处(室)、队、中心负责人参加会议。市委第五巡察组副组长马雷、成员张鑫应邀列席了会议。会议由郑州市统计局党组书记、局长万永生主持。党组中心组部分成员及有关部门负责同志围绕马懿书记及程志明市长的讲话,结合统计工作谈体会讲感受。

22. 31 日,郑州市统计局召开全市 2017 年上半年能源统计数据联审会议。

23. 29 日—31 日,郑州市统计局抽调行政执法人员,对工业、能源、投资等 7 个专业源头数据质量等统计工作开展专项巡查。

九月

1. 1 日,郑州市统计局组织召开自贸区统计工作衔接协调会。自贸区郑州片区管委会,市商务局,经济技术开发区、航空港区、郑东新区、金水区统计和商务部门,以及郑州市统计局有关处室负责人等 20 余人参加了会议。

2. 5 日—15 日,郑州市统计局组织开展全市一套表调查单位市级核查工作,对河南省统计局抽取的 1028 家单位和郑州市统计局抽取的 237 家单位进行全面现场核查。

3. 6 日,郑州市统计局举行第二届中华慈善日和 2017 年郑州慈善日活动捐款仪式。郑州市统计局党组成员、副局长祝遵刚作动员讲话。

4. 7 日,郑州市统计局召开全市统计改革发展务虚会,传达国家、省统计改革发展务虚会精神。郑州市统计局县处级领导干部,各部门(单位)负责人,各县(市、区)统计局局长、开发区统计部门负责人参加了会议。

5. 10 日,2017 年河南省暨郑州市社科普及周开幕式在绿城广场举行。郑州市统计局依托此次活动,向广大市民宣传统计法、条例等统计知识,共向市民发放各类宣传资料 130 余份。

6. 11 日,根据第十一届中国(郑州)国际园林博览会筹建指挥部的要求,郑州市统计局邀展工作组到园博园现场督促检查对口单位荆门园工程进展工作。韩彦北副局长和荆门园林局的领导深入交流,详细听取了工程设计构思、施工进展情况。

7. 11 日,郑州市政府印发《关于全面清理纠正违反统计法精神文件和做法的通知》(郑政办明电〔2017〕370 号),对违反统计法精神文件和做法进行全面清理纠正。

8. 12 日,郑州市统计局与郑州市人民政府网、新浪河南联合举办 2017 年第二期在线访谈。本期访谈以“开放环境中的郑州贸易统计”为主题,从统计数据和统计视角与广大网民朋友共话郑州市经济社会开放发展。

9. 近日,在围绕学习贯彻市委十一届四次全会精神举办的“建设国家中心城市,我们怎么办”大讨论中,郑州市统计局党组书记、局长万永生接受《郑州日报》记者采访。

10. 12 日,郑州市统计局副局长孙玉平带领局总工程师、普查中心负责人李海宾及普查中心有关人员,深入到航空港区三官庙办事处耿家村,走访调研驻村工作。

11. 12 日—15 日,河南省统计局按照国家统计局的统一部署,举办了 2017 年国家统计执法资格河南培训考试班,郑州市统计局组织 20 名通过资格审核的人员参加了此次培训考试。

12. 13 日,国家统计局核算司巡视员刘丽萍、地区 GDP 核算处处长刘慧平一行莅临郑州市调研航空港区经济发展情况。河南省统计局副巡视员罗勤礼、航空港区管委会副主任王春山、郑州市统计局局长万永生等陪同调研。

13.14 日，由郑州市统计局、国家统计局郑州调查队主办，中牟县统计局、国家统计局中牟调查队承办的第八届“中国统计开放日”宣传活动启动仪式在中牟县世纪广场举行。中牟县人民政府领导，市、县、乡（镇、办）三级统计、调查队系统的领导和干部职工 100 余人参加活动。

14.14 日，郑州市统计局第四轮文明单位结对帮扶工作队在党组成员、副局长祝遵刚的带领下，到结对帮扶村荥阳市刘河镇申庄村开展“小书包大爱心”志愿服务活动，为困难学生及留守儿童送去新学期的爱心书包、文具盒、油画棒等学习用品。

15.17 日—23 日，郑州市统计局组织全市统计系统骨干人员走进苏州大学进行研修学习，来自郑州市统计局、各县（市、区）、开发区统计部门的 80 名人员参加了本次学习。

16.20 日，郑州市统计局人口处有关人员在局法规处协助下，对航空港区的三家企业进行行政指导工作。

17.20 日—22 日，中部六省会城市统计局长座谈会在太原召开，郑州市统计局党组书记、局长万永生及有关专业处室人员参加会议。

18.26 日，郑州市统计局召开以案促改工作动员暨“双节”廉政谈话会。会议由郑州市统计局党组成员、纪检组长王停军主持，郑州市统计局党组书记、局长万永生作了动员部署。

19.26 日，郑州市统计局党组成员、纪检组长王停军结合坚持标本兼治推进以案促改工作上廉政专题党课。郑州市统计局全体党员参加党课学习。

十月

1.12 日，郑州市统计局召开全市第三季度规模以上服务业数据联审会，传达全省服务业统计数据联审会议精神，对三季度规模以上服务业数据进行联审，通报统计巡查和服务业统计执法检查相关情况，布置企业组织机构调查工作并进行业务培训，对下阶段全市服务业统计工作安排部署。

2.15 日—31 日，郑州市千余名调查指导员和调查员，在当地派出所和基层组织的协助下，全面开展人口抽样调查入户摸底登记工作。

3.16 日，郑州市统计局对通过执法资格考试的 13 名同志和符合办证条件的 146 名同志分别完成了统计执法证和统计调查证等“两证”办理审核任务。

4.18 日，郑州市统计局组织全体党员收看中国共产党第十九次全国代表大会现场直播。

5.19 日，郑州市统计局组织全体人员开展了以“加强公务员职业道德建设”为主题的 2017 年第三期道德讲堂活动。中共河南省委党校康来云教授以《加强公务员职业道德建设》为题精彩授课。

6.23 日，郑州市统计局印发《关于组织开展 2017 年度全市统计系统国家工作人员开展法律法规知识学习考试活动的通知》，部署机关公务员（含参照公务员管理的事业单位人员）开展 2017 年度国家工作人员法律法规知识学习考试活动。

7.24 日，郑州市统计局召开 2017 年三季度经济形势分析会。各县（市、区）统计局、开发区统计部门主管经济形势分析的领导和综合科科长，郑州市统计局县处级领导干部，各部门（单位）正副处长（正副主任），专业处室全体人员参加会议。

8.27 日，郑州市统计局组织 2017 年度优秀共产党员、优秀党务工作者和各部门负责人，到荥阳市刘河镇申庄村开展文明单位结对帮扶“清洁家园行动”。

9.30 日，郑州市统计局召开贯彻落实党的十九大精神动员部署会。

10.30 日，郑州市委第五巡察组向郑州市统计局反馈巡察情况，组长高永振反馈巡察意见，市委巡察办副主任陈刚针对做好巡察反馈问题整改工作进行了讲话，郑州市统计局党组书记、局长万永生同志主持会议并作表态发言。

十一月

1.1 日，郑州市统计局联合河南省统计局共同组织干部职工参观郑州园博园。

2.1 日，西安市统计局服务业处处长王金桂一行到郑州调研服务业统计和临港经济统计工作，郑州市统计局总统计师张庆华陪同调研。

3.2 日，郑州市统计局副局长孙玉平带领人口和就业处相关人员赴登封市督导人口抽样调查入户登记工作。

4.2 日，郑州市统计局召开三季度能源统计工作会议，全面贯彻河南省统计局工作部署及要求，安排下阶段郑州市能源统计工作。

5.2 日，中共郑州市统计局机关委员会下发通知，对所属 18 个党支部书记进行调整任命。

6.6 日，国家统计局人口就业司司长李希如一行莅临郑州市调研人口抽样调查工作。河南省统计局副局长冯文元，郑州市委常委、航空港经济综合实验区党工委书记张延明，郑州市统计局局长万永生陪同调研。

7.6 日—8 日，郑州市统计局赴新郑、金水、航空港区，调研企业研发统计情况。

8.9 日，郑州市统计局召开全市 2017 年基本单位年报布置暨业务培训会。郑州市统计局党组成员、副局长孙玉平到会并讲话。

9.10 日，郑州市统计局召开机关委员会增补委员选举大会。

10.10 日，河南省地调队区域监测处处长张俊芝一行到登封市对乡镇发展、县域经济统计基层基础建设情况进行调研检查。郑州市经济社会调查队书记孟玲武陪同调研

11.13 日，郑州市统计局召开局长办公会，研究贯彻落实《关于进一步加强服务业建筑业统计工作的意见》（郑政〔2017〕13 号）文件精神的工作措施和相关材料，服务业统计处处长程胜先就工作开展情况和相关举措作专题汇报。

12.14 日，郑州市统计局举办党务干部培训班。

13.1 日—15 日，郑州市全面开展人口抽样调查入户登记工作。

14.15 日，国家公务员局党组成员、副局长张义全，考试录用司司长盛桂英，考核奖励司副司长宋鑫一行赴郑州专题调研公务员管理工作。河南省人社厅副厅长、公务员局局长郭成全同志主持座谈会。郑州市统计局作为市直两家参会单位之一进行了经验汇报。

15.16 日，郑州市统计局赴郑州宇通客车股份有限公司实地调研生产经营情况。

16.16 日，郑州市副市长史占勇对社科处报送的统计分析材料《郑州市规上工业企业与中部其他省会城市研发情况的比较分析》作出批示："该项分析内容实、问题分析透、有关建议针对性强，请市科技局、市工信委认真研究。"

17.21 日，在郑州市 2017 年秋季主体班课堂上，河南省统计局政策法规处处长乔西宏以《坚持依法统计推进统计改革　确保统计数据真实准确》为题进行授课，将统计法律法规纳入领导干部学习内容。

18.23 日，石家庄市统计局党组成员、总统计师张春丽一行到郑州市统计局交流学习集聚区企业统计、产业结构、统计服务等领域工作经验。郑州市统计局调研员江滨和工业处、综合处的相关人员参加交流座谈。

19.23 日，郑州市市长程志明对投资处报送的统计信息《郑州工业投资增速下降　存在问题不容忽视》作出批示："请跃华、占勇同志阅研。我看关键在项目，要继续在项目谋划、项目招引、项目建设、项目融资、项目服务上下功夫，在加快工业转型升级的同时，保持投资适度增长"。

20.24 日，河南省投入产出调查办公室雷茜茜、赵国顺、张宏举一行到郑州调研投入产出调查试点工作，郑州市统计局核算处处长陈斌，中原区发展改革和统计局副局长张琇琳陪同调研。

21.24 日，以"新时代　新征程"为主题的郑州市直机关第五届健步走活动在双鹤湖中央公园举行。郑州市统计局代表队在局党组成员、副局长孙玉平的带领下参加了健步走活动。

22.27 日，河南省统计局副局长冯建中带领工业处处长孙磊、河南省工信委运行局副局长仝宝琛等一行五人到郑州市调研工业经济形势。郑州市副市长史占勇，郑州市统计局局长万永生，郑州市工信委主任范建勋以及荥阳市和经开区的相关领导陪同调研。

23.27 日，郑州市统计局与郑州市人民政府网、新浪河南联合开展 2017 年第三期在线访谈。郑州市统计局副局长孙玉平及人口就业处有关人员与网友进行交流，解读人口调查的统计数据及概念。

24.27 日，郑州市统计局印发《关于 2016—2017 年度郑州市优秀统计分析报告评选结果的通报》（郑统学〔2017〕4 号），对优秀分析报告、优秀统计信息进行表彰。

25.28 日，郑州市统计局召开全体干部职工会议，集中学习中共中央办公厅国务院办公厅《统计违纪违法责任人处分处理建议办法》和国家统计局《关于领导干部违规干预统计工作记录制度的办法》。郑州市统计局党组成员、副局长孙玉平主持会议并讲话。

26.28 日，郑州市组织市、县（市、区）两级统计机构负责人及业务人员，收听收看河南省统计局 2017 年统计年报和 2018 年定期统计报表制度布置视频会议。

27.28 日，郑州市统计局举办全市建设领域统计业务培训班。各县（市、区）投资科长及业务骨干 60

余人参加培训。

28.29日，国家统计局贸易外经司副巡视员王智及全国部分省市会议代表共34人莅临郑州市调研中国(河南)自由贸易试验区和跨境电商统计工作情况。河南省统计局副巡视员罗勤礼、郑州市副市长刘东、郑州市统计局局长万永生等有关人员陪同调研。

29.11月29日—12月1日，国家统计局设计管理司副司长王萍、服务业司专项处处长李卉一行三人在郑州开展营商环境评价调研工作。

30.30日，郑州市统计局召开县(市、区)统计局办公室会议，总结2017年各县(市、区)政务信息工作，布置2018年"一报两刊"征订工作。

31.11月30日—12月1日，国家统计局党组成员、总经济师盛来运一行5人在河南省统计局局长王世炎、国家统计局河南调查总队总队长俞肖云、河南省统计局副局长赵德友的陪同下莅郑调研。在郑期间，郑州市委副书记、市长程志明会见了调研组一行；市委常委、常务副市长王跃华，市政府常务副秘书长张吉、市统计局局长万永生、国家统计局郑州调查队队长连林昌分别参加了调研和座谈。

32.由郑州市人民政府主编，郑州市经济社会调查队具体承办的《2017郑州农村发展报告》于11月正式出版发行。

33.《郑州统计年鉴—2017》经过精心编辑、设计、印制，于11月出版发行。

十二月

1.在2017年全省统计科研立项课题验收评比中，郑州市统计局撰写的《郑州市绿色发展指标体系研究暨分县(市)区评价探索》一文，在河南省统计局立项科研课题评比中获奖。

2.1日—8日，郑州市统计局组织开展全市统计系统《统计法》《统计法实施条例》知识竞赛。

3.5日，郑州市统计局组织召开巡察整改落实专题民主生活会。郑州市统计局党组成员万永生、王停军、孙玉平参加了会议，市委第五巡察组副组长马雷等4位同志列席了会议。

4.6日，郑州市统计局组织召开全市2017年统计年报和2018年定期统计报表制度布置视频会议。

5.7日，郑州市统计局在2017年全省创新调查统计年报工作会议上，就郑州开展创新统计年报工作的流程、遇到的问题及解决方法做典型发言。

6.郑州市统计局联合郑州市商务局研究中国(河南)自由贸易试验区郑州片区经济社会发展统计指标体系，重点探索服务贸易、技术贸易、转口贸易和跨境电商等统计方法创新，完成了《郑州市服务贸易统计创新工作方案》。

7.11日，河南省统计局服务业处发来表扬信，对郑州市统计局2017年服务业统计工作给予充分肯定。

8.14日—15日，郑州市统计局组织召开2017年劳动工资统计年报会，总结2017年全市劳动工资统计工作，布置2017年年报和2018年季报工作，并就如何做好劳动工资统计开展交流座谈。

9.25日，郑州市统计局组织收听收看国家统计局调整优化局队业务分工部署视频会议。郑州市统计局党组书记、局长万永生，分管领导及相关处(室)负责人参加会议。

10.25日，郑州市统计局印发《关于"学习十九大精神　统计工作求作为"主题征文评选结果的通报》(郑统〔2017〕88号)，对17篇获奖作品(其中一等奖2篇、二等奖5篇、三等奖10篇)予以通报表彰。

11.25日—26日，郑州市统计局召开全市服务业2017年报和2018年定报工作培训会议。

12.26日，郑州市统计局印发《2017年度依法行政考核实施方案》，全面部署全市统计系统依法行政考核工作。

13.26日—27日，郑州市召开工业统计报表布置暨业务培训会。

14.27日—28日，郑州市统计局召开贸易外经统计年定报布置会议。

15.27日—28日，郑州市统计局召开2017年度全市研发暨企业创新调查年报培训会议。

16.28日，市直机关党建述职评议考核调研工作第二组组长、市直机关工委副书记李书英一行对郑州市统计局2017年度党建工作进行考核调研。

17.28日—29日，郑州市召开2017年能源统计年报会。

中国统计出版社最新图书简目
(仅供参考,以实际出版为准)

统计资料

中国统计年鉴　中国统计摘要　中国发展报告
中国经济普查年鉴 2013　国际统计年鉴　金砖国家联合统计手册
中国—东盟国家统计手册　中国农村统计年鉴　中国县域统计年鉴
中国城市统计年鉴　中国对外直接投资统计公报　中国地区经济监测报告
中国贸易外经统计年鉴　中国零售和餐饮连锁企业统计年鉴　中国商品交易市场统计年鉴
大中型批发零售和住宿餐饮企业统计年鉴　中国农产品价格调查年鉴　中国住户调查年鉴
中国价格统计年鉴　中国能源统计年鉴　全国农产品成本收益资料汇编
中国环境统计年鉴　中国建筑业统计年鉴　国外资源、能源和环境统计资料汇编
中国工业统计年鉴　中国城乡建设统计年鉴　中国房地产统计年鉴
中国城市建设统计年鉴　中国科技统计年鉴　中国第三产业统计年鉴
中国证券期货统计年鉴　中国劳动统计年鉴　中国高技术产业统计年鉴
工业企业科技活动资料　中国社会统计年鉴　中国人口和就业统计年鉴
中国人才资源统计报告　中国教育经费统计年鉴　中国文化及相关产业统计年鉴
文化及相关产业统计概览　中国民政统计年鉴　中国民族统计年鉴
中国残疾人事业统计年鉴　中国妇女儿童状况统计资料(英)　中国乡镇街道行政区域简册
中国基本单位统计年鉴

省级综合统计年鉴系列

北京　天津　河北　山西　内蒙古　辽宁　吉林　黑龙江　上海　江苏　浙江　安徽　福建　江西　山东
河南　湖北　湖南　广东　广西　海南　重庆　四川　贵州　云南　西藏　陕西　甘肃　青海　宁夏　新疆
新疆生产建设兵团

中国统计出版社发行部电话:(010)63376907　63376908　同榱行书店电话:68783171　68783172
地址:北京市丰台区西三环南路甲 6 号　邮政编码:100073
网址:http://www.zgtjcbs.com

市(县)级综合统计年鉴系列

天津滨海新区 石家庄 唐山 邯郸 保定 沧州 邢台 廊坊 承德 衡水 秦皇岛 张家口 太原 大同 阳泉

长治 晋城 朔州 晋中 运城 忻州 临汾 呼和浩特 呼和浩特新城区 鄂尔多斯 包头 沈阳 大连 长春

延吉 四平 通化 哈尔滨 齐齐哈尔 黑龙江垦区 上海浦东新区 南京 无锡 徐州 常州 苏州 南通

连云港 淮安 盐城 扬州 镇江 泰州 宿迁 江阴 丹阳 杭州 宁波 温州 嘉兴 湖州 绍兴 金华

衢州 舟山 台州 丽水 合肥 安庆 马鞍山 福州 厦门 宁德 漳州 南昌 九江 上饶 新余 抚州 萍乡

赣州 吉安 景德镇 济南 青岛 潍坊 枣庄 日照 滕州 郑州 洛阳 平顶山 三门峡 商丘 信阳 济源 武汉

十堰 荆州 宜昌 荆门 咸宁 长沙 广州 深圳 惠州 东莞 南宁 柳州 桂林 来宾 海口 三亚 成都

贵阳 昆明 西安 安康 兰州 庆阳 银川 乌鲁木齐 兵团一师 兵团十师

调查年鉴系列

天津 山西 内蒙古 辽宁 吉林 上海 福建 江西 河南 湖北 湖南 广西 重庆 四川 云南 甘肃 宁夏 新疆

统计方法应用/实用手册

实用 SAS 统计分析教程　马克威统计分析与数据挖掘应用案例

乡镇统计人员岗位知识培训系列教材:辅助调查员岗位基础知识　乡镇统计人员岗位基础知识

县级统计人员岗位知识培训系列教材:Excel 在统计工作中的应用　简明统计分析

EXCEL 在基层统计工作中的应用　统计公文知识问答

统计通俗读物/统计科普图书

漫话诺贝尔经济学大师与数学情缘　魅力统计　漫话信息时代的统计学　统计使人更聪明

漫游数据王国　探访随机世界　新中国统计工作历史流变 1949—1999　无处不在的统计

重点图书

新编英汉汉英统计大词典　中华医学统计百科全书

挑大学选专业 2016—考研择校指南　挑大学选专业 2016—高考志愿填报指南

中国统计出版社发行部电话:(010)63376907 63376908 同楫行书店电话:68783171 68783172

地址:北京市丰台区西三环南路甲 6 号 邮政编码:100073

网址:http://www.zgtjcbs.com